KB105326

이슬람의 세계사 2

A HISTORY OF ISLAMIC SOCIETIES
Second Edition

Ira M. Lapidus

Yeesan Publishing Co.

히스토리아 문디 11

이슬람의 세계사 2

아이라 M. 라피두스 지음/신연성 옮김

이산

히스토리아 문디 11
이슬람의 세계사 2

2008년 12월 6일 1쇄 발행
2009년 4월 14일 2쇄 발행
지은이 아이라 M. 라피두스
옮긴이 신연성
펴낸이 강인황·문현숙
도서출판 이산
서울특별시 마포구 솔내5길 14(서교동 399-11)
TEL: 334-2847 / FAX: 334-2849
E-mail: yeesan@yeesan.co.kr
등록 1996년 8월 8일 제 2-2233호

인쇄 한영문화사 / 제본 한영제책
편집 문현숙

ISBN 978-89-87608-67-9 04900
ISBN 978-89-87608-65-5 04900(전2권)
KDC 900

가격은 뒤표지에 있습니다. 잘못된 책은 바꿔드립니다.

A HISTORY OF ISLAMIC SOCIETIES, Ed 2 by Ira M. Lapidus
Copyright©Cambridge University press, 2002
All rights reserved.
Korean translation edition © 2008 by Yeesan Publishing Co.
publishde by arrangement with Cambridge University press, Cambridge, UK through Bestun Korea Agency, Seoul, Korea.

이 책의 한국어 판권은 베스툰 코리아 에이전시를 통하여 저작권자와 독점계약한 도서출판 「이산」에 있습니다.
저작권법에 의해 한국 내에서 보호를 받는 저작물이므로 어떤 형태로든 무단전재와 무단복제를 금합니다.

www.yeesan.co.kr

차례

1권 차례

2부   이슬람 사회의 세계적 확산: 10세기부터 19세기까지

그림목차

＊이상의 화보들에 대한 저작권을 수소문하고 승인받기 위해 백방으로 노력해왔다. 미처 수
소문하지 못한 저작권 소유자로부터 연락이 오면 저자와 출판사는 정말로 기쁠 것이다.

일러두기

1. 이 책은 Ira M. Lapidus, *A HISTORY OF ISLAMIC SOCIETIES*, Ed 2 (2002)의 완역이다.
2. 일련번호가 붙은 각주는 지은이의 주이고, *† 등으로 표시한 각주는 옮긴이의 주이다.
3. 모든 외래어는 외래어 표기법에 따라 표기했다. 단, h, kh, ad-, ud- 의 표기는 예외로 했다.
4. 원문의 'God'는 종교에 관계없이 하느님, 'god'는 신으로 번역했다.
5. 저자는 이슬람 관련 용어를 매번 이탤릭체로 표시했으나, 옮긴이는 해당 용어가 처음 나올 때 ' ' 을(를) 붙여 표시했다.
6. 'Quran'은 '쿠란'으로 하지 않고 우리의 관용에 따라 '코란'이라고 했다.
7. 'caliph'와 'khalifa'는 같은 말이지만 저자는 표기를 통일하지 않고 두 가지를 다 쓰고 있다. 따라서 원문의 'caliph'는 '칼리프'로, 'khalifa'는 '할리파'로 번역했다.

3부 ‖ 근대적 변용: 19~20세기의 무슬림

그림 21. 무하람 행렬(캘커타)

이슬람 사회의 근대와 변용

18세기 무렵에 이슬람 사회의 전세계적인 시스템은 이미 생성
되어 있었다. 세계 각지의 이슬람 사회는 중동 이슬람 국가제
도, 종교제도, 공동체 제도 그리고 토착사회제도와 문화 등의 여러 요
소가 상호작용하여 만들어졌으며, 이 같은 상호작용은 매 경우마다 다
른 형의 이슬람 사회를 낳았다. 각 사회는 독특하면서도 서로 아주 많
이 닮았으며, 정치적·종교적 접촉과 공유하는 가치에 의해 서로 연결
되었다. 이리하여 이슬람 사회의 세계 시스템이 형성되었다.

18~19세기에는 유럽의 개입으로 이슬람 사회의 진화방향이 바뀌었
다. 18세기 후반에 러시아·네덜란드·영국이 아시아의 북부 스텝지대,
동남아시아, 인도에 부분적으로 영역권을 확립했으며, 다른 지역에서
도 유럽 국가들이 상업적·외교적 압력을 강화했다. 19세기와 20세기
초반에 유럽 국가들이 원료와 시장을 확보하기 위해 서로 정치적·경제
적 경쟁을 벌이면서 저마다 세계적 규모의 식민제국을 건설했다. 네덜
란드는 인도네시아 정복을 완성했고, 러시아(와 중국)는 내륙아시아를
합병했다. 영국은 인도와 말레이에 제국을 세웠고, 중동의 일부, 동아

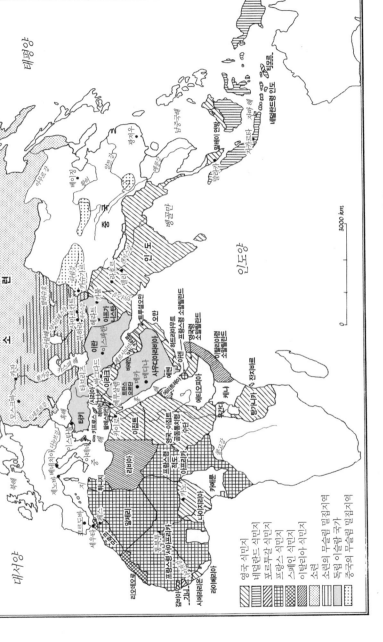

지도 28   유럽의 지배와 이슬람 세계(1920년경)

프리카와 나이지리아, 서아프리카의 일부 지역을 지배했다. 프랑스는 북아프리카, 서아프리카의 대부분, 중동의 일부를 장악했다. 독일과 이탈리아도 아프리카 일부 지역에 작은 식민지들을 건설했다. 20세기 초에는 유럽 열강(과 중국)이 거의 모든 이슬람 세계에 대한 정복을 완료했다.

이런 정복은 유럽 사회 내부의 급격한 변화에 의해 추동되었다. 18세기에는 영국에서 19세기에는 프랑스와 독일을 비롯한 그 밖의 나라에서 일어난 산업혁명, 관료제 형식을 갖춘 경제조직의 발전, 증기와 전기를 생산한 신기술, 확대된 과학지식 등이 유럽 국가들의 경제적 우위를 한층 강화시켰다.

미국의 독립전쟁과 프랑스 혁명은 정치학과 국정운영 분야에서 똑같이 심대한 변화를 가져왔다. 이 두 혁명은 근대국민국가를 출현시켰다. 아울러 과거에 비해 훨씬 높아진 시민의 평등의식과 참여의식, 국가의 테두리 안에 살아가는 다양한 주민들 사이의 일체감, 국민적·정치적·문화적 정체성의 혼합이 국민국가 건설의 토양이었다. 근대 국민국가는 광범위한 대의원 선출을 고려한 의회제도를 창조했을 뿐 아니라, 시민사회의 자치와 시민 개개인의 자유를 위해 권력행사를 분산 또는 완화시키는 국가구조를 만드는 데 개척자적 역할을 했다.

더욱이 유럽과 미국의 계몽주의는 세속화의 역사적 과정을 완성했다. 정치·경제 제도가 종교적 규범과 완전히 구별되었던 것이다. 과학적 정신과 휴머니즘 정신의 함양은 종교를 숭배의식과 공동체활동이라는 좁은 영역으로 밀어냈다. 과학적 정신은 자연의 세계와 인간관계의 세계에서 미몽과 신비성을 없애버렸다. 자연과 사회는 물론이고 개인의 인성조차 합리적으로 이해할 수 있게 되었고, 이런 것들을 인간의 의식적인 개입에 의해 바꿀 수 있다는 확신에 도달했다.

이슬람 세계 전역에서 유럽의 지배는 중앙집권화된 관료제 영역국가의 건설로 이어졌다. 유럽의 경제와 자본가의 침투는 대개 무역 증대를 가져왔고, 수탈 무역의 형태를 띠는 경우가 많았으며, 원료 생산을 자극하고 토착산업의 기반을 무너뜨렸다. 유럽 열강은 근대적인 학교의 건립을 강요 또는 권유했고, 학교를 통해 소개된 유럽 문명의 가치관은 토착문화와 혼합되었다. 비유럽사회에서 이런 변화는 경제적 생산과 교환의 새로운 패턴 및 신기술의 창조를 수반했다. 아울러 새로운 국가와 경제구조는 신흥 엘리트 등장의 토대였다. 정치인·군인·기술관료·매판상인·지식인·상업농·산업노동자가 이슬람 사회에서 중요한 세력이 되었다. 또한 유럽의 영향으로 새로운 가치체계—국민적 정체성, 정치참여, 경제활동, 도덕적 행동주의, 새로운 과학적 세계관—를 열심히 받아들였다. 이 모든 변화는 전통적인 이슬람 사회를 기반으로 해서 유럽 문명의 기본적인 특징을 채택하거나 재창조하는 형태로 진행되었다.

하지만 유럽이 가한 충격의 강도가 경우에 따라 달랐으며, 이 같은 차이는 이슬람 사회들의 제도적·문화적 변형태와 결합하여 오늘날의 다양한 이슬람 사회를 낳게 되었다. 각 이슬람 사회가 중동의 영향과 토착사회의 상호작용에 의해 생겨났듯이, 근대 이슬람 국가는 이슬람 사회와 유럽의 상호작용에 의해 만들어졌다. 물론 이런 변용은 비단 이슬람 세계에 국한된 것은 아니었다. 19~20세기에는 유럽이 세계의 모든 문명에 영향을 미쳐 심대한 변화를 일으켰고, 그 문명들이 오늘날과 같은 발전을 이룩하는 데 일조했다.

그 결과 각양각색의 사회가 나타났다. 단일한 유럽형 근대사회가 있었던 것이 아니었을 뿐 아니라 유럽이 가한 충격파가 세계 각지에서 다르게 나타났기 때문이다. 과거의 대제국·대종교·대문명이 그랬던 것처럼, 유럽은 기존의 엘리트·제도·문화에 이의를 제기했고, 기존의 엘리트로 하여금 그들 나름의 근대를 규정하도록 했다. 제3세계의 토착 엘리트가 자신의 사회를 재구성하기 위해 노력한 결과, 근대는 다양성을 낳았다.

유럽 사회와 이슬람 사회 사이에는 몇 가지 중요한 차이가 있었기 때문에, 근대적인 발전 패턴을 결정함에 있어서 토착 엘리트 제도·문화의 역할은 강조될 수밖에 없었다. 19~20세기에 유럽 사회에서는 경제에 기초한 사회계급의 분화가 상당히 진전되었다. 유럽의 많은 나라에서 부르주아 엘리트는 경제발전과 국가조직, 세계정복을 뒷받침하는 중요한 세력이었고, 산업노동계급은 생산의 원동력이었다. 하지만 이슬람 사회에서는 경제적으로 정의된 사회계급이 상대적으로 덜 중요했다. 이슬람 사회의 경제는 부족·공동체·공동체 연합·국가구조에 의해 규제되었다. 국가엘리트—그리고 부족이나 종교계의 유력자들—는 정치권력을 이용하여 토지와 무역자원을 통제하고, 농민과 여타 생산자들의 잉여생산물을 착취했다.

유럽이 이슬람 사회에 가한 충격은 결국 이들 엘리트층의 협조 또는 저항에 의해 달라졌다. 이슬람 사회에서 일어난 변화들은 유럽의 힘에 의해 초래된 압력과 자극에 대한 무슬림 엘리트의 관심과 인식과 반응에 따라, 또한 유럽의 영향력을 이슬람 사회 내부의 권력투쟁에 이용하려는 무슬림 엘리트의 욕망에 따라 속도를 달리하게 되었다. 외부세력의 경제적 침탈에도 불구하고 이슬람 국가의 엘리트는 기본적으로 정치적·문화적 상황판단을 했으며, 유럽의 개입이라는 문제를 경제적인 관점보다는 사회문화적 관점에서 정의하는 경향이 있었다. 다시 말해서 이슬람 사회는 경제적 압력에 대해 정치적·문화적 반응을 보였다. 따라서 토착 엘리트·제도·문화 규범은 이슬람 사회에서 근대가 형성되는 데 유럽의 제국시스템과 경제시스템 못지않게 중요했다.

이슬람 사회의 근대적 변용의 역사는 몇 개의 국면으로 나뉘며, 이슬람 세계 전역에서 어떤 공통된 특징들을 보여준다. 첫 번째 국면은 18세기 말에서 19세기 초까지의 기간이며, 그 특징은 이슬람 국가 시스템의 붕괴와 유럽의 상업적·영토적 지배의 강요였다. 이 국면에서 이슬람 사회의 정치·종교·부족 엘리트는 새로운 이데올로기적이고 종교적인 접근을 통해 이슬람 사회의 내적 발전을 모색했다. 이런 대응 속에서 근대적 발전의 두 번째 국면, 즉 20세기 국민국가의 형성이 시작되었다. 이슬람 국가의 엘리트들은 국민국가의 형성을 통해 자국의 정치적 정체성을 확립하는 한편 경제발전과 사회개혁을 추진하기 위해 노력했다. 국민국가 건설의 국면은 제1차 세계대전 직후에 시작되어 현재까지 지속되고 있다. 독립된 국민국가의 공고화가 이루어지면 그 다음에는 거의 모든 이슬람 국가가 발전의 세 번째 국면에 들어섰다. 이슬람주의와 이슬람 부흥운동이 대두하고, 이들 사회의 발전에서 이슬람의 궁극적인 역할을 둘러싸고 갈등이 불거졌다.

이슬람 근대주의

식민지배를 받은 거의 모든 무슬림 지역에서 새로운 엘리트층이 전면에 등장했다. 정치권력은 구엘리트의 수중에서 군인·관료·지주 등의 신흥 지식층으로 넘어갔다. 몇몇 나라에서는 한 세대 뒤에 근대적인 교육을 받은 중하층 계급의 지식인·기술자·군인이 신분상승에 성공하여 권력을 잡았다. 또한 제한된 수의 사례이긴 하지만, 유럽의 침투에 의해 초래된 경제적 변화는 상인·상업농·산업노동자 등의 새로운 계층을 만들어냈다. 이 모든 새로운 계급과 집단은 처음에는 그 규모가 매우 작았다. 이들은 자기가 속한 사회의 근대화를 이끈 전위부대였다.

신흥 엘리트는 유럽의 압력에 주로 두 가지 반응을 나타냈다. 첫 번째는 서양식 교육을 받고 유럽의 문화적 가치와 그 성과를 동경하는 정치인과 지식인들이 보인 반응이었다. 이들은 장래 이슬람 사회의 근대주의나 세속적 내셔널리즘에 찬성했으며, 이슬람 사회를 유럽식 국가와 경제에 부합시키기 위해 이슬람을 재정의하는 데 기여했다. 두 번째 반응은 울라마와 수피의 지도를 받는 부족 지도자와 상인, 상업적인 부농들에게서 볼 수 있는데, 이들은 근본교의의 관점에서 무슬림 공동체의 재편과 개인행동의 개혁을 지지했다.

　물론 무슬림의 반응은 지역에 따라 달랐다. 터키와 이집트, 아랍의 비옥한 초승달지대, 튀니지 등 오스만 제국의 영내에서는 기존의 정치엘리트와 정치·기술·문학 분야의 지식층—이들은 대부분 정치엘리트의 자제였다—이 토착민의 반응을 주도했다. 이들 지역에서 유럽은 주로 외교·통상·교육에 영향을 미쳤다. 19세기에 오스만 제국은 유럽 열강 사이의 경쟁 덕분에 살아남았지만, 초기에는 영국과 러시아의 외교적 압력에 시달렸고 나중에는 독일의 군사고문과 투자가들에게 의지했다. 유럽의 무역상들은 원자재를 수탈하는 한편 유럽의 공산품을 들여와 토착 상인과 직인들을 압박했다. 또한 유럽인은 이슬람 사회의 수공업과 제조업을 억압하고 환금작물 생산을 권장했다. 아나톨리아의 곡물·건과류·목화, 이란의 아편, 레바논의 비단, 이집트의 목화, 튀니지의 올리브유 등이 대표적인 환금작물이었다. 유럽인 중심의 무역은 그리스도 교도와 유대인 중간상의 판로를 넓히고 무슬림 상인의 돈벌이 기회를 감소시켰다. 또한 유럽인은 철도·광산·농업에 자본을 투자했다. 유럽의 각국 정부와 은행은 오스만 제국과 이집트, 튀니지에 거액의 자금을 빌려주고 이것을 꼬투리 삼아 이들 나라에서 외교와 재정을 장악했다. 이집트와 튀니지에서는 이것이 유럽 국가의 보호령으로 전락하는 전주곡이었다. 오스만 제국에서는 유럽인과의 경쟁으로 무슬림 부르주아지가 약화되고 국가엘리트의 수중에 경제력이 집중되었다.

　정치엘리트와 지식층의 대응은 여러 세대에 걸쳐 이루어졌다. 18세기 후반의 팔레스타인, 19세기 초반의 오스만 제국과 이집트, 그리고

19세기 중반의 튀니지가 그 대표적인 예이다. 당시 이들 국가의 정치엘리트는 군대를 재편하고, 관료행정을 강화하고 합리화했으며, 경제활동을 장려하여 국가세입을 늘리려 했다. 또한 신식학교를 세워 근대적인 전문인력과 행정요원을 양성할 필요가 있음을 인식했다. 오스만·이집트·튀니지의 차세대 개혁가들은 강력한 국가와 생산적인 통합된 사회 사이의 연관성을 간파하고, 사회·법률·교육 부문에 새로운 프로그램들을 도입했다. 이 프로그램들은 종교엘리트의 전통적인 역할을 대폭 줄이고 근대적인 사법제도와 교육제도의 원형을 만들었다.

개혁 프로그램의 최대 성과는 새로운 지식층의 형성이었다. 오스만 제국의 경우 서양식 교육을 받은 신세대 의사·엔지니어·육해군 장교·행정가는 관련 전문학교를 졸업했거나 유럽에서 유학을 했다. 서양식 교육을 받은 이들 신세대 지식인 가운데 일부는 국가공무원이 되었지만, 대다수는 법조계·언론계·문학계에서 활동하면서 대권을 잡을 기회를 엿보고 있었다.

이집트의 개혁 프로그램은 다른 나라와는 달리 국가가 경제를 장악하는 데 비중을 두었다. 무함마드 알리(1805~1848년 재위)는 관개시설을 개선하고 목화 생산을 장려하고 국영 무역회사를 설립하고 군수품 생산공장에 투자했다. 광범위한 경제개혁조치를 통해 새로운 지주계급과 관료계급이 탄생했으며, 19세기 말에는 그 자손들이 공무원·법률가·언론가·정치가 등의 사회지도층으로 성장했다. 그러나 1882년 영국의 지배와 함께 이집트 국내의 엘리트들은 국가지배층으로서의 위치를 잃어버리고, 하급행정직·자유직업·언론 분야에 종사하게 되었으며 각자의 위치에서 영국의 지배에 반대하는 국민운동을 전개했다.

아랍의 비옥한 초승달지대에서는 제1차 세계대전이 끝날 때까지 유럽의 정치적 영향과 상업적 침투가 구조적·정치적 변화로 이어지지 않았다. 그러나 교육과 문학의 영향은 19세기 중반과 후반에 아랍 문화의 르네상스와 아랍 문학 내셔널리즘의 탄생을 촉진시켰다. 레바논과 시리아에서는 유럽을 비롯해서 근대화된 오스만 제국에서 교육을 받은 사람들이 새로운 지식층으로 등장했다. 1920년에 종속적인 식민지 국가의 형성은 군인, 관료, 지주, 종교지도자 그리고 때로는 부족장과 상인들까지 포함하는 저항지식층의 결집을 가져왔다. 1930년대와 1940년대에는 교육 확대와 경제발전에 힘입어 중간층이나 중하층 출신의 신세대 군인·관료·언론인이 등장했는데, 이들은 제1세대 국가지도자들에 필적하는 위상을 갖게 될 것이었다.

튀니지도 비슷한 전개과정을 거쳤다. 1881년에 프랑스의 위임통치가 실시되기 전까지는 관료들이 유럽의 경제적 지배에 저항하는 구심점이었다. 튀니지 관료들은 튀니지 정권을 근대화·합리화하려고 애썼다. 그러나 프랑스의 보호령이 된 뒤에는 서양식 교육 또는 근대적인 이슬람 교육을 받은 튀니지인들이 유럽의 지배에 반대하는 저항운동을 주도하면서 정치적 권리를 요구했다. 1890년경부터 1920년까지는 정부관리와 개혁적인 울라마 그리고 프랑스에서 교육받은 유력자들이 운동의 리더십을 발휘했다. 1930년대와 그 이후에는 주로 지방 소도시의 중하층 계급 출신으로 아랍의 프랑스식 교육을 받고 신분상승에 성공한 신세대 지식인들이 튀니지 독립운동에 앞장섰다.

이상의 모든 사례에서 울라마와 상인들은 부차적인 역할만을 했다. 이집트·시리아·튀니지의 국민운동 초기단계에 울라마는 보조자 내지 단순참가자였고, 얼마 후에는 서양식 교육을 받은 지식층에게 밀려나고 말았다. 1930년대까지도 경제구조나 사회의 계급구조가 충분히 변화하지 않았기 때문에 비중 있는 정치적 역할을 맡을 수 있는 상인과 노동계급이 형성되지 않았다. 이런 새로운 사회환경에서는 서양식 교육을 받은 지식층의 정치적 독주가 불가피했다.

다른 무슬림 지역의 경우 이와 유사한 지식층은 구체제 국가엘리트의 중재나 내부의 개혁 프로그램에 의해 생겨난 것이 아니라, 유럽의 직접통치에 의해 기존의 정치엘리트가 지배적 위치에서 밀려나 식민지 행정관에 종속되는 결과로 나타났다. 인도에서 영국의 식민지배는 무슬림 엘리트의 정치권력을 박탈했으며, 경제개혁을 통해 무슬림 지주의 농촌 소득기반을 파괴했으며 이슬람 문화를 뿌리째 흔들어놓았다. 권력을 상실한 무슬림 정치엘리트들은 여기에 대응하여 스스로 근대적인 지식층으로 변신을 꾀했다. 이들은 종교지도자 사이이드 아마드 칸(1817~1898)의 지도 아래 알리가르에 대학을 설립하여 신세대 정부관리·법률가·언론인을 양성하는 근대적인 이슬람 교육을 실시했다. 20세기에 들어선 이후 알리가르 대학 졸업생들은 영국의 지배에 대항하는 무슬림 저항운동을 이끌었으며 궁극적으로는 파키스탄 건국의 제안자가 되었다.

인도네시아의 전통적인 지배층 즉 '프리야이' 역시 네덜란드의 지배하에서 식민행정의 하수인으로 변했다. 네덜란드인은 식민통치에 필요한 현지 인력을 양성하기 위해 기존의 엘리트에게 서양식 전문교육을 실시했다. 네덜란드의 후원으로 설립된 대학과 기술·법률·의학 분야 전문학교를 졸업한 관료와 지식인들은 인도네시아 국가 독립의 대변자가 되었다.

거의 모든 이슬람 국가에서는 정치인, 국외추방된 정치인, 사이비 정치인, 전문가, 기술자 그리고 서양의 기술을 습득한 지식인들이 사회발전을 위한 새로운 정치 이데올로기를 규정하려고 노력했다. 차세대 정치엘리트와 지식층은 국가변혁을 위해 이슬람 근대주의, 세속적 내셔널리즘, 때로는 사회주의 같은 여러 관념을 채택했다.

이슬람 근대주의는 19세기 이슬람 정치엘리트와 지식인의 교의였으며, 울라마의 교의였던 이슬람 개혁주의와는 반드시 구별되어야 한다. 이슬람 근대주의의 핵심원리는 이렇다. 무슬림이 유럽 열강에 패한 것

은 자신의 나약함을 드러낸 것이며, 정치권력을 회복하기 위해서는 유

은 자신의 나약함을 드러낸 것이며, 정치권력을 회복하기 위해서는 유럽의 군사기술 차용과 국가권력의 집중화, 경제의 근대화, 근대식 엘리트 교육 제공이 필수적이라는 것이었다. 이것은 이슬람 문명의 중세적 형식들이 거부되어야 한다는 뜻이지, 이슬람 자체를 부정한다는 뜻은 아니었다. 오히려 이슬람은 자기 안에 내재해 있었지만 무시되어왔던 합리성·윤리적 행동주의·애국주의를 바탕으로 재구성되어야 할 것이었다.

이 근대주의 관점은 1860년대와 1870년대에 '청년오스만당'에 의해 처음 채택되었다. 이들은 이슬람의 원리에 충실하면서도 위기에 처한 오스만 제국을 구하기 위해서는 입헌정부를 수립하고 새로운 도덕적 가치를 진작시키고 한층 쉬워진 튀르크어를 토대로 문화를 되살려내야 한다고 주장했다. 인도의 사이이드 아흐마드 칸 역시 영국의 지배하에서 인도 무슬림이 생존하려면 이슬람의 원리에 충실한 동시에 근대세계의 정치문화와 과학에 적응하는 신세대 무슬림 지도자를 양성하는 교육의 필요성을 역설했다. 오스만과 인도의 지식층은 국지적인 상황에 관심을 가졌던 반면, 이란의 정치운동가 자말 앗 딘 알 아프가니(1839~1897)는 식민지배에 맞서 이슬람의 근대화와 정치적 통합에 전념하는 무슬림 민족들의 국제적인 연대를 위해 사상적으로 전향적인 자세를 취했다. 결국 이슬람 근대주의는 토착 정치권력의 사회적·문화적 토대에 입각해서 국가권력의 회복에 관여하는 엘리트층의 이데올로기였다.

이슬람 근대주의에 대한 지식층의 헌신은 세속적 내셔널리즘으로 이어졌다. 오스만 제국에서는 '청년터키당'이 청년오스만당을 계승했다. 청년터키당은 아브뒬하미트 2세(1876~1908년 재위)의 범(汎)이슬람 정책에 반대하고, 이슬람 근대주의 입장에서 세속적인 입헌주의 입장으로 돌아섰다. 튀니지의 제1세대 엘리트들은 이슬람 근대주의와 세속

지향을 혼합했지만, 1930년대에 되살아난 독립운동에서는 이슬람이 상징적 호소력을 발휘하는 데 그친 반면 세속적 내셔널리즘의 관점이 한층 더 뚜렷해졌다. 제1차 세계대전 말 아랍 여러 나라에서 다마스쿠스의 유력자들은 이슬람 지향에서 아랍 지향으로 그들의 강조점을 바꾸었다. 이집트에서는 근대주의를 추종하던 제1세대 지식층이 세속적인 자유주의 정당들에게 자리를 내주었다. 인도의 알리가르 대학 졸업생들은 생활양식과 개인의 종교적 지향성 면에서는 세속적이고 근대주의적이었으나, 인도 아대륙의 특수성 때문에 결국 이슬람 국민국가의 건설에 전념하게 되었다. 다만 인도네시아에서는 전통적 지배층인 프리야이가 이슬람 근대주의 단계를 거치지 않고 곧바로 세속적 내셔널리즘을 받아들여 네덜란드의 지배에 저항했다. 인도네시아에서는 이슬람이 현지 문화에 깊이 스며들지 않았기 때문에 기존 정치엘리트들이 즉시 내셔널리즘을 채택할 수 있었다. 알제리에서는 프랑스로 건너간 알제리 노동자들과 알제리의 여러 도시로 이주한 이농인구가 알제리 국민운동의 대중적 기반이 되었고, 인도네시아에서는 노동자의 운동과 공산당이 특히 강력했기 때문에 내셔널리즘이 국가의 경제통제라는 사회주의적 관념과 결합되었다. 일반적으로 청년터키당과 아랍 내셔널리스트, 범 투르크계 지식인, 말레이의 귀족 등은 자신들의 정치적·문화적 유산에 담겨 있는 이슬람적 요소를 무시하고 근대사회의 세속적인 국가 유형들을 받아들였다.

　내셔널리즘이 정치엘리트와 근대적 교육을 받은 지식층 사이에서 큰 호응을 얻은 이론이 된 데는 몇 가지 이유가 있었다. 그 중에서 가장 중요한 것은 서양식 교육의 영향이었다. 1세대와 2세대 지식인들은 유럽의 우월한 힘을 절감했기 때문에 식민지배에 반대하면서도 식민지배자들과 그 교사들의 내셔널리즘에 대한 확신을 별다른 저항 없이 받아들일 수 있었다. 또한 국민적·세속적 상징들은 자기 고장에 대한 귀속감

을 잃고 코즈모폴리턴한 교육과 국가 중심의 정치운동에 휩쓸린 분절
적인 사회의 구성원에게 특별한 의미가 있었다. 옛 공동체에 더 이상
속해 있을 수 없었던 사람들과 식민지배하에서 종속적인 입장에 처해
있던 사람들에게 독립된 국민국가는 유일한 잠재적 고국이었다.

세속적인 내셔널리즘이 정치 지도층의 이데올로기로 채택된 데는 전
술적인 이유도 있었다. 내셔널리스트를 표방할 경우 기성 지식인과 선
을 긋고 차별성을 확보할 수 있었고, 삶의 터전을 잃은 계층의 지지를
얻어 대중적 리더십을 주장하기도 용이했다. 오스만 제국의 청년터키
당은 범이슬람주의를 내세우는 술탄과 기득권에 집착하는 보수적인 관
리들에게 대항하는 이데올로기로 내셔널리즘을 채택했다. 무슬림이 지
배하던 레바논과 시리아에서는 그리스도 교도들이 내셔널리즘을 선호
했다. 튀니지에서는 프랑스식 교육을 받은 지식인들이 기존의 개혁지
향적 엘리트에 대항하기 위해 내셔널리즘을 이용했다. 인도네시아에서
는 무슬림 상인들의 개혁운동을 반대하는 가운데 프리아이 중심의 내
셔널리즘이 주로 발전했다. 내셔널리즘은 또한 무슬림 지식층과 식민
지배 사이의 관계의 양의성을 상징하는 이슬람 근대주의보다 훨씬 유
용했다. 세속주의와 내셔널리즘은 한편으로는 지식층이 사회의 진보적
인 구성원이라는 점을 나타내는 동시에 그들의 식민정권 참여요구를
정당화했다. 하지만 다른 한편으로 내셔널리즘은 무슬림의 눈에나 유
럽인의 눈에 외세의 지배에 대한 저항을 정당화하는 것으로도 보였다.

이슬람 개혁주의

정치엘리트와 지식층은 이슬람 근대주의와 세속주의, 내
셔널리즘에 몰두하게 되었지만, 울라마와 그를 따르는 상인과 직인, 부
족의 지도자들은 대안적인 대응방안을 제시했다. 많은 이슬람 국가에

서 울라마는 식민지배의 영향과 국가지식층에 모두 반대했다. 이란과 인도네시아에서는 전통을 고수하는 학자들이 반대에 앞장섰다. 이란에서는 러시아의 영토적 팽창과, 러시아 및 영국의 경제 침투―독점, 이권 확보, 광산·관개시설·은행에 대한 투자, 샤에 대한 거액의 차관 제공―에 맞서 이중적인 반응이 나왔다. 국가엘리트들은 군대와 행정기구를 근대화하는 한편 전문적인 학교를 신설하거나 학생들을 유학 보내 소수의 지식층을 길러내는 데 주력했다. 반면에 시아파 울라마는 러시아의 군사적 팽창과 외세의 경제적 침투에 저항했을 뿐 아니라, 왕국의 군사·행정·교육 방면의 개혁 프로그램에도 반대했다. 20세기 초에는 울라마·상인·직인과 일부 지식인이 봉기하여 왕국을 전복하고 입헌정부를 수립했으나 오래가지는 못했다. 전통적으로 이란 사회는 정부의 힘이 약한 반면 울라마·부족·길드 조직의 힘이 강했기 때문에, 두 세력은 식민주의에 대한 상이한 대응방식을 제시하며 국가권력을 장악하기 위해 경쟁을 벌일 수 있었다.

　자바에서는 정치엘리트가 네덜란드의 지배에 종속된 부역자가 되었고, 반(反)식민 저항운동을 이끈 것은 수피형제단을 통해 힘을 합친 농촌 울라마였다. 반텐(서부 자바)에서는 울라마가 식민지배와 프리야이에 맞서 농민의 저항·폭동·반란을 이끌었다. 오스만 제국의 울라마는 대체로 집권층에 예속되어 식민지배에 대해 아무런 목소리도 내지 못했지만, 인도네시아에서는 울라마가 광범위한 저항운동을 이끌었다.

　울라마의 저항은 대체로 이슬람 개혁주의 관점을 드러냈다. 이슬람 개혁주의는 유럽의 침략이 시작되기 전인 17~18세기에 이미 시작되었다. 아라비아와 카이로에서는 울라마와 수피들의 비공식 학술단체가 코란·하디스·이슬람법에 대한 연구와 수피 금욕주의에 바탕을 두고 이슬람의 신앙과 의식을 정화해 나갔다. 그들은 예언자 무함마드를 철저하게 따르는 것을 무슬림의 이상적인 삶으로 규정했다. 이 개혁가들은

하느님의 의지를 따르지 않는 무슬림은 심판을 받게 된다는 믿음에서
출발하여, 비무슬림 민족과 그들의 문화에 대한 이슬람 국가의 관용적
인 태도에 반대하는 한편, 성자숭배와 화려한 종교행사 및 미신과 주술
을 몰아내기 위해 노력했다. 개혁가들은 개개인의 규율과 도덕적인 책
임을 중시하는 종교와 보편적인 이슬람 사회의 건설을 추구했다. 그들
은 이슬람의 타락을 방지하고 정의로운 이슬람 공동체를 창조하기 위
해 필요하다면 군사행동도 불사한다는 입장이었다.

아라비아와 카이로에서 시작된 이슬람 개혁주의는 학자·학생·수
피·상인·직인 등을 통해 인도와 인도네시아, 북아프리카와 서아프리카
로 퍼져 나갔다. 이슬람 개혁주의 담론은 두 가지 사회환경에서 호소력
을 발휘했다. 첫째는 종족과 마을이 파편화되어 있는 경우로, 이때 개
혁주의는 그 같은 종족이나 마을에 이슬람의 권위와 리더십을 부여하
여 지방의 경쟁상대나 국가에 대항하는 투쟁 속에서 다양한 집단들을
통합하게 만들었다. 둘째, 다른 지역을 정복하거나 새로운 국가를 형성
하거나 반식민 저항운동을 전개할 경우에도 이슬람 개혁주의는 대중동
원의 이데올로기로 이용될 수 있었다.

유목부족사회에서 일어난 개혁운동의 효시는 아라비아의 와하비 운
동이었다. 와하비 운동을 일으킨 개혁적인 설교사와 사우드 가(家)의
동맹에 의해 탄생한 와하브파는 아라비아의 대부분을 정복하는 운동을
벌여 다양한 민족집단을 통합했다. 서아프리카의 이슬람 개혁운동은
자생적인 경우도 있었고 무슬림의 국제적인 연계를 통해 이루어진 경
우도 있었다. 18~19세기 세네감비아 지역의 개혁운동은 비무슬림 정
치엘리트에 대한 무슬림 저항의 토착 전통을 표상했다. 반면에 풀라니
족을 이끌고 나이저 강과 차드 호 사이의 지역에 소코토 칼리프조(1809
~1903)를 건설한 우스만 단 포디오(1754~1817)의 개혁운동에는 토착
전통과 아랍의 영향이 뒤섞여 있었다. 티자니야 교단에 의해 소개된 국

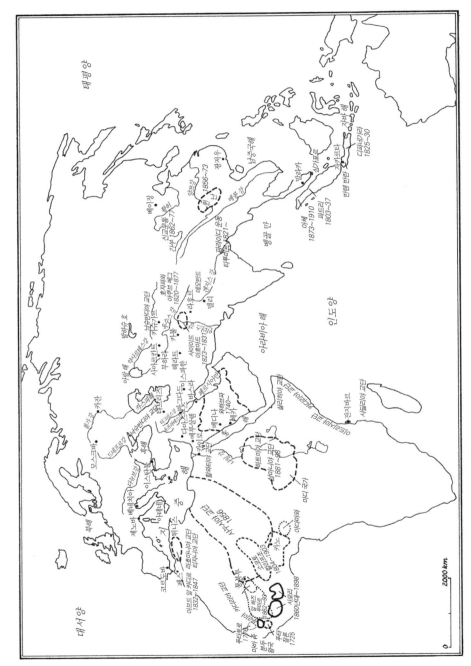

지도 29   18~19세기 이슬람 개혁과 저항운동

표16   **18~19세기의 이슬람 개혁운동**

아라비아   메카와 메디나의 개혁주의 사상
          와하비 운동: 무함마드 이븐 아브드 알 와하브(1703~1792)가 시작. 이븐 사우
             드와 동맹을 맺고 사우디국을 건설
          이드리시야 교단: 아흐마드 이븐 이드리스(1837년 사망)에 의해 메카에서 창설
캅카스   낙슈반디야 교단: 1785년부터 현재까지 반러시아 저항운동 전개
내륙아시아 낙슈반디야 교단: 개혁 성향의 수피 타리카가 러시아와 중국에 대한 무슬림 저
             항운동을 주도.
          신교(1761~1877): 낙슈반디야 교단의 분파로, 18세기 후반에서 19세기 후반
             까지 반청(反淸) 저항운동 전개
          호자파와 야쿠브 베그: 과거 카슈가르 지역을 지배한 이슬람 성자의 후손으로
             이슬람 국가 건설을 시도했으나 1878년 청조(淸朝)에 패퇴함
          윈난 성(1856~1873): 중국의 지배에 반대하여 무슬림 국가 건설을 시도함
          자디드 운동: 카잔·크림·부하라 지역의 지식인들이 일으킨 개혁운동. 특히 이
             스마일 가스프린스키(1851~1914)는 이슬람 교육과 러시아식 교육을 결합한
             신식 학교와 무슬림 민족의 근대화를 후원
인도   샤 왈리울라(1703~1762)
                  샤 아브둘 아지즈(1746~1824)
                  무함마드 이스마일(1781~1831)

                  사이이드 아흐마드 바렐위(1786~1831)   *메카로부터의 영향*
                    파슈툰족을 규합하여 영국과 시크 교도에 저항 |
                                                        파라이디 운동(벵골):
          파트나 마울라나 왈라야트 알리   *1818~1845년의*
                                     티투 미르(벵골)   *반힌두·반영국 운동*

    마울라나 카라마트 알리 하디스의 사람들
                      |
                   델리 학파
                      |
       데오반드 학교: 1876년 설립
          하디스 연구와 수피즘을 결합한 무슬림 대학
                    다수의 분교가 생김
                      |
          1927년 마울라나 무함마드 일리아스가
                타블리기 자마트 창설
동남아시아   파드리 운동: 수마트라 1803~1837년
          디파네가라가 자바에서 반란을 주도(1825~1830)
          반텐 및 서자바의 반란, 19세기
          카움무다: 수마트라와 말레이에서 일어난 개혁 및 근대화 운동
          아체: 1873~1908년에 울라마가 이끈 반네덜란드 저항운동
          무함마디야: 1912~현재까지 계속되고 있는 교육 및 사회 개혁운동

이집트와 북아프리카	아브드 알 카디르: 카디리야 교단의 수장, 알제리 국가를 건설하려 했으나 프랑스에 패함
	라흐마니야 교단: 알제리와 튀니지에서 수피 자위야의 네트워크를 이용하여 프랑스의 지배에 저항
	티자니야 교단: 서아프리카와 북아프리카의 지하드와 저항운동에 큰 영향을 미침
	할와티야 교단: 개혁파 수피형제단
	사누시야 교단: 무함마드 이븐 알리 앗 사누시(1859년 사망)가 창설한 개혁적인 교단으로 리비아에 국가를 건설하고, 이탈리아의 지배에 저항
	살라피 운동: 무함마드 아브두(1905년 사망)가 기초를 놓음. 북아프리카의 개혁 운동 및 민족운동, 튀니지의 청년튀니지당, 알제리의 벤 바디스, 모로코의 알랄 알 파시에 영향을 미침
동아프리카	이드리시야 교단이 알제리의 라시디야 교단, 수단과 누비아의 아미르가니야 교단, 리비아의 사누시야 교단으로 발전
	수단: 삼마니야 교단이 무함마드 아흐마드 알 마디(1885년 사망) 배출
	소말리아: 무함마드 아브달라 하산이 1899~1920년에 영국에 대한 저항운동을 전개
서아프리카	우스만 단 포디오(1754~1817)의 지하드: 하우사 제국(諸國)에 반대하여 소코토 칼리프조(1806~1903)를 건설한 북나이지리아의 개혁주의자, 아다마와 및 마시나에서 일련의 지하드를 일으킴
	우마르 탈(1794?~1864): 말리·세네갈·분두·푸타잘론·푸타토로 등지에 지하드 국가를 건설하고, 세네감비아 지역의 이슬람 국가들을 개혁
	마바: 19세기 세네갈의 지하드 주도
	사모리 투레(1830?~1900): 서아프리카에 국가를 세운 무슬림 전사

제적인 개혁주의는 알제리·모로코·서아프리카로 영향력을 넓혔고, 아울러 우마르 탈(1794?~1864)이 니제르에서 세네갈에 이르는 지역에서 정권을 장악하도록 지방세력에 영향을 미쳤다. 리비아에서는 사누시야 교단이 부족민들과 오아시스의 여러 도시를 느슨한 형태의 연합체로 통합하여 부족 간의 분쟁을 조정하는 한편 사막 교역을 활성화시켰다. 개혁운동은 캅카스와 내륙아시아의 반식민투쟁에도 영향을 미쳤다. 이 지역에서는 낙슈반디야 교단이 새로운 종교적 영감을 불어넣었으며, 궁극적으로는 러시아와 중국의 팽창에 저항하는 정치운동을 이끌었다. 인도의 북서변경지대에서는 사이이드 아흐마드 바렐위가 개혁주의 교의에 기초하여 파슈툰족을 규합하여 영국과 시크 교도에 반기

를 들었다.

두 번째로 이슬람 개혁주의는 유럽의 정치적 개입과 경제적 침략에 반대하고 있던 농촌상인과 도시상인들 사이에서도 자리를 잡았다. 벵골에서 일어난 파라이디 운동은 영국의 식민통치와 힌두 및 영국인 지주의 등장에 대항하기 위한 것이었다. 북인도에서는 영국의 식민지배가 시작되고 무굴 제국이 멸망하자, 도시와 마을의 중간계층이 개혁운동을 일으켰다. 울라마 개혁주의자들은 데오반드 학교에 기초한 일련의 대학을 설립하여 학생들을 가르쳤고, 졸업생들은 인도인을 개종시키고 교육시켜 진정한 무슬림으로 만들기 위해 노력했다. 데오반드 운동과 인도 각지에서 일어난 개혁운동은 인도 아대륙 무슬림의 정체성 형성에 크게 기여했다.

동남아시아에서도 개혁운동의 물결이 이어졌다. 19세기 초 수마트라의 파드리 운동은 커피 생산의 상업화와 관련이 있었다. 개혁적인 순례자와 학자들이 메카와 메디나에서 수마트라로 돌아와 무슬림 마을을 이슬람화하는 운동을 전개하자 커피 재배 농민들이 대거 호응했던 것이다. 19세기 말에는 개혁운동이 싱가포르를 비롯해서 동남아시아의 항구들에 자리잡고 있던 인도-말레이 상인공동체의 신조가 되었다. 세계경제의 확대, 순례의 증가, 수마트라와 말레이에 수출용 고무·커피·담배·후추·설탕·파인애플·야자기름을 생산하는 자본주의적 플랜테이션 경제의 창출, 플랜테이션과 광산 프롤레타리아트의 형성, 도시화, 상업화, 그 밖의 사회경제적 변화의 바람이 불어닥치자 전통적인 가족구조와 사회구조가 무너졌으며, 싱가포르와 도서지방의 항구에서는 무슬림 상인계급이 성장하고, 수마트라와 말레이 반도에서는 상업농이 이득을 누렸다. 그리고 이슬람 개혁주의가 새로운 공동체들의 이론으로 채택되었다. 이 같은 사회문화적 환경주의가 20세기 초 인도네시아에서 일어난 무함마디야 운동과 말레이 반도에서 일어난 카움 무다(청

년집단)운동의 토대였다. 내륙아시아에서도 상인과 지식층이 '우술리
자디드'(새로운 방법)를 일으켜 러시아의 지배에 대항하고 무슬림 공동
체의 부흥을 모색했다.

　이슬람 개혁주의는 이슬람 근대주의와 뒤섞일 수도 있었다. 이집트
의 법학자 무함마드 아브두(1849~1905)는 개혁운동의 원리들──코란
과 무함마드의 말씀으로의 회귀, 종교적인 문제에 독자적인 판단을 내
릴 권리, 전통에 대한 맹목적 복종의 거부, 수피 종교관행에 대한 반
대──을 유럽의 정치적·문화적 압박에 대항하는 근대주의적 대응과 접
목시켰다. 이런 유형의 운동은 교육개혁을 통해 성묘(聖廟)와 성자숭
배 및 주술적 종교관행을 바로잡는 한편 근대의 경제적·기술적 여건에
적응할 필요가 있음을 강조했다. 또한 이슬람 국가와 사회가 활력을 되
찾기 위해서는 유럽 열강으로부터 자치를 획득해야 한다는 의식을 고
취시킴으로써 때로는 대단히 정치적인 성향을 띠었다. 이집트, 아랍중
동, 북아프리카에서는 근대주의와 개혁주의 사상이 결합하여 살라피
운동으로 발전했다. 살라피 운동은 1920년대에 페스를 비롯한 모로코
의 소도시 상인 부르주아지의 이데올로기를 표현하는 수단으로 발전했
으며, 알제리에서는 도시의 영세 부르주아지와 생활터전을 상실한 이
농민들의 지지를 받았다. 모로코와 알제리의 개혁운동은 특정 계급을
초월했고, 한동안 민족정체성의 이데올로기이자 프랑스의 지배에 대한
저항의 이데올로기가 되었다.

　요컨대 이슬람 개혁주의는 전통적인 무슬림 사회구조의 변화와 유럽
의 정치적·경제적·문화적 지배에 맞서기 위한 울라마와 부족집단 및
도시공동체의 정치적·도덕적 대응이었다고 볼 수 있다. 이것의 기원은
17~18세기에 있으며, 처음에는 유럽의 압력에 대한 반응이 아니라 순
전히 내부상황에 대한 반응이었으나 나중에는 반식민 저항운동으로 변
했다. 개혁주의는 정치적 통합을 모색하던 부족사회와 상업화와 도시

화의 과정을 겪고 있던 상인과 농민에게 더 큰 공동체를 형성할 수 있는 문화적 기반을 제공했다. 때로는 정치적인 면에서 수동적인 태도를 보이기도 했지만, 개혁주의는 피식민자를 심리적으로 선동하는 데도 상당한 역할을 했다. 또한 캅카스·내륙아시아·인도·인도네시아에서는 지역주민들 사이에 무슬림의 정치적 정체성을 재구성하기 위한 수단이 되었고, 알제리와 모로코에서는 국민운동의 토대가 되었다.

반응과 저항의 유형

이슬람 사회의 와해와 유럽의 침투에 대한 두 가지 주요 반응은 정치엘리트와 울라마에게서 나왔으며, 약간 바뀌긴 했지만 이슬람 사회의 구조에 있어서 뚜렷한 연속성을 표상했다. 오스만 제국이나 터키처럼 국가엘리트가 울라마를 지배하고 있던 사회에서는, 정치엘리트가 국가독립의 길로 인도했고, 그 길에 대해서 아무도 반대하지 않았다. 그러나 훨씬 다원주의적인 이슬람 사회에서는 식민지배세력에 반대하는 투쟁이 다변화되었고, 이슬람 근대주의에 바탕을 둔 세속주의자·내셔널리스트·사회주의자를 비롯해서 이슬람 전통을 고수하거나 개혁운동을 전개하는 무슬림 엘리트들 사이에서 주도권 싸움이 벌어졌다. 정치구조가 비교적 개방적이었던 이란에서는 외국의 압력에 의해 제한적으로 국가의 근대화를 추진, 정부엘리트와 외국인 사업가의 결탁을 허용했으나 상인과 직인들의 이익은 물론 울라마의 문화적 위상에 타격을 가하면서 울라마와 상인과 지식인이 연합하여 외세의 침략에 반대하는 결과를 초래했다. 이란의 국가엘리트와 종교엘리트는 이란 국민의 정체성 문제와 경제개발정책, 대외관계를 둘러싸고 정면으로 충돌했다.

인도에서도 이슬람 사회는 정치권력은 물론이고 경제적 지배권과 문화적 우위까지 영국인과 그리스도 교도에게 빼앗긴 상태에서 다양한 반응을 보였다. 자리에서 물러나야 했던 정치엘리트들은 근대적인 교육을 받고 지식층으로 변신하여 인도 아대륙에서 이슬람 국민국가 건설에 앞장섰다. 울라마 개혁세력은 개인의 종교적 가치라는 관점에서 인도 무슬림의 정체성을 확보하기 위한 노력을 멈추지 않았다.

인도네시아에서도 다양한 세력이 권력투쟁을 전개했다. 각 집단은 식민통치에 대한 인식이 달랐고, 계급과 신분상의 이해관계도 상이했으며, 서로 다른 이슬람 문화의 전통을 수용하고 있었기 때문에, 식민주의와 경제적 변화에 대한 대응방식도 달랐다. 프리아이는 네덜란드식 교육을 받고 세속화된 지식층으로 변모하여 인도네시아 독립운동을 주도했다. 반면에 상인과 상업농들은 개혁주의 이데올로기를 신봉했다. 전통사회의 구조가 비교적 잘 보존되어 있던 자바의 일부 지역에서는 울라마가 농촌에서 리더십을 유지했고 네덜란드의 지배에 반대하는 농민항쟁을 이끌었다. 독립을 전후한 시기의 인도네시아 정치의 특징은 내셔널리스트, 이슬람 개혁주의자, 보수적인 무슬림 사이의 정치적·이데올로기적 권력투쟁의 연속이었다.

프랑스의 점령과 식민화에 대한 알제리 사회의 대응도 복잡하기는 마찬가지였다. 프랑스의 지배로 전통사회는 와해되었으나 1920년대와 1930년대에는 도시화와 이농이 새로운 알제리 엘리트 형성의 토대였다. 알제리 엘리트는 크게 세 부류로 나뉘었다. 첫 번째는 프랑스식 교육을 받은 부류로, 이들은 무슬림이 프랑스의 문화와 정치에 동화되어 프랑스 시민으로 받아들여지기를 희망했다. 두 번째는 개혁주의 성향의 울라마 집단인데, 이들은 도시의 프티부르주아지와 일부 농민층의 지지를 받았고, 아랍과 이슬람의 관점에서 알제리 민족의 정체성을 규정하고자 했다. 마지막으로 포퓰리즘적인 지도자들은 알제리와 프랑스에 거주하는 알제리인 노동자들을 조직하여 급진적인 정치운동을 전개했다. 1940년대 말까지도 이들 엘리트층의 운동은 알제리의 독립에 유

의미한 진전을 가져오지 못했다. 프랑스의 식민지배를 타도하고 독립
국가 알제리를 세우는 데 주도적인 역할을 한 것은 혁명적인 신세대 군
인들이었다. 그럼에도 불구하고 신생국 알제리는 이슬람 개혁주의와
포퓰리즘적인 사회주의라는 과거의 요소들로 규정되었다.

그러므로 대부분의 이슬람 사회에서 근대 이슬람 국민국가의 정치와
문화를 규정해온 것은 정치지도자와 울라마와 신흥 엘리트 사이의 투
쟁이었다. 이들 사회의 '근대화' 속에서도 전통적인 엘리트와 제도와
문화가 지속되었다는 것은 이슬람 세계의 각국에서 경제와 기술의 보
편적인 특징들이 서로 다른 버전의 근대를 용인하는 방식 안에서 표현
되고 조직되고 밀접한 관계를 맺게 되었음을 뜻했다.

중동의 내셔널리즘과 이슬람

22장

이란: 근대의 국가와 종교

근대 이란은 사파비 왕조(1501~1722)의 국가유형과 종교나 부족(우이마크)제도를 물려받았으며, 이런 체제는 오늘날에 이르기까지 이란의 역사를 형성해왔다. 1779년부터 1925년까지 이란을 지배한 카자르 왕조도 지방의 부족세력이 강력했던 반면에 중앙정부의 권한은 미약했으며 종교단체가 독립성을 유지했다는 점에서 사파비 왕조와 크게 다르지 않았다. 19세기에는 유럽의 정복과 문화적 영향 및 경제적 침탈로 인해 국가와 사회는 양극화되었고, 그 결과 1905년에는 입헌혁명이 일어났다. 지식인·울라마·상인·직인이 합세하여 의회 개설을 시도했던 것이다. 그러나 1925년부터 1979년까지 이란을 지배한 팔라비 왕조는 사실상 이전의 역사를 반복했다. 팔라비 왕조는 국가권력을 중앙에 집중시키고 경제와 사회를 근대화하고자 노력했으나, 결국은 이슬람의 이름으로 울라마가 주도한 범국민적인 저항에 부딪혔다. 지난 200년간 국가와 울라마 사이의 끊임없는 투쟁이 이란 역사의 주된 특징이었다.

카자르 왕조: 기나긴 19세기

이란에서 근대라는 긴 시간은 카자르족과 함께 시작되었다. 카자르족은 무정부상태와 부족투쟁의 시대를 거쳐 권력을 잡았으나 결코 정권을 반석 위에 올려놓지는 못했다. 카자르의 군대는 투크르멘인 호위병과 그루지야인 노예로 구성되었으며, 중앙정부는 조세행정마저 제대로 시행하지 못할 정도로 허약했다. 그들이 다스리는 각 지방은 무수한 부족집단·민족집단·지역집단으로 쪼개져 있었고, 이런 파벌들은 자기네 수장의 명령을 따랐다. 부족장들은 정식으로 정부의 임명을 받았지만 토지를 관리하고 조세를 징수했으며 사법권을 행사하고 분쟁을 해결하는 등 사실상 국가로부터 독립적인 위치에 있었다. 부족의 실질적인 지배자는 칸과 일칸*이었다. 칸은 일칸의 지지에 의존하고 있었기 때문에 그 권위가 절대적인 것은 아니었다. 칸은 자신의 세력을 강화하기 위해 강요·매수·회유 등의 다양한 방법으로 일칸들을 규합했고, 때로는 다른 힘 있는 칸과 동맹을 맺기도 했으나, 대체로 자치권을 누리는 데 만족했다. 도시의 구역과 길드도 상당한 정치적 자치를 확보하고 있었다. 더욱이 카자르 왕조는 사파비 왕조와는 달리 정통성을 인정받지 못했기 때문에, 카자르 왕조보다 규모가 작은 수장들 사이의 경쟁관계를 이용하여 종주권을 유지해 나갔다.

카자르 왕조는 간신히 통치권을 유지했던 반면, 종교단체의 힘은 커져갔다. 18~19세기에 이란의 울라마는 전례가 없을 정도의 자치와 강력한 리더십, 조직의 통합을 이룩했다. 무즈타히드(이슬람법의 해석자)라 불리던 울라마의 종교적 권위는 크게 높아졌다. 울라마는 영적·지적 성취를 바탕으로 종교적인 사안에 대해 독자적인 판단을 내리고 새

* 칸의 지배를 받는 족장.

로운 해석을 할 수 있는 권리를 가지고 있다고 주장했다. 또한 이맘이 없는 현재의 세상에서는 신앙심이 깊은 정신적 지도자가 무슬림 공동체의 진정한 지도자라고 주장했다. 일반인들은 울라마를 절대적인 정신적 지도자('마르자이 타클리드')로 받아들였다. 시아파 성묘, 타지야 의식(후사인을 애도하는 의식), 후사인의 순교를 기념하는 행진은 이란인의 마음을 사로잡는 데 한몫했다. 울라마의 종교적 권위가 커진 것은 기본적으로 이란 정치체제의 취약성에서 기인했다. 하지만 이라크 내 시아파의 영적인 센터들과 느슨하게나마 유대를 형성한 것도 울라마의 위상을 높여주었다. 이라크의 성묘는 이란의 시아파가 카자르 왕조의 물리적 통제를 받지 않는 외부에서 활동할 수 있는 기반이 되었다.

울라마는 사법행정을 맡고 신용기금과 자선사업을 관리하는 한편 출생·결혼·사망과 관련된 행사를 주관함으로써 서민들과의 유대를 공고히 했다. 특히 직인·노동자·상인 등 시장사람들과의 관계를 돈독히 했다. 또한 신자들이 바친 헌금과 정부에서 주는 토지로 재정 기반을 확보했다. 이란의 종교단체는 형식상의 위계와 상설적인 내부기관을 갖추지 못했다는 점에서 교회와 같은 조직은 아니었다. 그러나 그 영향력이 전국에 미쳤고 부분적으로 자치적이었으며 종교적·정치적 활동을 통해 응집력을 발휘할 수 있었다.

울라마와 카자르 정권의 관계는 미묘했다. 정권은 허약했지만, 국가와 울라마 엘리트는 역사적으로 상호협력하는 관계였다. 십이 이맘파의 울라마는 퀴에티슴에 몰입하고 정치문제에는 적극적으로 개입하지 않는 오랜 전통을 갖고 있었다. 그들은 신학적이고 종교적인 문제에만 집중하고 나머지 문제에 대해서는 국가에 복종했으며, 아울러 국가에 의존했다. 이들은 관직에 임명되어 봉급이나 토지를 받고 성묘와 학교 운영에 필요한 기부금을 받았던 것이다. 부족세력을 기반으로 불안하게 정권을 유지하던 파트흐 알리 샤(1797~1834년 재위)는 성묘를 재건하고 울라마를 공직에 임명하여 정부와 주민 사이의 조정자로 대우했다. 그는 이스파한의 사이이드 무함마드 바키르처럼 지도적 위치에 있는 울라마 유력자들의 독립을 용인했다. 사이이드 무함마드 바키르의 권력은 상당한 규모의 토지재산, 종교기부금에 대한 관리권, 많은 유력자들의 지지를 기반으로 했다. 파트 알리는 수피즘과 이단적인 교리를 억압함으로써 바키르를 지원했다. 그의 통치술은 이중적인 결과를 가져왔는데, 당장에는 울라마 세력을 정권에 묶어둘 수 있었지만 나중에는 울라마가 자치를 행할 수 있는 길을 열어주는 셈이 되었기 때문이다.

유럽의 침략은 잠재되어 있던 울라마와 국가 사이의 내적인 긴장을 고조시켰다. 18~19세기에 러시아가 이란 북서부를 장악했다. 굴리스탄 조약(1813)에 따라 아르메니아의 그루지야·다르반드·바쿠·시르반 등지가 러시아에 넘어갔다. 1826년에 러시아군은 타브리즈를 점령했다. 러시아는 투르크만차이 조약(1828)에 의해 아르메니아를 차지하고 카스피 해를 지배하게 되었고, 대(對)이란 무역에서 최혜국 대우를 받았다. 1864년과 1885년 사이에 러시아의 새로운 물결은 최고조에 달하여 중앙아시아의 이란 지방들을 점령했다. 러시아의 정복활동은 영국에 의해 저지되었다. 영국군이 인도를 보호하기 위해 아프가니스탄을 지배하려 했던 것이다. 이란 역시 내심 아프가니스탄을 합병하려 했으나, 1856년에 헤라트 전투에서 영국군에 패배함으로써 아프가니스탄의 독립을 인정했을 뿐만 아니라 정치적·상업적으로도 더 많은 양보를 감수해야 했다. 결과적으로 러시아는 내륙아시아와 캅카스 지역을 지배하게 되었고, 영국은 아프가니스탄을 지배하게 되었다. 중요한 것은 열강이 이란을 직접 식민통치하지는 않았다는 점이다.

1857년 이후 영국과 러시아의 침투는 주로 경제적인 것이었다. 1872년에 이란 정부는 영국인 배런 드 로이터에게 광범위한 특권을 부여했다. 드 로이터는 24년 간의 관세징수권, 기차와 전차 부설에 대한 독점권, 엄청난 양의 광물과 금속채굴권을 비롯해서 운하 및 관개시설 건설에 대한 배타적 권리를 인정받았다. 또한 샤에게 이익의 일부를 배분하고 로열티를 제공한다는 조건으로 국영은행·도로·전신·제분소 건설에 대한 우선 협상권도 확보했다. 1889년에는 영국의 주선으로 페르시아 제국은행이 설립되었고, 이란의 담배산업독점권도 영국 회사에 넘어갔다. 러시아도 전쟁에 대한 보상으로 경제적 이득을 챙겼다. 카스피 해 조업권이 러시아로 넘어갔으며(1888), 러시아의 후원 아래 페르시아 할인은행이 설립되었다(1891). 1890년대에는 러시아가 샤의 최대 채권자가 되었다. 마침내 1907년에 영국과 러시아는 협정을 체결하고 이란을 삼분할하여 북쪽과 남쪽은 각각 러시아와 영국의 관할지역으로 삼고 중간에 완충지대를 두기로 합의했다. 열강은 유럽에서의 전면전을 예상하고 그들 사이의 분란을 잠재우기 위해 이란을 명목상 독립적인 왕정국가로 남겨 놓았으나, 실질적으로는 이 나라를 지배했다.

오스만 제국과 마찬가지로, 유럽의 정치적·경제적 간섭에 자극을 받은 카자르 왕조는 국가기구의 근대화에 착수했다. 서양의 영향을 받은 정부 고위층에서는 이란의 군사제도와 정부체제를 서양식으로 개혁해야 한다는 분위기가 조성되었다. 1826년에는 새로운 군부대 창설방안이 제기되었으나 울라마와 부족세력의 강력한 반대에 부딪혔다. 나세르 옷 딘(1848~1896년 재위)은 군제를 개편하여 각 도시와 마을에 병사수를 할당하고 병사를 제공하지 못할 경우에는 병사의 봉급에 상응하는 돈을 납부하도록 했다. 또한 지방의 총독·부족장·지주에 대한 의존도를 낮추고, 러시아식으로 정부조직을 정비했다. 1851년에는 군인과 공무원을 양성하기 위해서 '다르알푸눈' 즉 전문대학이 설립되었으며 19세기 후반에는 미션스쿨들이 서양의 과학기술을 도입했다. 1878년과 1880년 사이에는 오스트리아인 고문과 러시아인 고문이 이란군을 도와 기마부대를 재편하고 코사크 연대를 창설했다.

한편 개혁운동의 여파로 근대화만이 외세의 지배를 물리치고 이란 국민대중의 생활여건을 향상시킬 수 있는 길이라고 믿는 이슬람 근대주의 사상가와 서양화된 지식인 계층이 새롭게 등장했다. 유럽에서 교육을 받은 사람, 외국 열강과 관계를 맺고 있는 정부의 고위 관료, 러시아 지배하의 자카프카지예*에서 일어난 급진적 운동의 영향을 받은 다양한 종교적 소수집단이 이 대열에 가세했다. 또한 유럽과의 교역에서 중개인 역할을 해서 돈을 번 상인들이 소규모 부르주아 계급을 형성했다.

하지만 정부는 물론이고 개혁적인 지식인들도 국가 전체에 큰 영향을 미치지는 못했다. 지식인의 개혁운동은 정부관료나 서양식 교육을 받은 언론인을 비롯한 사회의 일각에서만 논의되었을 뿐, 국민 대중에게는 전파되지 못했던 것이다. 통치자들이 자신의 권위가 손상되는 것을 우려했기 때문에, 개혁 프로그램은 힘을 얻지 못했다. 영국과 러시아가 체제를 유지해주고 있는 상황에서 굳이 국면을 전환시킬 이유도 없었다. 또한 자금 동원에 어려움이 있었을 뿐만 아니라, 설령 자금동원에 성공한다고 하더라도 국고를 사유재산으로 여겨온 통치자들이 자금을 공익을 위해 사용할 까닭이 없었다. 더구나 부족세력은 정부의 군사력 독점에 저항했고, 울라마는 세속화에 반대했다. 한편 러시아는 철도부설을 방해했다. 이런 여러 가지 압력에 직면한 상태에서 카자르의 지지부진한 개혁은 외국의 침략을 막아내기에 불충분할 수밖에 없었다.

개혁운동과 함께 유럽의 개입에 반대하는 저항운동이 일어났다. 울라마가 선봉이 되어 외국의 침략 및 외세와 결탁한 카자르 왕조에 저항했다. 서양화된 지식인들은 정부의 부패를 성토하는 한편 자신들이 권력에서 배제된 것에 분개했다. 유럽과의 경쟁과 정부 독점기업의 출현으로 어려움에 처한 상인과 직인, 외세의 영향을 우려하는 울라마 집단

---

* 북쪽으로 캅카스 산맥의 높은 산들과 접하고 남쪽으로는 이란, 서쪽으로는 흑해, 동쪽으로는 카스피해와 경계를 이루는 지역.

은 노골적으로 정부정책에 반대했다. 1826년에 정부가 오스만 제국을 본떠 서양식 군대의 창설을 시도하자, 그들은 거세게 저항했다. 1828년에 러시아가 캅카스를 점령했을 때에는, 전국이 지하드의 열기로 들끓었다. 모함마드 샤(1834~1848년 재위)는 교묘하게 반(反)울라마 종교정책을 추구하고 서양식 정부와 복지제도를 채택함으로써 국가와 울라마 사이의 갈등을 악화시켰다.

나세르 옷 딘 샤 치세에 미르자 타키 칸(혹은 아미르 카비르) 내각이 개혁정책을 추진하면서, 국가와 울라마 사이의 긴장은 더욱 고조되었다. 정부는 법원을 신설하여 울라마의 사법권 행사를 제한했으며 모스크와 성묘의 성역권을 제한하는 한편 종교기금을 규제하는 조치를 취했다. 또한 종교단체에 대한 지원금을 삭감하고 세속적 학교의 설립을 후원함으로써 울라마 학교를 견제했다. 정부는 또한 타지야*도 금지시키려고 했다.

19세기 중반에 이르자 정부의 완강한 태도와 새로운 종교운동의 출현으로 울라마는 어려운 처지에 놓이게 되었다. 사이이드 알리 무함마드는 종교적 확신을 추구하던 시아파의 염원에 다시 불을 붙였다. 무함마드는 무슬림이 숨은 이맘과 단절된 것이 아니며 무슬림 사회에는 숨은 이맘의 의지를 해석해주는 사람이 언제나 존재한다고 주장했다. 1844년에 무함마드는 자신이 바로 그 사람이며 '바브'(문)라고 선언했고, 나중에는 자신이 진정한 이맘이라고 선포했다. 무함마드는 울라마를 국가에 매수된 부패한 세력이라고 비난함으로써 울라마의 권위를 완전히 무너뜨렸다. 아울러 새로운 경전 바얀을 발표하고 바얀이 코란을 능가한다고 주장했다. 그는 정의의 실현, 재산에 대한 과세 및 몰수 금지, 무역과 이윤추구의 자유 등의 강력한 사회적 메시지를 전파했다.

* 시아파 순교자를 추모하는 종교극.

그의 주장에 고무되어 이란의 여러 지방에서 반란이 일어났으나 결국은 실패로 끝났다. 사이이드 알리 무함마드는 1850년에 살해되었고, 그의 추종자들은 두 집단으로 나뉘었다. 아잘리파라고 불린 한 집단은 카자르 정권에 대한 저항을 계속했고 1905년 혁명에 적극 동참했다. 두 번째 집단은 바하울라를 추종했는데, 바하울라는 1863년에 예언자를 자칭하고 바하이교를 창시했다. 바하이교는 평화적 자유주의를 표방했으며, 주로 서양화된 상인계층이 이에 동조했다. 이런 상황에서 그나마 울라마 집단에게 위안이 되었던 것은 샤이흐 무르타다 안사리가 시아파의 유일한 '마르자이 타클리드'(정신적 지도자)로 부상했다는 사실이었다. 이란 역사상 처음으로 종교적 리더십이 한 사람에게 집중되었다.

입헌제의 위기

영국인 드 로이터에게 경제적 특권을 부여한 일을 놓고 국가와 울라마 사이의 긴장은 최고조에 달했다. 울라마는 그것이 이란을 외국인에게 팔아먹는 행위라고 비난했고, 러시아는 그것이 이란을 영국에 넘겨주는 조치라며 합세했다. 나라 안팎의 압력으로 드 로이터에게 준 특혜는 1873년에 폐지되었다. 이 사건은 1890년에 영국회사에게 허가한 담배사업독점권에 대한 저항운동으로 연결되었다. 1891년과 1892년에 울라마와 상인, 자유주의적 지성인, 장교들이 연합하여 영국인 회사가 생산하는 담배의 불매운동을 벌였다. 울라마는 시라즈·이스파한·타브리즈·마슈하드 등지에서 시위를 주도했다. 이 문제에 대해 샤이흐 무르타다의 뒤를 이은 미르자 후사인 시라지가 '파트와' 즉 법학 의견을 발표하자, 불매운동은 전국으로 확산되었고 결국 독점은 폐지되었다. 경제적인 요인도 저항운동에 한몫했다. 상인들은 위상이

격하되어 외국의 기업과 이란인을 연결하는 중개인의 역할에 머물렀고, 수입상품의 범람으로 직인과 면직물 제조업자, 직조공들의 생활은 극도로 어려워졌다. 경제적 요인 못지않게 중요한 것은 외국의 침투에 대한 울라마의 이데올로기적인 적개심과 카자르 정권에 대한 정치적 저항의식이었다.

서양화된 지식인과 이슬람 근대주의 사상가들도 소수이긴 했지만 울라마·상인·직인들의 반대운동에 힘을 실어주었다. 그들은 비밀결사, 출판물, 광범위한 편지쓰기 운동을 통해 담배 독점에 대한 저항을 선동하고 조율했다. 100년 동안 쌓인 종교단체의 국가에 대한 적대감과 상인·직인·관리·지식인 등 중산층의 불만이 하나로 합쳐져 카자르 정권에 대한 최초의 '국민적' 저항으로 발전했던 것이다.

하지만 농민들의 저항은 미미했다. 이란에는 다른 사회에서 반정부운동의 주축이 된 중농(中農)이 거의 형성되지 못했다. 대부분의 농민은 소작농 또는 차지인의 신분으로 지주에게 예속되어 있었다. 또한 마을들이 고립되어 있었기 때문에 계급의식도 발달하지 않았다. 이란의 농민들은 너무나 가난할 뿐만 아니라 분열되어 있어서 반정부운동에 가담할 수 없었다.

1892년부터 1905년까지 지속된 국가와 울라마 사이의 갈등은 마침내 1905~1911년에 헌정질서의 위기를 맞으면서 절정에 이르렀다. 많은 울라마가 카자르 정부와의 협력관계를 회복했지만, 지식인·울라마·상인들로 조직된 비밀결사는 지하운동을 전개했다. 정부정책에 대한 종교적·경제적 반대라는 전통적인 요소에 입헌주의 사상이 추가되었다. 유럽의 의회제도, 1905년 러시아 의회의 탄생, 그리고 무엇보다도 오스만 제국과 이집트의 근대화에 자극받은 이란인은 자국의 정치구조를 다시 생각하게 되었다. 러시아가 지배하고 있는 자카프카지예에서 발행된 자유주의적이고 혁명적인 신문들이 이란 사회에 배포되면서 새로운 여론이 조성되었다. 국민주권·법치·애국주의가 페르시아 사회의 근대화 원리로 제시되었다. 외교관이자 정치인인 말캄 칸(1833~1908)은 원래 아르메니아 출신이었으나 이슬람으로 개종하고 파리에서 교육을 받았으며 경력의 대부분을 유럽에서 대사로 지낸 인물이다. 그는 런던에서 『카눈』이라는 신문을 발행하여 이란 사회의 근대화를 지지했다. 그는 자문회의를 구성하여 왕권을 강화하고, 서구화 프로그램을 추진하고, 새로운 교육제도를 도입해야 한다고 주장했다. 그는 개혁과 이슬람이 양립할 수 있다는 입장을 취했다. 주로 러시아에서 생활한 상인 아브둘 라힘 탈리보프(1834~1911)도 입헌정부 수립과 시민의 자유를 주창했다.

　범이슬람주의자들도 개혁운동에 동참했다. 범이슬람주의 사상가들은 종교적인 관점에서 자신의 견해를 제시했지만, 그들의 장기적인 목표는 이란 사회의 근대화였다. 자말 앗 딘 알 아프가니와 미르자 아카 칸 케르마니는 반제국주의 이론으로서의 이슬람의 정치적 측면을 강조했는데, 이런 주장은 국민적 자부심을 되살리고 서양의 개입에 저항하도록 무슬림을 동원하는 데 도움이 되었다. 사이이드 무함마드 타바타바이를 비롯한 자유주의 성향의 울라마들도 세속적인 서양의 정부 개념을 지지했다.

　미르자 모함마드 호세인 나이니는 『인민의 발전을 위한 제언』이라는 책을 써서 울라마 자유주의자의 입장을 구체적으로 나타냈다. 그는 전제(專制)를 막기 위해서는 통치자의 권력을 제한해야 하며 이를 위한 최선의 메커니즘은 국가자문회의의 설치라고 주장했다. 하지만 입헌기구에 대한 서양의 개념과 이슬람의 시각 사이의, 세속법과 이슬람법 사이의, 시민의 평등과 비무슬림에 대한 무슬림의 우위 사이의, 언론의 자유와 종교적 진실의 포교 사이의 잠재적 갈등에 대해서는 언급하지 않았다. 자유주의적인 울라마가 입헌제를 옹호한 것은 입헌제에 대한

오해나 전술적인 선택의 결과였다. 그들 가운데 일부는 의회의 개념을
법정에 대한 이슬람의 전통적인 관념과 혼동했다. 또 일부는 입헌제를
국가의 권한을 제한함으로써 억압과 폭정을 막는 통치의 한 형태로 이
해했다. 또 다른 일부 울라마는 입헌정부를 자신들의 권위를 제도화할
수 있는 수단이라 판단하고, 의회를 이용하여 국정에서 자신들의 목소
리를 높일 수 있으리라고 기대했다. 입헌정부와 전통적인 형태의 기구,
그리고 이슬람법을 시행하는 기구와 대의정치제도를 혼동함으로써 울
라마들은 자유주의자 및 상인들과 연합하여 왕정에 반대하게 되었던
것이다.

입헌제 선동은 1905년과 1906년에 최고조에 달했다. 샤가 러시아에
진 빚이 늘어나고 러시아가 바하이파를 지원하고 벨기에인을 우정대신
에 임명하는 등 외세의 간섭이 더욱 심해지자, 시장에서는 저항이 일어
났고, 1906년에는 제헌의회가 소집되었다. 제헌의회는 울라마와 상인
과 서양화된 자유주의자의 연합체나 마찬가지였다. 의원의 26%는 직
인 대표였고, 상인은 의석의 15%, 울라마는 20%를 차지했다. 제헌의
회가 제정한 헌법은 1979년까지 이란의 공식 헌법으로 남아 있었다.
새로운 헌법은 샤를 의회정부에 종속시켰고, 이슬람을 이란의 국교로
선언했다. 또한 샤리아의 실행을 국가의 의무로 규정하고 새로운 헌법
이 이슬람법과 일치하는지를 검토하기 위해 울라마로 구성된 별도의
위원회를 설치했다.

새로운 헌법이 제정된 뒤에도 투쟁은 계속되었다. 다수의 울라마와
상인, 직인, 바흐티야리 부족민은 입헌파를 지원했고, 타브리즈와 이스
파한의 주민들도 그들을 열렬하게 지지했다. 반면에 샤와 보수적인 울
라마 및 대지주와 그 피보호민들은 입헌주의에 반대했다. 두 세력 사이
에 참혹한 전쟁이 벌어졌다. 1907년과 1908년에 샤는 코사크 연대를
동원하여 의회를 폐쇄했으나, 1909~1911년에는 입헌파가 권력을 회

복했다. 하지만 제2입헌제 기간에 해당하는 이 시기에 자유주의 개혁가와 울라마 사이의 연합에 금이 가기 시작했다. 개혁가들이 이슬람 체제를 무너뜨리고 광범위한 토지개혁을 실시하고 새로운 세속적 교육제도를 도입하려 하자, 울라마의 기대는 무참히 깨져버렸다. 이런 와중에 1911년에 러시아가 개입하여 신정권을 무너뜨리고 샤의 정부를 회복시켰다.

1905~1911년에 헌정의 위기가 계속되면서 19세기 이란 이슬람 사회의 근본적인 양상이 되살아났다. 19세기에는 다수의 울라마가 국가를 지지하고 연금과 선물을 받고 궁정과 정부에 진출하고 토지를 소유하는 등 지배엘리트로 행세했다. 한편 일부 울라마는 종교적·교리적 이유에서 퀴에티슴을 택함으로써 세상사에 등을 돌리고, 숨은 이맘의 귀환을 기다리며 종교적 순수성을 지키기 위해 노력했다. 그들은 정치적인 문제에서는 발을 빼고 교육·예배·사법행정·자선활동에 전념했다. 하지만 외세의 영향, 경제적 양보, 중앙집권화, 그리고 울라마의 사법권과 교육권을 제한하는 정부의 정책은 울라마 집단 전체의 저항을 유발했다. 울라마의 반대운동은 일반적으로 특정 정책들을 겨냥한 것이었다. 울라마는 원칙적으로 왕정에 반대하지는 않았다. 그들의 주된 관심사는 국가정책이 이슬람의 종교적 규범에 일치하느냐 하는 것이었다. 요컨대 국가의 힘이 약한 상황에서 울라마, 부족, 길드, 지방공동체 사이의 고도의 조직화가 혁명적인 저항을 가능케 했던 것이다.

20세기의 이란: 팔라비 시대

20세기에 이란은 역사적 변화의 새로운 국면에 접어들었지만, 이런 변화도 결국에는 국가와 종교단체 사이의 고질적인 갈등을 재연하고 첨예화했다. 내정개혁과 유럽 및 미국의 지원에 힘입어 국가

권력은 강화되었으나, 울라마는 국가, 외세의 영향, 이란 이슬람의 가
치에 역행하는 정책에 계속해서 반대했다. 20세기에는 이데올로기적·
경제적·정치적 환경의 변화 속에서 국가와 울라마의 해묵은 갈등이 재
개되었다고 볼 수 있다.

　1911년부터 1925년까지 이어진 무정부상태에 가까운 혼란기를 거
쳐 근대 이란 국가가 탄생했다. 이 기간에 외세의 개입은 극에 달했다.
제1차 세계대전 중에 러시아는 이란 북부에 군대를 주둔시켰고, 영국
은 이란 남부를 점령했다. 1917년에 러시아의 차르 정권이 무너지자,
이란 전역은 영국의 수중에 들어갔다. 1919년에 체결된 영국–페르시
아 조약에 의해 이란은 사실상 영국의 보호령이 되었다. 이 조약하에서
영국은 이란 군대를 훈련시키고 이란의 경제발전에 필요한 재정을 지
원하며 기술 및 경영 고문을 파견할 것이었다. 같은 시기에 소련은 질
란과 아제르바이잔의 분리주의 운동을 지원하는 한편 타브리즈와 테헤
란의 공산당을 후원했다. 하지만 1921년에 이란과 소련은 이란측에 매
우 유리한 우호조약을 체결했다. 소련은 질란에서 철군하고 이란의 부
채를 탕감하고 각종 이권을 비롯해서 외국인에게 부여된 법적 특권을
포기하기로 약속했다. 하지만 카스피 해에서의 조업권을 유지했고, 이
란이 외국의 침략을 받을 경우 개입할 수 있는 권리를 확보했다. 소련
과의 조약으로 힘을 얻은 이란은 1919년에 영국과 맺었던 치욕적인 조
약을 폐기했다.

　일련의 무기력한 내각의 지배를 받고 있던 이란 내부에 마침내 변화
의 바람이 불어왔다. 코사크 연대의 장교 레자 칸이 군 최고사령관 겸
국방장관이 되어 실권을 잡았던 것이다. 레자 칸은 군대와 경찰을 장악
하고 부족 및 지방세력을 제거함으로써 이란의 대부분 지역을 군대의
통제하에 두었다. 이어 1925년에는 자신이 이란의 샤가 되어 입헌군주
국인 팔라비 왕국(1925~1979)을 세웠다.

팔라비 왕조하에서 이란 역사상 처음으로 강력한 중앙집권화된 정부
가 탄생했다. 이 나라는 이데올로기 면에서 내셔널리즘을 표방했고, 권
위주의적인 통치하에서 경제의 근대화와 문화의 서양화정책을 야심차
게 실행에 옮겼다. 국가는 부족사회를 완전히 지배했으며 한동안은 울
라마 세력도 장악했다.

레자 샤의 첫 번째 업적은 근대적인 군대의 창설이었다. 카자르 왕조
도 서양식으로 군대를 개혁하려 했지만, 통일된 군단보다는 서로 경쟁
을 벌이는 전통적인 연대의 유형을 유지했다. 레자 샤는 프랑스에서 장
교단을 훈련시켰고, 강제징집제도를 도입했다. 연간 정부예산의 약
33%가 군사비로 지출되었다. 이런 과정을 거쳐 샤는 서양화된 군대를
갖추고 나라를 다스릴 수 있었지만, 1941년에 소련과 영국이 이란을
점령하는 사태를 막지는 못했다.

강력한 군대와 행정권의 확대에 힘입어, 팔라비 정권은 종교인과 상
인, 부족 엘리트의 반대를 극복했다. 또한 공산당과 노동조합을 불법화
하고 의회를 무력화시켰으며 언론을 검열했다. 정부는 지주계급에게
정치적 지지를 기대했다. 1928년과 1929년에는 사실상 토지를 점유하
고 있는 사람에게 소유권을 인정하고 등기를 요구하는 새로운 법을 제
정했고, 이 법은 가난한 소작인보다는 부유한 지주들에게 유리하게 작
용했다. 역사상 처음으로 국가가 부족공동체와 칸의 세력을 누르고 전
국을 지배하게 되었다. 팔라비 정권은 부족들을 강제로 정착시키고 칸
의 정치권력을 흡수했다.

레자 샤는 집권과정에서 외세에 대항할 수 있는 강력한 정부를 원했
던 울라마의 도움을 받았으나, 오히려 울라마의 권력을 축소시키기도
했다. 세속적인 교육제도의 도입, 국가의 종교학교 감독 등의 다각적인
조치를 통해 팔라비 정권은 울라마를 국가의 통제하에 두고자 했다.
1934년에는 교사양성법을 제정하여 대학을 신설했고, 교육부는 독자

적으로 신학교의 교과과정을 편성했다. 나아가 종교교육의 대안으로 교육부·공업부·보건부·농업부·국방부·재무부 등의 부처가 전문학교를 설립했다. 1935년에는 테헤란 대학이 설립되어, 정부의 엄격한 감독하에 유럽에서 공부한 교수들이 교육을 담당했다. 많은 학생이 외국에서 교육을 받은 뒤에 귀국하여 서양의 과학기술지식과 사회사상을 전파했다.

사법행정의 재정비는 울라마에게 다시 한 번 타격을 주었다. 1906년에 제정된 헌법에 의해 민사법원과 형사법원이 설립되고 1911년과 1915년에는 상법이 제정되었지만, 사법행정은 여전히 울라마의 수중에 있었다. 하지만 레자 샤는 1928년에 샤리아를 폐기하고 새로운 법전을 도입했다. 1932년에 의회는 새로운 법률을 제정하여 사법문서의 등기업무를 일반법원으로 넘겼다. 이로써 울라마는 주된 수입원을 상실하게 되었다. 또한 1936년에 제정된 법률은 모든 재판관의 자격요건으로 테헤란 대학이나 외국대학 법학부의 학위를 요구함으로써 울라마가 재판관이 될 수 있는 길을 막아버렸다. 1930년대에는 프랑스의 사법제도를 모방한 새로운 사법체계가 갖추어졌고, 신설된 사법기관이 서양의 법규와 이슬람의 법규가 복잡하게 뒤섞인 이란의 사법행정을 담당하게 되었다. 새로운 사법제도는 적합성 여부와 상관없이 국가의 우위를 굳히는 정치적 의의를 갖는다. 팔라비 정권은 수난극 공연·순례·설교를 금지시켰고, 근대적인 의상법을 제정했다.

사법행정과 교육의 세속화는 국가가 주도하는 경제의 근대화라는 커다란 그림의 일부였다. 이란은 1920년대와 1930년대에 근대경제의 인프라가 개발되었다. 정부는 관세청을 신설하고 벨기에인들을 관리로 임명했다. 또한 미국의 재정적 도움을 받아 조세제도를 정비했고, 1927년에는 이란 국립은행을 설립하여 독일인 재정 전문가에게 관리를 맡겼다. 1926~1938년에는 페르시아 만의 반다르샤푸르와 카스피 해의 반다르샤를 연결하는 철도를 놓았다. 하지만 국제적인 수송망과 대도시와의 연계는 고려되지 않았고, 주요 경제지역을 연결하는 철도도 건설되지 않았다. 우편과 전신, 항공운송은 경제발전을 촉진했고, 지방에 대한 중앙정부의 통제도 확대했다.

1930년 이후 민간경제 부문에서 자본이 고갈되고 지주들도 공업에 대한 장기적인 투자를 기피하는 현상이 나타나자, 정부는 수많은 공업 프로젝트를 후원했다. 정부는 수입 대체산업에 역점을 두고, 면직물·양모·비단을 제조하는 공장, 제당 공장, 제과 공장·통조림 공장·양조장과 같은 식품가공 공장을 건설했다. 1941년경에는 비누·유리·종이·성냥·담배가 국영공장에서 생산되었다. 국가는 무역과 외환을 직접 통제했으며, 1925년에는 차(茶)와 설탕 수입을 독점했다. 또 외국인의 이익도 제한했다. 1920년대와 1930년대에는 소련과 영국의 경제적 영향력이 엇비슷했다. 소련은 주요 교역 상대국이었고, 영국은 이란의 석유 생산을 지배했다. 이란은 소련과 영국의 세력을 견제하기 위해 독일의 자본과 기술을 끌어들였다. 독일은 첩보망과 정치적 네트워크를 구축하고 연구소와 문화시설을 설립하여 이란 내에서 입지를 굳혔다. 1930년대에는 이란의 수출에서 소련의 비중이 34%에서 1%로 줄어든 반면에 독일이 차지하는 비중은 20%에서 42%로 늘어났다. 국가는 이란 수출입 물량의 약 33~40%를 통제했다.

석유는 1908년에 마스제드솔레이만에서 처음 발견되었으며, 1909년에는 유전 개발을 위해 앵글로-페르시아 석유회사가 설립되었다. 1914년에는 영국정부가 이 회사의 대주주가 되었다. 1915년에는 아바단에 정유공장이 설립되었다. 석유생산은 이란에 이익을 가져다주었지만, 외국기업에 대한 분노의 근원이기도 했다. 이 회사가 로열티를 조작하고 이란인을 경영진과 관리직에서 배제했기 때문이다. 1933년에 이란은 자국 영토 내에서 행해지는 외국인의 석유채굴의 축소와 고정

수입(收入)을 요구했다. 대신 기존의 채굴권을 1993년까지 연장해주고 석유회사에 대한 세금도 면제해주었다. 이런 조치는 대공황기에 이란 경제에 많은 도움을 주었으나, 제2차 세계대전 기간과 종전 후 번영이 회복되자 오히려 이란의 이익에 반(反)한다는 것을 증명했다.

발전의 이 같은 국면에서 일부 근대적인 부문이 창출되었지만, 전반적으로는 경제와 사회가 후진성에서 벗어나지 못하고 있었다. 제조업은 도시에 집중되었고, 그 수혜자도 인구의 극소수에 불과했다. 농업은 여전히 생산성이 낮았다. 중앙집권화와 경제의 근대화, 새로운 교육제도의 도입은 서양의 가치와 생활방식을 받아들인 장교·관료·상인·사업가·의사·법률가·엔지니어·교사·작가 등의 새로운 엘리트 계급을 탄생시켰다. 이 새로운 엘리트는 구세대의 울라마나 부족장과 동맹을 맺고 생산성이 낮고 가난한 농민들을 지배했다. 근대 이란은 내셔널리즘과 세속주의를 정통성의 근본으로 삼았다. 페르시아의 역사와 고대 왕정의 영광에 대한 관심이 되살아남에 따라, 군대·정부·경제의 근대화는 더욱 힘을 받게 되었다.

제2차 세계대전은 이란이 추진하던 중앙집권화와 경제개발에 종지부를 찍었다. 영국과 소련은 이란의 석유 생산과 이란을 통과해 러시아로 연결되는 석유 수송로를 확보하기 위해 이란을 장악하여 레자 샤를 몰아내고 그의 어린 아들 모함마드 레자 팔라비를 명목상의 주권자로 만들었다. 1941년과 1953년 사이에 이란은 내우외환의 곤경에 처했다. 대외적으로는 이란을 지배하려는 열강이 각축을 벌였고, 대내적으로는 수많은 정당들이 정치투쟁에 여념이 없었다. 1940년대 후반 냉전이 시작되면서 미국은 중동에 소련의 팽창을 견제할 교두보를 마련하기 위하여 이란 정권을 후원했다. 미국은 이란 정부의 경제관리에 도움을 주고 이란의 군대와 경찰을 재정비하고 군사원조를 제공했다. 이란은 미국의 지원에 힘입어, 이란 북부를 점령하고 석유채굴권을 요구하며 아제르바이잔과 쿠르디스탄의 분리주의 운동을 지원하던 소련의 압력을 성공적으로 극복했다.

1940년대 말과 1950년대 초에 걸쳐 이란은 앵글로-이란 석유회사에 대한 지배권을 회복하기 위해 노력했다. 1951년에 국민전선의 지도자 모함마드 모사데크는 지주·부족 지도자·좌파 지식인·상인·울라마의 지지를 등에 업고 앵글로-이란 석유회사를 국유화하는 법안을 의회에서 통과시켰다. 그후 3년 동안 치열한 공방이 전개되었는데, 이 문제에 관한 한 미국도 지원을 거부했다. 서양 열강은 이란산 석유 구매를 거부했다. 이렇게 되자 이란 경제는 붕괴했고, 모사데크가 이끄는 정치연합도 해체되고 말았다. 그후에 벌어진 권력투쟁에서 CIA의 지원을 받은 군부와 샤가 권력을 장악하여 모사데크를 축출하고 권위주의 정권을 다시 수립했다. 석유회사들과의 분쟁은 1954년에 국영 이란 석유회사를 설립하는 한편 앵글로-이란 석유회사(나중에 브리티시 석유회사로 개명)를 비롯한 외국의 석유회사들과 몇 개의 미국기업을 묶어 컨소시엄을 구성하는 것으로 일단락되었다. 이 컨소시엄은 국영 이란 석유회사와 공동으로 석유의 생산 및 판매와 이익의 배분을 관리했다. 이런 방법을 통해 외국회사들은 국유화조치를 피하고 석유의 가격과 판매를 계속 통제할 수 있었다.

1953년에 일어난 쿠데타는 치열한 권력투쟁의 시대에 마침표를 찍었다. 재건된 모함마드 레자 샤 정권은 형식적으로는 입헌군주제였지만 실제로는 절대권력을 휘둘렀다. 샤는 군대와 사바크(비밀경찰 겸 정보부)를 장악하고 장관을 임명하고 의원의 절반을 뽑았으며 의회선거도 조작했다. 장교·관료·지주·부유한 상인·종교지도자 등 소수의 엘리트가 이란의 정치를 지배했다. 샤 정권은 미국과 밀월관계를 유지했고, 미국의 군사적·재정적 원조에 의존했다. 미국의 도움으로 권좌에 오른 샤의 이란은 바그다드 협약(1955)과 중앙조약기구(CENTO,

1959)에 가입했고, 이스라엘과도 긴밀한 관계를 유지했다. 1970년대에
는 오만 술탄의 반란 진압을 도왔고, 이라크를 압박하여 유프라테스 강
하류의 국경 분쟁도 해결했다. 미국과의 동맹을 통해 1970년대에는 군
사력도 강화되었다. 하지만 이란은 미국의 영향력과 정치적 압력을 견
제하기 위해 소련과도 선린관계를 유지했다.

팔라비 정권은 내셔널리즘에 바탕을 둔 세속적 중앙집권국가를 건설
하는 동시에 이란 사회를 서양식으로 근대화하기 위해 노력했다. 1960
년과 1977년 사이에 이란 정부는 토지소유구조를 개혁하고, 산업생산
을 근대화했으며, 지역패권을 보장할 정도로 군사력을 증강하고, 이란
의 사회구조를 개혁했다. 농업개혁에 발맞추어 샤 정부는 문맹퇴치단
체와 보건단체를 만들어서 농촌지역에 대한 국가의 직접적인 영향력을
강화하려 했다. 또한 여성에게 투표권을 부여하고 여성을 정부 부처에
고용하는 개혁조치를 단행했다.

샤 정부가 추진한 이른바 백색혁명의 핵심은 토지개혁이었다. 이란
에서는 일부 부유층이 토지의 대부분을 소유하고 있었는데, 이들은 주
로 부재지주였다. 농민이 보유한 토지는 별로 없었다. 대다수 농민은
소작농이거나 농업노동자였다. 이란 정부는 1962~1964년 및 1968년
에 법으로 일정 규모 이상의 토지는 소농이나 소작농에게 매각하도록
했다. 그러나 지주들이 온갖 수단을 동원하여 매각을 회피하는 바람에
애당초 기대한 만큼의 성과를 거두지 못했다. 더구나 새로 땅을 갖게
된 농민들은 자본과 기술, 공동작업을 위한 조직을 갖추지 못했고, 생
산성을 유지하거나 향상시키는 데 필요한 정부의 추가적인 지원도 받
지 못했다. 토지 없는 노동자들은 아무런 보상도 받지 못한 채 실업자
가 되어 도시로 이주했다. 이어진 정부의 토지 재분배정책으로 농민들
은 소유권과 경작권을 확보했으나, 생계를 유지할 수 있는 적정 규모의
토지를 받지는 못했다.

사실 샤가 농업개혁을 추진한 것은 국가가 지원하는 대규모 농장과 민간의 기업농을 육성하기 위한 것이었다. 국가가 지원하는 농장은 농민들이 자신의 농지를 농장에 위탁하고 주주로 참여하는 방식이었는데, 영농방식이 기계화되면서 농민들이 농지에서 쫓겨나는 결과가 빚어지기도 했다. 외국인 투자에 의존하고 있던 민간 기업농도 자본집약적인 영농기계화를 추진함으로써 농민들을 농지에서 몰아냈다. 국가는 잉여노동을 고려하지 않은 채 자본집약형 농업정책을 추진했던 것이다. 이와 마찬가지로 정부는 유목민을 강제로 정착시켰지만, 유목민의 가축사육은 기계화된 낙농업으로 대체되고 말았다. 그 결과 농장은 거의 실패했으며, 1인당 농업생산이 감소하고 수많은 농촌주민이 테헤란을 비롯한 대도시로 이동했다.

1960년대와 1970년대에 1인당 농업생산이 줄어들자, 이란은 제조업에 더욱 의존하게 되었다. 1930년대에 제한적인 산업화를 이룬 이래 처음으로 제조업이 호황을 맞았다. 국가의 투자 덕분에 산업 인프라가 구축되었는데 그 투자 규모는 산업에 투자된 자본의 약 절반 정도였다. 또한 높은 관세, 조세감면, 인허가 등의 수단을 동원하여 철강·고무·화학·건축자재·자동차 조립 등의 산업을 발전시켰다. 1973년 이후 석유 수출로 막대한 재정수입이 생기면서 국민총생산도 크게 늘어났다. 그러나 이란의 산업은 국제시장에서 경쟁하기에는 효율성이 떨어졌고, 경영진의 경험이나 근로자의 숙련도도 크게 부족했다. 1인당 농업생산의 감소, 제조업의 비효율성, 석유산업의 호황에 따른 외국 상품과 무기의 무차별적인 구매 등의 요인이 겹쳐 심각한 인플레이션이 발생했고, 근대화된 산업 부문에 참여하지 못한 대다수 이란인의 생활수준은 오히려 더 떨어졌던 것으로 보인다.

샤 정권은 여성의 지위를 어느 정도 향상시키는 개혁을 시도했다. 1920년대부터 이미 소수의 선구적인 남녀 지식인이 여성의 교육, 사회적 지위 및 법적 권리를 개선하기 위해 애썼다. 소수의 여성이 교사·간호사·공장노동자 등으로 사회에 진출하기 시작했다. 1936년에는 베일착용이 금지되었고, 도시의 중상류층 여인들은 양장을 하기 시작했다. 그러나 가족법이나 참정권과 같은 결정적으로 중요한 부문에서는 거의 변화가 없었다. 이혼은 여전히 남성에게 유리했고, 자녀에 대한 친권도 남성에게 있었다. 일부다처제와 임시혼도 허용되었다. 1967년과 1975년에 가족보호법이 제정되고 나서야, 남성의 특권이 일부 제한되었다. 이혼을 하기 위해서는 법원의 심의를 거쳐야 했고, 중혼을 할 경우에는 부인의 동의를 얻어야 했다.

근대화 프로그램은 서양의 근대식 교육을 받은 지식인·관료·군인·사업가·숙련공을 다수 배출했다. 애초에 근대화 계획을 우려의 눈으로 바라보던 울라마와 시장의 상인 및 직인들은 점차 그것에 반감을 품게 되었다. 좌파 지식인들은 샤의 권력 강화와 외세 의존, 그리고 농민과 중하층 계급을 경제적으로 힘들게 만드는 정책에 저항했다. 모든 반정부 세력은 무엇보다도 정권의 고도로 권위주의적인 본질에 반대했다.

1960년대와 1970년대에 반정부세력은 광범위하게 존재했으나 분산되어 있었고 쉽게 와해되었다. 투데당(이란 공산당)과 국민당은 사바크에 의해 꼼짝 못할 정도로 탄압을 받았다. 쿠르드계·아랍계·발루치계 소수민족의 지역자치를 위한 노력에 철퇴가 가해졌다. 한편 마르크스주의 무장단체 페다야네할크(인민의 헌신자)와 이슬람 좌파 무장단체 무자헤디네할크(인민의 무자헤딘) 같은 게릴라 집단은 전제주의·제국주의·자본주의에 반대했는데, 이들의 저항은 더 큰 탄압을 불러왔고 샤 정권의 지배력에 타격을 주지도 못했다.

울라마와 혁명

이 격변의 시대에 울라마의 입장은 양의적이었다. 정치적으로 개방된 1940년대는 울라마로 하여금 적극적으로 정치적 행동에 나서도록 만들었다. 1948년부터 1953년까지 아야톨라 카샤니는 거리의 설교사와 하급 울라마의 도움을 받아 석유산업을 국유화하고 이란 내의 외세를 끝장내기 위해 반영(反英)·반제국주의 운동을 벌였다. 그는 한동안 모사데크 정부를 지지했으나, 나중에는 그에게 등을 돌리고 샤의 복귀를 도왔다.

하지만 모사데크가 패한 뒤에는 퀘에티슴과 국가에 대한 암묵적인 협조의 기간이 찾아왔다. 정부는 울라마를 공직에 임명했고, 토지의 소유 또는 명문가와의 혼인을 통해 부를 축적할 수 있는 기회를 제공했다. 또한 공립학교의 종교교육을 강화하고 주기적으로 극장·주점·음악 공연장을 폐쇄했다. 이에 호응하여 울라마는 바그다드 협약을 받아들이고 외국회사와의 합작정책을 용인했다. 아야톨라 보루제르디의 지도 아래 울라마는 정치적으로 침묵을 지켰지만, 내부적으로는 힘을 키워가고 있었다. 1950년대와 1960년대 초에는 전국적인 연락망이 개발되었고, 쿰은 시아파의 종교교육과 종교조직의 중심지가 되었다.

1960년대에 울라마는 정부의 경제정책과 사회정책에 완강히 저항하기 시작했다. 우선 새로운 토지법에 반대했다. 이는 다수의 울라마가 대지주였거나 방대한 종교재산을 관리하고 있었기 때문이라고 추정되지만, 이를 입증할 증거는 별로 없다. 또한 울라마는 여성의 참정권 확대에 반대했고, 미국 및 이스라엘과의 유대 강화에도 반대했다. 문맹퇴치운동도 거부했는데, 이는 지방에서 울라마에게 도전할 수 있는 새로운 친정부세력이 나타나는 것을 우려했기 때문이다. 1963년에 샤가 토지개혁문제를 국민투표에 붙이기로 결정하자, 정부와 울라마의 갈등이 마침내 폭발했다. 아야톨라 호메이니의 주도로 국민투표와 경찰의 울라마 탄압에 반대하는 시위가 일어났고, 호메이니는 1964년에 이라크로 망명했다.

정부에 대한 저항을 새롭게 시작한 일 못지않게 중요한 것은 울라마 내부에서도 종교적 개혁운동이 일어났다는 사실이다. 1962년에 메흐디 바자르간은 연설을 통해 개혁운동의 방향을 명백하게 밝혔다. 그는 코란과 시아파의 종교적 전통에 따라 울라마가 적극적으로 정치활동에 나설 것을 촉구했다. 그는 이슬람의 수호자들은 정치단체를 구성하고 더 나은 사회를 건설하기 위해 함께 행동할 책임이 있으므로, 울라마는 수동적으로 이맘의 출현을 기다릴 것이 아니라 적극적으로 이맘을 맞이할 준비를 해야 한다고 역설했다. 나아가 개혁주의자들은 울라마 평의회를 구성하여 권위 있는 종교적 조언을 내놓는 한편 재정을 통합하여 정부와 대중의 압력으로부터 자유로워져야 한다고 주장했다. 1967년과 1973년 사이에 개혁운동은 알리 샤리아티 박사의 주도하에 새로운 국면에 접어들었다. 그는 호세이니에 에르샤드라는 비공식 대학을 설립하고 이슬람을 유럽의 사회과학에 접목시킴으로써 시아파의 교리에 활력을 불어넣는 한편 억압적인 정부를 타도하기 위한 결의를 다져나갔다. 샤리아티는 시아파 이슬람을 저항의 종교라고 생각했다.

이라크로 망명했던 아야톨라 호메이니는 왕정 반대세력의 대변자가 되었다. 1961년에 그는 의원내각제 형식의 정부를 옹호했다. 그러나 1971년에는 『이슬람 정부』라는 저서를 통해 왕정을 이슬람에 반하는 제도라고 비난하고, 정치를 완전히 개혁하여 울라마가 선두에 서서 적극적인 역할을 해야 한다고 주장했다. 다시 말하면 울라마의 권위는 종교적·법률적 문제에 국한되지 않으며, 하나의 정치 이데올로기인 시아파의 교리가 정부의 활동과 국민의 행동을 규정해야 한다는 것이었다. 호메이니의 주장은 왕정의 폐해에 저항하는 울라마의 오랜 전통에 기초하고 있었지만, 사실상 혁명적인 것이었다. 그의 입장은 울라마의 책임에 관한 가장 급진적인 선언이었다. 전통적인 종교지도자들도 국가권력에 대한 반대를 외치며 급진적인 지식층에 동조했다. 동시에 카르발라의 순교자 후사인의 새로운 이미지가 제시되었다. 후사인은 단순히 애도와 연민의 대상이 아니라 용기와 저항의 화신이 되었다. 그의 이미지는 수동적으로 압제에 신음하는 이미지에서 폭군에 저항하는 이미지로 재정의되었다.

울라마의 영향력은 이란 사회 전역으로 확대되었다. 30~50명 정도의 사람들이 마을이나 공장 또는 바자(재래식 정기시장)에서 특정 종교지도자를 중심으로 비공식단체, 즉 '하이아트'를 만들고, 당시의 문제에 대해 토론을 벌였다. 바자의 노동자를 비롯해서 막타브(전통 이슬람 교육을 하는 초등학교) 학력자들, 즉 신분상승을 꿈꾸면서도 근대적인 경제부문에 부분적으로만 통합되어 있던 기술자·관리자·서기 같은 중하층 계급에 속한 사람들이 혁명적인 행동에 앞장섰다. 이들 집단은 샤에 저항하는 대중운동의 토대가 되었다.

1970년대에 팔라비 정권의 압제는 도를 더해갔다. 군대와 경찰은 잠재적인 정적들에 대해 강압적인 수사·협박·투옥·고문·암살을 자행함으로써 공포와 증오의 대상이 되었다. 팔라비 정권은 미국의 정치적·군사적 지원을 등에 업고 샤를 비롯한 그 가족과 군인 및 측근 일부만 호사를 누리는 정권으로 인식되었다. 정부가 국민의 신망을 잃은 것은 독재를 자행했을 뿐만 아니라 경제도 잘못 관리했기 때문이다. 석유산업에서 나오는 막대한 수입을 이용하여 무기를 구매하고 소수의 엘리트가 호의호식하는 동안, 인플레이션은 바자 상인과 직인, 공장노동자들의 생활을 위협하고 있었다. 정부는 인플레이션을 잡기 위해 상인들에게 재산 몰수, 벌금 부과, 투옥 등의 살벌한 조치를 취함으로써 상인들의 원성을 샀다. 1970년대는 농민들에게도 엄청난 고통의 시기였다.

수백만의 농민이 농촌을 떠나 도시로 이주했고 이들은 실업 또는 반 (半)실업 상태의 빈민으로 전락했다. 1970년대 후반에 이란은 식량의 대부분을 외국에서 수입해야 했다.

이렇게 정치와 경제가 혼란에 빠진 가운데 쿰에서 사바크가 암살혐의를 받게 되었다. 그러자 종교학교 학생들의 시위가 발생했고, 이것이 혁명의 도화선이 되었다. 경찰은 수많은 시위대를 향해 발포했고, 순교자를 추모하는 시위가 꼬리를 물었다. 매 40일마다 시위가 반복되다가 마침내 1978년 무하람(이슬람력 첫 번째 달)에는 수백만의 군중이 반정부시위를 벌였고, 페다야네이슬람(이슬람의 헌신자)과 '무자헤디네할크'가 활동을 재개했다. 유전에서 일하는 노동자들은 생산을 중단했고, 바자 상인들도 철시했다. 군대는 반란을 진압할 능력도, 의사도 없었다. 샤 일가는 국외로 도주하고 새 정권이 들어섰다. 종교지도자와 자유주의자들이 연대하여 대중을 동원했으며, 그 정점에는 이란의 최고 종교지도자 아야톨라 호메이니가 있었다.

이란의 이슬람 혁명은 이란 국가와 종교단체의 특수한 관계에서 발생했지만, 그럼에도 불구하고 모든 이슬람 사회의 역사에서 중요한 의미를 갖는 대사건이었다. 이란 혁명은 국가와 울라마 조직 사이에 전개된 200년에 걸친 투쟁의 산물이었다. 19세기에는 국가의 권력이 허약한 반면에 부족 또는 민족 공동체의 힘이 강했으므로, 종교조직이 정권을 압박하고 많은 주민의 지지를 확보할 수 있었다. 국가의 근대화 노력이 시작되고 유럽의 경제적 침투가 본격화되자 1891~1892년에는 담배산업의 독점에 대한 저항운동이 일어났고, 1906년에는 입헌혁명이 일어났다. 이어 20세기 후반에는 국가권력을 중앙에 집중하고 근대화하려는 노력이 울라마·지식인·학생·조직화된 직인과 노동인구의 대대적인 반정부운동을 촉발했다. 부족주의가 이란 사회에서 제3의 힘으로서의 위력을 잃은 다음부터 이란 사회는 국가와 울라마 사이에서 양극화되었고, 결국에는 이슬람 혁명으로 나아갔다.

그렇지만 19~20세기의 이란에서 울라마와 국가의 관계는 양의적이었다. 울라마의 국가에 대한 저항은 사실 간헐적으로 이루어졌을 뿐이다. 울라마는 때에 따라 혁명적 행동주의를 받아들이기도 했고, 퀴에티즘에 빠져들기도 했다. 시아파 내부에서는 둘 다 정당화됐다. 행동주의의 입장은 선을 행하고 악을 금하라는 가르침에 의해 그리고 숨은 이맘의 시대에는 종교학자가 모든 이란인의 정신적 지도자이며 유일하게 적법한 권위라는 무즈타히드의 주장에 의해 정당화되었다. 순교자 후사인은 정의와 이슬람의 이름으로 폭정에 맞서서 저항할 의무를 보여주는 실례가 되었다. 하지만 이란의 문화적 전통은 정치적 평화주의를 선호했다는 점도 잊어서는 안된다. 시아파는 세상이 불의로 가득 차 있다고 추정하고 메시아의 구원을 간절히 바라기 때문에 공적 생활에 연루되는 것을 반대했다.

그러므로 이란 혁명이 국가권위에 대한 종교적 저항의 전통 때문에 일어난 것으로 이야기할 수는 없으며, 그보다는 당시의 특수한 상황에 대한 반응으로 다루어져야 한다. 1826년 러시아의 침입, 1891년 드 로이터의 이권 획득과 담배 산업 독점, 1960~1963년의 토지개혁, 1970년대 후반의 경제적 긴장이 울라마를 수동적 입장이 아니라 적극적인 행동으로 몰고 갔던 것이다. 1906년의 입헌혁명과 1979년의 이란 혁명은 국가와 종교 사이의 끊임없는 적대관계의 표현이 아니라 양자 사이에 언제라도 재발할 수 있는 대결의 표현이다. 국가권력이 미약한 반면에 종교단체의 결속력이 강하고 울라마의 저항이 용인되는 이란의 문화적인 풍토에 비추어볼 때, 이슬람의 이름을 내건 혁명적 투쟁은 필연적인 수순은 아니라 할지라도 충분히 허용될 수 있는 선택이었다.

이란 혁명의 의미는 이란에 국한되지 않았다. 혁명의 주도세력은 좌파가 아니라 종교단체였다. 또한 그것은 사회주의 혁명이 아니라 이슬람 혁명이었다. 근대사에서 최초로 종교지도자들이 근대화된 정권을 무너뜨렸다. 그때까지 종족사회 또는 부족사회에서나 나타나던 이슬람의 혁명적 함의가 처음으로 근대화 도정의 산업사회에서 현실화되었다. 이란 혁명은 국가와 종교단체 사이의 관계를 뒤흔들었고, 이란뿐만 아니라 모든 이슬람 사회의 미래를 불확실하게 만들었다.

이슬람 공화국

혁명의 성공으로 이란의 왕정은 폐지되고 이슬람 정부가 들어섰다. 새로운 정권은 국가원수이자 최고권력자인 아야톨라 호메이니의 카리스마적인 권위를 기반으로 해서 수립되었다. 신정권은 법학자의 통치(윌라야트 알 파키)라고 불렸다. 일부 추종자는 이슬람 수장으로서의 그의 역할을 언급하고 알리 가(家) 이맘의 메시아적 기능을 암시하면서 호메이니를 이맘이라고 불렀다. '마슬라하(공공복지) 최고평의회'가 구성되어 헌법수호평의회와 의회의 활동을 감시했다. 1989년에는 공화국 대통령과 정부기구의 권한을 강화하는 방향으로 헌법이 개정되었다. 그러나 호메이니(1989년 사망)의 후계자 아야톨라 하메네이를 비롯한 종교지도자들이 여전히 최고의 권위를 유지하고 있을 뿐만 아니라 사법체계도 장악하고 있다. 젊은 세대의 울라마와 대학 및 대학원의 학생운동가, 도시와 농촌의 민병, 그리고 울라마의 당인 이슬람 공화당이 정권의 엘리트이다.

신정권은 특히 내셔널리즘 진영의 자유주의자, 마르크스주의 지식인, 무자헤딘 같은 동맹세력을 제거하고 권력의 기반을 공고히 했다. 혁명재판소는 구정권에서 일하던 관리 수천 명을 숙청 또는 처형했다. 유대인·아르메니아인·조로아스터 교도를 비롯한 소수자는 학대받거나 체포되거나 재산을 잃었다. 바하이 교도들은 가혹한 박해를 당했고,

그림 22. 테헤란의 여학교

서양화된 중산층은 추방되었다. 엄격한 순결주의의 바람이 휘몰아쳤다. 코미테(이슬람혁명위원회)는 거리로 나가 풍기문란을 단속하고, 복장이 부적절하거나 남성의 공간을 침범하는 여자들을 공격했다. 여성은 직장에서 쫓겨났고, 공공장소에서 반드시 베일로 온몸을 감싸야 했다. 영화관과 연극극장 같은 오락장소는 모두 폐쇄되었다.

이란의 대외정책은 즉각 다른 나라와의 분쟁을 초래했다. 혁명정부는 미국대사관을 점령하고 대사관 직원들을 1년 이상 인질로 잡아두었다. 이란은 이슬람 혁명의 수출을 공언했다. 이슬람 선전청(宣傳廳)은 다른 이슬람 국가에서 비슷한 형태의 혁명이 일어나도록 부추겼다. 이란은 레바논 내전과 대(對)이스라엘 투쟁에서 자신의 대리자인 히즈불라*를 지원했다.

1980년에는 이라크가 이란 남서부의 유전지대를 공격함으로써 전쟁이 발발했다. 이라크는 혁명의 위협으로부터 아랍국가들을 보호하고 이라크의 시아파 인구가 혁명에 오염되는 것을 막는다는 명분을 내세웠지만, 사실 전쟁의 가장 큰 동기는 영토 확장이었다. 전쟁은 8년 동안이나 혹독하게 진행되었다. 현대적인 장비와 전술이 부족했던 이란은 제1차 세계대전 당시의 참호전을 연상시키는 전쟁에 무수한 청년을 몰아넣었고, 이라크는 화학무기와 독가스를 비롯한 모든 수단을 동원하여 싸웠다. 미국은 이란과 이라크 모두에게 무기와 정보를 제공하는 양다리 걸치기를 취했으나, 1986년부터는 이란의 승리를 막기 위해 이라크 쪽으로 기울어졌다.

혁명정부는 여러 면에서 과거 샤 시절에 시작된 국가 만들기의 과업을 이어 나갔다. 정부는 각 부처와 관료조직의 권한을 강화했고, 혁명방위대를 창설하여 군을 통제했다. 이론적으로는 이슬람 국가 건설을 약

---

* 신의 당(黨)이라는 뜻. 호메이니의 노선에 영향을 받아 1983년에 결성된 중동 최대의 테러리스트 조직으로, 본부는 레바논에 있다.

속했지만, 이슬람에 대한 고려보다는 국가적인 이유가 우선이었다. 이 란의 외교정책은 국익에 의해 좌우되었다. 샤리아는 이란의 국법이 되 지 않았고, 법률을 제정하여 공포하는 것은 궁극적으로 국가의 몫이었 다. 비무슬림도 여전히 이란의 시민이 될 수 있었다. 여러 모로 볼 때 이 란의 국민국가는 이슬람의 요소를 흡수했지만, 이슬람에 종속되지는 않 았다.

이슬람 공화국 시대에 이란 경제는 어려움을 겪었다. 이라크와의 전 쟁, 1980년대와 1990년대 국제유가의 폭락 등으로 심각한 타격을 받 았다. 또한 정부 내에서도 자유주의 시장경제를 옹호하는 울라마와 대 중의 복지를 고려하여 정부가 경제를 규제해야 한다고 주장하는 울라 마 사이의 갈등이 해소되지 않았다. 경제의 80%는 국가 통제하에 있었 는데, 관료의 무능과 부패로 인해 경제가 정상적으로 운용되지 않았다. 방대한 자산을 보유하고 있던 이른바 자선재단 즉 '보니아드'는 자신들 이 선호하는 정치인과 종교인을 위해 기금을 사용했다. 정부는 혁명의 중심에 섰던 바자 상인들을 위한 경제정책을 폈다. 그러나 수입원자재 의 부족과 수출부진, 암시장과의 경쟁으로 중소기업은 어려움을 겪었 다. 농업 부문의 침체도 계속되어 농산물은 수입에 의존했다. 일반화시 켜 말하자면, 혁명정부는 경제·부의 분배·복지·주택 등의 국내문제에 대해 거의 영향을 미치지 못했다.

국가정책은 이란 경제에 결정적인 영향을 미치지는 못했지만, 이슬 람주의 정책은 언론·교육·여성 문제에서 엄청난 위력을 발휘했다. 샤 시대에 여성의 권리를 법적으로 보장하기 위해 도입된 개혁적 조치들 은 모두 번복되었고, 1967년과 1975년에 제정된 가족보호법도 폐지되 었다. 남성은 다시 일방적으로 이혼을 할 수 있게 되었고, 자녀에 대한 친권도 회복했다. 일부다처제 역시 원칙적으로 부활되었다. 여성들은 공공장소에서 베일로 몸을 가려야 했다. 정부는 여성의 직업도 보건 분야로 제한하려 했지만, 이 시도는 성공하지 못했다. 이라크와의 전쟁, 숙련공에 대한 수요, 취업을 원하는 여성들의 저항 등으로 인해 여성의 사회진출을 막기는 어려웠다. 여성 작가·예술가·지식인들은 잡지를 창간하여 보수적인 물라들의 주장을 교묘하게 비판하면서 여성의 자기표현영역을 넓혀 나갔다. 일부 여성 작가들은 이슬람에 대한 전통적인 해석을 거부하고 사회적으로 용납될 수 있는 공적 담론의 경계를 확장했다. 예를 들어 '이란 이슬람 혁명을 위한 여성사회'가 발간하는 잡지 『하제르의 메시지』는 지나치게 서양에 경도되어 이란의 문화전통을 도외시하는 풍조를 비난했고, 종교지도자들이 이슬람이라고 규정하는 것에 맹목적으로 따르는 태도도 거부했다. 이 잡지는 이슬람을 여성의 권리를 옹호하는 방향으로 해석하고 각 개인이 코란을 해석할 권리가 있다고 주장했다. 이상적인 여성이란 수동적인 여성이 아니라 사회에서 자신의 역할에 맞게 활동하고 책임지는 사람이라고 해석했다. 『하제르의 메시지』는 또한 여성복지부 설치를 주장하고 여성이 재판관이 될 수 없는 제도에 항의하는 한편 일부다처제와 임시혼을 비난했다. 나아가 두 번째 부인을 두지 않겠다는 혼전계약을 인정하고 이혼할 때는 위자료 지급을 보장하라고 주장했다. 1991년과 1992년에 새로 제정된 법률은 이 같은 유형의 혼전계약을 인정하게 되었다. 여성 교육시설은 크게 개선되었지만, 여성취업은 국가정책 또는 사회적 통념 때문에 여전히 제약을 받고 있다.

1997년 이란 대통령에 선출된 모함마드 하타미가 2001년 재선되면서, 월라야트 알 파키(법학자의 통치)에 의한 권위주의적인 이슬람 사회를 옹호하는 물라 세력과 이슬람 다원주의, 민주주의, 법의 지배를 주장하는 개혁 성향의 자유주의 세력 사이의 투쟁이 표면화되었다. 최고지도자 아야톨라 하메네이를 정점으로 하는 성직자 조직은 사법부와 경제의 상당 부문을 장악하고 있다. 군대·경찰·정보부·종교경찰·조직

화된 자경단 등도 방대한 조직을 갖추고, 마약·도박·동성애·매춘·강
간·살인·간첩·반혁명적 활동 같은 '지상에 부패의 씨를 뿌리는 행위'를
근절하고 공공장소에서 부적당한 옷을 입은 여성을 처벌하고 있다. 최
근에는 작가·언론인·학생들이 폭행과 고문을 당하거나 살해되고 있다.

 그렇지만 아직도 이 정권은 이슬람 공화국을 이슬람 민주주의로, 다
시 말해서 법치와 사회정의에 충실한 정부로 변용시켜야 한다는 요구
를 잠재우지 못하고 있다. 이슬람 혁명 이후 이란에서는 아브돌카림 소
루수와 같은 자유주의 지식인들이 최고지도자의 개인적인 권위가 아닌
법치에 기초한 관용적인 이슬람 사회의 건설을 주장하고 있다. 학생들
은 의상의 선택·소비·연애를 비롯한 일상생활에서 자유를 요구하고 있
다. 언론도 탄압을 받는 가운데서 활기차고 개방적인 자세로 활동해왔
다. 2000년에 실시된 선거는 자유주의 세력에게 70%의 의석을 안겨주
었다. 그러나 그들은 아직도 보수파의 힘에 눌려 있기 때문에 누가 승
자인지 지금으로서는 단언하기 어렵다. 그 투쟁은 페르시아인으로서의
정체성과 무슬림으로서의 정체성, 종교와 대중문화, 성직자의 지배와
자유, 독재와 민주주의 사이의 갈등이라는 형태로 표출되기도 하지만
이 유연하면서도 복잡한 나라의 근저에는 국민국가와 이슬람 국가라는
상충되는 가치에 대한 뿌리 깊은 충성심이 깔려 있다.

23장
오스만 제국의 해체와 터키의 근대화

오스만 제국의 해체는 18세기 이슬람 제국의 사회들이 근대 국민
국가로 이행한 사례들 중에서 이란보다 훨씬 복잡했던 경우에
속한다. 오스만 제국은 발칸·터키·아랍중동·북아프리카 등의 방대한
영토를 지배했고, 내륙아시아·홍해·사하라에서도 영향력을 행사했다.
오스만 제국은 17~18세기를 거치면서 권력이 분산되고 유럽의 경쟁
국들에게 정치와 경제의 주도권을 넘겨주었지만, 여전히 정치적 정통
성과 제도적 틀을 유지하고 있었다. 또한 19세기에 오스만 제국은 중앙
정부의 권력을 회복하고 지방에 대한 지배를 강화하는 한편 근대세계
에서 살아남기 위해 경제적·사회적·문화적 개혁을 단행했다.

국가와 사회를 개혁하려는 필사적인 노력에도 불구하고 제국은 점차
해체의 길로 들어섰다. 그나마 제국의 생존은 유럽 열강의 힘의 균형에
달려 있었다. 1878년까지는 영국과 러시아가 서로 대립하는 바람에 침
략을 면할 수 있었다. 하지만 1878~1914년에는 대부분의 발칸 제국
(諸國)이 독립했고, 러시아와 영국, 오스트리아-헝가리 제국이 오스만
제국의 영토를 지배했다. 제1차 세계대전 이후 오스만 제국은 해체되

고, 터키와 아랍중동의 여러 신생국가가 탄생했다. 이란의 경우와 마찬가지로, 유럽의 영향이 오스만 제국의 제도적·문화적 유산과 상호작용한 결과 다양한 형태의 근대 중동사회가 생겨났다.

오스만 제국의 분할

18세기 말에 오스만 제국은 나날이 가중되는 유럽의 군사적 압박과 경제적 침투를 더 이상 막아낼 힘이 없었다. 러시아는 크림 반도를 점령하고 흑해로 진출했으며, 1798년에 나폴레옹의 이집트 침략을 막아낸 영국은 지중해에서 제해권과 경제권을 장악했다. 러시아는 발칸 지역의 오스만 제국 영토를 점령하고 지중해로 진출하려는 야심을 갖고 있었다. 한편 영국은 오스만 제국을 보루로 삼아 러시아의 팽창을 저지하고 지중해·중동·인도에서 자국의 경제적 이익을 보호하고자 했다. 오스만 제국은 이런 유럽 국가 간 힘의 균형에 의지하여 가까스로 명맥을 유지하는 상황이었다. 이후 약 100년 동안 유럽의 병자를 둘러싸고 치열한 투쟁이 전개되었다.

힘의 균형이 처음으로 시험대에 오른 것은 1831년에 오스만 제국의 이집트 부왕(副王) 무함마드 알리가 시리아를 침공했을 때였다. 알리의 시리아 침공에 대항하여 오스만 제국과 러시아는 운키아르스켈레시 조약(1833년 7월)을 체결하고 외국의 군함이 통과하지 못하도록 다르다넬스 해협과 보스포루스 해협을 봉쇄하기로 합의했다. 러시아가 오스만 제국을 보호령으로 삼아 지중해 진출을 노리는 것에 위협을 느낀 영국은 오스만 제국의 영토 주권을 인정하고 시리아에 대한 오스만 제국의 지배권을 회복시켜야 한다고 선언했다. 1840년에 러시아·영국·오스트리아 3국은 무함마드 알리를 시리아에서 철수시키기로 합의하고 해협 통항에 관한 새로운 협정을 체결했다. 열강은 평화시에 군함이

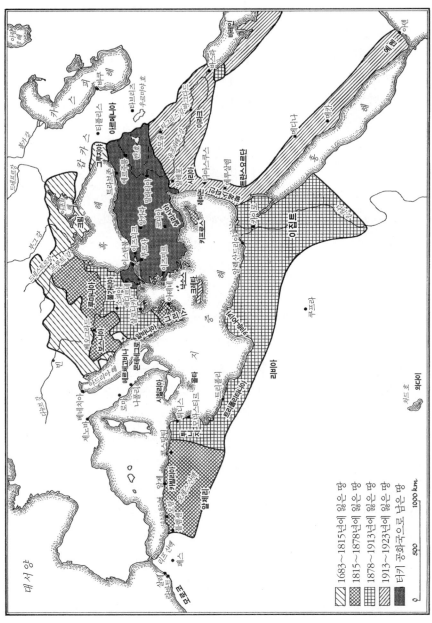

오스만 제국의 영토 상실과 분할, 1683~1923

지도 30

보스포루스 해협과 다르다넬스 해협을 통과하는 것을 금지하는 한편 영국과 러시아의 영향권을 인정했다. 열강은 또한 1841년의 추가협상을 통해 무함마드 알리가 이집트에서 세습정권을 수립하는 것을 용인했다. 그러므로 오스만 제국 내부의 위기는 오스만 사태를 수습하기 위한 열강의 제휴로 이어졌다. 오스만 제국은 유럽의 보호국이자 열강의 인질이 되고 말았다.

힘의 균형과 오스만 제국의 질긴 명운은 크림 전쟁(1853~1856)으로 다시 시험대에 올랐다. 러시아가 예루살렘 관할권과 오스만 제국의 그리스도 교도에 대한 보호권을 요구하자, 영국·프랑스·오스만 제국의 군대가 흑해에 진입하여 1855년에 세바스토폴 항구를 점령했다. 러시아는 1856년에 파리 조약을 체결하고 흑해의 해군기지를 철수하는 대신 루마니아를 오스만 종주권하의 자치주로 인정한다는 합의를 이끌어냈다.

다음 번 위기는 1876년에 보스니아와 헤르체고비나에서 일어난 반란이었다. 발칸 반도에서는 1804~1813년에 세르비아에서의 반란을 신호탄으로 오스만의 지배에 반대하는 내셔널리스트의 저항운동이 끊이지 않았다. 1821년과 1829년 사이에 그리스는 독립을 쟁취했고, 세르비아·루마니아·불가리아도 자치를 요구했다. 발칸 반도의 독립전쟁은 1876년에 러시아의 개입을 초래했다. 1878년에 오스만 제국은 러시아와 산스테파노 조약을 체결하고 불가리아·세르비아·루마니아·몬테네그로의 독립을 인정했다. 러시아의 세력확장에 불만을 품은 유럽 열강은 1878년에 베를린에서 국제회의를 소집하고 새로운 조약을 체결했다. 베를린 조약에 따라 러시아는 오스만 제국의 베사라비아를 할양받았고, 오스트리아는 임시로 보스니아와 헤르체고비나를 점령했고, 영국은 키프로스에 해군기지를 설치할 수 있는 권리를 획득했다. 불가리아는 영토가 크게 축소되어 다시 오스만 제국의 지배하에 들어갔다.

1882년에 영국은 수에즈 운하에 대한 자국의 이익과 이집트에 투자한 유럽인 채권단의 이익을 보호한다는 명목으로 이집트를 점령했다. 영국은 유럽 국가 간 힘의 균형을 유지하기 위해 오스만 제국의 영토를 보존한다는 기존의 정책을 변경하여 오스만 제국 영토의 분할에 동참하기로 했다. 이때부터 이른바 동방문제는 제국의 분할 쪽으로 가닥을 잡았다.

1878년과 1908년 사이에는 유럽 열강의 경쟁 덕분에 오스만 제국이 그럭저럭 영토를 보전할 수 있었다. 영국은 키프로스와 이집트를 계속 지배했다. 독일은 오스만 제국의 철도에 투자하고 오스만 군대에 고문과 기술자를 파견함으로써 영향력을 확보했다. 하지만 열강의 경쟁은 발칸 반도에 집중되었다. 오스트리아는 세르비아에서 외교적 우위를 확보했고, 루마니아 및 그리스와도 선린관계를 맺었다. 러시아는 불가리아를 후원했다. 세르비아와 그리스, 불가리아는 마케도니아를 차지하기 위해 서로 싸웠다.

1908년에는 오스만 제국 내부의 위기가 힘의 균형을 무너뜨렸다. 오스트리아는 오스만 제국의 혼란을 틈타 보스니아와 헤르체고비나를 합병했다. 세르비아는 러시아의 지원을 받아 오스트리아의 합병에 저항했다. 하지만 독일이 무조건 오스트리아를 지지하고 나서자, 세르비아와 러시아는 한발 물러났다. 이 사건으로 인해 오스트리아와 러시아는 치열한 경쟁을 재개했고, 발칸 국가들은 그들 나름의 동맹을 결성했다. 1912년에는 세르비아와 불가리아가 동맹을 맺었고, 뒤이어 그리스와 불가리아가, 마지막으로 몬테네그로와 불가리아가 조약을 체결했다. 이들 국가가 체결한 조약은 외견상 오스트리아를 견제하는 것이었으나, 그 속에는 오스만 제국을 공격한다는 비밀조항이 들어 있었다. 1912년 10월에 발칸 연합군은 오스만 제국을 공격하여 이스탄불 주변의 일부 지역을 제외한 유럽의 영토를 회복했다. 이듬해인 1913년에 발칸 국가들은 회복한 영토를 차지하기 위해 서로 전쟁을 벌였고, 이 틈을 이용하여 오스만 제국이 트라키아의 영토 일부를 되찾았다. 그후 1년도 채 지나지 않아 오스트리아와 세르비아의 대립은 전(全) 유럽을 전쟁으로 몰아넣었다.

제1차 세계대전은 오스만 제국의 분할과정을 완결지었다. 1914년 12월에 오스만 제국은 독일·오스트리아 편에 서서 참전했다. 오스만이 동맹국에 가세한 것은 독일의 군사적·경제적 지원, 러시아에 대한 오랜 두려움, 그리고 아마도 잃어버린 영토를 회복하려는 야심 때문이었을 것이다. 여기에 맞선 영국·프랑스·러시아·이탈리아 등의 연합국은 오스만 제국 각 지방의 분할에 합의했다. 사이크스-피코 협정(1916)에 따르면, 프랑스는 레바논·남서부 터키·북부 시리아·북부 이라크를 영향권으로 흡수하고, 영국은 이라크와 페르시아 만 서쪽의 아라비아, 트란스요르단을 차지하기로 되어 있었다. 팔레스타인은 국제기구의 관할 아래 두기로 했다. 러시아는 이스탄불과 동아나톨리아의 일부를, 이탈리아는 남아나톨리아를 할양받을 예정이었다. 근동을 지배하려는 야심이 앞선 영국은 그 협정과 상반되는 내용의 약속을 하고 말았다. 오스만에 반대하는 아랍인의 지지를 얻기 위해 영국은 메카의 샤리프 후세인에게 영국과 프랑스의 이익을 침해하지 않는 독립 아랍국가의 건설을 인정하기로 약속했다. 또한 1917년에는 밸푸어 선언을 통해 팔레스타인에 유대인 국민국가의 수립을 지원하기로 약속했다.

1918년에 연합국은 동맹국을 물리쳤다. 영국은 팔레스타인·시리아·이라크를 점령했고, 나머지 연합국은 이스탄불과 보스포루스 및 다르다넬스 두 해협을 장악했다. 영국과 프랑스는 중동을 여러 국가로 나누어 프랑스가 레바논과 시리아를 지배하고 영국은 팔레스타인·요르단·이라크를 지배하기로 합의했다. 이탈리아에게는 남아나톨리아를 할양했다. 그리스는 트라키아와 이즈미르, 에게 해의 섬들을 차지했다.

또한 아르메니아는 독립국이 되었고, 쿠르디스탄은 자치주가 되었다. 이스탄불과 해협은 연합국이 공동으로 점령했다. 이렇게 해서 1912년과 1920년 사이에 오스만 제국은 발칸 지역 영토를 모두 상실했다. 레바논·시리아·팔레스타인·트란스요르단·이라크에는 새로운 국가가 세워졌다. 이집트는 영국의 보호령이 되어 오스만 제국의 지배에서 벗어났다. 200여 년 전에 시작된 오스만 제국의 몰락과 분할의 정치적 과정은 국민국가라는 새로운 시스템이 형성되면서 절정에 도달했다.

오스만 제국의 개혁

유럽 열강의 오스만 제국 분할로 생겨난 여러 국민국가의 제도와 이데올로기적 정체성은 유럽의 영향과 몇몇 중동 사회의 역사적 유산이 상호작용하며 형성되었다. 19세기 말의 오스만 제국과 근대 터키에게 일차적인 고려사항은 고유한 제도와 문화의 형식을 지속시키는 것이었다. 유럽 열강이 엄청난 영향을 미쳤지만, 후기 오스만 제국과 근대 초 터키 사회의 내적인 진화에 가한 유럽의 충격은 오스만과 터키의 엘리트에 의해 완화되었다. 다른 무슬림 제국들과는 달리 오스만 제국은 자신의 주권을 유지했으며 자체적으로 근대화와 개혁의 프로그램을 시행할 수 있었다.

오스만 제국의 엘리트들은 일찍이 17세기에 이미 정치적 통합과 군사적 효율성을 회복할 방법에 대해서 논쟁을 벌였다. 주로 두 가지 입장이 대두되었다. 복고주의자들은 쉴레이만 1세가 제정한 법(카눈)으로 돌아갈 것을 요구하고, 유럽인과 그리스도 교도 그리고 그들의 개념과 기술의 우월성을 인정하는 어떠한 개혁에도 반대했다. 근대주의자들은 군대의 훈련·조직·행정에 유럽의 방식을 도입하고 시민사회·경제·교육을 혁신하여 근대국가를 지지해야 한다고 주장했다. 18세기는 물론이고 19세기에도 이 두 관점은 치열하게 대립했다. 그러나 마침내 유럽식 근대화에 찬성했던 사람들의 관점이 지배적인 위치를 차지하게 되었다.

17세기부터 이미 오스만 제국의 군대는 민족과 농민을 단위로 편성되었다. 18세기에는 유럽인 군사고문이 초빙되어 장교들에게 기술을 전수했고, 인쇄소가 설치되어 기술·군사·지리에 관한 유럽 서적의 번역서를 출판했다. 셀림 3세(1789~1807년 재위)는 이른바 '니자이 제디드'(신질서)라는 포괄적인 개혁 프로그램을 시행했다. 여기에는 근대적인 군대의 창설, 세수 증대, 정권의 중추세력을 양성하기 위한 전문학교의 신설 등이 포함되어 있었다. 하지만 셀림 3세의 개혁은 울라마와 예니체리의 반대로 실패했고, 그는 1807년에 폐위되었다.

그후 수십 년 사이에 러시아는 캅카스로 진출했고 이집트에서는 무함마드 알리가 권력을 장악했으며, 그리스는 독립을 염원하며 반란을 일으켰다. 이렇게 주변정세가 변하자, 다시 한번 개혁의 필요성이 절실해졌다. 마무트 2세(1807~1837년 재위)는 셀림 3세의 구상을 바탕으로 군사·행정·교육 개혁에 착수했다. 나아가 그는 서구화와 절대군주가 지배하는 중앙집권국가를 꿈꾸며 군사력 강화, 행정제도 개선, 지방에 대한 지배력 강화, 세수 증대, 학교 설립 등의 새로운 개혁조치를 단행했다. 개혁의 근본적인 목표는 유능하고 정권에 헌신적인 새로운 엘리트를 양성하여 오스만 통치의 절대적인 권위를 회복하는 것이었다. 보수세력의 저항은 철저하게 분쇄되었다. 1826년에는 예니체리 군단이 해체되었고, 익타도 일부 몰수되었다. 와크프, 법정, 학교를 정부 부처들이 직접 관장하게 되면서 울라마의 세력도 크게 약화되었다. 예니체리와 밀접한 관계를 맺고 있던 벡타시야 교단도 해체되었다. 이런 치밀한 조치를 통해 개혁에 저항하는 세력은 대부분 제거되었고, 고위직 울라마조차 개혁을 지지하기에 이르렀다.

개혁의 이 첫 번째 국면은 1839년부터 1876년까지 지속된 이른바 '탄지마트'(개조) 시기로 이어졌다. 이 기간에는 개혁의 대상이 군대와 행정에서 경제·사회·종교로 확대되었다. 오스만 제국은 중앙집권국가를 지탱하기 위해서는 경제와 사회를 과감하게 변화시킬 필요가 있다는 인식하에 의류·종이·대포를 만드는 공장을 건설했다. 또한 석탄·철광석·납·구리 채굴이 장려되었다. 농업에 활력을 불어넣기 위해 정부는 개간과 재정착을 추진했다. 기술근대화 사업으로는 우편제도(1834), 전신(1855), 증기선의 도입이 있었고, 1866년부터는 철도 부설이 시작되었다. 1838년에는 정부의 무역 독점을 폐지하고 관세를 낮추어 국제무역을 장려했다. 비록 무역 및 금융의 개혁은 유럽의 무역상과 투자자들이 오스만 제국의 경제에서 지배적인 위치를 차지하게 되는 부작용을 낳았지만, 국가재정을 튼실히 하기 위해서는 좀더 생산적인 경제를 핵심과제로 삼아야 한다는 원칙이 확립되었다.

중요한 법률적 개혁도 이루어졌다. 정부는 새로운 행정과 경제에 대한 요구에 대처하고, 오스만의 속국과 열강의 압력에 대응하기 위해 새로운 법전을 공포했다. 또 샤리아의 법리(法理)를 보완하기 위해 토지의 소유와 상거래를 규율하는 상법과 형법도 제정했다. 1840년에는 서양식 법정과 법전이 도입되었다. 1858년의 법들은 개인의 토지소유권을 인정했다. 1870년에 오스만 정부는 새 민법 즉 '메젤레'를 공포했다. 메젤레는 기본적으로 샤리아를 따랐지만, 술탄의 개인적인 권위를 축소하고 민사문제를 샤리아 법정이 아닌 국가법정에서 관할하게 하는 획기적인 내용을 담고 있었다. 1917년의 가족법은 유럽의 사법(私法) 체계를 채택함으로써 이슬람의 전통과 완전히 결별했다.

오스만 제국의 교육개혁은 직업학교의 설립과 더불어 시작되었고, 얼마 뒤에는 학생들이 수준 높은 과학기술교육을 받을 수 있는 준비단계에 해당하는 초등학교와 중학교의 설립을 골자로 하는 새로운 교육제도가 마련되었다. 1847년에 교육부는 중학교('루슈디예')를 설립했고, 군대도 중등교육에 상응하는 교육을 실시했다. 크림 전쟁 이후 교육부와 군대는 산수, 지리, 오스만 제국의 역사를 가르치는 초등교육을 시험적으로 실시했다. 1870년에는 직업교육, 인문학, 종교학을 통합하여 대학을 설립하려는 최초의 노력이 시도되었다. 그러나 교육개혁의 많은 부분은 계획에 머물고 말았다.

비무슬림 주민에 대한 행정과 관련된 개혁도 폭넓게 이루어졌다. 그리스도 교도와 유대인은 자체적으로 종교공동체를 구성하고 그들만의 민법을 시행했다. 그러나 그리스도 교도들이 내셔널리즘을 외치며 폭동을 일으키자, 그들을 사회에 통합시켜 오스만 제국에 충성을 바치게 하는 것이 시급한 과제로 떠올랐다. 오스만 제국은 1839년에 귈하네의 하티 샤리프(장미실의 칙령)을 발포하고 생명·재산·명예의 권리와 모든 종교단체의 평등을 선언했다. 1856년의 '하트 휘마윤'(개혁칙령)은 비무슬림의 평등권을 인정하고, 그들이 군복무를 할 수 있는 권리도 보장했다. 1867년부터는 그리스도 교도가 국가평의회의 위원으로 임명되기 시작했다.

비무슬림 공동체에 대한 지배권은 성직자에게서 평신도에게로 넘어갔다. 1850년에 새로 구성된 프로테스탄트 단체는 성직자가 아닌 평신도 협의회에 의해 지배되었다. 1863년에는 아르메니아 사도교회 교도들에게 국회의 다수의석을 평신도로 구성할 권리뿐만 아니라 주교와 종교협의회 대표를 선출할 권리를 부여했다. 또한 정부는 그리스인 성직자들을 압박하여 평신도 협의회를 구성하게 하는 한편 불가리아 교회를 그리스 정교회로부터 분리시켰다. 그리스도교 공동체를 평신도 중심으로 재편한 데는 무슬림과 비무슬림을 오스만 국민으로 통합하려는 의도가 숨어 있었다. 더 이상 종교의 차이가 오스만 제국에 대한 충성을 방해해서는 안될 것이었다.

탄지마트 개혁운동은 개혁의 첫 번째 국면에서 나타난 국가통제주의를 초월하여 오스만 사회에 대한 인식 자체를 바꿔놓았다. 그것은 이슬람의 독자적인 교육제도와 사법제도의 기능을 부인하는 한편 무슬림이 우위에 있다는 사고를 불식시켰다. 강력한 국가를 건설하고 다양한 종교와 민족을 하나로 결속시키기 위해, 오스만 정부는 무슬림 사회의 근본적인 구조를 손질하여 전통적인 교육·사법·종교 제도를 세속적인 형태로 대체했다. 제국의 위상을 회복하는 작업이 혁명적 함의를 갖기 시작했던 것이다.

국가의 개혁은 더욱 철저한 개혁을 희망하는 새로운 엘리트를 배출했다는 점에서도 혁명적이었다. 비록 탄지마트는 사회에 깊숙이 파고들지 못했고 여전히 이슬람에 지배되고 있는 대중의 일상생활과 신앙에 영향을 주지는 못했지만, 적어도 새로운 계급을 배출하는 성과를 거두었다. 예니체리의 해체와 울라마의 약화, 개혁 프로그램의 도입을 통해 오스만 사회의 정치권력은 '메무르' 즉 관료들에게 넘어갔다. 관료들 중에서도 세속학교에서 교육을 받고 유럽에 다녀온 경험이 있는 번역국과 육군성의 서양화된 엘리트가 실권을 장악했다. 와크프 관리자의 아들로 태어나 처음에는 종교학교에 몸을 담았으나 개편된 행정부에 투신하여 마무트 2세 치하에서 대와지르가 된 무스타파 레시드 파샤(1800~1858)와 그의 심복이던 이스탄불 상인의 아들 메메트 알리 파샤(1815~1871), 군의관 출신의 메메트 푸아트 파샤(1815~1869)가 엘리트 관료들을 이끌었다.

1860년대에 이르자 탄지마트에 저항하는 세력도 생겨났다. '새로운 계급'은 정부의 요직을 독차지했지만, 중학교와 전문학교 졸업생, 중간 관료, 가난한 집안의 자녀들은 기득권을 가진 구세대에 가로막혀 출세하기가 어려웠다. 이들은 문학도의 길로 들어서서 시인·작가·언론인·반정부 신문의 편집인으로 활약했다. 이들은 기성 관료집단에 불만을

품고, 탄지마트에는 반대하지만 다른 개혁 프로그램에 관심을 갖고 있
던 하급 장교와 자유주의적인 울라마, 신학교 학생들과 연대했다.

1860년대에는 오스만의 전통과 개혁의 조화를 표방하던 청년오스만
당이 신지식층을 대변했다. 나미크 케말(1840~1888), 이브라힘 시나
시(1826~1871), 지야 파샤(1825~1880) 등의 회원들은 오스만 제국의
지속과 이슬람의 소생, 유럽식 근대화를 추진했다. 그들은 영국의 성공
에 감화되어 입헌제를 선호했고, 제국의 궁극적인 가치는 시민의 천부
인권 보장, 생명과 재산의 보호, 정의, 그리스도 교도와 무슬림의 화해
에 있다고 생각했다. 그들은 일반 대중을 파고들지 못하면 제국이 존속
할 수 없다고 믿었으며, 입헌제는 이슬람 문화와 유럽 문화에 공통적으
로 내재된 정치적·도덕적 가치의 표현이라고 주장했다. 따라서 청년오
스만당의 사상가들은 이슬람 근대주의자들이었다. 그들은 이슬람이 근
대사회의 조직 및 입헌정부와 양립할 수 있다고 주장했다. 또한 이슬람
의 전통에 담겨 있는 과학적인 정신, 맹신을 넘어선 합리적인 사고의
가치, 개인과 사회의 발전을 위한 부단한 노력의 필요성을 강조했다.
그들은 튀르크어를 실용화하여 엘리트와 대중 사이의 격차를 줄이려고
했다. 청년오스만당은 탄지마트 프로그램을 종교적으로나 사회적으로
나 시대의 흐름에 맞지 않는다고 비판했지만, 이슬람-오스만 사회의
근대화를 이룩하려는 열의는 대단했다.

1876년에 오스만 제국이 러시아와의 전쟁에서 패하자, 입헌주의자
들은 쿠데타를 일으켜 아브뒬하미트 2세(1876~1908년 재위)를 국왕으
로 추대했다. 아브뒬하미트 2세는 쿠데타 세력의 압력에 의해 술탄의
권한을 제한하는 헌법을 채택하고 의회정부를 수립했다. 신헌법은 행
정권한을 분산하고 종교단체의 평등권도 보장했다. 그러나 아브뒬하미
트는 500년을 이어온 오스만의 전통을 쉽게 포기하지 않았다. 그는 자
신을 지지한 입헌주의자들의 기대를 저버리고 의회를 해산한 다음 권

위주의적이고 종교적인 색채를 띤 보수정권을 수립했다. 이 정권은 술탄의 절대권력, 관료, 경찰에 의존했다. 술탄은 이슬람의 수장으로 간주되었고, 전세계의 무슬림에 대해 권위를 행사했다. 신정권은 보수적인 이슬람주의로 회귀했지만, 탄지마트 개혁운동을 계속했다. 그리하여 신식학교, 법전, 철도, 군사기술이 도입되었다.

1880년대와 1890년대에 생겨난 투르크인 지식층은 보수정권에 대한 반동의 산물이었다. 경제와 교육이 지속적으로 발전하면서 지식층의 저변이 넓어졌다. 사무직 근로자, 기술자, 도로 및 통신 전문가의 수도 증가했다. 빈민층과 중산층 역시 새로운 직업을 찾아 활발하게 움직였다. 정부의 통제와 검열이 강화되었음에도 불구하고 의사소통의 기회는 확대되었다. 언론은 유럽의 과학과 정치를 소개하고, 서양식 사고방식을 대중에게 알렸다. 학생들이 넓은 세상에 대한 견문을 고향에 전함에 따라, 사상이 수도에서 지방으로 전파되었다.

1889년에는 망명생활을 하던 언론인·작가·출판인·대중운동가 등이 파리에서 '단결과 진보를 위한 오스만회'를 결성했다. 이제는 청년터키당으로 불린 그들은 오스만 제국에 대한 충성을 맹세하는 한편 의회와 헌법의 부활을 주장했다. 청년터키당은 두 그룹으로 분리되었다. 아메트 리자가 이끄는 그룹은 술탄의 권한 강화, 중앙집권화, 투르크-무슬림 주민의 우위를 주장했다. 반면에 사바헤딘 왕자가 이끄는 그룹은 분권화된 형태의 오스만 지배를 강조했다. 이들은 제국의 투르크인과 무슬림의 권익을 지나치게 강조하지 말고 그리스도 교도를 비롯한 소수자의 자치를 허용하는 연방 형태의 사회를 건설하자고 제안했다.

제국 내에서도 장교·관료·의사들이 유럽 및 발칸 국가와의 전쟁에서 연패한 정부의 무능함과 정권에서 배제된 것에 격분하여 다마스쿠스와 테살로니키 등지에서 혁명조직을 결성했다. 장교 출신으로 나중에 터키의 대통령이 되는 무스타파 케말은 1905년에 조국회를 결성했고, 1907년의 청년터키당 대회에서는 통일진보위원회(이하 CUP)를 설치했다. 1908년에 모나스티르 지방의 CUP 조직이 폭동을 일으키자 술탄은 어쩔 수 없이 1876년 당시의 헌법을 부활시켰다. 폭동 이후 외관상 의회정치가 회복되었으나, 새 정부는 실질적으로 CUP와 군부에 의해 좌우되었으며 권위주의적이고 고도로 중앙집권화된 통치체제를 갖추었다. 1908년과 1912년 사이에는 군부와 CUP 자유주의자와 무슬림 보수주의자 사이에 치열한 권력투쟁이 전개되었으며 결국 군부가 득세했다. 1912~1918년에는 CUP가 법령에 따라 지배했다.

아브뒬하미트 정권의 이슬람주의에 대한 반동으로 CUP는 철두철미하게 세속적이었다. 1913년과 1918년 사이에 CUP는 학교·법정·법전을 과감하게 세속화했고, 여성해방을 위한 최초의 법안을 통과시켰다. 1916년에 CUP 정부는 '샤이흐 알이슬람'의 권력을 축소하는 한편 이슬람 법정의 권한을 법무부로 이양했으며 이슬람 대학의 관리권도 교육부로 넘겼다. 1917년에는 유럽식 신가족법이 공포되었다. 아브뒬하미트 정권이 이슬람에 호소함으로써 지지를 받았던 반면, 여기에 반대했던 지식층은 이슬람과 입헌제의 종합을 시도한 청년오스만당의 입장에서 급진적인 세속주의로 이동했다. 오스만 지배층과 지식층의 다양한 분파가 권력투쟁을 벌이면서 세속적인 개혁 프로그램은 더욱 급진적으로 변했다.

CUP의 프로그램은 오스만의 전통을 존중하는 동시에 세속적이었지만, 점점 투르크적인 것을 지향하게 되었다. 1908년과 1918년 사이에는 오스만 제국 개혁에 대한 생각이 새로운 개념에 의해 밀려났다. CUP 지도부는 오스만 제국을 투르크 국민성/국적의 관점에서 인식하기 시작했다. 한 세기 이상 그리스도 교도들은 국민국가의 목표를 추구해왔으며, 민족적·언어적·종교적 유산을 공유하는 사람들은 그들만의 영역국가를 가져야 한다고 요구했다. 19세기 후반에는 한때 오스만 제국의 영역이었던 곳에 그리스·세르비아·루마니아·불가리아·몬테네그로 등의 그리스도교 국가가 탄생했다. 곧이어 알바니아가 반란을 일으켰고, 아르메니아도 자치를 요구했다. 그리스도 교도들은 무슬림과 오스만 제국의 지배에 저항하는 과정에서, 그리고 서양의 그리스도교 국민국가들을 모방하며 어렵지 않게 국민적 정체성을 형성할 수 있었다. 하지만 무슬림에게 이슬람이나 오스만 제국과 무관한 내셔널리즘을 상상하기는 어려웠다. 그들은 각 무슬림의 이익과 오스만 제국의 권위를 쉽게 구별할 수 없었다. 더구나 오늘날 우리가 터키인이라고 부르는 사람들은 스스로 민족집단이라는 개념을 갖고 있지 않았다. 무슬림 혹은 술탄의 백성이라고 생각했다. '투르크'라는 말은 단지 농부나 유목민 또는 낫 놓고 기억자도 모르는 촌뜨기를 의미할 뿐이었다.

투르크 국민이라는 관념은 오스만 제국 말기부터 형성되기 시작했다. 이슬람이나 오스만 제국에 대한 충성은 일종의 애국심으로 간주되었고, '와탄'(조국)이라는 말로 표현되었다. 범이슬람적 동일감은 정치적 통일체에 대한 의식을 불러일으켰다. 따라서 이슬람과 오스만의 어휘들은 국민국가적 이상과 일치하지는 않지만 그것에 가까운 정치적 개념을 표현할 수 있었다. 투르크인의 문화의식도 자리를 잡아가기 시작했다. 청년오스만당의 문필가들은 튀르크어의 쇄신과 오스만투르크의 고급문화를 대중화하는 문제에 관심을 쏟았다. 1890년대에는 튀르크어와 투르크 문화를 공부하던 유럽 학생과 난민, 또는 유학생 신분으로 이스탄불에 모여든 크림 및 내륙아시아 출신 지식인들의 영향으로 오스만 제국의 사람들이 '투르크인'이라는 관념에 눈을 뜨게 되었다. 언론은 아나톨리아를 투르크인의 고향으로, 농민을 투르크 국민의 중추로 찬미했다. 이런 투르크인 관념은 투르크 모국회, 투르크의 중심 같은 문학클럽에 의해 선전되고 있었다. 문학클럽들은 대중이 쉽게 사용할 수 있도록 튀르크어를 단순화하고, 모든 주민이 투르크 국민성/국적의 소유자라는 것을 설득해 나갔다. 지야 괴칼프(1875/76~1924)는 투르크 내셔널리즘의 대변자로 떠올랐다. 그는 오스만 제국의 몰락에 개의치 않고, 투르크인의 민속문화를 칭송하는 한편 이슬람을 투르크 인의 에토스를 표현하게끔 개혁해야 한다고 주장했다. 아브둘라 제브데트(1869~1932)는 투르크 내셔널리즘의 세속적 기반을 닦았다. 투르크인이라는 개념 덕분에 무슬림이 아닌 투르크인의 역사적 정체성을 구현하는 동시에 서양적이지 않으면서 근대적인 새로운 문명을 정의하는 게 가능해졌던 것이다

1908년과 1918년 사이에 일어난 일련의 정치적 사건들로 인해 다양한 민족과 종교를 포용하는 오스만 제국의 부활은 불가능해졌고, 투르크인의 관념이 더욱 부각되었다. 1908년경 그리스도교 인구는 대부분 이미 독립한 상태였다. 1910년에는 알바니아가 폭동을 일으켰고, 1912년에 자치가 허용되었다. 발칸 국가들과의 전쟁으로 오스만 제국은 사실상 유럽에 있는 영토를 모두 상실했다. 제1차 세계대전 기간에 동아나톨리아의 아르메니아인은 전쟁의 참화를 겪으면서 추방당하거나 투르크인과 쿠르드인에게 학살당하여 인구가 급감했다. 무슬림 중에서도 쿠르드인과 아랍인의 국민감정이 고조되었고, 아랍인은 오스만 제국의 전복을 기도하기도 했다. 제1차 세계대전 이후 오스만 제국의 영토는 아나톨리아로 축소되었고, 주민의 구성 면에서도 투르크인이 절대 다수를 차지하는 가운데 쿠르드인, 일부 그리스인, 아르메니아인이 소수자가 되었다. 오스만 제국의 정치현실은 투르크인의 내셔널리즘 개념을 뒷받침했다. 전쟁은 비무슬림과 비투르크인 인구의 목숨을 앗아가 버림으로써 오스만 제국 충성파에 대한 복잡한 문제를 일거에 해결해 주었다. 또한 제국의 남은 영토는 연합국에 의해 분할·점령되었다.

전쟁이 끝난 뒤에 무스타파 케말은 청년터키당의 방침을 행동에 옮겼다. 케말의 리더십 아래 투르크인 엘리트는 투르크인 대중을 동원하

여 외국 군대의 점령에 저항하는 한편 내셔널리즘 사상을 지지했다. 케말은 아나톨리아·루멜리아* 권리옹호협회를 결성했고, 1920년에 앙카라에서 대국민의회를 소집했다. 케말은 1921년에 신헌법을 공포하고 아나톨리아의 대부분 지역에서 공화국 정권을 수립했다. 케말 정부는 캅카스 지방에서 독립을 선언한 아르메니아인을 진압하고, 실리시아의 프랑스군과 중앙 아나톨리아의 그리스군을 몰아냈다. 마침내 1923년에 유럽 열강과 로잔 조약을 체결하고 현재의 영토를 국경선으로 하는 터키의 독립을 인정받았다. 제1차 세계대전의 결과 중동의 무슬림 거주지역에서 터키만이 완전한 독립국가가 되었다. 이미 장교, 노련한 행정가·정치인·법률가, 지식인 등의 국민적 지식층이 형성되어 있었을 뿐만 아니라 통일된 국민운동이 전개되고 있던 상황이었기 때문에 근대 터키에는 체계적인 정부구조와 단결된 엘리트에 의해 문화적·정치적 정체성에 대한 강력한 의식이 생겨났다.

　오스만의 군부와 관료 엘리트들이 내셔널리즘으로 돌아서서 절대적인 리더십을 발휘하며 터키 공화국을 수립할 수 있었던 것은 대안적인 국민적 엘리트의 힘이 미약했기 때문으로 이해할 수 있다. 오스만의 종교지도자들이 무슬림의 반대여론을 효과적으로 표명하지 못함으로 해서 세속적인 국민국가 개념으로의 선회를 사실상 방조하는 셈이 되었던 것이다. 1826년에 예니체리가 해체되고 울라마 세력이 약해진 것도 결정적인 요인으로 작용했다. 사실 1826년 이후에도 울라마는 오스만 제국을 지지하고 이슬람을 수호했다. 술탄은 여전히 무슬림 민족들의 종교적 수장으로 간주되었다. 셀림 3세와 마무트 2세는 모스크와 묘를 세우고 예배와 수피 의식에 참석했으며 군대에도 종교교사를 임명했다. 아브뒬하미트는 술탄과 칼리프의 동일화를 부활시켰고, 자신은 오

* 오스만 제국의 유럽 영토.

스만 제국의 '파디샤'이며 모든 무슬림의 술탄이라는 주장에 권위의 근
거를 두었다. 당시 오스만 정권은 이슬람 교육과 사법제도를 공격하고
비무슬림에게도 동등한 정치적·경제적 권리를 부여하면서도 여전히
이슬람 정권이라는 점을 무슬림에게 납득시킬 수 있었다.

더욱이 수많은 지도급 울라마 역시 근대세계에서 이슬람이 좀 더 효
율적으로 작동할 수 있게 만들 필요성이 있다는 데 공감했다. 이슬람
근대주의의 대변자들은 이슬람 신앙의 타당성을 믿으면서도 그것을 변
화하는 환경에 맞추어 수정해 나갈 필요가 있다고 판단했던 것이다. 그
들은 서양의 새로운 군사·경제·기술문명의 중요성을 인정하지 않는 전
통주의자들을 반대하는 한편 이슬람의 종교적 영감과 공동체 정신을
소중하게 여기지 않는 세속주의 집단에도 반대했다. 이슬람 근대주의
자들은 근대화가 이슬람과 양립할 수 있다는 것을 전통주의자가 받아
들이도록 설득하려 했으며, 전통주의자들은 근대주의자들이 이슬람의
도덕적 가치를 받아들이도록 설득하려 했다. 결국 오스만 제국의 개혁
프로그램은 이슬람에 충실하면서도 이슬람의 가치를 근대사회에 적응
시키는 데 초점을 맞추었다.

당시 울라마는 국가의 종복으로서 오스만 정권에 충성을 다하는 집
단이었다. 지도급 울라마는 술탄의 친구로서 술탄의 재정적인 지원을
받았고, 군부와 관료사회의 엘리트와도 가족관계로 연결되어 있었다.
19세기 중반의 수십 년 동안은 일부 하급 관리와 신학도, 농촌의 수피
외에는 정부에 종교적으로 반대하는 집단이 없었다. 19세기 말에 급진
적인 세속주의자들에게 주도권이 넘어갔을 때도 이슬람 종교지도자들
은 저항할 만한 위치에 있지 않았다. 국가권력에 절대적으로 복종하는
전통과 근대화 개혁의 필요성에 대한 모호한 인식으로 인해, 그들은 오
스만 제국의 해체를 초래하게 되는 강력한 국내외의 세력에 아무런 저
항도 할 수 없었다.

　오스만의 군부와 관료사회의 엘리트는 무슬림 부르주아지나 중산층 상인들과 경합할 필요도 없었다. 이는 전통적으로 국가가 사회보다 우위에 있었기 때문이기도 했지만, 유럽의 경제적 침투 때문이기도 했다. 1838년에 영국과 체결한 조약에 따라 오스만 정권이 산업을 독점하고 수입품에 고율의 관세를 부과하던 구제도가 폐지됨으로써, 오스만의 경제는 국제경제에 완전히 통합되었다. 세계시장에 진입하면서 곡물·양모·건포도·담배·아편 같은 환금작물의 재배가 크게 늘어났다. 비록 미국과의 경쟁 때문에 목화 재배는 사양길에 들어섰지만 말이다. 1913년에 아나톨리아의 농업은 오스만 제국 농업소득의 55%, 국내총생산(GDP)의 48%를 차지했다. 전체 수출품의 80~85%는 농산물이었다.

　제조업도 번영했다. 일반적으로 영국과 체결한 1838년의 통상조약이 오스만 제국의 수공업에 엄청난 타격을 준 것으로 알려져 있지만, 사실 직조업과 카펫 제조업은 19세기 내내 번창했다. 이는 오스트리아와 영국의 기업들이 선대제 생산에 투자했기 때문이다. 하지만 산업발전은 대포·의복·군화 등 군수품을 생산하는 국영기업에 집중되었다. 오스만 정부는 목화·섬유·철·무기 등을 생산하는 국내산업을 육성하기 위해 노력했으나, 고가의 원료와 기술을 수입해야 하는 처지였던 만큼 성공을 거두기는 쉽지 않았다. 그럼에도 불구하고 오스만의 공업생산은 연 1.85%의 성장률을 기록하여 GDP 증가율의 2배에 달했다. 요컨대 오스만이 세계경제에 참여하면서 농산물 수출은 크게 증가했으나, 유럽과 경쟁해야 했던 국내산업과 수공업은 실패를 면치 못했다.

　세계경제에의 참여는 국가부채 증가와 재정 의존으로 이어졌다. 오스만 제국은 1854년에 처음으로 차관을 들여왔다. 그후 철도 부설과 광산 개발, 공공시설 건설이 확대되면서 주로 유럽의 차관으로 자금을 조달했다. 군사비와 은행 설립비용도 외국자본으로 충당했다. 1882년에 이르자 오스만 정부는 이자조차 감당할 수 없었고, 외국인이 직접 채무를 관리하게 되었다. 이때부터 외국인 은행가들이 오스만의 경제를 통제했다. 하지만 1880년부터 1914년까지 오스만 제국에 번영이 찾아왔다. 중앙정부의 권한이 강화되고 지방의 정국이 안정되고 외국의 자극을 받아 국내투자와 무역이 살아남은 덕분이었다.

외국의 자극을 받는 동시에 외국의 규제를 받는 경제는 오스만의 사회구조에도 중대한 결과를 가져왔다. 국제무역에 종사하는 그리스인·아르메니아인·유대인과 기타 소수민족의 경제력이 커졌던 것이다. 그러나 오스만 제국이 세계경제에 의존하고 있었다고 해서, 오스만 사회 내의 정치적 판도까지 바뀌지는 않았다. 무역상들은 국가엘리트에 도전할 만한 힘이 없었다. 과세, 대규모 투자, 이데올로기, 군사에 대한 통제권은 오스만 제국 지배층의 특권으로 남아 있었다. 터키 공화국의 탄생 직전까지도 군부와 관료 엘리트만이 국가의 운명을 결정했다.

터키 공화국

강력한 중앙집권국가와 군사적 리더십으로 대표되는 오스만의 전통은 고스란히 터키 공화국으로 이전되었다. 근대 터키의 역사는 두 개의 국면으로 나눌 수 있다. 1921년부터 1950년까지의 기간은 대통령 독재, 종교개혁, 1단계 산업화의 시대였다. 1950년부터 현재까지는 군사통치와 다당제의 이원적 정치시스템, 사회계층간 격차의 심화, 급속한 경제변화, 다시 불붙은 이데올로기 갈등으로 대변되는 시대이다.

케말주의 시대는 터키 인민의 주권을 선언한 국가기본조직법과 함께 1921년에 시작되었다. 1923년에 무스타파 케말 아타튀르크는 터키 공화국의 종신대통령으로 지명되었다. 그는 국가원수인 동시에 공화인민당의 당수였다. 진보당(1924)이나 자유당(1929, 1930) 같은 야당이 잠시나마 반정부투쟁을 시도했지만, 케말 정권은 결코 반대세력을 용납하지 않았다. 공화인민당은 농촌지역에 지부를 두어 주민들에게 영농의 개선과 관련된 정보를 전달하고 세속주의와 내셔널리즘의 이데올로기를 퍼뜨렸다. 케말 정권은 교육수준이 높은 도시의 관료와 군부엘리트들이 국가 전체를 지배하는 오스만 제국의 통치방식을 이어받았다. 울라마와 지방의 유력자들은 정권에서 배제되었지만, 지주들은 기존의 경제적 기반을 유지·강화할 수 있었다. 케말 정권은 터키 인민의 이름을 내건 정권이었지만 그들과 밀접한 관계를 맺지 못했다.

케말 정권의 일차적인 목표는 경제개발과 문화적 근대화였다. 19세기에 무슬림 엘리트는 유럽과의 경쟁에서 밀려나 자신의 경제활동을 주로 정부의 지원에 의존했다. 그러나 1908년과 1918년 사이에 외국자본이 빠져나가고 그리스인과 아르메니아인 상인들이 국외추방됨에 따라, 터키의 새로운 상업엘리트가 성장할 수 있는 여지가 생겼다. 하지만 1920년대에도 터키의 은행과 무역은 여전히 외국자본의 지배하에 있었다.

1920년대에 케말주의 정권은 국가의 경제개발 후원을 재개했다. 정부는 농업생산을 촉진하기 위해 세금을 낮추고 도로와 철도를 건설했다. 그 결과 목화·담배·건과류의 수출이 늘어났다. 또한 러시아에서 자본과 기술을 들여와 섬유공장을 지었다. 그러나 전통적인 수공업은 쇠퇴했다. 1929년 대공황으로 수출시장이 막히자, 터키 정부는 적극적으로 경제를 통제하는 한편 경제개발계획을 수립했다. 터키의 경제개발계획은 오스만 제국 및 소련의 경제정책을 본받았다. 1930년대에 국가는 철도·공공시설·항구·광산을 국유화했다. 제1차 5개년계획(1929~1933)은 수입대체산업 육성에 초점을 맞추었다. 정부는 수메르 은행을 설립하여 섬유·제지·유리·제당 등의 업종을 지원했다. 영국은 제철소 건립자금을 제공했다. 1920년대와 1930년대에 터키는 근대적 산업경제로 발돋움할 수 있는 기반을 마련했다.

무스타파 케말은 인민대중을 공화국 정권의 이데올로기와 문화 속으로 끌어들이는 한편 서민들이 이슬람과의 관계를 끊고 서양의 세속적인 생활방식을 받아들이도록 유도했다. 신정권은 이슬람과 관련된 제도들을 폐지했다. 술탄제와 칼리프제는 1923년과 1924년에 각각 폐지되었다. 와크프와 울라마는 종교문제를 담당하는 새로운 부서의 통제를 받게 되었다. 정부는 1925년에 수피 교단을 불법화하고 해산시켰다. 1927년에는 페스 모자를 쓰지 못하게 했다. 1928년에는 아랍 문자 대신 라틴 문자를 새로 도입했고, 튀르크어에서 아랍어와 페르시아어의 흔적을 제거하기 시작했다. 1935년에는 모든 터키인에게 서양식 성 (姓)을 의무적으로 사용하도록 했다. 또한 비슷한 시기에 스위스 법전에 기초한 새로운 가족법이 샤리아를 대체했다. 케말 정권은 전국에 인민회관을 건립하여 읽고 쓰는 법을 가르치고 새로운 이데올로기를 전파하고 터키 국민의 정체성을 주입했다. 이런 정부의 노력에 의해 이슬람은 해체되었고 공공생활에서 아무런 역할도 못하게 되었다. 터키인의 전통적인 문화를 상징하는 요소들은 근대적 정체성을 나타내는 법률과 언어 등의 새로운 상징으로 대체되었다.

이런 변화의 와중에 여성의 지위도 변했다. 탄지마트 프로그램의 일환으로 이미 19세기부터 여성에게 초등교육이 실시되었지만, 20세기에 접어들자 세속주의를 지향하는 내셔널리스트들이 여성의 지위문제에 더욱 적극적인 관심을 보였다. 지야 괴칼프는 터키가 근대화하기 위해서는 여성의 평등권 보장이 필수적이며, 교육·고용·가정생활뿐 아니라 이혼과 상속에서도 여성이 동등한 권리를 가져야 한다고 주장했다. 20세기의 첫 10년 동안 도시의 여성들은 서양식 복장을 착용하기 시작했다. 1911년에는 여성을 위한 중학교가 설립되었고, 교사·간호사·조산원·비서를 양성하는 학교들이 급속히 늘어났다. 제1차 세계대전 기

그림 23. 무스타파 케말 아타튀르크(왼쪽)와 이란의 샤

간에는 남자들이 전쟁에 동원되면서 여성의 사회진출이 늘어났다. 1916년과 1917년의 가족법은 샤리아의 전통을 무시하고 일부다처제를 제한했으며, 요건만 갖추면 여성도 이혼을 청구할 수 있게 허용했다. 그렇지만 대중교통을 포함한 공공장소에서 여성은 여전히 격리되었다. 연극과 교육, 그 밖의 많은 활동에서 남녀는 따로따로 움직이거나, 분리된 공간에서 행동했다.

1920년대와 1930년대에는 더욱 급격한 변화가 일어났다. 1924년의 가족법은 일부다처제를 폐지하고 남녀의 이혼청구권을 똑같이 인정하고 이혼은 일정조건하에서 법원의 결정에 따르도록 함으로써 사실상 남성의 특권을 부정했다. 헌법은 교육과 고용의 남녀평등을 보장했다. 1934년에는 여성에게 투표권이 부여되었고, 1935년에는 처음으로 여성이 터키 의회에 진출했다. 여성의 권리에 대한 인식의 변화와 새로운 법률적 원리는 터키의 공공생활에서 여성의 참여가 지속적으로 확대되는 기반이 되었다.

케말 정권이 추진한 경제정책과 문화정책은 상당히 급진적이었지만 혁명적인 수준은 아니었다. 여성의 지위향상은 여성의 권리를 보장한다는 차원이 아니라 국가와 국민의 발전을 위해서 이루어진 일이었다. 지배엘리트와 조직은 그들의 권위를 유지했다. 농민을 동원하려는 노력은 없었다. 위로부터의 문화혁명은 사회 저변으로 깊숙이 파고들지 못했다. 그리하여 나라를 도시의 근대화된 엘리트와 이슬람 지향적인 농촌의 농민대중으로 분열시키게 되었다. 케말 정권은 급진적인 문화정책을 보수적인 국가통제주의 정치·사회정책과 결합시킴으로써, 터키를 가장 먼저 새로운 유형의 근대 아시아 국민국가—급진적인 문화개혁과 경제개혁을 시도하는 권위주의 정권—로 만들었다.

전후의 터키 공화국

케말 정권에서는 소수의 엘리트가 정치권력을 독점하고 터키 사회의 변용과 근대화를 주도했다. 1938년에 케말이 사망하자 그의 심복이자 동료였던 이스메트 이뇌뉘(1938~1950년 재임)가 대통령이 되었다. 케말의 죽음과 이뇌뉘의 종말 사이의 기간에는 새로운 정치체제를 구축하기 위한 발판이 마련되었다. 경제가 성장하면서 사업가, 공장 관리자, 농촌의 지주, 부농, 정치적으로 인정받기 원하는 신세대 지식인 등의 새로운 집단이 출현했다. 또한 제2차 세계대전 이후에는 상업활동과 대학에 대한 정부의 통제가 완화되었고, 정치참여에 대한 기대도 높아졌다. 이뇌뉘 정부는 민주당 결성을 허용했고, 1950년에는 의회를 구성하기 위한 자유선거가 실시되었다.

이렇게 해서 아타튀르크가 확립해놓은 군부 및 관료 주도의 국가에 대의제를 가미한 새로운 정권이 탄생했다. 공업경제, 무역단체, 노동조합을 장악하고 세속주의 문화정책을 주도하던 중앙정부의 실세 군부는 이제 의회제도를 통해 국가를 지배하게 되었다. 의회는 시장주의자, 농민, 사업가, 전문직 종사자를 대표했다. 이들은 국가의 주도와 시장의 확대를 결합한 혼합형 개발정책을 선호했고, 농민, 소도시 주민, 이주자들의 정신세계를 지배하고 있는 이슬람에 관용적인 융통성 있는 문화정책을 주문했다. 정당은 여전히 케말주의에 충실했다. 국가는 법으로 정한 장려금과 생활보조비 지급정책을 통해 중산층과 하층민에 대한 지원을 확대했다. 터키 정부는 지원과 통제의 상당히 정교한 시스템을 갖추게 되었다.

제2차 세계대전 이후에는 미국이 터키의 정치적 안정과 경제발전을 지원함에 따라 터키의 개혁은 속도를 더했다. 미국은 터키가 가부장적인 통치에서 탈피하여 민주적인 다당제로 나아갈 것을 권고했다. 미국이 터키에 개입한 것은 소련이 동유럽과 발칸으로 세력을 확대하며 그리스 내전에서 공산당을 지원하고 터키와 이란에 대해서도 위협을 가했기 때문이다. 1947년에 트루먼 대통령은 터키·이란·그리스의 방어를 선언했고, 1950년에는 소련의 힘을 견제하기 위해 북대서양조약기구(NATO)를 창설했다.

군부의 지배와 다당제 의회라는 이원적인 국가조직은 일련의 위기를 초래했다. 정치시스템의 개방은 참여와 민주화에 기여했지만, 정당과 파벌의 난립, 이데올로기의 양극화, 좌우의 대결, 이슬람과 세속주의의 대치, 투르크인과 쿠르드인의 대립, 모순적인 경제정책 등을 낳았다. 터키 공화국의 역사는 의회정치의 여러 국면을 겪었으며, 각 국면은 경제위기와 함께 끝이 났고 그런 위기상황에서 군부가 매번 권력을 장악했다. 그때마다 군부는 새로운 경제정책을 지시하고 정치적 갈등을 억누르고 헌법을 개정한 뒤에 점진적으로 민간정부에 정권을 이양했다. 이런 헌정의 위기는 1960년, 1970년, 1979~1983년, 1997년에 발생했다. 1997년에는 군부가 개입하여 이슬람 정당의 정치참여를 금지시켰다. 위기 때마다 쟁점은 달랐지만, 군부의 개입을 부르는 터키 정치의 구조적인 문제점은 해소되지 않고 있다.

첫 번째 국면은 1950년부터 1960년까지였다. 1950년대에는 젤랄 바야르와 아드난 멘데레스가 이끄는 민주당이 아타튀르크가 결성한 인민공화당을 물리치고 정권을 잡았다. 민주당의 지지기반은 소규모 사업가, 지주와 소작농, 중상류층 농민이었다. 민주당 정권은 이슬람에 관대한 입장을 취해 터키의 학교에서 종교교육을 허용하고 모스크에 대한 지원도 재개했다. 비록 수피 교단의 활동이 계속해서 금지되었고, 와크프도 부활되지 않았지만, 민주당은 오로지 세속화에 의해서만 터키가 근대적인 나라가 될 수 있다는 케말주의의 도그마에 흠집을 남겼다. 또한 경제근대화에 박차를 가해 경제에 대한 정부의 개입을 줄이고 기업의 민영화를 추진했으며 농민의 시장참여 기회를 확대했다. 이런 정책에 힘입어 1950년대에는 농업이 근대화되어, 설탕·목화·담배의 생산이 증가했다. 미국과의 군사적 협력은 도로·철도·비행장·항구·통신시설의 건설로 이어졌다. 도로·전기·트랙터·버스·학교가 들어오면서 농촌마을도 변했다. 하지만 급격하고 혼란스러운 경제성장은 인플레이션과 무역적자, 공채의 확대를 초래했다. 1958년에는 국제통화기금(IMF)이 개입하여 임금과 복지예산을 삭감하고 통화를 평가절하하는 조치를 단행했다.

경제가 붕괴하면서 1960년 5월 27일에 군사 쿠데타가 일어나 멘데레스 정부를 몰아냈다. 케말주의의 세속적인 정책을 옹호하는 서양화된 엘리트를 대표하는 군부는 관료·학생들과 협조하여 농촌 및 소도시의 사업가와 이슬람 이익단체를 제압하고 정권을 잡았다. 그러나 군사정권은 국민통합위원회를 구성하고 1년간만 권좌에 머물렀다. 이 1년은 민주당을 해체하고 신헌법과 새로운 의회정부와 경제정책을 선포하기에는 충분한 시간이었다.

1960년대는 터키의 전후 발전의 두 번째 국면에 해당한다. 이 당시터키의 경제성장은 국가가 지원하고 보호하던 소비재 산업에 의존하고있었다. 이 시기에는 산업생산과 산업노동력이 상당히 증가했다. 농산물 수출과 유럽에서 일하는 근로자들의 송금은 많은 기여를 했지만, 이정도의 벌이로는 소비재산업을 유지하는 데 필요한 자본과 원자재, 기타 수입품을 조달하거나 구입할 수 없었다. 그 결과 1971년에 터키는경제적 혼란에 빠졌고 또 한 차례의 외환위기를 맞았다. 다시 군부가개입했으나 곧바로 민정을 회복했다. 1970년대에 터키 경제는 외채에의존하여 변칙적으로 성장했고, 국내의 크고 작은 자본가, 노동자, 농민 사이에 이해관계를 둘러싼 갈등의 골이 깊어졌다. 유가 상승과 유럽경제의 침체는 인플레이션·실업·외채 증가·외환문제를 유발했고, 결국 1979~1980년에 국제통화기금이 다시 개입하여 임금동결과 긴축을 강제했다.

1960년대와 1970년대에는 정당들 사이의 갈등도 재연되었다. 불균등한 경제발전, 사회적·경제적 격차, 정치적 각성과 행동주의의 확산이 정치적 갈등을 증폭시킨 요인이었다. 엔지니어, 산업노동자, 대규모 노동운동, 군부 내의 좌파와 우파 등으로 구성된 새로운 기술엘리트가 정치무대에 뛰어들었다. 뷜렌트 에제비트가 이끄는 공화인민당은 산업노동자와 도시의 여러 집단을 비롯해서 이 나라의 관료·지식인·기술엘리트를 대표했다. 이 무스타파 케말의 당은 국가통제주의 경향을 고수했지만, 점차 전문직 공무원과 산업인력에게 호소하는 민주사회주의 정당이 되었다. 한편 쉴레이만 데미렐이 주도하는 공정당은 민주당의 후신으로, 대규모 민간기업 육성과 농촌개발을 지향했다. 양대 정당 외에도 좌우 진영의 새로운 정당들이 탄생했다. 농업자본민주당, 중소 도시의 프티부르주아지와 무슬림을 대변하는 국민구제당, 엘리트주의와 파시즘 색채가 짙은 국민운동당, 터키노동당이 결성되었고, 노동자·마오주의·소비에트주의를 대변하는 좌익단체들이 생겨났다. 1970년대 후반에는 우파와 좌파가 노골적으로 대립하는 양상이 나타났다. 의회 시스템은 이런 상충하는 이해를 조정하지 못했고, 1980년에는 다시 군부가 개입하여 정치·경제 질서를 회복시켰다. 경제와 문화가 발전하면서 터키 사회는 상당히 다원화되었다. 그러나 나라의 발전에 통일성 있는 경제적·이데올로기적 방향을 제시할 수 있는 실질적인 정치적 수단이 없었다.

1982년에 군부가 예의주시하고 있는 가운데 신헌법이 제정되었고, 그로부터 7년 뒤인 1989년에는 마침내 투르구트 외잘(1989~1993년 재임) 대통령의 문민정부가 들어섰다. 군부는 국가안전보장회의를 구성하여 정부의 정책결정 과정에 깊숙이 관여했고, 정책에 대한 거부권도 행사했다. 신헌법은 권위주의적 성격을 띠고 있었고, 계급·종교·민

족에 기초한 정당을 불법화하는 한편 언론의 자유와 노동자의 단결권
을 제한했다.

1980년대에는 다시 자유주의 경제정책과 수출 위주의 성장으로 복
귀했다. 이는 수입대체산업을 유지하는 데 비용이 너무 많이 들었기 때
문이다. 원래 수입대체산업은 국제경쟁으로부터 자국의 산업을 보호하
고 소비자의 요구에 부응하는 한편, 정부관리, 관리자 및 노동자의 취
업 기회를 확대하기 위해 제1차 경제개발 기간에 육성되었다. 정부는
개입을 자제하고 외국인의 투자를 장려하고 민간기업을 육성했다. 터
키 항공과 호텔 및 통신회사에 대한 정부의 지분도 민간 투자자에게 매
각되었다. 그렇지만 국가는 계속 주택자금을 지원했고, 군인과 관료 등
일부 계층에게는 특혜를 제공했다. 부유층으로부터 제대로 세금을 거
두지도 못하고 재정지출을 줄이지도 못했으며 인플레이션을 막지도 못
한 무능한 정부 때문에, 자유주의 경제는 여전히 허약한 상태였다.

생산적인 경제로 탈바꿈을 하긴 했지만, 이런 변용은 힘없고 가난한
사람들에게 경제적 어려움과 불안만 안겨주었다. 그 결과 이슬람주의
와 쿠르드 내셔널리즘이라는 두 가지 형태의 문화적·정치적 반격이 시
작되었다.

이슬람의 부흥과 쿠르드 내셔널리즘

이슬람은 터키 사회에서 미묘한 위치를 차지하고 있다.
공화국의 이데올로기는 세속주의이고, 교육수준이 높은 도시의 상류층
은 이슬람을 후진성의 상징으로 여긴다. 도시 울라마의 전통은 대부분
해체되어 공공생활에 아무런 영향도 주지 못한다. 하지만 농촌에는 수
피의 전통이 살아남았고 서민들의 이슬람에 대한 복종심도 크게 약해
지지 않았다. 또한 터키인은 계속 자신을 무슬림으로 여기고 있고, 케
말주의자가 정권을 잡았던 기간에도 모스크와 성자의 묘에서 예배를

보았다.

게다가 전후기의 경제적·정치적 압박에 반발하여 국가와 사회의 재이슬람화에 전념하는 새로운 운동과 정당이 생겨났다. 이런 운동들은 학생, 특히 공학이나 의학 계열 학생들에게 호소력을 발휘했는데, 이들은 이슬람주의 운동을 권위주의 국가로부터의 소외감, 경제적 전망에 대한 우려, 그리고 계층간·학력간 격차에서 기인하는 도덕적 의구심 등의 표현으로 생각했다. 이슬람 복고주의에 지방 소도시 바자 상인과 직인들도 민감하게 반응했으며, 이런 현상은 특히 중앙 아나톨리아와 동아나톨리아에서 두드러졌다. 농촌이나 소도시에 살다가 대도시로 이주했지만 새로운 환경에서도 소공동체적 지향성과 옛 가치를 간직하고 있던 사람들 역시 이슬람 운동에 공감했다. 앙카라와 이스탄불의 빈민촌으로 이주한 사람들은 새로운 환경에 적응하기 위해 고생하면서, 이슬람에서 새로운 정체성, 사회적 협력, 정치적 대표성의 토대를 발견했다.

그 중에서 가장 중요한 것이 사이드 누르시 운동이다. 이 운동의 창시자 사이드 누르시는 이슬람 설교사이자 『빛의 서한』의 작가로, 종교 선동죄에 걸려 고발당했지만 정부의 탄압에도 불구하고 그의 책은 암암리에 널리 유포되었다. 『빛의 서한』은 과학·전통·신지학·신비주의를 망라하는 내용으로 과학교육을 받은 사람과 많이 배우지는 못했지만 서양의 과학적 사고에 익숙한 사람들에게 특히 인기가 있었다. 사이드 누르시 자신은 정치에 관심을 가졌던 반면, 오늘날에는 그의 정치적 행동주의보다는 종교적인 자기수양이 더욱 각광받고 있다.

1960년대에 결성된 국민구제당도 터키에 이슬람 국가를 다시 세우자고 주장했다. 국민구제당은 자본주의와 대기업에 적대감을 나타내고, 도덕적이고 정의로운 사회를 위해 일하는 것이 국가의 의무라고 주장했다. 도덕적으로 청교도적 성향을 보이던 국민구제당은 아나톨리아의 프티부르주아 집단을 국가와 대기업으로부터 보호하고, 경제발전에

서 지지자들이 차지하는 역할을 늘리는 데 주력했다. 이 당은 1970년
대 선거에서 수피 조직과 농민들의 지지로 약간의 표를 얻었다. 국민구
제당은 지지세력의 정치적·경제적 불만을 표현했지만, 자유주의·의회
주의·인권을 중시하는 세속주의 정치문화를 부정하지는 않았다.

복지당은 국민구제당의 후신이었다. 1990년대에 복지당은 단순히
이슬람의 가치를 내세우는 데 그치지 않고 정부의 경제정책과 통치형
태를 폭넓게 비판했다. 경제성장의 후퇴, 불공정한 부의 분배, 이스탄
불과 앙카라 우대로 인한 지방의 차별, 정부와 관료의 부패, 권위주의
적 통치형태 등 여러 문제를 제기했다. 복지당은 유권자 20%의 지지를
받아 최대 정당이 되었고, 세속주의 정당들이 자기들끼리 다투는 사이
에 다른 정당과 연합하여 정권을 잡았다. 1996~1997년에는 복지당
당수인 네지메틴 에르바칸이 터키의 총리가 되었다.

사실 이슬람 운동과 국민국가 사이에 외관상의 대립이 있는 것은 아
니다. 물론 세속주의자나 이슬람주의자를 막론하고 급진적인 인사들이
있게 마련이며, 이슬람의 레토릭과 케말주의의 신념이 충돌하는 것은
사실이지만, 국가는 이슬람을 체제에 흡수하기 위해 노력해왔다. 터키
공화국이 수립된 뒤에 처음에는 법정과 와크프, 이맘에 대한 교육을 정
부가 맡아 이슬람을 국가의 한 부서로 제도화하는 정책을 추진했다.
1950년대에 민주당은 이맘-하티브 학교를 설립하고, 일반학교에서도
자발적으로 종교과목을 개설할 수 있게 하며, 라디오 방송과 예배 안내
를 아랍어로 하도록 함으로써 이슬람의 정통성을 인정했다. 1960~
1961년에 집권한 군사정권은 계몽된 이슬람을 공산주의에 대항하는
보루로 활용했다. 또한 1965~1971년에 정권을 잡았던 공정당은 이
맘-하티브 학교를 늘리고 보수파와 기술관료들이 개인적으로 이슬람
을 믿는 것을 장려했다. 또한 군사정권과 마찬가지로 이슬람을 좌파에
대한 보루로 간주했다. 1980년 이후의 정부들은 이슬람을 흡수하려는

노력을 계속했다. 터키 국가는 반이슬람적이었다기보다는 국가의 통제에서 벗어난 이슬람 운동을 용납하지 않았다.

또 하나의 중요한 반대세력은 쿠르드족이었다. 쿠르드족은 주로 경제적으로 낙후된 터키 동부에 살고 있으며, 문화적인 자율, 연방 형태의 자치 또는 독립을 요구하고 있다. 쿠르드어계 민족의 수는 대략 2,000~2,500만으로 추산되며 터키·이란·이라크·시리아에 살고 있다. 국민국가를 건설하려는 쿠르드족의 열망은 제1차 세계대전 이후 이 지역이 오늘날과 같은 모습으로 분할되면서 좌절되었다. 여러 나라에 흩어져 있는 쿠르드족은 지난 수십 년 동안 자치와 독립, 단결을 쟁취하기 위해 투쟁해왔다. 그러나 독립을 위한 투쟁 못지않게 자기 지방의 경제적·정치적 이익을 확보하기 위한 내부의 권력투쟁 역시 치열하게 펼쳐지고 있다. 한편 각국은 쿠르드족의 파벌싸움을 조장하는 한편 이들을 다른 나라와의 경쟁에 이용하고 있다.

터키에 대한 쿠르드 족의 저항은 쿠르드족 낙슈반디파 수장들이 터키 공화국에 맞서 싸운 1925년까지 거슬러 올라간다. 쿠르드 분리주의 운동은 1980년대 이후 활기를 띠었으며 특히 걸프전은 쿠르드 분리주의자와 내셔널리스트에게 새로운 좋은 기회가 되었다. 쿠르디스탄노동자당(PKK)은 지역자치와 연방국가 실현을 위해 터키에 대한 무장투쟁을 강화했고, 터키 정부는 여기에 탄압정책으로 대응했다. 쿠르드족이 테러 공격을 감행하고, 터키 정부가 쿠르드 내부의 부족간·파벌간 반목을 부추기고 쿠르드족 주민을 이른바 전략촌에 재배치하고 이라크 내 쿠르드 기지에 군사공격을 가함으로써 양측의 싸움은 전면전으로 비화했다. 1999년에 PKK의 지도자 아브둘라 외잘란이 체포됨으로써 무장저항운동은 와해되었고, 과격파도 분리주의라는 목표에서 문화적 자치와 지역발전 같은 현실적인 목표로 물러섰다.

쿠르드족의 저항운동은 터키의 대외정책을 매우 복잡하게 만들고 있다. 냉전시대에 터키는 NATO의 봉쇄정책을 전폭적으로 지지했다. 소련의 해체, 중앙아시아에서 독립국가들의 탄생, 발칸의 네오내셔널리즘적인 전쟁, 걸프전(1991) 등의 복잡한 국제정세 속에서 터키는 신중한 행보를 보였다. 발칸에서는 보스니아 무슬림을 외교적으로 강력하게 지지하면서도 직접적인 개입은 피했다. 터키가 개입할 경우 보스니아-알바니아-터키의 무슬림 연합과, 세르비아-그리스-러시아의 그리스 정교회 세력이 정면으로 충돌할 가능성이 있었기 때문이다. 캅카스와 중앙아시아의 신생국들에 대해서는 적극적인 개입을 통해 주도권을 장악하려고 했다. 터키는 흑해 경제협력회의를 추진하고 중앙아시아의 신생공화국의 인프라 건설에 적극적으로 투자하고 학생교류를 지원했으며 중앙아시아 튀르크어의 로마자 표기법을 만드는 작업에도 참여했다. 이런 노력에도 불구하고 터키의 중앙아시아 진출은 큰 성과를 거두지 못했다. 중앙아시아 신생국들을 자신의 세력권에 두려고 하는 러시아의 견제를 받았기 때문이다. 러시아와 터키는 중앙아시아의 석유와 가스를 수출하기 위한 파이프라인 개발을 둘러싸고 경합을 벌이고 있다. 쿠르드족 문제도 양국의 관계를 가로막고 있다. 러시아는 쿠르드 망명자 회의를 소집하여 체첸과 구소련 연방국가에 터키가 개입하지 못하도록 으름장을 놓았다. 아랍 세계와의 관계를 보면, 터키는 PKK를 공격하기 위해 수차례 이라크 북부를 침범했다. 또한 시리아의 쿠르드족 지원을 막기 위해 유프라테스 강의 수로를 변경하겠다고 위협하는 한편 이스라엘과는 관계를 개선했다.

　유럽으로의 통합이라는 터키 근대주의의 꿈은 쿠르드족 문제로 발목이 잡혀 있다. 터키는 유럽관세동맹(ECU)의 회원국으로서 수출물량의 52%와 수입물량의 44%를 유럽연합(EU) 회원국과 교역하고 있음에도 불구하고 유럽연합 회원국이 되지 못하고 있다. 유럽연합 회원국들은 터키 헌법의 비민주성과 인권문제를 비판한다. 문제는 그것만이 아니다. 그리스가 터키의 유럽연합 가입에 반대하고 있고, 독일은 터키 노동자의 유입을 우려하고 있다. 터키가 이슬람 국가라는 점도 유럽연합 회원국이 되는 것을 어렵게 만드는 무언의 압력으로 작용하고 있는 것 같다.

터키 내에서 호전적인 세속주의자들은 이슬람에 대한 종교적 헌신이나 개별 민족정체성의 정당성을 받아들이지 않는다. 쿠르드족 문제로 긴장이 고조되었던 1990년대에 군부는 권위주의적이고 세속주의적인 정책으로 복귀했다. 군부는 복지당을 정부에서 축출했다. 법원은 복지당을 불법단체로 공표했고, 당 지도부는 기소되거나 정계에서 물러났다. 복지당을 계승한 미덕당의 영향력과 유권자에 대한 호소력은 갈수록 떨어지고 있다. 군부는 쿠르드족의 자치 요구를 터키 국가의 존립에 대한 위협이라는 이유를 내세워 반대하고, 그래서 나라 전체에 대한 경찰의 철저한 감시와 광범위한 인권유린을 정당화한다. 나아가 정치와 법률체계의 자유화를 억제하는 한편 언론과 학교에 대한 통제를 강화함으로써 케말 정권에서 시작된 세속주의와 권위주의 통치를 이어가고 있다. 따라서 무슬림과 쿠르드족의 이익은 정치과정에서 대부분 배제되었다.

터키 사회에서 세속주의자·이슬람주의자·쿠르드족 사이의 분열상은 터키의 국민적 정체성에 의문을 불러일으킨다. 무슬림이나 쿠르드족의 정치적·문화적 요구에 대한 군부의 반감과 억압적인 정책의 이면에는 단일하고 균질적인 통일체로서의 터키 국민이라는 개념이 놓여 있다. 터키 내셔널리스트들은 소수자의 권리와 복수(複數)의 민족적·문화적 정체성을 인정하지 않고 있으며, 터키는 인구의 다양한 민족적·종교적 배경에도 불구하고 인구의 융화와 균질화에 전념하는 듯하다. 따라서 무슬림과 쿠르드족의 권리라는 문제는 바로 터키의 정치적 정체성의 문제와 직결되는 것이다. 정부의 억압정책과, 정부의 권위에 대한 쿠르드족과 무슬림의 도전은 민주정치와 의회정치, 그리고 시민의 권리에 대한 터키의 약속을 시험하고 있다.

터키 공화국 성립의 기반은 18~19세기 오스만 제국에 의해 마련되었다. 나라의 세속적 근대화에 전념했던 공화국의 관료와 군부엘리트는 후기 오스만 제국 엘리트의 정책을 그대로 물려받았다. 무슬림이 제 목소리를 내지 못하고 국가의 통제를 받게 된 것도 종교단체가 오스만 정권에 복종하고 울라마가 오스만 정권의 정통성을 인정한 결과였다. 더욱이 유럽의 개입으로 발칸의 그리스도교 인구가 떨어져 나갔고, 제1차 세계대전은 오스만 제국의 분할을 가져왔으며, 이런 과정에서 부족적·민족적 소수자와 오스만 정부의 역사적 긴장을 상당 부분 해소되었다. 20세기에는 터키의 경제적·사회적 변화의 결과 고도로 다원주의적이고 세속화된 국민국가적인 사회에 이르게 되었다. 하지만 이슬람과 쿠르드족 문제는 대다수 터키 사람들에게 심대한 종교적·사회적 의미를 계속해서 갖고 있다. 터키의 다원주의에 의해 만들어진 그 같은 갈등은 터키 국민의 근대적 정체성을 가늠하는 시험대가 되어 왔다.

24장
이집트: 세속주의와 이슬람 근대주의

19세기와 20세기의 이집트 역사는 터키의 역사와 닮은꼴이다. 이집트 역시 오스만 제국 내 이슬람 사회에서 국민국가적이고 세속적인 사회로 발전했다. 이런 진화도 국가가 계획적으로 추진하는 개혁의 시기와 함께 시작되었으나, 1882년부터 1952년까지 영국의 지배를 받으면서 발전의 방향이 틀어졌다. 영국의 지배는 이집트의 군사·행정 엘리트가 갖고 있던 기득권을 없애고, 지주·관리·상인·지식인 같은 제2의 엘리트를 국가독립의 대변자로 만들었다. 이 엘리트층은 영국의 지배를 받는 악조건 속에서도 1922년에 정권을 잡고 1952년까지 국가를 경영했다. 그러나 이 자유주의 엘리트는 외세의 지배하에서 나라를 다스린다는 딜레마를 극복하지 못하고 내셔널리즘 세력과 이슬람 세력으로 분열되어 결국 아랍 내셔널리즘을 표방하는 신세대 장교들에게 밀려났고, 이 장교들이 세운 군사정권이 오늘날까지 이집트를 지배하고 있다.

19세기의 국가 개혁

이집트는 오스만 제국의 일부였지만 오스만 제국과는 별개의 정치적·문화적 정체성을 간직하고 있었다. 오스만의 지배에도 불구하고 실질적으로는 맘루크 군사정권이 이집트를 통치했다. 오스만 제국에 속한 여타 지역과 마찬가지로 이집트에서도 울라마와 수피형제단이 강력한 세력을 형성했다. 18세기에 오스만 제국의 힘이 약해지면서, 맘루크 파벌 사이에 권력다툼이 일어났고, 관개시설은 노후화되었으며, 세금이 더욱 무거워졌고, 목축생활과 부족 자치가 증가했다. 1798년에는 오스만 제국의 약화를 틈타 나폴레옹이 이집트를 침공했고, 이에 뒤질세라 영국도 이집트에 개입했다. 프랑스와의 투쟁에서 정치력을 발휘한 무함마드 알리는 1805년에 이집트 부왕으로 임명되었다. 무함마드 알리는 왕조를 세우고 군주가 되었으며, 그의 왕국은 1952년까지 이집트를 지배했다. 그는 대외적으로도 야심만만한 프로젝트를 추진했다. 알리는 와하브파를 무찌르고 아라비아 반도의 서부 및 성지 메카와 메디나를 점령했다. 또한 이집트의 지배력을 수단 지역까지 확장했으며 그리스 독립전쟁에서는 오스만 군을 지원했다. 1831년에는 시리아를 침공하여 오스만 제국의 생존을 위협하기도 했다.

무함마드 알리는 이집트의 국가와 사회를 대대적으로 재편함으로써 호전적인 군사정권을 유지할 수 있었다. 그는 투르크인·쿠르드족·체르케스인과 그 밖의 외국인을 끌어들여 군대를 조직하고 중앙집권적 독재체제를 구축했다. 또한 이탈리아인과 프랑스인 군사고문의 도움을 받아 처음으로 이집트인 농민병사들을 모집하여 신식군대를 창설했다. 알리는 새로운 조세제도를 도입했고, 관료에게 징세위탁농장 대신 봉급을 지급했다. 또한 콥트 교회 교도를 하급 행정직에 채용했다. 알리는 기존의 정치세력을 모조리 제거했다. 그는 옛 맘루크 세력을 해체했고, 18세기 말까지 권세를 누리던 울라마들을 제압하고 그들의 징세위 탁농장과 와크프를 몰수했다.

국가기구를 지탱하기 위해 경제도 전체적으로 재편되었다. 무함마드 알리는 국제시장에서 환금성이 있는 설탕과 목화의 생산을 장려했다. 그는 대규모 관개시설을 건설하여 1년 내내 농업생산이 가능하도록 만들었다. 국가가 농업과 무역을 장악하고 있었기 때문에, 무함마드 알리는 농민들로부터 목화를 싼값에 수매하여 이익을 붙여 수출업자에게 되팔 수 있었다. 면·모직·아마포·설탕·종이·유리·가죽·무기를 생산하는 공장을 세우기 위해 기계와 기술자를 수입했다. 기술자와 장교를 양성하는 새로운 교육시스템도 구축되었다. 효과적인 군사조직을 위해 나라의 행정과 경제를 전체적으로 재편했던 것이다.

무함마드 알리의 손자 이스마일 파샤(1863~1879년 재위) 역시 나라의 발전에 더욱 매진했다. 파샤는 경제개발과 기술발전 프로그램을 계속 추진하고, 철도와 전신을 확대하고 수에즈 운하와 새로운 알렉산드리아 항을 건설했다. 또한 유럽형 법정과 서구식 언론을 도입하고 세속학교와 대학, 도서관, 연극극장, 오페라 하우스를 세웠다. 오스만 제국과 마찬가지로 이집트도 근대적인 문화 인프라를 갖추게 되었다.

이런 재편 결과, 이집트는 오스만 제국의 다른 어느 지역에서 일어난 것보다 훨씬 심한 격변을 겪으며 구질서가 파괴되었다. 이집트 사회에서 사회적 힘의 균형은 전체적으로 바뀌었다. 이집트인과 투르크계 이집트인이 군부와 행정의 요직을 차지했다. 무함마드 알리의 경제정책과 행정정책은 새로운 지주엘리트층을 탄생시켰다. 그는 '지플리크'라고 불린 장원을 통치 가(家)의 구성원에게 나누어주었고, 촌장에게는 징세와 부역을 관리하는 대가로 면세토지를 하사했다. 또한 마을단위의 연대책임제를 폐지하고 각 개인이 세금을 납부하는 제도를 도입했다. 이런 변화를 통해 토지는 상인·돈놀이꾼·촌장·정부관리의 수중에 집중되었다. 무함마드 알리는 토지법을 개정하여 개인의 토지소유권을 인정하고 토지의 매매와 외국인의 토지소유를 허용했다. 1901년경 50 파단* 이상 규모의 토지 가운데 23%는 외국인 또는 외국 여권을 가진 이집트인이 소유하고 있었다. 목화와 설탕 수출이 활기를 띠면서 지주와 상인, 관리들이 이득을 보았으며 개인의 토지소유도 늘어나게 되었다. 수공업자 길드가 폐지되면서 상인들의 힘이 커졌다. 새로운 대지주 계층에서 관료와 장교들이 배출되었으며, 이들이 새로운 지배층을 형성했다. 유럽과의 무역에서 중개인 역할을 하며 부를 축적한 이집트인·유대인·시리아인 상인들도 새로운 엘리트의 한 축을 이루었다. 이들 상인집안에서 배출된 법률가·언론인·지식인은 신흥 엘리트의 열망을 토로하게 된 것이었다.

새로운 경제시스템은 마을경제를 파괴했다. 정부의 통제와 농지 사유화 조치를 통해 마을의 공동체적 기반이 무너졌다. 마을경제가 파괴되면서 빚에 시달리거나 야반도주하는 농민이 속출했고, 일련의 농민 반란이 일어났다. 농민반란은 1798년, 1812년, 1820년대 내내, 1846~1854년, 1863~1865년에 이집트를 휩쓸었다. 성자(월라야) 또는 구세주(마디)를 자칭하는 대중선동가들은 수피 사상과 종말론적인 내세관을 퍼뜨렸다. 또한 전통적인 길드 조직도 해체되었고, 국가의 통제가 공동체 조직을 대체하게 되었다. 요컨대 새로운 경제는 19세기 이전 이집트 사회의 공동체 구조를 해체하고 국가의 통제와 개인주의를 조장했다.

종교엘리트의 위상도 마찬가지로 변했다. 18세기 이집트의 울라마는 이스탄불의 울라마처럼 지배층의 일원으로서 정권의 이익을 대변하는 동시에 정부와 서민 사이에서 가교역할을 했다. 프랑스가 이집트를

* 1파단=4,200m².

침략하고 무함마드 알리와 토착 맘루크 집단이 권력투쟁을 벌이던 시절에 울라마는 전성기를 누렸다. 무함마드 알리는 울라마의 지원에 대한 대가로 그들에게 정치문제에 대한 자문을 구한다는 데 동의하고, 징세위탁농장 수여와 와크프의 개인적 전용을 통해 부를 늘릴 수 있도록 해주었다. 그러나 권력을 장악한 뒤에 무함마드 알리는 울라마를 정권에 복종시키는 한편 주요 지도자들을 제거하고 징세위탁농장과 와크프를 몰수했다. 19세기를 거치면서 울라마는 영향력을 완전히 상실했다. 울라마는 공적인 활동에서 발을 빼고, 교육과 사법이라는 협소한 영역을 지키기에 급급했다. 이집트의 울라마는 독자적인 권력기반이 없었을 뿐만 아니라 과거로부터 권력에 순종해왔으므로, 오스만 제국의 울라마와 마찬가지로 결국은 극히 제한된 전통적인 특권에 집착할 수밖에 없었다.

19세기와 20세기 초반에 걸쳐 정부가 와크프를 몰수하자 대부분의 대학은 몰락하고 알아즈하르 대학이 최고의 울라마 교육기관이 되었으며 여타 학교들은 알아즈하르 대학 샤이흐의 행정적 지배를 받게 되었다. 1908년과 1911년에 제정된 법들은 교과과정과 교육행정 개혁을 강제했고, 이에 따라 울라마와 학생에 대한 알아즈하르 대학 샤이흐의 지배력이 강화되었다. 알아즈하르 대학의 샤이흐는 한정된 영역에서 울라마의 중요한 대변자이자, 정부 측 입장에서 종교엘리트를 설득하는 존재가 되었다.

수피의 권력도 위축되기는 마찬가지였다. 18세기까지만 해도 수피교단, 수피 가(家), 성묘, 자위야는 각각 독립적이었지만, 무함마드 알리는 이들을 국가의 통제하에 두었다. 1812년에 그는 바크리 종족의 샤이흐를 수석 샤이흐로 임명했다. 수석 샤이흐는 모든 수피 가(家), 성묘, 형제단의 수장들에게 봉급을 주고 와크프의 수익을 배분하는 역할도 맡았다. 1855년 이후에는 국가가 일종의 면허제를 시행하여 수석 샤이흐와 정부가 각 교단의 활동구역을 정해주었다. 각 교단은 자기 구역 내에서 수피 성자들을 추모하는 의식을 행하고 포교를 했다. 국가는 울라마의 종교규범에서 크게 벗어나는 수피의 활동을 탄압했다. 1881년에는 수피 수장의 명령으로 음악과 춤은 물론이고 몸에 채찍질을 가하거나 뜨거운 숯을 삼키는 행위도 금지시켰다. 수피들 중에서 수석 샤이흐를 임명함으로써 종교적 권위가 수피 샤이흐와 알아즈하르 대학 샤이흐 사이에서 양분되었고, 이는 결국 울라마 세력의 약화를 초래했다. 그후 정부는 서로 견제하는 이슬람의 양 날개를 조종할 수 있었다. 1903년과 1905년에는 수피에 대한 규제가 내각의 한 기능이 되었다. 이로써 울라마와 수피 모두 국가 통제에 예속되었다.

영국의 식민통치

울라마 세력의 쇠퇴와 새로운 지주·상인·지식인 엘리트의 출현은 이집트 사회의 급격한 변화를 예고했다. 하지만 이 신흥 엘리트가 영향력을 발휘하기도 전에 이집트는 영국의 직접 지배를 받게 되었다. 영국이 이집트에 관심을 갖게 된 이유는 궁극적으로 인도에 대한 지배를 강화하는 데 있었다. 1798년 나폴레옹의 이집트 침공, 1831~1839년 무함마드 알리의 시리아 공격, 1859~1869년의 수에즈 운하 건설은 이집트가 인도에 이르는 길목에 위치하고 있으며 대영제국의 방어에 가장 중요한 지역이라는 사실을 일깨워주었다. 더욱이 이집트 자체가 매력적인 시장이었다. 무함마드 알리의 개혁정책을 통해 이집트는 목화 수출국이 되는 동시에 세계시장에 의존하게 되었다. 또한 이집트는 영국에서 생산되는 의류의 수입국이기도 했다. 이집트는 사치품·군수품·제조설비를 구입하고 철도와 수에즈 운하 건설자금을 마련하기 위해 유럽의 은행과 정부로부터 차관을 들여왔다. 지나친 대외의

존으로 인해 이집트 경제는 결국 파산했고, 영국과 프랑스의 공동 채무 관리를 받게 되었다(1876).

외국의 채무관리는 식민통치의 시작이었다. 이집트의 신흥 엘리트는 외세의 개입에 노골적으로 반발했다. 1879년에는 울라마·지주·언론인·토착 이집트인 육군장교 등이 시위를 주도했다. 1881년에는 이들이 육군장교 우라비의 지도 아래 육군성을 장악하고 의회정치를 구상했다. 영국은 이집트 내셔널리스트들과의 협상을 거부하고 알렉산드리아를 포격하고 부대를 상륙시켜 우라비를 몰아냈다. 1882년에는 영국이 채권국의 자격으로 이집트를 완전히 장악했다. 1879~1882년의 위기는 국내의 실정과 외세의 개입에 반대했던 육군장교·관료·언론인·지주·울라마 등 이집트의 신흥 엘리트를 정치세력화했지만, 결국에는 영국의 이집트 점령으로 이어졌다. 1898년에 영국은 수단을 영국-이집트 공동통치령으로 삼았다.

1882년부터 제1차 세계대전 발발까지 영국은 이집트의 경제를 효율적으로 운영했는데, 이는 물론 영국의 경제적 이익을 고려한 조치였다. 영국은 도로와 관개시설에 투자함으로써 농업생산성을 향상시켰다. 또한 삼각주에 댐을 건설했고, 1906년에 아스완 댐 1단계 공사를 완료했다. 이리하여 1882년에 약 570만 파단이던 경작지가 1911년에는 약 770만 파단으로 늘어났다. 그렇지만 농민이 눈에 띄게 번영을 누리지는 못했다. 1882년과 1917년 사이에 농촌인구는 680만에서 1,130만으로 늘어났다. 경제발전은 대지주의 손에 잉여가 집중되게 만들었다. 영국은 개인의 토지소유를 늘리고 징세체계를 개선하고 세입을 증대하여 이집트 예산에 충당하고 외채를 상환했다. 이런 정책들로 인해 이집트는 갈수록 목화 수출에 의존하게 되었다. 영국은 이집트를 경쟁력 있는 상대로 키울 의도가 없었고 지주들은 공업에 투자할 생각이 없었으며 천연자원도 부족했다. 이런 상황에서 이집트의 산업화는 어려울 수밖에 없었다.

영국의 지배가 이집트인의 이익에 유리하게 작용한 면이 약간은 있었지만, 영국의 강압적인 지배에 대한 이집트인의 원한은 깊었다. 영국 제국은 이집트인 장교를 영국인으로 교체했고, 이집트인에 대한 교육을 무시했으며, 영역을 수단까지 확장하기 위해 이집트를 착취했다. 영국의 지배하에서 이집트의 신흥 지주와 지식층은 저항을 멈추지 않았다. 이 엘리트 세력은 상호관련된 두 가지 이데올로기적 입장, 즉 이슬람 근대주의와 이집트 내셔널리즘을 부르짖었다. 오스만 제국의 지식층과 마찬가지로, 이집트인도 우선 이슬람 근대주의를 규정하고 그 다음에 독립적인 이집트 사회에 대한 세속적인 개념을 정의했다.

이집트인의 각성: 이슬람 근대주의에서 내셔널리즘으로

자말 앗 딘 알 아프가니(1839~1897)와 그의 이집트인 제자 무함마드 아브두(1849~1905)는 19세기 이집트 이슬람 근대주의의 가장 영향력 있는 대변자들이다. 알 아프가니는 원래 이란인이었으나 순니파의 호응을 얻기 위해 나중에는 아프간인으로 행세했다. 그는 시아파 이슬람의 교육을 받았고 이슬람 철학에 정통했다. 유럽의 지배에 대한 경각심을 불러일으키고, 그리스도교 세력의 개입을 부추기는 무슬림 통치자들에 대한 비판을 멈추지 않은 알 아프가니는 인도·아프가니스탄·이집트·프랑스·영국·이란 등지에서 활동했으며 이스탄불에서 생을 마쳤다. 정열적이고 삶이 파란만장했던 정략가이자 뛰어난 강연자였으며 기발하고 풍부한 상상력의 소유자이기도 했던 그는 위정자들을 설득하여 이슬람을 근대화하는 데 일생을 바쳤다. 또한 신학·자연과학·철학·신비주의에 대한 강연도 많이 했다. 그는 가는 곳마다 국가 수뇌부의 의심을 샀고 이용을 당한 뒤에 버림을 받았다. 믿음과 희망을 심어준 것 이상으로 의심과 두려움의 대상이었다.

알 아프가니의 일차적인 목적은 유럽 열강에 대한 저항을 촉구하는 것이었다. 그는 이슬람 전성기의 진정한 옛 영광을 회복하겠다는 꿈을 단 한순간도 버리지 않았다. 또 독립투쟁에는 연대가 필요하다는 것을 잘 알았다. 또한 무슬림이 과학기술 면에서 유능한 근대인이 되어야 한다고 생각했다. 그는 이슬람의 영광을 회복하기 위해서는 부패한 이슬람 사회를 개혁하는 것이 급선무라고 주장했다.

알 아프가니가 이슬람 개혁을 역설한 것은 종교가 과학기술상의 성취 및 정치적 연대와 힘의 도덕적 기초라고 생각했기 때문이다. 그는 이슬람이 본질적으로 근대사회의 기초가 되기에 부족함이 없는 종교라고 주장했다. 그에게 이슬람은 이성의 종교이자 마음을 자유자재로 활용하는 종교였다. 즉 코란은 이성에 의해 해석되어야 하고, 시대와 주체에 따라 재해석될 수 있다는 것이었다. 코란의 합리적인 해석을 강조함으로써 알 아프가니는 이슬람이 신앙 위에 세워진 중세사회의 토대였던 것처럼 근대 과학기술사회의 토대가 될 수 있다고 믿었다.

그는 이슬람이 적극적이면서도 책임 있는 자세로 세상사를 바라보게 하는 역동적인 종교라고 주장했다. 중세의 무슬림이 보인 소극적인 자세와 현실도피는 이슬람의 진정한 가르침을 곡해한 것이나 마찬가지였다. 더욱이 이슬람은 애국주의와 동포애의 바탕이었다. 합리성·과학·행동주의·애국주의의 종교로서, 이슬람은 엄밀히 말해서 유럽 국가들을 세계적인 강국으로 만들어준 덕목들을 구현했다는 것이다. 알 아프가니는 이슬람이야말로 합리성·적극성·책임감으로 충만한 삶을 영위하게 하는 뿌리로서, 근대 과학과 양립할 수 있을 뿐만 아니라 이슬람 국가의 자치를 회복하고 무슬림의 정치적·문화적 영광을 재현시켜줄 종교라고 믿었다. 그는 이슬람의 근대화가 필수적이라고 믿었지만, 근대화를 위해서는 이슬람에 대한 신앙을 회복해야 한다고 생각했다. 따라서 알 아프가니의 이슬람 근대주의는 청년오스만당 또는 인도 알리가르 학교의 이슬람 근대주의와 유사했다.

이집트에서 이슬람 근대주의는 알 아프가니의 제자 무함마드 아브두의 손에서 새로운 전기를 맞았다. 아브두는 농촌마을의 교양 있는 집안에서 태어났고 알아즈하르 대학을 다녔다. 그는 1881년의 우라비 반란에 참가했다는 이유로 1882년에 국외추방되었고, 1888년에 이집트로 돌아왔다. 귀국 후 재판관에 임명되었고, 1889~1905년에는 무프티, 즉 이슬람법의 수장으로 재직했다. 아브두는 무프티로서 이슬람법의 근대화에 힘을 쏟는 한편 알아즈하르 대학의 교과과정을 개편하여 근대사와 지리를 포함시켰다. 그는 알 아프가니와 마찬가지로 유럽인으로부터 무슬림을 지키는 데도 관심을 보였지만, 정치문제보다는 종교문제에 더 큰 비중을 두었다. 그의 최대 관심사는 유럽의 생활방식과 가치를 언제 어떤 방법으로 수용해야만 근대세계에서 이슬람의 생명력을 유지할 수 있을 것인가 하는 점이었다.

아브두는 이슬람을 재공식화하여 본질적인 부분과 비본질적인 부분을 구별하고, 근본적인 것들을 보존하고 역사적 유산의 우유적(偶有的)인 면들을 버렸다. 그는 코란과 하디스를 하느님의 계시로 받아들이되, 코란과 하디스에 명시되어 있지 않은 문제를 해석할 때는 개인의 이성과 판단이 필요하다고 주장했다. 신앙의 문제에 관한 한 언제나 코란과 하디스가 우선이지만, 사회관계를 규제하기 위해서는 이성적 사고와 인륜적 고찰에 기초한 개인의 판단 즉 이즈티하드가 중요하다는 것이었다. 아브두에 의하면, 이슬람이 제시하는 기본적인 지침은 시대에 따라 재해석되어야 할 대상이지, 사회와 정치를 조직하기 위한 영구적이고 구체적인 청사진이 아니었다. 그는 과거의 권위를 맹목적으로 수용하는 자세를 비판했다. 과거의 정치질서와 사회질서를 그대로 받아들이는 것이 시대를 불문한 종교적 의무인 양 무슬림을 오도해서는 안된 다는 것이다.

아브두가 제기한 이런 개념의 이면에는 국제적인 이슬람 개혁운동과 18~19세기에 되살아난 이집트인의 코란과 하디스에 대한 관심이 자리하고 있었다. 이집트의 개혁운동은 시리아를 비롯한 오스만 제국 각지에서 전개된 낙슈반디야 교단의 활동, 이집트 경제의 상업화, 이집트의 대외접촉 증가 등과 관련이 있었다. 하디스를 지향하는 낙슈반디야 교단의 개혁적 수피즘이 아브두의 사상에 배어 있었다. 아브두의 이슬람 개혁사상은 아랍의 비옥한 초승달지대와 북아프리카, 그리고 멀리 인도네시아에서 일어난 살라피 운동에 영감을 불어넣었다.

알 아프가니와 아브두의 영향 아래, 이슬람 근대주의와 이슬람 종교개혁은 우라비 반란 이후 20세기 초까지 수십 년 간 이집트 지식층의 이데올로기적 프로그램이 되었다. 알 아프가니가 무슬림의 연대라는 현실적인 목표를 강조한 반면, 아브두는 같은 목표를 추구하면서도 교육·법률·정신의 개혁에 더 큰 비중을 두었다.

두 사람 모두 개혁운동의 일차적인 목적을 이슬람 정치의 부활에 두었다. 하지만 터키에서와 마찬가지로, 이집트에서도 알 아프가니와 아브두에 의한 이슬람 근대주의와 개혁은 이집트의 정체성과 정치에 대한 더 세속적인 내셔널리즘 개념에 밀려났다. 내셔널리즘 진영의 지식층은 초기 개혁의 여파로 탄생한 지주와 관료, 서양식 교육을 받은 언론인과 법률가들이었다. 이들의 지도자는 무스타파 카밀(1874~1908)과 룻피 알 사이이드(1872~1963), 사드 자글룰(1860~1928)이었다. 무스타파 카밀은 프랑스에서 법학박사 학위를 받았고, 룻피 알 사이이드는 지방의 유력 집안 출신으로 코란 학교에서 교육을 받은 다음 법학을 공부했으며, 사드 자글룰은 촌장의 아들로 처음에는 종교교육에 투신했으나 나중에 세속적인 내셔널리즘으로 돌아섰다. 그 밖의 내셔널리스트들로는 유대인이나 그리스도 교도 언론인과 작가들이 있었는데, 이들은 소수자집단도 온전한 시민이 될 수 있는 세속적인 사회의 옹호자였다.

이집트에서는 내셔널리즘 정서가 비교적 쉽게 형성되었던 것 같다. 내셔널리즘이 자의식적 교의가 되기 전부터, 이집트 작가들은 자발적으로 이집트를 '와탄' 즉 모국과 동일시했다. 나라의 균질성 및 외부와의 단절, 장구한 중앙정부의 역사, 남과 구별되는 과거의 문화는 이집트인의 정체성이라는 의식을 고취했다. 중동의 다른 나라들에 비해서 이집트에서는 근대 국민국가가 이집트 사람들과 이집트 국가의 역사적 실존에 바탕을 두고 있다.

19세기 말에는 이집트인의 애국정서가 근대주의 개혁의 이념과 혼합되었다. 무스타파 카밀을 위시한 내셔널리즘 진영의 작가들은 통일된 국민국가라는 이념을 제시하며 애국심을 강조하고 외세의 지배에 대한 적극적인 저항을 촉구했다. 또한 그들은 입헌정부 수립과 서양식 교육제도 도입에 전념했다. 룻피 알 사이이드는 세속주의와 입헌주의를 대표하는 철학자가 되었다. 그는 자유를 사회의 기본원리로 보았다. 외세로부터의 자유, 국가의 억압으로부터의 자유, 천부인권과 정치적 자유의 보장이 그가 말하는 자유의 요체이다. 다시 말해서 룻피 알 사이이드에게 내셔널리즘은 이집트의 독립과 이집트에 알맞는 새로운 사회제도와 정치시스템의 수립을 의미했다.

당초 국민운동은 연설과 저널을 통해 시작됐으나, 1890년에 무스타파 카밀이 이끄는 '히즈브 알와타니' 즉 국민당이 결성되면서 정치적 형태를 취했다. 이 당과 그 밖의 정당들은 1907년에 공식적인 정체성을 갖추었다. 딘샤와이 사건을 계기로 내셔널리즘 이념은 원래의 지지기반인 중산층에서 학생과 대중에게 전파되었다. 1906년에 한 무리의 영국군 장교들이 비둘기 사냥을 하다가 딘샤와이 마을사람들과 싸움이 벌어져 장교 1명이 살해되는 사건이 발생했다. 영국군은 이에 대한 보복으로 농민 4명을 공개처형하고 많은 사람에게 가혹한 체벌을 가했다. 이 만행은 영국의 지배에 대한 이집트인의 광범위한 반감을 불러일으켰다.

제1차 세계대전은 독립에 대한 결의를 더욱 굳혀주었다. 영국의 보호령 설치, 계엄령 선포, 이집트인의 노동과 제조 역량, 카이로 강제이주 등의 고난을 겪으면서 영국의 지배에 대한 이집트인의 저항감은 더욱 심화되었다. 전후에 사드 자글룰이 이끄는 대표단(와프드당)은 윌슨 대통령의 선언에 고무되어 런던 회의와 파리 평화회의에 참석하여 완전한 독립을 요구했다. 자글루는 대중의 지원을 동원할 수 있었으며 1919년부터 1922년까지 3년간 투쟁을 벌이면서, 영국으로 하여금 보호령을 해제하게 만들었다.

자유주의 공화국

이집트는 1922년에 반(半)독립국가가 되었다. 무함마드 알리가 세운 왕조의 왕과 의회가 이집트를 통치했다. 그러나 외교와 국방, 수단 지역 및 이집트 거주 외국인에 대한 관할권은 여전히 영국이 쥐고 있었다. 제1차 세계대전을 거치면서 이집트는 터키와 마찬가지로 세속적인 국민국가체제를 수립했다. 그러나 터키와는 달리 완전한 독립을 이루지는 못했다. 이집트와 터키가 서로 다른 길을 걷게 된 데는 물론 외국의 점령이라는 요인이 작용했지만 이집트 엘리트의 계급구성도 한몫했다. 기본적으로 장교들로 구성된 터키의 엘리트는 국가주의 전통에 깊이 젖어 있었고 터키 국민의 정치적·군사적 잠재력을 동원할 수 있었다. 반면에 지주·언론인·정치인이 주축을 이룬 이집트의 엘리트는 정치적 저항을 조직할 수는 있었으나, 효율적인 군사적 독립투쟁을 주도할 수는 없었다.

　이집트는 반독립국가의 시대로 진입할 당시에 이미 국민국가의 구성
요소를 모두 갖추고 있었다. 주민들은 통합되어 있었으며 오랜 중앙집
권국가의 역사를 가지고 있었다. 또한 입헌제를 신봉하는 서구화된 지
식층도 형성되어 있었다. 이 나라의 주요 당면과제는 완전한 독립의 달
성, 낮은 생활수준의 향상과 경제발전, 그리고 근대적인 문화·이데올
로기의 정체성을 만드는 것이었다. 그러나 불행하게도 자유주의 정권
은 이런 과제를 해결하지 못했다. 완전독립 달성에 실패했고, 충분하고
형평성 있는 경제발전을 이룩하지도 못했으며, 문화적 정체성을 확립
하는 데도 실패했다. 결국 1952년에 군부의 장교들이 정부를 전복하고
정권을 잡았다. 군사정권 역시 지향하는 목표는 이전 정권과 차이가 없
었으나, 정치적·이데올로기적 노선은 달랐다.

　왕·정당·영국이 권력을 분할하고 있었던 만큼 독립의 달성은 결코
만만한 일이 아니었다. 영국은 군부를 조종하여 고비마다 왕과 정당 지
도자들을 이간시켰다. 왕과 정당 지도자들도 힘을 합치지 못하고 영국
을 이용하여 상대방을 제압하는 데만 몰두했다.

　1922년과 1952년 사이에 이집트 정치는 하나의 정형화된 패턴을 보
였다. 독립을 위한 투쟁과정에서 최대 정당으로 자리를 잡은 와프드당
은 선거에서 승리하고, 영국과 왕은 공모하여 와프드 정권을 압박하여
퇴진시키는 패턴이 반복되었다. 왕은 필요한 경우 의회를 해산하고 친
위내각을 통해 다스렸으나, 선거가 실시되면 승리하는 쪽은 늘 와프드
당이었다. 이런 권력게임은 반복되었다. 왕과 영국은 합심하여 다수당
에 맞서곤 했으나, 1942년에는 상황이 변하여 왕이 독일과 이탈리아
편으로 기울었다. 그러자 영국은 카이로 시내에 탱크를 배치하고 와프
드당과 공모하여 국왕을 몰아냈다. 이렇게 권모술수가 판을 치는 상황
에서 독립을 달성한다는 것은 불가능한 일이었다. 왕은 자신의 자리를

지켜주는 영국을 몰아낼 생각이 없었고, 와프드당 역시 다른 정당과의 타협에는 관심이 없었다.

이런 복잡한 상황 속에서도 1936년에는 조건부 독립에 관한 조약이 체결되었다. 조약에 따라 이집트는 20년 동안 영국의 군사동맹국으로 남게 되었고, 영국군은 운하지대를 제외한 모든 지역에서 철수했다. 아울러 영국이 이집트 방어를 책임지고, 영국과 이집트가 수단을 공동으로 방어하기로 했다. 치외법권을 비롯한 외국인의 법률상 특권도 폐지되었다. 조약은 또한 이집트가 독립국가의 자격으로 국제연맹에 가입할 것을 권유했다. 조약체결로 이집트는 주권을 거의 회복했으나 군사권은 여전히 영국의 수중에 있었다. 제2차 세계대전을 겪으면서 영국은 이집트에서 발을 빼기가 더욱 망설여졌다. 전후의 협상은 수단 문제를 둘러싸고 난항을 거듭한 끝에, 1950년에 이집트는 1936년 조약과 1899년의 수단 협정을 파기하는 데 성공했다. 이어서 영국군의 운하지대 점령에 대항하는 게릴라전이 전개되었다. 1952년 1월에는 폭동이 일어났고, 같은 해 7월에는 군사쿠데타가 발생했다. 이로써 왕정과 의회제도가 막을 내렸고, 영국도 운하지대에서 군대를 철수하는 데 동의했다.

1922년과 1952년 사이에 자유주의 정권은 경제문제에 올바르게 대처하지 못했다. 식품가공·섬유·시멘트·종이·설탕 등의 소비재산업은 상당히 발전했다. 외국인회사들과 경쟁하기 위해 정부는 의도적으로 이집트인에게만 소유권을 허용한 미스르 은행을 설립했다. 1920년대와 1930년대에 이집트인은 자국의 경제에 대한 지배력을 회복하기 시작했다. 하지만 이런 경제적 발전의 혜택을 받은 사람은 극소수에 불과했다. 기업가와 숙련노동자, 관료들은 이득을 보았지만, 인구의 급증과 세계시장의 목화 수요 감소로 서민들의 생활수준은 오히려 후퇴했다. 실제로 1920년대 후반부터 제2차 세계대전이 끝날 때까지 1인당 식량

생산량은 1886년 수준을 밑돌았다. 1922년에 와프드당은 농민봉기에 힘입어 정권을 잡았으나, 집권 후에는 오히려 전체적인 경제성장보다는 지주·부르주아지·산업자본가·전문직 계층의 이익을 대변했다.

자유주의 정권은 이집트의 문화적·정치적 정체성을 규정하는 데도 실패했다. 1920년대에 이집트의 정치인과 지식인들은 전적으로 세속주의와 근대주의에 매달렸다. 이집트의 많은 지식인은 서구 지향, 자유주의와 내셔널리즘의 정치원리를 신봉했다. 알리 아브델 라지크는 이슬람이 순수한 정신적 공동체를 대표하며 정치와 무관한 개개인의 행위에 관한 규범일 뿐이라고 주장했다. 일부 작가들은 이집트 역사를 이슬람이 아닌 파라오의 관점에서 기술했다. 타하 후사인 같은 학자는 코란과 성서의 역사에 의문을 표시하고 철저한 합리주의를 주창했다. 또다른 작가들은 관습을 비판하는 한편 계시와 내세의 심판에 기초한 윤리적 사고를 거부하고 서양식 휴머니즘의 가치를 옹호했다.

터키의 지도자들은 문화의 근대화를 이루기 위한 프로그램을 실천했지만, 이집트의 지도자들은 그렇게 하지 못했다. 이집트의 지도자들은 그런 프로그램을 추진할 만한 정치력이나 통일된 의지를 갖고 있지 않았다. 게다가 그들은 점차 유럽에 환멸을 느끼게 되었다. 제1차 세계대전, 전후의 정치적 분쟁, 대공황, 제2차 세계대전을 통해 이집트인은 유럽의 입헌정부와 자유주의 정부의 몰락, 열강의 무자비한 태도, 비유럽인에 대한 무원칙한 대응과 경멸을 경험했다. 이런 쓰라린 체험을 통해 서양에서 미래를 찾을 수 있다는 확신이 무너지자 많은 사람이 유럽으로부터 등을 돌렸다. 더구나 자유주의 정권이 완전한 독립을 달성하는 데 실패했을 뿐만 아니라 국가의 정치와 경제를 공평하게 다루지도 못함으로써, 이집트인은 의회주의와 개인주의의 가치에 대해서도 회의를 품게 되었다.

그러나 세속주의와 서양화에 대한 열의가 식은 가장 큰 이유는 일반

대중의 이슬람에 대한 믿음이 되살아났다는 데 있다. 1930년대와 1940 년대에 이집트에서 이슬람이 부흥한 것은 전통적인 울라마 또는 수피 형제단과는 관련이 없었다. 그들의 정치관과 이데올로기적 입장은 오히려 국가의 권위에 대한 사회적 저항을 무력하게 만들었을 뿐이다. 청년단체를 대표하는 신세대 설교사와 종교교사들이 이슬람의 도덕과 윤리를 가르치고 형제단의 유대를 강화시켰으며 공공생활에서 종교법과 이슬람의 지배를 회복시켰다. 신세대 지도자들은 서기, 하급 공무원, 상점주인, 학생 등 전통적인 이슬람 교육을 받은 계층의 마음을 사로잡았다. 이들은 외국이 이집트를 점령하고 교육제도가 서양식으로 바뀌면서 피해를 입었거나 구질서 속에서 누리던 사회적 지위를 모조리 빼앗긴 사람들이었다. 또 외국의 이데올로기에 젖은 지주층의 지배에 불만을 가진 신세대 학생과 산업노동자들도 이슬람 부흥에 동참했다.

당대 이슬람 개혁운동의 중심은 1928년에 하산 알 반나가 설립한 무슬림 형제단이었다. 하산 알 반나는 이슬람 원리의 회복과 코란 및 이슬람 신앙으로의 복귀를 주장했다. 그는 광범위한 추종자들을 확보하고 이들을 세포 또는 분회로 조직했다. 각 조직은 모스크·학교·병원을 갖추고, 심지어 구성원들을 위한 협동노동의 기회를 만들었다. 1930년대에 이 운동은 적극적인 정치운동으로 발전했고 체육집단과 준(準)군사집단이 또 다른 세포로 조직되었다. 무슬림 형제단 의용병은 1936~1939년에 팔레스타인에서 일어난 아랍인의 봉기를 지원했다. 또한 다른 이슬람 청년운동단체와 동맹하여 영국의 지배와 정권의 부패, 팔레스타인-이스라엘 전쟁에서의 패배에 항거했다. 무슬림 형제단은 수에즈 운하 회복을 위한 투쟁에 게릴라 부대를 지원하는 한편 폭력시위와 파업을 주도했다. 1948~1949년에 이 운동은 영국의 지배와 정권의 무능에 대한 이집트 대중의 불만을 앞장서서 수렴하게 되었다. 무슬림 형제단은 울라마와의 협의를 통해 샤리아를 실행하는 이슬람 정부의 수립을 주장하고, 이슬람의 원리와 사회주의의 원리를 결합한 경제통제를 제안했으며, 소득의 공평한 분배를 약속했다. 이들은 철저한 경전주의, 이슬람의 사회적·정치적 정체성 확립, 근대사회의 요구에 대한 이슬람 원리의 적응 등을 통해 도덕·교육·경제를 개혁함으로써 새로운 이슬람 국가를 건설하자고 외쳤다. 그들의 마음에 이슬람은 전체적인 근대사회의 청사진인 자유주의나 공산주의에 대한 이데올로기적·정치적 대안이었다.

이집트의 세속주의자들은 이런 여론의 흐름에 굴복해야 했다. 무함마드 하이칼을 비롯한 세속주의 지도자들은 자신들의 시각을 바꾸지는 않았지만 합리주의와 과학적·세속적 태도를 이집트 대중에게 올바르게 전달하는 방안을 찾기 위해 고심했다. 그의 예언자 무함마드 전기와 서양문화의 물질만능주의에 대한 비판은 근대의 합리성과 윤리적 가치를 이슬람에 은근히 주입하려는 노력을 보여준 유명한 작품이 되었다. 따라서 1930년대와 1940년대의 문화적 분위기 속에서, 세속주의 지식인들은 주도권을 상실한 채 이슬람의 틀을 받아들이고 이슬람과 근대성 사이의 타협을 시도했다고 볼 수 있다. 그러나 최종적으로는 세속주의를 살린 것이 아니라 이슬람 부흥을 정당화하는 결과가 되었다. 터키와는 달리 이집트에서는 정치엘리트가 국민문화의 어젠다를 통제할 수 없었던 것이다.

제2차 세계대전과 그 여파로 이집트의 정권은 위기에 직면했다. 전쟁으로 영국의 지배에 대한 반감이 더욱 고조되었고, 경제적 부담도 가중되었다. 목화가격이 하락하고 생활수준은 뒷걸음질 쳤으며 파업은 억압되었다. 지방에서 카이로로 이주한 사람들은 일자리를 찾지 못했다. 전후에는 팔레스타인에 유대인 국가의 창설을 저지하지 못함으로써 이집트 국가의 무능함이 백일하에 드러났다. 1948년에 이집트군은 이스라엘과의 전쟁에 개입했으나 참패했다. 군수품 조달과 관련된 정부의 비리와 부패도 폭로되었다. 군인들은 분개했으며 패전의 원인을 정부에 돌렸다.

한동안은 무슬림 형제단이 정권을 잡을 것처럼 보였으나, 이런 전망은 자유장교단의 출현으로 무산되었다. 전문교육과 직업교육을 받은 학생과 장교, 구정권에 연루되지 않은 소지주·무역상·서기의 자제들이 새로운 세력을 형성했다. 이들은 영국을 몰아내는 데 실패했을 뿐만 아니라 팔레스타인에서 참패를 자초한 정권의 부패에 격분하여 정권 장악 음모에 나섰다. 1952년에 무함마드 나기브, 자말 아브드 알 나세르, 안와르 사다트가 이끄는 자유장교단은 국왕을 축출하고 의회정치를 끝냈다. 자유주의적이고 세속적인 구세대, 이슬람을 신봉하는 하층 개혁가, 과학기술교육을 받은 신세대 군부엘리트 사이의 삼파전에서 군부의 음모자들이 승리를 거두었다.

나세르 시대

1952년에 자유장교단이 수립한 정권은 약간의 수정을 거쳐 오늘날까지 이어지고 있다. 혁명세력은 권위주의적인 군사정권으로 출발했으나 성공적으로 대중의 지지를 확보했다. 신정권은 반대파의 권력에 제동을 걸었다. 먼저 토지소유의 상한선을 1953년에 200파단, 1961년에 100파단, 1969년에 50파단으로 축소시켜 점차 지주계급의 경제적 기반을 무너뜨렸다. 무슬림 형제단도 1956년에 해체되어 지하로 잠적했다. 알아즈하르 대학, 사설 모스크, 자선활동, 와크프는 모두 국가통제하에 들어갔다.

왕정, 의회, 정당들은 폐지되고, 일당(一黨) 시스템의 대통령제가 도입되었다. 그 기반은 20세기 중반까지 이집트를 지배했던 지주와 전문가 계급이 아니라, 중산층 출신의 장교와 관료들이었다. 신정부는 이집트 국민국가 발전의 목적을 규정하기 위해 자유주의에서 사회주의로, 국제사회와의 공조에서 반제국주의로, 그리고 내셔널리즘에서 범아랍주의로 돌아섰다. 이것은 사실상 이슬람의 유산을 계승하겠다는 주장이기도 했다.

국내정치에서 나세르 대통령은 탁월한 인물이었다. 그의 정치기반은 군부와 관료사회, 그리고 정치공작과 대중동원 능력이었다. 가장 혁신적인 것은 일당 시스템이었다. 이 시스템을 통해 정치참여의 새로운 형식과 이집트인 대중의 경제적 협력을 부추겼다. 1952년에 결성된 해방전선은 1955년에 국민연합으로 바뀌었다. 단일 정당체제는 최고위층의 결정을 대중에게 전달하고 사회의 요구에 정부 고위층이 신속하게 대응하는 데 도움을 주었다. 1962년에는 국회가 아랍 사회주의 연맹을 만들었다. 아랍 사회주의 연맹은 지방 당조직을 설립하여 지방행정을 장악하고 향후 당과 정부를 위해 일할 청년간부들을 육성했으며, 농민과 노동자들에게 사회주의 이데올로기를 주입했다. 1965년에 알리 사브리는 당조직을 개편하여 청년 군사조직과 훈련 캠프를 보강하고 지방행정에서 당의 역할을 강화했다. 하지만 일당시스템보다 더 중요한 것은 나세르의 개인적인 권위와 카리스마였다. 그리고 또 하나 중요한 것이 군부와 정부 부처, 주요 산업체를 통제하고 있던 장교들과 관료들이 서로의 권력을 견제하게 하는 그의 능력이었다.

1950년대의 국제적 위기는 새로운 정권을 규정하는 데 결정적으로 중요했다. 제2차 세계대전은 중동 전역에 대격변을 가져왔다. 프랑스는 식민강국으로서의 지위를 상실했고, 영국도 크게 약해졌다. 중동에서는 시리아·레바논·요르단·이라크·이스라엘에 이어 1952년에 마지막으로 이집트가 독립했다. 미국과 소련은 세계의 초강국으로 부상하여 도처에서 대립했다. 미국과 소련은 발칸 반도와 터키, 이란에서 경합을 벌였으며, 소련의 팽창 위협을 봉쇄하기 위해 NATO가 창설되었다. 1955년에는 미국 국무장관 존 포스터 덜레스에 의해 바그다드 협약이 추진되어 이라크와 터키가 동맹을 맺었고, 이집트도 협약에 가입하라는 심한 압력을 받았다. 나세르는 협약에 가입하면 이집트의 독립이 손상될지도 모르고 이라크가 중동의 패권을 차지할 수도 있으며 미국과의 동맹을 통해 이집트가 이스라엘과 연계될 가능성이 있다는 것을 우려했다. 나세르는 반둥 비동맹회의에 참석했으며, 이 회의에서 제3세계 국가의 독립을 요구하고 냉전에서 중립을 주장하는 대표적인 인물로 떠올랐다. 1955년에 이집트는 바그다드 협약 가입을 거부하고 소련과 안보조약을 체결했으며 체코슬로바키아와 무기거래에 관한 비밀협정을 맺었다. 그러자 1956년 3월에 덜레스는 아스완 댐 건설자금을 제공하겠다는 약속을 철회했고, 나세르는 이에 대한 보복으로 수에즈 운하를 국유화했다. 같은 해 10월에 영국·프랑스·이스라엘이 수에즈 운하에 대한 통제권을 회복하기 위해 이집트를 공격했으나 러시아와 미국의 반대로 철수했다.

수에즈 위기를 극복하고 중립주의를 표방하며 미국과 영국에 저항하고 체코슬로바키아와 비밀협정을 맺고 영국·프랑스·이스라엘의 공격에서 살아남은 나세르는 반제국주의 및 반시온주의 투쟁을 전개하고 있던 아랍 세계의 지도자로 부상했다. 중동의 여러 나라에서 나세르의 노선을 따르는 정당이 생겨났다. 1958년에 이집트와 시리아는 단일 아랍국가의 창설을 목표로 국가연합을 이루었다. 그러나 이집트가 지나치게 주도권을 행사한다는 시리아의 불만 때문에 1961년에 연합은 깨졌다. 이집트는 팔레스타인의 왜곡된 질서를 바로잡고 아랍인의 통합을 도모한다는 명분으로 이스라엘에 대한 투쟁을 전개했다. 그러나 1967년 전쟁에서 이스라엘에게 패함으로써 아랍 통합운동은 좌절되었고, 나세르와 이집트의 반이스라엘, 범아랍, 친소련 외교정책도 추진력을 잃고 말았다.

자유장교단은 1950년대 후반부터 사회주의 경제를 조직하기 시작했다. 그러나 이것은 이데올로기적인 헌신에서 나온 조치는 아니며 이집트의 경제문제를 해결하기 위한 실용적인 노력의 일환이었을 뿐이다. 가장 근본적인 문제는 생활수준의 하락을 막는 것이었다. 1882년부터 1960년까지 이집트 인구는 680만에서 2,600만으로 증가했다. 같은 기간에 경작지는 570만 파단에서 1,020만 파단으로 확대되었다. 인구증가 속도에 맞추어 농산물 생산을 늘리는 것은 불가능했기 때문에, 공업 발전이 중요한 과제였다. 이에 따라 1950년대에 이집트는 농업생산성을 제고하여 농업잉여를 공업화 자금에 사용함으로써 빈곤의 악순환을 막아낸다는 새로운 전략을 추진했다. 정부는 일단 토지 재분배를 통해 대규모 농장을 해체하고 경작지의 규모를 잘게 나누었다. 그러나 토지 없는 모든 노동자에게 땅을 나눠주기에는 농지가 턱없이 부족했다. 정부는 토지사유제는 유지했지만, 농업생산성을 높이기 위해 국영 협동 농장을 만들었다. 또한 농민들에게 자금을 빌려주고 비료와 종자를 공급했지만, 수출용 농산물을 징발했다. 또한 농민이 지방의 정치에 참여할 기회를 확대하는 한편 도로·학교·보건소·가내공업 같은 농촌 공공 서비스도 대대적으로 향상시켰다.

하지만 나세르 정권의 농업정책은 일관성이 없었다. 이집트는 1950년대에 타흐리르(해방) 주의 사막땅을 개간했다. 새로운 땅을 개별 농민들에게 배분할지, 아니면 소련식 국영 집단농장으로 만들지를 놓고 양자택일 해야 했을 때 농업부 장관 사이이드 마레이는 전자의 정책을 선호한 반면 타흐리르 개발을 담당하고 있던 장교들은 후자를 선호했다. 나세르는 어느 한 파벌 혹은 어느 한 정책의 손을 들어주기보다는 양측의 주장을 모두 받아들였다. 그 결과 실용적이고 혼합적인 농업경제가 되었다.

이집트의 산업정책은 급속도로 변모했다. 1952~1956년에 자유장

그림 24. 시민들에게 둘러싸인 나세르 대통령

교단은 민간기업가들을 격려했다. 그러나 민간기업가들은 정권이 농업 부문에서 개인의 대토지소유에 대해 반감을 보이자 위축되었고, 자본과 전문성의 결여로 어려움을 겪었다. 이집트의 재계 지도자들은 소비재 산업에서 자본재산업으로 이행할 수가 없었다. 이집트 정부는 자유방임시장정책이 실패했다고 믿었다. 더욱이 정부의 대외정책이 제3세계와 소련 진영으로 기울어져 있었던 만큼, 경제분야에서도 정부가 어떤 형태로든 통제를 행할 필요가 있는 것으로 보였다. 1957년과 1960년 사이에 정부는 대형 은행을 지배하고 영국인·프랑스인·유대인의 재산을 압류하는 한편 농업개혁과 아스완 댐 건설을 추진했다. 그러나 정부의 정책을 뒷받침할 만한 자본이 없었다. 1960년과 1961년에 정부는 은행과 주요 산업체를 국유화하고, 은행·보험·무역·수송·건설·섬유 등의 산업을 직접 통제했다. 소매업과 주택 부문만 민간에 남겨 놓았다. 외국인과 이집트인 부르주아지의 재산은 몰수되었고, 경제는 국유화·이집트화되었다. 군대는 정부의 행정은 물론이고 산업체의 경영에서도 주도권을 행사했고, 관료·기술자·교사·언론인·법률가들이 군부를 지지했다. 새로운 엘리트 세력은 권력 중심부에 자리를 잡고 국가 부르주아지가 되었다.

이처럼 사회주의화된 경제는 외국의 경제지배에서 벗어나 고용을 증대하고 부가가치가 높은 상품을 생산하여 수출을 늘임으로써 이집트인의 경제발전 요구를 충족시켜줄 것으로 기대되었다. 1965년에 이르자 공공부문은 전체 이집트 경제에서 생산의 45%, 저축의 45%, 자본 형성의 90%를 차지하게 되었다. 산업의 국유화와 함께 대중교육의 실시, 주택 임차 및 생필품에 대한 보조금 지급을 약속하는 복지정책이 도입되었다. 하지만 그 결과는 발전이 아니라 침체였다. 대규모 군대, 야심적인 외교정책, 비대한 관료조직, 새로운 국가 부르주아지, 복지국가 등을 유지하는 데 경제자원이 모두 흘러들어갔다. 그 밖에도 비현실적인 계획, 병목 인플레이션,* 비효율, 부패 등이 경제정책 실패의 요인으로 작용했다. 1967년에 대(對)이스라엘 전쟁 패배는 사회주의 실험을 파멸시켰다. 나세르는 1970년까지 살았지만, 1967년의 전쟁을 계기로 나세르 스타일의 개발정책은 막을 내렸고 나세르의 개인적인 카리스마도 무너졌다. 이집트의 대내외적인 경제정책을 다시 구상하는 것은 그의 후계자 안와르 사다트(1970~1981년 재직)의 몫이었다.

사다트와 무바라크

사다트는 집권과 함께 기존의 정책을 대대적으로 손질했다. 소련과의 관계를 끊고 미국 및 보수적인 아랍국가와 동맹을 맺었으며 이스라엘과의 분쟁을 해소했다. 최초의 정치적 결단은 1972년에 소련 고문단을 추방한 일이었다. 그러나 역설적이게도 이스라엘과의 분쟁을 종식시키려는 사다트 정권의 노력은 이스라엘과 다시 한번 전쟁을 치르고 나서야 정당성을 확보하게 되었다. 1973년에 이집트는 수에즈 운하를 건너 이스라엘을 기습공격하여 초기 몇 번의 전투에서 승리를 거두었다. 이어 이스라엘이 반격을 시도하여 이집트 영토로 침투했으나 미국의 개입으로 이스라엘은 진군을 멈추고 휴전에 합의했다. 사다트는 이스라엘한테는 도저히 이길 수 없다는 패배의식을 깨뜨림으로써 정신적인 승리를 주장할 수 있었다. 그는 예루살렘으로 날아가 이스라엘 의회(크네세트)에서 평화를 제의하는 감동적인 연설을 했다. 1979년에 이집트는 카터 대통령의 중재로 캠프데이비드 협정을 체결하고 이스라엘을 인정하는 대신 1967년 전쟁에서 이스라엘에 빼앗겼던 시나이 반도를 돌려받았다. 이런 과정을 통해 사다트는 국제적인 인물이

---

* 생산요소의 부족으로 생산속도가 수요의 증가속도를 따라가지 못해 나타나는 물가상승현상.

되었으며, 미국과 사우디아라비아, 걸프 연안국들의 투자를 유치했다. 그후 몇 년 동안 이스라엘과 이집트 사이에는 공식적으로는 평화가 유지되었으나 긴장과 껄끄러운 관계까지 해소되지는 않았다.

대외정책 전환과 함께 국내정책과 정치적 정체성에도 변화가 있었다. 이집트는 사회주의에서 혼합경제로 전환했다. 1974년에는 '인피타' 즉 문호개방정책을 추진하여 외국자본을 받아들이는 한편, 미국 및 보수 진영 아랍국가와 동맹을 맺었다. 그러나 외국인의 투자에도 불구하고 이집트 경제는 여전히 원유 수출, 관광, 수에즈 운하 통행세, 해외근로자의 송금에 의존하는 상태에 머물렀고, 외채마저 크게 늘어났다.

사다트의 농업정책은 다양한 집단의 이해관계를 조정하는 데 중점을 두었다. 토지의 일부는 농업기술자들의 조합에, 일부는 협동조합에 가입한 농민에게 분배되었고, 또 다른 일부는 입찰을 통해 공매되었다. 공매를 통해 부유한 산업자본가들은 상당한 규모의 농지를 보유할 수 있었다. 국가가 주도하던 이집트의 경제정책에는 정치적 상황을 고려한 실용적인 측면도 있었다.

나세르 시대에는 장교와 관료, 기술관료가 여전히 권력을 쥐고 있었지만, 문호개방정책의 영향으로 외국은행과 합작회사들이 늘어나면서 수출입업자, 건축청부업자, 주택투기꾼이 새로운 엘리트로 등장했다. 사우디아라비아 및 걸프 연안국들과 연결된 이슬람계 투자회사, 소규모 신발공장 및 가구공장, 노동인력 송출회사 등이 새로운 경제에서 호황을 누렸다. 이집트를 지배하는 정치적 연합은 자영업과 전문직에 종사하는 중산층으로까지 확대되었다. 경제정책의 방향이 바뀌면서 이집트는 복지와 사회보장이라는 1960년대의 목표에서 후퇴했고, 소득의 덜 공평한 분배를 받아들였다. 농촌에서는 정치적 힘이 대지주 집안에서 중간 규모의 마을유력자 또는 농업협동조합의 농민지도자에게 넘어갔다. 오늘날 농촌에서는 중간 규모(10~50파단)의 지주가 농촌의 중산층을 형성하고 있는데, 이들의 수는 이집트 인구의 3%에 불과하지만 전체 농지의 40%를 소유하고 있다. 하지만 이 계층이 직접 국정에 참여하는 것은 아니고, 중앙의 국가엘리트들의 비호를 받고 있다. 과도하게 중앙집권화된 안하무인격의 시정(市政)과 농업협동조합 행정은 여전히 이집트 농촌사회를 짓누르고 있다.

안와르 사다트는 1981년에 이스라엘과의 화해 및 세속주의 정책에 반대하는 무슬림 과격파에게 암살되었다. 하지만 정권은 흔들리지 않았다. 당시 부통령이던 공군장교 출신의 후스니 무바라크가 사다트의 뒤를 이었으며, 무바라크는 대체로 사다트의 정책노선을 유지했다. 무바라크는 친미정책을 견지하여 미국으로부터 대(對)이스라엘 지원에 버금가는 군사적·경제적 원조를 받았다. 그는 사우디아라비아를 비롯한 걸프 만 국가들과 긴밀한 경제협력관계를 유지하는 한편 이스라엘과는 냉랭한 평화를 유지하면서 이스라엘과 팔레스타인 사이의 합의를 이끌어내기 위해 계속 노력했다. 1991년 걸프전 당시 무바라크는 유엔 연합군이 쿠웨이트에서 이라크를 몰아낼 때 아랍국가의 지원을 이끌어내는 데 중요한 역할을 했다.

무바라크의 재임기간에 이집트의 정치제도는 두 가지 큰 변화를 겪었다. 첫째, 중산층이 의회정치에 참여할 수 있는 기회가 크게 확대되었다. 세속적인 시각을 대표하는 와프드당과 이슬람을 지향하는 무슬림 형제단이 소수당으로 의회에 진출했다. 무바라크는 국가기구의 통제력이 손상되지 않는 범위 내에서 정치의 문호를 개방했다. 나세르 시대에 비해서는 군부가 국가행정과 경제운영에 미치는 영향도 줄어들었다. 그렇지만 군부는 여전히 이집트 사회의 실세이다. 군은 자체적으로 공장, 주택사업 및 연금자산을 관리하고 있다. 경찰, 정보기관, 관료, 어용노조, 친정부 언론은 정권을 뒷받침하고 있다. 정당과 노조 및 직능단체는 여전히 정부의 조종을 받는다. 정부는 농업협동조합과 마을

단위의 협회를 통해 지방을 통제하고 있다. 하지만 사법부는 대체로 독립성을 유지하고 있고, 지식인과 학생들은 정권에 대한 불만을 거침없이 토로하고 있다. 이집트는 군과 정부기관 및 일부 중산층이 정권을 떠받치고 있는 고도로 중앙집권화된 권위주의 국가이다. 그러나 사실상 미국과 산유국의 이해관계에 예속되어 있다고 해도 과언이 아니다.

　1990년대에 이집트는 여러 차례 경제위기를 겪었다. 수에즈 운하 통행세를 빼고는 가장 큰 외화벌이라 할 수 있는 석유수출 및 관광수입과 해외근로자의 송금이 급격히 줄어들었다. 이집트는 경제적 자립기반을 갖추지 못하고 있는 만큼 외국의 원조에 대한 의존도가 높다. 1980년부터 1997년까지 이집트 경제는 일부 분야를 제외하고는 경제발전이나 공공복지 면에서 여타 개발도상국에 뒤처졌다. 도시와 농촌을 불문하고 빈곤층이 늘어났다. 도시의 생산성도 평균에 못 미치고 있다. 이처럼 이집트 경제가 후퇴한 것은 국가가 경제활동에서 차지하는 비중이 과도할 뿐만 아니라 민영화 노력이 실패를 거듭했기 때문이다. 하지만 1990년에 밀 생산과 판매에 대한 규제가 해제된 이후 헥타르당 농업생산성은 크게 향상되었다. 평균수명도 57세에서 거의 65세로 늘어나 국제적인 수준보다 훨씬 빠르게 늘어나고 있다. 이것은 아동생존율이 높아졌기 때문인데, 그 원인으로는 더 나은 의료, 수질개선, 이질에 걸린 아이들을 위한 탈수회복제의 이용 등을 꼽을 수 있다. 식자율(識字率) 역시 전 주민의 44%에서 51.4%로 높아졌으나, 다른 나라에 비하면 아직 낮은 편이다. 이것은 자원을 고등교육에 집중하고 초등 및 중등 교육에는 충분한 투자를 하지 않은 정부정책의 당연한 결과이다.

이슬람의 부흥

　이런 정황에서 이슬람이 강력한 반정부 세력으로 떠오르고 있다. 1950년대와 1960년대에 나세르 정권은 이슬람 종교활동을 직접 통제했다. 무슬림 형제단을 비롯한 반대세력은 불법화되었고, 여타 종교기관의 활동도 많은 제약을 받았다. 1960년과 1973년 사이에는 종교단체가 소유한 토지를 정부로 귀속시키고 사설 모스크에 대한 통제를 강화했다. 1961년에는 알아즈하르 대학을 국립으로 전환하고 교과과정도 대폭 수정했다. 사법행정 부문에서는 19세기에 이미 새로운 형법과 민법이 도입되었다. 1873년에는 프랑스 법제를 본뜬 새로운 민법이 제정되었다. 1875년에는 샤리아 법정의 권한을 약화시키고 대안적인 법제를 확립하기 위해서 이중법정체계가 수립되었다. 1949년에는 또 다른 민법이 도입되었고, 1955년에는 이집트 정부가 샤리아 법정과 민사법정을 통합했다. 정부는 종교생활을 통제하고 울라마가 정부정책을 지지하게 만드는 한편, 이슬람을 국가 프로그램이나 사회주의적인 프로그램에 동조하게 하려고 했다.

이슬람과 국가의 관계를 새롭게 정립하려는 노력은 부분적으로만 성공을 거두었다. 국가의 통제에도 불구하고 국민의 이슬람 정서는 수그러들지 않았다. 1930년대에 지식인 사회와 정치권에서 이슬람 정서가 부흥했듯이, 1970년대 이후 다시 이슬람이 살아나고 있다. 울라마와 공식 종교기관은 정부의 지배를 받고 있지만, 설교사·포교사·종교교사들은 독자적으로 적극적인 활동을 펼치고 있다. 알아즈하르 대학도 공공영역에 개입하고 있고, 제도권 외곽에서 활동하는 성직자들도 일반인을 상대로 설교하면서 샤리아가 지배하는 사회를 건설하기 위해 노력하고 있다. 1960년대 후반과 1970년대의 정치적·사회적 환경은 이집트인의 종교적 열의에 불을 붙였다. 1967년 대(對)이스라엘 전쟁 패배, 팔레스타인 문제해결 실패, 정부의 권위주의, 경제정책의 실패, 소득과 권력의 불공평한 분배, 가치 있는 옛 문화의 몰락과 내셔널리즘이나 이데올로기를 앞세운 공허한 구호의 범람 등으로 인해 이집트의 세속적·사회주의적 정책에 대한 비난의 목소리가 터져 나왔다. 이집트인 사이에 마음의 위안을 찾아 이슬람으로 회귀하려는 분위기가 고조되고 있던 시점에 사다트가 이슬람적인 레토릭을 다시 시작함으로써, 이슬람의 위상은 더욱 높아졌다. 서양식 교육을 받았지만 내셔널리즘·세속주의·사회주의에 깊이 물들지 않은 전문직 종사자와 관료들도 마음 깊이 간직하고 있던 이슬람에 대한 열의를 표현했다. 내셔널리즘이 충분히 뿌리를 내리지 못한 상황에서 경제난의 심화와 농촌주민의 대도시로의 이주는 전통적인 사회구조를 해체하고, 이슬람에 대한 일체감이 새롭게 요원의 불길처럼 퍼져나갈 잠재적 가능성을 높였다.

현재 활동하고 있는 이슬람 부흥주의 단체들은 대개 무슬림 형제단과 동일한 종교관과 사회관을 가지고 있다. 그들은 코란과 순니가 개인적인 도덕성의 기초가 되어야 한다고 믿을 뿐만 아니라 일상생활 전반에 샤리아가 적용되어야 한다고 강조한다. 사회정책 면에서는 가족을 돌보는 것이 여성의 일차적인 역할이라고 생각한다. 경제문제에서 이데올로기적인 입장과는 담을 쌓았지만, 빈부격차를 최소화하는 게 중요하다고 강조한다. 그들은 기술적·경제적·행정적 문제보다는 사회정의를 더 중요하게 여긴다. 일반적으로 이들 단체는 세속적인 가치로 인해 사회가 부패했으므로 이슬람의 원리로 돌아가야만 도덕과 경제적 행복, 정치권력을 회복할 수 있다고 믿고 있다.

이슬람 부흥주의는 특히 근대화 추진과정에서 원하는 것을 얻지 못한 집단, 즉 서양식 교육을 받지 못했거나 근대적인 경제부문에 자리를 잡지 못한 사람들로부터 환영을 받았다. 교사와 성직자를 비롯한 나이든 식자층, 바자의 직인과 상인, 소규모 공방과 영세공장 주인들에게도 희소식이었다. 이슬람은 급속한 도시화과정에서 카이로로 올라온 다수의 이농인구, 힘들게 교육에 투자했지만 봉급이나 지위가 기대에 미치지 못한다는 것을 알게 된 젊은 직장인도 이슬람에 마음을 빼앗겼다.

1970년대에는 농촌 출신이거나 신분상승 욕구는 강하지만 보수적인 집안에서 자란 학생과 전문직업인—엔지니어·학교교사·화이트칼라 노동자—이 특히 이슬람 부흥주의를 반겼다. 1970년에 20만 명이던 대학생수는 1977년에는 50만 명 이상으로 늘어났다. 대학생들은 교육도 제대로 받지 못하고 극도의 가난과 열악한 환경 속에서 생활했다. 이들은 조잡한 등사판 교재를 외우면서 지적으로 좌절했고, 사회적으로 압박감을 느꼈다. 농촌 출신 청년들은 충분한 사회적·문화적 적응 과정을 거치지 못한 채 전문적인 기술을 익혔다. 또한 전문교육을 받았음에도 불구하고 카이로 사회에서 자리를 잡지 못하고 변두리로 밀려났다. 그들은 박봉에 소외감을 느꼈고 대도시의 도덕적 타락에 절망했다. 젊은이들은 이성교제에 따르는 불안감을 감추지 못했고, 적당한 배우자를 찾기 위해 고심했다. 전문학교 여학생들 사이에서는 몸매와 머리카락, 손발을 가리는 이슬람 복장이 퍼져 나갔다. 이슬람 복장이 다시 유행하기 시작한 것은 여성의 대학 진학과 사회진출이 확대되는 시기와 정확하게 일치한다. 1952년과 1976년 사이에 대학생의 남녀 성비는 12:1에서 2:1로 축소되었다. 교육, 여행, 대중교통, 오락, 정치활동 등을 통해 남녀가 어울리는 기회는 당연히 늘어났다. 이 같은 상황에서 남성이 지배하는 공적 세계에 진입한 여성에게는 베일 착용과 이슬람식 겸양이 전통적인 남녀구분을 고수하는 하나의 방식이었다. 이슬람 복장의 착용은 함부로 접근하지 말라는, 또는 자신을 성적인 대상으로 보지 말라는 경고였다. 보수적인 농촌 출신의 젊은 여성들의 경우, 베일 착용은 성적 문란을 방지하고 집안의 명예를 지키며 결혼의 가능성을 높이는 방안이었다. 따라서 이슬람의 부흥은 중요한 정치적인 의미를 갖고 있을 뿐만 아니라, 무슬림 학생들이 복잡한 도시생활에 적응하는 메커니즘으로 작용하기도 했다.

　이슬람의 부흥은 수많은 소집단에 의해 다양한 방식으로 표현되었다. 그것은 결코 조직화된 운동이 아니었다. 설교 또는 텔레비전 종교

방송의 청취, 예배, 자원봉사 또는 자선활동이 모두 이슬람 부흥운동의 일환이었다. 같은 기간에 전혀 다른 도덕적 규범과 사회적 원리를 제시하는 수피 이슬람도 되살아났다. 1967년의 패전 이후 '자마트 알이슬라미야' 즉 이슬람화에 전념하는 학생회가 크게 늘어났다. 역설적이게도 사다트 대통령은 좌파의 반대운동에 대한 균형추로 이용하기 위해 자마트의 활동을 장려했다. 자마트 활동의 목적은 칼리프제의 부활에 기초한 이슬람 사회의 재창조였다. 학생회는 시·회화·강연·코란 읽기 등의 클럽으로 출발했으며, 경찰의 은밀한 지원 아래 학내 공산주의 세력을 파괴해 나갔다. 정치활동과는 별도로, 강의계획서를 복사하여 저가로 학생들에게 나누어주거나 이슬람 복장을 한 여학생들을 위해 통학버스를 주선하고 성지순례를 지원하기도 했다. 또한 독자적으로 모스크를 운영하면서 카이로와 농촌마을에서 주민들을 상대로 설교를 하기 시작했다. 그들은 여성에게 베일 착용을 권하고 남성에게는 수염을 기르고 흰옷을 입도록 했으며, 공개적인 예배시위를 선호했다. 1979년에는 자마트가 콥트 교회 교도와 적대적 관계에 서게 되었다. 그리스도 교도가 무슬림을 공격하고 무슬림 사이에서 선교활동을 하며 국가가 콥트 교회 교도와 결탁했다고 비난하는 내용의 유인물이 유포되었다. 무슬림과 그리스도 교도 사이에 무력충돌이 일어났다. 1981년에 정부는 자마트를 해체하고, 대중의 이해를 구하는 차원에서 그리스도교 교회의 책임자도 문책했다. 대중들의 반응은 대체로 냉담했다. 급진적인 학생들은 이슬람의 호소력이 이집트 내셔널리즘보다 우위에 있다고 과대평가하고 정부의 국민에 대한 통제력을 과소평가했던 것이다.

같은 기간에 더욱 과격한 집단들은 직접 국가를 겨냥하여 행동에 나섰다. 자마트가 도덕적·사회적 문제에 초점을 맞추었다면, 과격파는 정부를 전복하고 이슬람 국가를 건설하는 것만이 진정한 이슬람 사회를 성취하는 유일한 길이라고 주장했다. 이들은 사이이드 쿠트브(1966

년 사망)의 책『이정표』에서 영감을 얻었다. 사이이드 쿠트브는, 주권은 하느님에게 귀속되며 모든 인간의 권한은 하느님의 주권에서 비롯된다고 주장했다. 또한 인간사회에서 이슬람과 자힐리야*사이에, 그리고 이슬람의 방식과 이교의 방식 사이에 중도는 있을 수 없다고 보았다. 그는 이집트가 자힐리야 사회가 되었다고 개탄했다. 그러므로 참된 무슬림은 예언자 무함마드가 메디나로 성천(聖遷, 히즈라)했듯이 이교의 사회를 멀리하고 그릇된 무슬림을 파문하고(탁피르), 지하드를 통해 이집트를 이슬람으로 되돌려놓아야 한다는 것이 그의 주장이었다. 그것은 타협을 용납하지 않는 혁명적인 논리였다.

　1970년대에는 '자마트 알무슬리민'('알탁피르 왈히즈라'라고도 불림)의 수장 슈크리 무스타파가 사이이드 쿠트브의 논리를 받아들였다. 그는 개혁주의와 타협주의의 논리를 거부하고 사다트 통치하의 자힐리야 사회를 종교적으로 파문했다. 그는 소규모의 추종자들을 모아서 정부의 통제를 받고 있는 모스크와의 관계를 끊고, 법정과 학교를 비롯한 이집트 제도권과의 협력을 모조리 거부했을 뿐만 아니라 자신의 공동체 구성원들을 위한 독특한 혼례의식을 만들었다. 슈크리 무스타파를 비롯한 과격파는 대중에게 설교하려는 노력은 시도조차 하지 않고 부패한 리더십을 직접 공격하는 방식을 택했다. 그들은 1973년과 1977년에 정치지도자의 암살을 시도했고, 1981년에는 사다트 암살에 성공했다. 그러나 사다트를 암살한 뒤에도 과격파는 대중의 지지를 얻지 못했고, 그들이 아시우트를 비롯한 여러 곳에서 일으킨 폭동은 군대에 의해 진압되었다.

　이슬람 부흥운동 단체들은 오늘날에도 강력하며, 특히 학생들 사이에서 막강하다. 무슬림 형제단은 영향력 있는 정당으로 자리를 잡았다. 그

---

* 무지(無知)를 뜻하는 아랍어. 이슬람에 대비해서 사용되며, 예언자 무함마드에게 계시가 내리기 이전, 즉 아직 이슬람을 알지 못하던 아랍의 상태를 가리킨다.

들은 빈민촌 지원 프로젝트를 후원하고 있고, 1992년부터는 의사·변호사·엔지니어·약사 등의 직능단체, 교수협의회, 학생회를 장악하고 있다. 무슬림 형제단은 다당제를 지향하며, 민주주의보다는 샤리아를 더욱 소중하게 여기는 이슬람 국가의 형성에 참여하기를 원한다. 그들은 그런 이슬람 국가가 들어선다면, 민간 부문이 축소되겠지만 완전히 폐지되는 것은 아니며 사유재산도 존중되며 복지와 사회보장이 제공될 것이라고 주장한다. 무슬림 형제단은 이집트를 거점으로 다른 나라의 형제단과도 국제적인 공조를 이루고 있다. 요르단을 비롯한 아랍국가뿐만 아니라 서아프리카와 유럽 등 무슬림 공동체가 형성된 사회에는 어디든지 지부가 결성되어 있다. 이런 지부들은 기본적으로 이슬람 부흥주의를 지지한다는 공통점을 갖고 있지만 국제적인 공조는 느슨한 편이며, 그 역할도 현지의 교육적·사회적·정치적 여건에 따라 다르다.

1980년대 후반과 1990년대에는 더욱 과격한 단체들이 정부관리, 장교, 경찰간부, 콥트 교회 교도, 노벨 문학상 수상자 나기브 마푸즈를 비롯한 지식인에 대한 테러공격을 감행했으며, 영화관이나 술집 같은 문화적 상징물을 파괴했다. 이따금 외국인 관광객을 대상으로 치명적인 공격을 가하기도 했다. 외국인에 대한 공격은 외세에 반대한다는 의사를 표시하고 정부의 재정수입에 타격을 가하며 국가의 통제력의 취약성을 보여주기 위한 행동이었다. 정부는 냉혹한 군사작전을 통해 과격단체들을 거의 소탕했으나 완전히 뿌리 뽑지는 못했으며, 정당·언론·학교·자선단체에 대한 통제를 강화하고 있다. 이슬람주의를 내세우는 반정부세력은 수많은 파벌로 나뉘어 있고, 공통된 정치노선이나 대중의 지지를 이끌어낼 만한 권위 있는 지도자가 없는 상태이다. 이와 반대로 이집트 정부는 고도의 중앙집권체제를 갖추고 있으며 인구의 대다수가 정통성을 인정하고 있다. 또한 군사력을 독점하면서 이집트인의 애국심과 충성심을 결집시키고 있고 물리적으로도 반대파를 제압할 만한 능력을 갖추고 있다. 따라서 과격파가 정권을 잡기는 어려운 실정이다. 아이만 알 자와히리 같은 일부 행동주의자들은 해외로 활동무대를 옮겨 무슬림 공동체를 방어하고 이집트의 최대 후원국인 미국을 약화시키기 위한 국제적인 지하드를 전개하고 있다. 정부 당국과 폭력적인 이슬람주의자의 극한적 대립은 점점 이슬람화되고 있는 대중과 세속적인 군사 정권 사이에서 벌어지는 투쟁의 원만한 해결을 방해하고 있다. 이집트인은 테러리즘과 국가의 억압 사이에서 옴짝달싹 못하고 있다.

이슬람 부흥운동에는 내부적인 제약도 있다. 이슬람 부흥주의는 정치적일 수밖에 없는 반면, 이슬람 부흥주의 단체들은 정치와는 무관한 문화활동과 사회활동을 벌이고 있으며 그들이 추구하는 목표와 정치권력과의 관계에 대해서도 모호한 태도를 보이고 있다. 정치활동에 전념하는 단체는 소수에 불과하다. 나머지 대부분의 단체는 도덕적 계도, 자신감 회복과 자부심 갖기, 구성원의 복지와 공동의 요구를 충족시키는 방안 등 다분히 현실적인 문제에 관심을 쏟고 있다. 또한 학생들이 개인적인 목표를 이룰 수 있게 도와주고, 여학생들의 사회진출에 많은 관심을 보이고 있다. 이처럼 도덕적·교육적 요구에 부응하는 단체들이 정치에 자신의 에너지를 쏟을 가능성은 크지 않다.

이슬람의 부흥은 오히려 정치에 대한 무관심을 초래한 측면도 있다. 이집트 사회의 고질적인 문제 중 하나는 대중의 무력감이다. 이집트는 사실상 독재체제로서 대부분의 주민이 정치권력에 참여하지 못하고 있을 뿐만 아니라 정치적 권리도 매우 제한적이다. 또한 남성들의 경우 국내에서 생계를 유지하기도 쉽지 않다. 노동자들의 최대 관심은 해외로 나가는 것이다. 더구나 사회와 가정에서 전통적인 남성의 영역은 사라져버렸다. 교육·보건·사회복지는 물론이고 심지어 여성의 고용문제도 국가가 관장한다. 가정에서의 우월적 지위도 사라졌다. 정치와 경제의 영역에서 희망을 잃어버린 남성들은 가정에서 권위를 회복하려고 했다. 그래서 남성은 사회환경에 대한 정치적 저항을 전개하지는 못하고 오히려 약자를 희생시켜 심리적 보상을 받았다. 이집트에서 여성은 아직도 약자이다. 많은 경우 이슬람 부흥의 가장 중요한 교의는 지난 수십 년에 걸쳐 이루어놓은 여성의 사회적·교육적 권리를 억누르는 상징적이고 실질적인 남성우월주의의 회복이라는 인상을 주고 있다.

이슬람 부흥운동의 정치적 의미는 양의적이다. 일부는 이슬람의 사회적·도덕적 계획을 성공적으로 완수하기 위해서는 국가의 통제가 불가피하다고 주장한다. 또 다른 쪽에서는 정치를 도외시한 채 도덕과 공동체, 가족문제에 관심을 기울임으로써 현실적·상징적 만족을 얻고 있다. 그런데 이슬람 부흥주의 단체가 강령 안에서 정치적 목적을 우선시하고 있는지는 명확하지 않다. 따라서 이집트인의 공공생활에 큰 영향을 미치지 못한 채 이집트 인구를 내셔널리즘 추종자와 이슬람 부흥운동 세력으로 갈라놓는 결과를 낳고 있다.

19세기 초반 이래 이집트가 근대화와 세속주의를 추구해오는 동안, 국가의 발전과정에서 이슬람의 위상이라는 문제는 언제나 정치투쟁의 쟁점이 되었다. 나세르, 사다트, 무바라크는 온건한 형태의 권위주의 정권을 유지하면서 경제문제에 적극적으로 개입했다. 나라 전체의 문화생활을 지배할 만한 능력이 없는 정치엘리트가 나라를 지배한 결과, 이슬람 부흥의 문제가 끊임없이 제기되었다. 무슬림 형제단은 1930년대와 1940년대에 영국을 주적으로 삼아 반제국주의 운동을 전개했다. 1950년대와 1960년대에는 군사정권의 부패에 대항하여 무슬림의 연대와 정의를 주장했다. 1970년대에는 급변하는 사회질서에 대응하여 개인의 도덕성과 가족의 가치를 고양하는 데 주력했다. 1980년대와 1990년대의 이집트 사회에서는 터키와 마찬가지로 이슬람이 국가와 그 정책에 저항하는 도구가 되었다.

25장

아랍중동: 아랍주의, 군사정권, 이슬람

비옥한 초승달지대의 아랍국가들도 원래 오스만 제국의 일부였지만, 이들 국가의 발전과정은 앞에서 살펴본 국가들과는 차이가 있다. 터키의 경우 국가가 주도적으로 유럽의 영향을 수용했고, 터키 사회를 재건했으며, 전통적인 유형의 제도를 유지했다. 반면 아랍의 비옥한 초승달지대에는 독립국가의 역사가 존재하지 않았고 통일되고 지속적인 엘리트도 없었으며, 단지 내셔널리즘 운동이 시작단계에 있었다. 20세기에 들어서야 비로소 아랍인의 정체성이 형성되었는데, 아랍인의 정체성 문제는 국민국가, 민족적 정체성, 이슬람 사이의 해결하기 힘든 긴장을 끊임없이 쏟아냈다.

지방 유력자와 아랍 내셔널리즘의 탄생

근대 아랍국가 시스템과 아랍 내셔널리즘 운동은 기본적으로 19세기 오스만 제국의 시스템과 비옥한 초승달지대에 미친 유럽의 영향에서 비롯되었다. 오스만 제국은 비옥한 초승달지대를 몇 개의 작은 지방으로 나누어 지배했다. 이 지역에서는 오스만 제국의 속국 이 집트·튀니지·알제리에 해당하는 영토적인 통치단위가 없었다. 다마스쿠스·알레포·모술·바그다드 같은 대도시가 행정의 중심지 역할을 했으며, 경우에 따라서는 오스만 제국의 지배력이 미치는 범위가 이들 도시에 한정되기도 했다. 영역국가의 부재 속에서 비옥한 초승달지대는 가족·부족·민족·언어·길드·주거지에 기초한 다양한 공동체로 파편화되었다. 게다가 이 일대에 미친 유럽의 영향도 지역별로 차이를 보였다. 18~19세기에 유럽과의 무역을 통해 경제적인 변화가 일어나면서 이 지역에서도 새로운 엘리트가 형성되었다. 유럽식 문화와 교육의 영향으로 새로운 내셔널리즘적 정치의식이 싹트게 되었고, 유럽의 개입으로 이 지역이 오늘날과 같은 국민국가 형태로 분할되었다.

마론 교회는 18세기에 이미 유럽의 영향으로 많은 변화를 겪었다. 18세기 중반까지 마론 교회는 평신도 영주들이 장악하고 있었으며, 주교와 대주교에 대한 임명권도 이들이 행사했다. 로마에서 교육받은 성직자들의 지도를 받은 18세기의 개혁가들은 평신도의 수중에서 교회를 해방시키려는 노력을 전개했다. 이들은 교회를 통해 학교를 운영하면서, 교회를 중심으로 하는 마론파 정부를 구성할 것을 제의했다. 마론파의 부흥은 정치적으로 큰 파장을 몰고 왔다. 1820년에 봉건지주들에 대항하는 농민반란이 일어났다. 또한 마론파의 움직임에 대응하여 드루즈파 역시 세력을 규합하여 조직을 갖춤으로써 두 종파 사이에 긴장이 고조되었다. 레바논의 군주 바시르 2세(1788~1840년 재위)는 상황을 더욱 극단으로 몰아갔다. 그는 자신의 권력을 강화하기 위해 드루즈파 지도자를 포함하여 많은 정적을 제거했다. 그는 1825년에 드루즈파를 물리친 데 이어, 1831년에는 시리아와 레바논을 침공한 이집트군을 지원했다. 하지만 1840년에 영국과 프랑스가 개입하여 이집트군을 몰아냈다. 바시르 2세도 권좌에서 물러났으나, 마론파와 드루즈파의 분열로 당시 레바논의 상황은 정상적인 통치가 불가능할 정도로 악화되어 있었다. 마론파와 드루즈파는 1838년, 1841~1842년, 1845년에 전쟁을 벌였다.

오스만 제국은 1843년에 레바논에 새 정부를 구성했다. 그러나 새 정부는 마론파의 저항을 극복하지 못하고 1858년에 무너지고 말았다. 1859년과 1860년에도 드루즈파 무슬림과 마론파 그리스도 교도 사이에 전쟁이 벌어졌다. 마침내 1861년에 유럽 열강이 오스만 제국을 압박하여 그리스도 교도의 우월한 지위를 인정받았다. 새로운 합의에 따라 정부수반 즉 '무타사리프'는 그리스도 교도여야 했으며, 반면에 통치평의회는 여타 종교공동체를 대표했다. 이로써 레바논은 오스만 제국의 일원인 동시에 유럽 열강이 안전을 보장하는 특수한 지위를 갖게 되었다.

유럽 열강이 비옥한 초승달지대에 진출하면서 유럽식 교육이 도입되었다. 특히 프랑스는 적극적으로 교육 프로그램을 후원했다. 프랑스 예수회가 1728년에 아인투라에 학교를 설립한 데 이어 지가르타(1735)와 아인와르카(1789)에는 마론파 대학이 설립되었다. 1866년에는 시리아 프로테스탄트 대학이 설립되었으며, 이 학교는 나중에 베이루트 아메리칸 대학으로 발전했다. 잘레·다마스쿠스·알레포 등지에도 1839~1873년에 학교가 세워졌다. 1875년에는 프랑스의 원조로 성 요셉 대학이 설립되었다.

19세기에는 유럽과 레바논 및 시리아의 배후지 사이에 무역이 활발했고, 그후 다소 복잡한 과정을 거쳐 레반트 지역이 세계경제로 통합되었다. 외국과의 무역이 이루어지면서 해안으로 수송이 가능한 모든 지역에서 비단·목화·비누·가죽·곡물 같은 환금성 좋은 물품이 생산되었다. 1860년 이후 베이루트는 수출의 중심지로 성장했다. 베두인에 대한 통제가 강화되고 경작지가 확대되면서 팔레스타인 지역에서도 곡물·과일·올리브·비누·섬유·가죽의 생산과 수출이 늘어났다. 나블루스 산악지대에서는 상인·돈놀이꾼·부농들이 나이든 농촌수장과 그 하수인들의 지배력을 무너뜨렸다. 한편 중농은 재산을 늘려 도회지로 진출했다. 올리브오일을 원료로 하는 비누 생산이 으뜸가는 산업으로 성장함에 따라, 비누공장이 있는 도시가 인근 농촌을 지배하게 되었다. 주력 산업이 섬유에서 올리브오일로 바뀌면서 나블루스는 베이루트를 통해 세계경제로 연결되었다. 레바논에서는 인구가 증가하고 경제적 특화가 진행되면서 비단 직조공의 위상이 높아졌다. 은실과 금실로 직조한 시리아산 옷감처럼 유럽인이 흉내낼 수 없는 생산물들은 특화된 시장에 대한 지배력을 유지했다. 하지만 수공업자들은 유럽과의 경쟁에서 졌다. 무역에 종사하던 그리스도 교도 주민들은 무슬림보다 유리한 입장에서 유럽인과 거래했다.

　비옥한 초승달지대에서는 내부의 개혁을 통해서가 아니라 무역·교육·종교에 파고든 외세의 영향으로 새로운 지식층이 형성되었다. 레바논에서는 서양식 교육이 터키의 탄지마트 개혁운동이나 이집트의 경제변화와 같은 역할을 했다. 일군의 전위세력이 문화의 르네상스를 개척했다. 교육받은 아랍인은 서양문학을 알게 되었을 뿐 아니라 자신들에게도 독자적인 문학유산이 있다는 것을 자각하게 되었다. 나시프 야지지, 부트루스 부스타니 등의 아랍인 그리스도 교도 작가들이 초기의 문학부흥을 이끌었다. 부스타니는 아인와르카의 신학교에서 교육을 받은 마론파 그리스도 교도로, 사전을 편찬하여 아랍어에 대한 관심을 되살렸다. 초기에 활동한 정치평론가들은 주로 문화단체나 내셔널리즘 계열 단체—이를테면, 1847년에 창설된 예술과학협회 또는 1857년에 창설된 시리아 과학협회—를 통해 자신의 견해를 유포했다. 이런 단체들은 아랍어 문학 연구와 과거의 영광에 대한 회고를 장려했다. 초기 아랍 문학사상가들은 근대화와 개혁에도 관심을 갖고 신문이나 잡지를 통해 서구의 과학사상과 정치사상을 소개했다. 그들이 설교하는 바에 따르면 정부는 피지배자를 위해 국정을 운영해야 하며, 공평하고 예측 가능한 과세와 교육 및 사법개혁을 준비해야 했다.

19세기 말 20세기 초에는 강력한 반투르크 정서와 투르크인에 대한 아랍인의 우월감을 배경으로 지적인 부흥운동이 정치적 소요로 전환되었다. 알 카와키비(1849~1903)는 아랍인이 부패한 투르크인의 지배에서 벗어나 이슬람 세계의 리더십을 가져야 한다고 주장한 초기 학자 중 한 사람이다. 이런 새로운 문학적 태도는 성지의 수호자인 메카의 샤리프를 내세운 칼리프제 부활음모에 의해 조장되었던 것 같다. 이 아랍 정서의 부활 이면에는 친아랍 정서를 유발하는 이슬람의 종교적 감정이 깔려 있다. 사실 아랍인은 최초로 이슬람을 받아들인 민족이었다. 또한 코란이 아랍어로 되어 있을 뿐만 아니라 초기 이슬람 제국의 영광을 구현한 주인공 역시 아랍인이었다. 마침내 아랍인 그리스도 교도 작가들은 오스만 제국으로부터의 분리를 주장하고 나섰다. 네기브 아주리는 입헌제하에서 그리스도 교도와 무슬림이 동등한 시민으로 살아가는 세속적인 아랍국가의 건설을 요구하기에 이르렀다.

이유는 달랐지만 시간이 흐르면서 다마스쿠스의 무슬림 유력자들 사이에서도 아랍 내셔널리즘이 뿌리를 내렸다. 이렇게 된 일차적인 요인들은 정치적 자치나 상업적 침투가 아니라 오스만 시스템 자체의 작동 결과이며 유럽인과 현지 그리스도 교도들의 경제적 성공에 대한 무슬림의 반발이었다. 1860년 이전에 다마스쿠스의 유력자들은 18세기 이래 많은 무프티와 하티브(설교사)를 배출한 명문 울라마 가의 후예와 예언자 무함마드의 후손들이었다. 이들은 와크프를 관리했고, 상인·직인·예니체리·소도시 주민들로부터 강력한 지지를 받고 있었다. 18세기 말과 19세기에 이들 유력집안과 군사수장(아가와트)들이 손을 잡았다. 이들은 예니체리 피보호민을 기반으로 농촌지역과 곡물교역을 지

배하고 있었다. 19세기 말에는 울라마 집안과 아가와트 집안이 종교와
토지를 장악한 엘리트층으로 부상했다. 부유한 상인과 오스만 제국의
관리도 이 엘리트의 일부가 되었다. 당시에는 엘리트 집안이 아들을 오
스만 제국의 전문학교에 보내 공직에 진출시키는 것이 하나의 풍조였
다. 하지만 이 엘리트들이 통합되어 있었던 것은 아니었고, 집안끼리
파벌끼리 경쟁을 벌이고 있었다.

　오스만 제국이 추진한 중앙집권화 개혁정책 즉 탄지마트의 영향으로
일부 위상의 변화가 있었지만 지방유력자들이 몰락하지는 않았다. 이
집트의 시리아 점령(1831~1839)은 지방의 독립을 압도하고 중앙집권
화된 정부를 세운 다음 경제개발을 추진하려는 시도였다. 무함마드 알
리의 아들 이브라힘 파샤는 지방인구를 무장 해제시키고, 징병제와 노
역과 새로운 인두세를 도입했다. 또한 시리아의 비단·목화·담배 산업
을 독점하고 탄광을 개발했다. 1841년에 시리아가 다시 오스만의 종주
권을 인정하게 되었을 때, 오스만 제국은 권력을 중앙집권화하고, 지방
의 유력자들을 제거하고 제국에 대한 대중의 지지를 얻기 위해 노력했
다. 오스만은 사법제도를 세속화하고 무슬림과 비무슬림의 구분을 없
앴다. 아울러 총독의 권력을 견제하기 위해, 지방대표자회의(마즐리스)
를 구성하고 현지의 유력자들에게 행정과 재정에 관한 권한을 폭넓게
부여했다. 당시 시리아에서는 유럽 국가들이 지역의 상권을 위협하고
있었고, 현지의 그리스도 교도와 유대인들은 대유럽 무역중개상으로서
의 위상을 강화하는 한편 농촌에서 돈놀이를 하기 시작했다. 이런 상황
에서 다마스쿠스의 유력자들은 오스만 제국의 개혁정책에 반감을 갖게
되었다.

　1908년에 오스만 제국의 통일진보위원회(이하 CUP)가 권력을 장악
하자, 다마스쿠스의 유력자들은 당시 지식인과 정치인 사이에서 유행
하고 있던 아랍주의에 관심을 가지게 되었다. 아랍인 지도자들도 처음

에는 오스만 제국의 신정부에 큰 기대를 걸었으나, CUP가 투르크인에게 권력을 집중시키려 하자 좌절감을 느꼈다. 오스만 정부는 튀르크어를 다마스쿠스의 학교와 법정의 공용어로 지정했으며 와크프마저 투르크인이 장악했다. 또한 현지의 관리들도 자리에서 몰아냈다. 상황이 이렇게 전개되자 앞길이 막히고 문화적인 표현수단마저 잃어버리게 된 아랍인은 아랍주의를 통해 세속화와 투르크인 지배에 대한 저항을 표현했다. 정부로부터 아무런 혜택도 받지 못하게 된 다마스쿠스의 유력자·군장교·법률가·울라마 집단은 제1차 세계대전 직전과 전시에 아랍주의를 이데올로기로 받아들이기 시작했다. 그러나 1918년까지만 해도 아랍주의가 아랍의 정치적 독립을 의미하지는 않았다. 아랍 지도자들은 대체로 오스트리아-헝가리 제국과 유사한 형태로 아랍인과 투르크인의 공동지배를 선호했고, 지방분권과 아랍인의 평등권이 보장되는 체제를 희망했다.

세 번째 아랍주의의 물결은 아라비아 반도에서 일어났다. 1915년에 메카의 샤리프 후세인은 오스만 제국의 시리아와 아라비아 지배에 대한 반란을 계획하고 영국과 비밀협상에 들어갔다. 후세인은 영국의 도움을 얻어 오스만 제국을 몰아내고 아랍국가의 왕이 되려고 했다. 그는 과거에도 이슬람 세계의 칼리프가 되기 위해 노력했던 전력이 있는 사람으로, 예언자 무함마드의 후손이며 메카의 수호자라는 종교적 권위를 내세워 왕국 건설의 야망을 품고 있었다. 다마스쿠스에서 활동하던 비밀결사, 즉 알파타트가 후세인에게 접근하여 영국과 손을 잡고 아랍국가를 건설하는 방안에 대한 의중을 타진했다. 후세인은 알파타트와 은밀한 관계를 유지하는 한편 아랍인의 국민적·문화적 정서를 자기편으로 유도하기 위해 공을 들였다. 한편 영국도 후세인이 군사적으로나 정치적으로 도움이 되는 인물이라고 판단했다. 1915년 10월에 이집트 주재 영국인 고등판무관 헨리 맥마흔 경은 서한을 통해 레바논과 프랑스의 이권이 걸린 곳을 제외한 지역에 아랍국가를 건설하는 방안을 인정한다는 입장을 밝혔다. 1916년 6월에 후세인은 왕을 자칭하고 헤자즈 지역을 점령했다. 그는 T. E. 로렌스를 비롯한 영국인 정보원과 군사고문의 도움을 받아 오스만 정권에 대항하여 게릴라전을 전개했다. 아랍군은 1917년 7월에 아카바를 점령했고, 이어 영국군과 함께 다마스쿠스를 차지했다. 전쟁이 끝날 무렵 영국은 근동의 대부분을 지배했으며 후세인의 아들 파이살은 영국의 후원으로 다마스쿠스 총독이 되었다. 파이살은 시리아 유력자들의 지지를 받아 자신을 독립 아랍국가의 군주로 인정해줄 것을 영국에 요구했다.

그러나 독립국가를 건설하려던 아랍인의 노력은 유럽 열강에 의해 무위로 돌아갔다. 영국은 후세인에게 한 약속을 지킬 생각이 없었다. 영국은 프랑스와의 사이크스-피코 협정(1916)에 따라 아랍 근동을 분할하여 양국의 식민통치지역과 영향권으로 삼기로 약속했던 것이다. 또한 1917년에는 밸푸어 선언을 통해 팔레스타인 지역에 유대인 국가를 건설하기로 약속했다. 후세인이 밸푸어 선언에 대해 항의하자 영국은 아랍인의 정치적 권리와 시민권, 종교적 권리의 보호를 약속하는 한편 또 다른 선언을 통해 주민들이 동의할 경우 독립국가 건설을 지원하겠다고 약속했다. 이런 약속에도 불구하고 영국과 프랑스는 1920년 4월 산레모 회의에서 사이크스-피코 협정에 따라 아랍 세계를 분할했다. 연합국은 네 개의 독립국가—이라크·시리아·레바논·팔레스타인—를 만들었다. 레바논과 시리아를 지배하게 된 프랑스는 파이살을 다마스쿠스에서 추방했다. 영국은 이라크와 팔레스타인을 지배하게 되었다. 1922년에 트란스요르단이 팔레스타인에서 분리되어 다섯 번째 국가가 되었다. 이들 신생국은 국제연맹의 위임통치령이 되었다. 이들 국가의 창설을 둘러싼 혼란—청원, 시위, 축제, 정당활동, 국방위원회의 성립—은 상인과 울라마 그리고 거리의 폭력단을 결집시켰으며, 이들이 연루된 정치활동은 훗날 내셔널리즘 개념의 토대가 되었다.

터키나 이집트와 달리 아랍의 비옥한 초승달지대에서는 현지 엘리트가 아니라 영국과 프랑스가 국가 형성을 주도했으며 아랍인의 저항도 크지 않았다. 아랍 내셔널리즘은 너무 미약하고 분열되어 있었기 때문에, 지역의 운명에 아무런 영향을 미치지 못했다. 아랍 내셔널리즘을 지향하는 문학단체들은 정치의식이 없었다. 반면에 샤리프 후세인이 주도한 아랍 반란은 레바논과 시리아 지식인들의 근대화에 대한 열망을 외면했다. 다마스쿠스의 유력자들은 파벌이나 당으로 나뉘어 권력투쟁에 몰두했다. 아랍인은 민족적·언어적 자부심을 드러내며 오스만 제국에 맞서 자치 또는 공동통치를 요구했지만, 뚜렷한 정치적 비전을 제시하는 지도자가 없었다. 오히려 지방분권을 요구하는 세력, 통일된 아랍국가를 건설하려는 세력, 지역별로 여러 개의 국가를 건설하려는 세력이 경쟁을 벌었다. 독립국가를 이룩한 경험도 제도개혁이나 경제개혁을 해본 역사도 사실상 전무한 아랍 사회에서 국민적 정치운동은 미숙할 수밖에 없었다. 따라서 영국과 프랑스가 아랍국가들을 건설하고 영토의 경계와 중앙정부를 정해주었다. 그러나 하나의 문화권을 여러 개의 소국으로 분할한 것은 미래의 심각한 문제로 남게 되었다.

식민지시대의 아랍주의

1920년대부터 1950년대까지 아랍 각국(곧 주목을 받게 될 특별한 문제를 가졌던 팔레스타인은 제외)은 이중의 정치투쟁에 휘말렸다. 대외적으로는 영국과 프랑스로부터 독립을 쟁취하기 위해 투쟁했고, 대내적으로는 구세대 보수 엘리트 세력과 신진 엘리트 세력이 치열한 권력투쟁을 벌였다. 이런 투쟁을 거쳐 1940년대 후반에는 정치적 독립을 얻었으나, 1950년대에는 정치적 리더십과 이데올로기적 정체성 문제를 둘러싸고 다시 한번 나라 안팎에서 위기가 발생했다.

위임통치시대에 영국과 프랑스는 현지의 보수 엘리트 세력과 연합하여 각국을 다스렸다. 이라크의 경우 국왕, 파이살 휘하에 있던 오스만과 샤리프의 장교, 지주와 부족장들이 정치엘리트를 형성했다. 시리아에서는 지주·상인·종교지도자들이 엘리트였다. 트란스요르단에서는 아미르 왕가와 지방의 베두인 수장들이 나라를 다스렸다. 레바논에서는 전통적인 지주층과 다양한 분파의 수장들이 권력을 잡고 있었다. 팔레스타인의 아랍인은 자기네 씨족과 종교의 대변자를 가지고 있었다.

각국의 정치엘리트는 위임통치를 받아들였다. 그들의 단기목표는 무수한 부족·민족·분파의 공동체로 사분오열되어 있음에도 불구하고 중앙정부를 공고히 하는 것이었고, 장기목표는 영국과 프랑스로부터의 독립이었다. 신생국가를 제도화하기 위해 각국의 정치엘리트는 아랍 내셔널리즘을 국가 중심의 내셔널리즘, 즉 시리아·이라크·레바논의 내셔널리즘으로 바꿔 나갔다. 국가 내셔널리즘은 기존 국가를 규정하고 합법화하는 이데올로기가 될 뿐만 아니라 비무슬림 소수자를 국가 단위의 정치체계에 통합하는 데도 유용했다. 또한 국가구조가 근대적인 정치형태를 띠게 하고, 식민열강으로부터의 독립에 대한 주장을 정당화했다.

지배엘리트는 아랍 내셔널리즘을 정치적 목적에 이용했지만, 아랍인 지식인과 교육자들은 통일된 아랍 국민이라는 관념을 버리지 않았다. 그들은 부족·지역·종교·국가로 아랍 사람들을 나누는 것을 극복할 수 있는 공유된 언어·역사·문화의 관점에서 아랍 국민을 정의했다. 이라크인 아랍 내셔널리스트이자 교육자인 사티 알 후스리(1880~1968)는 전 국민의 대의를 위해 작은 이해관계를 희생하는 단호한 의지와 단결의 필요성을 설교했다. 바스당 결성을 주도한 미셸 아플라크는 아랍 내셔널리즘을 지극히 낭만적으로 표현했다. 그는 내셔널리즘을 "한 집단에 속한다"는 뜻의 아랍어 '카우미야'로 정의했는데, 이것은 개인이 국민 안에 완전히 흡수되어야 한다는 것을 함의했다. 개인은 국민을 통해서 진정한 자유를 얻고 숭고한 존재양식을 실현할 수 있다는 것이 그의 주장이었다. 국민의 연대와 사랑을 통해서 아랍 민족들은 정치적 목적을 실현할 뿐만 아니라 최고의 정신적 충만함을 얻게 된다는 것이다.

> 내셔널리즘이라고 불리는 것은 다른 어떤 가치보다도 고귀한 사랑의 대상이다. 내셔널리즘은 개인이 가족에 묶여 있는 것과 같다. 조국은 큰 가정이며 국민은 큰 가족이다. 다른 모든 사랑과 마찬가지로 내셔널리즘은 마음에 즐거움을 심어주고 영혼에 희망을 불어넣는다. 이런 즐거움과 희망을 아는 사람은 그것을 다른 사람과 나눔으로써 편협한 자만을 극복하고 선과 완성의 경지로 다가간다. ……그러므로 내셔널리즘은 진정한 인간성을 실현하는 최선의 길이다.[1]

단결을 외치는 미셸 아플라크의 호소에서는 종교적인 분위기마저 감지된다. 그의 범아랍주의 레토릭은 움마(무슬림 공동체)와 밀라(국가에 상응하는 종교공동체) 같은 종교적인 용어로 가득했다. 그는 심지어 파나(자기멸각을 통한 신과의 합일)와 같은 신비주의 용어를 차용하여 개인과 국민의 결속을 표현했다. 범아랍주의는 다원주의와 세속적인 이해관계의 극복을 외쳤다. 그것은 이슬람의 비종교적인 버전이었다. 많은 사람들의 마음속에서 아랍 내셔널리즘과 이슬람은 도무지 구별되지 않았다.

이런 종류의 아랍 내셔널리즘은 장교·행정가·기술관료·학자 등 신세대 지식인들에게 호소력을 발휘했다. 신생국들을 다스리기 위해 지

---

1) S. Haim, ed., *Arab Nationalism: An Anthology*, Berkeley: University of California Press, 1976, p. 242에서 재인용.

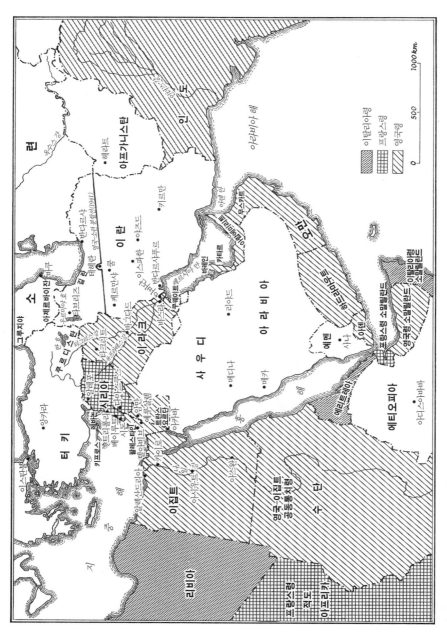

지도 31   양차 세계대전 사이의 중동

주와 상인, 부족의 수장과 종교지도자 등의 지배층은 군대·행정기관·학교·정부에서 일할 인재를 충원해야 했다. 이에 따라 중하층 가정의 청년은 물론이고 사회적 배경 면에서 소수자에 속하는 청년들에게도 교육을 받고 새로운 국민국가에서 중요한 역할을 할 수 있는 길이 열렸다. 시리아에서는 알라위파·드루즈파·이스마일파·그리스도 교도가 고등학교와 군사대학에 진학했다. 바그다드에서는 순니파 아랍인이 같은 길을 걸었다. 19세기의 오스만 제국이나 이집트와 마찬가지로, 국가권력의 재편과 중앙집권화, 근대적인 교육의 확산, 사회적·경제적 변화 속에서 농촌주민들은 도시로 이주했고 직업도 농촌형에서 도시형으로 바뀌었다. 19세기의 오스만 제국에서처럼 군대가 나라를 지배했다. 군대는 폭력기구에 대한 통제권, 학력과 기술력, 정치의식, 기성 지배엘리트에 대한 사회적 분노, 개인과 국가의 영광에 대한 강력한 야망 덕분에 지배적인 위치를 갖게 되었다. 이 신세대 엘리트가 내셔널리즘 이데올로기를 채택한 것은 내셔널리즘이 향촌사회에서 삶의 터전을 잃어버린 사람들에게 정체성을 부여할 뿐만 아니라 식민주의 열강 스스로 내셔널리즘을 정당한 것으로 인정했다는 점에서 외세의 지배에 대한 반대투쟁을 합법화할 수 있었기 때문이다. 신세대 엘리트들은 내정개혁, 반식민주의, 아랍 내셔널리즘의 기치 아래 국가통제권을 장악하기로 마음먹었다.

식민지시대의 시리아

시리아는 아랍 사회 내의 세대별·이데올로기적 갈등을 극명하게 보여주는 예이다. 프랑스는 시리아의 공공질서를 확립하고 도로와 통신망을 건설하고 근대국가의 행정기반을 구축했다. 프랑스는 19세기 말에 오스만 제국이 시작했던 베두인 정착사업에 박차를 가했다. 목축 대신 경작영역을 확대했으며, 베두인을 농민으로, 베두인의 수장들을 지주로 바꿔놓았다. 제1차 세계대전 이후 베두인은 아랍국가들·입식자·도로에 포위되어 더 이상 유목생활을 할 수 없었고, 도시상인과 부족의 샤이흐들이 토지개간과 경작에 막대한 투자를 함으로써 목축을 할 수 없게 되었다.

프랑스는 시리아를 민족과 종교에 따라 구역을 나누어 분할통치함으로써 행정의 효율성을 유지하고 독립운동을 사전에 방지했다. 레바논은 분리되어 별도의 국가가 되었다. 순니파 지주들이 지배하고 있던 라타키아도 독립된 행정구역이 되었는데, 이곳 주민의 대다수는 찢어지게 가난한 알라위파 농민이었다. 드루즈파 주민들이 거주하던 남부 시리아와 자지라(북부 시리아와 유프라테스 강 유역의 평야지대)는 자치구역으로 지정되었다. 제법 많은 투르크인 소수자가 살고 있던 관계로 특별한 지위를 부여받았던 알렉산드레타(오늘날의 이스켄데룬)는 1939년 터키에 합병되었다. 프랑스는 근대 시리아 국가의 기틀을 마련했지만, 민족적·종교적 구분을 강화함으로써 응집력 있는 국민사회의 형성을 방해했다.

1930년대부터 독립을 이룰 때까지 시리아에서는 홈스의 사관학교에서 교육을 받은 중산층 출신 청년장교들과 서양식 교육을 받은 지식인과 정치인들이 보수 엘리트 세력에 도전하는 상황이 전개되었다. 젊은 세대는 바스당을 통해 적극적으로 정치에 참여했다. 바스당은 프랑스에서 교육받은 교사 출신 미셀 아플라크와 살라흐 앗 딘 알 비타르에 의해 1940년대에 창당되었다. 이들은 아랍인의 단결, 사회정의, 민주주의, 자유를 정강으로 내세웠다. 국제적으로는 반식민주의를 지향했으며 대내적으로는 사회주의적인 강령을 내세웠다. 또한 신비주의 정서에 호소하며 아랍 국민통일운동을 전개했다. 1949년에는 아크람 알 하우라니가 바스당에 합류했다. 알 하우라니는 사회주의 행동가로, 홈스에서 반란을 일으켰으며 군부와 긴밀하게 접촉하고 있었다.

제2차 세계대전 이후 프랑스의 힘이 약해지면서, 시리아는 1947년
에 독립했다. 독립 이후에 들어선 정권들은 일련의 군사 쿠데타에 의해
무너졌고, 이런 과정을 통해 권력이 점차 구세대에서 신세대로 넘어갔
다. 시리아는 1950년대 중반과 1960년대 초반에 국내외적인 위기를
겪고 나서야 비로소 새로운 정치체제를 형성할 수 있었다.

1958년까지의 이라크

오스만 제국에서 떨어져 나간 이라크도 시리아와 유사한
세대교체의 역사와 국민의 역사를 겪었다. 오스만 제국 시대에 유프라
테스 강 상류와 디얄라 지역, 남부 이라크에서는 유목민이 정착농민을
밀어냈다. 하지만 19세기에 오스만 제국은 부족의 힘을 약화시키기 위
한 조치를 취하기 시작했다. 1858년의 토지법은 토지권리증을 취득한
사람에게 토지의 소유권을 인정했다. 부족민들은 권리증을 가진 도시
의 상인과 징세위탁농, 일부 부족장에게 땅을 빼앗겼다.

영국은 1917년에 이라크를 식민지로 만들고 인도와 같은 방식으로
지배했다. 1920년에 오스만의 관료와 지주, 순니파와 시아파 종교지도
자, 부족집단이 반란을 일으키자 영국은 이라크의 엘리트들을 자기편
으로 끌어들였다. 영국인은 입헌군주제를 수립하고 전쟁 중에 영국을
도와준 샤리프 후세인의 아들 파이살을 왕으로 앉혔다. 1922년에 영국
은 이라크와 조약을 체결하고 군사·재정·사법·외교에 관한 권한을 확
보했다. 1930년에는 새로운 조약을 체결하고 이라크의 독립을 인정하
는 대신 외교와 군사에 관한 권한은 계속해서 영국이 행사하도록 했다.

영국의 관료들은 근대국가의 인프라를 만드는 데 일조했다. 그들은
오스만 제국 말기에 시행된 토지제도를 보완하여 지방 또는 부족의 수
장에게 조세징수와 인력동원의 책임을 맡겼다. 왕정하의 이라크에서
실질적인 권력은 소수의 지주, 부족장, 울라마, 시아파 종교지도자, 장

교의 수중에 있었다. 장교단은 이스탄불에서 교육받은 오스만 장교, 파이살이 이라크에 도착하기 전부터 그를 수행해온 친위장교, 바그다드 사관학교 출신 이라크인으로 구성되어 있었다. 하지만 이들 엘리트는 극심하게 분열되어 있었다. 1936년과 1941년 사이에 수차례의 군사 쿠데타가 일어났고, 제2차 세계대전이 발발하자 이들은 친영파와 친독파로 나뉘어 격렬한 싸움을 벌였다. 결국 친독파의 라시드 알리 알 가일라니가 1941년에 정권을 잡았으나, 얼마 안 있어 영국이 이라크를 점령했다. 이때부터 1958년까지 왕정이 회복되었고, 이라크 국왕은 누리 알 사이드 총리와 소수 지주의 협력을 얻어 나라를 다스렸다. 당시에는 전체 인구의 2%에 불과한 지주들이 전체 토지의 66%를 소유하고 있었다. 주로 순니파였던 이라크의 엘리트들은 아랍 내셔널리즘의 기치 아래 시아파와 쿠르드족이 다수를 차지하고 있는 이라크를 지배했다. 피지배민의 절반은 시아파였고, 4분의 1은 쿠르드족이었다.

이라크에서도 구세대 엘리트의 지배권은 경제적 변화와 함께 등장한 신세대 군인·지식인·노동자의 도전을 받았다. 샤이흐들의 토지 강탈과 부족 공동체의 해체로, 수많은 농촌주민이 도시로 몰려들었다. 하급 관리, 하급 장교, 섬유산업 노동자, 이농인구 같은 도시의 신세대가 정권에 반감을 갖고 공감대를 형성했다. 군부는 반대세력의 실세가 되었다. 정권은 1958년까지는 광범위한 개발계획을 제안함으로써 점점 커져가는 반대파를 그럭저럭 견제했으나 그 계발계획을 실행에 옮길 만큼 길게 생명을 이어가지는 못했다. 군사쿠데타가 일어난 1958년에 왕정은 종말을 고했다.

트란스요르단과 요르단

트란스요르단은 이라크보다 훨씬 더 두드러진 영국의 창조물이었다. 역사적으로 지방정부나 지방공동체가 들어선 적이 없었던 신생국들 중에서도 트란스요르단은 가장 부자연스러운 나라였다. 원래 이곳은 밸푸어 선언의 팔레스타인에 대한 약속에서 유대인의 고국을 뜻하는 것으로 간주되었다. 그러나 1922년에 영국은 파이살의 형 아미르 아브둘라를 후원하여 정부를 구성하는 한편 아랍 군단을 창설하고 이를 지원했다. 결국 영국은 하심 가(家)와의 약속을 실천함으로써 시온주의자와의 약속을 없던 일로 해버렸다. 1928년의 한 조약은 입헌군주제·의회제·다당제를 실시하기로 활동을 확정했으나, 외교정책과 군사에 대한 통제권은 영국에게 남겨두었다. 1946년에 트란스요르단은 독립했지만, 1948년의 조약에 의해 영국은 트란스요르단에서 군사기지를 유지할 수 있는 권리를 확보했다. 아랍-이스라엘 전쟁의 결과, 트란스요르단은 1948년과 1950년 사이에 팔레스타인의 일부를 흡수하고 요르단 왕국으로 재편되었다. 1950년 당시 요르단 왕국의 주민은 요르단 강 동안(東岸)의 베두인과 농민, 서안의 난민과 원주민을 포함하는 팔레스타인인이라는 전혀 다른 두 부류로 구성되었다. 효율적인 국가를 수립하기 위해 1952년의 헌법은 두 지역 모두 새로운 의회에 대표를 보낼 수 있도록 규정했다. 팔레스타인 주민을 포함한 국민방위군이 구성되었고, 국민방위군은 나중에 아랍 군단에 통합되었다.

이 시기에 요르단을 지배한 것은 국왕, 영국군 장교, 팔레스타인계 아랍인 관료, 체르케스인 궁전 시종, 이슬람 종교지도자들이었다. 요르단에서는 이라크와 달리 부족장의 영향력이 급속히 줄어들었다. 트란스요르단의 전통사회는 친족집단과 부족집단에 기초하고 있었으나, 중앙국가의 발전이 이루어지면서 부족장의 기능이 감소했고, 부족장은 자신의 피보호민과 군사력을 빼앗겼다. 정부관리·서기·교사·상인 등 새로운 중산층의 등장도 부족장의 영향력을 약화시키는 데 한몫했다. 1950년에 이르자 부족장은 더 이상 국가나 군대에 위협이 되지 않았다. 하지만 다른 지역에서 그랬듯이 요르단에서도 교육을 받은 중산층이 정부의 엘리트들에게 반기를 들었다. 군대는 국가에 충성을 다한 반면 지식층과 팔레스타인인이 반대파의 중심을 이루었다. 이집트·시리아·이라크에서는 군사사회주의 정권이 수립되었으나, 요르단에서는 1958년에 영국 공수부대의 지원을 받은 정부가 반대파를 무찔렀다. 1970년 9월에는 팔레스타인 주민의 반란을 진압함으로써 왕권이 더욱 강화되었다. 1952년부터 1999년 세상을 떠날 때까지 요르단을 지배한 후세인 국왕의 뒤를 이어 그의 아들 아브둘라가 왕위에 올랐다. 오늘날에도 군부엘리트와 관료엘리트, 부유한 상인, 요르단 강 동안의 부족지도자들이 지배층을 이루고 있는 가운데, 무슬림 형제단이 반대세력을 형성하고 있다. 무슬림 형제단은 국왕에게 충성하긴 하지만, 팔레스타인 전체의 해방을 종교적 의무로 여기는 만큼 모든 평화협상을 거부한다. 또한 주로 팔레스타인인으로 구성된 보다 과격한 이슬람주의 집단도 정권에 저항하고 있다. 요르단의 생존은 미국의 경제원조와 이웃 아랍국가들 사이의 힘의 균형에 달려 있다.

레바논

레바논에서는 세대간의 갈등이나 군부·지주·지식인 사이의 갈등이 크지 않았던 반면, 지방의 정치지도자와 종교공동체 사이의 갈등이 심각했다. 국민국가의 형성 직전에 레바논은 '자임'(복수형은 주아마), 즉 보스들에 의해 지배되었다. 자임은 대개 지방의 지주와 종교지도자이며, 농민에 대한 통제와 후원자-피보호자 네트워크를 권력기반으로 삼았다. 시리아와 마찬가지로 레바논의 근대국가 역시 프랑스의 창조물이었다. 프랑스는 마론파 그리스도교 주민과 오랫동안 유대관계를 맺어왔으나 레바논을 순수한 그리스도교 국가로 만들지는 않았다. 기존의 레바논 주(州)에 트리폴리·시돈·비카·남(南)레바논이 추가되었기 때문에, 나라의 크기가 커졌고 무슬림 인구의 비율이 늘어났

다. 프랑스는 당초 고등판무관을 파견하여 레바논을 통치했으나, 1926
년에 신헌법이 제정되면서 주요 종교공동체로 권력이 분산되었다. 신
헌법에 따라 대통령과 내각, 양원제 의회가 생겨났고, 의회 의석은 그
리스도 교도와 무슬림이 6:5로 나눠 가졌다. 합의에 따라 마론파가 대
통령직을 맡고, 총리와 의회의 수장은 각각 순니파와 시아파의 인물이
맡았다. 또한 외무장관은 그리스도 교도가 차지했고, 군부의 경우 마론
파가 최고 지휘관을 맡아 무슬림과 드루즈파 장교들을 통솔했다. 이런
권력 배분은 신뢰하기 어려운 인구조사에 근거한 것이었다. 더욱이 국
가제도는 레바논 사회를 통합하기보다 분파주의적인 분열을 조장했다.
관청은 국민 전체를 위해 봉사하는 것이 아니라 각 분파의 학교·법원·
자선단체의 이익에만 관심을 가졌다. 또한 레바논의 정당들은 자임의
생각을 표현할 뿐이었고, 대중의 충성심도 국가가 아니라 자신을 후원
하는 지도자들을 향하게 되었다.

　1920년부터 1945년까지 레바논은 분파나 공동체의 자임들의 타협
에 의해 통치되었다. 위임통치시대에 자임들은 양대 정당에 연결되어
있었다. 하나는 마론파 그리스도 교도를 중심으로 하는 내셔널리스트
진영으로, 이들은 독립을 요구했지만 다른 아랍 내셔널리스트와의 유
대는 거부했다. 다른 하나는 입헌파 진영으로, 시리아와의 관계를 강화
하는 데 역점을 두었다. 1943년에는 파벌들이 연대하여 국민협약을 맺
었다. 무슬림과 그리스도 교도는 국민협약을 통해 프랑스와 아랍 등 외
부와의 정치적 유대를 불식하고 내부의 협력을 강화하기로 합의했다.
이런 과정을 거쳐 1945년에 레바논은 독립국가가 되었다. 제2차 세계
대전 이후에 수립된 정권도 자임과 종교단체가 권력과 자원을 서로 나
눠 갖는 구조 위에서 지속되었다. 국가는 그들 사이의 힘의 균형을 유
지하기 위해 존재했으며, 1947년부터 1958년까지 일련의 연립정부가
나라를 다스렸다.

아랍 통합을 위한 투쟁과
비옥한 초승달지대의 국가

제2차 세계대전의 종전과 함께 비옥한 초승달지대의 여러 국가가 각기 독립국이 되었다. 그러나 이들이 장래에 어떤 이데올로기와 정치적 성격을 갖게 될지는 아직 결정되지 않았다. 각국의 엘리트가 권력투쟁을 벌이고 있는 상태에서 1940년대 말과 1950년대에 아랍세계는 국제적인 분쟁에 휘말렸고, 그 양상은 더욱 복잡하게 전개되었다. 1947~1948년의 아랍-이스라엘 전쟁, 이스라엘 건국, 이집트와 여타 아랍국가 사이의 주도권 다툼, 아랍 통일운동의 전개, 냉전시대의 개막, 강대국의 공작 등 이 모든 요인들이 국내문제와 상호작용하여 아랍국가들의 정체성을 규정했다.

전후에는 신·구세대 엘리트 사이의 갈등 외에, 가장 중요한 요인은 아랍 통합의 추진이었다. 아랍 통합운동은 제1차 세계대전 이전부터 시작된 아랍 내셔널리즘 운동과, 파이살이 다마스쿠스에 아랍 왕국을 건설하려다 좌절한 사건에서 그 기원을 찾을 수 있다. 제1차 세계대전 이후 나라마다 개별적으로 아랍 국가시스템이 형성되자 단일 아랍 국민국가라는 개념은 지식인과 이데올르그들의 의식 안에서만 살아남았다. 그러나 1930년대 말에 팔레스타인에서 아랍인 반란이 일어나면서 아랍 통합운동이 다시 고개를 들었다. 1936~1939년에 팔레스타인 농민들이 유대인의 식민지화와 영국의 지배에 반대하는 이중투쟁을 벌이자, 이집트와 비옥한 초승달지대의 아랍국가들이 이들을 지원하고 나섰다. 또한 제2차 세계대전 직전에는 영국이 아랍인의 지원을 확보하기 위한 노력의 일환으로 아랍 제국(諸國)의 연방을 지지한다는 입장을 밝혔다. 이집트가 범아랍주의를 내세우며 중동의 아랍어권에서 주도적인 역할을 해나갔다. 1945년에는 이집트의 후원 아래 아랍국가연맹이 창설되었다. 연맹의 본부는 카이로에 설치되었고, 사무총장도 이 집트인이 맡았다. 하지만 이라크와 트란스요르단을 지배하고 있던 하심 가의 지도자들은 독자적인 통합구상을 갖고 있었으므로 이집트의 헤게모니에 저항했다. 실제로 연맹은 1948년 이스라엘 국가의 성립을 막지 못함으로써 와해되고 말았다.

그러나 1950년대에 아랍 통합운동은 되살아났다. 이 무렵에는 이집트의 나세르와 시리아의 바스당, 전후 아랍 세계의 지식층이 통합운동을 주도했다. 이들은 아랍 통합을 주장하며 이스라엘 건국과 계속되는 강대국의 지배에 저항하는 한편, 국내적으로는 사회개혁과 경제발전을 가로막는 보수적인 엘리트들과 대결했다. 비옥한 초승달지대의 국가에서도, 나세르의 카리스마 넘치는 지도력에 고무되어, 아랍 통합문제가 권력투쟁에서 중요한 화두로 떠올랐다. 이집트에서는 1952년에 나세르와 자유장교단이 정권을 잡았고, 나세르 정권은 1950년대 후반부터 사회주의 정책을 도입했다. 시리아에서는 1950년대 후반과 1960년대에 바스당이 권력을 장악했다. 이라크에서는 1958년에 군사 쿠데타가 일어나 왕정이 폐지되고 군사정권이 들어섰다. 한편 레바논과 요르단은 미국과 영국의 개입 덕분에 반대파를 물리치고 정권을 온전하게 지킬 수 있었다.

이 지역 국가들의 대내적인 권력투쟁은 강대국의 패권 다툼과 밀접한 관련이 있었다. 제2차 세계대전 말에 영국과 프랑스는 중동에서 과거의 위상을 더 이상 유지할 수 없었고, 비옥한 초승달지대 국가의 독립을 용인해야 했다. 이어 미국과 소련이 이 지역에서 영향력을 다투게 되었다. 미국은 1950년대에 영국·터키·이란·파키스탄과 아랍국가들을 미국이 후원하는 국제조약기구에 동조하게 하려 했다. 이라크의 총리 누리 알 사이드는 미국 편에 서서 아랍국가의 동참을 제의했다. 1955년에는 누리 알 사이드와 터키의 총리 아드난 멘데레스가 바그다드 협약을 발표했다. 그러나 이집트와 시리아는 이라크의 제의를 거부하고 미국의 원조도 거절했다. 1955년 2월에 이스라엘이 시나이 반도를 공격한 뒤, 나세르는 제국주의와 시오니즘에 대항하는 아랍 세계의 지도자로 부상했다. 모든 아랍 나라에서는 아랍 통합정서가 요원의 불길처럼 번져 나갔다.

1950년대의 위기를 겪으면서 이집트·시리아·이라크의 신정권들은 정치적·이데올로기적 정체성을 갖게 되었다. 이들 각국에서 새로운 지배세력은 군부엘리트였는데, 이들은 아랍인의 국가적 독립과 국가 주도의 경제발전에 전념함으로써 정통성을 확보했다. 1950년대와 1960년대에 형성된 이 엘리트 그룹의 정치의식은 국제정치 면에서 반제국주의적이고 반이스라엘적이며 중립적이었다. 그들이 사회주의 정권을 수립한 것은 서양 제국주의에 저항하고 경제와 사회를 발전시키지 못한 구세대를 부정하기 위해, 또 소련과 그 동맹국이 저개발국가에 제공하던 원조를 받기 위해서였다. 그럼에도 불구하고 국제정치의 위기가 아랍의 통합으로 이어지지는 못했다. 공통의 이해관계에도 불구하고, 이집트·시리아·이라크 사이의 경쟁이 아랍 통합을 가로막았던 것이다.

이 단계의 아랍 통합운동은 아랍국가들이 1967년 6월에 이스라엘과의 전쟁에서 패하며 끝이 났다. 나세르의 지도력도 신망을 잃고 말았다. 아랍국가들에는 무능하다는 비난이 쏟아졌으며, 아랍 통합의 이념은 정치적 호소력을 상실했다. 이집트는 팔레스타인 문제에서 손을 떼고 이스라엘과 평화를 추진했으며 미국을 비롯해서 보수적인 아랍국가들과 동맹을 맺었다. 시리아의 바스당과 이라크도 아랍 통합정책을 포기하고 국내의 권력기반을 공고히 하는 데 주력했다. 1970년대에 아랍주의는 걸프 연안국들과 사우디아라비아의 석유 및 경제적 번영과 관련하여 거론되었다. 내셔널리즘·국민국가·사회주의·세속주의의 환상에 대한 각성의 시기가 시작되었고, 새로운 풍향의 여론은 이슬람의 가치와 정체성에 대한 재강조에 호의를 보였다.

시리아

시리아와 이라크의 신정권은 여러 면에서 이집트 정권을 닮았다. 이들 정권은 관료제와 일당제의 정치적 지원을 받는 강력한 권위주의 군사정권이었으며, 지도부와 특혜를 누리는 심복들 사이의 보호관계에 의존했다. 또한 포퓰리즘적인 아랍 내셔널리즘 이데올로기에 동의했다. 두 신정권은 출범 초기부터 사회주의 또는 국가 주도의 경제 개발정책을 채택했다. 정부가 모든 경제정책을 통제·후원·조종했다. 양국에서는 독립적인 정당, 노동조합이나 학생단체는 금지되었고, 종교에 기초한 정치적 반대는 철저하게 탄압되었다. 시리아와 이라크가 이집트와 다른 점이 있다면, 두 국가에는 이전에 국민 단위의 사회가 존재하지 않았다는 것이다. 시리아 인구의 3분의 2는 순니파 무슬림이었으나, 알라위파와 드루즈파, 그리스도 교도의 세력도 강력했다. 이라크는 시아파(약 60%)와 양대 소수파인 쿠르드인(약 20%)과 순니파(약 20%)로 나뉘어 있었다. 이집트 정부가 광범위한 대중적 기반을 가졌던 반면에, 시리아나 이라크 정부는 소수자 집단으로 이루어졌고, 심지어 이들 소수자 중에서 수적으로 제한된 특정 가문과 피보호민으로 구성되기도 했다.

1950년대의 격동기를 거쳐 시리아의 운명은 바스당과 군사정권의 손으로 넘어갔다. 1950년대 중반에 바스당은 이집트와 공동으로 아랍연합공화국(1958~1961)을 형성했다. 그러나 이런 움직임은 1963년 바스당의 민간인 지도체제가 무너지고 군부가 정권을 잡는 빌미를 제공했을 뿐 아무런 성과도 거두지 못했다. 이때부터 시리아는 군사정권의 지배를 받았고, 하페즈 알 아사드가 1966년부터 2000년 자신이 죽을 때까지 일인독재를 계속했다.

바스당은 새로운 정권을 창출하면서 사회주의적인 정책을 추진했다. 1958년에는 농지개혁을 단행하여 대농장을 해체하고 토지소유 상한을 설정했다. 수리(水利)시설을 갖춘 토지는 50헥타르, 수리시설을 갖추지 못한 토지는 300헥타르 이상 소유할 수 없었다. 1961년에는 토지를 몰수하여 농민에게 재분배했다. 1966년에는 사회주의 농업정책을 본격적으로 실시하여 집단농장을 구성하는 한편 목화생산을 국가가 독점했다. 또한 64만 헥타르에 달하는 유프라테스 강 유역을 개발하여 경작지로 활용하기 위해 테브케 댐 공사에 착수했다. 정부는 직접 새로운 협동조합과 농민동맹을 통제함으로써 농민이 지주와 도시의 돈놀이꾼에 예속되는 것을 차단했다. 그러나 이런 혁명적인 조치는 미완으로 끝났고, 상당한 규모의 토지는 여전히 부농과 지주, 도시 투자가의 손에 남아 있었다. 농업혁명에 이어 1965년에는 공업과 상업의 국유화 조치가 단행되었다. 전기·석유 배급·조면(繰綿)·무역은 정부의 통제하에 들어갔다. 그리고 마침내 와크프 관리와 성직자 임명권을 장악함으로써, 바스당 정권은 경쟁세력을 완전히 제거했다.

바스당 정권은 또한 이 나라 고유의 가족적·민족적·종교적 파벌주의를 극복하기 위해, 중간층과 중하층 청년들을 기반으로 하는 레닌주의형 대중정치기구를 만들었다. 이 청년들은 주로 농촌 출신이거나 종교적 소수자에 속하는 이스마일파, 그리스도 교도, 알라위파였다. 바스당 간부들은 군장교직, 정부관리, 농업협동조합, 마을조합, 청년조직 등을 독차지했다. 바스당 정권은 이렇게 종교적 소수자집단을 통합하여 새로운 후원 네트워크를 형성함으로써 구세대 엘리트를 제거하고 시리아 사회의 모든 영역으로 지배를 확대해 나갔다.

그러나 엘리트 내부의 권력투쟁으로 인해 대중사회의 형성에는 한계가 있었고, 정권은 특정 소수파와 피보호민을 기반으로 하는 기구가 되었다. 1963년과 1970년 사이에는 장교들이 바스당의 민간인 이데올로

그들을 제거했다. 하페즈 알 아사드는 1970년부터 사망한 2000년까지 나라를 지배했으며, 그 사이 당은 유명무실해졌고, 군대·친위대·경찰·정보기관 등 알 아사드가 직접 통제하는 조직이 정권의 핵이 되었다. 하페즈 알 아사드 정권은 날이 갈수록 특정 파벌에 의존하게 되었다. 특히 알라위파의 특정 집안들과 '부족'들에 대한 의존도가 높았다.

알라위파는 시아파의 한 분파로서, 일부 무슬림은 이들을 이슬람으로 간주하지만 그 밖의 무슬림은 이들을 이교로 간주한다. 이들은 대부분 시리아 북부에 살면서 부유한 순니파나 그리스도 교도, 또는 알라위파 지주(대부분 부재지주)를 위해 연한(年限)계약 노동을 하는 아주 가난한 농민들이었다. 알라위파의 다수는 전간기(戰間期)에 펼쳐진 혁명운동에 참여했고, 일부는 프랑스가 주민의 다수인 순니파를 통제할 목적으로 소수자 집단을 지원할 때 시리아군에 입대했다. 마침내 1960년대와 1970년대에 알라위파는 알 아사드의 비호 아래 정권을 잡았다.

시리아 정권은 체제 강화에 치중하다 보니 일관성 있는 경제정책을 추진하지 못했다. 1960년대 후반과 1970년대에는 공공부문이 국가재정에 필요한 재원을 마련하지 못했다. 그러나 외국의 차관과 경제 자유화에 의한 국가재정의 초과 지출 덕분에 1970년대에는 무역붐이 일어났다. 1980년대 말에 경제팽창은 지불불능사태, 심각한 인플레이션, 부분적인 가격폭락을 가져왔다. 정치적인 고려를 앞세운 자의적인 경제운용은 당원과 정부관리, 농민에게 유리하게 작용했고, 이로 인해 정부는 알라위파와 알레포 및 다마스쿠스의 농민들을 끌어들이는 데는 성공했다. 그러나 경제발전은 주로 정치적인 목적에 종속되었다. 국내 투자는 미미했고, 자립적인 경제성장은 이루어지지 않았다.

소수자인 알라위파를 비롯해서 강력한 군대와 정보기관이 지배하는 이 중앙집권적이고 세속적이며 사회주의적인 아랍국가에서 인구의 다수는 순니파 무슬림이었다. 1950년과 1973년에 제정된 헌법에는 이슬람에 관한 언급이 없었고, 아사드 대통령은 이슬람을 국교로 공포하는 것을 거절했다. 그렇지만 국가원수는 무슬림이어야 한다는 것이 일반의 인식이었고, 1953년 개인의 지위에 관한 법률에는 샤리아의 내용이 담겨 있다. 1930년대에 알레포와 다마스쿠스에서 무슬림 형제단이 설립되면서, 종교를 배경으로 하는 순니파의 저항운동이 수면 위로 떠올랐다. 이집트에서와 마찬가지로, 무슬림 형제단은 바자의 상인·직인·가내수공업자와 이들의 가정에서 태어나 근대적인 교육을 받은 학생과 지식인들에게 호소력을 발휘했다. 무슬림 형제단은 1961년 선거에 정당으로 참가하여 전국적으로 5.8%, 다마스쿠스에서는 17.6%의 지지를 얻었다. 그러나 1960년대와 1970년대에 무슬림 형제단은 선거정치에서 시민불복종운동과 무장저항으로 노선을 바꾸었다. 1979년 중반부터 1981년 후반까지 무슬림 형제단은 시리아 정부의 레바논 사태 개입, 팔레스타인 시위대 진압, 치솟는 인플레이션, 순니파의 정치적 영향력 축소에 저항하여 알레포와 다마스쿠스에서 게릴라 공격과 대규모 봉기를 주도했다. 하마 지역에서도 새로운 공장이 건설되어 현지 상인들이 타격을 받고 순니파 지역에 알라위파 농민들이 정착하자 봉기가 발생했다. 바스당 정부는 반란을 무자비하게 진압했으며, 이 과정에서 하마의 역사적 유물도 많이 파괴되었다. 그 이후 이 지역에서 순니파나 무슬림 형제단의 이렇다 할 저항은 아직 없다. 결국 시리아의 이슬람 운동은 본질적으로 농촌에 기반을 둔 정권에 대한 도시의 반발, 알라위파에 대한 순니파의 적대감 표출, 그리고 지배엘리트에 반기를 든 피치자의 반란이었다. 바스당의 등장으로 기득권을 상실한 상인·직인·울라마·지주층과 그 밖의 유력자들은 이런 저항을 지지했다.

하페즈 알 아사드의 시대에 시리아의 외교정책은 복잡한 양상을 띠었다. 1955년부터 1989년까지 시리아 외교정책의 근간은 소련과의 동맹 및 이스라엘과의 끊임없는 대결이었다. 시리아는 아랍국가들이 적극적으로 나서서 이스라엘 국가를 물리치고 해체시켜야 하며, 유럽인을 추방해야 한다는 노선을 취했다. 이 목적을 이루기 위해서는 경제·군사·조직 면에서 아랍국가들이 이스라엘과 대등한 역량을 갖추는 길밖에 없다는 것이 알 아사드의 논리였다. 시리아가 이스라엘에 대한 공격을 부추긴 것이 1967년 전쟁의 결정적인 도화선이 되었다. 그러나 1967년 전쟁에서 시리아는 골란 고원을 이스라엘에게 빼앗겼다. 골란 고원 문제는 오늘날까지도 시리아와 이스라엘의 관계를 개선하는 데 가장 큰 걸림돌이 되고 있다. 그럼에도 불구하고 1967년 이후 시리아의 정책은 섣부른 적대행위를 가급적 피하려는 것 같다. 시리아는 팔레스타인해방기구(PLO)가 시리아 영토 내에서 이스라엘을 공격하는 행위를 용인하지 않았던 것이다. 시리아가 레바논 내전(1975~1991)에 개입한 것은, PLO가 레바논을 장악하게 될 경우 이스라엘과의 조급한 전쟁에 시리아가 말려들거나 레바논-이라크의 반(反)시리아 동맹이 형성될 가능성이 있다는 우려 때문이었다.

1989년 소련의 붕괴와 함께 시리아의 외교정책은 방향을 다시 설정해야 했다. 러시아의 군사적·재정적 지원이 중단되자 적극적인 반이스라엘 정책을 유지하기가 어려워졌다. 걸프전(1991)에서 미국 주도하에 아랍국가들과 유럽국가들이 힘을 합쳐 이라크를 격퇴한 것은 이 지역의 정치적 헤게모니가 미국과 이집트, 아랍으로 이동했음을 명백히 보여주었다. 하페즈 알 아사드는 이런 환경의 변화를 인정하고 반이라크 연합에 참여하고 레바논 사태를 진정시키는 한편 이스라엘과 골란 고원 문제에 관한 협상을 벌였다. 하지만 시리아는 이스라엘과 합의에 이르지 못했고, 결정적인 언질을 회피하고 있다.

하페즈 알 아사드의 죽음——그리고 2000년 그의 아들 바샤르의 승계——은 좀더 온건한 정권의 등장을 암시한다. 그러나 분파주의가 극심하고 중산층이 상대적으로 취약한 사회에서, 더구나 전쟁의 위협이 상존하고 있는 상황에서 시리아의 정치시스템은 고착될 것으로 보인다.

이라크

이라크의 발전은 여러 면에서 시리아의 그것과 궤를 같이 한다. 이라크 역시 권력기반이 취약했을 뿐만 아니라 권위주의에 젖은 세습정권이었다. 이라크의 구체제는 아랍 내셔널리즘과 내정개혁의 회오리 속에서 무너졌다. 1958년 7월에 아브드 알 카림 카심은 신세대 장교들을 이끌고 쿠데타를 일으켜 정권을 잡았다. 신정권은 1930년대와 1940년대를 휩쓴 내셔널리즘 열풍 속에서 교육을 받은 신세대 군인·행정가·지식인·이론가들을 대표하는 세력이었다. 신진세력은 영국에 대한 의존, 바그다드 협약, 요르단과의 보수동맹(1958)에 불만을 품고 쿠데타를 일으켰으며, 국왕을 처형하고 혁명위원회를 구성했다.

신정권은 출범 초기에 온건한 농지개혁, 자유로운 기업활동, 보건 및 교육정책에 관한 강력한 국가정책을 약속했다. 그러나 초기의 기대는 여지없이 무너졌다. 정권을 잡은 카심은 공산당의 강력한 지원을 받아 군사독재를 구축하고 바스당과 무슬림 형제단을 비롯한 야당을 탄압했다. 1963년에는 바스당이 또 다시 아랍 통합을 기치로 쿠데타를 일으켜 카심 정권을 무너뜨렸다. 바스당은 주요 은행과 산업을 국유화했다. 1968년에는 아흐마드 하산 알 바크르와 사담 후세인이 또 다시 쿠데타를 일으켜 정권을 잡았다. 신정부는 신헌법을 제정하고 이라크는 아랍민족의 일부이며 이슬람 국가인 동시에 사회주의 사회를 지향한다고 선언했다.

후세인 정권은 이라크 내 소수자집단인 순니파의 지원에 기반을 두고 있다. 순니파 중에서도 타크리트 출신으로 사담 후세인과 연고가 있는 일부 종족에 전적으로 의존하고 있으며, 이 종족 출신들이 정부와 바스당, 공화국 수비대의 요직을 독차지하고 있다. 사담이 직접 선발한 친척과 동지들이 당·정보기관·군대를 장악하고 정찰과 위협 등 물리적 수단을 동원하여 국가를 지배하고 있다. 군대의 소수 핵심 인사들이 정부의 요직은 물론 대사직을 독점할 뿐만 아니라 주요 산업도 장악하고 있다. 법률가·지주·사업가 등의 독자적인 세력이 공공정책에서 의미 있는 역할을 할 가능성은 거의 없다. 주로 보수적인 무슬림과 중하층 출신의 국가엘리트가 군대·경제·교육을 장악하고 있다. 이들 엘리트는 다수인 시아파와 쿠르드족을 대표하지 않는다. 바스당 정권이 사회의 모든 영역을 지배하고 있을 뿐만 아니라 사회생활과 경제활동의 모든 과정을 통제하고 있다. 정부가 노조·기업·행정기관·대학·학생·여성 등 모든 집단을 통제하고 있고, 독립기관은 용납되지 않는다.

바스당 정권은 경제도 엄격히 통제하고 있다. 농업도 정부의 규제를 받고 있다. 1958년 군사정권 수립과 함께, 이집트 모델을 본뜬 토지개혁이 시행되었다. 정부는 법률을 제정하여 토지소유의 상한을 수리(水利)시설이 갖추어진 토지의 경우 250헥타르, 수리시설을 갖추지 못한 토지의 경우에는 500헥타르로 제한하고, 재분배된 토지의 효율적인 이용을 위해 농민을 농업협동조합으로 조직했다. 이 조치로 지주들의 토지를 몰수하는 데는 성공했으나, 토지의 재분배와 농업협동조합—훗날의 집단농장—의 조직화가 이루어진 것은 1970년 이후의 일이었다. 그러나 1970년대에는 강조점이 국가의 재정지원에 의한 자본집약적인 관개시설 확충과 기계화 영농으로 이동했다. 따라서 정부는 농민을 무시한 농업정책을 채택했다. 국가의 농업통제를 강화하기 위해 부족의 토지소유, 농민조합을 비롯한 정치색을 띤 농촌조직을 막았다.

이라크 정부는 석유와 공업 생산도 국유화 등의 수단을 이용하여 통제하고 있다. 제1차 세계대전이 일어나기 전에 이미 이라크에서 석유가 발견되었고, 1912년에는 독일, 네덜란드, 영국이 오스만 제국과 함께 터키 석유회사를 설립하고 최초로 유전을 개발했다. 터키 석유회사는 1929년에 이라크 석유회사로 개편되었다. 이라크 정부는 1930년대에 여러 회사에 석유채굴권을 부여했고, 1938년에는 석유 채굴에 참여한 회사들과 이라크 석유회사에 통합시켰다. 1952년에 이라크는 국제적인 석유회사들과 계약을 맺고 이윤을 50 : 50으로 나누었다. 1958년 이후 새로운 군사정권은 더욱 과격한 정책을 추진했다. 1961년에는 외국회사의 개발권을 박탈했고, 1972년에는 이라크 석유회사를 국유화했다. 소련과 프랑스의 도움으로 석유생산은 계속되었으나, 생산이 줄어들어 이라크는 상당한 손실을 보았다.

군부의 지원을 받고 있고 석유생산에서 나오는 수입을 장악하고 있는 정부로서는 타협이나 협상에 대한 동기부여가 되지 않았다. 정부는 공포정치를 단행했다. 밀고자와 무장 당원, 비밀경찰이 도처에 깔려 있었다. 당원이든 관료든 군인이든 사소한 일탈행위나 망설임 또는 불순한 행동을 보일 경우 약식재판을 통해 처형되었다. 정적들은 완전히 제거되었다. 군사정권은 특히 쿠르드족에 대해 적대적인 태도를 보였다. 쿠르드족의 자치를 인정하지 않았으며 경제발전의 혜택도 나눠주지 않았다. 또한 쿠르드 학교에서 쿠르드어 교육을 하지 못하게 했다. 동시에 바스당 정권은 대중의 인정을 받기 위한 기반도 만들었다. 1970년대와 1980년대에는 도시 중산층의 교육과 보건에 막대한 보조금을 지급했다. 아울러 1980년대에는 이란과의 전쟁을, 1991년에는 미국을 상대로 걸프전을 벌여서 내부적으로 대중의 암묵적인 승인을 얻을 수 있었다.

군사정권은 이라크 국민의 정체성 확립에도 노력을 기울였다. 이집트나 시리아와 마찬가지로 이라크 역시 범아랍주의의 열풍을 경험했다. 바스당 정권은 아랍 민족들과의 연대를 외치며 아랍 세계의 리더십을 장악하기 위해 이집트와 경합했다. 그러나 1970년대에 이라크 정권은 국가 중심의 국민정체성으로 이동하기 시작했다. 정부는 이라크가 고대 메소포타미아 문명의 유산을 물려받았다는 점을 부각시키면서, 메소포타미아 문명은 전(前)이슬람 시대에 생겨난 문명이지만 아랍 문명의 전형이라고 주장했다. 또한 고고학, 민속, 시, 미술, 지방의 축제를 장려함으로써 이라크인의 독자성을 과시했다. 주민들은 이슬람을 신봉했지만 이슬람이 공공생활에서 차지하는 비중은 크지 않았다. 그러나 1990년대에 정부는 다시 정권의 정당성을 이슬람에서 찾기 시작했다. 정권의 반대세력들도 이슬람을 중심으로 뭉쳤다. 시아파 울라마 세력은 1960년대에 이슬람 국가의 건설과 사회정의를 내세우며 '다와 알이슬라미야'(이슬람 포교회)를 설립한 바 있다. 1979년에는 더욱 호전적인 무자히딘(무슬림 전사)이 창설되었다. 호전적인 반대파가 나타나는 곳에서는 어디서나 정권이 이들을 발본색원하여 이들의 테러가 산발적이고 거의 쓸모없게 만들어버렸다.

이라크 외교정책의 목표는 자국의 주도하에 아랍 통합을 회복하는 것이었다. 이 정책의 두 가지 큰 줄기는 아랍 세계의 주도권 확보를 위해 이집트 및 시리아와 경쟁하는 것, 그리고 페르시아 만 일대에서 이라크의 헤게모니를 주장하는 것이었다. 동쪽 국경 방면에 대한 이라크의 호전적인 정책은 거의 20년 간 이라크와 이란, 이라크와 쿠웨이트—아울러 쿠웨이트의 아랍·미국·유럽동맹국들—의 전쟁을 초래했다.

이라크-쿠웨이트 문제는 오스만 제국 말기의 애매한 정치적 상황에서 비롯되었다. 오스만 제국은 이라크를 직접 지배한 반면 쿠웨이트에 대해서는 법률상의 종주권만 행사했다. 1902년 이후 쿠웨이트는 사실상 영국의 보호령이 되었다. 1920년에 영국은 국제연맹으로부터 쿠웨이트와 이라크에 대한 위임통치권을 받았다. 당시 두 지역의 경계는 1913년 오스만 제국과 영국 사이에 체결된 조약에 따르기로 되어 있었다. 그러나 이 조약은 결코 비준된 적이 없었다. 1961년에 쿠웨이트가 독립하자, 이라크는 쿠웨이트가 이라크의 영토라고 주장하면서 1963년에 침공을 감행했다. 그러나 영국과 사우디가 군사적으로 개입하여 이라크군을 저지시킴으로써 이라크는 쿠웨이트 점령을 단념했다. 하지만 석유 수출을 위한 해상 수송로 확보에 반드시 필요한 페르시아 만 북쪽의 섬들에 대해서는 계속 영유권을 주장해왔다. 1975년에도 쿠웨이트와의 영유권 분쟁이 재연되었다.

이란과도 국경문제로 긴장이 고조되었다. 이라크와 이란은 티그리스 강과 유프라테스 강이 페르시아 만 입구에서 합류하는 알아랍 강에 대한 영유권 문제로 오랫동안 다투어왔다. 이라크는 1975년에 이란이 이라크 내 쿠르드족의 저항운동을 지원하지 않는다는 조건으로 알아랍 강의 모든 수로를 이란의 영토로 인정했다. 그러나 1980년 혁명 이후 이란의 혼란을 틈타 이라크는 이란을 침공했다. 이라크는 1975년에 양보한 영토를 회복하고 나아가 아랍어를 사용하는 서부 이란의 후제스탄에 있는 유전을 차지하려고 했다. 또한 이란 혁명이 이라크의 시아파를 자극하지 않도록 사전에 방지하는 한편 가능하다면 이란의 혁명정권을 전복하려는 의도를 가지고 있었다. 이라크는 그 전쟁을 걸프 지역, 나아가 아랍 세계 전역에서 우월한 지위를 확보할 수 있는 기회라고 판단했다. 하지만 이라크-이란 전쟁은 8년이나 지속되었고, 양측 모두 엄청난 인명손실을 입었다. 양국은 소강상태를 거쳐 1988년 휴전에 합의했다.

이란과의 전쟁이 끝나자 이라크는 다시 쿠웨이트에 대한 영유권을 주장했다. 이라크는 쿠웨이트가 전쟁 중 이라크에 제공한 차관에 대한 탕감을 거부한 것에 항의하고, 분쟁이 해결되지 않은 비무장 국경지대에서 쿠웨이트가 석유를 채굴했을 뿐만 아니라 석유를 과잉생산함으로써 유가하락을 불러왔으며 이로 인해 이라크가 손실을 입었다고 주장했다. 이라크는 쿠웨이트의 자원을 빼앗고 걸프 정책에서 주도권을 확보하겠다는 계산으로 1991년 8월 2일에 쿠웨이트를 침공했다. 그러나 생화학 무기나 핵무기 생산에 필요한 물자를 획득하기 위한 국제적인 네트워크를 구축하는 등 이라크가 과도하게 군비를 확장하자, 사우디아라비아마저 위협을 느꼈다. 사담 후세인은 쿠웨이트 침공을 퇴행적인 봉건부족 엘리트에 대한 응징이라고 정당화했다. 얼마 후 그는 쿠웨이트 침공을 팔레스타인 문제와 연결시켜 쿠웨이트에서 철수하는 대가로 이스라엘이 웨스트뱅크(요르단 강 서안)와 가자 지구에서 철수할 것을 요구했다. 이라크는 이스라엘에 탄두 미사일을 발사했다. 사담 후세인은 대범하게 힘을 과시함으로써 팔레스타인인과 다수의 요르단인, 아랍 지식인들의 호응을 받았다. 그러나 이집트, 시리아, 사우디아라비아, 여타 걸프 국가와 미국이 주도하는 UN연합군과 싸워야 했다.

미국은 두 가지 점을 고려하여 개입했다. 미국은 유리한 조건으로 장기적인 석유공급을 확보하는 것이 관심사였던 만큼, 특정 국가가 걸프 지역의 패자로 부상하는 것을 원치 않았다. 석유의 안정적인 공급은 미국뿐만이 아니라 미국경제와 직접적인 관련이 있는 다른 선진국들에게도 중요한 문제였다. 미국은 1953년에 이란 총리 모사데크의 축출에 관여했고, 1960년대와 1980년대에는 각각 이집트의 나세르 정부와 이란의 혁명정권에 반대했다. 이번에는 사담 후세인의 차례였다. 또한 미국은 당시까지 이스라엘만이 보유하고 있는 대량살상무기의 확산을 우려했다.

1991년 1월 16일 UN연합군은 이라크군에 신속하고도 전면적인 공격을 퍼부었다. 그렇지만 사담 후세인 정권의 전복까지 밀어붙이지는 않았다. 연합군은 마지막 순간에 공화국수비대에 대한 공격을 자제했다. 남부에서는 시아파의 반란이 일어나고 북부에서는 쿠르드족이 반란을 일으켰으나 미국과 동맹국들은 수수방관했다. 반란은 결국 후세인에 의해 무참하게 진압되었다. 미국과 아랍 동맹국들은 이라크 정권

을 파괴해서 이 나라가 조각나는 것을 원치 않았던 것으로 보인다. 이
라크 남부의 시아파에 대한 이란의 헤게모니, 그리고 동부 아라비아 및
쿠웨이트에 거주하는 시아파 주민의 잠재적 반란 가능성을 우려했던
것이다. 터키 역시 이라크 북부에 쿠르드 독립국가가 등장하는 것을 염
려했다.

1991년 4월에 휴전이 이루어지면서 이라크는 경제제재와 함께 유엔
의 무기사찰을 받았으며, 미사일을 비롯한 모든 대량 살상무기를 폐기
하게 되었다. 패전에도 불구하고 사담 후세인의 권력은 흔들리지 않았
다. 2001년에는 무기 통제 프로그램이 실패했을 뿐만 아니라 경제제재
도 점차 실효를 거두지 못하게 되었다. 도시 중산층인 봉급생활자 집단
이 무너지고, 식량과 의약품의 부족, 높은 영아사망률로 인해 이라크
국민의 생활수준은 형편없이 악화되었다. 그러나 사담 후세인 정권은
군대와 정보기관, 바스당, 그리고 부족주의 이데올로기와 부족세력의
충성에 힘입어 권력을 유지했다.

레바논

시리아·이라크·요르단에서는 국가가 자리를 잡은 반면,
레바논은 내전에 휩싸였다. 위임통치하에서 1926년에 제정된 헌법에
의해 마론파와 순니파, 시아파 등의 종교공동체가 권력을 나눠가졌다.
레바논 정부는 이들의 권력을 하나로 모으는 데 실패했고, 실질적으로
는 자임(보스)들이 정당·와크프·학교·법원을 장악하고 영향력을 행사
했다. 1943년에는 그리스도 교도와 무슬림 자임들이 독립국가 형성에
협력하기로 합의하고 1958년까지 연립정부를 구성했다. 그러나 자임
중심의 이 정권은 기술관료와 관료를 비롯해서 새로운 사회계층의 등
장, 즉 중하층 사람들—농촌지역에서 베이루트로 올라온 경우가 많
다—의 신분상승을 허용하지 않았으며, 아랍 내셔널리스트와 도시의

폭력단도 용납하지 않았다. 인구의 다수를 차지하게 된 무슬림은 더 큰 몫의 권력과 경제적 기회를 달라고 요구했다. 1958년에는 나세르주의에 동조하는 아랍 내셔널리스트들이 정권 장악을 기도했으나 미국의 개입으로 원상회복되었다.

1960년대와 1970년대에 레바논은 팔레스타인인이 레바논을 기반으로 하는 반(反)이스라엘 투쟁을 허용하자는 사람과 팔레스타인인의 활동을 제한하고 이스라엘과의 충돌을 피해야 한다는 사람으로 분열되었다. 결국 레바논은 보수연합과 좌파연합으로 양분되었다. 팔랑헤당을 비롯한 마론파 단체와 일부 시아파는 보수연합에 가담했다. 팔랑헤당 당수 피에르 제마일과 전직 대통령 카밀 샤문이 마론파 연합을 주도했다. 보수연합은 레바논을 완전히 장악하기 위해 노력하되, 여의치 않을 경우에는 분리하여 마론파 국가를 세운다는 목표를 설정했다. 보수연합은 자유기업경제를 수립하고 반이스라엘 투쟁에 연루되지 않으려 했다. 한편 무슬림과 드루즈파, 팔레스타인인과 그리스도교 소수자집단은 좌파연합을 구성했다. 그 중에서 가장 큰 세력은 줌블라트 가(家)가 이끄는 진보사회당—대다수 당원이 두루즈파—이었다. 줌블라트 가는 팔레스타인인을 지원했고, 대내적으로는 사회주의 경제정책을, 국제문제에서는 중립노선을 지지했다. 그리스 정교회를 신봉하는 보수세력이자 마론파의 분리주의에 반대하는 시리아 사회민족주의당도 좌파연합에 속했다. 좌파연합은 현상 타파를 주장하면서 그리스도 교도의 우월적인 지위를 거부하고 팔레스타인인의 활동에 대한 제약에 반대했다.

1975년 8월에는 두 세력 사이의 갈등이 내전으로 비화했다. 레바논군은 해체되었고, 자임과 그 추종세력, 카바얀 즉 거리의 하층 폭력단이 연루되면서 싸움은 격렬해졌다. 시리아는 1976년 여름에 레바논 내전에 개입하여 그리스도 교도를 지원했다. 시리아는 팔레스타인인이 승리할 경우 레바논과 이라크가 반시리아 전선을 형성할 수 있으며, 이스라엘과의 원치 않는 전쟁에 휘말릴 수도 있다는 점을 우려했다. 시리 아의 개입으로 레바논 전역이 교단들 사이의 격전지로 변했다. 1982년 6월에는 이스라엘이 레바논을 침공했다. PLO가 베이루트에 본부를 두 고 남레바논에서 이스라엘을 공격하자 이스라엘은 PLO를 레바논에서 몰아내고 아울러 이스라엘에 호의적인 태도를 보이는 마론파를 지원하 여 마론파 정권을 세우려고 했던 것이다. 마론파 정권이 수립되지는 않 았지만, 이스라엘의 지원으로 PLO는 레바논에서 쫓겨났다. 시리아는 레바논 정치의 조정자로서의 입지를 굳혔다.

이스라엘의 남레바논 점령은 새로운 정치세력이 출현하는 계기가 되 었다. 이스라엘의 점령으로 피해를 본 남부지역의 시아파와, 베이루트 로 이주한 시아파가 새로운 정당을 결성했다. 이란 혁명 이후 중동 전 역에 퍼진 시아파 운동단체의 바람을 타고 억압받는 시아파가 목소리 를 높였다. 이들의 주장에는 메시아를 소망하는 기원이 담겨 있었다. 뛰어난 종교지도자 무사 알 사드르의 지도하에서, 자임의 피보호민을 초월하는 동시에 아랍 내셔널리즘과는 별개의 시아공동체를 규정하는 새로운 분파주의적 정체성이 생겨났다. 무사 알 사드르는 학교와 자선 기관을 설립하고, 노동자·농민·교사뿐 아니라 신흥 지식인과 재력가들 을 규합하여 아말이라고 불리는 준군사적인 운동을 조직했다. 그가 1978년 8월 리비아 방문 중에 실종되자, 나비흐 베리는 아말에 더 세속 적인 정치성을 부여하여 레바논 국가의 틀 내에서 시아파의 이익을 도 모했다.

한편 모함마드 후세인 파들랄라는 이란의 지원을 받아 히즈불라(신 의 당)를 만들었다. 히즈불라의 목표는 이슬람 공화국 건설이었다. 이 운동 단체는 반이스라엘 투쟁의 선봉에 섰다. 1990년대에 히즈불라는 끊임없이 이스라엘군을 괴롭힌 끝에 2000년에 이스라엘군을 레바논에 서 철수시켰으며, 또한 한편으로는 학교와 병원을 설립하고 사회사업을 실시함으로써 대중의 인기를 얻어 주요 정당이 되었다. 히즈불라는 레바논의 선거에 참여하여 의석도 확보했다. 점차 실용주의 노선을 걷고 있지만, 2001년에는 이스라엘-팔레스타인 분쟁이 해소되지 않는 한 이스라엘과의 투쟁을 계속할 것이라고 선언했다.

마론파와 무슬림 지도자들이 새로운 권력의 배분에 합의하지 못한 상황에서, 레바논은 혼란스럽고 피비린내 나는 내전에 시달렸다. 마침내 1989년에 아랍연맹은 사우디아라비아에서 레바논 국민화합을 위한 회의를 소집하고 그리스도 교도와 무슬림 사이의 권력배분을 재조정하고 주민통합의 정부를 만들 수 있었다. 미셸 아운은 아랍연맹의 결정에 반발하여 다시 내전을 일으키고 마론파 국가건설을 시도했다. 그러나 시리아가 마론파의 저항을 잠재우고 전쟁을 끝냄으로써, 레바논은 15년 만에 처음으로 온전한 중앙정부를 출범시켰다. 엘리아스 흐라위 정부는 시리아의 감독하에 베이루트와 레바논 재건에 착수했다

팔레스타인인의 운동과
팔레스타인을 둘러싼 투쟁

시온주의자와 팔레스타인인(1948년까지)

팔레스타인은 비옥한 초승달지대에서 아랍국가가 형성되지 못한 유일한 지역이다. 팔레스타인 국가의 건설은 시온주의 운동에 대한 영국의 지원과 이스라엘 건국에 의해 방해를 받았다. 러시아와 유럽에서 반유대인 정서가 고조되고 유대인이 현지 사회에 동화되거나 정체성을 상실해가는 상황에서, 시온주의 운동에 불을 지핀 것은 1896년에 출판된 테오도르 헤르츨의 저서 『유대인 국가』였다. 유대 민족의 문화를 부활시키고 민주적인 정치체제 안에서 평등주의적이고 사회주의적인 사회를 건설하자는 헤르츨의 주장에 고무되어, 시온주의는 유

대인 종교공동체를 역사·문화·영토를 공유하는 하나의 국민국가로 변용시키는 것을 표상했다. 유대 내셔널리즘은 19세기 말에 발칸과 중동에서 일어난 내셔널리즘 운동과 같은 맥락에서 이해할 수 있다. 그러나 유대인이 고국을 건설하려고 했던 영역에는 이미 아랍인과 팔레스타인인이 거주하고 있었기 때문에 문제가 복잡했다. 그럼에도 불구하고 1917년에 영국은 밸푸어 선언을 통해 유대인이 팔레스타인에 고국을 건설하는 것을 지원하기로 약속했다. 영국정부는 유대인의 고국이 이 나라에 대한 영국의 지배권을 주장하는 구실이 되어줄 것으로 생각했다. 또한 독일보다 한발 먼저 러시아와 미국에 거주하는 유대인의 지원을 확보한다는 계산도 깔려 있었다. 영국정부의 이런 행보는 아랍인에 대한 자신의 약속과 상반되는 것이었는데도 영국정부는 그것을 무시해 버렸다.

영국은 유대인의 이주와 토지매입을 허가하고 유대인 공동체의 안전을 도모하는 한편 정치기구와 군대의 창설을 허용했다. 반면에 아랍인과 팔레스타인인의 저항을 억압했다. 영국의 비호 아래 팔레스타인 유대인 공동체의 규모는 급속도로 커졌다. 1939년에는 250개의 정착지에 거의 50만 명이 있었다. 유대인은 시온주의자 기구, 유대인 기관, 이슈브(팔레스타인의 유대인 공동체) 대표기구, 유대인 정당, 유대인 노동단체를 통해 고도로 조직되었다.

팔레스타인인의 운동은 영국과 유대인의 팔레스타인 점령에 대한 반대운동으로 전개되었다. 1920년에 팔레스타인에 거주하는 아랍인은 대부분 농민이었다. 의사·변호사·언론인·정부관리 같은 중산층은 소수에 불과했다. 아랍인 공동체는 수많은 씨족과 씨족연합으로 쪼개져 있었다. 또한 계급적으로는 지주와 소작농으로 뚜렷이 구별되었고, 종교적으로는 무슬림과 그리스도 교도로 나뉘어 있었다. 씨족의식과 종교의식이 강했기 때문에 팔레스타인의 아랍인은 국민/민족 공동체의

식이 거의 없었으며, 국민/민족운동을 조직할 잠재력이 별로 없었다.

하지만 영국과 시온주의에 대한 투쟁과정에서 팔레스타인의 아랍인 사이에서도 편협한 유대관계가 지역적 정체성 의식에 자리를 내주기 시작했다. 1920년대에 아랍인 엘리트들은 시온주의에 대한 대중적 저항운동을 이끌면서 팔레스타인인의 정치의식을 일깨웠다. 이들 엘리트에는 두 부류가 있었다. 첫 번째 부류는 1918년에 무슬림-그리스도 교도 연합을 결성하여 유대인의 고국 건설에 저항한 내셔널리스트들이었다. 이들은 당초 시리아의 국민/민족 운동과 연계하여 시리아-아랍 국가의 건설을 구상했다. 그러나 1920년에 팔레스타인인의 정치활동은 전반적인 국민/민족운동에서 분리되었다. 제3차 팔레스타인 아랍인 의회에서는 아랍인 집행위원회가 구성되어 1930년대까지 팔레스타인-아랍인의 이익을 대변했다.

두 번째 부류의 팔레스타인 엘리트는 무슬림이었다. 1922년에 영국은 최고이슬람평의회를 설립하여 와크프의 관리와 성직자 임명을 일임하고, 알 하즈 모함마드 아민 알 후사이니를 최고이슬람평의회 의장 겸 예루살렘 무프티로 임명했다. 예언자 무함마드의 후손이며, 나비무사* 축제의 후원자인 알 후사이니는 아랍인 집행위원회와 이슬람평의회를 지배하게 되었다. 이런 지위를 배경으로 알 후사이니는 시온주의에 대항하여 예루살렘 성지를 지키기 위한 대중운동을 전개했다. 알 후사이니를 비롯한 종교지도자들은 이슬람을 기치로 내걸고 1920년의 나비무사 폭동, 입법회의 거부운동, 토지매각 반대운동, 1929년 통곡의 벽 폭동을 주도했다. 이슬람은 팔레스타인인에게 의미 있는 유일한 구호였다. 그들은 팔레스타인 문제를 범이슬람 운동의 명분으로 삼았다. 그러나 1920년대의 이슬람 지도자들은 단합된 모습을 보여주지 못했다.

---

* 예루살렘 동쪽 20km 지점에 위치한 모스크로, 모세의 무덤으로 추정되는 두 곳 가운데 하나이다.

알 후사이니와 그 추종자들은 아랍인 집행위원회와 이슬람평의회를 장악하고 있었지만, 그들의 라이벌들은 나샤시비 가(家)의 지도 아래 시장(市長)·지주·상인들과 연합하여 국민당(1923)을 결성하고 알 후사이니 세력과 팔레스타인 아랍인에 대한 리더십을 놓고 경합을 벌였다. 이 파벌의 분화는 경쟁을 격화시켰을 뿐만 아니라 제휴의 가능성을 깨뜨렸다.

초기에 나타났던 무슬림과 그리스도 교도의 갈등도 팔레스타인 운동에 부정적인 영향을 미쳤다. 그리스도 교도들은 아랍 내셔널리즘의 발전과 무슬림-그리스도 교도 연합의 구성에 상당한 역할을 했으며 유대인의 진출을 저지하는 데도 기여했다. 또한 서양과 협상을 벌이고 서양의 지원을 얻는 데도 상당한 역량을 발휘했다. 그러나 그리스도 교도와 무슬림이 힘을 합치기는 어려운 일이었다. 무슬림은 그리스도 교도들이 독자적인 역할을 수행하는 데 두려움을 느꼈고, 그리스도 교도 역시 무슬림이 이슬람을 강조하는 것에 의구심을 품었다. 결국 그리스도 교도들은 1929년의 반영국, 반유대인 폭동에 참가하지 않았다.

이런 장애에도 불구하고 팔레스타인의 아랍 내셔널리즘은 1920년대를 거치면서 상당한 진전을 보았다. 팔레스타인이 아랍의 일부인 만큼 팔레스타인 지역에 대한 권리 역시 아랍인에게 있다는 이데올로기가 형성되었다. 이슬람은 시온주의에 대항하는 상징으로 이용되었다. 예루살렘의 유력자들은 농촌주민의 지도자가 되었고, 종교적인 갈등에도 불구하고 그리스 정교회 교도 역시 자신을 팔레스타인 아랍인의 일원으로 여기게 되었다.

1930년대에는 대중운동이 본격적으로 시작되었다. 후사이니파와 나샤시비파 사이에 갈등이 계속되고 있는 가운데, 샤이흐 이즈 앗 딘 알 카삼이 주도하던 이슬람청년협회와 같은 호전적인 청년단체들은 직접적인 대중행동을 부추겼다. 알 카삼은 영국 제국주의와 유대인 정착촌

건설에 반대하면서, 하이파 이슬람청년협회를 창설했다. 그는 무장저
항조직을 만들고, 구성원들에게 음주·도박·매춘을 금지하는 개혁주의
이슬람을 주입했다. 또한 애도와 성묘 참배, 남녀가 함께 어울리는 행
태 등 대중들의 종교적 관행을 비판했다. 그는 경건주의에 입각한 대중
운동가로, 혼신의 힘을 다해 성지를 수호했다. 그는 '무자히드'(전사)나
'샤히드'(순교자) 같은 개념을 이용하여 대중의 참여를 유도했다. 파벌
과 혈연에 기초한 유대관계가 강력한 힘을 발휘하는 반면에 국민/민족
정체성이 형성되어 있지 않았던 1930년대에, 이슬람은 팔레스타인의
대중을 동원할 수 있는 유일한 상징이었다.

　1936~1938년의 아랍 반란은 알 카삼과 그 추종자들로부터 많은 영
향을 받았다. 교사·위생관·관리는 마을사람들을 선동했다. 1935년과
1936년에는 아랍고등위원회가 전국 규모의 파업을 주동했다. 아랍인
농민과 산적, 시리아와 이집트의 자원자들이 영국의 지배와 시온주의
자의 입식에 반대하면서 특별한 내부적인 규율도 없는 상태에서 각종
시설물과 유대인 정착촌을 공격했다. 산발적인 반란은 1938년에 영국
군에 의해 진압되었다. 영국은 최고이슬람평의회에서 후사이니를 제거
하고 아랍고등위원회를 불법단체로 규정하는 한편 군정을 실시했다.
팔레스타인인의 기본전술은 영국에 대한 협력을 거절하고 시위와 폭
동, 그리고 궁극적으로는 게릴라전을 통해 아랍인의 대의를 강조하는
것이었다.

　1930년대 후반에 독일과의 전쟁이 임박하자, 영국은 아랍인의 지원
을 얻기 위해 팔레스타인에 대한 정책을 수정했다. 1939년에 발행된
백서에서, 영국은 유대인의 이주와 토지매입을 제한하기로 결정했다.
제2차 세계대전이 끝난 뒤 영국은 미국과 시온주의자들의 압력에도 불
구하고 유대인 난민의 이주를 극도로 제한하면서 팔레스타인에 대한
신탁통치의 연장을 시도했다. 유대인은 영국의 정책 전환에 분통을 터

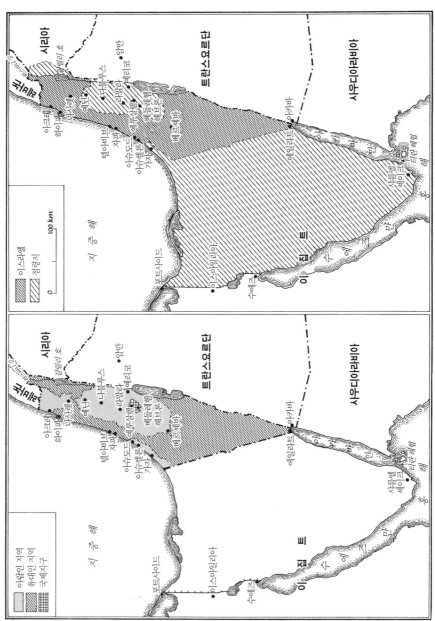

아랍-이스라엘 분쟁. (a) UN의 분할계획(1947); (b) 이스라엘과 그 점령지(1967)

지도 32

뜨렸다. 나치즘이 등장하고 제2차 세계대전에서 유럽의 유대인 사회가 철저하게 파괴된 상황에서, 시온주의자들은 생존자들을 위한 피난처를 확보하기 위해 유대인 국가건설을 결심했다. 유대인도 영국의 위임통치에 대항하여 무력투쟁을 전개했다.

팔레스타인인 역시 다시 뭉쳤다. 제2차 세계대전이 끝나자 알 후사이니가 전시 망명생활을 접고 유럽에서 귀국하여 다시 팔레스타인 운동을 이끌었고, 1945년에 창설된 아랍국가연맹은 주도적으로 팔레스타인의 대의를 옹호했다. 1947년에 영국은 팔레스타인 위임통치를 포기했고, UN은 팔레스타인을 두 개의 국가—하나는 유대인 국가, 하나는 아랍인 국가—로 분할했다. 아랍국가연맹은 유대인 국가건설에 격렬히 저항했으나, 1948년에 이스라엘은 전쟁에서 아랍국가들을 물리치고 이스라엘을 건국했다. 트란스요르단은 웨스트뱅크의 팔레스타인 지역 일부를 차지하고, 이집트는 가자 지역을 장악했다. 그 결과, 70만 명 이상의 팔레스타인 거주 아랍인이 강제추방되었다. 팔레스타인인은 웨스트뱅크에서 뿔뿔이 흩어지거나, 트란스요르단·레바논·시리아 등의 아랍국가로 쫓겨났다. 유대인은 전쟁에 승리하여 이스라엘 국가를 세웠지만, 평화를 얻는 데는 실패했다. 팔레스타인인과 아랍국가들은 패배를 인정하지 않았다. 추방당한 팔레스타인인 대다수는 난민 캠프에 남아 있었으나, 이스라엘은 이들의 송환을 전혀 고려하지 않았다.

1948년부터 현재까지

1948년 이후에도 여러 차례 분쟁이 발생했다. 1967년까지는 아랍국가들이 이스라엘과의 투쟁에서 주도권을 잡았다. 그들은 이스라엘과의 교역을 거부하고 이스라엘로 들고나는 화물의 수에즈 운하 통과를 막았으며 게릴라 공격을 감행했다. 아랍국가들이 소련의 지원을 받았고 이스라엘의 주요 동맹국이 미국이었기 때문에, 갈등은 더욱 고조되었다. 1956년에는 영국·프랑스·이스라엘이 이집트를 공격했으나 미국과 소련의 반대로 철수했다. 이후 10년 동안 국경분쟁이 이어졌고, 마침내 1967년 6월 전쟁이 발발했다. 이스라엘은 신속하고도 압도적인 승리를 거두고, 이집트로부터 가자 지구와 시나이 반도를, 요르단으로부터 웨스트뱅크를, 시리아로부터 골란 고원을 빼앗았다. 나아가 예루살렘도 점령했다. 이스라엘의 승전에도 불구하고 분쟁은 끝나지 않았다. 이스라엘은 1969~1970년에 수에즈 운하를 넘어 이집트와 포격전을 벌였다. 1973년 10월에는 이집트가 이스라엘에 기습공격을 가했고, 전쟁은 교착상태에 빠졌다. 그러나 이 무렵 이집트는 이스라엘과의 분쟁에서 사실상 발을 빼기로 했다. 1977년에 안와르 사다트는 예루살렘을 방문하여 평화를 제의했으며, 1979년에는 이스라엘이 시나이 반도를 반환하고 이집트와의 관계를 정상화했다. 팔레스타인 문제에 대해서는 아무런 합의도 이루어지지 않았다. 이로써 팔레스타인 문제를 둘러싼 아랍국가들의 주도권 싸움도 끝이 났다.

1967년부터 팔레스타인인은 팔레스타인 문제를 스스로 해결하기로 하고 아랍인-이스라엘인 투쟁을 팔레스타인인-이스라엘인 투쟁으로 전환시켰다. 그들은 팔레스타인국민평의회(PNC)와 팔레스타인해방기구(PLO)를 조직했다. PLO는 일종의 연합체였다. PLO 내에서 가장 큰 단체인 파타흐는 쿠웨이트에서 엔지니어로 일했던 야세르 아라파트가 이끌던 조직으로, 팔레스타인의 탈환을 염원하는 팔레스타인의 무슬림과 내셔널리즘 세력을 대표했다. 조지 하바시가 이끄는 팔레스타인해방 인민전선이나 나예프 하와트메가 이끄는 팔레스타인해방인민민주전선처럼 마르크스-레닌주의를 신봉하는 과격한 소규모 단체도 있었다. 이들은 고국 팔레스타인의 회복뿐만 아니라, 이스라엘과 본격적으로 대결하기에 앞서서 모든 아랍국가들의 혁명적 변혁의 필요성을 지지했다. 그 밖에 시리아의 후원과 통제를 받는 사이카(일명 '인민해방전쟁을 위한 전위')도 상당한 역할을 했다. PLO의 파벌주의는 심각한 문제를 야기했다. 팔레스타인의 옛 유력집안과 구식 보스(자임), 다른 아랍국가들의 하수인들이 과도한 영향력을 행사했다. 이로 인하여 직업적인 저항투사들은 권력을 잡기보다는 반대운동을 하는 것 자체를 오히려 편하게 여겼고, 정치적 현안을 해결하기보다는 투쟁을 위한 투쟁에 관심을 갖게 되었다. 게다가 팔레스타인도 그리스도 교도와 무슬림, 세속주의자와 이슬람주의자, 이스라엘의 점령하에 있는 웨스트뱅크의 중산층 도시인구와 난민 캠프의 하층 팔레스타인인으로 분열되어 있었기 때문에, 팔레스타인인의 고국을 위해 단결하여 투쟁하기가 쉽지 않았다.

팔레스타인인은 명목상의 지지자인 아랍국가들과의 관계에서도 어려움을 겪었다. 아랍인 사이에서는 팔레스타인 운동을 지원하는 정서가 팽배해 있었지만, PLO의 활동은 기존 아랍국가들의 정통성을 위협했다. 1970년에 파타흐는 요르단에서 레바논으로 쫓겨났다. 레바논에서도 PLO가 정권을 위협할 지경에 이르자, 시리아가 나서서 PLO의 활동을 억압했다. 1979년의 캠프데이비드 협정은 팔레스타인과 아랍국가들의 관계를 더욱 악화시켰다. 캠프데이비드 협정으로 인해 팔레스타인인의 이익을 보호하기 위한 아랍국가들의 연대는 깨져버리고 정반대의 경향이 생겨났다. 그도 그럴 것이 아랍국가들은 팔레스타인인이야 어찌되든 상관없이 자기네 이익만을 추구했기 때문이다.

그럼에도 불구하고 팔레스타인인은 1960년대 후반과 1970년대에 그들의 대의를 상당한 수준으로 확보하게 되었다. 그들은 이스라엘을 상대로 끊임없이 게릴라전을 전개했다. 전세계의 동정을 받았고, 국민의식도 더욱 공고해졌다. 팔레스타인인의 정체성은 기본적으로 내셔널리즘과 세속주의에 바탕을 둔 것이었다. 그렇지만 이슬람도 지하드·샤히드(순교자)·무자히드·성지 등의 용어를 통해 팔레스타인인의 담론에 스며들었다. 지극히 종교적인 의미를 지닌 개념들이 세속적 내셔널리 즘의 어휘로 바뀌었던 것이다. '타우라'(혁명)나 '피다이'(자기를 희생하 는 게릴라) 같은 개념은 구원과 부활을 함축하는 말로 사용되어 국민의 권리와 존엄성을 정의했다. 이슬람은 팔레스타인인을 정치적 투쟁에 동원하는 데도 일조했다. 팔레스타인인의 내셔널리즘 역시 아랍의 여 타 내셔널리즘과 마찬가지로 이슬람을 정치적 연대의 토대로 삼아 세 속적인 정체성을 확보했다.

1980년대와 1990년대를 거치면서 팔레스타인 사회는 심대한 변화 를 겪었다. 추방당한 팔레스타인인은 더 이상 난민촌에서 살아가는 가 난한 피난민이 아니었다. 팔레스타인인 대다수는 난민촌을 떠나 중동 전역으로 흩어졌으며, 교육을 받고 중산층의 상인·공무원·전문직 종사 자로 자리를 잡았다. 다른 나라로 흩어져 간 팔레스타인인은 아랍 공동 체들 사이에서 교육수준이 높은 편이었다.

웨스트뱅크와 가자 지구에서는 팔레스타인 유력자 집안 출신의 젊은 세대가 지배세력으로 떠올랐다. 이스라엘의 토지 몰수, 팔레스타인 농 민의 노동시장 유입, 학교와 대학의 증가 등 여러 요인이 복합적으로 작용하여 교육받은 중산층 전문직 엘리트가 탄생했다. PLO가 레바논 에서 패하여 튀니지로 추방되자, 신세대 엘리트가 PLO와 구세대를 대 체하여 팔레스타인 주민의 지도자로 부상했다. 신세대 엘리트들은 내 셔널리즘에 기초하여 학교와 사회복지기관, 농민구호단체를 비롯한 팔 레스타인 공동체 기구를 체계적으로 정비했다. 웨스트뱅크와 가자 지 구 주민의 정치의식이 제고되면서 1987년에는 '인티파다'(민중봉기)가 일어났다. 인티파다는 이스라엘의 팔레스타인 점령, 웨스트뱅크의 이 스라엘인 정착촌 건설, 폭압적 행정, 부당한 과세에 항의하는 운동으로 파업·시위·폭동·투석의 형태로 전개되었다. 지방상인들은 세금과 이 스라엘의 경제적 규제에 저항했고, 청년들은 거리로 나와 팔레스타인 국가의 건설을 외쳤다. 하지만 신세대 지도자들은 세속적 내셔널리즘 성향을 가진 세력과 이슬람을 신봉하는 종교적 성향의 세력으로 분열되었다. 후자는 하마스(팔레스타인 무장저항단체)를 결성하고 이슬람 지하드를 지향했다. 웨스트뱅크와 가자 지구의 팔레스타인인도 이스라엘과 타협하여 자치정부를 수립하자는 부류와 팔레스타인 전체의 해방을 위한 지속적인 투쟁을 선호하는 부류로 나뉘었다. 후자는 주로 이슬람주의자였다. 단결을 위해 팔레스타인인은 아라파트와 PLO의 권위를 받아들였고, 아라파트는 1967년 이전의 국경 내에서 이스라엘의 생존권을 인정할 준비가 되어 있다고 천명했다.

1967년의 6월 전쟁과 1991년의 걸프전 사이에 이스라엘의 입장도 많이 달라졌다. 메나힘 베긴(1977~1983년 재임)이 이끄는 리쿠드 연립정권 시대에는 정치적인 타협보다는 군사적인 우위를 통해 아랍의 정세를 주도하려고 했다. 1967년 전쟁의 승리로 예루살렘에 대한 지배권을 장악하고 웨스트뱅크와 가자 지구를 점령하자, 메시아에 대한 믿음이 되살아나면서 나머지 팔레스타인 지역도 차지하려는 열망이 다시 타올랐다. 이스라엘 내에서는 웨스트뱅크를 식민화하고 웨스트뱅크와 가자 지구를 모두 합병하자는 요구가 강력하게 터져 나왔다. 1990년대에는 140개 이상의 이스라엘인 정착촌이 웨스트뱅크와 가자 지구에 생겨났다. 이스라엘은 토지와 수자원을 빼앗았고, 팔레스타인인을 노동자로 고용했으며, 웨스트뱅크의 수입품 대부분을 공급했다.

하지만 1980년대에는 팔레스타인인 처리문제와 관련하여 이스라엘에서도 국론이 분열되었다. 비록 레바논에서 승리를 거두었을지라도, 히즈불라 세력이 커진 상황에서 남레바논을 계속 점령하려면 병력의 손실과 정치적 신용의 하락을 감수해야 했다. 또한 인티파다는 군사적·외교적 측면에서 크게 심각한 문제는 아니었으나, 점령에 따르는 비용을 크게 증가시켰을 뿐만 아니라 웨스트뱅크의 정착민과 나머지

그림 25. 학생위원회 선거용 하마스 포스터: 가자 지구 알아즈하르 대학

이스라엘 주민 사이의 갈등을 증폭시켰다. 더구나 이스라엘 지도자들은 팔레스타인인보다는 미사일과 대량살상무기로 무장을 강화하고 있는 시리아·이라크·이란을 더욱 위협적인 존재로 보았다. 베긴과 그의 후계자 이츠하크 샤미르(1986~1992년 재임)는 이스라엘인 정착촌의 확대와 점령지의 실질적인 통합을 주장했지만, 노동당은 점차 영토에 대한 타협과 평화협상을 선호하는 쪽으로 기울어졌다.

걸프전은 결정적인 기회를 제공했다. 소련이 해체되고 사담 후세인이 패하면서 미국이 이 지역에서 절대적인 영향력을 행사하게 되자, 부시 행정부는 이스라엘-팔레스타인 문제를 해결하기 위한 노력을 재개했다. 1991년 10월에는 마드리드에서 공식적인 평화회담이 개최되었고, PLO와 이스라엘 사이에서도 비밀회담이 진행되어 1993년 9월 오슬로 협정을 체결하기에 이르렀다. 오슬로 협정은 이스라엘군의 철수와 팔레스타인인에 대한 권력이양을 단계적으로 규정했다. 우선 이스라엘은 가자 지구와 예리코에 대한 지배권을 팔레스타인 행정당국에 이양하기로 했다. 그후 팔레스타인 자치정부 구성을 위한 선거를 실시하기로 했다. 다음으로 이스라엘은 웨스트뱅크의 주거지역에서 군대를 철수하고 팔레스타인 자치정부가 교육·문화·복지·관광·치안을 관할하기로 했다. 그러나 이 단계까지도 이스라엘은 궁극적인 군사적 지배권을 유지하기로 되어 있었다. 이런 단계를 거친 뒤에, 양측은 난민의 귀환에 수반되는 항구적인 정착지, 예루살렘의 지위, 이스라엘인의 정착촌, 이스라엘의 군사점령 등의 문제를 협상하기로 했다.

팔레스타인 진영에서는 오슬로 협정에 대한 평가가 엇갈렸다. 오슬로 협정에 의해 팔레스타인 문제를 다시 장악하게 된 아라파트와 PLO는 정치적·외교적 현실에 비추어 팔레스타인 국가를 건설할 수 있는 유일한 방안이라며 환영했다. 오슬로 협정이 체결된 뒤에, 아라파트와 PLO는 대단히 권위주의적인 정권을 세웠다. 아라파트 정부는 PLO 민병대와 경찰, 외국의 원조, 정권의 덕을 본 기업가를 기반으로 운영되었다. 아라파트 정권은 오슬로 협정의 이행을 위한 조건으로 테러행위를 금지하라는 미국과 이스라엘의 강력한 압력을 받았다. 그러나 반대파는 예루살렘의 궁극적인 지위와 난민의 귀환에 대한 보장이 없다는 이유로 오슬로 협정을 비난했다. 팔레스타인 지식인과 PLO의 귀환으로 자리를 잃게 된 웨스트뱅크의 젊은 세대 지도자들 역시 오슬로 협정을 반대했는데, 그것은 이 평화협정으로 팔레스타인 국가의 건설이 불가능하게 되었을 뿐만 아니라 오히려 이스라엘의 통제를 받는 팔레스타인인 주거지역만 산재하게 되었기 때문이다. 아라파트의 세속주의 정권에 대항하여, 하마스는 이슬람 국가의 건설과 이스라엘에 대한 지속적인 투쟁을 촉구했다. 하지만 1990년대에는 하마스와 아라파트가 모종의 타협을 이룬 것으로 보인다. 하마스는 정권에 대한 반대입장을 수정하여 팔레스타인 자치정부에 참여했고, 팔레스타인 자치정부의 사회복지정책과 교육정책을 강화시켰다. 아라파트 역시 1996년의 일련의 테러를 제외한다면, 하마스의 반(反)이스라엘 테러행위를 줄이는데 성공했다. 하지만 아라파트는 반대파를 완전히 제압할 만큼 강력한 정치력을 갖고 있지는 않았다. 그는 정치적 상황에 따라 하마스의 구성원을 체포하기도 하고 석방하기도 하면서 신중하게 대처했다.

이스라엘에서도 오슬로 협정에 대한 평가가 엇갈리기는 마찬가지였다. 라빈 수상과 페레스 수상, 노동당 정부는 오슬로 협정을 통해 궁극적으로 이스라엘의 안전이 강화되었다고 생각했지만, 리쿠드당과 내셔널리즘 우파는 팔레스타인인이 진정으로 평화를 원하는 것이 아니라고 믿었다. 이들은 협정 체결 이후에도 산발적으로 테러 공격이 계속되었음을 지적하면서, 팔레스타인이 장차 아랍국가들과 이스라엘 사이에 재개될 전쟁의 전초기지로 사용될 수도 있다고 강조했다. 우파는 시리아·이라크·이란이 이스라엘에 대한 적개심을 버리지 않았다고 생각했고, 우월한 군사력만이 이스라엘의 안전을 지켜준다고 확신했다. 이런 국론분열은 이스라엘 정치를 수렁에 빠뜨렸다. 1994년 11월에 라빈 총리는 유대인 극단주의자에게 암살당했다. 1996년에는 네타니아후 총리가 종교정당들과 정착촌 입식자들, 리쿠드당을 규합하여 근소한 표차로 정권을 잡았다. 네타니아후 총리는 팔레스타인과의 협상에서 더 이상의 진전이 이루어지는 것을 꺼렸다. 이스라엘은 이 잠정협정 상태를 이용하여 예루살렘 주변에 정착촌을 확대했다.

한동안은 평화가 유지되는 듯이 보였다. 요르단과 이스라엘은 수십 년에 걸쳐 용수(用水)의 분배, 난민의 정착, 국경의 소강상태 유지 등을 위해 공동의 노력을 경주했으며, 마침내 1994년에는 평화협정을 체결하기에 이르렀다. 시리아와 이스라엘 사이의 골란 고원 반환 및 평화협정 비준을 위한 협상은 1996년에 중단되었지만, 아사드 대통령은 이스라엘을 자극하는 행동을 자제했다. 이스라엘과 걸프 연안국들의 경제협상에도 진전이 있었다. 1999년 5월에는 에후드 바라크를 수반으로 하는 노동당 정권이 들어섰다. 바라크 총리는 평화와 안보, 개방적이고 관용적인 이스라엘 사회의 건설, 이스라엘-팔레스타인 문제의 해결을 정책목표로 내세웠다. 그러나 2000년 후반에 클린턴·아라파트·바라크 사이의 캠프데이비드 협상은 수포로 돌아갔다. 이스라엘은 웨스트뱅크와 가자 지구의 약 90%에 해당하는 지역에 팔레스타인 국가를 설립할 것을 제의했다. 또한 예루살렘 주변 일부 팔레스타인인 거주지역에 대한 주권을 인정하되, 이슬람 성지에 대해서는 주권이 아닌 행정관할권을 인정하겠다고 제의했다. 이에 반해 팔레스타인은 1967년 6월 4일의 국경선을 회복하고 예루살렘과 성지에 대한 주권을 달라고 요구했다. 또한 팔레스타인 영토가 이스라엘 정착촌이나 도로, 군사지구에 의해 분할되지 않아야 한다고 주장했다. 아울러 현실적인 제약이 있는 경우 외에는 난민들이 팔레스타인의 모든 지역으로 귀환할 수 있어야 한다고 주장했다. 물론 이스라엘은 이런 요구를 받아들일 수 없었다. 평화의 시기가 지나고 알아크사 인티파다로 대표되는 팔레스타인인의 폭력 시위가 다시 일어났으며, 이스라엘은 이를 무자비하게 진압했다. 투쟁은 이스라엘인에 대한 팔레스타인인의 자살폭탄 공격으로까지 격화되었고, 이스라엘은 웨스트뱅크의 도시들에 군대를 배치했다. 대규모 폭력사태가 재발하면서 오슬로 협정은 실패로 끝났다. 이스라엘과 팔레스타인 양측은 오슬로 협정을 둘러싸고 내부에서 찬성세력과 반대세력으로 분열되었으나, 대타협을 이루어낼 능력이 없었던 것으로 보인다.

아라비아 반도

아라비아 반도는 거의 천년 동안 중동사회 발전의 주류 바깥에 있었다. 아랍인의 정복은 중동문명의 새로운 시대를 열었지만, 아라비아 반도는 인구가 감소하면서 중동의 역사에서 주변적인 역할로 밀려났다. 오스만 시대에 이집트와 비옥한 초승달지대는 오스만 제국의 지방으로 편제되었으나, 일부 변경을 제외한 아라비아 반도는 그렇지 않았다. 이집트나 비옥한 초승달지대와는 달리, 아라비아 반도는 가족이나 부족엘리트들에 의해 지배되었다. 이들이 이질적인 씨족과 부족을 결집하여 지역연맹체와 왕국을 건설하는 데는 이슬람이 결정적인 역할을 했다. 예멘의 이맘국, 오만과 사우디아라비아의 술탄국에서는 종교와 국가가 밀접하게 결합되었다. 페르시아 만 지역에서는 샤이흐들이 공식적으로 최고의 종교적 권위를 주장하지 않았고, 통치자들이 이슬람의 가치를 실현하는 종교의 수장으로 간주되었다. 아라비아 반도에는 자이드파·샤피이파·이바드파·와하브파 등이 뿌리를 내렸고, 이들 각 파의 울라마는 통치자의 정치고문이자 사법기관 및 교육기관의 관리자로서, 또 도덕적 조언과 정치적 권위의 원천으로 중요한 역할을 했다.

아라비아 반도가 중동의 여타 지역처럼 외부의 영향을 받기 시작한 것은 제2차 세계대전 이후의 일이다. 전후에는 근대적인 형태의 정부 조직과 혁명적인 정치사상이 소개되었다. 석유가 발견되면서 기술과 경제가 근대화되었고, 전통적인 가치도 변했다. 지난 수십 년 동안 예멘은 내셔널리즘과 정치적인 변화를 혹독하게 경험했지만, 사우디아라비아와 걸프 연안국들은 경제와 사회의 광범위한 변용에도 불구하고 정치질서와 정통성의 전통적인 토대를 유지하고 있다. 비옥한 초승달 지대의 국가들과 마찬가지로, 아리비아 반도에서도 아랍주의는 사회적·정치적 정통성의 기반이 되어왔다.

예멘

예멘은 아라비아 반도의 역사에서 독특한 존재이다. 고대부터 반도 남부는 농업 중심 사회이자 국가조직을 갖춘 사회였으며, 북부의 목축생활을 하는 부족민들과 갈등관계에 있었다. 예멘은 이미 예언자 무함마드 생존시에 이슬람으로 개종했고, 그후 우마이야 및 아바스 왕조에 합병되었다. 9세기 후반에는 바그다드에서 멀리 떨어져 있는 다른 지역과 마찬가지로 시아파의 중심지가 되었다. 북예멘에서는 893년에 자이드파 시아파 왕조가 건설되어 1962년까지 존속했다. 남예멘은 이집트의 영향권에 흡수되었다. 파티마 왕조에 이어 아이유브 왕조가 남예멘에 위성국가를 건설했다. 라술 왕조(1229~1454)는 강력한 중앙정부를 조직했으며 남예멘을 순니파로 개종시켰다. 예멘이 남부의 순니파 농경민사회와 북부의 자이드파 유목민사회로 분리된 기원이 바로 여기에 있다. 오스만 제국은 이집트를 정복한 후 1539년부터 1635년까지 남예멘을 점령했으나 자이드 왕조의 카심 가가 오스만 제국을 밀어내고 왕조를 회복시켰다. 19세기에는 무함마드 이븐 알리

표17   아라비아 반도의 정권

페르시아만			홍해아라비아	예멘
바레인	쿠웨이트	오만		
카르마트파 894년~11세기 말		이바드파 이맘, 796년~9세기 말		자이드파 이맘(사나): 라시드 계, 9세기~1281경; 술라이히 왕조 1047~1158
		이바드파 이맘, 11세기		
				라술 왕조 1229~1454 오스만 제국(남예멘) 1539~1655 자이드파 이맘(카심 왕조) 1592년경~1962
		부사이드 왕조, 1741년~현재	사우드 왕국 1746 무함마드 이븐 사우드	
	알사바 왕조, 1752년~현재			

1765 아브둘 아지즈
1803 사우드 이븐 아브둘 아지즈
1814 아브둘라 1세 이븐 사우드
1818-22 오스만 제국의 정복
1823 투르키 가의 지배
1834 파이살(1차 집권)
1838 할리드 이븐 사우드
1841 아브둘라(이집트의 지배자 무함마드 알리의 가신)
1843 파이살(2차 집권)
1865 아브둘라 이븐 파이살(1차 집권)
1871 사우드 이븐 파이살
1871 아브둘라 이븐 파이살(2차 집권)
1887 하일의 라시드 가에 의한 정복(아브둘라는 1889년까지 라시드 충독으로 제직)
1889 아브둘 라흐만 이븐 파이살(충독)
1891 무함마드 이븐 파이살(충독)
1902 아브둘 아지즈(사우디아라비아 국왕)
1953 사우드(사우디아라비아 국왕)
1964 파이살(사우디아라비아 국왕)
1975 할리드(사우디아라비아 국왕)
1982 파드(사우디아라비아 국왕)
2005 아브둘라(사우디아라비아 국왕)

사이드 빈 타이무르
(1933~1970):
카부스 빈 사이드
(1970~)

예멘아랍공화국(1962~1990) 및
남예멘인민공화국(1967~1969):
예멘인민민주공화국(1969~1990):
예멘공화국(1990~)

알 샤우카니(1834년 사망)가 이슬람의 개혁과 쇄신을 주장했으며, 수석 재판관의 권위 아래 국가의 중앙집권화를 요구했다. 아울러 수석재판 관에게는 이슬람을 정화하고 쇄신할 책임이 있었다. 카심 가의 이맘은 이 요구를 받아들여 정권의 정통성을 인정받는 대가로 종교학자들을 후원했다.

19세기에는 예멘이 분열되어 북부는 오스만 제국의 영향 아래 놓였고, 남부는 영국의 보호령이 되었다. 1911년의 한 조약은 북예멘에 대한 오스만 제국의 지배권을 공인했다. 하지만 행정구역은 고원지대와 해안지대로 양분하여 각각 이맘과 오스만 제국이 다스리기로 했다. 이 구분은 자이드파와 순니파의 영향권과 일치했다. 제1차 세계대전에서 오스만 제국이 패하자, 이맘 야히아가 예멘 전역을 장악했다. 야히아는 울라마·총독·재판관·교사·상인·장교 등으로 구성된 자이드파 엘리트들의 도움을 받아 전국을 지배했다. 이들은 두 집단, 즉 예언자 무함마드의 후손인 토지귀족 '사다'(또는 사이이드)와 초기 재판관들의 후예인 '쿠다'로 갈라졌다. 한편 순니파가 지배하는 지역에서는 샤피이파 울라마가 엘리트의 지위를 차지했다. 이 시기의 예멘은 외부세계로부터 완전히 고립된 상태에 있었다. 세속적인 학교도 별로 없었고, 나머지 중동사회와의 교류도 거의 없었다. 모든 노력은 전통사회를 보존하는 데 모아졌다.

이맘 야히아의 노력에도 불구하고, 1940년대에는 아랍중동의 사회적·이데올로기적 영향이 예멘에 침투하기 시작했다. 아랍국가들과의 외교적·군사적·경제적 접촉도 빠르게 늘어났다. 1948년에는 이집트의 교관이 사나에서 가르쳤고, 1954년부터는 예멘 장교들이 이집트에서 훈련을 받았다. 상인·노동자·학생들도 해외로 나갔다. 헌법의 권위와 이윤을 추구하는 기업에 대한 새로운 관념이 예멘 사회에 침투하기 시작했다. 예멘은 이 시기에 비로소 오스만 제국의 엘리트들이 19세기에,

그리고 아랍의 엘리트들이 20세기 초에 겪었던 정치와 이데올로기의 근대화 과정을 경험했다.

정치적·이데올로기적 변화는 지배층 내부에 서로 경합하는 파벌들의 형성을 초래했다. 각 파벌은 권력다툼을 정당화하기 위해 서로 구별되는 이데올로기를 이용했다. 몇 번에 걸친 쿠데타가 실패로 끝난 뒤에, 아랍연합공화국(1958~1961)과 예멘 사이에 연방이 선언되었다. 1962년에는 아브둘라 살랄이 자이드파 장교와 샤피이파 상인, 부족장들을 규합하여 이맘 체제를 타도했다. 이들은 이집트의 군사적 지원을 받아 공화국 정권을 수립했으나 이맘의 특권을 지키려는 부족세력이 사우디아라비아의 지원을 등에 업고 정권에 반발했다. 1967년에는 이집트와 사우디아라비아 양국이 분쟁에서 발을 뺐으며, 재판관 아브둘라흐만 알 이리아니가 정파를 초월한 새로운 정권을 수립했다.

신정부는 이집트와 사우디의 영향력 사이에서 중간노선을 취했고, 군대와 북부의 부족세력, 행정부와 기업계의 순니파 세력을 기반으로 하는 정권을 세우기 위해 헌법을 공포했다. 헌법은 이슬람을 예멘의 공식 국교로 명시했다. 신정부는 샤리아를 국법으로 수용했고, 사우디아라비아의 도움을 받아 새로운 교육제도를 도입했다. 예멘 이슬람의 상징적 인물인 샤우카니의 영향력에 힘입어, 새로운 포괄적 순니파 이슬람이 예멘의 종교적 기초가 되었다. 자이드파 울라마의 권위는 크게 축소되었다. 신정부가 엘리트 지위의 세습을 부정함에 따라 사다는 정통성을 상실했고, 쿠다는 자이드파와 결별을 선언하고 순니파에 충성하거나 독자적인 계보를 형성했다. 1974년 1월에는 이브라힘 알 하마디 대령이 이리아니 정권을 무너뜨렸다. 이브라힘은 근대주의자와 이슬람, 부족세력 사이의 균형을 존중하는 기존의 정책을 이어갔다. 그러므로 예멘에는 권위주의적인 군사통치, 거만한 행정, 부족의 자치와 무질서, 재판관의 전횡, 이슬람의 강력한 사회적 영향력 등이 결합되어 있었다.

남예멘은 1839년에 영국의 지배 아래 들어갔고, 1937년에는 영국의 직할 식민지가 되었다. 약 23개의 술탄국과 토후국, 부족정권이 보호령에 포함되었다. 영국의 지배하에서도 전통적인 아라비아의 씨족공동체와 종교공동체는 그대로 남아 있었다. 술탄은 소도시를 지배했고, 토지를 소유한 사다는 씨족간 조정자 역할을 했다. 하층 씨족들은 특화된 농업과 수공업에 종사하거나 하인집단을 형성했다.

아덴에서 내셔널리즘은 영국의 지배에 대한 반발로 시작되었다. 아랍중동에서 아랍 내셔널리즘과 사회주의의 기치를 내걸고 저항운동을 시작한 최초의 인물은 팔레스타인의 조지 하바시였다. 그의 영향을 받아 1959년에 민족해방전선은 반영투쟁의 깃발을 들어올렸다. 1962년부터 1967년까지 민족해방전선은 시위와 폭동, 게릴라전을 전개하여 마침내 영국군을 철수시켰다. 민족해방전선은 남아라비아 연방군의 지원을 받아 권력을 잡고 남예멘인민공화국 수립을 선포했다. 1969년에는 민족해방전선의 좌파가 아브드 알 파타흐 이스마일의 주도하에 정권을 장악하고 국호를 예멘인민민주공화국으로 개칭했다. 신정부는 전통적인 엘리트인 부족장과 종교교사를 몰아내고 신세대 장교와 정치활동가를 등용했다. 마르크스-레닌주의 이데올로기를 신봉하는 새로운 엘리트들은 국민전선이라는 단일정당을 통해 국가의 모든 조직을 통제했다. 산업은 국유화되었고, 토지제도는 개혁되었으며, 봉건제도와 부족 중심주의는 폐기되었다. 중요한 것은 이슬람이 국교의 지위를 유지했다는 사실이다.

남예멘과 북예멘의 경계지역에서의 유전 발견, 소련의 해체, 남예멘의 경제적 어려움, 걸프 연안국들의 고용 축소, 이슬람 정당의 세력확대 등에 자극을 받아, 1990년에 북예멘의 국민전체회의와 남예멘의 예멘사회당이 통일에 합의했다. 아브둘라 살레흐와 알리 살림 알 비드가 통일국가의 대통령과 부통령에 취임했다. 1994년에는 내전이 발발하여 남부가 패배함으로써 부족엘리트들이 나라 전체에 대한 지배권을 장악했다.

통일된 예멘은 몹시 가난한 나라이다. 인구는 북예멘이 900만, 남예멘이 250만이며, 연간 3.5%의 가파른 인구증가율을 보이고 있다. 석유와 가스의 수출이 수출액의 90%, 국가 재정의 50%를 차지하고 있다. 여타 수출품은 면직물·커피·수산물 정도이다. 기계류·자동차·내구성 소비재는 모두 수입한다. 1990~1991년에 사우디아라비아에서 추방되기 전까지, 해외근로자의 송금은 전체 수출액의 3분의 1에 달했다. 주류와 총, 밀반입된 자동차, 카트(지방에서 재배하는 각성제)를 거래하는 지하경제의 비중이 대단히 높다. 1994년부터 국가는 그동안 몰수한 재산을 되돌려주고 있고, 자유주의 경제체제하에서 상인과 울라마 계층이 두각을 나타내고 있다.

통일예멘은 다당제와 언론 및 결사의 자유를 헌법으로 보장하고 있으며, 1993년과 1997년에 의원선거가 실시되었다. 교육과 내셔널리즘, 이슬람주의가 발전하면서 자이드파와 샤피이파의 구분이 불분명해졌고, 수피 샤이흐의 세력과 영향력도 약화되었다. 그러나 종교에 기반을 둔 정치단체는 여전히 위세를 떨치고 있다. 1993년에는 아브둘라 알 아흐마르가 주도하는 예멘개혁연합(일명 이슬라당)이 정권에 참여했다. 예멘개혁연합은 무슬림 형제단, 부족장, 근대화된 이슬람주의자인 상인과 기술관료, 그리고 '대통령의 사람들'이 연합하여 만든 정당이다. 예멘개혁연합의 구성원들은 와하브파나 살라피파 같은 극단주의자들과 연결되어 있다. 그들은 일치단결하여 사회주의와 대중적 수피 이슬람에 반대하고 있다. 좀 더 급진적인 구성원은 오사마 빈 라덴이나 알카에다 네트워크와도 연계되어 있다. 2001년에 정부는 예멘개혁연합이 운영하는 학교를 공립학교와 통합했다. 그 밖의 이슬람 정당들 중에는 자이드파의 정당인 히즈브 알하크가 있다. 이 당은 이맘 체제를 거부하고 민주주의와 '아지즈'(고용된 하인이라는 뜻)라고 하는 선출된 통치자를 요구했다. 또한 '가디르 훔'* 축제를 부활시키고, 자이드 이븐 알리의 탄생일을 기념한다. 사우디아라비아의 재정지원을 받아 교육기관과 이슬람 은행을 설립하거나, 비디오테이프와 카세트테이프 보급을 통해 교육과 선전네트워크를 구축하는 이슬람 단체도 있다. 군부와 부족세력이 여전히 위세를 떨치고 있지만, 예멘은 매우 다원적인 사회이고 권력도 광범위하게 분산되어 있다.

사우디아라비아

　　중앙 아라비아는 사우디 왕국과 와하비 운동의 영역이 되어왔다. 1745년에 중북부 아라비아의 작은 부족공국의 수장 무함마드 이븐 사우드는 한발파의 설교사 무함마드 이븐 아브드 알 와하브(1703~1787)의 주장에 귀를 기울였다. 이븐 아브드 알 와하브는 메카·메디나·다마스쿠스·바스라 등지에서 공부하고 돌아와 이슬람 개혁의 원칙에 대해 설교했다. 그는 코란과 예언자 무함마드만이 유일하게 정당한 권위를 가진다고 주장하면서 경전에 나와 있는 근본원리로 돌아가자고 제안했다. 와하비 개혁운동은 성자 또는 특정 인간에 대한 믿음과 숭배를 '시르크' 즉 다신신앙의 일종으로 보고 거부하는 극단적인 입장을 취했다. 또한 범신론적인 수피 신학과 주술적인 의식도 거부했다. 이븐 아브드 알 와하브의 가르침은 메카에서 발달한 개혁적 성향이 정치적으로 표현된 최초의 사례이며, 얼마 후 인도의 이슬람 사회와 인도네시아, 북아프리카로 퍼져 나갔다.

　　이븐 사우드가 와하비 운동의 대의를 받아들임으로써, 와하브파 이

---

* 예언자 무함마드가 알리의 칼리프권을 표명했다고 하는 사건을 기념하는 시아파의 축제.

슬람은 부족을 통합하는 종교적 이데올로기가 되었다. 이븐 사우드와 그의 후계자들은 예언자 무함마드의 생애를 모방하여 주변 부족을 상대로 지하드를 전개하고 피정복 부족들을 와하브주의로 개종시켰다. 이븐 사우드 왕가는 와하비 운동의 이맘으로서, 중앙 아라비아의 정치와 정신세계를 함께 지배하는 지도자가 되었다. 그들은 1773년에 리야드를 정복하여 수도로 삼았다. 1803년에는 메카를 점령했으나, 무함마드 알리에게 패했다. 무함마드 알리는 1812년에 메카와 메디나를 정복한 데 이어 1818년에는 사우드 왕국을 무너뜨렸다. 그후 사우드 가는 아라비아 내륙에서 소규모 부족공국으로 명맥을 유지했다. 그러나 1902년에 아브둘 아지즈가 다시 리야드를 정복한 뒤에 와하비 운동의 이맘을 자칭하고 사우드 왕국을 재건했다. 그의 권력기반은 이흐완이라는 무장조직이었다. 이흐완은 부족이 아니라 종교에 기반을 둔 조직으로, 농경마을에 정착하여 무력행사를 통해 와하비 운동을 전파했다. 아브둘 아지즈는 중앙과 동부 아라비아의 여러 부족을 통합하고 1921년에 나즈드 왕국의 술탄이 되었다. 그는 이라크(1922)·요르단(1925)·예멘(1934)과 조약을 체결하여, 근대 사우디아라비아의 국경을 완성해나갔다. 1925년에는 헤자즈와 성지를 장악했다.

사우드 정권은 정치적인 세력과 종교적인 힘을 교묘하게 결합시켰다. 사우드 가(家)의 왕들은 부족의 수장이었으며, 다른 부족장 집안들과 혼인관계 혹은 동맹을 맺음으로써 지배세력을 유지했다. 군대는 충성스러운 부족들로 구성되었다. 동시에 그들은 종교적인 지배자로서, 이슬람의 율법을 받들고 순례와 성지를 보호하는 역할을 맡았다. 사우디 왕국의 울라마는 대부분 이브느 아브드 알 와하브의 자손으로, 이들은 왕족과 결혼하고 국가로부터 재정지원을 받았으며 정계에서 상당한 영향력을 행사했다.

사우디아라비아의 근대적 변용은 1933년과 1939년에 석유채굴권을

확보한 스탠더드 석유회사가 석유를 발견하면서부터 시작되었다. 사우
디아라비아에서 석유가 본격적으로 생산되기 시작한 것은 제2차 세계
대전 이후였고, 석유로 막대한 부를 축적하게 된 것은 1973년에 유가
가 폭등한 다음이었다. 1977년에 400억 달러였던 사우디아라비아의
개발예산은 1980년에는 700억 달러로 늘어났다. 개발사업이 진행되면
서 도시가 성장하고 산업 인프라가 구축되었으며, 엄청난 수의 외국인
노동자가 유입되었다. 1975년의 경우 예멘·오만·이집트·파키스탄 등
지에서 유입된 노동자가 인구의 43%를 차지했다. 교육 부문에서도 혁
명적인 변화가 일어났다. 1980년에 학생수는 100만 명을 헤아렸고, 여
학생수도 상당했다. 사우디 국내 대학생수는 4만 명에 달했고, 해외유
학생은 1만 5천 명 정도였다. 1989년에는 학생수가 250만으로 늘어났
고, 여학생수도 116만에 이르렀으며, 대학생수는 10만 명으로 늘어났
다. 석유산업·상업·농업·재정·교통통신·군사 등의 전문분야를 공부하
는 학생수도 점차 증가했고, 왕가의 수많은 구성원들이 서양의 대학에
서 교육을 받았다.

　교육·경제·사회의 급격한 변화 속에서도, 사우디 사회는 여전히 보
수적이다. 국가 역시 전통시대의 정치적·종교적 권위를 유지하고 있
다. 사우드 정권은 본질적으로 일종의 가족회의, 즉 합의에 바탕을 둔
가족 '마즐리스'에 의해 운영되는 과두제이다. 그러나 주요 관료와 경
제인, 울라마와 이슬람 운동가의 태도에도 민감한 반응을 보인다. 사우
드 정권은 중요한 지방의 수장 및 부족장들과 긴밀한 가족관계를 유지
하고 있으며 왕실의 일원과 충성스러운 부족장을 장관이나 고위관료로
임명한다. 전통적인 부족사회는 정착과 도시화, 정부의 농업보조정책,
봉급과 보조금의 지급으로 크게 변했다. 국가는 사회의 모든 부문에 봉
급과 보조금을 지급한다. 정권은 부를 이용해서 전 인구를 피보호민으
로 만들었다. 역으로 사우디아라비아의 신민은 정부의 보조금과 서비스

를 요구한다. 1980년대나 1990년대처럼 석유에서 얻은 수입이 감소했을 때도, 정부는 정치적 불안을 우려하여 각종 혜택을 줄이지 않았다.

마찬가지로 중요한 것은 이슬람에 대한 변함없는 헌신이다. 사우디 사회는 내셔널리즘과 세속주의의 영향을 거의 받지 않았으며, 사우드 가는 이슬람 종교문제와 이슬람 도덕의 실행에 깊은 관심을 기울임으로써 정통성을 유지하고 있다. 사우드 가의 신화를 규정하는 것은, 이 통치자 집안이 와하브파 이슬람과 부족적 가치의 수호자라는 것이다. 권선징악위원회 산하 '무타윈'(종교경찰)이 와하브파의 도덕을 강제한다. 순례의 성공적인 조직과 관리도 정권의 정통성을 상징하는 중요한 지표이다. 울라마는 이슬람법과 교육을 관장하는 중요한 역할을 맡고 있다. 이들은 고등교육·정보·사법·내무·와크프·법률 연구·선전·공중도덕을 관할하는 정부 부처를 장악하고 있다. 하지만 그들의 권한은 겉으로 드러나는 것만큼 강력한 것은 아니다. 울라마의 권한도 결국 국왕의 임명에서 비롯되는 것이고, 석유·경제문제·외교정책에 대해서는 발언권이 거의 없다. 또한 국가 관료조직의 일부이며, 정부의 통제를 받는다. 사우디아라비아는 독립적인 종교영역을 용납하지 않는다.

이슬람 사회로서 사우디아라비아의 특징을 규정할 때 결정적인 것이 여성의 지위이다. 사우디아라비아는 그 어떤 이슬람 국가보다 철저하게 남녀를 분리하고 있으며, 국가가 이것을 정책으로 뒷받침한다. 여성의 본분은 가사를 돌보고 자녀를 양육하며 자녀에게 전통적인 가치를 가르치는 것이라고 여겨지고 있다. 여성은 남녀가 분리된 장소에서만 교육을 받거나 일을 할 수 있다. 따라서 직업선택에 제약이 많다. 1979년에 일어난 메카의 모스크에 대한 공격이나 걸프전과 같은 정치적 위기상황에서는 이런 규정들이 더욱 엄격하게 시행된다. 여성에 대한 통제는 전통적인 가정의 기능이 파괴되는 것을 막고 미디어를 통한 서구화의 병폐를 방지하는 한편 기술력과 행정력을 갖춘 중산층의 형성을 억제하고 거대한 현대식 도시에서 전통적인 마을과 수크(재래시장)가 파괴되는 것을 방지하기 위한 수단이다. 사우디아라비아 국민은 이슬람을 존중하고 공공생활에서 금욕주의와 결벽주의를 실천하고 울라마가 제안하는 엄격한 이슬람의 생활방식을 고수하면서 근대주의와 물질적 번영을 누리고 있다고 말할 수 있다.

국제적으로 사우디아라비아는 아랍 내셔널리즘의 정체성이 아니라 이슬람의 정체성을 계발해왔다. 또한 이스라엘의 예루살렘 점령에 반대하며 팔레스타인의 대의를 옹호한다. 영국과 미국을 비롯해서 무슬림 주민이 살고 있는 모든 나라에서 학교와 대학, 출판과 학회, 모스크와 자선활동에 대한 지원도 아끼지 않는다. 사우디아라비아는 자국의 투쟁적이고 청교도적인 이슬람을 전파하면서 세계적으로 통용될 수 있는 무슬림의 관행과 글로벌한 이슬람의 정체성을 육성하기 위한 노력을 계속하고 있다. 또한 코소보·팔레스타인·카슈미르·체첸 등지에서 일어난 반란을 지원했고, 특히 아프가니스탄 사태에 적극적으로 관여했다. 사우디아라비아가 무슬림 반란을 지원하는 것은 직·간접적으로 지하드 운동을 예방하기 위한 일종의 보호비라고 볼 수 있다. 전체적으로 볼 때 사우디아라비아의 대외정책은 부유하지만 작고 공격 받기 쉬운 그런 국가를 지역적인 위협으로부터 보호하는 데 주안점을 두어 왔다. 사우디아라비아 정부는 테러리스트의 공격과 이집트·이란·이라크의 개입 가능성을 우려하고 있다. 1962~1967년에는 예멘에서 이집트를 상대로 대리전을 벌였고, 이란 혁명 후에는 북동부 아라비아 시아파 주민의 동요를 막기 위한 조치를 취했으며, 이라크가 쿠웨이트를 침공했을 때는 미국에 보호를 요청했다.

사우디아라비아는 경제적인 측면뿐 아니라 정치적인 측면도 고려해서 석유정책을 관리해왔다. 1973년의 석유수출금지조치는 아랍 세계에서 사우디의 리더십에 대한 선언인 동시에, 중동에서 이스라엘과 미

국의 영향력 확대에 대한 저항감의 표시였다. 1970년대 이후 사우드 가
는 장기적이고 온건한 관점에서 석유를 정치적으로 활용하고 있다. 그
들은 유럽·미국·일본 같은 주요 석유소비국들과의 협력에 최선을 다하
고, 세계경제의 안정과 발전을 고려한 신중한 유가정책을 선호해왔다.

왕가 외부의 세력은 정치적 표현을 거의 하지 않는다. 신중산층을 이
루고 있는 행정관료·사업가·숙련기술자·노동자가 반대세력이 될 가능
성은 있다. 이들은 근대경제에서 대단히 중요한 위치를 차지하고 있지
만, 사회적으로나 정치적으로 소외되어 있으며 정부에서 더 많은 역할
을 하고 싶어 한다. 부족사회의 해체와 도시화 및 경제구조의 변화에
따른 개인주의의 만연으로 타격을 받은 집단에서는 종교적 반대의 목
소리가 나오고 있다. 확대된 관료조직과 이슬람 학교 졸업생들의 취업
부진도 잠재적인 갈등요인이다. 또한 아람코 공장의 시아파 노동자, 동
부지방의 시아파, 북부 나지드와 아시르의 부족세력, 군부 내의 내셔널
리스트가 정권에 반발하고 있고, 최근에는 취업난을 겪고 있는 이슬람
신학교 학생과 졸업생들이 호전적인 반정부세력으로 떠오르고 있다.
1979년에 발생한 메카의 하람(성역)에 대한 공격은 새로운 무슬림 저
항운동을 알리는 신호탄이었다. 1990년대에는 이슬람주의의 목소리가
커지면서 제도권에 통합되지 않은 울라마와 이슬람학 교수, 사우디 종
교대학 졸업생들의 영향력이 확대되는 추세를 보였다. 알마디나 대학
은 신(新)근본주의 세력의 중심으로 부상하고 있다. 급진적인 반대세
력은 정권의 정통성을 부인하면서, 부족주의 전통을 무시하고 이슬람
을 정략적으로 이용하여 권력을 찬탈한 부패한 정권이라고 몰아세우고
있다. 또한 통치자들의 도덕성에 의문을 제기하면서, 샤리아의 엄격한
시행을 요구하고 있다. 1990년대에는 울라마 역시 미국과의 동맹, 서
양의 영향, 서양식 교육을 받은 세속적인 기술관료의 세력확대를 우려
하게 되었다. 반정부세력은 특히 미국과의 동맹과 지나친 대미 의존을

비판하고 있으며, 그로 인해 외국문화의 영향을 염려한다.

  그럼에도 불구하고 사우드 가는 경제·사회·교육의 엄청난 변화를 부족과 이슬람을 바탕으로 하는 정치와 문화의 틀 안에 성공적으로 흡수한 것으로 보인다. 1950년대와 1960년대에는 행정의 근대화, 교육의 확대, 가혹한 보안법의 시행, 정보통제, 반대파에 대한 탄압, 대중을 위한 복지정책 시행 등 다양한 방법을 통해 저항세력을 무마했다. 정부는 중산층의 내셔널리스트들을 회유하여 범아랍주의와 나세르주의, 바스당 세력과의 연계를 차단했다. 1960년대 중반부터는 교육과 공공부문의 취업기회가 크게 늘어났다. '마즐리스 알슈라'(의회 또는 자문회의 같은 협의기구)의 구성을 허용한다는 거듭된 약속에도 불구하고, 새로운 중산층은 참정권 획득보다는 부의 축적과 개인적인 성공을 우선시하고 있다. 사우디아라비아 왕국은 와하브파를 수호하겠다는 의지를 천명함으로써 울라마를 안심시켰고, 종교적으로 점차 보수화되고 있다. 하지만 1990년대에도 통치자들은 반정부적인 청원을 제기하는 울라마를 처벌했다. 갈등의 요인이 상존하고 있음에도, 사우드 가는 종교적 정체성과 오일머니를 적절히 활용하여 정권을 유지하고 있다.

페르시아 만(일명 걸프)

  예멘이나 중앙 아라비아와 마찬가지로, 페르시아 만 지역의 역사는 부족통일의 토대로서 정치적 권위와 종교적 권위의 동일화를 기반으로 하고 있다. 전(前)이슬람 시대에 오만은 페르시아 만에서 인도에 이르는 사산조 페르시아 교역망의 일부였다. 오만은 상업에서 얻은 이익을 이란식 관개시설인 '카나트'에 투자하여 농업사회가 되었다. 그러나 아랍인의 정복으로 목축인구가 대거 유입되었다. 796년에는 이바드파 이맘이 정권을 잡고 부족 간 갈등을 억제하고 농업을 장려하여 유목민과 정착민을 통합시켰다. 이바드파가 집권하는 동안, 오

만은 바스라·시라프·아덴·인도에 무역식민지를 건설했고, 동아프리카
해안지역과 교역했다. 9세기 말에 이집트가 후원하는 홍해 항로가 인
도양 교역물량의 대부분을 차지하게 됨에 따라, 이바드파 정권과 오만
인의 상권이 무너졌다. 하지만 11세기 중반에 두 번째 이맘 정권이 들
어서면서 오만은 되살아났고, 이때 구축된 사회시스템이 오늘날까지
이어지고 있다. 경작자들은 부족이라는 사회조직개념을 받아들이고 목
축민과 함께 단일한 사회에 통합되었다. 이바드파는 완전한 이슬람 법
학파로 자리를 잡고 개인과 가족의 행동 및 정치제도를 지배했다. 이바
드파의 시스템에 따라 이맘은 공동체의 원로들에 의해 지명되고, 신의
법을 준수하며 원로들의 신임을 잃지 않는 한 권력을 유지한다. 따라서
이맘국은 종교적인 권위에 의거하여 통합된 부족국가였다. 그러나 이
맘 정권은 토지에 대한 투자를 거의 장려하지 않았다. 결국 관개시설을
관리할 재원과 조직적 역량을 갖추지 못한 마을공동체는 외톨이가 될
수밖에 없었다.

　17~18세기에 오만인이 동아프리카에서 포르투갈인을 몰아내고 부
사이드 왕조의 술탄이 이 지역에 독자적인 교역망을 건설함으로써, 오
만은 다시 한번 번영을 구가했다. 오만은 잔지바르를 비롯한 동아프리
카 해안도시를 다시 지배했다. 잔지바르는 1856년에 독립했으나, 부
사이드 왕조는 오늘날까지 오만(과 무스카트)을 지배하고 있다. 1955년
에 사이드 빈 타이무르(1932~1970)는 영국의 도움을 받아 오만 전역
을 통일했다. 타이무르의 편협한 폭정으로 인해 여러 차례 반정부운동
이 일어났다. 1965년에는 분노한 학생들이 오만해방인민전선을 결성
했다. 도파르해방전선은 술탄의 개인농장을 점령하고 저항했으나, 이
란의 지원을 받은 정부군에 의해 진압되었다. 이런 저항운동에도 불구
하고 사이드 빈 타이무르는 영국군 장교가 통솔하는 군대의 도움과 철
저한 쇄국정책을 통해 오만을 완벽하게 통제했다.

1970년에는 그의 아들 카부스 빈 사이드가 궁정 쿠데타를 일으켜 정권을 잡았다. 그러나 정책적으로는 과거와 달라진 것이 아무 것도 없었다. 군대는 발루치 군단과 북부의 부족들로 구성되어 있고, 주도적인 부족장과 상인은 정권에 흡수되었다. 오만은 다른 걸프 연안국들에 비해 자유방임적인 경제정책을 실시하고 있다. 상인엘리트들은 석유·재정·상업을 장악하고 있고, 부족엘리트들은 사회정책을 지배하고 있다. 1990년에는 마즐리스 알슈라가 구성되었으나, 술탄은 여전히 절대적인 지배자로서 법령을 공포하는 최종적인 권한을 가지고 있다.

18세기 초에는 페르시아 만의 다른 지역에서도 새로운 형태의 정치체제가 형성되었다. 수많은 종족으로 파편화된 이 지역에서는 바누 할리드가 가장 막강한 부족이었고, 그 밖에도 몇몇 지역 명문가가 두각을 나타냈다. 1752년에 바누 우투브의 사바흐 빈 자베르는 쿠웨이트 최초의 지배자가 되었고, 그가 세운 왕조는 오늘날까지 이어지고 있다. 부족국가인 쿠웨이트는 페르시아 만 상단(上端)의 상업 중심지로, 바스라를 비롯한 페르시아 만의 여러 항구도시와 경쟁해왔다. 알 사바 가(家)는 같은 바누 우투브의 일족인 알 할리파 가의 바레인 왕국 건설을 지원했다. 18세기 말에는 영국이 걸프 지역을 장악하고 소규모 부족정권들을 압도했다. 1798년에 영국은 페르시아 만을 통과하는 자국 선박을 보호하기 위해 현지의 여러 부족국가와 일련의 조약을 체결했다. 영국이 쿠웨이트·바레인·오만·휴전국가들*과 맺은 조약은 부족 지배자들의 세력을 오히려 강화했다. 영국은 쿠웨이트가 독립한 1961년까지 이들 국가에 대해 영향력을 행사했다. 1970년과 1971년에 영국이 걸프 지역에서 철수하면서 휴전국가들은 아랍에미리트의 구성원으로 재편되었다.

---

* Trucial States. 19세기 영국과 아랍 샤이흐들 사이에 합의된 휴전에서 유래된 말로 아랍에미리트의 옛 이름.

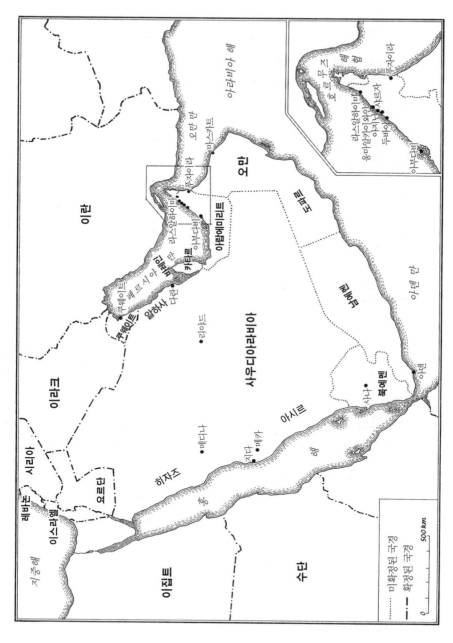

아라비아 페르시아 만, 1974년경

지도 33

페르시아 만 지역의 근대적 변용은 1932년에 바레인에서 석유가 발견되면서 시작되었다. 하지만 바레인·쿠웨이트·카타르에서 석유가 생산된 것은 제2차 세계대전 이후의 일이다. 1958년에는 아부다비에서, 그리고 1973년에는 샤르자에서 석유가 발견되었다. 1973년 이후의 막대한 오일달러 덕분에, 걸프 지역에서도 사우디아라비아와 동일한 변화가 나타났다. 석유는 무엇보다도 권력구조를 변화시켰다. 강력한 관료국가의 형성이 가능해짐에 따라, 지배자들은 그때까지 공생관계에 있던 상인들로부터 독립할 수 있었다. 지배자들은 상인엘리트에게 재산의 안전을 보장해주는 대신 정치권력을 넘보지 못하게 했다. 또한 전 국민에게 다양한 혜택을 줌으로써, 그들이 상인엘리트에게 의존하지 않도록 했다. 샤이흐들은 정부 부처의 수장으로 임명되었고, 상인의 아들은 그 다음 직급에 임용되었다. 걸프 지역에서는 도시화가 급속히 진행되어, 인구의 대다수가 도시에 살게 되었다. 팔레스타인인·요르단인·이집트인·예멘인·파키스탄인이 총인구의 절반을 차지했고, 일부 지역에서는 75%에 달하기도 했다. 걸프 연안국들은 부족 중심의 소규모 공국에 불과하지만 외국인 노동자와 행정가들이 근대적인 산업구조를 작동시키고 있다.

국가에 따라 발전양상은 조금씩 차이를 보인다. 쿠웨이트는 알사바가가 지배하는 부족국가로, 친족과 종교문화가 정통성의 기반이 되고 있다. 아랍주의의 세속적·내셔널리즘적 요소가 널리 유포되어 있지만, 이슬람이 법률의 기초가 되고 있으며 세속화에 대한 압력도 없다. 1962 ~1967년에 의회제도와 입헌제가 도입되었으나, 대단히 변칙적으로 시행되고 있다. 1976~1981년, 1986~1992년에는 의회가 해산되었다. 1992년에는 의회가 다시 구성되었으나 1920년부터 1959년까지 쿠웨이트에 거주한 가족에게만 선거권을 부여함으로써, 60만 명에 달하는 잠재적 남성 유권자 가운데 선거권을 행사할 수 있는 사람은 8만 명에 불과했다. 베두인 부족장, 이슬람주의자, 진보주의자, 시아파 등 다양한 세력이 의회에 진출했지만, 알사바 왕가는 의회를 상인세력 견제에 이용하고 있다. 의회는 심의의 영역을 확대하기 위해 애쓰고 있다. 2000년 11월에 의회는 여성에게 온전한 정치적 권리를 부여하자는 정부의 제안을 거부했다. 시아파와 정부관료, 자유주의자들은 정부의 제안을 지지하지만, 순니파와 부족장들이 정부의 의안 제출에 반대하고 있다. 왕실은 공개토론과 집회를 허용하면서 주기적으로 경찰의 단속을 실시하고 있다. 언론인과 학자의 활동은 비교적 자유롭지만, 방송과 신문, 비정부기구(NGO)는 정부의 허가를 받아야 한다. 노동운동 또는 이와 유사한 활동은 엄격히 제한되고 있다.

　석유와 석유화학제품이 쿠웨이트 정부의 세입과 수출의 90%, GDP의 50%를 차지한다. 노동력의 70~85%가 외국인 노동자인 것으로 추정되고 있다. 1970년대 이후 유가의 하락과 인구증가로 1인당 국민소득은 점차 하락하고 있다. 그러나 1998년 현재 1인당 연간소득이 2만 2,000달러에 달하는 엄청난 부를 기반으로 광범위한 복지제도를 갖추고 있다. 국가는 공공설비·보건·주택·통신·교육에 보조금을 지급하고 있고, 고용도 보장한다. 쿠웨이트와 바레인에서는 임대·할부판매·외상판매·이권투자 같은 이슬람식의 금융이 보편화되어 있다. 쿠웨이트의 경우 1991년 걸프전에서 많은 유전이 피해를 입었으나, 신속하게 본래의 모습을 되찾았다.

　바레인 역시 1782년 이래 알 할리파 가(家)가 지배하는 전통적인 수장국이다. 바레인의 수장가(家)는 목축민이 아니라 상인과 진주조개잡이의 이익을 대표한다. 바레인에서는 수장가뿐만 아니라 상인과 종교지도자도 정치엘리트의 일원이다. 이런 역사적인 기반을 가지고 있었기 때문에, 1971년 독립 당시에 바레인은 상당히 정교한 정치시스템을 갖출 수 있었다. 1973년에 알 할리파 가는 이슬람의 협의의 원칙에 따라 제헌의회를 허용했다. 그러나 제헌의회가 통치자인 아미르(왕)의 지배권을 위협하자, 1975년에 아미르는 의회를 중단시켰다. 수많은 정치 조직과 전문가 단체가 현안을 토의하는 모습이 바레인 정치생활의 특징이다. 또한 석유가 일찍 발견되었기 때문에, 노동운동도 상당히 활발하다. 쿠웨이트와 마찬가지로 수장가는 다양한 국민의 이해관계를 어렵사리 조정해가면서 권력을 유지하고 있다.

카타르의 정치사도 크게 다르지 않다. 석유가 발견되기 전에는 통치자가 상인들의 재정지원에 의존했으나, 석유가 발견된 다음부터는 그들의 도움이 필요 없게 되었다. 상인들은 쿠웨이트의 상인만큼 세력이 강력하지는 않지만, 국왕은 재산의 안전을 보장해주는 조건으로 그들을 자기편으로 끌어들였다. 하지만 유목민·노예·진주 조개잡이의 전력을 가진 카타르의 노동자들은 파벌의식이 강하고 쉽게 파업을 한다. 정부는 역사학과 고고학을 후원함으로써 국민의식을 일깨우고 있다. 그러나 카타르의 아미르 하마드 빈 할리파 알 타니는 관료조직 장악에 실패했다. 공직에 있는 아미르의 일족들은 정부기관에서 각자의 영역을 확보하고 세력을 키우고 있다. 하지만 아미르 하마드는 아랍의 독립 텔레비전 방송 알자지라를 후원함으로써 명성을 얻고 있다.

소규모 휴전국가들은 아랍에미리트(UAE)를 형성했다. 아부다비를 중심으로 두바이, 샤르자, 아지난, 움알카이와인, 푸자이라, 라스알하이마가 합쳐 일종의 연방이 되었다. 연방을 구성하는 소국들은 원래 현지의 부족장에 의해 지배되었고, 주민은 바다를 배경으로 생활하는 부류와 내륙의 유목민으로 이루어졌다. 1971년에 영국군이 철수하자, 아부다비와 두바이가 나머지 소국들을 연방에 끌어들였다. 군대와 석유 수익이 국가의 권위를 뒷받침하고 있다. 아랍에미리트는 재정·사법·경찰·공공 서비스를 담당하는 행정기관을 두고 있다. 연방의회와 내각, 방위군도 있다. 아랍의 다른 지역과 마찬가지로, 1980년 이후 유가 하락으로 아랍에미리트의 생활수준도 떨어졌다.

걸프 지역 전역에서 근대화과정은 전통 군주와 부족장의 손에 의해 좌우되었다. 이 지역에서는 내셔널리즘의 영향이 비교적 거의 없었고, 정치과정에서 주민의 더 많은 참여를 요구하는 움직임 역시 산발적으로만 나타났다. 쿠웨이트와 바레인에서는 정치적 협의의 범위가 확대되었다. 이슬람적 정체성뿐 아니라 아랍주의도 사회의 통합과 정치적 정당성의 근거로 강조되었다. 기술과 경제의 괄목할 만한 변화, 고도의 도시화, 대규모 외국인 노동자의 유입 등의 충격요인은 지금까지는 이 지역 국가의 기본적인 정치형태나 문화에 영향을 주지 못한 채 흡수되어버렸다. 변화의 물결에도 불구하고 사우드 정권이 전통적인 위상을 유지하고 있듯이, 걸프 연안국들도 지배세력과 이슬람에 대한 충성심이 놀랄 만한 생명력을 보이고 있다. 이 지역 국가들은 오스만 제국의 유산보다는 부족사회의 전통을 물려받았고, 내셔널리즘을 내세우는 세속적인 엘리트와 이데올로기는 거의 자리를 잡지 못하고 있다.

아랍국가들, 내셔널리즘, 이슬람

아랍국가들에서 국가조직과 아랍주의와 이슬람 사이의 관계는 이해하기 어렵다. 아랍의 비옥한 초승달지대에서는 아랍 내셔널리즘의 관점에서 국민적 정체성을 확립하고 권력을 쟁취하려는 투쟁이 한 세기 이상 전개되었다. 아랍 내셔널리즘은 이미 제1차 세계대전 발발 전부터 아랍어 문학의 부활, 영광스러운 이슬람의 과거에 대한 아랍인의 일체감의 부활, 아랍 지식인의 반(反)오스만적인 정치야망 등의 형태로 나타나기 시작했다. 이슬람이 아닌 아랍주의가 지배적인 담론이 되어, 정치적인 연대와 정치활동에 대한 전통적인 어휘들을 대체했다.

　　식민지시대에는 아랍 내셔널리즘이 정치엘리트와 저항적 지식인 양자가 공유하던 이데올로기였다. 대치하는 두 세력의 이데올로기가 일치할 수 있었던 것은 양 집단이 공히 독립을 성취하고, 비무슬림 소수자를 정치시스템에 통합시키며, 실제 국가구조에 상응하는 정치적 정체성을 가진 근대의 필요성을 자각했기 때문이다. 제2차 세계대전 이후에는 아랍인의 정체성은 반제국주의와 반이스라엘 투쟁, 그리고 정치체제 형성 같은 정치적 목표들의 토대가 되었다. 1950년대와 1970년대 사이에 아랍 내셔널리스트들이 추구하던 최고의 목표는 아랍 사회의 통합과 사회적·경제적 발전이었다. 이 단계에서는 약간의 사회주의적인 형식이 전반적으로 아랍 내셔널리즘 이데올로기의 일부가 되었다.

　　이슬람 근대주의와 개혁주의는 식민지시대에 중요한 역할을 하긴 했지만, 어디까지나 부차적인 경향이었다. 시리아에서는 무함마드 아브두의 수제자인 라시드 리다(1865~1935)에 의해 살라피 운동(복고주의 개혁운동)이 보수적으로 해석되었다. 리다는 아브두와 마찬가지로 코란과 예언자 무함마드의 가르침이 이슬람의 유일한 토대라는 입장을 취했다. 하지만 그는 이런 관점을 근대적인 개혁운동에 관련시켜 설명하기보다는 시아파와 수피의 성묘 숭배에 반대하는 논리로만 활용했다. 리다는 이슬람 부흥의 궁극적인 목적은 칼리프가 수장이 되고 울라마가 조언자가 되는 정치체제를 건설하는 데 있으며, 이런 정치체제를 통해 이슬람법을 현실적인 필요에 맞게 수정해 나가야 한다는 논리를 폈다. 리다는 순수성과 자기완성을 추구하는 도덕적인 투쟁인 지하드가 공동의 선(善)을 달성하는 데 필요한 충성심과 희생의 기초라고 강조했다. 아브두의 다른 제자들은 아브두의 가르침을 근대주의의 관점에서 해석하고 과학의 중요성과 사회적 변화의 정당성을 강조했다. 근대주의자들은 이슬람을 진정한 종교로 받아들였을 뿐 과학문명 발달의 시금석으로 여기지는 않았다.

19세기에 울라마 세력이 약화되는 틈을 타 세속주의와 내셔널리즘이 대두했다. 이집트나 터키와 마찬가지로 아랍 사회에서도 울라마 세력은 세속주의에 저항했다. 예배 인도자, 소규모 모스크의 설교사, 법정의 서기, 공증인, 코란 학교의 교사 등 하급 성직자들이 세속주의에 대한 저항을 주도했으며 특히 종교학교 학생들의 역할이 컸다. 지방에서도 수피 샤이흐 또는 독자적으로 활동하던 설교사들이 세속주의 반대에 앞장섰다. 그러나 이들의 저항은 무위로 끝났다. 세속적인 형태의 법률과 사법제도가 이슬람법을 대체하는 것이 대세였다. 새로운 형법과 민법이 도입되었고, 시리아와 이라크에서는 국가 법정과 이슬람 법정이 공존하는 이중법정제도가 확립되었다. 샤리아의 원칙은 변함없이 받아들여졌지만, 새로운 사법절차가 도입되면서 그 내용이 심하게 훼손되었다. 샤리아가 증거·반대신문·항소제도 같은 서구적인 기준과 절충적으로 결합되면서, 샤리아의 실질적인 실행에 많은 변화가 생겨났다. 사법개혁을 통해 법이란 영구불변한 것이 아니며 당대의 여건과 국익에 맞게 수정될 수밖에 없다는 근대주의자의 주장이 수용되었다. 이슬람법의 원칙이 희석되고 새로운 법률과 재판제도가 도입된 것은 아랍국가의 공공생활에서 이슬람이 힘을 잃고 있음을 보여주는 가장 중요한 한 가지 지표였다.

국교로서의 이슬람이 폐지되고 아랍 내셔널리즘 정서가 만연했음에도 불구하고, 이슬람은 계속해서 중요한 역할을 했다. 아랍인의 국민의식은 여전히 이슬람과 결부되어 있었다. 1920년대와 1930년대의 아랍 내셔널리즘 사상가들은 아랍주의와 이슬람의 실질적인 동일성을 강조했다. 아랍 내셔널리즘의 어휘는 움마(무슬림의 공동체)나 밀라(종교공동체) 같은 말에서 힘을 얻었다. 이런 말들은 종교적 색채가 강했지만 국민적 단결을 호소하는 데 유용했다. 심지어 그리스도 교도 작가들조차 아랍주의와 이슬람이 같은 이상의 두 가지 표현이라고 생각했다. 그들은 예언자 무함마드를 영웅적인 지도자로 떠받들면서 아랍인의 국민성 형성에 기여했다고 찬미했다. 하지만 국민적 유대가 종교적 유대를 초월한다는 논리를 근거로 세속국가 건설을 옹호했다. 서민들은 내셔널리즘 사상가의 견해에 동조하여 아랍 내셔널리즘을 이슬람과 동일시했다. 그들에게 아랍인이란 일차적으로 무슬림이었다. 이 같은 레토릭은 다분히 내셔널리즘적이었지만, 정서적 일체감은 이슬람적이었다.

세속적인 아랍 운동에서도 이슬람은 변함없이 중요했다. 1920년대와 1930년대에 영국의 지배와 시온주의에 맞서서 팔레스타인인을 결집시키는 데는 이슬람이 결정적으로 중요했다. 팔레스타인 운동이 전 세계의 지지를 받는 데도 무슬림의 예루살렘에 대한 집착이 큰 몫을 차지하고 있다. 사우디아라비아는 아랍의 이익과 무슬림의 이익을 구분하지 않고 팔레스타인을 지원한다. 전후 여러 아랍국가는 헌법을 통해 이슬람을 국교로 선언하거나 국가원수의 자격을 무슬림으로 제한했다.

제2차 세계대전 이후에는 범아랍주의가 아랍의 정치와 문화를 지배했다. 당시 중동지역은 오랜 숙원사업인 아랍 민족의 통합, 이스라엘의 제거, 1948년 패배에 대한 복수 등의 열망으로 들끓고 있었다. 1950년대에는 범아랍주의가 시리아·이라크·요르단의 엘리트에 대한 저항의 논리가 되었다. 이집트의 나세르, 시리아와 이라크의 바스당, 팔레스타인의 분파들은 모두 아랍의 수호자를 자처했다. 그들은 범아랍주의를 배경으로 단합하고 협조하기도 했지만, 서로 치열하게 싸우기도 했다.

1967년 전쟁에서 패배함으로써 갈등 속에서도 공동의 꿈으로 간직되었던 아랍 통합은 깨졌고, 중동의 문화와 정치는 새로운 국면으로 접어들었다. 이집트는 팔레스타인을 위한 투쟁을 포기했다. 이집트는 아랍 세계에서 리더십을 상실했고, 그 역할은 이라크와 이란, 아라비아 반도의 산유국으로 넘어갔다. 팔레스타인인도 자신의 대의를 수호할 준비를 해나갔다. 시리아도 겉으로는 반이스라엘 투쟁에 앞장섰지만 실제로는 이스라엘과의 직접적인 충돌을 피하기 위해 조심스런 행보를 보였다. 팔레스타인인이 레바논에 기지를 두고 반이스라엘 활동을 벌이는 문제를 놓고 레바논은 내전에 휩싸였다. 범아랍주의가 쇠퇴하고 각국이 독자적인 목소리를 내는 새로운 분위기가 자리를 잡은 것이다. 아라비아 반도와 걸프 지역에 위치한 보수 성향의 국가들은 경제력이 약한 아랍국가들의 후원자로서 아랍 문제에 영향력을 행사하게 되었다. 이 시기에는 아랍주의가 석유를 통한 부와 동일시되었다. 걸프전은 아랍 통합의 꿈을 산산조각냈다. 사담 후세인은 비옥한 초승달지대의 패자(覇者)가 되려 했으나, 이집트와 시리아, 사우디아라비아와 걸프 연안국들이 미국 및 UN과 힘을 합쳐 그를 쿠웨이트에서 몰아냈다.

범아랍주의가 퇴조하면서, 내셔널리즘·사회주의·포퓰리즘의 레토릭에도 불구하고 비옥한 초승달지대와 아라비아 반도의 여러 나라들이 사실은 가족과 군부를 축으로 하는 전제정권이라는 점이 더욱 명확해졌다. 이라크와 시리아는 소수의 가족·씨족·부족·분파가 군대·보안기관·정당조직을 장악하고 통치권을 행사하고 있다. 이집트와 팔레스타인은 군대와 보안기관, 강력한 힘을 가진 단일정당이 지배체제의 근간을 이루고 있으나, 사회의 다양한 세력과 정치적인 연합을 이루지 못하고 있다. 오히려 농촌의 전통엘리트를 회유하거나 친정부 기업가를 지원하는 식으로 광범위한 후원 네트워크를 만들어 나라를 지배하고 있다. 이집트와 요르단의 경우 정부가 엄격히 통제하는 국민투표와 유사 의회제도를 통해 군사통치에 대한 반감을 상쇄시키고 있다.

이들 국가의 정치제도는 경제를 통해 더욱 강화되고 있다. 이들 국가에서는 공공부문이 경제 전반을 압도하고 있다. 대부분의 국가는 지대(地代), 석유, 해외로부터의 송금 덕분에 재정이 넉넉하므로, 국민에게 세금을 부과하지도 않고 국민의 이익을 대변하지도 않는다. 이들 국가는 공통적으로 불로소득을 통해 축적된 부를 이용하여 기업과 행정부,

부족엘리트와 협력하고 국민에게는 복지혜택을 제공함으로써 비민주적인 통치에 대한 불만을 잠재우고 있다. 은행을 통한 융자가 가장 보편적인 자금창구인데, 은행은 대체로 정부 소유이거나 정부의 규제를 받는다. 대부분의 국가에서 잠재적인 자본가들은 공공부문이나 정치적 네트워크에 연결되어 있다. 재산권의 보장이 확실하지 않기 때문에, 외국인은 물론 내국인의 투자도 활발하지 않다. 군사정권은 정보의 자유로운 소통을 불허할 뿐만 아니라 중산층·정치인·지식인을 억압함으로써 독자적인 시민사회의 형성을 가로막고 있다. 교육·식자능력·평균수명·개인소득 등 다양한 자료를 종합적으로 반영한 유엔 인간 개발지표에 의하면, 비옥한 초승달지대 국가들의 수준은 라틴아메리카나 아시아보다 떨어진다.

아라비아 반도에서는 사우디아라비아의 사우드 가, 쿠웨이트의 알 사바흐 가, 바레인과 카타르의 알 할리파 가 같은 확대가족이 지배층을 이루고 있다. 이들 확대가족은 중간에 일부 단절이 있기는 했지만 대체로 18세기 중엽부터 정권을 잡아, 세계에서 가장 오래된 정권에 속한다. 이들은 부족연합과 상인엘리트의 지원을 받아 인구의 상당수가 비시민권자인 외국인 노동자로 구성된 나라를 다스리고 있다. 예컨대 아랍에미리트 인구의 80%, 카타르 인구의 66%, 쿠웨이트 인구의 50%, 바레인 인구의 33%, 그리고 사우디아라비아 인구의 20%가 외국인 노동자이다. 외국인 노동자는 단순노동은 물론이고 군대·의료·기술·행정에서부터 교사·관료·숙련노동자에 이르기까지 실로 다양한 분야에서 일하고 있다. 이 자원부국들은 이집트·요르단·시리아·팔레스타인을 재정적으로 지원함으로써 아랍세계의 정치정세에 영향을 미쳐 자신의 안전을 지켜 나가고 있다. 문화적으로 보수성향을 띠는 그들은 아랍 내셔널리즘과 범아랍주의의 도전을 피해왔다. 특히 사우디아라비아는 세계적으로 이슬람 운동을 후원하고 있다.

걸프 지역과 비옥한 초승달지대 국가들은 안정된 정권을 유지하고 있는 반면 그들의 시민사회는 허약하다. 이들 나라는 예외 없이 아랍의 정체성과 국민국가 사이에서 갈등을 겪고 있다. 아랍의 정체성은 국가 초월적이며 특정 국가에 국한되지 않는다. 따라서 20여 개 국가의 정체성과 충돌한다. 더구나 이른바 아랍국가라고 자처하는 나라도 내부적으로 심각한 분열에 시달리고 있다. 이라크의 경우 쿠르드족의 규모가 상당히 클 뿐만 아니라 아랍인도 순니파와 시아파로 나뉘어 있는데, 순니파와 시아파의 구별은 이라크인의 국민적 정체성이나 범아랍적 정체성 사이의 구별 못지않게 중요하다. 시리아의 주민은 대체로 아랍인이지만, 그 이면에는 순니파·이스마일파·알라위파·그리스도 교도·드루즈파 사이에 분파적·종교적 구별이 존재한다. 레바논에서는 대체로 아랍어를 사용하지만, 15년에 걸친 내전을 치르면서 5개의 이슬람 분파와 7개의 그리스도교 파벌로 분열되어 있다. 걸프 연안국들은 아랍국가로 정의된다. 그러나 비시민권자 인구가 다수를 점하고 있는 나라가 적지 않다.

더욱이 민족적 정체성과 국민적 정체성의 의미도 모호하기 짝이 없다. 국민적 정체성 또는 민족적 정체성은 종교적 정체성과 혼합되어 있다. 투르크인·이란인·쿠르드족·이집트인·알제리인·팔레스타인인은 공통적으로 이슬람을 믿기 때문에 자신들이 같은 국민/민족에 속한다고 믿고 있다. 이슬람은 다양한 민족이 공유하는 보편적인 종교이지만, 지방에 따라 국가에 따라 그 색깔이 달랐다.

또한 아랍세계 국가들의 암묵적인 이슬람 정체성은 소수자의 입장에서는 상당한 곤란을 초래한다. 독립 이후 이라크의 유대인과 그리스도 교도, 터키의 그리스인·아르메니아인·쿠르드족, 이집트의 콥트 교회 교도, 혁명 후 이란의 바하이 교도와 유대인, 수단의 그리스도 교도와 정령숭배자 등의 비무슬림 주민은 종교적·정치적 탄압을 받아왔다.

　중동의 정권들이 1967년 전쟁 이후 세속적 내셔널리즘, 자유주의 또는 사회주의에서 탈피하여 이슬람을 지향하게 된 것은 일관성 있는 국민적 정체성을 만들어내지도, 정통성을 얻지도 못한 데서 그 원인을 찾을 수 있다. 1967년 대(對)이스라엘 전쟁과 1970년대의 석유수출 금지조치가 중요한 전환점이었다. 이집트와 비옥한 초승달지대 국가들의 패배는 그들의 군사력 한계를 드러냈을 뿐만 아니라 정권의 부패, 대미의존, 국민의 정치참여 제한, 경제개발의 실패, 문화적 진정성의 결여 등 이들 사회가 안고 있는 모든 문제점을 총체적으로 노출시켰다. 또한 석유수출 금지조치의 엄청난 충격은 세계의 이목이 사우디아라비아와 보수적인 아랍국가들로 관심이 쏠리게 되었다. 이런 중대한 사건들을 계기로, 지배엘리트들이 주장하던 세속주의·자유주의·사회주의의 관점이 퇴색하고 전통적인 이슬람 문화에 대한 관심이 부활했다. 사회의 모든 영역에서, 특히 학생과 중하위 계층의 주민들 사이에서 이슬람 교육과 신앙에 대한 관심이 되살아났다. 젊은 여성은 히자브를 착용하기 시작했고, 이슬람에 관한 서적, 설교, 토론집단, 예배가 점점 생활문화의 일부가 되었다.

　가장 놀라운 점은 이슬람의 주장에 기초한 정치적 반대세력의 등장이었다. 이집트와 요르단의 무슬림 형제단, 이집트의 자마트, 팔레스타인의 하마스 등 종교색을 띤 호전적인 소규모 분파들이 기성 정권에 대항했다. 이들은 공동체 사상을 내세우면서 여성의 활동범위를 가사와 가정문제에 한정하는 등 전통적인 도덕적 가치와 사회규범을 지지하는 한편, 신앙생활·학교교육·협동조합·진료소·작업장·상부상조·사회복지사업을 조직했다. 그들은 경제적인 형평성과 가족적 가치의 복원을 주장하면서, 궁극적으로는 이슬람 국가의 건설을 요구했다. 이들의 목표는 주민 개개인에게 이슬람의 가치를 주입하고 사회정의를 실현하는 것이었다. 이 운동들은 반(反)근대운동이라기보다는, 국가자본주의에 대한 대안을 포퓰리즘적으로 제기하는 운동이었다.

이런 운동의 지지자들은 대체로 사회적·정치적 권력으로부터 소외된 계층이었다. 즉 바자(재래시장)에서 살아가는 사람들—정부에 연줄도 없고 국제무역을 이용하지도 못한 채 시대에 뒤떨어진 바자 경제 안에서 일하는 상인, 상점주인, 행상, 직인—을 비롯해서, 코란 암송을 가르치는 쿠타브에서 일하는 사람들—근대교육의 기회를 얻지 못한 상태에서 근대화된 경제부문에 통합되어버린 서기·교사·하급관리—이 정부에 반기를 들었고, 그 밖에 학생들과 농촌마을에서 대도시의 빈민촌으로 이주한 이농인구가 반정부운동을 지지했다. 이들의 저항운동은 단순한 정치운동이 아니었다. 그것은 당대의 성(性) 개방과 소비풍조의 유혹에 직면한 사람들이 느낄 수밖에 없었던 도덕적 혼란에서 기인한 측면도 있다. 따라서 여성과 자녀세대의 반항, 가정의 붕괴 등을 우려하는 대중에게 호소력을 발휘할 수 있었던 것이다.

이런 정치운동들은 각국의 사정과 여건, 문제점에 따라 다양한 형태로 발전했다. 이란에서는 정권을 장악하는 혁명으로 연결되었고, 터키에서는 정책적 대안을 제시하는 경쟁력 있는 정당으로 발전했다. 요르단에서는 정당을 결성하여 의회에 진출했다. 이집트에서는 수많은 소집단이 생겨났는데, 이들이 추구하는 목표는 도덕교육으로부터 테러에 이르기까지 각양각색이었다. 시리아와 이라크에서는 정치적 저항이 정부에 의해 분쇄되었다. 하마스는 사회운동을 벌이면서 정치적으로 아라파트 정권에 도전하고 있고, 이스라엘에 대항하여 게릴라전도 전개하고 있다. 레바논에서는 적극적인 시아파 운동단체, 아말당, 히즈불라가 정권을 잡기 위해 경합을 벌이고 있다.

지금까지 급진적인 이슬람 운동은 비옥한 초승달지대에서 정권을 잡는 데 실패했다. 각 국민국가의 정권은 주민들의 눈에 정통성을 확보하고 있는 것으로 보일 뿐만 아니라 군부를 비롯한 지배세력의 기반이 공고하기 때문에, 그 정권을 몰아내기가 쉽지 않다. 이라크와 시리아는 과격파를 잔혹하게 억압하고 있고, 요르단과 팔레스타인 정권은 그들을 회유 또는 조종하고 있다. 급진적인 사회운동이 정권 창출에 실패한데는 내재적인 이유도 있다. 무엇보다도 이슬람주의자들은 추구하는 목표가 명확하지 않고, 아울러 사분오열되어 있다. 기존의 국가 내에서 참된 이슬람 사회를 만들어낼 것인가, 아니면 기존의 국가를 타도하고 새로운 사회를 창조할 것인가? 기존의 체제 내에서 활동할 것인가, 아니면 기존의 체제에 대항할 것인가? 그들은 권력투쟁 방식에 대한 확신이 없을 뿐만 아니라 카리스마를 갖춘 지도자도 갖지 못한 채, 소규모 분파로 분열되어 있다. 그들의 저항은 기성 정권에 아무런 타격을 주지 못했다. 심각한 갈등과 격변에도 불구하고 비옥한 초승달지대와 걸프 연안국들은 놀라울 만큼 정치적으로 안정되어 있다.

26장
19세기와 20세기의 북아프리카

아랍 북아프리카의 근대사는 아랍중동의 근대사와 비슷하다. 19세기에 이르러 북아프리카는 이슬람 사회가 되었다. 수피즘은 농촌공동체 조직에 지대한 영향을 미쳤고, 각국은 전통적인 면이나 코즈모폴리턴한 면 혹은 민족적인 면보다는 이슬람에서 정통성을 찾으려 했다. 도시민은 아랍어를 사용하고 아랍문화를 받아들였다. 하지만 북아프리카의 남부지역과 사하라 지역, 산악지대에서는 베르베르어가 공용어이자 사회적 정체성의 기반이었다.

18세기 후반과 19세기 초에 북아프리카 국가들은 점차 중앙집권체제를 갖추고 가혹하게 세금을 징수했다. 그러나 과도한 세금은 부족과 수피의 광범위한 저항을 불러일으켰다. 유럽과의 경제경쟁은 아프리카 국가들의 농촌인구에 대한 통제력을 더욱 약화시켰다. 결국 북아프리카 국가들은 모두 유럽의 지배를 받게 되었다. 프랑스는 1830년에 알제리를 침공한 데 이어 1881년에는 튀니지, 1912년에는 모로코를 보호령으로 만들었다. 1911년에는 이탈리아가 리비아를 침략했다. 중동에서 그랬듯이, 식민통치는 북아프리카의 사회구조에 심대한 변화를 가져왔고, 독립된 국민국가의 등장을 초래했다.

알제리

프랑스의 점령

프랑스에게 정복되기 직전, 알제리를 지배했던 정권은 여러 모로 이라크나 시리아의 정권과 닮아 있었다. 16세기 이래 소규모 예니체리 세력이 영토를 획정(劃定)하고 국가를 건설했다. 이들은 친족과 추종자들을 이끌고 있던 부족장과 수피들의 도움을 받아 국가를 다스렸다. 19세기 초반 수십 년 사이에 정권이 약해지자, 수피형제단이 과중한 재정부담에 저항하여 여러 차례 반란을 일으켰다.

그리스 독립전쟁에서의 패배로 실추된 권위를 회복하기 위해, 또 마르세유 상인들의 이권을 보호하기 위해 프랑스의 샤를 10세는 알제리를 무력으로 침략하여 알제를 비롯한 해안도시를 점령했다. 하지만 오스만 제국이 물러나면서 서부 알제리에는 새로운 이슬람 국가가 탄생했다. 1832년에 카디리야 교단 수장의 아들 아브드 알 카디르가 스스로 신도들의 지도자이자 아랍의 술탄이라 칭하고 이슬람법을 시행하는 한편 프랑스에 대한 지하드를 이끌었다. 카디르는 금욕적 수피의 이미지를 유지했다. 그는 술을 금하고 남루한 옷을 입고 겸손하게 행동하며 예언자 무함마드의 삶을 흉내냈다. 하지만 후원세력인 모로코 술탄의 비위를 건드리지 않기 위해 많은 노력을 기울였다. 그는 금요예배를 자신의 이름으로 거행하지 않았고, 동전에 자신의 이름을 새기지도 않았다. 카디르 개인의 종교적인 권위와 카디리야 교단의 선전에 힘입어, 대부분의 부족이 그의 휘하에 들어왔다.

카디르는 위계적인 행정조직을 개발했다. 그는 자신의 할리파를 임명하고, 이들에게 군사·재정·사법의 권한을 총괄하게 했다. 할리파 밑에는 아가를 두었다. 아가의 임무는 세금을 거둬들이는 것이었다. 또 아가 밑에는 카이드가 있었는데, 이들은 모두 부족장 신분이었다. 그리고 유력 종교인 집안에서 관리를 뽑았고, 오스만 제국에 협력한 인물은 등용하지 않았다. 이 같은 행정조직의 정비와 더불어 상비군도 창설했다.

1832~1841년에 아브드 알 카디르는 프랑스에 대항하여 화전(和戰) 양면작전을 구사하며 알제리 부족들의 충성을 확보했다. 하지만 1841년에 프랑스의 신임 총독 뷔고는 알제리에 대한 지배를 강화하여 식민지를 건설하기로 결심했다. 모로코가 알제리를 지원하기 위해 개입했으나, 1844년에 이슬리 강 전투에서 프랑스군에게 패배했다. 1847년에 아브드 알 카디르는 프랑스로 압송되었고, 그후 다마스쿠스로 추방되었다. 이로써 반(反)프랑스 저항세력은 완전히 사라졌다. 1851~1857년에 프랑스는 카빌리아를 점령하고 사하라로 진출했다. 1853년에는 와르갈라와 음자브를 장악했고, 1882년에는 음자브를 합병했다. 1890년에는 영국과 조약을 체결하고 알제리에 대한 지배권을 인정받았다.

프랑스는 오스만 제국의 지방행정제도를 도입하고 유력한 부족세력을 동원하여 알제리를 지배했다. 하지만 1843년부터는 직접통치로 전환하여, 군사권과 행정권을 가진 아랍 사무국을 50여 곳에 설치했다. 또한 1840년대 초반에는 알제리 사회를 파괴하는 식민정책을 전개했다. 뷔고 장군은 과수원을 폐쇄하고 곡식을 불태웠으며 양민을 학살하고 마을을 파괴했다. 전쟁과 기근으로 수많은 알제리인이 목숨을 잃었다. 또한 알제리 부족들은 프랑스인 입식자들에게 밀려 특정구역으로 쫓겨나거나 남부로 추방되었다. 1843년과 1870년 사이에 프랑스는 부족장과 종교지도자들을 제거하고, 그 자리에 사회적으로 권위는 없지만 프랑스의 지배에 협조하는 신세대 관리들을 앉혔다. 1874년부터 무슬림 인구는 원주민법에 예속되었다. 이 법은 무슬림의 각종 반역행위와 불법행위에 대한 처벌을 강화했고, 감금과 재산의 압류도 가능하도록 만들었다.

　사회조직이 무너진 알제리는 경제적인 수탈에 무방비로 노출되었다. 광대한 지역의 토지가 몰수되었다. 소수의 무슬림 지주는 생계형 경제에서 시장경제로 전환할 수 있었으나, 대다수 인구는 소농이나 소작농, 농업노동자로 전락하여 극도의 가난 속에서 살았다. 프랑스인은 알제리인의 가난이 그들의 사회적·문화적 한계에 내재해 있었다고 강조하거나, 알제리인이 시장경제 도입 이전의 정신자세를 극복하지 못했고 알제리 사회의 자본주의가 무슬림 주민들을 흡수할 만큼 충분히 성숙하지 못했다고 주장했다. 그러나 빈곤의 주된 원인은 프랑스의 침략에 의한 농지의 황폐화와 프랑스의 토지 강탈이었다.

　알제리 사회가 파괴되자 알제리인은 각 지방에서 격렬한 저항운동을 전개했다. 이슬람에 대한 신앙과 충성심이 저항운동의 정신적 지주가 되었다. 알제리 북부에서는 여러 차례에 걸쳐 천년왕국을 신봉하는 집단이 폭동을 일으켰다. 1849년에 자차 지역의 샤이흐이며 아브드 알 카디르의 지지자였던 부 지안은 꿈에 예언자 무함마드가 나타나 자신을 마디(구세주)의 대표로 명명하고 프랑스의 과세와 지배에 저항하라는 명령을 내렸다고 주장했다. 라흐마니야 교단 산하 자위야의 지도자 시디 사도크 빈 알 하지는 1849년에 부 지안과 동맹을 맺었고, 1858년에는 다시 지하드를 일으켰으나 88명의 추종자와 함께 체포되었다. 1860년에는 신앙심이 깊은 명문 전사 종족의 일원이었던 부 켄타시가 기적을 일으켜 프랑스인의 총탄으로부터 추종자들을 보호하겠다고 약속했으나, 그 해에 죽고 말았다. 이미 한 세대 전에 시디 사도크의 편에 서서 저항운동에 참가했던 무함마드 암지안은 1879년에 자칭 마디를 선언하고 지방관들을 공격했다. 남부에서도 1851년과 1855년 사이에, 그리고 1871년과 1872년에 반란이 일어났다. 낙타를 사육하던 유목민들은 북부 오아시스의 통행로를 보호하기 위해 프랑스 관리들에게 대항했고, 양을 사육하던 유목민들은 그들이 출입하는 시장을 지키고 완전한 경제적 종속을 피하기 위해 반란을 일으켰다.

알제리인의 반란은 샤르티야라 불리던 비밀결사에 의해 사전에 모의되기도 했다. 샤르티야는 부족 단위로 조직되어 관리들의 동향을 살피고 말과 무기를 확보하고 전사를 충원했다. 설교사와 수피들은 마디의 출현을 알리는 선행자라고 주장하면서 사람들을 선동했다. 수피형제단도 활발한 저항운동을 전개했다. 샤이흐 무스타파 이븐 아주즈(1866년 사망)는 라흐마니야 교단과의 관계, 종교적 권위, 친족관계, 무기거래상으로서의 지위를 이용하여 콩스탕틴 지역에서 반프랑스 선전활동과 저항운동을 지원했다. 하지만 그는 한동안 프랑스와 평화를 유지하기도 했다. 그의 정책은 이데올로기 전쟁이나 종교전쟁을 수행하는 것이 아니라 정치적 현실을 최대한 이용하는 것이었다.

1870~1871년에는 각 지역에서 산발적으로 진행되던 저항운동이 마침내 대규모 반란으로 발전했다. 저항운동이 전국적으로 확산된 것은 당시의 국내외 정세와도 관계가 있다. 나폴레옹 3세가 프로이센과의 전쟁에서 패하자, 오랜 기간 고통과 기근에 시달리던 알제리인들 사이에서 독립이 가능하리라는 희망이 생겨났다. 또한 프랑스에 공화정이 들어서면 식민지배에 대한 제약이 사라져 프랑스가 알제리 땅을 완전히 강탈할지도 모른다는 두려움도 있었다. 라흐마니야 교단의 지원을 받고 있던 부족장 알 무크라니가 반란을 주도했다. 알 무크라니 가(家)는 1830년대 이래 프랑스와 긴밀한 관계를 유지해왔다. 그러나 1870년에 프랑스가 기존 지배층을 고분고분한 행정관리들로 대체하고 메자나와 카바일 지역에 프랑스 농민의 입식을 추진하자, 신상의 위협을 느껴 반란에 가담했다. 하지만 알 무크라니는 패배했다. 프랑스는 평상시에 부과하는 공물의 10배나 되는 엄청난 배상금을 빼앗고, 수십

만 헥타르의 토지를 몰수했다. 역사를 되돌아보면, 이 시기에 일어난 저항운동은 프랑스의 지배를 받아들이지 않겠다는 알제리인의 결의를 보여주는 징표인 동시에 알제리 사회가 패배에 이르는 마지막 국면이었다.

이슬람 문화 역시 큰 상처를 입었다. 프랑스의 정복 이전에 알제리에는 수많은 학교가 있었고, 종교기관에 기부된 재산의 규모도 컸다. 예컨대 콩스탕틴과 틀렘센에는 수많은 학교·마드라사·수도원이 있었고, 수도원에서 고등교육을 받는 학생의 수가 수백 명에 이르렀다. 대학에서는 문법·법률·코란 해석·대수학·천문학을 가르쳤다. 프랑스는 학교의 수입을 압류하고 많은 학교를 파괴했다. 원칙적으로 알제리 어린이들을 유럽 문명에 동화시키기 위한 프랑스식 학교를 대체할 계획이었다. 그러나 1883년과 1898년 사이에 도입된 새로운 교육제도는 오로지 소수의 인원만을 대상으로 했고, 그것도 프랑스에 협조하는 하급관리를 양성하는 수단으로 이용되었다. 카바일·오레스·음자브 등지의 중산층 자녀들이 신식 학교에 입학했으나, 그 숫자는 미미했다. 1890년의 경우 취학연령 학생의 2%만이 프랑스식 학교에 들어갔다. 1930년에 교육과정을 경험해본 학생은 9%에 불과했고, 1945년에도 15% 정도였다. 1954년에 무슬림 학생의 중학교 진학률은 0.75%에 불과했다. 프랑스의 교육제도는 제대로 시행되지도 않았고, 무슬림은 물론이고 프랑스인 입식자들에게도 외면당했다.

점령 즉시 프랑스는 대대적인 식민지화에 착수했다. 본국에서는 부동산회사가 설립되어 알제리 토지에 투자했고, 입식을 원하는 프랑스인은 주인 없는 토지를 차지했다. 곧이어 프랑스 정부는 알제리인의 토지를 대대적으로 수용했다. 1843년의 법령은 종교재산의 불가침 원칙을 폐지하고 유럽의 법에 따라 매매가 가능하도록 했다. 또한 부족집단을 강제로 이주시키거나 좁은 지역으로 몰아넣은 다음, 잉여 토지를 식민지농장으로 전환했다. 한 술 더 떠 1873년의 법률은 무슬림 개개인이 부족의 땅이나 가족의 재산 가운데 각자의 몫을 매각할 수 있게 함으로써 알제리인 공동체의 재산을 분리했다. 이런 방법을 통해 프랑스인 입식자들은 방대한 토지를 소유하게 되었다. 유럽인 소유의 토지는 1900년에 170만 헥타르에 달했고, 1940년에는 270만 헥타르로 늘어났는데, 이는 알제리 전체 경작지의 35~40%를 차지하는 규모였다. 유럽인 입식자들은 이렇게 방대한 토지를 소유하고도 전적으로 정부의 지원에 매달렸다. 1870년 이전에는 곡물·사탕수수·목화·담배·아마·차·뽕나무를 재배했으나 모두 실패로 돌아갔다. 그후 프랑스에서 여러 해 동안 포도 작황이 부진하자, 알제리의 농장들은 대부분 포도를 재배하게 되었다.

방대한 식민지를 갖게 된 프랑스인과 유럽인은 알제리를 프랑스에 통합할 것을 요구했다. 이 요구는 프랑스 군부의 반대에 부딪쳤다. 프랑스 군부는 자신들이 주축을 이루고 있는 아랍국(局)을 통해 알제리를 지배하면서, 유럽인 입식자들의 무슬림 토지 약탈을 억제하고 알제리에 문민정부가 수립되는 것을 막으려고 했다. 1860년에 알제리를 방문한 나폴레옹 3세는 300만에 달하는 아랍인 신민을 보호하는 것이 자신의 주된 의무라고 생각하고, 군사행정을 강화하기로 했다. 그러나 1864~1870년에 기근과 전염병, 부족 반란이 이어지면서 군사정부의 위상이 크게 약화되었다. 이어 1870~1871년에 무슬림이 대규모 반란을 일으키자, 마침내 프랑스는 현지의 통치체제를 프랑스인 농장주의 이익을 보호하는 방향으로 개편했다. 비록 총독의 지배를 받긴 했지만, 알제리는 행정적으로 프랑스에 통합되어 프랑스의 세 현(縣)으로 재편되었다. 프랑스인 입식자들은 지방정부를 구성할 권리를 얻었고, 프랑스 의회에 대표를 보낼 수 있었다. 1896년에는 프랑스 정부에 의한 직접적인 지배가 끝났고, 1898년 유럽인이 절대 다수를 차지하는 알제리의회가 설치되었다. 프랑스인 입식자들은 지방위원회와 알제리 의회를 장악하고 프랑스 의회를 조종하여 알제리에 대한 실질적인 지배권을 확보했다.

알제리 저항운동의 부활: 제2차 세계대전 종전까지

프랑스가 식민통치를 강화하자 알제리인은 이에 맞서 저항운동을 재개하고 독립을 요구했다. 알제리인은 넓은 영토에 뿔뿔이 흩어져 살면서 빈곤에 허덕이고 있었다. 이들은 주로 한계지로 내몰렸고, 부족의 지도력은 사라졌으며, 종교지도자들은 매수되었고, 무장저항운동도 실패했다. 그럼에도 불구하고 알제리인은 새로운 생명을 싹틔우고 있었다. 프랑스인에 의한 경제적 변화는 새로운 계급의 탄생과 알제리인의 의식변화로 이어졌다. 프랑스인이 지방에 대한 식민통치를 강화하자 농촌마을의 경제는 파괴되었고, 농촌주민들은 어쩔 수 없이 도시로 이주하게 되었다. 구질서를 파괴하려는 프랑스의 노력에 맞서 새로운 엘리트 세력이 생겨났다. 서양식 교육 또는 이슬람 개혁주의 교육을 받은 세대가 성장했던 것이다. 이들은 정부에 고용되어 교사·집배원·약사·철도노동자 등으로 일했다. 그 중에는 귀향한 퇴역군인들도 있었다. 신흥 엘리트들은 문화단체·노동조합·정당 등의 새로운 조직에서 중심적인 존재가 되었다. 심리적인 면에서는, 프랑스의 침탈이 감추어져 있던 알제리인의 민족감정과 충돌했는데, 이런 정서가 상징적인 방식으로 표출되다가 정치적인 형태를 취하게 되었다고 볼 수 있다. 대중적인 시와 서사시는 이슬람의 옛 영광을 찬미하면서 불신자들을 몰아내야 한다는 사명감을 북돋았다. 알제리인의 좌절과 분노는 시위와 파업, 산발적인 폭력사태로 나타났다. 이런 몸부림은 비록 그 파장이 크지 않았다 하더라도 프랑스의 지배를 영원히 받아들일 수는 없다는 명백한 의사표현이었다.

제1차 세계대전 이후 프랑스의 조치도 간접적으로 알제리인의 저항을 자극했다. 전승(戰勝)으로 인한 흥분과 알제리인의 지원에 감사하는 마음에서, 무슬림 주민에 대한 억압을 완화하려는 시도가 여러 차례 있었다. 프랑스는 이슬람 민법을 포기하는 무슬림에게는 프랑스 시민권을 주기로 결정했다. 또한 토착민의 지방의회 진출 문호를 넓히고, 재산소유자·관리·퇴역군인에게 선거권을 부여했다. 프랑스인 입식자들의 압력에 밀려 프랑스 정부는 이런 양보 중 상당수의 조치를 부인했지만, 이미 무슬림 지식인 사이에서는 정의·평등·시민권에 대한 프랑스인의 개념이 자리를 잡고 있었다.

알제리의 토착엘리트는 크게 세 부류로 구성되었다. 첫 번째는 프랑스-아랍 학교에서 교육을 받은 부류로, 이들은 무슬림으로서의 사회적·법적 정체성을 유지한 채 프랑스 사회에 온전히 통합되기를 기대했다. 20세기에 접어들면서 이들은 알제리 청년단을 조직하여 자신들의 요구사항을 관철하고자 했다. 1927년에는 자치위원회에 선출된 변호사와 교사 등 자유주의 세력이 알제리원주민연맹을 결성했다. 1930년에는 벤 젤룰 박사의 주도하에 콩스탕틴 지역에서 무슬림대표자연맹이 구성되었다. 무슬림대표자연맹은 군대와 교육, 공직 임용에서의 평등과 더불어 무슬림 인구를 차별하는 모든 법령의 폐지를 요구하는 그런 알제리인의 대변자가 되었다. 하지만 프랑스식 교육을 받은 이들 엘리트는 알제리의 독립을 외치지는 않았다. 이와 관련하여 파르하트 아바스가 유명한 연설을 남겼다. "나는 역사에 대해 의문을 던져보았다. 삶과 죽음에 대해서도 의문을 던져보았다. 그리고 공동묘지도 방문해보았다. 아랍과 이슬람 제국은 과거의 것이다. 우리의 미래는 프랑스의 미래와 불가분의 관계에 있다."

1920년대와 1930년대에 생겨난 알제리 엘리트의 두 번째 부류는 파리 이민자들로, 이들은 그 지향하는 바가 더 급진적이고 내셔널리즘적이었다. 1926년에 프랑스 공산당은 북아프리카의 별(ENA)을 조직했다. ENA는 별다른 움직임을 보이지 않다가 1933년에 메살리 하즈가 조직을 부흥시킨 뒤에 알제리 독립을 적극적으로 지지했다. ENA는 공산당 계열이면서도 알제리 내부의 계급투쟁에는 큰 관심을 보이지 않았고, 알제리인을 향해 외국의 지배에 대항하여 단결할 것을 촉구했다. 1936년에 메살리 하즈는 제네바에 거주하는 레바논 출신 언론인 샤키브 아르슬란이 추진하던 범아랍주의 운동에 동참했다. 샤키브 아르슬란은 이슬람의 가치에 뿌리를 두고 같은 아랍국가들과 동맹을 맺는 독립국 알제리를 건설해야 한다고 주장했다. ENA는 1937년에 알제리인민당(PPA)으로 전환되었다.

PPA은 알제리 의회의 창설, 보통선거 실시, 알제리인의 공무담임권 인정, 아랍어 의무교육을 요구했다. 나아가 알제리의 완전한 정치적 독립과 점령군의 완전철수를 요구했고, 신생 알제리 국가가 은행·광산·철도·항구·공공시설을 통제해야 한다고 주장했다. 알제리인에게는 이슬람의 원리에 충실할 것을 당부했다. PPA은 본질적으로 인민주의적인 운동을 벌였으며, 그 지지기반은 원주민 이주노동자들에서 점차 직인·소규모 상인·노동자들로 확대되었다. 제2차 세계대전 기간에는 대학생과 대학원생도 가세했다.

세 번째 부류의 엘리트는 이슬람 개혁주의운동의 지도자들이었다. 이들은 이슬람 경전주의를 알제리 내셔널리즘에 적용했다. 이슬람 개혁주의는 무함마드 아브두 및 튀니지 이슬람 개혁주의자들과의 접촉을 통해 알제리에 소개되었다. 그러나 알제리에서는 제1차 세계대전이 끝나고 지방의 수피 세력이 약화될 때까지 개혁운동이 뿌리를 내리지 못했다. 수피들은 농촌주민이 점차 도시로 빠져 나감에 따라 영향력이 줄어들었고, 프랑스에 협력함으로써 권위도 실추되었다. 또한 도시의 프티부르주아지와 노동계급이 성장하면서 수도사들의 주술·마술·신비주의도 호소력을 잃었다. 더구나 개혁주의자들이 세력을 확대하자 수도사들은 프랑스에 협력할 수밖에 없었고, 이런 사태는 그들의 위상을 완전히 땅바닥에 떨어뜨리고 말았다. 제1차 세계대전 이후 프랑스가 유화정책을 펴면서 무슬림이 프랑스에 동화될지도 모른다는 우려가 생겨났다. 무슬림은 가톨릭 조직 및 프랑스 학교와 경쟁할 수 있는 언론과 종교단체의 필요성을 절감하게 되었다.

튀니스의 자이투나 대학에서 교육받은 아브드 알 하미드 벤 바디스(일명 벤 바디스)가 개혁(이슬라)운동과 전후 알제리 아랍 문화 정체성 부흥운동의 주요 지도자가 되었다. 그는 무함마드 아브두와 라시드 리다, 살라피 운동에서 영감을 받아 코란과 하디스를 이슬람 신앙과 실천의 근본으로 삼았다. 그는 하느님의 유일성을 신봉하고 다신론에 반대하는 한편 이성의 중요성을 무시하지 않으면서도 하느님의 계시를 중시했다. 벤 바디스는 하느님의 유일성에 대한 믿음, 효심, 타인의 권리 존중, 세속적인 재산의 올바른 사용, 상거래에서의 정직, 도덕심의 순화 등 이슬람 개혁의 일반 원리를 코란에서 끌어냈다. 성실한 무슬림은 예언자 무함마드의 덕목을 본받아야 한다는 것이다.

신의 유일성에 대한 강조는 수피의 신앙과 관행에 대한 혹독한 비판으로 이어졌다. 개혁파는 성자숭배와 기적에 대한 믿음을 거부하고, 합리적 논조를 통해 수피즘의 신비를 벗기기 위해 노력했다. 그들은 은둔주의를 비난받아 마땅한 이질적인 요소로 규정했다. 그 근거로 은둔주의는 코란의 어디에도 나타나 있지 않고 예언자 무함마드도 권하지 않았으며 초기 칼리프들도 행하지 않았다는 점을 들었다. 개혁주의자들은 무함마드 탄생일을 기념하는 방식도 바꾸었다. 또한 모스크와 자위야는 물론 학교와 집회장소, 공연장에서도 환상적인 분위기와 의식을 축소하고 엄숙한 환경을 조성했으며, 무함마드의 역사적 역할을 강조하고 시사적인 문제에 대해서 설교했다.

개혁가들이 사회적·경제적 쟁점에 각별한 관심을 기울인 것은 사실이지만, 그들은 어디까지나 종교 또는 도덕의 관점에서 문제를 바라보았다. 예컨대 그들은 개혁운동의 자금줄인 자카트(희사)를 빈민층에 대한 부유층의 책임이라고 인식했으나, 도시노동자와 농민의 생활여건, 경제발전, 자본의 이용에 대해서는 언급하지 않았다. 또한 라시드 리다의 주장에 따라 여성해방론을 거부하고 베일의 착용을 권하면서 사회생활에서 남녀가 어울리는 것에 반대했다. 여성에게 평등한 상속권이나 이혼청구권을 부여하는 것에도 반대했다. 그들은 이슬람의 전통이 근대과학기술과 상충하지 않는다고 보았다. 그러나 이슬람과 근대세계가 양립할 수 있다고 말하면서도, 그들은 사회의 근대화에 큰 관심을 보이지 않았다. 이들의 마음을 움직인 결정적인 요인은 유럽인의 침투로 인한 이슬람 국가의 패배였다. 그들은 초기 이슬람의 순수성과 열정을 회복해야만 무슬림이 근대과학을 흡수하고 잘못된 문화와 정치를 바로잡을 수 있다고 보았다. 개혁가들은 자신이 발간하는 잡지에서 이슬람이 금하고 있는 음주와 도박 같은 비도덕적 행위는 물론 근대사회의 병폐까지 신랄하게 비판했다.

개혁파는 새로운 교리를 정하려 했을 뿐만 아니라, 새로운 사상이 청년들에게 전해질 수 있는 그런 사회운동을 만들어내려고 했다. 이들은 이슬람의 원리와 아랍 문화를 전파하기 위한 회의를 개최하고 토론 그룹을 결성했다. 또한 스카우트 운동을 적극적으로 후원했고, 학교를 설립하여 코란·아랍어·알제리 역사·애국적인 노래와 더불어 약간의 프랑스어·산수·지리학을 가르치고 알제리가 조국이라는 개념을 심어주려 했다. 개혁운동가들이 세운 학교는 주로 초등학교였고, 고등교육을 원하는 학생들은 콩스탕틴 또는 튀니스의 자이투나에 있는 모스크로 유학했다. 그러나 초등교육을 마치는 학생의 수는 많지 않았으며, 고등교육까지 받는 학생은 훨씬 적었다. 교육운동이 최고조에 달한 1954년에 학교는 110개였고 학생은 2만 명이었다. 학교는 내셔널리즘 운동을 위한 투사를 양성했으며, 알제리인의 민족적 정체성 함양에도 큰 역할을 했다.

1931년에 벤 바디스는 알제리 이슬람 울라마 협회를 설립하고 설교사·출판·학교를 지원했다. 개혁운동이 강력해지자 이에 반발한 수피들은 1932년에 그들만의 울라마 협회를 조직했다. 1933년에 프랑스 정부는 개혁주의 설교사가 모스크에서 설교하는 것을 금하고, 아랍어와 프랑스어로 발간되는 잡지에 대한 검열을 실시했다. 언론과 출판에 대한 통제가 시행된 이후 알제리에서 공개적으로 프랑스의 통치에 저항하는 집단은 오직 개혁주의 운동단체뿐이었다. 벤 바디스는 종교의 자유와 아랍어 교육, 이슬람 출판물을 지키기 위해 투쟁했다. 1935년부터 개혁주의 운동단체들은 점차 정치색을 띠었다. 1936년에 개최된 이슬람 울라마 협회와 알제리 원주민협회의 합동회의에서 벤 바디스는 프랑스의 동화정책에 저항하는 운동의 지도자로 부상했다.

개혁운동의 이면에는 정치적 의도가 숨어 있었다. 프랑스 제국의 한 부분으로 편입되긴 했지만, 알제리는 결국 아랍-무슬림 통일체였다. 아랍주의는 프랑스의 동화정책에 대항하는 동시에 아랍인과 베르베르인을 분열시키려는 정책에 저항하는 수단이었다. 벤 바디스는 비록 알제리인이 정치적으로는 프랑스의 신민이라 할지라도, 무슬림은 프랑스 정부로부터 독립된 '자마' 즉 항구적인 위원회를 구성하여 자치를 실시해야 한다고 주장했다. 그는 문화적 국민성을 정치적 국민성과 구분함으로써, 원칙적으로는 보편적인 무슬림 공동체가 별개의 지역집단이나 국민집단으로 나뉠 수 있는 논리적 근거를 마련했다. 종교적인 의미의 국민성과 정치적인 의미의 국민성을 구별함으로써, 개혁가들은 프랑스의 지배하에서도 알제리인의 정체성을 확립할 수 있었다. 파르하트 아바스의 선언에 응수하여, 벤 바디스는 "내가 말하는 무슬림 국가는 프랑스가 아니다. 무슬림 국가가 프랑스가 될 수는 없다. 물론 프랑스가 되고 싶지도 않지만 설령 원한다고 해도 그렇게 되는 것은 불가능하다" 고 단언했다. 종교적 개혁가들은 알제리인이 종교적·언어적·문화적으로 특출한 민족이므로 궁극적으로 정치적 독립의 운명을 타고났다는 관념을 대중에게 심어주었다.

이슬람 개혁주의는 도시와 농촌에서 현지의 여건에 맞춰 적응함으로써 알제리 사회에서 가장 역동적이고 광범위한 문화적 힘이 되었다. 개혁운동은 콩스탕틴·오랑·알제 같은 해안도시의 프티부르주아지뿐만 아니라 부족이나 수피의 엘리트가 쇠퇴한 이후 권위와 주도권의 공백에 빠진 농촌지역의 주민들에게도 강력한 호소력을 발휘했다. 1930년대 후반에는 자유주의 부르주아 집단은 물론이고 급진적인 노동운동가들도 이슬람으로 무장하고 이슬람을 정당화의 근거로 삼았다. 1940년 벤 바디스의 사망으로 개혁파는 동력을 상실했지만, 알제리인의 국민적 정체성 형성에 미친 개혁운동의 영향은 지속되었다.

독립 추진과 알제리 혁명

1930년대 중반에 알제리인은 독립을 위한 문화적 준비작업을 완료하고 본격적인 투쟁에 돌입했다. 알제리인의 요구는 점점 일관성을 띠었고, 그럴수록 프랑스의 대응책은 오락가락하며 갈피를 못 잡았다. 1936년에 각 분야의 알제리 지도자들이 모여 알제리무슬림회의를 결성하고 이슬람 민법의 시행, 교육여건 개선, 경제부문에서의 동등한 처우, 보통선거권 인정, 의회에 대표를 보낼 수 있는 권리의 보장을 요구했다. 그러나 독립을 요구하지는 않았다. 알제리인의 요구에 대한 프랑스인의 반응은 여러 갈래로 나뉘었다. 일부는 유화적이고 자유주의적인 정책을 선호했으나, 프랑스 정치는 그런 정책의 시행을 불가능하게 만들었다. 알제리 엘리트의 등장에 위협을 느낀 프랑스는 억압정책으로 방향을 돌렸다. 개혁 성향의 학교와 언론을 폐쇄하고, 무슬림 자유주의 부르주아지와의 관계도 끊었다. 두 세대에 걸쳐 프랑스는 교육받은 무슬림은 프랑스 시민이 될 수 있다는 기대를 심어주면서 소수의 엘리트를 양성해왔다. 그러나 이슬람 민법의 포기 여부에 관계없이 프랑스 시민권을 부여하자는 이른바 블룸-비올레 제의가 1938년에 폐지되었다. 이로써 알제리 내 자유주의자들은 개혁과 동화에 대한 희망을 잃어버렸다.

제2차 세계대전 발발 이래 알제리 혁명이 시작되는 시기까지 알제리 내셔널리즘 진영에서는 프랑스에 대한 요구의 수위를 높였고, 이에 대응하여 프랑스는 사후약방문식의 개혁조치와 억압정책을 반복했다. 알제리 사회의 온건파는 계속 프랑스를 지지했다. 그러나 1943년에 파르하트 아바스는 알제리 인민선언을 발표하고 식민통치의 종식과 독자적인 무슬림 정부의 구성을 허용하는 헌법의 제정을 요구했다. 나아가 아랍어를 프랑스어와 똑같이 인정해줄 것을 요구하고, 언론과 결사의 자유, 보통교육의 실시 등 다양한 자유화 조치를 촉구했다. 아바스는 1946년에 알제리인선언민주동맹(UDMA)을 결성하고 알제리인 부르주아지의 목소리를 대변했다. 이어 메살리가 주도한 민주적 자유의 승리를 위한 운동(MTLD)이 결성되었다. 1947년에 알제리 사람들은 북아프리카 프랑스 연방의 일원으로서의 알제리 공화국 건설계획을 프랑스 의회에 제출했다. 프랑스 정부는 이를 거절하고 1947년 9월에 알제리에 관한 법률을 제정했다. 이 법률은 알제리가 프랑스 공화국의 일부임을 명백히 하고 총독을 행정의 최고책임자로 규정했다. 다만 선거를 통해 독자적인 의회를 구성할 수 있도록 하고, 부분적으로 재정과 행정에 관한 자치권을 인정했다. 또한 법률은 알제리 주민의 시민권, 이슬람 신앙과 아랍어 사용에 대한 관심을 인정했다. 이 계획은 무슬림의 요구와는 거리가 있었다. 게다가 프랑스는 알제리에서 실시된 선거에 주요 이슬람 정당이 참여하지 못하게 조종하고, 이런저런 핑계로 개혁을 미루었다. 이렇게 되자 점진적인 비폭력 해방 및 프랑스와의 동맹이라는 관념은 알제리인 무슬림 사이의 여론에서 그 가치를 완전히 상실했다.

정치엘리트들이 여러 방책을 구상하는 동안 알제리인의 대중의식과 정치운동은 새롭게 태동하고 있었다. 1945년 5월에 세티프 지역에서 시위가 일어나 프랑스인 농장주가 공격을 받게 되자 프랑스는 수많은 무슬림을 잔혹하게 살해했다. 이 사건을 계기로 대중운동 또는 국민운동이 시작되었다. MTLD 내부의 행동주의자와 과격분자들은 알제리 독립을 달성할 수 있는 방법은 무장봉기뿐이라는 결론을 내렸다. 급진 성향의 젊은 세대가 선봉에 섰다. 이들은 주로 농촌 출신의 중·하층민으로 고등교육을 받지도 못하고 유럽인과 접촉할 기회도 거의 없었던 반면 아랍과 이슬람의 정체성만큼은 강력했다. 또한 농촌생활의 참상은 물론이고 프랑스 지배하에서의 부당한 대우와 치욕을 절감하고 있었을 뿐만 아니라 알제리 독립을 위한 투쟁의지로 불타고 있었다. 아이트 아흐메드와 벤 벨라가 이끄는 MTLD의 특수조직(OS)은 알제리인의 저항운동에 준군사적인 역량을 부여했다. 핵심 군사요원들은 1949년에 이미 만반의 준비를 갖춘 상태였다. 그러나 1954년에야 자유주의적 집단·급진적 집단·혁명적 집단이 무력저항에 합의했다.

마침내 1954년에 OS는 민족해방전선(FLN)을 조직하고 같은 해 11월 1일 전국적으로 게릴라 공격을 감행함으로써 알제리 혁명이 시작되었다. 혁명세력은 알제리를 여섯 개의 주(州), 즉 '윌라야'로 나누었고, 튀니지와 모로코에서 강력한 민족해방군(ALN)을 양성했으며, 1959년에는 우아리 부메디엔이 사실상 이 군대를 지휘했다. FLN은 과거의 독립운동을 정치적인 실패로 규정하고, 이슬람의 원리를 간직한 민주적이고 사회주의적인 독립 주권국가의 건설을 목표로 내세웠다. 그리고 국가는 오로지 무장투쟁에 의해서만 건설될 수 있다는 입장을 분명히 했다.

전쟁이 발발하면서 신세대 군사지도자들이 권력을 잡았다. FLN이 공식적으로 이슬람을 채택한 것은 아니었지만, 지지자들은 이슬람의 정서와 엄숙한 태도를 취했다. 혁명지도자들은 술과 담배를 배신의 상징으로 간주했다. 그들은 반프랑스의 기치를 높이 올리는 한편, 그들의 혁명이 프랑스 식민지배자들에 의해 부정되어온 근대화를 이룰 수 있게 해줄 것으로 확신했다. 혁명세력은 자신이 속한 윌라야와 군대에 대한 애착 그리고 강한 책임감으로 무장하고 전쟁에 나섰다. FLN은 빠르게 다른 운동단체들의 정치적 지지를 확보해 나갔으며, 1956년에는 알제리의 완전한 독립이 모든 집단의 공동 목표가 되었다.

혁명세력은 1956년에 숨맘 대회에서 그들의 혁명은 종교전쟁이 아니라 시대착오적인 식민정책을 파괴하기 위한 투쟁이라는 점을 결의하고, 알제리 사회민주주의 공화국의 건설을 제의했다. 이때까지만 해도 정권의 인수인계와 이에 따른 경제·사회·문화 분야에서의 협력방안에 대한 프랑스와의 협상만 남은 것처럼 보였다. 혁명세력은 1958년에 알제리 공화국 임시정부(GPRA)에 대한 국제적인 승인을 요청했다. 이집트 등 아랍국가와 공산주의국가들이 알제리를 지지했고, 반(反)식민주의 정서를 가진 미국 같은 국가들도 어느 정도 호의적인 반응을 보였다. 알제리가 궁극적으로 승리를 거둔 데는 국제적 지원이 큰 힘이 되었다.

이에 대해 프랑스는 알제리에서 철수할 뜻이 없음을 재천명했다. 물론 프랑스는 군사적으로 우위에 있었다. 프랑스는 여행 중인 벤 벨라와 그 일행이 탑승한 비행기를 납치하고, 마슈 장군의 지휘하에 알제를 침공했다. 알제 침공은 도시 게릴라 소탕작전 형태로 전개되었고, 1957년 중반에는 알제의 FLN의 기구가 모두 와해되었다. 프랑스는 튀니지와 모로코에서 들어오는 무기와 인력을 차단했고, 사하라 지역에서도

FLN을 섬멸했다. 또한 대규모 군사행동과 함께 알제리 주민을 다른 곳
으로 옮겨 재정착시키는 전술도 구사했다.

프랑스는 군사적 승리에도 불구하고 전쟁을 계속할 수 있는 형편이
아니었다. 1958년 5월 13일에 알제리의 프랑스인 주민들이 조직적인
시위를 벌여 알제리 정부를 무너뜨림으로써 제4공화정에 큰 타격을 입
혔고, 같은 해 6월에는 드골 장군이 정권을 잡았다. 드골은 알제리의
프랑스인이 기대하던 것과는 달리 FLN에 화해를 제의했다. 드골은 프
랑스인과 알제리인 모두에게 동등한 투표권을 인정하는 신헌법의 제정
을 위해 국민투표를 실시했다. 국민투표에 이어 드골은 콩스탕틴 계획
을 발표했는데, 이 계획에는 경제개발, 고용확대, 봉급의 평등화, 무슬
림 농민에 대한 경작지 분배, 취학연령 아동 3분의 2를 수용할 수 있는
학교시스템의 개발, 20만 호 주택 건설 등이 포함되어 있었다. 콩스탕
틴 계획에 소요되는 재정은 석유와 가스를 팔아 얻는 수입으로 충당하
기로 했다. 1959년 9월에 드골은 한걸음 더 나아가 알제리의 미래를 알
제리인이 결정하게 하자고 제안하고, 알제리인에게 독립, 프랑스와의
공동협력에 의한 자치, 동화 이 세 가지 방안 중에서 선택할 수 있는 권
리를 부여했다. 알제리를 계속해서 프랑스의 일부로 삼겠다는 결정을
포기한 것이다. 1960년부터 FLN과의 협상이 시작되었으며, 마침내
1962년 3월 에비앙에서 알제리의 주권이 승인되었다. 다만 프랑스는
비행장과 해군기지, 핵실험기지를 계속 보유하기로 했다. 장래의 경제
협력문제도 합의되었으며, 프랑스인 입식자들은 프랑스 시민권과 알제
리 시민권 중에서 택일하도록 했다.

알제리 독립은 치열한 투쟁과 참혹한 파괴, 엄청난 인명의 희생이 가
져다준 대가였다. 알제리에 다져놓은 엄청난 정치권력과 행정조직, 알
제리에 살고 있는 수많은 유럽인 주민의 존재, 그리고 이 식민지를 동
화시키려는 불타는 의욕에도 불구하고 프랑스는 알제리 식민지에 대한

통제권을 잃었다. 프랑스의 좌파와 우파는 공히 하나의 국민국가로서
프랑스라는 존재가 그 식민지에 의존했다는 것을 믿어 의심치 않았지
만, 좌파 자유주의와 우파 권위주의 사이에 끼어서 이러지도 저러지도
못했다. 결국 프랑스의 일관성 없는 정책은 무슬림의 반대를 현실화시
켰고, 무슬림의 운동을 탄압함으로써 오히려 더 큰 저항을 불러왔다.
알제리의 프랑스인은 프랑스 정부의 정책을 극단으로 몰고 갔을 뿐만
아니라 중앙정부에 저항하는 태도를 보임으로써 프랑스의 입장을 더욱
난처하게 만들었다. 프랑스 내의 분열, 무슬림 인구의 수적 우세, 민족
의식의 성장 등 내외여건이 알제리 해방을 필연적인 것으로 만들었다.

독립국 알제리

통치체제의 정비, 경제정책의 수립, 문화적 정체성의 확
립 등 신생국 알제리가 당면한 과제는 실로 막중했다. 독립 당시 알제
리 사회는 모든 조직이 완전히 해체된 상태였다. 정치엘리트 세력이 규
합되지 않았을 뿐만 아니라 이데올로기적 방향도 명확하지 않았다. 알
제리의 엘리트는 자유부르주아 전문직 종사자, 개혁주의적 울라마, 프
티부르주아 급진세력, 혁명적 군인 등이었고, 이들은 FLN과 ALN,
GPRA와 여타 집단으로 나뉘어 있었다. 여러 세대에 걸쳐 프랑스의 동
화정책, 이슬람 개혁운동, 적극적인 무장운동을 겪은 알제리 사회의 가
장 절박한 문제는 정치엘리트 내의 분열이었다.

뒤이은 권력투쟁의 결과 군부독재와 국가관료체제가 들어섰다.
1962년 6월의 트리폴리 대회는 벤 벨라 주도의 정치국을 출범시켰다.
벤 벨라는 이듬해 대통령이 되었고, 사회주의 헌법을 공포했다. 또한
FLN은 유일 정당이 되었다. 벤 벨라와 군부는 지방군벌을 제거하고 민
족해방전선 내부의 반대파에 대한 숙청을 단행했다. 철도·우편·석유·
건설 분야의 노동자들로 구성된 호전적인 단체 알제리 노동자총동맹만

이 약간의 정치적인 자율권을 유지했다. 이 밖에 전국알제리여성동맹, 민족해방전선청년운동, 전국알제리학생동맹 등의 주요 정치단체가 있었으나 그 조직이 허술했을 뿐만 아니라 정치적 행동을 할 만한 역량이 거의 없었다. 당과 행정부를 장악하고 있던 벤 벨라는 1965년 6월에 우아리 부메디엔 장군이 주도한 군부 쿠데타에 의해 권좌에서 물러났다. 우아리 부메디엔은 대통령이 되었고, 1967년까지 군인들은 정적들을 제거하고 정권을 완전히 장악했다. 군사정권은 씨족들이나 피보호민들을 후원함으로써 지배력을 전국으로 확대했다. 부메디엔 대통령은 지대, 성직자 봉급용 토지, 신용대출, 보조금을 추종자들에게 집중적으로 분배했다. 1978년에는 부메디엔에 이어 샤들리 벤제디드 장군이 정권을 잡았다. 샤들리 벤제디드 통치기에는 정치적·종교적 반대운동이 거세게 일어났고, 1989년의 위기 때는 일시적으로 다당제가 도입되었다.

신흥 엘리트는 이데올로기적으로 분열되었다. 벤 벨라가 이끌던 관료들과 당원들은 사회주의 경제에 바탕을 둔 근대화를 선호했고, 프랑스어를 행정과 경제, 정치적 토론의 언어로 사용했다. 반면 부메디엔은 이슬람과 아랍의 정체성을 대변했고, 알제리·튀니지·모로코 및 아랍국가들과 긴밀한 관계를 유지했다. 그는 이슬람 개혁주의를 정당성의 근거로 받아들이고 정치활동 전반에 개혁주의 논리를 적용했다. 하지만 두 지도자는 모두 알제리를 근대화하고 국민적 정체성의 종교적·문화적 기반을 강화하고자 했다. 생활터전을 잃고 혁명에 나선 군인, 프랑스에서 돌아온 노동자, 도시로 이주한 농민, 유동적인 프티부르주아지에게 아랍주의와 이슬람은 사회적·국민적 정체성의 유일한 공통 기반이었다.

국가는 무슬림의 종교활동을 직접 관리했다. 코란 학교를 정부에 귀속시켰고, 성직자 임명과 이슬람 홍보활동을 통제했다. 신설된 종교부는 학교, 모스크, 종교기금, 성직자의 교육을 관할했다. 그러나 정부가 종교활동을 완전히 장악한 것은 아니었다. 1970년대에는 서양식 과학과 행정이 무슬림에게 이롭다고 믿는 자유주의적 무슬림을 비롯해서 벤 바디스와 무슬림 형제단의 엄격한 이슬람을 추종하는 무슬림 사이에서 공개토론이 벌어지기도 했다. 경건한 무슬림의 다수는 정치시스템 안에서 일하고 있었지만, 일부 비공인 모스크와 학교들은 국가와 FLN이 모스크를 통제하는 조치에 저항하면서 독자적인 무슬림 공동체의 생활을 고수했다. 다른 이슬람 국가의 무슬림과 마찬가지로, 알제리의 무슬림도 정부의 통제를 피해 국가정책에 저항할 수 있는 역량을 키워 나갔다.

여성에 대한 시각은 알제리 사회의 문화적 성향을 상징적으로 보여주고 있다. 프랑스의 식민통치 기간에는 여성교육과 여성의 공공 부문 진출이 처음으로 이루어졌다. 그러나 이 선례는 대중에게는 거의 영향을 미치지 못했다. 혁명에 전사로서 참여한 여성들은 한동안 아버지, 남편, 오빠나 남동생의 구속에서 벗어날 수 있었다. 그러나 독립 이후 여성은 다시 베일을 착용하고 공공장소 출입을 삼갔다. 유럽의 사회적 관습은 이슬람의 전통과 조화를 이루기 어렵다고 간주되었던 것이다.

경제정책 면에서 알제리 정부는 산업혁명에 자본을 공급하기 위해 석유에서 얻은 재정수입을 이용하여 도시부문과 공업부문의 발전에 집중했다. 1967년에는 국가 소유의 철강·섬유·유리·보험 회사를 설립했다. 1971년에는 가스산업을 국유화했고, 석유화학·철강·전기·비료·화학·플라스틱 등 수출산업에 대한 투자를 확대했다.

농업은 투자의 우선순위에서 공업에 밀렸다. 사회주의 군사정권은 프랑스인이 버리고 간 토지를 국유화하여 약 2,300개의 농장을 만들었다. 국가는 법령으로 노동자위원회가 농장을 경영하도록 하고, 수익의 일부는 노동자가 갖고, 나머지는 국민고용기금과 투자기금에 귀속시키도록 했다. 그러나 후속조치를 통해 정부는 이들 농장의 재정과 마케팅에 대한 통제권을 빼앗음으로써 농장을 정부에 종속시켰다. 마을을 재건하기 위해 자본과 기술적 지원이 필요했던 대부분의 농촌주민에게 정부는 거의 도움이 되지 못했다. 특히 60만에 달하는 토지 없는 농촌 노동자들은 정부로부터 아무런 도움도 받지 못했다. 일부 농민은 살기가 좋아졌지만, 대다수 농촌주민은 힘겹게 살아갔다. 소유권의 파편화, 부재지주, 와크프와 공동체에 의한 소유권 제한, 소작, 불공평한 소득분배가 농민대중을 경제적으로 고통스럽게 만들었다.

1971년에 사회정의와 식량수입의 축소 필요성, 유제품과 곡물의 균형 회복, 농촌주민의 빈곤화 방지 등이 시급한 과제로 대두되면서 새로운 농업정책이 마련되었다. 새로운 농업정책에는 토지와 가축의 재분배, 협동조합 결성, 협동조합과 시장의 연계 등이 포함되어 있었다. 그러나 결과는 기대에 못미쳤다. 법률의 예외조항으로 인해 많은 사람들이 농지를 계속 보유함으로써 농지의 재분배는 매우 제한적으로 이루어졌다. 개혁 프로그램에 따라 국가가 통제하는 경제부문은 늘어났지만, 농민들은 민간부문에 남아서 불완전고용의 괴로움을 계속해서 견뎌야 했다.

1970년대 후반에는 일련의 정책 실패가 고스란히 정권의 부담으로 작용했다. 알제리는 식량 부족으로 곡물을 대량으로 수입해야 했다. 산업화 프로젝트는 경제성이 없었을 뿐만 아니라 기술의 대외의존도가 너무 높았다. 주택과 복지는 무시되었고, 실업률도 높아졌다. 샤들리 벤제디드 대통령은 이전 정권과는 차별되는 새로운 경제정책을 추진했다. 그는 산업성장의 속도를 늦추고 산업화 프로젝트에 대한 재정적 통제를 강화하는 한편 소비를 늘리고 민간기업가들이 국가경제에 더 많이 참여하도록 권장했다. 하지만 전반적으로 알제리 정부는 군사정권의 기반 위에서 사회주의 경제정책을 유지했다. 정부는 국가통제하에 있는 자본집약적 산업에만 중점을 둠으로써 농촌주민의 경제적 요구는 무시되었다. 알제리 혁명은 결국 국가자본주의로 끝이 났다.

 정부의 실정이 계속되자 무슬림이 주도하는 반대파의 힘이 점점 세졌다. 군부와 FLN의 지지기반은 한정되어 있었다. 알제리 정권은 많은 세력을 포용하지도 못했고 경제를 활성화시키지도 못했으며 일관성 있는 문화정책을 수립하지도 못했다. 이런 상황 속에서 다양한 형태의 이슬람 운동단체와 정당이 출현하기 시작했다. 1962년에 정부가 울라마 협회를 폐쇄하자, 독자적인 이슬람 교육운동이 나타나기 시작했다. 학생들은 모스크를 중심으로 단체를 결성하고 반정부 이슬람 운동에 참여할 요원을 충원했다. 무슬림 형제단은 강력한 영향력을 행사했다. 그 영향을 받은 독립적인 수많은 지부와 그룹 ─ 일부는 교육적이었고, 일부는 정치적이었으며, 일부는 국가에 정면으로 맞섰고, 일부는 폭력적이었다 ─ 이 생겨났다. 1982년에는 절망적인 경제사정에 좌절한 학생들이 시위를 벌였으나 경찰에 의해 진압되었다. 이어 1985년에는 유혈폭동이 일어났고, 1988년에는 대중들이 시위에 참가했다. 정부가 군대를 이용하여 시위대를 진압하면서 정권은 정당성을 상실했다. 정부는 1987년에 비정치적 단체의 공개 결성을 허가했고, 1989년에는 신헌법에 의해 FLN 이외의 정당들이 인정을 받았고, 공명선거가 구상되었다.

 다수의 개혁주의 단체와 급진 이슬람 단체가 연합한 이슬람구국전선(FIS)이 가장 중요한 정당이 되었다. FIS의 두 지도자 아바시 마다니와 알리 벨하즈는 매우 대조적인 인물이었다. 아바시 마다니는 정치적 다원주의와 코즈모폴리터니즘을 추구하는 융통성 있는 인물이었지만, 알리 벨하즈는 문화적으로 아랍주의와 살라피 사상에 바탕을 둔 엄격한 무슬림이었으며 필요하다면 폭력을 사용해서라도 이슬람 국가를 건설해야 한다고 주장하는 인물이었다. FIS는 내셔널리즘 담론을 채택하여 FLN을 대신하는 집권당이 되려 했다. 그리고 이슬람의 도덕적 순수성을 옹호했을 뿐 아니라, 고용·주택·사회복지 같은 경제문제에도 전력을 기울였다. FIS는 지방선거에서 승리를 거둔 데 이어 1991년에 실시된 총선 1차 투표에서도 승리를 거둠으로써 2차 투표를 거쳐 집권할 태세를 갖추었다. 그런데 군부는 선거결과에 승복하지 않고 1992년 1월에 쿠데타를 일으켰다. 군부는 샤들리 벤제디드 대통령을 제거하고 선거를 무효화시켰다. 1992년 이후 알제리는 말살주의자라고 불리는 소규모 군사파벌에 의해 지배되어왔다. 이들은 FIS와의 타협을 거부하고 철저한 세속주의의 이름으로 사회 전반을 통제하기 위해 전면전을 벌였다. 1990년대에는 이슬람주의를 거부하고 베르베르 내셔널리즘을 추구하는 카빌족 지역이 쿠데타 정권을 지지했다. 이 정권은 군사력에 의존했다. 군부는 농촌마을의 방위군과 민병대를 상대로 게릴라 소탕계획을 심각하게 고려했다. 그 결과 무수한 잔학행위가 발생했다.

반정부세력은 이슬람의 이름으로 싸웠지만 내부적으로는 극심한 분열상을 보였다. FIS의 경우에도 민주적인 절차를 수용하고 점진적인 접근방법을 취하는 마다니파와 지하드를 주장하는 벨하즈파로 나뉘어, 신앙심이 깊은 중산층과 방황하는 젊은 세대를 결집하는 데 실패했다. 아랍어를 쓰는 알제리의 청년·교사·하급관리·이맘 사이에서 프랑스어를 쓰는 엘리트의 정치적 지배에 대한 분노가 끓어오르면서 이슬람 운동은 더욱 과격해지는 경향을 보였다. FIS의 일부 분파는 이슬람해방군(AIS)을 결성했고, 좀 더 급진적인 무슬림은 무장이슬람단체(GIA)에 가담했다. AIS는 군부와 그 지지세력에 대한 공격을 목표로 삼았지만, GIA는 협박, 야만적인 테러 행위, 민간인에 대한 공격 등 정치적으로 용납될 수 없는 행동을 저질렀다.

결국 알제리는 지금까지 이슬람 세계에서 발생한 어떤 분쟁보다도 극단적이고 참혹한 내전에 빠져들었고, 그 와중에 주도권을 장악하려는 군부와 반군에 의해 평범한 알제리인들이 무차별적으로 살육되었다. 수그러들 줄 모르는 폭력은 전쟁에 대한 염증과 이슬람 운동에 대한 반감 확산 그리고 정부에 대한 지지 증가를 가져왔다. 리아민 제루알은 1994년 1월에 권력을 잡고 1995년 11월에 대통령에 선출되었다. 그는 모든 대중저항운동을 일소하고 대중의 지지를 회복하기로 마음먹었다. 그는 하마스를 비롯한 온건한 성향의 이슬람 단체, 중산층 관료, 기업가의 지지를 얻음으로써 무슬림 반대세력을 분열시킬 수 있었다. 또한 시장 친화적인 경제정책을 통해 외국인의 투자를 유치하는 데도 노력을 기울였다. 제루알 대통령의 노력에도 불구하고 알제리의 산업은 뒷걸음질을 거듭하여, 1990년대에는 섬유와 식량의 생산이 오히려 감소했다. 1999년에는 제루알에 이어 아브델라지즈 부테플리카 대통령이 취임했다. 2001년까지 부테플리카 대통령은 군부의 지배를 보장하는 선에서 내전을 끝내기 위해 국민의 신임을 서서히 얻어 나갔다. 2001년 현재 명목상의 세속주의와 군부통치가 이슬람과 정치적 민주주의에 승리한 것처럼 보인다.

튀니지

식민지시대

　　19세기 중반에 튀니지는 오스만 제국 및 이집트와 똑같은 문제에 당면해 있었다. 유럽의 경제력 상승과 국내경제의 쇠락으로 튀니지의 베이(통치자)들은 체제의 근대화에 착수했다. 아흐마드 베이(1837～1855년 재위)는 1838년에 기술전문학교를 설립하고, 유럽인을 초빙하여 새로운 보병부대를 양성했다. 1857년에 무함마드 베이(1855～1859년 재위)는 튀니지인의 안전, 과세의 형평, 종교의 자유 및 유럽-튀니지 방식이 혼합된 사법제도를 보장하는 헌법을 제정했다. 1861년에는 자유주의적 헌법에 의해 과두제적인 상원이 구성되었다. 하지만 잘 훈련된 군인과 관료가 충분히 존재하지 않았기 때문에, 이런 개혁조치는 온전히 제도화되지 못했다.

재상 하이르 알 딘의 행정부에서는 1873년과 1877년 사이에 국력을 강화하려는 마지막 노력이 전개되었다. 하이르 알 딘은 효율적인 행정과 치안의 모델을 유럽에서 찾았다. 그는 경제와 사회가 발전하기 위해서는 좋은 정부가 있어야 하고, 정부는 반드시 과학·공업·농업·상업을 진흥시켜야 한다고 믿었다. 또한 정치적인 정의가 진보의 발판이라고 역설했고, 특히 유럽인과 무슬림은 평등하다고 주장했다. 그는 공공지출을 줄이고 징세권의 남용을 억제하고 종교행정을 개혁하기 위해 노력했다. 1875년에는 사디키 대학을 설립하여 정부관리를 양성했고, 자이투나 모스크의 관리자들을 새로 임명했다. 그의 리더십 아래 정부는 와크프를 관리하는 별도의 관청을 만들었고, 이슬람 사법제도를 재정비하여 유럽인의 평등요구를 충족시켰다. 또한 정부인쇄소를 만들어 사디키 대학의 학생들을 위한 교재를 출간하고, 이슬람 법학 고전들을 복간했다.

정치적으로 이런 개혁 노력은 울라마의 지지에 의존했다. 하이르 알 딘은 의회 같은 기능을 하는 울라마에 의해 베이의 권력이 제한되어야 한다고 주장했다. 물론 울라마가 변화를 주도하거나 정치력을 행사할 여지는 많지 않았다. 그러나 그들은 주요 모스크에서 교육을 받고 교사 또는 치안판사로 활동하면서 튀니지 사회에서 중요한 위치를 차지하고 있었다. 사디키 대학이 설립되기 전에는 중등교육도 울라마가 관할했고, 근대적인 신문이 발행되기 전에는 정치적 여론도 그들이 독점했다. 울라마는 사회적 연줄을 통해 폭넓은 영향력을 행사했다. 그들은 아들을 관직에 진출시켰고, 학생들을 교육시키면서 알게 된 관료나 상인 집안과 통혼을 했다. 울라마는 또한 농촌의 수피들과도 밀접한 관계를 유지했다. 수피들은 아들을 자이투나에 유학 보냈고, 울라마와 똑같은 종교적 원리를 갖고 있었다. 튀니지의 경우 울라마와 수피 사이의 갈등이 거의 없었다. 그러나 종교지도자들은 사회적으로 막강한 영향력을 발휘했음에도 불구하고, 정치적으로는 큰 힘이 없었다. 이는 통치자들이 종교지도자를 관직에 임명하는 대가로 충성과 복종을 강요했기 때문이다. 일반적으로 울라마는 개혁 프로그램의 기술적인 측면(예컨대 전신의 도입)에 대해 반대하지는 않았지만, 개혁에 관여하지도 않았다. 1877년에 하이르 알 딘이 관직에서 물러나면서 개혁은 막을 내렸다. 튀니지의 개혁은 대체로 이집트와 오스만 제국의 패턴을 따랐지만, 국력을 공고히 할 정도로 개혁이 이루어지지는 않았다.

같은 시기에 튀니지는 국제사회로부터 저항하기 힘든 경제적·정치적 압력을 받았다. 1830년에 이미 알제리를 점령한 프랑스는 1881년에 국경분쟁을 빌미로 튀니지에 침투했다. 프랑스인은 정부요직을 야금야금 차지하기 시작하더니 1884년에 이르자 재정·우편·교육·전신·공공사업·농업을 담당하는 정부의 주요 기관을 모조리 장악했다. 프랑스는 국제재정위원회를 폐쇄하고 튀니지의 채무에 대한 지불보증을 했다. 또한 튀니지인이 관계된 사건을 다루는 샤리아 법정은 남겨둔 채, 유럽인을 위한 새로운 법정을 도입했고, 도로·항구·철도·광산을 개발했다. 농촌지역에서는 지방관 카이드의 권한을 강화하고 부족세력을 약화시켰다.

가장 중요한 사실은 튀니지가 거의 무방비상태로 프랑스의 식민지가 되었으며 근대적인 농업과 교육을 도입했다는 점이다. 프랑스는 공유토지와 와크프를 매각하도록 했다. 또한 토지법이 개정되어 경작지가 늘어나고 유럽인 구매자에게 소유권을 보장해줌으로써, 재정수입이 증대했다. 1906년에 3만 4,000명이던 프랑스인 입식자는 1945년에는 14만 4,000명으로 증가했고, 이들이 소유한 토지는 전체 경작지의 20%에 달했다. 한편 알리앙스 프랑세즈와 가톨릭 교회에 의해 프랑스식 교육이 촉진되었다. 1885년과 1912년 사이에는 3,000명의 튀니지 학생이 파리에서 공부했다. 프랑스인은 이슬람 교육에도 개입하여 1898년에 자이투나 대학의 교과과정에 근대적인 과목을 추가하고 새로운 교육방법을 도입했다. 물론 대부분의 울라마는 이슬람법을 가르치는 일에 프랑스가 간섭하는 것을 거부했다. 하지만 일부 울라마와 프랑스 관리들은 합심하여 공교육, 와크프의 관리, 사디키 대학의 운영을 개혁했다. 이미 세력을 굳히고 있던 하나피파 울라마들보다는 농촌 출신의 말리크파 울라마들이 프랑스에 적극적으로 협조했다. 이처럼 울라마 세력이 분열되어 있었기 때문에, 프랑스 위정자와 일부 이슬람 교단 사이의 담합이 가능했다. 결국 튀니지의 엘리트층은 큰 저항 없이 프랑스의 지배를 받아들였다.

정치적으로는 비교적 조용했음에도 불구하고, 튀니지의 관료와 지식인 그리고 일부 울라마 사이에서 식민통치의 폐해에 대한 각성이 일기 시작했다. 오스만 제국의 경우와 마찬가지로, 근대적 교육을 받은 관료 엘리트들이 튀니지의 새로운 지도층으로 성장했다. 1880년대와 1930년대 사이에는 관료와 울라마가 튀니지 사회의 중심세력이었다. 이들은 프랑스에서 교육을 받았거나 이슬람 개혁주의를 흡수했다. 1888년에 자이투나 모스크와 사디키 대학 졸업생들은 주간지 『알하디라』를 창간하여 유럽과 세계 각국의 동향을 전하고 정치·경제·문학 분야의 쟁점에 관한 의견을 개진했다. 1896년에는 자이투나 모스크에서 교육하지 않는 근대적인 과목을 보충하기 위해 할두니야 학교가 설립되었다. 근대식 이슬람 학교와 프랑스 학교의 졸업생들은 '청년 튀니지당'을 자칭했다. 이들은 특히 알 아프가니와 무함마드 아브두의 가르침, 이집트 국민당의 영향을 받아, 튀니지 사회의 근대화와 서양화 및 아랍 문화의 부활을 외쳤다. 또한 살라피 운동에 고무되어, 이슬람 사법행정과 교육행정을 쇄신하고 와크프의 관리를 개선하라고 요구했다. '청년 튀니지당'은 코란 학교를 개혁하여 코란과 아랍어 외에도 산수·지리·역사·프랑스어의 기초를 가르치도록 지원했다. 그들은 이슬람 사법행정의 개혁과 아랍 문학교육에도 깊은 관심을 보였다.

청년튀니지당은 1907년에 『튀니지인』이라는 신문을 창간하면서 정치색을 띠기 시작했다. 튀니지의 세속적 자유주의자와 살라피 개혁주의자들은 러시아 혁명, 윌슨 대통령의 자결(自決)원칙, 이집트의 와프드 운동, 트리폴리타니아에서 선거에 의한 의회구성 등에 자극받아 튀니지인의 정치의식을 고취시켰다. 이들은 1920년 무렵까지는 정부 내에서의 동등한 기회와 동등한 급여, 언론과 결사의 자유를 요구했다. 아랍계 언론인이자 개혁가인 아브드 알 아지즈 알 타알리비는 데스투르(헌법)당의 대변인이 되었다. 1920년대에 정치적 저항이 더욱 조직화되었다. 1922년에 베이가 프랑스 통감(統監)에게 최후통첩을 보냈으나, 프랑스는 무력을 과시하며 이를 묵살했다. 이 무렵 프랑스에서 귀국한 노동자들은 튀니지 최초의 경제협동조합과 노동조합, 튀니지노동자총연맹을 결성하고 1924년에 운동을 재개했다. 하지만 정부는 파업을 진압하고 주동자들을 투옥했으며, 신문사를 폐쇄하고 정치활동을 금지시켰다.

1930년대에는 신세대 튀니지 내셔널리스트들이 전면에 나섰다. 10년 이상 데스투르당은 무슬림과 아랍인의 정체성이 강한 보수적인 가문들에 의해 지배되었다. 그러나 1930년대에 접어들자 지방 중소도시에서 성장한 신세대가 구세대 엘리트에 맞섰다. 그들은 아랍식 교육과 프랑스식 교육을 함께 받은 세대로서 세속적인 사회주의 국가의 건설을 추구했다. 신세대 지도자들은 중소도시민과 이농인구, 대도시 주민의 지지를 받았다. 하비브 부르기바(1903년 모나스티르에서 태어나 1920년대에 파리에서 수학)와 마흐무드 마테리의 주도 아래, 신세대 지도자들은 데스투르당에 대한 광범위한 참여, 좀 더 전투적이고 조직화되고 이데올로기적으로 일관된 항불(抗佛)투쟁을 촉구했다. 1932년에 개최된 데스투르당 대회에서 부르기바는 튀니지 독립을 요구하고, 프랑스의 기득권을 보장하는 우호조약을 제안했다. 1934년에는 급진세력이 데스투르당을 이어받아 신데스투르당을 결성하고 마테리를 총재로, 부르기바를 서기장으로 선출했다. 신데스투르당은 지체 없이 프랑스 제품 불매운동을 전개하면서, 민주적인 의회정권의 수립을 요구했다. 신데스투르당 지도자들은 기본적으로 세속주의자였지만, 이슬람에 뿌리를 두고 있었을 뿐 아니라 모스크와 수도원을 중심으로 활동을 전개함으로써 무슬림의 호응을 얻었다. 또한 프랑스 국적을 취득하여 이슬람을 등진 튀니지인은 이슬람 묘지에 묻힐 권리가 없다고 주장하면서 무슬림의 정체성을 강조했다. 신데스투르당은 데스투르당의 편협한 사회적 지지기반을 극복하고 대중운동을 일으키기 위해 노력했다. 아울러 데스투르당을 이어받음으로써, 연속성과 국민의 단결을 확보할 수 있었다.

　신데스투르당은 20년에 걸친 투쟁을 통해 마침내 튀니지의 독립을 이룩했다. 처음에 튀니지인은 프랑스의 인민전선 정부에 큰 기대를 가졌으나, 1938년 4월에 발생한 튀니지인의 시위를 프랑스가 폭력적으로 진압함으로써 상황이 반전되었다. 프랑스는 소요를 진압한 뒤에 모든 정당을 해산시키고 부르기바를 투옥했다. 부르기바가 활동하지 못하는 동안에는 튀니지의 국가원수 문시프 베이(1942~1943년 재위)가 자치권 확대를 위한 투쟁을 전개했다. 그는 새로운 의회의 구성, 학교에서의 아랍어 사용, 사회기반시설과 운수회사의 국유화에 대한 튀니지인의 요구사항을 프랑스 통감에게 제출했다. 1943년에 문시프는 통감의 동의를 구하지 않고 한 부(部)를 신설하려다가 프랑스에 의해 권좌에서 쫓겨났는데, 이를 계기로 문시프는 국민의 영웅이 되었다. 1949년에는 문시프 베이의 지지자를 비롯해서 신데스투르당의 새로운 집단이 튀니지 자치정부를 요구하는 선언을 발표했다. 농민단체·학생·페미

니스트·노동조합도 이 요구를 지지했다. 정계에 복귀한 부르기바는 신
데스투르당과 노동조합 및 다른 사회단체들의 협력을 이끌었다. 부르
기바의 인내심과 타협적인 자세에도 불구하고, 1952년 후반부터 도시
에서 테러가 발생하기 시작했다. 인도차이나에서 패하고 유엔의 외교
적 압력을 받고 있던 프랑스는 튀니지에서 소요가 확대되자, 1955년
봄 마침내 튀니지인의 내정자치에 동의했다. 1956년 3월의 프랑스–튀
니지 의정서는 1881년의 보호령 제도를 폐지했다.

독립국 튀니지: 1950년대부터 현재까지

독립정부가 구성되면서 부르기바의 권력기반이 급속도
로 강화되었다. 1957년에 소집된 제헌의회는 베이의 예산·칭호·권한
을 박탈하고 부르기바를 대통령으로 선출했다. 그후 부르기바는 1959
년의 개헌을 통해 제왕적 대통령이 되었으며, 1987년에 지네 엘 라비
디네 벤 알리 장군의 무혈 쿠데타로 실각할 때까지 튀니지를 지배했다.
부르기바 정권은 프랑스인 관리들을 축출하고 이들의 자리를 점차 당
의 투사들로 대체해 나갔다. 그래도 튀니지 정부 내에는 2,500명의 프
랑스인이 남아 있었다.

정치적 압력과 경제적 요구에 부응하여, 독립 튀니지 정권은 다수의
상이한 경제전략을 구사했다. 1956~1961년에는 대체로 자유주의 경
제정책을 시행했다. 1956년과 1957년에 튀니지 정부는 프랑스인이 소
유했던 토지를 사들이고, 와크프를 정부의 통제하에 두고, 개인이 공유
토지를 소유할 수 있는 길을 열어주었다. 하지만 이런 정책이 자본을
끌어들이고, 튀니지의 투자목표를 달성하는 데 실패하자, 1962년에 사
회주의적인 정책을 채택했다. 국가는 경제의 감독자이자 후원자이자
부양자가 되었다. 1964년에는 유럽인 소유의 토지가 국유화되었다. 또
농업협동조합과 국영농장제도가 수립되었다. 공공 부문에 대한 대규모

투자와 막대한 차관도입이 경제개발의 토대였다. 1969년에 이르자 이 정책도 실패했다. 튀니지는 투자·고용·복지를 한꺼번에 추진할 여력이 없었다. 결국 튀니지 정부는 더 개방적인 경제로 돌아섰지만, 공공 부문은 여전히 전체 경제의 40% 이상을 차지하고 있었다. 1978년의 총파업과 폭동은 이 정권의 정책이 공신력을 잃었다는 것을 단적으로 보여주는 사건이었다. 부르기바에 이어 대통령이 된 벤 알리는 반대파를 제압했다. 튀니지는 민간 부문, 협동조합 부문, 공공 부문을 혼합한 경제로 전환하고, 외국인 투자를 장려했다.

튀니지는 터키와 마찬가지로 이슬람에 대해 복합적인 정책을 취했다. 이슬람의 권위를 내세우고 정통성을 이슬람에서 찾으면서 다른 한편으로 철저한 세속화정책을 추진했던 것이다. 부르기바 대통령은 종교기관을 국가의 직접적인 지배하에 두고 이슬람 원리를 이용하여 세속주의 정책을 정당화했다. 울라마는 종교부 산하의 관료조직에 편입되었고, 와크프를 정부가 직접 관리했다. 한동안은 설교와 포교활동을 장려함으로써 이슬람에 대한 정부의 지원을 과시하기도 했다. 종교학교는 교육부의 관리를 받게 되었다. 신정권은 세속적인 사법제도를 만들고, 1956년에는 개인의 지위에 관한 법을 제정하여 일부다처제를 금지하고 혼인과 이혼을 민사문제로 다루었다. 정부는 여성의 평등권을 지지했다. 1960년에는 라마단 기간에 시행되는 금식이 생산활동에 장애가 된다는 이유로 라마단을 비난했다. 신데스투르당(사회주의 데스투르당으로 개칭) 정권은 사회주의 경제의 관리자, 여성해방의 지지자, 대중 정치교육의 수단, 세속화의 첨병이 되었다.

그러나 근대화와 세속화 정책은 온전히 뿌리를 내리지 못했다. 1960년대 이후 열악한 경제현실에 불만을 품고 정부를 불신하게 된 학생과 지식인들은 프랑스-튀니지의 정체성보다 아랍과 이슬람의 정체성을 강조했다. 젊은 지식인들은 자본주의와 외국기업, 유럽의 영향보다는 사회주의와 민주주의에 더 큰 비중을 두었다. 또한 팔레스타인인의 대의를 강력하게 지지했다. 보수주의자들은 이슬람의 가치를 자신의 정체성과 동일시했는데, 이들이 열심히 예배에 참석하고 종교단체를 결성하고 종교지도자에 대한 헌신을 말과 행동으로 표현하는 것은 그 대표적인 예였다. 노년층과 농촌주민들은 여성의 평등권에 반대했다. 새로운 이슬람 운동은 『알마리파』라는 신문을 후원하고 코란의 수호를 위해 결성된 단체를 지원했다. 1979년 이후에는 이집트의 이슬람 형제단과 이란 혁명의 영향을 받아, 이슬람주의자들이 정치적 야심을 품기 시작했다.

튀니지의 이슬람주의운동은 몇몇 집단들에 의해 주도되었다. 그 중에서 가장 중요한 당은 라시드 알 간누시가 1981년에 결성한 이슬람주의운동당(MTI)이었다. MTI는 아랍과 이슬람의 정체성 및 문화의 부활, 인도주의적인 경제정책과 정치의 민주화를 요구했다. MTI는 위계적으로 조직되었고, 학생·교사·사무원과 농촌 출신 주민을 비롯한 사회 각 부문의 폭넓은 지지를 받았다. MTI의 힘이 커지자 정부는 MTI 지도자들을 투옥했다. 하지만 1888년에 벤 알리 대통령은 정책을 수정하여 튀니지의 이슬람 정체성을 재천명하고 야당 인사들을 대거 석방한 뒤에, 안나흐다당(르네상스당)으로 개칭한 MTI와 국민협약을 체결했다. 알 간누시는 공화국의 정통성을 인정하고 폭력을 포기하기로 약속했다. 그러나 1989년 선거에서 알 간누시가 압도적인 승리를 거두자, 벤 알리 대통령은 재빨리 이슬람주의 정당을 불법화하고 8,000명에 달하는 야당 인사를 투옥했으며 알 간누시를 국외로 추방했다. 현재까지도 튀니지 정부는 이슬람 야당을 인정하지 않고 있고, 군대와 경찰을 동원하여 강압적으로 나라를 지배하고 있다.

튀니지의 역사적 궤적은 여러 면에서 이집트와 유사하다. 전통적으로 국가 중심의 이슬람 사회였던 튀니지는 19세기 후반에 식민지배를 경험했다. 교육받은 신세대는 독립을 위해 이슬람 개혁주의와 세속적 내셔널리즘으로 선회했다. 세속적인 내셔널리스트들의 주도하에 튀니지는 1956년에 독립을 달성했고, 신정부는 혼합경제와 세속사회를 발전시키려고 했다. 이집트나 터키와 마찬가지로, 신정권의 한계와 실정은 이슬람의 가치를 신봉하는 반대세력의 대두를 재촉했다. 1978년 이후 튀니지 역시 정권과 이슬람 저항세력 사이에 대립이 계속되고 있다.

모로코

식민통치하의 모로코

모로코는 북아프리카 이슬람 사회의 또 다른 변형을 대표한다. 모로코는 알제리, 상(上)이집트, 시리아의 사막지대, 동(東)아나톨리아 등과 마찬가지로 목축생활을 하는 부족민의 세력이 강했지만, 다른 나라들과는 달리 오스만 제국에 종속되지 않고 독립국가를 유지했다. 모로코 술탄의 권위는 칼리프와 수피의 속성이 결합하여 성립되었으나, 그 권위를 시골구석에서까지 느끼게 하기는 어려웠다. 술탄의 권위는 절대적이었지만 그들의 권력은 부족장이나 수피 수장의 끊임없는 도전을 받았다. 그런데 모로코의 경우 다른 중동사회에서 중앙집권화된 국가에 호의를 보인 토지소유자들 같은 정치적 중간계층이 상대적으로 허약했다.

19세기 후반 유럽의 경제적 침투와 함께 모로코 국가는 무너졌고, 1912년에 프랑스와 스페인의 보호령이 되고 말았다. 프랑스의 초대 모로코 통감 위베르 리오테는 현지의 술탄과 카이드를 통해 모로코를 지배했다. 식민정부는 군사적인 위협을 가해 부족세력을 제압하고 주민들을 목초지에서 추방했다. 부족들은 무장을 해제하고 세금을 바쳐야 했다. 프랑스는 곳곳에 군사기지를 설치하고 장교를 책임자로 임명했다. 또한 부족장을 통해 세금을 징수하고 시장을 조직하고 도로·병원·학교를 건설했다.

프랑스는 모로코의 엘리트를 장악하기 위한 조치를 취했다. 울라마와 사법행정은 법무부 장관에게 예속되었다. 법무부 장관의 주된 임무는 카디를 감독하는 것이었다. 1914년에는 사법절차와 문서보존에 관한 법규가 제정되었다. 또한 형사사건의 관할을 프랑스 법정으로 넘기고 베르베르인의 관습법정을 장려함으로써 샤리아의 권위를 제한했다. 대부분의 수피 하나카는 프랑스의 권위를 인정하고, 부족지역을 중앙정부에 예속시켰으며, 아틀라스 산맥으로 이주한 목축민들 사이에 평화가 유지되도록 했다. 하지만 관료제가 자리를 잡으면서 수피의 위세는 점차 위축되었고, 수피의 정치적 이용가치도 떨어졌다. 세속적인 분쟁에 대한 관할권은 프랑스 법정으로 넘어갔고, 종교단체의 결정에 대해서도 프랑스인 행정관에게 이의를 제기할 수 있게 되었다. 이렇게 되자 부자드 지역의 수피 지도자 셰르키가 설립한 모로코 최대의 종교단체인 셰르카와조차도 조정자 역할을 상실하고 말았다. 또한 식민정부가 지방의 교역에 대한 허가권을 독점했기 때문에, 지방 상권을 보호하던 수피의 전통적인 역할도 무의미해졌다. 제2차 세계대전 이후에는 새로운 경제적 기회를 찾아 농촌주민들이 도시로 이주함에 따라 수피의 추종세력은 더욱 줄어들었다.

리오테의 사회정책과 교육정책은 프랑스의 식민통치를 용이하게 하는 데 초점을 두었다. 유력자의 아들들을 페스 등지에 신설된 학교에서 교육받게 함으로써 프랑스에 동화시킨다는 것이 프랑스의 계획이었다. 1945년에는 모로코 행정학교가 설립되었다. 또한 라바트와 페스에는 초등학교와 기술학교, 이슬람 대학이 세워졌다. 프랑스의 정책은 소수 엘리트 교육에 치중했기 때문에, 1950년대에도 아동의 취학률은 6%에 불과했다. 프랑스는 교육을 통해 신세대 모로코인 협력자를 양성하려

했으나, 프랑스에 적의를 가진 지식인을 만들어냈을 뿐이다.

프랑스 정부는 베르베르인을 비아랍인으로 간주하고 모로코인과 분리하여 동맹세력으로 삼고자 했다. 그들은 프랑스식 교육을 통해 아랍어와 이슬람에 물들지 않은 베르베르 엘리트를 양성하고자 했다. 1930년의 베르베르 '다히르'(법령)는 베르베르 관습법이 적용되는 독자적인 법정(프랑스 법정으로 이관된 형사재판은 제외)을 만들고, 이슬람법의 적용을 배제한 베르베르 문화를 장려했다. 무슬림은 이런 조치가 베르베르인을 그리스도교로 개종시켜 모로코 국민을 분열시키려는 음모로 간주했다. 프랑스의 구상이 성공을 거둘 가능성은 크지 않았다. 베르베르인 공동체 자체가 관습법정의 설치를 거부하고 샤리아의 적용을 요구했기 때문이다. 베르베르인 학생들은 프랑스어 대신 아랍어를 공부했고, 분리주의가 아닌 내셔널리즘 정서를 키워 나갔다. 또한 교통통신의 발달, 도시로의 이주, 아랍어를 구사하는 행정관의 임명 등으로 인해 베르베르인은 아랍 이슬람에서 자신의 정체성을 찾게 되었다. 이로써 모로코의 베르베르인 사회가 프랑스와 동맹을 맺을 것이라는 관념은 근거없는 신화로 판명되었다.

아틀라스 산맥 이남은 프랑스의 직접 지배를 받지 않았다. 이 지역의 주인은 여전히 부족장이었다. 음투기족, 군다피족, 글라위족 등 주요 부족의 수장들은 잉여농산물을 관리하고 아틀라스 산맥 통행을 통제했으며 카라반 무역로에서 이익을 얻었다. 1912년 이전에 이 지역의 지도자들은 무기를 구입하고 용병을 고용하고 요새를 세워 자신의 구역을 지배할 수 있었다. 하지만 이들에게는 분파주의와 개인적인 반목이라는 결정적인 약점이 있었다. 프랑스는 글라위 부족의 세력을 섬멸할 경우 무정부상태가 초래될 것을 우려하여, 오히려 그들의 세력을 강화시키고 마라케시 이남의 영토에 대한 지배를 눈감아주었다. 제2차 세계대전 이후 프랑스는 글라위 부족을 내셔널리즘 운동의 대항세력으로 이용했다.

프랑스의 경제정책은 프랑스인 입식자의 이익을 보호하기 위한 것이었다. 프랑스는 술탄과 부족들이 관할하고 있던 방대한 토지를 몰수하고, 도로·하천·해변·삼림을 제외한 나머지 재산은 모두 매매가 가능하도록 했다. 1914년에는 마흐잔 토지*를 유럽인 입식자들에게 매각했고, 군사력을 제공하는 대가로 부족들에게 할당했던 토지도 몰수했다. 1919년의 다히르는 부족의 공유재산을 유럽인 또는 부족장의 사유재산으로 전환시켰다. 이런 조치들 덕분에 유럽인의 소유토지는 크게 늘어났다. 1913년에 유럽인의 경작지는 약 7만 3,000헥타르였지만, 1953년에는 약 100만 헥타르로 늘어났다. 유럽인은 수적으로는 농촌인구의 1%를 넘을까 말까 하는 수준이었지만 곡물경작지의 10%와 과수원 및 포도농장의 25%를 지배하고 있었다. 프랑스가 도입한 세제 역시 모로코인보다 프랑스인에게 유리했다. 1913년에 '타루티브' 즉 일종의 소득세 제도가 도입되었지만, 유럽식의 영농방식을 사용하는 사람들에게는 환급을 해주었다. 또한 모로코인은 주로 수익성이 낮은 작물을 재배한 반면 유럽인은 감귤류·채소·포도·밀 같은 수출상품을 재배함으로써 상대적으로 큰 이득을 보았다. 수리시설과 댐에 대한 투자도 프랑스인에게 유리하게 작용했다. 하지만 프랑스가 지방에 평화를 정착시키고 새로운 시장을 개설했기 때문에, 모로코인도 일부 혜택을 누렸다. 프랑스인은 새로운 종자와 곡물, 가축을 도입하고 수리시설에 투자함으로써 모로코 농민들에게 도움을 주었다.

프랑스는 인산염 채굴, 제분, 제당, 시멘트, 섬유 등의 산업을 중점적으로 지원했다. 모로코 노동자들은 일자리를 찾아 도시로 몰려들었으나, 임금은 형편없이 적었고 노동운동은 법으로 금지되어 있었다. 프랑

---

* 국가권력의 직접적인 지배가 미치는 땅.

스는 유럽인이 종사하는 경제부문에 대해서는 적극적인 지원을 제공하고 모로코인이 종사하는 산업부문은 상대적으로 무시하는 이중적인 정책을 실시했다.

튀니지나 알제리에서와 마찬가지로, 모로코의 정치와 경제에 대한 프랑스의 지배는 공고해 보였다. 그럼에도 불구하고 반대운동이 일어날 수 있는 사회적·문화적 여건도 조성되고 있었다. 프랑스의 통치는 모로코 사회의 전통적인 구조를 무너뜨렸다. 식민 당국의 행정은 부족과 종교지도자의 세력을 약화시켰다. 모로코인 보유지의 몰수, 프랑스 군대에 모로코인 신병 보충, 도시에 들어선 새로운 기업 등으로 인해 상당수의 농촌주민이 고향을 떠나 도시로 향했다. 유럽식 복장, 극장, 스포츠팀이 확산되면서 지방의 관습은 해체되고 사회가 획일화되었다. 프랑스의 수많은 모로코인 노동자도 서양식 생활양식을 익히고 정치의식을 드러냈다. 베르베르어를 쓰는 주민들은 도시에서 아랍인과 뒤섞인 결과, 그리고 아랍어 사용과 아랍 및 이슬람 교육이 확산된 결과 점차 아랍화되었다. 이렇게 해서 모로코인의 정치적 정체성 회복과 프랑스의 지배에 대한 반대운동의 토대가 마련되었다.

스페인이 점령하고 있던 지역에서 일어난 아브드 엘 크림의 반란이 모로코 반식민운동의 기폭제였다. 아브드 엘 크림은 카디, 교사, 『텔레그라마』라는 신문의 편집인을 역임한 지식인이었다. 그는 스페인 문화에 정통했으며 유럽인과도 폭넓게 교류했다. 부족 지도자였던 부친은 독일에서 광산업을 했으며 아들이 스페인에서 공학을 공부하게 했다. 1923년에 아브드 엘 크림은 리프를 독립공화국으로 선포했다. 공화국은 여러 독립 부족들이 내셔널리즘 이데올로기에 의해 통합된 일종의 연방을 구성했다. 아브드 엘 크림은 자신이 종교적으로 경도되었다는 점을 부정했지만, 사실 그는 살라피 운동의 정신을 지지했고 성자숭배에는 반대했다. 리프 공화국이 세력을 키워 나가자, 1926년에 프랑스와 스페인이 연합하여 공화국을 공격했다. 리프 공화국은 무너졌으나, 아브드 엘 크림은 프랑스의 지배에서 벗어나고자 하는 모로코 청년들의 영웅이 되었다.

이보다 더 지속적인 모로코인의 저항은 종교적 개혁운동을 통해 생겨났다. 1920년대와 1960년대 사이에 모로코의 이슬람 사회에는 미묘한 변화의 바람이 불었다. 프랑스 식민통치의 영향으로 지방의 수피나 도시의 울라마 모두 신뢰를 상실했고, 모로코인의 종교적 관심은 개혁주의로 흘러갔다. 이집트와 알제리를 비롯한 여러 이슬람 국가에서 그랬듯이, 외국의 식민통치, 국가권력의 집중, 공동체적 결속의 필요성에 대한 무슬림의 각성은 결국 개혁운동으로 이어졌다. 무함마드 아브두의 영향을 받은 페스·라바트·살레 등지의 개혁운동가들은 학교를 세우고 아랍어 문법·윤리학·논리학·이슬람 역사·수학을 가르쳤다. 하지만 근대적인 과학교육은 실시하지 못했다. 한편 살라피 운동 추종자들은 이슬람의 정화, 성자숭배 반대, 서양문화 침투 저지에 주력했다.

프랑스의 지배로 타격을 받은 부르주아지 역시 민족의식에 고취되어 개혁운동에 동참했다. 유럽과의 경쟁이 치열해지고 카사블랑카 항이 경제 중심지로 부상함에 따라, 페스는 1925년부터 1940년까지 장기간 경제불황을 겪었다. 그러나 페스 주민들은 스스로 모로코 사회의 엘리트라는 긍지를 포기하지 않았다. 그들은 종교개혁운동, 노조활동, 비밀 문화단체, 내셔널리즘 신문을 후원하면서 프랑스의 지배에 저항했다. 경제적 타격을 입고 자존심마저 손상된 페스 주민들이 정치적인 행동에 발 벗고 나섰던 것이다.

1925~1926년경에 신설 학교의 학생과 교사를 중심으로 정치집단이 형성되기 시작했고, 1927년에는 북아프리카무슬림학생협회가 결성되었다. 1930년의 베르베르 다히르는 모로코인이 심정적으로 개혁가들을 지지하게 만들었다. 프랑스가 베르베르인을 자기편으로 끌어들이

려던 계획은 이슬람과 나아가 모로코 사회를 유지시키는 예상치 못한 결과를 가져왔다. 공동체 단위의 예배가 행해지고 언론을 통한 홍보활동이 전개되었으며, 개혁운동과 내셔널리즘을 표방하는 새로운 단체들이 연이어 생겨났다. 초기 내셔널리스트들은 파리에서 『마그리브』라는 평론지를 발간했고, 페스에서도 『인민의 행동』을 발행했다. 1933년에는 모로코인의 충성심을 과시하는 방안으로 술탄을 찬양하는 연례축제를 개최할 것을 제의했다. 이듬해에는 술탄과 프랑스 당국에 청원하여 프랑스 지배의 철회, 모로코인 장관의 임명, 선출직 국민회의의 구성을 요구했다. 또한 국가법정과 샤리아에 기초한 단일한 사법체계를 요청했다. 광산·철도·수송·전기·은행 등 주요 산업의 국유화도 요구했다. 비록 모로코의 완전한 독립을 요구한 것은 아니었지만, 처음으로 정치적인 행동을 통해 자치를 요구했다는 점에서 이런 계획의 큰 의의가 있다. 이슬람 교육의 개혁은 행정적·사법적 쟁점, 토지·조세·언론 및 출판의 자유에 대한 관심에 밀려났다. 프랑스는 이 개혁요구를 거부했고, 이에 맞서 일부 내셔널리즘 세력은 저항의 형태를 바꾸어 1936~1937년에 조직적인 군중시위를 벌였다. 경기침체를 이용해서 내셔널리즘 세력은 이슬람 수호의 중요성에 대한 일반대중의 의식을 일깨웠다.

제2차 세계대전에서 프랑스가 심각한 타격을 받자 1943년에 창당된 이스티클랄(독립)당이 전면에 나설 수 있게 되었다. 이 신당은 기존의 울라마와 행정관료 및 엘리트들을 흡수하는 한편 대도시에서도 내셔널리즘 성향의 엘리트를 당원으로 모집하여 힘을 합쳤다. 당은 모로코의 자치를 위해 고군분투하는 술탄 무함마드 5세에게 경의를 표하는 시위를 전개하는 데 모든 노력을 기울였다. 그는 1947년 4월 탕헤르에서 행한 연설에서 모로코를 아랍 동맹의 일원으로 규정하고 의도적으로 프랑스에 대한 치하를 생략했다. 술탄 무함마드는 이스티클랄의 동조자들을 옹호했으며, 1949년에는 프랑스가 제의한 입법 및 행정 조치를

거부했다. 1953년에 위기가 고조되자 프랑스는 술탄을 압박하여 술탄
과 프랑스가 모로코에 대한 통치권을 공유하고 있다는 것을 인정하도
록 하고, 이스티클랄의 활동을 탄압했다. 프랑스의 사주를 받은 타미
엘 글라위는 베르베르 부족민을 대규모로 페스에 집결시켰고, 프랑스
는 술탄을 강제로 폐위시켜 국외로 추방했다. 이스티클랄 지도자들도
투옥되거나 국외로 추방되었다.

 이 추방 덕분에 술탄은 순교자로 각인되었고, 대중들 사이에는 국민
의식이 생겨났다. 무함마드 5세가 국내에 없는 동안 많은 모로코인이
부당한 정권에 대한 항의의 표시로 금요예배에 참석하지 않았다. 정치
지도자들이 투옥되거나 추방된 상태였던 1953년 후반에는 테러 행위
가 일어나기 시작했다. 1955년 10월 엘 글라위는 기존의 입장을 포기
하고, 무함마드 5세의 귀국을 요청할 수밖에 없었다. 권좌에 복귀한 무
함마드 5세는 모로코를 입헌군주국으로 선포하고 프랑스와 협상을 벌
여 독립을 인정받고 동맹조약을 체결할 것이라고 선언했다. 피에르 맹
데스의 지도 아래 프랑스 정부는 모로코의 독립을 승인하고 1956년 3
월 7일 공식 합의서에 서명했다.

 모로코 독립운동은 튀니지와 알제리의 독립운동과는 전혀 다른 양상
으로 전개되었다. 알제리 저항운동은 기본적으로 신생 엘리트가 주도
했지만, 모로코에서는 전통적인 지도자 술탄이 저항운동의 명목상 지
도자였을 뿐만 아니라 국민적 정체성의 화신이 되었다. 결과적으로 그
는 구체제를 근대국가로 옮겨놓았다. 튀니지나 알제리처럼 모로코의
저항운동 역시 처음에는 살라피 개혁운동과 연결되었다. 그러나 튀니
지와 알제리에서는 세속의 지도자들이 정권을 잡은 반면, 모로코는 쉽
게 세속화되지 않았다. 이는 아마도 프랑스식 교육을 받은 모로코인이
상대적으로 적었기 때문일 것이다.

독립국 모로코

독립의 회복과 함께 무함마드 5세는 가장 유력한 정치적 인물이 되었다. 술탄의 권위는 유구한 역사적 전통에 기초하고 있다. 무함마드 5세는 술탄 개인의 종교적 권위를 지니고 있었고, 국가는 울라마의 활동과 이슬람에 관한 담론을 통제했다. 1981년에 설립된 각종 위원회는 정부에 설교와 이슬람 교육에 대한 통제권을 부여했다. 세속적인 교육도 이슬람 교육 못지않게 정부의 통제를 받았다. 또한 바야(충성맹세) 같은 의식과 이드 축제(라마단 종료를 기념하는 축제와 희생제)도 무함마드 5세의 권위를 강화했다. 수피형제단이 프랑스의 식민통치에 협력함으로써 국민의 신뢰를 잃어버린 역사적 사실을 십분 활용하여, 술탄 무함마드 5세(1961년 사망)와 그의 후계자 하산(1961~1999년 재위)은 성자들을 기념하는 축제를 직접 후원하고, 이를 통해 전통적으로 수피들의 몫이었던 존경까지 누리게 되었다. 또한 무함마드 5세는 현명하게 자유주의와 민주주의의 레토릭을 사용하여 서양식 교육을 받은 지식층과 노동계층에게 호소력을 발휘했다.

프랑스의 식민통치가 관료제를 강화하고 독립적인 농촌수장들의 힘을 약화시켰기 때문에, 식민지시대는 술탄에게 더 높아진 정치적·행정적 위상을 남겨주었다. 프랑스가 관리하던 군대·경찰·내무부·은행·신문사 등의 핵심적인 통치기구가 술탄의 휘하로 들어왔다. 술탄은 내무부를 통하여 전국적인 후원시스템을 운영함으로써 지방의 행정관과 공동체의 지도자에게도 영향력을 행사할 수 있었다. 술탄은 또한 모든 정당을 압도했다. 권력을 공유하려 했던 이스티클랄의 기대는 무산되었고, 1959년에는 당내 좌파가 탈당하여 이민제세력전국동맹(UNFP)이라는 신당을 결성했다. 각 당은 자기와 연고가 있는 노동조합과 제휴했다. 1962년에는 신헌법이 제정되고 의회가 구성되었으나, 의회는 1965년에 해산되었다. 이때부터 술탄은 비상대권으로 모로코를 통치하고 있다.

　모로코 정권은 절대군주제와 유연한 권위주의 사이에서 오락가락했다. 정부는 정당을 통제했고, 정당은 체제를 인정한다는 조건하에서만 활동이 가능했다. 술탄은 전문가 집단과 행정관료, 경제엘리트를 지지세력으로 만들고, 정치적 조작을 통해 무수한 파벌·집단·이익단체·가문·부족을 관리했다. 정치적 이합집산에 대해서는 초연한 입장에서 조정자 역할을 했다. 그는 국민의 이데올로기적인 지지를 유도하고, 상이한 집단들 사이의 세력균형을 유지하며, 군대와 내무부를 비롯한 정부의 주요 기구를 장악함으로써 통치기반을 공고히 했다. 페스의 부르주아지—관료·학자·상인 등—정권에 참여하여 정치엘리트의 일원이 되었다. 하지만 좌파는 약했고, 노동조합은 정부에 예속되었으며, 학생들은 쉽게 조종되었다. 농촌 출신 엘리트들은 내무부·교육부·법무부의 중추세력으로 성장했고, 농촌공동체는 수피 지도자를 비롯한 현지의 중재자들을 통해 체제에 통합되었다. 비록 리프와 중부 아틀라스의 부족들은 여전히 정권에 저항했으나, 중앙정부는 역대 어느 정권보다 강력하게 지방을 장악했다.

　술탄이 서(西)사하라에 대한 지배권을 장악하기 위한 투쟁에 나서자 내셔널리즘 정서가 더욱 고취되고 술탄의 인기도 치솟았다. 스페인의 식민지였던 서사하라는 1976년에 모로코와 모리타니로 귀속되었으나, 그후 영유권 분쟁에 휩싸였다. 모로코는 서사하라를 자국 영토라고 주장했고, 폴리사리오 전선*은 알제리의 지원을 받아 사하라 아랍 민주공화국(SADR)의 독립을 선포했다. 술탄은 대중의 지지와 사우디아라비아의 재정지원에 힘입어 서사하라 전역을 정복했다. 유엔은 1988년에 평화안을 채택하고 서사하라에서의 주민투표 실시를 결의했으나, 투표

---

* POLISARIO Front. 서사하라에서 독립국가 건설을 목표로 하는 무장조직.

는 아직까지 이루어지지 않았다. 이 문제로 알제리와 모로코는 심각한 갈등을 빚고 있다.

모로코는 국왕과의 개인적 유대를 중심으로 끊임없는 이합집산이 이루어지는 파편화된 사회로, 정치적 안정에 급급하다 보니 경제개발과 개혁은 뒷전으로 밀려났다. 독립 후에도 상당수의 프랑스인 전문가와 기술자들이 모로코에 남아 있었으나, 자본은 해외로 빠져 나갔다. 1960년대의 경제개발계획은 토지개혁의 미비 등으로 인해 실패하고 말았다. 가뜩이나 어려운 모로코 경제는 1980년대에 더욱 악화되었다. 무역수지 적자와 대외부채의 증가로, 1983년에 모로코는 IMF에서 차관을 도입하고 민영화 조치를 취할 수밖에 없었다. 덕분에 경제는 점차 안정되었고 부채는 줄어들었으며 중산층의 경제여건도 개선되었다. 그러나 빈곤층은 여전히 가난에서 벗어나지 못했다. 1981년, 1984년, 1990년, 1996년에는 여러 도시에서 폭동이 일어났다. 경제가 다시 침체에 빠져들면서 1997년에는 학생과 노동자들이 저항에 나섰다.

이런 상황에서 이슬람 세력이 반대의 목소리를 높였다. 그러나 이슬람 운동은 내부적으로 분열되어 있었고 정부를 전복시킬 만한 힘이 없었기 때문에, 체제 내에서 점진적인 개혁을 추구했다. 또한 술탄이 강력한 종교적 권위를 가진 인물이었으므로, 이슬람 단체들은 정권과 타협하면서 도덕적 문제를 강조할 수밖에 없었다. 종교계를 통합할 수 있는 이데올로기가 결여된 상태에서 살라피 운동과 수피 세력이 경합을 벌이고 있었으므로, 술탄은 어렵지 않게 파벌들을 조종할 수 있었다.

1999년에 하산이 사망하고 그의 아들 무함마드 6세가 즉위했다. 통치권자는 바뀌었지만, 모로코는 여전히 북아프리카에서 가장 보수적이고 정치적으로 안정된 국가이다. 무함마드 6세는 서양식 교육을 받은 코즈모폴리턴한 인물로 젊은 세대의 지지를 받고 있다. 그는 농촌여성에 대한 교육 확대, 법정이혼제도의 도입, 부부재산의 균등분할 등의 개혁정책을 추진하고 있다. 이슬람주의적인 반정부운동은 정부의 권위에 눌려 힘을 발휘하지 못하고 있다. 모로코에서 이슬람은 왕정이나 국가와 완전히 동일시될 만큼 모로코인의 국민적 정체성의 한 부분을 이루고 있다.

리비아

오늘날 리비아를 구성하고 있는 트리폴리타니아·키레나이카·페잔을 처음으로 지배한 것은 오스만 제국이었다. 오스만 제국이 점령하기 전까지 리비아는 역사 없는 땅이었다. 7세기에 아랍인의 침입으로 주민들이 아랍화되고 이슬람화되었지만, 중앙정권이 생겨나지는 않았다. 무와히드 왕조는 명목상의 지배권을 가졌을 뿐이다. 이집트의 맘루크 왕조는 키레나이카의 부족들과 동맹을 맺고 리비아의 종주권자임을 자처했다. 그후 1517년과 1551년에 이집트와 트리폴리를 각각 정복한 오스만 제국도 리비아에 대한 종주권을 주장했다. 1551년부터 1711년까지 트리폴리는 오스만 제국의 파샤(지방장관)와 예니체리 군단에 의해 지배되었다. 1711년에는 현지 예니체리 군관인 아흐마드 카라만리가 정권을 잡고, 오스만 제국 종주권하에서 왕조를 개창했는데, 이 왕조는 1835년까지 존속했다. 19세기 초에 영국과 프랑스의 세력이 커지고 해적행위가 억제되면서 카라만리 왕조가 쇠퇴하자, 오스만 제국은 다시 리비아에 개입하여 카라만리 왕조를 멸하고 총독을 파견하여 트리폴리타니아와 키레나이카를 다스리게 했다. 1911년에는 이탈리아가 리비아를 점령했고, 오스만 제국은 이듬해 이 지역에서 물러났다.

오스만 제국이 지배한 1835~1911년에 트리폴리타니아는 많은 변화를 겪었다. 오스만 제국은 1858년에 지방의 저항세력을 물리치고 트

리폴리타니아 전역을 완전히 장악하고, 본국에서 실시되고 있던 탄지
마트 개혁운동을 이 지역에도 적용했다. 오스만 제국의 총독은 중앙정
부의 권한을 강화하고 베두인의 정착을 지원했으며 도시와 농촌의 부
흥에 힘을 기울였다. 또한 노예무역 폐지로 튀니지와 알제리를 통과하
는 사하라 교역로가 폐쇄됨에 따라, 리비아를 통과하는 사하라 종단 무
역을 되살렸다. 오스만 제국이 지방의 교육을 장려한 데 힘입어 형성된
리비아의 지식층은 이스탄불의 정치와 문화생활에 영향을 받았다. 트
리폴리타니아의 관료와 지식인, 부족과 마을의 수장들은 자신들이 주
(州)의 일부일 뿐만 아니라 더 나아가 오스만·아랍·이슬람 세계의 일
부라는 공통의 정체성을 느끼게 되었다.

키레나이카는 오스만 제국의 지배하에서도 독립성을 유지했지만, 오
스만 제국이 사누시야 교단과 긴밀한 관계를 유지한 덕분에 트리폴리
타니아와 비슷한 발달과정을 겪었다. 사누시야 교단은 1837년에 무함
마드 이븐 알리 앗 사누시(1787~1859)에 의해 설립되었다. 앗 사누시
는 알제리 출신으로 페스와 메카에서 교육을 받았다. 그는 개혁주의의
영향을 받아 코란과 하디스의 기본적인 가르침으로 복귀해야 한다고
선언하는 한편 신자들에게는 이즈티하드를 통해 종교생활의 원칙을 유
추할 권리가 있다고 단언했다. 사누시야 교단은 모든 무슬림 형제단의
통합과 이슬람의 확산 및 부활을 위해 노력했다.

이런 목적을 달성하기 위해 앗 사누시는 키레나이카로 들어와 1859
년에 사망할 때까지 많은 자위야를 건설했다. 사누시야 교단의 자위야
는 선교와 교육뿐 아니라 농업과 무역의 중심이었다. 또한 키레나이카
와 쿠파와 와다이를 잇는 교역로 주변에 흩어져 있었기 때문에, 카라반
을 조직하는 데도 한몫했다. 사누시야 교단은 교역 당사자들 간의 협력
을 이끌어내고 분쟁을 조정하는 한편 도시민들에게 종교교육, 상품 교
환, 자선, 정치적 권익 대변 등의 서비스를 제공함으로써, 이 지역 베두

인 사이에서 정치적 권위를 인정받았다. 19세기 말에 이르자 이집트 서부와 수단 지역에는 사누시야 교단의 자위야 네트워크로 연결된 부족연합이 형성되었다. 사누시야 교단은 이 부족연합을 이끌고 프랑스의 차드 호 일대 침입과 이탈리아의 리비아 침략에 저항했다.

1878년의 베를린 회의 이후 이탈리아는 트리폴리타니아를 자신의 영향권으로 간주하고 경제적 진출을 시도했다. 오스만 제국이 이탈리아의 경제 침투에 저항하자, 이탈리아는 이것을 꼬투리 삼아 1911년에 트리폴리타니아를 침공했다. 이탈리아는 여러 도시를 점령하고 오스만 제국에게 트리폴리타니아와 키레나이카에 대한 종주권을 넘기라고 요구했다. 그러나 사누시야 교단이 이에 맞서 리비아에 대한 지배권을 주장하고 나섰다. 이탈리아는 제1차 세계대전이 끝나고 1923년과 1932년 사이에 지루하고 파괴적인 전쟁을 치른 뒤에야 키레나이카의 베두인족을 물리치고 이 지역을 식민지로 만들 수 있었다. 사누시야 교단의 지도자들은 국외 추방되었다. 그들이 영적인 권위마저 잃어버린 것은 아니었지만, 이탈리아의 종주권을 인정할 수밖에 없었다. 1934년에 이탈리아는 키레나이카와 트리폴리타니아의 정복을 완료하고 이 두 지역을 리비아로 통합시켰다.

제2차 세계대전 이후 패전국 이탈리아를 대신하여 영국과 프랑스가 리비아를 지배하게 되었다. 그러나 1951년에 UN은 리비아의 독립을 결정했다. 사누시야 교단의 아미르 이드리스는 종교적 정통성과 외국의 식민통치에 맞서 싸운 경력을 내세워 국왕이 되었다. 이드리스의 지지기반은 도시의 관리들, 사누시야 교단의 자위야와 연결된 베두인, 이드리스를 지지하는 부족장들이었다. 하지만 내셔널리즘과 사회주의에 경도된 젊은 세대의 급진적인 학생과 기술자, 유전 및 항만의 노동자들은 이드리스 정권의 부패와 외세 의존정책에 반기를 들었다. 나세르주의와 바스당이 내세우는 범아랍주의나 사회주의 이데올로기에 쏠린 청년 장교들도 반정부세력에 가세했다. 1969년에 가난하고 힘없는 리비아 부족 출신으로 방가지 사관학교에서 교육을 받은 영관급 장교와 하사관들이 자유장교단을 조직하고 혁명을 일으켰다. 혁명의 지도자는 무암마르 알 카다피였다. 장교단은 혁명평의회를 구성하고 신속하게 강력한 군사정권을 수립했다. 그들은 외국인의 군사기지를 철수시키고 외국인이 소유한 은행과 기업을 국유화했다. 정당과 노동조합의 활동은 불법화되었다. 1973년에 혁명은 더욱 과격해졌다. 혁명세력은 관리와 전문가를 포함한 잠재적 정적들을 모두 체포하고, 인민위원회를 만들어 정부 부처와 학교, 주요 기업을 장악했다. 1970년대 말까지 국가는 모든 중요한 경제적 기능을 통제했고, 소규모 경제활동을 직접 관할하면서 중산층을 파괴했으며 리비아 국내의 부(富)를 대부분 재분배했다. 대중을 동원한 선동정치로 인해 민간 부문의 경제적 기반은 완전히 제거되었고, 모든 공무원은 철저한 감시를 받게 되었다. 따라서 카다피에 반대하는 세력이 생겨날 가능성은 거의 없어졌다.

카다피는 급진적인 아랍주의자이자 이슬람주의자로 유명하다. 혁명 초기에 그는 나세르주의와 바스당의 이데올로기를 추종했고, 식민주의 및 시온주의에 대한 반대, 그리고 아랍 통일의 추구와 대이스라엘 투쟁에서 리비아의 리더십을 강조했다. 카다피는 리비아와 이집트, 리비아와 시리아, 리비아와 수단과 튀니지 사이의 연방을 추진했으나, 성과를 거두지 못했다. 1970년대 초에 그는 자본주의와 공산주의에 대항하는 제3세계 운동의 일환으로 아랍-이슬람 운동을 제의했다. 그는 예언자 무함마드의 가르침(순나)마저 배제한 채 코란만을 사회 재건의 원천으로 삼는 극단적인 경전주의를 주장했다. 카다피는 이슬람 경전주의를 포퓰리즘과 결합시킴으로써 울라마·수피 샤이흐·관료·기술관료의 권위를 말살하고, 자신이 이슬람 근대화운동의 중심인물이 되었다. 코란의 가르침에 따라 도박과 음주는 물론 서양의 모든 악행이 금지되었다.

대외적으로는 중동과 이슬람 아프리카, 심지어 필리핀에서도 제국주의
와 시온주의에 대항하는 지하드를 일으켜야 한다고 주장했다. 카다피
의 제3세계 이론인 제3의 보편적 대안에서는 뚜렷한 근거도 없이 사회
주의·아랍주의·이슬람이 동일시되었다. 아랍주의와 이슬람을 동일시
하는 것은 중동과 북아프리카의 공통적인 추세였는데, 카다피의 이론
은 그것을 국제적인 함의로 포장하여 좀 더 극단적인 형태를 취했다.

하지만 1990년대에 리비아는 다른 북아프리카 국가들과 비슷해졌
다. 1980년대에는 국내외의 시련이 겹쳐 카다피가 큰 타격을 받았다.
키레나이카에서는 부족들의 반란이 일어났고, 국제유가가 폭락했다.
또한 테러 지원에 대한 응징으로 UN과 미국은 석유생산용 장비와 무
기에 대해 금수조치를 취했다. 차드 내전에서의 패배와 국방예산 삭감
은 군의 동요를 불러일으켜, 1993년에는 쿠데타가 시도되기도 했다.
결국 카다피는 급진주의에서 한발 물러서게 되었으며, 이 틈을 타 이슬
람 부흥주의자들은 반정부활동을 개시하여 군부대와 정부관리들을 공
격했다. 카다피는 보조금을 통해 국민을 회유하고 반대자들을 억압하
는 한편 북아프리카의 다른 국가들과 협조하며 이슬람주의의 위협에
반격을 가함으로써 권력을 유지하고 있지만, 그의 정권은 급진적인 정
책을 포기해야 했다.

국가 이데올로기와 반정부운동 내에서의 이슬람

북아프리카의 아랍국가들은 지리적으로 가까울 뿐만 아
니라 역사의 전개과정이 유사하기 때문에 한 묶음으로 분류될 수 있다.
근대 이전에는 지역별·국가별로 사회형태와 정치구조가 상당히 다양했
다. 그러나 종족공동체가 사회의 근간을 이루었으며 목축민이 중요한
사회적·정치적 세력이었다는 점에서는 대동소이했다. 튀니지와 알제

리의 국가들은 그 실질적인 지배력이 나라 전체에 미치지는 못했다. 반면에 모로코는 중앙집권국가를 형성했다. 모로코의 국가는 제도적인 장치보다는 술탄의 정통성에 의해 유지되었다. 북아프리카에서는 이슬람이 부족공동체의 통합과 정권의 정당성 확보에 결정적인 역할을 했다.

프랑스의 식민통치가 시작되면서 근대적인 경제와 교육제도가 도입되었으나, 국가의 구조와 이슬람의 역할에 있어서의 연속성은 참으로 놀랍다. 모로코가 보여준 역사의 연속성은 너무나도 위대하다. 1912년에 시작된 프랑스의 식민통치는 모로코의 정치체제에 큰 영향을 주지는 않은 것 같다. 모로코의 왕정은 비록 그 의미는 다소 변했지만, 이슬람의 정통성과 중앙집권체제를 보존할 수 있었다. 술탄들도 개인적인 권위와 이슬람에 기초한 제도적인 권위를 지켰다. 술탄은 이슬람 개혁운동의 상징적인 지도자였고, 프랑스의 침략에 대한 저항을 주도함으로써 모로코인의 국민적 정서를 불러일으켰다. 술탄은 프랑스가 다져놓은 통치기구들을 효과적으로 활용하고 각 정파와 이익집단을 능수능란하게 조종함으로써 실질적으로 행정권력을 증대했다. 독립 이후의 모로코 사회와 국가는 보호령 시대의 영향을 받은 왕정과 이슬람이 결합되어 있는 상태라고 말할 수 있다. 모로코는 다른 어떤 이슬람 국가보다도 역사적 정체성의 특징을 간직하고 있다.

이와 대조적으로 알제리는 가장 철저하게 재편된 북아프리카 사회이다. 프랑스의 점령으로 알제리 사회는 완전히 파괴되었다. 제1차 세계대전 이후에는 프랑스의 영향을 받은 세속주의자, 이슬람 개혁주의자, 대중적 지도자, 확고하지 않은 이데올로기 성향을 가진 군인혁명가들이 엘리트로 부상했으나 이들의 사회적 기반은 매우 제한적이고 취약했다. 독립과정이 처절했던 만큼 그후에 탄생한 정권은 식민주의에 적대적이고 혁명적·사회주의적·평등주의적 성향을 보였다. 독립전쟁을 통해 군부의 지도자들이 권력의 핵심으로 떠올랐다. 알제리 정권은 군사력을 비롯해서 석유와 가스에 대한 통제에 기반한 발전전략을 추구한다. 따라서 석유와 가스 자원에서 조달한 자금을 공업화에 투입하고 농업인구를 경시하는 경향을 보였다. 그러나 개혁주의적인 이슬람을 표방함으로써 엘리트 세력과 대중 사이의 거리를 좁히려고 했다. 부족과 종교조직의 전통적인 형태가 무너진 상황에서, 분파적 정체성에 반대되는 국민적 정체성뿐만 아니라 규율 잡힌 세속적 행동을 나타내는 종교적 표현으로서의 이슬람 개혁주의는 알제리 국민의 정체성의 토대가 되었다.

리비아도 전통적인 사회구조를 변용시키는 경향을 보였다. 알제리와 마찬가지로 리비아는 오스만 제국의 지배를 통해 초보적인 형태의 국가체제를 갖추었으나, 베두인이 주축을 이루고 있는 사회의 조직원리는 수피즘이었다. 더구나 19세기의 키레나이카는 사누시야 교단 개혁운동의 본거지였다. 사누시야 교단은 자신의 영향력을 이용하여 교역을 조직하고 프랑스와 이탈리아의 식민통치에 저항했으며 제2차 세계대전 후에는 리비아 왕정을 건설했다. 1969년에는 자유장교단이 혁명을 일으켜 정권을 잡았으나, 강력한 국가는 고사하고 세속적인 왕정에 대한 관념이나 사회적 통합조차 이어받지 못했다. 국민적 정권의 탄생에 필요한 역사적 기반이 사실상 없었던 셈이다. 그래서 카다피 정권의 이데올로기적 성향은 범아랍주의와 이슬람, 국제적 혁명운동으로 기울었고, 카다피는 보편주의적 레토릭을 동원하여 리비아 사회를 급진적으로 재구성하고자 했다. 카다피 정권은 처음에는 지도자 개인의 능력과, 범아랍주의와 이슬람의 보편주의적 상징을 결합된 독특한 통치형태를 선보였다. 그러나 더욱 급진적인 이슬람 세력의 도전에 직면하면서, 국제적인 국가시스템으로 재통합되었다.

북아프리카 국가들은 대체로 19세기 후반과 전간기에 전개된 이슬람 개혁주의의 영향으로 강력한 이슬람적 정체성을 형성했지만, 튀니지는 예외였다. 튀니지에서는 식민지시대 이전의 정권하에서 국가가 후원하는 근대주의의 기원을 찾을 수 있다. 게다가 청년튀니지당과 데스투르당 시기에는 살라피 운동가들에 의해 이슬람 개혁주의도 소개되었다. 그러나 독립 이후 튀니지에서는 세속 성향의 엘리트가 정권을 장악했다. 튀니지가 이슬람 개혁주의에서 세속적인 내셔널리즘 이데올로기로 선회한 데는 1930년대에 벌어진 구세대 지도자와 신데스투르당 지도자 사이의 권력투쟁이 한몫했다. 구세대는 이슬람식 교육을 받았지만, 신세대는 프랑스어와 아랍어로 교육을 받았다. 또한 구세대가 정부관리와 울라마의 연합을 대변했다면, 신세대는 신분상승을 원하는 해안도시의 부르주아지를 대변했다. 대중은 여전히 이슬람에 대한 충성심을 가지고 있었다. 그러나 두 엘리트 집단 사이의 권력투쟁과 프랑스의 지배에 대한 저항운동이 전개되면서, 부르기바 세대는 내셔널리즘으로 돌아섰다. 중앙집권국가의 오랜 역사도 튀니지의 국민적 정체성을 형성하는 데 기초가 되었다.

독립 이후 북아프리카 국가들은 나름대로 희망을 안고 권위주의 시대로 진입했다. 북아프리카의 모든 나라가 예외 없이 이슬람에서 정통성을 찾았다. 그러나 1960년대와 1970년대에는 경제발전과 사회 근대화에 실패하면서, 경찰·정보부·군대에 의존하는 '무하바라트'(정보기관)로 변모했다. 1980년대에 북아프리카의 국가들은 하나같이 시위·폭동·파업 및 이슬람 진영의 반대운동에 직면했다. 1989~1991년에 잠시 자유주의가 확산되기도 했으나, 마그리브(북아프리카) 국가들은 이슬람 진영의 반대운동을 진압한다는 명분으로 경찰국가로 복귀했다.

하지만 국가의 통제는 어디에서도 이슬람주의자들을 완전히 저지하지는 못하고 있다. 이슬람주의자들은 전통적인 울라마를 독재정권의 지지세력으로 간주한다. 그들은 더 이상의 서양문물을 거부하고 이슬람 국가의 건설을 요구하고 있다. 이슬람주의를 추구하는 반정부 세력은 크게 세 부류로 나뉜다. 첫 번째 부류는 비정치적이며 교육·사회생활·문화활동을 후원함으로써 밑바닥에서부터 이슬람 사회를 형성하고자 한다. 이들은 학교·보건소·사회복지 프로그램을 운영하면서 대중교육·TV·카세트·라디오·출판물을 통해 국가의 교육정책을 무시하고 대중을 이슬람으로 재사회화하려고 한다. 두 번째는 선거와 정치에 참여하여 정권을 잡으려는 부류이다. 마지막으로 폭력과 테러를 수단으로 삼는 집단이 있다. 이들 가운데 주류는 두 번째 집단이다. 아브데슬람 야시네가 세운 모로코의 정의자선당, 튀니지의 라시드 알 간누시가 이끄는 르네상스당, 아바시 마다니와 알리 벨하즈가 이끄는 알제리의 이슬람 해방전선(FIS) 같은 주요 정당은 두 번째 범주에 속한다. 중요한 이슬람 단체를 이끄는 인물은 전통적인 종교지도자가 아니라 전문직종사자 또는 평신도 지식인들이다. 이슬람 정당은 체제 내에서 활동할 의사를 표명해왔고, 때로는 활동이 허용되기도 했다. 그러나 튀니지와 알제리는 이슬람 정당의 활동을 완전히 분쇄하려고 했고, 모로코는 정당활동은 불허하지만 공개토론은 허용하고 있다.

역설적이게도 정체성에 바탕을 둔 정치적 운동은 국가정책의 결과였다. 지대와 인허가권, 외국의 원조를 주 수입원으로 삼고 있는 북아프리카 국가들은 보호–피보호관계를 맺은 특정 가족이나 이데올로기적·정치적 집단에게 특혜를 베푸는 전(前)산업시대적 복지체계를 갖추어왔다. 국가정책은 공동체의 경계를 가르는 경제적 계급과 이익단체의 형성을 가로막고 있다. 소수의 엘리트에게만 교육의 기회를 주는 정실주의와 일부 상류층의 과시적인 소비에 대해, 사회에서 소외되어 길거리 문화에 빠져들 수밖에 없는 젊은이들은 크게 분개하고 있다. 이슬람 운동단체들이 대중의 지지를 받는 데는 종교적인 이유만 있는 것이 아니다. 대중은 국가가 고용·주택·교육 같은 사회문제의 해결에 실패한 것에 항의하기 위해 이슬람 운동단체들을 지지한다. 전통사회의 유대가 무너지면서 불안과 고립, 급진적인 이슬람주의에 동조하는 사람이 많아졌던 것이다. 북아프리카 사회는 군인과 관료가 주축을 이루는 엘리트층과 반정부 이슬람 운동에 참여하는 대중으로 양극화되어 있다.

　북아프리카는 더 큰 아랍중동세계의 맥락에서 바라보아야 한다. 아랍중동과 북아프리카 전역은 내셔널리즘·범아랍주의·이슬람적 상징들의 다양한 조합을 바탕으로 국가 이데올로기를 구축했다. 시리아·이라크·튀니지는 이슬람을 국교로 인정하고 대중의 이슬람 정서에 호소하면서도, 국가정체성을 세속적인 내셔널리즘에서, 그리고 때로는 사회주의에서 찾고 있다. 시리아·이라크·리비아처럼 사회의 제도적 기반이 취약한 국가들도 범아랍주의를 강조한다. 이들 국가에서는 국가가 종교기관을 지배하는 오스만 제국의 전통과, 신분상승을 꾀하는 군인 엘리트와 소수집단이 사회를 지배해온 역사적 경험으로 인해 세속적인 내셔널리즘이 큰 목소리를 내고 있다.

　이집트·알제리·리비아는 이슬람을 국가의 공식 이데올로기로 선언했다. 20세기에 들어선 이후 이집트는 이슬람에 대한 절대적인 신뢰를 바탕으로 대단히 내셔널리즘적이고 국가지향적인 자기개념을 장려해 왔다. 제2차 세계대전 이후에는 아랍주의와 범아랍주의가 이집트인의 정체성을 규정했다. 그러나 1967년에 이스라엘과의 전쟁에서 패하면서 이집트의 정치적 정체성은 국민국가와 이슬람 중심의 개념으로 회귀해 왔다. 전 주민과 잘 조직된 이슬람운동단체의 종교적 충성심 덕분에 이슬람의 상징들이 되풀이해서 이집트의 공식 이데올로기의 한 부분을 차지하게 되었다. 알제리와 리비아는 내셔널리즘·범아랍주의·이슬람의 상징들이 한층 강력하게 결합한 예이다. 모로코는 왕정의 전통이 강할 뿐 아니라 살라피 운동과 수피즘이 정권과 깊은 관계를 맺어온 만큼, 이슬람이 공식 이데올로기와 국민정체성의 중심을 이루고 있다. 이상의 모든 나라에서 이슬람은 과거에는 수피에 의해 조직된 농촌사회와 반식민운동의 기반이었고, 오늘날에는 대중의 정치적 정체성과 보수정권이나 혁명정권의 이데올로기라는 점에서 특별히 중요하다.

동시에 이슬람은 정권에 대한 저항의 목소리를 표현하는 데도 중요한 역할을 해왔다. 이스라엘과의 1967년 전쟁 이후, 특히 1979년의 이란 혁명으로 이슬람은 정치적 저항과 혁명적 열망을 뒷받침하는 이데올로기로 자리를 잡았다. 이집트와 시리아의 무슬림 형제단, 이집트와 튀니지의 자마트, 그리고 도처의 독자적인 종교지도자들은 국가로부터 독립한 또는 국가에 반대하는 공동체적·종교적 체제라는 이슬람의 역사적인 역할을 잊지 않고 있다. 결과적으로 아랍중동과 아랍 북아프리카 사회에서는 이슬람의 정치적 정체성이 상당히 양의적으로 이용되고 있다. 각국 정권은 내셔널리즘·범아랍주의·이슬람 정체성을 다양한 형태로 조합하여 정통성을 주장한다. 반면에 정권의 반대세력도 이슬람적 열망으로 무장하고 있다. 다시 말해서, 이슬람은 국가의 이데올로기와 혁명적 유토피아 둘 다를 구성하는 요소이다. 이들 국가의 대중문화속에는 국가·민족·국민·이슬람의 정체성이 불완전하게 융합되어 있다. 어쩌면 이런 대중문화의 양의성에 근거하고 있기 때문에, 이슬람은 정권과 반정부세력이 공유하는 정치적 담론의 매체가 될 수 있는지도 모른다.

중앙아시아와 남아시아의 세속주의와 이슬람

27장

인도 아대륙: 인도, 파키스탄, 방글라데시

인도 아대륙에서 무슬림 근대사의 기원은 무굴 제국의 해체와 영국의 식민통치에 있다. 통치체제의 변화는 인도 아대륙 무슬림 사회의 종교적 관행과 정치적·사회적 구조의 변화를 가져왔고, 결국에는 세 국민국가의 성립을 초래했다. 두 국가에서는 무슬림이 압도적이고, 한 국가에서는 마이너리티이긴 하지만 만만치 않은 세력을 형성하고 있다.

근대적 변용이 일어나기 직전의 무굴 제국은 오스만 제국이나 사파비 제국과 같은 세습왕조로서, 페르시아풍의 코즈모폴리터니즘과 인도 고유의 정체성이 매우 강한 사회였다. 인도 무슬림의 종교생활은 상당히 다원적이었고, 국가의 통제를 받지 않았다. 무굴 제국은 1730년부터 1857년까지 서서히 기울어졌으며, 이 기간에 지방의 무슬림 신사층(젠트리)은 세력을 강화했다. 수준 높은 이슬람 문화와 상호 유사한 종교관행, 고귀한 '아슈라프' 신분이라는 일체감이 무슬림 공동체의 결속을 뒷받침했다. 인도 아대륙의 무슬림은 모스크, 학교, 묘, 무슬림 구역의 신사층 주거지, 북인도의 여러 카스바(요새화된 성)를 중심으로 공동체를 형성했다.

　영국의 세력이 확대되면서 무슬림 신사층과 관리들은 심각한 위협을 느꼈다. 무굴 제국의 쇠퇴는 이들에게 상징적·실제적 손실을 안겨주었다. 이슬람 정권은 이슬람 사회의 안녕을 보장하는 든든한 후원자였는데, 이제 그 버팀목이 사라진 것이다. 벵골을 비롯한 많은 지역의 이슬람 사회가 막대한 재정적·정치적 타격을 받았다. 조세제도와 사법행정이 재편되는 과정에서 하급 무슬림은 자리를 보전할 수 있었으나 고위직에 있던 무슬림은 모두 쫓겨났다. 북서변경지대에서는 무슬림 지주들이 힌두와의 관계에서 자신의 위상을 지킬 수 있었지만, 벵골에서는 영구합의가 체결되면서 토지에 대한 지배권이 힌두에게 넘어갔다. 한때 어엿한 독립정권에 봉사하던 군인들은 영국의 동인도회사나 영국인 지방장관 또는 자민다르의 수하로 전락했다. 벵골 지역의 경우 상황이 더욱 심각했다. 힌두 지주 밑에서 생활하던 무슬림 농민들은 관습상의 권리를 박탈당했고, 무슬림 직공들은 영국의 랭커셔에서 의류가 수입되면서 경제적으로 고통을 겪었다.

　설상가상으로 1830년과 1857년 사이에는 전반적인 경기침체가 이어졌다. 인도 아대륙에서 세력을 굳힌 영국은 대(大)자민다르의 수입원을 제거하기 시작했다. 유력자들은 징세 수입, 화폐주조 수입, 통행료, 시장세를 박탈당했다. 귀족계급의 수입이 감소함에 따라 사치품의 소비도 줄어들었고, 군인과 서비스업 종사자, 직인들은 실직했다. 일부 지주와 곡물상은 여전히 형편이 좋았고 일부 지역은 번영을 누렸지만, 신사층·말단관리·소상인·직인·노동자는 대부분 어려움을 겪었다.

　영국의 지배로 경제와 정치는 물론이고 문화도 타격을 입었다. 처음에 영국은 전통적인 이슬람 교육과 인도의 고전문화에 호감을 보였다. 그러나 1830년대에 영국인 선교사들의 활동이 활발해지면서 영국의 관리들은 인도의 종교적 관행을 야만시하고 억압하기 시작했다. 영어는 행정과 교육 부문의 언어가 되었다. 1835년에는 영어교육을 위한 기금이 처음으로 정부예산에 반영되었고, 1837년에는 무굴 제국 법정의 공식 언어였던 페르시아어의 사용이 금지되었다. 재판제도의 변화로 증거에 대한 새로운 규칙이 생기고 범죄와 형벌에 관한 새로운 개념이 도입되면서 이슬람법의 근간이 무너졌다. 무슬림은 점차 힌두 상인과 영국 관리의 경쟁에서 비롯된 경제적·정치적 권력의 대세가 자신들에게 불리한 쪽으로 기울고 있다는 사실을 인식하게 되었다. 1850년대에는 카스바 공동체가 혼란에 빠져들었다. 이슬람 국가의 몰락, 외국의 지배로 인한 고난, 시크 교도와 힌두의 영향력 증대에 대처하는 일이 절박한 과제로 다가왔다. 무굴 제국의 몰락으로 무슬림은 여러 심각한 문제에 직면했다. 무슬림의 생활방식이 인도 아대륙에서 살아남을 수 있을 것인가? 만약에 그렇다면, 무굴 시스템을 대신할 실천적·상징적 대안은 무엇인가? 어떤 유형의 정치체제가 필요한가? 영국의 지배에 어떤 태도로 대응할 것인가? 각 개인은 어떤 종교적 태도를 취해야 할 것인가, 어떤 방식으로 무슬림은 샤리아를 실천할 것인가, 성묘(聖廟) 참배는 옳은 일인가?

이런 문제에 대하여 세 가지 반응이 나타났다. 바렐위파와 파랑기 마할의 울라마 같은 일부 종교집단들은 영국의 지배를 받아들이는 한편 샤리아를 존중하고 성자를 숭배하는 이슬람의 전통적인 신앙과 관습의 전파에 힘써야 한다는 입장을 취했다. 이에 반해 개혁주의자들은 샤 왈리울라와 국제적인 이슬람 개혁운동의 영향을 받아 영국의 지배에 협조하기를 거부하고, 이슬람 관행의 개선과 성묘숭배의 금지를 통해 무슬림의 종교생활을 강화해야 한다고 주장했다. 세 번째 반응은 전(前) 집권층에서 나왔다. 이들은 이슬람 전통의 부활을 꾀하는 대신, 서양의 과학문명을 흡수하고 근대적인 무슬림의 정치적 정체성을 형성하고자 했다. 알리가르 무슬림 대학과 인도 무슬림연맹에 의해 대표되던 이 반응은 궁극적으로는 파키스탄의 탄생으로 이어졌다. 이처럼 종교지도자들은 개인의 종교생활을 강조하는 측과 정치적인 문제를 강조하는 측으로 나뉘었다. 외국의 지배에 대한 인도-무슬림의 반응은 오스만 제국이나 이란과는 달랐다. 오스만 제국에서는 세속화정책이 추진되었고, 이란에서는 국가와 종교단체 사이에 투쟁이 벌어졌다. 하지만 인도에서는 인도의 정치적·문화적 미래를 둘러싸고 무슬림과 힌두 사이의, 무슬림과 영국인 사이의, 그리고 무슬림 내부의 다면적인 투쟁이 벌어졌다. 이런 투쟁을 통해 새로운 형태의 정치적 정체성과 종교적 관행이 나타나게 되었다.

무슬림의 투쟁: 플라시 전투에서 1857년까지

무슬림 정치엘리트와 명문가는 무굴 제국의 몰락에 민첩하게 대응하지 못했지만, 무슬림 종교지도자들은 곧바로 행동에 들어갔다. 수피와 성묘 관리자들은 무굴 제국의 몰락으로 인한 상실감을 이슬람 가치의 재확인을 통해 극복했다. 치슈티야 교단은 내부개혁에 착수했다. 개혁주의적인 울라마들은 이슬람의 보편적 교리에 충실해야 한다는 주장을 제기함으로써 무굴 제국 몰락의 원인이 도덕과 종교의 타락이라고 생각하는 인도 무슬림의 마음을 사로잡았다. 이들은 이슬람에 충실하지 않은 결과 무슬림이 하느님의 은총에서 멀어진 것이라고 해석했다. 무슬림의 보호막인 국가가 멸망하고 이교도의 지배를 받게 된 이상, 종교적·공동체적 수양과 적극적인 투쟁만이 시련을 이겨내는 유일한 해법이라고 생각했다. 1803년에 샤 왈리울라의 아들 샤 아브둘 아지즈(1746~1824)는 인도가 '다르 알하르브'(전쟁의 영역)라고 선언하는 파트와(법학적 의견)를 발표했다. 또한 불신자들이 조세행정과 형법을 지배하고 있는 이상, 인도는 더 이상 샤리아에 의해 통치되는 사회가 아니라고 지적했다. 그는 영국의 지배에 대한 적절한 대응은 무슬림이 궐기하여 성전을 일으키는 것이라고 결론지었다.

아브둘 아지즈의 제자 사이이드 아흐마드 바렐위(1786~1831)는 스승의 대의를 이어갔다. 사이이드 아흐마드는 종교적 관행의 개혁을 목표로 우타르프라데시·비하르·벵골에서 포교활동을 시작했다. 그는 3년(1821~1824) 동안 메카를 순례하고 인도에 돌아와 북서변경지대에 정착했다. 그는 하느님의 유일성에 대한 믿음, 다신론의 배척, 성묘 중심의 수피즘과 시아파의 혁신을 설파했다. 또한 통속적인 신비주의와 종교의식을 버리고 코란과 순나로부터 참된 신앙을 구함으로써 진정한 이슬람을 회복해야 한다고 주장했다. 이런 설교와 함께 그는 인도 무슬림을 각성시켜 외국인 지배의 속박에서 벗어나기 위한 노력을 전개했다. 그는 북서변경지방에서 유수프자이 파슈툰족을 규합했다. 파슈툰족은 북쪽으로는 적대세력인 아프간, 남쪽으로는 펀자브에서 세력을 확장하고 있던 시크 교도 국가의 압박을 받고 있던 분열된 부족사회였다. 사이이드 아흐마드는 파슈툰족을 단일 지도체제하에 단결시켜 그들의 정치적 이익과 종교적 명분을 수호했다. 1827년에는 그는 이맘을 자칭하며 전쟁을 일으켰으나, 1831년에 일부 추종세력과 함께 발라코트에서 살해되었다. 이로써 파슈툰족을 통합하려던 그의 야망은 좌절되었지만, 사이이드 아흐마드의 종교적 유산은 '타리카이 무함마디'(무함마드의 도[道]) 운동으로 이어졌다. 나중에 살펴보겠지만, 타리카이 무함마디 운동은 인도의 이슬람을 부흥시켰으며, 공동체 개혁과 이슬람 개혁을 자극했다.

이슬람 개혁과 부흥운동의 두 번째 무대는 벵골이었다. 벵골의 개혁운동도 교리적인 측면에서는 북서부에서 일어난 개혁운동과 차이가 없었으나, 사회적·경제적 배경은 완전히 달랐다. 티투 미르는 서벵골에서 타리카이 무함마디를 처음 접했고, 메카에서 이 새로운 운동단체에 참여하여 사이이드 아흐마드의 할리파(대리인)를 자처했다. 그는 코란과 하디스가 최고임을 설교하고 수피 성묘에서 행하는 의식을 반대했다. 1830년에 그의 개혁사상은 정치적인 쟁점이 되었다. 지방의 자민다르와 인디고 농장주들이 티투 미르의 가르침이 확산되는 것을 막기 위해 그를 추종하는 농민들에게 과중한 세금을 부과했던 것이다. 이에 대응하여 티투 미르와 그 추종자들은 힌두 사원을 공격했다. 이런 사태는 급기야 당국의 개입을 불러왔고, 티투 미르는 1831년에 경찰에 의해 살해되었다.

한편 하지 샤리아툴라(1781~1840)는 또 다른 개혁운동인 파라이디 운동을 이끌었다. 하지 샤리아툴라는 벵골에서 태어났으나 메카에서 18년 동안 살면서 하나피파의 법학에 몰두했다. 그는 카디리야 교단에 입문하여 당시 메카에서 유행하던 개혁주의 영향을 받았다. 1818년에 벵골로 돌아온 샤리아툴라는 '타우바'(참회)와 '파라이드'(종교적 의무)의 실천을 설교했다. 그는 코란, 예언자 무함마드의 모범적 언행, 하나피파의 법전에 따라 이슬람의 교리를 실천해야 한다고 주장했다. 파라이디 운동은 원칙적으로 신비주의 자체를 거부하지는 않았다. 그러나 성자숭배, 계절축제, 예언자 무함마드와 성자들의 탄생일 경축, 후사인에 대한 타지야(추모) 행렬은 완강하게 거부했다. 또한 진정한 신앙을 왜곡한 것으로 간주되는 힌두 교도·불교도·시아파·수피의 각종 관행도 비판했다.

1818~1838년에 파라이디 운동은 힌두 자민다르와 영국인 인디고 농장주들의 억압에 시달리던 방직공과 오일 압착공을 비롯한 동부 벵골의 농민과 노동자들로부터 광범위한 지지를 받았다. 하지 샤리아툴라 사후, 그의 아들 두두 미안은 파라이디 운동을 순수한 종교운동에서 힌두와 영국인의 착취에 대한 농민의 저항운동으로 전환시켰다. 그는 1838년부터 1846년까지 공동체정부를 조직하고 파라이디 운동에 동

참한 마을에 할리파를 파견했다. 이들은 학교를 설립하고, 올바른 이슬람 의례를 가르치며, 정의를 실천하고, 무장집단을 고용하여 농민들의 이익을 보호했다. 할리파의 상급 관리는 열 개의 마을을 책임졌고, 그는 다시 파라이디 운동의 지도자에게 보고를 했다.

세포이 반란에서 제1차 세계대전까지

영국의 지배에 대한 무슬림의 첫 반응에서 가장 두드러진 특징은 개혁주의적인 종교지도자들이 부족과 농민을 규합하여 스스로의 이익과 종교를 지키려는 노력이었다. 1857년의 세포이 반란은 무슬림의 활동을 새로운 방향으로 돌려놓는 전환점이 되었다. 반란의 발단은 영국의 지배하에서 누적된 모멸감과 울분의 폭발이었다. 영국군에 소속된 힌두 및 무슬림 용병, 즉 메루트 시의 세포이는 자신들에게 지급된 엔필드 소총과 탄창에 소와 돼지의 기름이 묻어 있다는 소문을 접하자 이를 힌두 교도와 무슬림에 대한 모독행위로 규정하고 총기 사용을 거부했다. 이 사건은 뿌리 깊은 문화적·정치적 적개심을 상징적으로 보여주었다. 세포이 반란은 영국의 동인도회사에 고용된 인도인 병사뿐만 아니라 인도 중부와 북부의 무슬림 및 힌두 상류층과도 관련이 있었다. 이들은 영국의 식민통치로 인해 갈수록 많은 부담을 안게 되었다. 영국이 인도의 공국들을 계속 합병함에 따라, 인도의 옛 귀족계급인 힌두와 무슬림은 영국인 관리에 의해 대체될 위기에 처했다. 또한 영국은 막대한 세금을 부과하고 토지를 몰수했다. 인도의 문화와 사회적 가치에 대한 위협도 심각한 문제였다. 영국은 영어와 서양식 교육제도를 도입했다. 이 밖에도 인도인의 자존심, 종교적인 생활양식, 특권 엘리트층의 경제적·정치적 이익을 위협하는 요소는 수없이 많았다. 영국은 일부다처제·노예제·여성의 자유에 대한 영국식 사고방식을 주입했고, 사티(부인의 순장)와 카스트 제도를 비롯한 힌두와 무슬림의 종교적 관행에 반대했다. 나아가 이슬람법의 운영에 간섭했고, 영국인 선교사들은 계속해서 그리스도교를 확산시켜 나갔다. 정치적 열세로 인해 엄청난 경제적·문화적 대가를 치르고 있는 상황에서, 돼지기름 사건은 무슬림과 힌두의 광범위한 반란을 유발하는 기폭제가 되었다.

반란은 무자비하게 진압되었으며 엄청난 후유증을 남겼다. 반란 이후 인도의 통치체제는 대대적으로 개편되었다. 영국은 무굴 제국과 동인도회사를 공식적으로 폐지하고 본국 정부의 직접지배로 전환했으며, 인도 현지의 통치조직을 강화했다. 1860년에는 형법을, 1861년에는 민·형사소송법을 도입하여 사법제도를 개편했다. 1871~1882년에는 새로운 재정제도를 만들어 지방정부가 조세수입과 재정지출을 책임지고 운영하게 했다. 영국은 영국인과 인도인 군인의 비율을 1:5에서 1:1로 바꾸고, 직업 장교단을 구성했다. 세포이 반란 이후 50년에 걸쳐 영국은 인도 역사상 최대 규모의 관료조직을 구축했다. 동시에 영국은 인도 경제의 근대화에 착수했다. 그 결과, 농업생산이 증가했고, 1882년과 1894년 사이에 도입된 자유무역법하에서 교역이 확대되었다. 영국은 철도를 부설하고 탄광을 개발했으며 직물생산도 기계화했다.

새로운 정책의 도입은 일련의 태도 변화와 관련이 있었다. 영국인은 인도인에 대해 한없이 고상한 척 거드름을 피우면서 은혜를 베푸는 듯한 태도를 보였다. 19세기 말에 유럽인은 인종적으로 우월한 자신들이 미개한 민족들에게 유럽식 질서를 심어줄 천부의 권리를 갖고 있다고 철석같이 믿었다. 영국인의 정치적·인종적·계급적 우월감에서 비롯된 메울 수 없는 간극이 영국인 지배자와 인도인 사이에 가로놓여 있었다. 한편 영국은 세포이 반란으로부터 몇 가지 교훈을 얻었다. 정치적인 중앙집권체제의 한계를 이해하게 되었고, 인도를 통치하기 위해서는 인도의 토후 및 지주들의 지원과 협조가 필요하다는 점을 인식하게 되었다. 영국은 560여 토후국을 보존해주고, 영국에 협조적인 무슬림과 힌두 자민다르에게는 토지를 되돌려주었다. 또한 인도인으로 구성된 자치위원회와 자문위원회를 조직하기 시작했다. 종교문제에 대해서는 불간섭 정책을 채택했고, 힌두의 카스트 제도와 무슬림의 법률관행에 대한 개혁을 포기했다. 하지만 영어교육에 대한 지원과 인도 상류층의 서구화 정책은 계속되었다.

영국인과 무슬림 주민의 관계는 특히 미묘한 점이 많았다. 영국인도 무슬림과 힌두의 상류층이 연대하여 세포이 반란을 일으켰으며 반란에 참가한 무슬림의 수가 많지 않다는 사실을 알고 있었다. 그러나 영국인은 대체로 고정관념에 따라 세포이 반란을 영국의 지배에 대한 무슬림의 저항으로 이해했다. 한때 인도를 지배했던 무슬림은 언제든지 반란을 일으킬 소지가 있기 때문에 억압 위주의 정책을 취해야 한다고 생각했다. 그러나 영국인은 무슬림의 교육과 정치에서의 특권도 인정했다. 19세기 말까지 영국은 정부의 하급 또는 중간 관리직에 무슬림을 임명했다. 무슬림을 종교적 정체성에 기초해서 정치권력에 대한 집단적 권리주장을 할 수 있는 실체로 다룸으로써, 영국인은 무슬림의 단결을 조장하는 셈이 되었다. 다시 말해서 무슬림의 관심사를 규정함으로써 영국인은 인도 무슬림의 마음에 그것을 확실하게 각인시켜주는 데 일조했다.

1857년의 사건에 대한 무슬림의 반응 역시 무시할 수 없었다. 당시 카스바의 정치지도자와 종교지도자들은 자신들을 하나의 정치체로 생각하지 않았고, 지하드의 실패와 영국 지배의 영속성을 인정했다. 따라서 교육·종교·문화의 기반을 다지고 무슬림 공동체 내부의 결속을 강화하는 것이 최선의 방책이라는 데 의견을 같이했다. 그러나 구체적인 실천방안에 대해서는 의견이 분분했다. 영국과 무슬림이 공동으로 인도를 통치할 수 있으리라는 희망을 갖고 새로운 체제를 옹호하는 세력도 있었고, 겉으로는 침묵하면서도 뿌리 깊은 반영정서와 범이슬람 정서를 유지하는 집단도 있었으며, 정치문제에 완전히 등을 돌린 사람들도 있었다.

세포이 반란 이후 시간이 지나면서 카스바 엘리트의 입장은 크게 세 갈래로 나뉘었다. 보수 성향을 지닌 종교지도자들은 지하드의 무용성을 인정하고, 영국의 지배에 적응하면서 이슬람의 전통적인 종교적 믿음과 관행을 지켜낼 필요가 있다는 입장을 보였다. 수피 지도자와 성묘 관리자('사자다 니신')는 성자숭배와 이슬람 축제를 유지하고 무슬림 대중의 마음을 사로잡기 위해 노력했다. 하지만 무굴 제국의 몰락으로 성묘에 대한 경제적·정치적 지원은 끊어졌고, 영국의 통치로 속세에 대한 성묘의 정치적 영향력도 줄어들었다. 많은 수피가 자신의 위치를 지키기 위해 영국의 지배에 동조했고, 토지의 보유 및 승계와 관련된 분쟁의 해결을 영국법정에 의뢰했다. 성묘 관리자들은 종교적 업무를 하급자에게 맡기고 자기 자신은 정치적 이익을 쫓았다. 일부 수피는 이론과 종교적 관행을 수정하고, 수피즘의 명상과 영적 요소를 강화했다. 그들은 세속적인 권위의 쇠락에 맞서 수피즘의 내면적 가치를 보존하기 위해 노력하는 한편 좀 더 소박하고 샤리아에 충실한 종교적 관행을 채택했다. 보수적인 울라마도 기득권 유지에 힘썼다. 러크나우 시 파랑기 마할 구역의 학자들과 바렐위파는 울라마 학문전통과 수피즘을 결합시켰다.

울라마 집단의 두 번째 반응은 개혁주의의 부활이었다. 세포이 반란 이후 북인도에서 나타난 가장 의미 있는 개혁운동은 1867년에 마울라나 무함마드 카심 나나우타위가 데오반드 대학을 설립한 것이었다. 데오반드 대학의 교과과정은 계시학문(코란·하디스·법)과 이성에 바탕을 둔 과목(논리학·철학·과학)을 결합했다. 이 대학은 수피즘을 지향하고 치슈티야 교단과 관계가 있었다. 하지만 데오반드 대학의 수피즘은 하디스 연구와 이슬람의 적절한 법 관행을 강조했다.

데오반드 대학은 무슬림 공동체의 구심점이 되었다. 대학은 포교를 통해 이슬람의 참다운 관행을 대중에게 전파할 학생들을 양성했다. 데오반드 학파는 우르두어로 이슬람의 적절한 관행에 대한 법률의견을 쏟아냈다. 인쇄술의 보급으로 다수의 대중을 상대로 한 포교가 가능해졌다. 근대적인 문물이 소개되면서, 개혁주의자들의 오랜 숙원이던 이슬람 관행의 규범화 작업이 급물살을 탔다. 출판·교통·통신의 발달 덕분에 울라마는 일반 대중에게 수준 높은 이슬람 문화를 전달할 수 있게 되었다. 데오반드 대학의 영향력은 인도 전역으로 퍼져 나갔다. 아프가니스탄·중앙아시아·예멘·아라비아에서도 많은 학생이 모여들었다. 설립된 지 채 30년도 지나지 않아 데오반드 대학은 독특한 인도식 이슬람 교육의 중심지로 성장했고, 그 졸업생들은 40개에 달하는 분교를 설립했다.

데오반드 대학은 교사나 후원자와 사적·가족적·지역적 연고를 맺지 않는 것을 중요한 원칙으로 삼았다. 데오반드는 그때까지 인도에 설립된 대학들과는 달리 지도적 위치에 있는 학자의 사조직이나 지역 모스크의 일부가 아닌 독립적인 교육기관으로 발전했다. 데오반드 대학은 용의주도하게 관행화된 정부의 와크프는 물론이고, 부유한 지주나 무슬림 귀족의 후원금도 받지 않았다. 대신 일반 대중으로부터 매년 기부금을 받고 기부자들의 명단을 정기적으로 공표하는 방식으로 중산층과 중하층민의 후원을 이끌어냈다. 데오반드 대학은 이슬람의 신앙과 의식을 개혁하여 표준화하는 한편 공교육 프로그램, 분교 설치, 공공 기부금제를 통해 인도 무슬림을 울라마와 학교를 중심으로 결집시켰다.

데오반드의 교육 프로그램은 새로운 시대에 대한 진취적인 대응과 전통 이슬람 사상의 고수 사이에서 균형을 유지했다. 독립 교사(校舍)와 중앙도서관, 정규 교수진, 짜임새 있는 교과과정 및 시험, 공개적인 포상제도, 자매 대학의 설립, 공공 기부금 제도, 포교활동 등의 특징은 영국의 대학제도를 본뜬 것이었다. 데오반드 대학은 새로운 형태의 조직을 갖추고 세속의 새로운 사상에 신속히 대처하면서 경쟁력 있는 엘리트들을 배출했다. 동시에 정치와 일정한 거리를 유지한 채 교육과 신앙에 전념함으로써 이슬람 전통에 충실했다. 데오반드 대학은 영국령 인도제국이 이슬람 공동체로부터 이슬람 국가의 보호를 빼앗아간 그 시점에 설립되었다. 또한 이 대학은 학교시스템을 으뜸가는 제도로 여기는 울라마의 지도를 받는 종교공동체로서, 국가 없는 이슬람 공동체의 개념을 표상했다. 데오반드파의 울라마는 이슬람 공동체의 정치적인 측면을 포기하고 무슬림 개개인의 종교적 관행을 보존하고 개혁하기로 했다.

벵골에서는 세포이 반란 이전에 이미 티투 미르의 개혁운동과 파라이디 운동이 일어났다. 그러나 초기 개혁운동의 여파에도 불구하고 벵골 주민은 대부분 방언과 무슬림과 힌두의 혼합적인 민속문화에서 탈피하지 못하고 있었다. 마을의 물라·예배 인도자·교사들은 개화된 도시의 울라마와 많은 점에서 달랐다. 도시의 울라마는 아랍 또는 페르시아 민족의 혈통을 이어받은 '아슈라프'(예언자 무함마드의 후손)라고 주장했고, 우르두어를 사용했으며, 부, 신분, 그리고 문화양식 면에서 '아트라프' 즉 평민과 구별되었다. 하지만 1870년 이후 벵골에서 다시 개혁운동이 일어났다. 데오반드 대학처럼 구심점이 될 수 있는 교육기관은 없었지만, 공개토론과 이슬람 부흥운동가들의 모임이 무슬림의 의식을 일깨웠다. '안주만'(종교단체)이 결성되어 소도시와 농촌마을, 도시와 지방의 울라마를 연결하고 올바른 이슬람 관행을 가르쳤다. 무엇보다 중요한 것은 이슬람 의례와 자녀교육에 관해 조언하고 도박·음주·흡연을 비판하는 홍보물이 대량으로 유포되었다는 사실이다. '나시하트 나마'(조언서)라 불리던 전형적인 팸플릿은 이슬람 문화에 스며들어 있던 벵골의 민속문화를 제거하고 도시의 수준 높은 이슬람 문화를 주입시켰다. 하지만 도시와 농촌 사이의 가치관 차이에서 비롯된 갈등으로 개혁운동은 약화되어 벵골의 농촌에는 별다른 영향을 미치지 못했다. 무슬림의 정치의식을 진정으로 일깨운 것은 영국의 벵골 분할에 항거한 1905~1911년의 투쟁이었다.

세포이 반란 이후 무슬림이 영국의 지배에 적응해가는 과정에서 나타난 세 번째 반응은 토지소유와 관직에 대한 관심이었다. 무굴 제국의 몰락에도 불구하고 정치엘리트는 토지와 관직, 신분을 유지할 수 있을 것으로 여겼다. 그러나 전통적인 친족 네트워크가 더 이상 자신들의 기득권을 지켜줄 수 없게 되자, 그들은 영국의 법과 행정규정에 의존할 수밖에 없었다. 무슬림의 야심에 대한 영국인의 의구심을 불식시키기 위해, 그들은 영어를 배우고 영국의 군사·경제·행정기술의 우월성을 인정해야만 했다.

두 세대의 기간 동안 무슬림 정치엘리트의 전형적인 대응방식을 보여준 인물은 사이이드 아마드 칸이었다. 그는 무굴 제국 시대에 고위 관료들을 배출한 명문가의 후손으로, 자신도 평생을 영국 행정기관의 관료로 일했다. 그는 세포이 반란 이후 인도의 현실에 대처하는 유일한 방안은 영국의 지배를 받아들이는 것이라고 판단했고, 영국의 지배를 적법하다고 보았다. 영국의 통치하에서 무슬림은 평화롭게 살고 있고 이슬람법도 실제로 적용되고 있으며, 무슬림은 결국 영국의 호의에 의존할 수밖에 없다는 것이 그의 생각이었다. 오랜 공직기간을 통해, 그는 범이슬람 정서와 무슬림의 인도국민회의 참여에 반대했다. 인도국민회의가 영국과의 협조를 모색하는 것이 아니라 영국으로부터 정치권력을 빼앗는 데 목적을 두고 있다고 생각했기 때문이다.

사이이드 아마드 칸과 그 동료들의 최대 관심사는 무슬림의 힘으로 서양식 교육을 실시하여 미래의 정치를 책임질 신세대를 길러내는 일이었다. 그들은 1856년에 전국무함마드협회를, 1863년에 무함마드 문학회를 설립하면서 문화개혁과 교육개혁에 착수했다. 이어서 봄베이 이슬람 협회가 설립되고 다카와 치타곤에 마드라사가 신설되었다. 사이이드 아마드 칸은 영국의 과학서적을 우르두어로 번역하는 작업을 후원했고, 1864년에 가지푸르 과학협회를 창설했으며, 캘커타 대학의 강의를 우르두어로 진행할 것을 권장했다. 1869~1870년에 영국을 방문하고 돌아와서는 『도덕의 정화』라는 잡지를 발간하고 인도 무슬림에게 근대적 생활양식을 전파했다. 그의 노력 덕분에 1875년에는 알리가르에 무함마드 앵글로-오리엔트 대학*이 설립되었다. 이 대학은 20세기의 무슬림 정치지도자들을 배출했다.

앵글로-오리엔트 대학은 이슬람 연구와 영어연구의 결합에 많은 노력을 기울였다. 사이이드 아마드 칸은 자신의 취향에 따라 근대화된 이슬람을 선호했지만, 대학측은 구설수에 오르거나 대중이 외면할 것을 우려하여 좀더 보수적인 입장을 취했다. 그러나 이 학교의 실제 업적은 교과과정이나 학자들의 연구활동에 있었던 것이 아니라, 새로운 교과과정과 새로운 형태의 학교공동체를 통해 학생들에게 새로운 사회적·윤리적 가치를 일깨워준 데 있었다. 앵글로-오리엔트 대학은 인도의 이튼스쿨이 되려고 했다. 그래서 교실 못지않게 운동장에서도 많은 수업이 진행되었다. 이런 체육활동은 언변, 자신감, 사나이다운 화끈한 단결과 경쟁, 그리고 의무·애국심·리더십의 가치를 심어주어, 영국 지배하에서 서로 협력하면서 인도의 무슬림을 지도할 수 있는 청년들을 배출하게 했다. 이처럼 구세대 엘리트들은 영국 지배하에서 자신들의 기득권에 대한 주장을 강화하고, 새시대에 적합한 교육과 문화를 스스로에게 제공하려 했으며, 아울러 신세대에게는 영국령 인도제국에 참

---

* 1920년에 알리가르 무슬림 대학으로 개명되었다.

여하는 데 필요한 지적·도덕적·정치적 자질을 키우도록 했다.

마지막으로 사이이드 아마드 칸은 근대의 새로운 기술적·문화적·정치적 질서에 부합하는 방향으로 이슬람을 근대화하려고 했다. 영국의 지배에 무슬림을 적응시키기 위해서는 서양의 과학적 사고가 이슬람과 상반되지 않는다는 점을 납득시켜야 했다. 이 점을 증명하기 위해 그와 그의 동료들은 코란을 재해석했다. 그는 코란이 하느님의 계시인 만큼 현대적 맥락에서 이해하기 어려운 문구들은 상징적·비유적·분석적으로 해석해야만 진정한 의미가 드러난다는 입장을 취했다. 이런 방법으로 찾아낸 코란의 진정한 의미는 언제나 이성에 부합하며 자연의 법칙에도 어긋나지 않는다고 주장했다. 지엽적인 문제를 떠나 주요 원리에 충실하며 후대에 덧붙여진 주석을 제거하고 근본으로 돌아가면 코란이 현대인의 과학적 관심과 조화를 이루는 합리적인 종교의 원천이라는 사실을 알게 된다는 것이다.

사이이드 아마드 칸은 코란이 과학의 발전을 허용하고 있다는 사실을 무슬림에게 이해시키는 한편 유럽인에게는 이슬람이 존중할 가치가 있는 합리적인 종교라는 점을 확신시키기 위해 노력했다. 그와 동료들은 일부다처제와 노예제의 의미, 이슬람 사회에서 비무슬림과 여성의 지위를 해명함으로써 이슬람 사회에 대한 서양인의 거부감을 없애려고 했다. 그는 이런 노력을 통해 무슬림과 서양인 모두에게 이슬람의 가치를 확실히 보여주고, 인도 정부 내에서 무슬림과 비무슬림이 협력할 수 있는 방안을 모색했다. 문화와 종교의 개혁은 영국 통치하에서 무슬림 엘리트가 자신의 지위를 유지하기 위한 교육적·정치적 과제의 일부였다.

19세기 후반에 북인도의 카스바 엘리트들은 새로운 종교적·문화적 방향성을 드러냄으로써 자신들의 사회적·정치적 지위의 약화와 영국의 지배라는 현실을 타개해 나갔다. 이들은 크게 두 부류로 나뉘었다.

하나는 이슬람 개혁을 통해 무슬림의 종교적 정체성을 유지하고 종교적 관행을 개선함으로써 균질적인 대규모 무슬림 공동체를 형성하려는 부류이다. 두 번째 부류는 영국의 문화양식을 수용함으로써 자신들의 특권적 지위를 지키는 데 관심을 쏟았다. 한동안 무슬림 엘리트의 이 양대 세력은 영국 지배의 불가피성을 받아들였다.

문화활동에서 정치행동으로

하지만 19세기 말에 무슬림의 친영정책, 종교적 개혁이나 근대주의 개혁은 난관을 극복하지 못하고 좌절되었다. 무슬림에 대한 영국의 양의적인 태도, 힌두 교도의 각성, 인도 독립운동의 출현을 배경으로 무슬림 정치지도자와 종교지도자들은 공격적인 반영정책으로 선회했다. 또한 무슬림 사이에서도 공동체의 개념과 정치활동의 궁극적인 목표를 둘러싸고 의견대립이 심화되었다.

무슬림 엘리트에 대한 영국의 태도에 변화가 없자 마침내 사이이드 아마드 칸도 영국지지정책을 포기했다. 영국인은 인도의 전(前) 주인이었던 무슬림이 정치권력에 대한 집착을 버리지 못하고 있으므로 적당한 회유를 통해 환심을 살 필요는 있지만 지나치게 힘이 커지도록 방치해서는 안된다고 생각했다. 영국은 지난 시대의 정치엘리트들을 그 정치적 비중에 걸맞은 비율로 정부와 평의회에 자리를 주어야 한다는 주장을 받아들였다. 그렇지만 한편으로는 무슬림의 관직 임용 비율을 축소하려는 노력을 계속했다. 영국정부는 때로는 교묘한 방법으로 무슬림보다는 힌두 교도에게 유리한 조치를 취했다. 무슬림은 행정부에서 여전히 중요한 존재였지만, 서서히 약화되고 있었다.

1882년 리폰 총독의 「지방자치제에 관한 결의」와 1892년의 「인도평의회법」에 따라 지방의 자치정부 및 시평의회가 구성되면서 무슬림은 큰 타격을 받았다. 주민의 다수를 점하는 힌두 교도에게 유리한 선거제도가 채택되었기 때문이다. 게다가 부유한 힌두 교도 상인과 돈놀이꾼들이 관직을 놓고 경쟁을 벌이면서 무슬림(과 힌두교도) 지주 및 관료의 권위에 도전했다. 동연합주와 오우드에서는 기존 엘리트들이 기득권을 유지했으나, 서연합주와 도아브에서는 이 이득이 힌두교 초심자들에게 돌아갔다.

무슬림의 지위를 약화시킨 또 하나의 요소는 힌두 교도의 자기주장이었다. 힌두교 부흥운동의 기원은 캘커타에 브라모 사마지*가 설립되어 힌두 교도에게 일신교와 사회개혁을 전파했던 1828년까지 거슬러 올라간다. 1875년에는 힌두교 개혁을 목표로 아리아 사마지†가 설립되었다. 아리아 사마지는 서양식 교육을 받은 힌두 교도 상인·공무원·지식인이 받아들일 수 있는 방향으로 힌두교를 근대화하여 그리스도교와 경쟁하고자 했다. 무슬림뿐만 아니라 힌두 교도 사회에서도 근대적 개혁운동은 전통주의와 복고주의를 동반했고, 엘리트층의 운동으로 시작되어 대중운동으로 확산되었다. 1882년에는 최초의 소(牛) 보호협회가 창설되었고, 1893년에는 힌두 공동체와 무슬림 공동체 사이에 최초의 폭동이 발생했다.

무슬림 식자층은 힌두어를 공용어로 지정하려는 움직임에 대해 크게 우려했다. 힌두교 부흥운동과 함께 힌두어 르네상스가 일어나 힌두어로 된 신문의 종류와 부수가 급증했다. 마침내 힌두 교도는 관청에서 우르두어가 통용되는 것에 문제를 제기하고 법원과 행정부가 데바나가리를 공용문자로 채택할 것을 요구했다. 데바나가리 문자가 채택될 경우 페르시아어를 모르는 힌두 교도도 평등한 조건에서 관직 경쟁을 벌일 수 있다는 주장을 펼쳤다. 영국은 이 요구를 받아들였다. 영국 총독

---

* 우주의 지고한 정신을 숭배하는 사람들의 결사(結社)라는 뜻.
† 고귀한 사람들의 결사라는 뜻.

은 무슬림 공직자의 수가 과도하다는 이유를 들어 무슬림 공직자 후보
들을 거부했다. 페르시아어는 알라하바드 대학의 교과과정에서 빠졌
고, 영국은 1900년에 북서변경지대와 오우드의 관청에서 데바나가리
문자의 사용을 허가했다.

  인도 독립운동이 시작되면서 누대에 걸쳐 영국의 통치에 순응해온
무슬림의 입장이 문제가 되었다. 1855년에 설립된 인도국민회의는 무
슬림을 배제하지는 않았지만, 브라만 계급의 법률가와 전문가, 중산층
지식인들이 주축을 이루었다. 인도국민회의는 인도인에 대한 영국의
태도에 분노를 나타내고 인도인의 공직참여 및 정치참여를 확대하라고
요구했다. 또한 인도 산업에 타격을 가하고 있는 영국의 경제정책에 대
해서도 이의를 제기했다.

  하지만 무슬림 엘리트의 여론을 결정적으로 바꾸어놓은 사건은 영국
의 벵골 분할이었다. 1905년에 영국은 행정편의를 위해 벵골을 분할했
는데, 그 결과 벵골 동부에서는 무슬림이 압도적인 다수를 차지하게 되
었다. 그러나 힌두 교도가 거세게 반발하자 1911년에 영국은 분할 결
정을 번복했다. 대다수 무슬림에게 영국의 조치는 자신들이 추구해온
협력정책에 대한 배신이었다. 무슬림은 영국이 기본적으로 무슬림의
이익을 무시하고 있다고 확신하게 되었다.

  이런 도전에 직면하고도 일부 무슬림은 세포이 반란 이후 근간을 이
루어온 정책을 고수했다. 사이이드 아마드 칸은 영국에 협력하고 교육
기구를 이용한다는 자신의 정책을 재확인했는데, 그의 판단으로는 이
것이 무슬림의 이익을 지키는 가장 강력한 수단이었기 때문이다. 그러
나 교육받은 신세대 무슬림 관료·법률가·언론인을 비롯해서 특히 정부
에 취직하기가 어려웠던 무슬림 청년들은 나이 많은 무슬림의 소극적
인 태도를 거부했다. 땅과 관직을 가진 구세대는 유화정책을 추구했지
만, 신세대는 직접적이고 정치적인 행동을 주장했다. 1900년에는 '우

르두어 보존협회'가 결성되었다. 1906년에는 알리가르의 무슬림 지도 자들이 영국인 총독 민토 경에게 무슬림 선거구를 분리시켜줄 것을 요청했다. 민토는 무슬림이 잠재적 정치역량에 비례하여 정부에 참여할 권리가 있다는 주장을 받아들였다. 1909년의 「인도 평의회법」은 부분적으로 선거구의 분리를 허용했다. 영국은 선거구 분리를 정치적 특권을 요구하는 무슬림을 만족시킬 수 있는 편리한 방안으로 여겼다. 또한 인도인을 무슬림과 힌두 교도로 분열시키고 그 사이에서 영국이 조정자 역할을 할 수 있을 것이라고 판단했다.

신세대 무슬림의 전투성을 드러내는 가장 중요한 사건은 1906년에 전인도무슬림연맹의 설립과 언론의 정치문제 보도 개시였다. 1908년에는 아불 칼람 아자드(1888~1958)가 『알 힐랄』(초승달)을 발간했다. 『알 힐랄』은 세상의 모든 무슬림은 하나의 종교로 뭉친 형제이며 오스만 제국의 칼리프가 무슬림의 지도자라고 규정했다. 나아가 인도의 자치를 회복하고 칼리프제를 지원하는 능동적인 정치기구를 만드는 것이 무슬림의 의무라고 주장했다. 알리가르 대학 출신의 또 다른 언론인 마울라나 모함마드 알리도 『동지』라는 신문에서 유사한 신조에 대해 설교했다.

무슬림 정치엘리트들이 투쟁의지를 보이는 가운데 파랑기 마할과 데오반드의 개혁적인 울라마들도 정치적인 움직임을 보이기 시작했다. 파랑기 마할은 뛰어난 울라마 종족(宗族)에 부여된 이름이며, 이들이 17세기 말 이후 줄곧 살아온 러크나우 시의 특정구역에서 유래했다. 이 구역은 오래전부터 마드라사 교육과 수피즘이 뿌리를 내린 곳으로 명성을 날렸다. 파랑기 마할 가의 학자들은 광범위한 지역에 제자들을 거느리고 있었고, 코란과 샤리아에 대한 연구를 신비주의와 결합시킴으로써 온건한 샤리아-수피 이슬람을 견지했다. 이들은 수피 선조들의 성묘를 숭배하고 해마다 성자와 무함마드의 탄생일을 기념하는 축제를 열었다. 하지만 자신들이 묘를 찾는 것은 성자를 숭배하기 위한 것이 아니라 하느님에게 좀 더 가까이 가기 위한 것이라는 점을 강조했다. 데오반드의 학자들을 비롯한 개혁주의자들은 그들의 수피 관행을 비난했으나, 파랑기 마할의 울라마는 샤리아와 수피즘의 종합이야말로 무함마드의 생애와 가르침에 대한 진정한 표상이라고 굳게 믿었다.

파랑기 마할 학파는 정부에 의존하거나 정부와 접촉하지 않는다는 것을 중요한 원칙으로 삼았다. 그들은 17세기에는 무굴 제국의 기부를 받아들였지만, 19세기에는 러크나우를 지배한 시아파와 영국인 상급 영주에게 오염되는 것을 피하기 위해 정치에서 발을 뺐다. 하지만 19세기 말에는 그들의 비정치적인 태도에 변화가 일어났다. 비정치적인 종교활동의 순종적인 태도 이면에는 이교도의 지배에 대한 적개심이 쌓여가고 있었다. 이 적개심은 영국, 유럽, 그리스도교 제국주의에 항거하는 전세계 무슬림과의 공감대 형성으로 나타났다. 파랑기 마할의 지도자들은 오스만 제국을 지원하고 아라비아의 성지를 보호하기 위한 무슬림 단체들의 형성에 크게 한몫 했다. 또한 제1차 세계대전 이후에는 힐라파트 운동 출범과 자미아트 울라마이힌드(인도울라마협회) 결성에 큰 기여를 했다.

러시아-투르크 전쟁이 일어나고 베를린 회의를 통해 영국과 러시아가 차례로 오스만 제국의 분할에 참여한 1876년과 1878년 사이에 인도 무슬림은 적극적으로 오스만을 지원했다. 자말 앗 딘 알 아프가니는 무슬림이 유럽 식민지의 속박에서 벗어날 수 있는 유일한 방법으로 범이슬람연대론을 퍼뜨렸다. 1888년에 데오반드 대학의 학장이 반제국주의 투쟁을 강화하기 위해서는 무슬림과 인도국민회의의 동맹이 필요하다는 파트와를 밝히면서 영국의 지배에 대한 무슬림의 저항은 새로운 전기를 맞았다. 울라마는 힌두교와의 내부적인 경쟁이 아니라 외세의 지배가 더 큰 위협이라고 생각했다. 이란의 분할을 둘러싼 1907년의 영국-러시아 조약, 이탈리아의 트리폴리 침공, 프랑스의 모로코 보호령 설치, 1912년의 발칸 전쟁 등 제1차 세계대전 발발 전 수년간 벌어진 일련의 사건들이 반식민주의, 반영(反英), 친오스만 정서를 더욱 자극했다.

서양식 교육 또는 종교교육을 받은 지도자들은 손을 맞잡고 공개적인 정치활동에 나섰다. 1909년에 데오반드 대학의 마흐무드 알 하산 학장은 〔예언자 무함마드의〕 조력자회를 결성했다. 이 결사체의 궁극적인 목적은 터키·이란·아프가니스탄과 동맹을 맺고 인도에서 영국을 몰아내는 것이었다. 1912~1913년에는 파랑기 마할의 수장 마울라나 아브둘 바리가 알리가르 대학 출신이자 모함마드 알리의 형인 샤우카트 알리와 함께 카바신전수호협회를 결성하여 영국의 지배에 반대하고 오스만 제국을 지원했다. 제1차 세계대전 기간에 마흐무드 알 하산은 메카 순례 중에 오스만 제국의 지도자들을 만나 범이슬람 칼리프제의 대의를 홍보하는 방안을 논의했다. 한편 마울라나 우바이둘라 신디는 북서변경지대와 아프가니스탄을 돌아다니면서 무기 제작자를 물색하고 부족민들 사이에 불안을 조장하여 결국에는 망명상태에서 인도 임시정부를 수립했다. 제1차 세계대전 기간에 영국에 대한 반감은, 영국의 지배를 약화시키고 이슬람의 국제적 대의를 홍보하려는 범이슬람적이고 친칼리프적인 정치선동과 음모로 급속히 번져 나갔다.

엘리트정치에서 대중정치로

이 기간 동안 정치적 반대의사의 표현은 수동적인 활동에서 적극적인 운동으로 바뀌었을 뿐만 아니라 엘리트 중심의 정치활동과 교육활동은 무슬림 대중의 지지를 끌어 모으고, 사분오열된 인도의 무슬림 대중을 응집력 있는 정치체로 규합하려는 노력으로 변해갔

다. 이런 변화가 일어난 결정적인 이유는, 힌두 교도가 적극적인 정치
활동을 벌이는 시대에 자기수양에만 몰두하는 무슬림 엘리트의 시대착
오와 영국에게만 매달리는 일부 엘리트 집단의 나약함에 있었다. 대중
의 지지는 무슬림 엘리트의 주장을 옹호하고 정당화하는 데 필수불가
결한 요소가 되었다.

인도의 무슬림 사이에서 무슬림 대중사회라는 개념은 어렴풋하게 존
재할 뿐이었다. 이것은 무슬림보다는 오히려 영국인의 마음속에 더 강
력하게 자리하고 있었던 것 같다. 전통적으로 영국인은 종교결사와 자
유로운 종교활동을 자유주의 사회의 최고 원리로 여겨왔다. 나아가 종
교집단에 대해서는 불만해소를 위한 청원권이나 대표선출권을 부여함
으로써 그들의 집단적 정체성을 강화시켜 왔다. 영국은 무슬림을 종교
공동체로 규정하고, 그들이 하나의 집단으로 활동할 수 있는 정치적 장
치를 마련해주었다. 1909년의 「인도 평의회법」은 힌두 교도와 무슬림
을 각각 독자적인 정치공동체로 인정함으로써 두 집단의 언어와 종교
의 차이에 법적·정치적 의미를 부여했다.

무슬림 사이에서 인도 무슬림 사회라는 개념은 무슬림의 내재적인
공동체 연대의식에 바탕을 두고 있다. 또한 부분적으로는 페르시아어
와 우르두어 교육을 받고 비교적 표준화된 종교의식을 공유하고 있던
카스바 엘리트의 문화적 통일성에 기초해 있기도 하다. 그럼에도 불구
하고 무슬림 대중의 정체성을 만들어내는 것은 쉬운 일이 아니었다. 무
슬림 엘리트는 수많은 가문·구역·분파로 분열되어 있었고, 결코 정치
적인 목적을 위해 단결하지 않았다. 그들이 하나의 집단을 이루어 인도
무슬림 대중에게 정치적 리더십을 제공한다는 것은 불가능한 일이었
다. 더욱이 개혁운동은 표준화된 이슬람 종교의식을 전파하는 데 어느
정도 성공했지만, 무슬림 대중은 여전히 공통의 정체성을 갖지 못하고
있었다. 가문·종족·카스트·지역·계급 간의 이해관계가 인도 무슬림의

정체성을 압도했다. 무슬림의 정체성은 언제나 보편적인 정서와 편협한 충성심이 결합된 형태로 나타났지만, 19세기 말 인도 무슬림의 대중운동은 조직적 기반은 고사하고 구심점이 될 만한 상징조차도 갖추지 못하고 있었다. 그럼에도 불구하고 무슬림 엘리트들은 힌두교 부흥운동에 대한 저항과 영국식 정치관념의 도입이라는 현실적인 목적을 실현하기 위해 인도 무슬림의 새로운 정치조직을 만들어내려고 노력했다. 이런 노력이 결코 일사불란하게 그리고 성공적으로 진행되지는 않았다. 그렇지만 인도 무슬림의 정체성과 정치조직을 탄생시키려는 동시다발적인 노력은 인도 아대륙에서 무슬림의 위상을 완전히 바꿔놓았다.

대중정치가 새로운 대세가 되었다는 최초의 징후는 지방에서 일어난 시위와 폭동의 성격이 변했다는 점에서 찾을 수 있다. 19세기 전기간에 걸쳐 무슬림의 종교축제는 지역의 공동체의식을 강화하고 무슬림을 동원하는 수준에 그쳤다. 그러나 19세기 말에 이르자 이슬람교육단체와 이슬람수호협회가 결성되고 공개토론이 늘어나면서 지방에서 일어나는 사건에도 전국적인 관심이 쏠렸다. 1913년의 칸푸르 모스크 사건은 인도 전역에 거주하고 있는 무슬림의 관심을 집중시킨 최초의 상징적 사건이었다. 영국이 신작로를 건설하기 위해 모스크의 세탁장을 옮기려 한 것이 사건의 발단이었다. 과거 같으면 아무런 파장도 일으키지 않았을 이 사건이 모스크의 안전과 이슬람에 대한 위협으로 간주되었던 것이다. 모스크에 대한 모독은 무슬림에게 애도의 감정, 순교정신, 패배감을 불러일으켰다. 마침내 모스크를 수호하기 위한 지방위원회가 구성되고, 델리와 러크나우의 무슬림 지도자들이 이 사건을 문제로 삼았다. 모스크를 보호하려는 이런 노력을 계기로, 영국 당국에 대한 협력정책이 도마 위에 올랐고, 종교적 상징물은 무슬림의 정체성을 분절하는 기본이 되었으며, 더 큰 규모의 인도 무슬림 의식을 구현했다.

칸푸르 사건에 이어 1918년에는 캘커타, 1929년에는 봄베이, 1931

년에는 다시 칸푸르에서 무슬림 폭동이 일어났다. 이런 일련의 소요는 도시 서민의 마음속에 무슬림의 정체성이 형성되고 있었지만, 이 상징적 정체성을 뒷받침하여 무슬림의 정치적 이익을 조직하고 분절할 수 있는 정치조직이 없었다는 것을 의미한다. 그 일련의 소요에서 지역의 지도자들은 분열되어 있었을 뿐만 아니라 시 자치기관에 제대로 통합되어 있지 않았기 때문에, 대중의 정서를 이끌고 통제할 수가 없었던 것이다. 이슬람 상징들에 의해 촉발된 대규모 시위는 무슬림 지도자들의 분파주의에 가로막혀 조직화된 정치운동으로 성장하지 못했다.

힐라파트 운동은 무슬림 대중의 정치활동에 가장 근접한 예였다. 1919년에 마하트마 간디와 인도국민회의는 인도의 자치와 독립을 위한 대규모 비협력운동을 개시했다. 한편 무슬림 지도자들도 이와 비슷한 목표를 가진 두 개의 협회를 새로 결성했다. 마울라나 모함마드 알리는 오스만 제국의 부활을 목적으로 힐라파트 회의를 결성했고, 파랑기 마할 가와 데오반드의 울라마는 무슬림의 종교적 이익과 칼리프제의 유지를 위해 투쟁한다는 목표하에 자미아트 울라마이힌드를 만들었다. 힐라파트 운동의 기본전략은 인도국민회의와 제휴하여 영국을 몰아내고 인도의 정치적 독립을 달성한다는 것이었다. 간디가 이끄는 인도국민회의는 칼리프제의 회복이라는 무슬림의 대의를 수용했고, 무슬림도 비협력운동에 동참하기로 약속했다. 힌두 교도와 무슬림이 처음으로 손을 맞잡고 영국으로부터 인도를 되찾기 위한 대규모 국민운동을 전개하게 된 것이다.

그러나 양 진영의 제휴는 지속되지 못했고, 무슬림은 또다시 분열되었다. 일부 무슬림은 비협력운동에 전념했지만, 다른 일부는 아프가니스탄을 대영 투쟁의 전진기지로 삼는다는 목표를 세우고 무슬림을 아프가니스탄으로 이주시키는 데 주력했다. 독립을 쟁취한 터키가 1923~1924년에 술탄과 칼리프제를 폐지함에 따라, 인도의 이슬람 운동은 대외적인 명분을 잃고 말았다. 뿐만 아니라 인도국민회의와의 동맹마저 와해되었다. 간디의 권위가 무너지고 인도국민회의 내부에서 자유파와 보수파가 대립하는 양상이 전개되면서, 무슬림-힌두 교도의 연합도 시들해졌다. 힌두 교도와 무슬림 양 진영의 극단주의자들은 두 공동체의 적개심에 다시 불을 지폈고, 소요사태가 뒤따랐다. 1924년에는 비협력 운동과 힐라파트 운동, 힌두 교도-무슬림의 공조가 한꺼번에 막을 내렸다.

힐라파트 운동은 비록 실패했지만 중요한 소득이 있었다. 이 운동으로 인해 무슬림의 어휘가 풍부해지고 신문구독자가 늘어났으며 시 낭송과 토론 문화가 확대되었다. 이런 변화는 반영감정의 확산과 무슬림 사이의 공감대 형성에 크게 기여했다. 또한 전위대가 조직되어 지도자를 호위하고 불매운동을 이끌며 공공집회에서 질서를 유지했다. 힐라파트 운동은 정치지도자와 종교지도자를 공동의 명분으로 결집시켰다. 따라서 이 운동은 일부 엘리트에 의존하던 인도 무슬림의 정치를 정치적 정체성을 획득하려는 대중의 투쟁으로 탈바꿈시켰다.

힐라파트 운동은 와해되었으나, 무슬림 정체성에 대한 좀 더 보편적인 개념이 자리를 잡게 되었다. 모스크와 학교, 그리고 특히 언론은 토론의 장을 제공하고 인도 무슬림의 공동체의식을 키워 나갔다. 무슬림의 공동체적 활동은 기본적으로 세 가지 방식으로 전개되었다. 첫째, 무슬림의 문제를 둘러싼 자연발생적인 폭동이 이슬람을 매개로 한 결집력을 끊임없이 보여주었다. 둘째, 개혁주의가 부활하고 무슬림 정체성의 근거를 개인의 종교행위에서 찾으려는 노력이 되살아났다. 셋째, 무슬림의 헌신주의, 무함마드에 대한 사랑, 여성교육의 요구는 인도 무슬림의 더 광범위하고 보편적인 정체성을 나타내는 표지가 되었다. 힐라파트 운동이 실패한 뒤인 1920년대와 1930년대에는 타블리기 운동과 탄짐 운동이 대표적인 대중운동이었다.

1927년에 데오반드 대학의 졸업생이자 치슈티야 교단 사비르 지파의 일원이며 샤 왈리울라의 영적 후계자인 마울라나 무함마드 일리아스가 타블리기 이슬람 운동을 일으켰다. 일리아스는 젊은 시절 학자와 수피 교사로 활동했다. 후일 델리 인근의 농촌에 거주하던 메와티족을 개종시키고 코란·하디스·샤리아에 기초한 참된 이슬람의 실천과 치슈티야 교단의 교리에 따르는 경건한 의식과 명상을 가르쳤다. 그는 정치에 연루되는 것을 꺼렸고, 무슬림은 오로지 이슬람의 실천을 통해 세상사에서 지도력을 발휘할 수 있다고 주장했다. 농촌주민에 대한 설교에서 출발한 타블리기 운동은 일리아스의 농민 제자들이 그의 메시지를 다른 마을과 도시로 전파하면서 북부 인도로 퍼져 나갔다. 역시 북인도에서 성행한 탄짐 운동은 개인적 종교관행의 개혁과 위기에 처한 이슬람 및 착취당하는 소수 무슬림의 보호를 주장했다. 타블리기 운동과 마찬가지로 탄짐 운동도 무슬림이 안고 있는 문제에 대해 정치적인 시각이 아닌 종교적인 시각에서 접근했기 때문에 강력한 종교적·정서적 호소력에도 불구하고 포괄적인 정치조직을 갖지 못했다.

파키스탄의 독립운동

정치적 통일보다 개인적 종교관행의 개혁을 우선시하는 원칙은 세 번째 무슬림 운동의 등장과 함께 뒤집어졌다. 종교적 관행보다 무슬림의 정치적 단합의 중요성을 강조한 이 운동은 이슬람 정체성에 기초한 최초의 대중정치운동으로 발전했다. 서양식 교육을 받은 무슬림 정치엘리트는 무슬림의 강화된 연대의식을 정치적이고 내셔널리즘적인 형태로 전환시켰다. 힐라파트 운동의 와해와 함께 무슬림의 분리주의 요구가 되살아났다. 무슬림연맹은 1924년에 무슬림 주민의 종교적·시민적 권리의 보장과, 뱅골과 펀자브, 북서변경지대의 자치와 지배권을 요구했다. 이에 대응하여 1928년의 「네루 보고서」는 무슬림에게 인구비율 이상의 대표권을 인정하되, 인도 통일국가 건설의 원칙에 따라 선거구의 분리 또는 무슬림이 다수를 차지하는 자치주의 설치를 인정하지 않았다. 무슬림은 결국 힌두가 인도를 지배하게 될 것이라는 두려움을 갖게 되었다. 1929년에 무함마드 알리 진나는 무슬림연맹을 대표하여 무슬림 자치주 설치, 선거구 분리, 무슬림의 법·교육·종교의 보호를 전제로 인도 연방국가 건설을 요구했다. 진나는 정당·선거·입법부를 인도 무슬림의 도덕적 단결을 위한 또 하나의 돌파구로 삼고자 했다. 영국은 여러 타협안을 제시했다. 1930년의 「사이먼 보고서」는 인도 연방정부안에 호의적인 반응을 보였고, 1932년의 「백서」는 분리 선거구를 허용하되 무슬림이 벵골과 펀자브 의회를 지배하지 못하도록 하는 방안을 제시했다. 그리고 1935년의 「인도통치법」은 소수자의 권리를 보장하는 한편 투표권의 확대를 통해 다수자인 힌두 교도의 입장도 강화하는 방안을 제시했다. 그러나 이런 영국의 제의는 어느 편의 요구도 충족시키지 못했을 뿐만 아니라 영국의 계속적인 지배를 전제로 하고 있었던 만큼 힌두 교도와 무슬림 어느 쪽도 받아들일 수 없는 것이었다. 무슬림과 힌두 교도는 드디어 영국의 지배를 이용하여 서로의 갈등을 해소하려는 노력이 수포로 돌아갔음을 인식하게 되었다.

　1937년에 실시된 일련의 선거를 계기로 무슬림의 요구는 선거구 분리와 일정 의석 보장에서 독립된 영역국가의 수립으로 방향을 바꾸었다. 무슬림연맹은 1937년 선거에서 참패했고, 인도국민회의는 무슬림연맹의 정치인들과 연립정부를 구성하는 방안을 거부했다. 간디와 네루는 무슬림연맹의 수뇌부를 무시하고 무슬림 대중에 직접 호소하려 했다. 두 사람은 계급의 이익이 공동체의 유대보다 강하다고 믿었다. 그러나 이런 행동은 힌두 교도의 지배에 대한 두려움을 자극했고 무슬림연맹에 대한 무슬림의 지지를 강화하는 결과를 가져왔다. 1938년에 진나는 무슬림연맹의 위상을 회복하기 위한 조치로 '두 국가론'을 제시하여, 처음으로 별개의 이슬람 국가 건설 요구를 공식화했다. 국가의 경계는 명확하게 제시되지 않았지만, 대략 펀자브와 북서변경지대, 벵골을 포함하는 것으로 이해되었다. 마침내 1940년에 무슬림연맹은 파키스탄 건국 결의안을 채택했다.

무슬림 고국이라는 사상은 1930년의 연설에서 무함마드 이크발(1876~1938)이 처음 제시한 것으로 그 역사가 일천했다. 당시 이크발은 펀자브와 북서변경지대, 신드, 발루치스탄을 하나의 국가로 묶는 방안을 제시했다. 무함마드 이크발은 20세기 인도 무슬림 사회가 낳은 걸출한 지도자였다. 그는 수피즘과 서양의 사상을 철학적으로 통합했고, 이슬람을 보편적인 종교의 관점에서 이해하여 시대적 상황에 맞게 이슬람의 원리를 재해석했으며, 종교와 도덕을 열정적인 시로 발표하여 인도 모더니즘의 정신적 지도자가 되었다. 이크발은 이 유명한 연설에서 무슬림과 힌두 교도를 아우르는 단일국가의 건설을 거부하고, 이슬람 원리에 입각한 무슬림 국가를 건설하여 이슬람 세계의 일원이 되어야 한다고 주장했다. 이런 입장은 세계 모든 지역의 무슬림 주민이 범이슬람 공동체의 구성요소라고 주장하는 힐라파트 운동의 기본사상을 되살린 것이었다.

차우다리 라흐마트 알리도 케임브리지 대학 동창들을 규합하여 이슬람 국가의 창설을 제의했다. 이들의 관념에서, 새로운 국가는 무슬림이 다수인 지역, 무슬림 토후가 지배하는 지역, 이슬람 성지를 묶어 파키스탄이라는 인도 무슬림 제주(諸州) 연방이 될 것이었다. 파키스탄에 대한 이런 구상은 이슬람 사상에서 하나의 혁명이었다. 무슬림 국민국가라는 이 개념은 특별히 종교적 내용을 갖고 있지 않았기 때문이다. 파키스탄 건국계획은 무슬림의 분열과 힌두 교도와의 경쟁에 의해 자신의 정치사회를 '이슬람 사회'라고 부를 수밖에 없었던 세속화된 엘리트들의 계획이었다.

그러나 무슬림의 여론은 그런 발전을 위한 준비가 되어 있지 않았다. 연합주(州)에서는 무슬림 엘리트의 응집력이 비교적 강했고, 종교적인 공동체의식도 생겨났다. 이 지역 무슬림연맹의 지도자들은 이슬람을 전통적인 종교적 함의와 구분하여 정치적 공동체의 상징으로 발전시킴으로써 새로운 정치적 정체성의 기반으로 삼을 수 있었다. 하지만 다른 지역에서는 공동체의 정치적 정체성이 형성되지 못한 상태였다. 편자브의 경우 도시에서는 이슬람을 바탕으로 하는 이데올로기적 유대가 발달했지만, 농촌지역에서는 여전히 지주에 대한 의존과 수피 묘가 사회조직의 근간을 유지하고 있었다. 벵골 무슬림은 종교적 관행의 개혁과 농촌의 사회적·경제적 문제에 관심을 집중했고, 무슬림연맹이 찬성하는 영역국가의 창설에는 무관심했다.

1938년과 1945년 사이에 새롭게 정의된 대의를 위해 무슬림을 결집시키려는 노력이 활발하게 전개되었다. 사업가·지주·정부관리·전문직 종사자·대학생 등 중산층이 여기에 적극적으로 참여했다. 울라마 계층도 힌두 교도와의 경쟁에 대한 두려움과 정치권력에 대한 갈망, 이슬람 국가 건설의 매력에 이끌려 쉽게 동참했다. 무슬림연맹의 최대 지원세력은 우타르프라데시와 편자브의 수피 엘리트였다. 이들은 영국의 지배하에서도 토지소유권을 유지했고, 힌두 세력으로부터도 보호를 받았으며, 추가로 토지를 기증받는 특혜를 누렸다. 나아가 수피는 재정지원을 해주는 지주들과 손을 잡았다. 이들은 지주집안과 혼인을 맺고 공통의 이해관계를 가졌다. 1945년에 이르기까지 무슬림연맹은 각 지역의 이해관계를 떠나 무슬림의 생활방식을 옹호하기 위해서는 무슬림이 통치하는 이슬람 국가가 필수불가결하다고 주장하며 종교지도자들을 설득했다. 또한 힌두 교도 지주에 대한 반감, 1943년에 발생한 기근의 고통, 농촌지역에 대한 무슬림연맹의 구호물자제공 등의 요인이 작용하여 농민들도 무슬림연맹을 지지했다. 무슬림연맹은 전국적인 정치운동을 위해 이슬람에 심정적 애착을 갖고 있는 사람들의 마음을 얻는 데 성공했다. 하지만 이슬람이라는 용어를 순전히 정치적 의미로 사용한 그 이면에는 '이슬람'이 불러일으키는 유토피아에 대한 강렬한 희망이 깔려 있었다. 그것은 무슬림 공동체가 사회적·개인적 이상을 실현하면서 정의롭게 살아갈 수 있는 사회의 건설에 대한 염원이었다. 이처럼 무슬림의 뿌리 깊은 열망에 호소함으로써, 무슬림연맹은 1945년 선거에서 압도적인 승리를 거두고 인도 무슬림의 정치적 이익을 대표하는 독보적인 존재가 되었다.

1924년부터 1947년까지 자미아트 울라마이힌드(이하 자미아트로 줄임)는 무슬림연맹 지도부에 대항하고 인도 무슬림 공동체의 진로에 대한 대안을 줄곧 제시해왔다. 비록 소수의견에 불과했지만, 자미아트의 대안은 인도와 파키스탄이 분리된 뒤에 인도 시민으로 남게 된 수백만 무슬림의 이데올로기와 정치적 상황에 지대한 영향을 미쳤다. 자미아트의 지도자들은 원래 힐라파트 운동을 지지했으나, 힐라파트 운동이 무산된 뒤에는 샤리아 법정의 설립과, 무슬림이 이슬람법과 신앙에 부합되는 삶을 영위하는 문제로 관심을 돌렸다.

자미아트는 시종일관 통일 인도의 개념을 고수했다. 또한 영국의 식민통치에 반대하면서 지하드를 주장했고, 인도국민회의와 연합할 수 있다는 입장을 취했다. 비무슬림과도 한 국가의 구성원으로 공존할 수 있다는 것이 그들의 생각이었다. 나아가 인도 통일국가 건설에 협력하는 것이 이슬람과 무슬림 공동체의 이익 보호 차원에서도 최선이라는 생각을 가지고 있었다. 통일 인도가 이슬람법과 관습을 충분히 지켜줄 것이라고 믿었던 것이다. 자미아트는 1931년에 사하란푸르 제안을 통해 단일국가와 헌법의 틀 속에서 연방을 형성하고 주정부와 종교집단의 자치를 허용할 것을 요구했다. 일부 무슬림 사상가들은 '아미리 힌드'가 종교학자 겸 칼리프의 대리인 자격으로 무슬림 공동체를 이끄는 방안을 구상했다. 울라마 자문회의가 아미르를 선출하고 아미르는 자문회의의 조언을 받아 무슬림 공동체에서 이슬람법을 실행하는 형태였다. 사실상 인도 연방 내에 아미르를 수장으로 하는 무슬림 국가를 세우는 방안이었다.

자미아트는 무슬림연맹을 영국과 작당하여 인도인을 분열시키고 인도의 독립을 방해하는 집단으로 보고 적대시했다. 또한 무슬림연맹을 이끄는 지식층의 세속주의에 혐오감을 나타냈다. 이들은 설령 새로운 국가가 세워지고 이슬람 국가를 표방한다 할지라도 울라마와 이슬람의 원리를 무시할지 모른다는 의구심을 품고 있었다. 특히 신생국가가 대중의 정서에 영합할 경우 더욱 위험한 결과가 초래될 수 있다고 보았다. 인도 아대륙이 별개의 국가들로 분리되면, 힌두 국가에 남게 될 상당수의 무슬림 주민은 소수자로서 불이익을 당할 것이고, 비무슬림 인도인에 대한 포교도 금지될 것이라고 우려했다. 이런 사고의 연장선상에서 자미아트는 통일 인도의 건설이 무슬림 공동체의 이익을 보장하는 최선의 방안이라고 생각했던 것이다. 또한 인도가 통일되어 있어야 다른 국가의 무슬림 형제들을 지원하기도 용이할 것이라고 믿었다. 자미아트의 울라마는 분할과 세속주의에 휘둘리기보다는 통일국가에서 그들의 미래를 찾았다. 그들은 파키스탄이라는 허약한 고국에서 사느니 인도에서 강력한 디아스포라가 되는 게 낫다고 생각했던 것이다.

사실 무슬림연맹과 자미아트의 차이는 공동체의식의 성장과 더불어 그들이 생각하는 것보다 훨씬 많이 좁혀졌다. 전통시대의 종교적 관점에 근거한 것이든 근대의 정치적 의미에 근거한 것이든, 공동체사회라는 개념은 모든 무슬림 엘리트의 마음을 사로잡았다. 무슬림연맹과 자미아트는 분리된 무슬림의 정체성을 요구했다. 양측은 독립 선거구, 분권화된 연방형태의 정부, 주(州) 자치, 무슬림의 종교적 이익 보장의 필요성에 뜻을 같이했다. 결국 무슬림 국민국가 창설 문제 외에는 아무런 차이가 없었다. 무슬림연맹은 인도 무슬림의 정치적 안전을 중시하는 한편 종교적인 이론과 실천은 부차적인 문제로 간주했다. 그래서 이슬람의 종교적 측면을 배제하고 오로지 정치적인 요소만 고려한 이슬람 국민국가를 구상했던 것인데, 이는 무슬림 공동체의 역사적 전통과의 단절을 의미했다. 반면에 자미아트는 기본적으로 이슬람 종교사상에 집착했다. 그렇지만 자미아트 역시 이슬람 국가가 무슬림 공동체의 보호자가 되어 샤리아의 시행을 감독해야 한다는 전통적인 관념을 포기하기는 마찬가지였다. 또한 무슬림이 이교도와 협력할 수 있을 뿐만 아니라 비무슬림 국가에서 소수자집단으로 살아갈 수도 있다고 생각했다. 20세기에 대두된 제국주의와 이에 대한 반동으로 나타난 내셔널리즘의 압력하에서, 이슬람의 전통적인 관념이 변용되어 무슬림 정체성의 정치적인 차원과 종교적인 차원이 분리되기에 이르렀다.

결국 대세는 무슬림 내셔널리즘 쪽으로 기울었다. 무슬림 공동체 내부의 불화에도 불구하고 인도 무슬림의 정서에 깊이 뿌리를 내리고 있던 공동체의식이 마침내 표면화되었다. 인도 무슬림의 공동체의식을 강화시킨 요인은 여러 가지가 있었다. 정치력을 상실한 무슬림 상류층의 불안, 무슬림과 힌두 공동체의 선거구를 분리하려는 영국의 시도, 각자의 종교적 자부심을 키우고 적대감을 조장하는 힌두 교도와 무슬림의 종교부흥운동, 높아가는 무슬림의 종교적 자각 등의 요인이 '이슬람'이라는 명칭 그 자체와 같은 추상적 상징들에 기초한 무슬림다움이라는 의식을 강화시켰다. 이런 상징적인 의식의 힘은 더 큰 인도 사회에 대한 무슬림의 애착을 압도했다. 무슬림과 힌두 교도의 이익을 조화시켜 인도인 전체를 통합하는 정치운동을 만들어내려는 부단한 노력은 상호간의 뿌리 깊은 몰이해와 의구심이라는 장벽에 막혀 헛수고가 되고 말았다. 무슬림 지도자들은 힌두 교도가 수적인 우세를 이용하여 자신들을 지배하려 든다고 생각했고, 힌두 교도 지도자들은 무슬림이 인도 사회에서 패권을 회복할 기회만 노리고 있다고 생각했다. 1920년대와 1930년대를 거치면서 힌두와 무슬림의 연합정치전선을 구성하려는 노력은 양립할 수 없는 요구와 상대방에 대한 두려움으로 인해 실패로 끝났다. 이런 상황에서 무슬림은 무슬림 공동체의 권리보장 차원을 넘어 분리된 영역국가 건설을 요구하고 나섰던 것이다. 그것이 무슬림이나 여타 인도 주민에게 미칠 영향은 이미 그들의 관심 밖에 있었다.

1945년 선거 이후 무슬림 국민국가를 창설하려는 움직임은 돌이킬 수 없는 대세가 되었다. 분리독립이 실현되지 않을 경우 내전이 일어날 지경이었다. 결국 치열한 내전을 거쳐 두 나라가 분리하여 독립했다. 1946년에 인도국민회의와 무슬림연맹은 영국이 제시한 연방정부 구성안을 거부했다. 1947년에는 인도국민회의도 분리독립을 수용하려는 자세를 취했다. 인도국민회의 소속 정치인들은 무슬림이 인도에 통합되는 것보다 인도로부터 떨어져 나가는 것이 오히려 유리하다는 판단을 했던 것으로 보인다. 남은 문제는 국경선뿐이었다. 1947년 8월 14일에 파키스탄이 탄생했고, 그 다음날에는 인도가 독립국가가 되었다.

파키스탄과 인도는 근대사에서 가장 끔찍한 내전을 치르고 탄생한 나라이다. 수백만의 사람들은 고향을 등져야 했다. 힌두 교도는 파키스탄을 떠나야 했고, 무슬림은 힌두 지역을 벗어나야 했다. 두 진영의 폭동으로 수십만 명이 목숨을 잃었다. 곧이어 양국은 카슈미르의 영유권을 둘러싸고 전쟁을 벌였다. 주민 다수가 무슬림이므로 파키스탄의 영토라는 주장에도 불구하고, 인도는 당시의 통치자가 힌두 교도임을 내세워 카슈미르를 점령했다. 인도 아대륙의 분리는, 중동에서 무수한 발칸·아랍·투르크 국가들이 등장한 시대적 조류와 궤를 같이 한다. 어느 경우이든 종교적 자각이 정치적·국민적 의식으로 변환되면서 터져 나온 폭력이 종교적 신념을 달리하는 사람들 사이에서 공유되던 문명을 파괴해버렸다.

인도·파키스탄·방글라데시의 무슬림

인도

독립 당시 5천만이었던 인도의 무슬림은 현재 1억 2천만 이상에 달하며, 지구상에서 가장 규모가 큰 무슬림 공동체 중의 하나인 동시에 인도 사회의 영원한 소수자집단이 되었다. 인도와 파키스탄의 분리와 함께 인도 무슬림의 사회경제적 위상은 크게 축소되었다. 자민다르를 비롯한 젠트리의 토지수익권은 폐지되었다. 또한 우르드어를 구사하는 전문 직업인과 지식인들은 힌두어가 국어가 되면 교육기관이나 정부에서 살아남을 가능성이 없다고 판단하고 파키스탄으로 이주했다. 이로써 인도의 무슬림 경제엘리트는 사실상 해체되었다. 1970년대와 1980년대에는 특히 중소도시에서 기업인·상인·직인·부농이 새로운 중산층으로 부상했으나, 대부분의 무슬림은 소작농·빈농·노동자·점원으로 생계를 유지하고 있다. 도시인구를 기준으로 힌두 교도의 경우 35%가 극빈층에 속하지만, 무슬림의 경우 그 비율이 절반을 넘는다. 1987~1988년 당시 무슬림의 문맹률은 58%로 전국평균 47.9%보다 높은 것으로 나타났다. 이처럼 인도 무슬림은 경제와 교육 양면에서 평균에 못 미치고 있다.

아불 칼람 아자드와 자미아트 울라마이힌드는 인도 무슬림의 정체성을 확립해 나갔다. 인도 무슬림은 자신이 무슬림인 동시에 인도인이며 문화적·종교적으로 중립적인 세속국가의 종교적 소수자라는 복합적인 국민성을 받아들였다. 대부분의 무슬림은 공동체적 정체성을 다져 나갔지만, 일부는 힌두 교도와 더불어 인도 국민으로 살아가는 방법을 선택했다. 1948년 이후 이른바 국민회의파 무슬림은 '두 국가론'을 거부

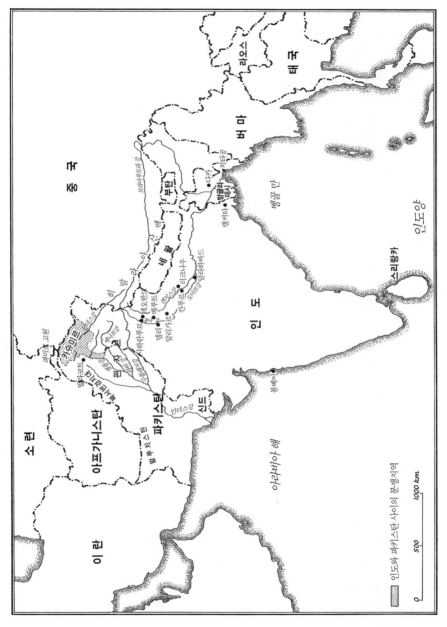

지도 34

인도, 파키스탄, 방글라데시

하고, 공통의 세속적 국민사회에 포괄적으로 동화될 것을 촉구했다. 1970년 이후에는 인도의 자마티 이슬라미도 데오반드파의 영향을 받아 무슬림 국가 창설을 외치던 기존 입장에서 탈피하여, 무슬림의 교육과 사회적 신분상승에 주력하는 한편 세속주의와 민주주의를 소수인인 무슬림의 권익을 보호하는 원리로 받아들였다. 실용적인 사고를 가진 일부 무슬림은 비무슬림과의 계급적·경제적 동맹을 모색했고, 사업에서 성공을 거둔 많은 무슬림은 가급적 이데올로기나 공동체 문제에 개입하지 않으려 했다. 그러나 새롭게 부상한 중산층이 학교·대학·모스크 건립자금을 기부하고 무슬림의 권익보호에 나서면서, 무슬림 공동체 형성은 새로운 전기를 맞았다. 1980년대와 1990년대에는 사우디아라비아의 지원, 마드라사의 설립, 무슬림 단체인 아흘리 하디스와 타블리기 자마트의 영향력 증대에 자극을 받아 무슬림은 자기주장과 투쟁성을 강화해왔다. 가장 중요한 이슬람 종교운동단체는 타블리기 자마트로, 이 단체는 경건주의에 입각하여 이슬람의 진정한 가르침과 실천으로 귀의할 것을 주장한다. 특히 이 단체는 박사과정 대학원생과 공학도를 비롯한 식자층과 전문직 종사자들에게 강력한 호소력을 발휘하고 있다. 단체의 구성원들은 자발적으로 매년 전국을 돌며 순회강연을 실시하고 있다. 타블리기 자마트는 이슬람 국가 건설을 내세우지 않기 때문에, 인도 정부도 그 활동을 용인한다.

인도국민회의와의 관계도 원만하고 사회적 위상이 높아졌음에도 불구하고, 인도의 무슬림은 스스로 박해를 받고 있다고 생각한다. 이들은 소수자로서 자신의 신앙과 공동체의 관습을 보호받을 권리가 있다고 여긴다. 또한 획일적인 국가의 민법을 거부하고 가족, 여성의 지위, 교육, 종교적 희사 등 샤리아의 영역에 속하는 문제에 대해서는 자치를 요구하고 있다. 나아가 우르드어 보호, 고용특례를 비롯한 경제적 기회의 확대, 인구비례에 따른 입법부와 행정부 진출 등을 모색하고 있다.

그림 26. 가족들끼리 모여앉아 델리의 자미 마스지드에서 라마단 종료를 축하하고 있다.

공공연하게 표현되지는 않지만, 힌두 교도와 무슬림 공동체 사이의 적
대감은 여전하다. 무슬림은 고용과 교육에서 차별을 받고 있으며 상호
폭동의 위협에 시달리고 있다. 반면에 힌두 교도는 무슬림이 특권과 사
회적 우월성을 요구할 뿐만 아니라 전체 사회에 통합되기를 거부하고
있다고 여긴다. 일부 힌두 교도는 무슬림이 보여주는 태도 이면에 인도
국민국가 내의 시민으로서의 역할을 거부하려는 의지와, 언젠가 무슬
림이 인도를 다시 지배하게 되리라는 희망을 숨기고 있다고 믿고 있다.

1970년대 이후 힌두 부흥운동이 세력을 확장하면서 무슬림의 상황
은 점점 더 어려워졌다. 힌두 부흥운동은 간디에게로 거슬러 올라간다.
간디는 과거에 배제되었던 카스트, 즉 불가촉천민을 포함시켜서 힌두
의 정체성을 재정의했는데, 이 재정의에 따라 이른바 힌두 교도의 수가
엄청나게 늘어났고, 힌두 교도가 인도 인구의 대다수를 차지하게 되었
으며, 이것에 기초해서 인도가 힌두 국민국가라는 지금의 주장이나 인
도가 힌두 국가로 선언되어야 한다는 요구가 생겨났다. 힌두 극단주의
자들은 인도 무슬림을 사회의 파괴분자이자 동화가 불가능한 집단으로
간주한다. 또한 소수자에 불과한 무슬림을 지원하는 것은 힌두 사회에
대한 배신행위라고 정부를 비난한다. 힌두의 종교 내셔널리즘은 카스
트 및 계급 내부의 치열한 경쟁과, 브라만의 권위를 무너뜨리려는 힘없
는 사회계층의 지도자들의 결의에 찬 노력의 산물이다.

공동체 차원의 운동은 정치적 투쟁으로 전환되었다. 힌두 교도의 요
구가 거세지자 인도국민회의는 1970년대에 처음에는 공약으로, 나중
에는 구체적인 정책으로 힌두 교도의 정서에 양보했다. 1970년대 후반
에 인도 정부는 무슬림 문제에 미온적인 태도를 보인다는 인상을 주지
않기 위해 카슈미르 분쟁에 강경한 입장을 취했다. 1980년대 말 인도
국영방송은 힌두의 대서사시 『라마야나』와 『마하바라타』를 연속극으로
제작 방영하는 것을 후원했다.

유명한 두 가지 사건이 힌두 교도와 무슬림 공동체의 감정을 격앙시
키고 중도적 세속주의의 근간을 흔들었다. 하나는 1985년에 일어난 샤
바노 사건에 대한 법정의 판결이다. 법정은 이혼한 무슬림 여성에 대해
이슬람법에 규정된 기간을 초과하여 생계비를 지급하라는 판결을 내렸
다. 여성의 권리보다는 공동체의 이익을 중시하는 무슬림 종교지도자
들은 샤리아와 관련된 문제에 대한 국가의 개입에 격렬하게 항의했다.
1986년에 인도국민회의는 무슬림 여성에 관한 법률을 통과시켜 사실
상 법정의 판결을 번복했다. 이에 반발하여 힌두 급진세력을 대표하는
바라티야 자나타당(BJP)은 이 사건을 힌두의 정체성 강화에 이용했다.

아요디아 모스크 사건은 무슬림 공동체의 광적인 선동을 불러일으켰
다. 아요디아는 무굴 제국의 정복자 바부르의 이름을 따서 명명된 16세
기의 모스크가 있는 곳이다. 일부 과격한 힌두 교도는 이 장소를 서사
시 『라마야나』의 남자주인공 람의 탄생지라고 주장하면서, 모스크를
철거하고 그곳에 람에게 봉헌하는 만디르(돌기둥)를 세울 것을 요구했
다. 1989년에 BJP는 사원 기공식에 참석했다. 3년 뒤에는 주요 힌두 정
당의 정치인들이 지켜보는 가운데 힌두 과격분자들이 아요디아 모스크
를 파괴해버렸다. 이 사건을 계기로 무슬림에 대한 공격이 시작되고 인
도 전역에서 양 공동체 간의 폭동이 일어났다. 2002년에는 구자라트에
서 무슬림과 힌두 교도 사이에 무시무시한 폭력사태가 발생했다. 종교
와 내셔널리즘으로 채색된 공동체의 대결로 인해 국가정책은 더욱 극
단으로 치닫고 있으며, 이런 정치행태는 인도 사회가 표방하는 세속주
의와 중립성을 훼손하고 있다.

파키스탄

인도의 무슬림이 자신들만의 고유한 영역국가를 가질 권
리가 있다는 이념을 바탕으로 세운 나라가 파키스탄이고 그 결과 하나

의 국민을 형성하게 되었다. 건국 당시 파키스탄은 신드, 발루치스탄, 북서변경지대, 펀자브와 벵골의 일부 지역으로 구성되었는데, 인도 땅이 중간에 1,600킬로미터 정도 끼어 있어서 파키스탄 영토는 거대한 두 블록으로 분리되었다. 파키스탄 서부에서는 절반 이상이 펀자브인이었고, 20%는 신드인, 13%는 파슈툰인, 3~4%는 발루치인이었다. 파키스탄 동부에 있는 벵골은 사실상 파키스탄이라는 국민국가 안에 있는 또 하나의 국민국가였다. 서부지역은 산업기반이 전무했고, 동부지역은 주요 항구이자 황마(黃麻)를 비롯한 이 지역 농산물의 가공기지인 캘커타를 잃었다.

출범 당시 파키스탄이 안고 있던 가장 중요한 문제는 새로 형성된 정치적 경계에 적합한 제도와 국민의 정체성을 만들어내고, 민족·언어·이데올로기·종교의 차이로 분열된 전 주민이 동의할 수 있는 안정적인 정권을 수립하는 일이었다. 파키스탄은 정치적 안정을 이룩하고 무슬림 생활양식을 장려하기 위해서는 자신들만의 국가가 필요하다는 인도 무슬림의 확고한 신념을 바탕으로 탄생했다. 그러나 일단 국가가 수립되자 이슬람에 대한 호소만으로는 다양한 종교적 정체성, 지역적·민족적 충성심, 계급간의 적대감 등에서 비롯되는 갈등을 제압할 수가 없었다. 터키와 마찬가지로, 제국주의 시대 엘리트들의 후손인 세속화된 정치엘리트들이 파키스탄의 정치적 운명을 좌우하게 되었다. 그러나 세속주의를 내세운 터키의 엘리트와는 달리 파키스탄의 엘리트들은 이슬람 내셔널리즘을 표방했다. 인도 힌두 교도와의 경쟁과 무슬림 내부의 뿌리 깊은 분파적·민족적·부족적·지역적 분열로 인해 파키스탄을 통합할 수 있는 유의미한 상징은 이슬람뿐이었던 것이다.

중앙정부의 구성이 가장 시급한 과제였다. 인도국민회의는 영국이 통치하던 시대의 정체성과 행정기구를 물려받았으나, 파키스탄은 새로운 나라를 다스리기 위해 군대와 조세제도, 행정기구를 만들어내야 했

그림 27. 파키스탄 군대

다. 이런 작업은 내부적으로는 공동체간의 폭력이 끊이지 않고, 대외적으로는 카슈미르 영유권을 둘러싸고 인도와 전쟁을 벌이는 와중에 진행되었다. 이런 내외의 압력은 대의제도가 실종되고, 권력이 집중된 국가기구를 펀자브인이 지배하게 되는 치명적인 결과를 가져왔다. 뿐만 아니라 서로 이질적인 파키스탄 인구의 통합은 요원한 일이 되었다. 건국 이래 이 나라는 여러 차례 헌법을 개정했고, 수많은 문민정부와 군사정권의 교체를 경험했다. 파키스탄은 군사적 억압과 강력한 행정부, 다양한 집단 사이의 거래를 통해 유지되고 있고, 국민적 정체성에 대한 폭넓은 의식은 존재하지 않는다.

　파키스탄 건국 당시 적어도 두 가지 서로 다른 개념이 파키스탄을 이슬람 국가가 되도록 만들었다. 정치엘리트들은 이슬람을 종교색이 제거된 공동체적·정치적·국민적 정체성으로 간주했다. 그렇지만 울라마를 비롯한 종교지도자들을 따르는 주민 대다수는 샤리아와 이슬람 규범에 의해 지배되는 헌법·제도·일상생활을 구현할 수 있는 국가를 기대했다. 제헌의회는 이슬람 교리청을 설치했다. 이슬람 교리청은 울라마의 조언에 귀를 기울이는 경건한 무슬림 지도자가 국가를 다스려야 한다고 제안했다. 이슬람 개혁운동가, 근본주의자, 정략가로 유명한 아불 알라 마우두디가 이끄는 자마티 이슬라미는 이슬람식 정부·은행·경제체제를 갖춘 진정한 이슬람 국가의 건설을 요구했다. 마우두디는 코란과 순나로 돌아갈 것을 호소하는 한편 이슬람의 원리를 근대사회에 적용하기 위해서는 종교문제를 이성적으로 판단해야 한다고 역설했다. 자마티 이슬라미는 정부관리들이 각종 종교위원회의 조언에 따라야 하고 비무슬림은 고위직에서 배제되어야 한다고 주장했다.

　이슬람의 역할에 대한 견해 차이로 인해 파키스탄 헌법은 여러 차례 개정되었다. 1956년에 제정된 헌법은 파키스탄을 이슬람 국가로 선언하고, 의회가 제정한 법률을 이슬람 연구소가 심의하도록 규정했다. 이 헌법은 1958년에 폐기되고 파키스탄은 공화국으로 선포되었다. 그러나 1962년 헌법에서는 1956년 헌법에 명기된 이슬람에 관한 조항들이 대부분 부활되었다.

　헌법에 관한 논쟁이 계속되는 동안, 펀자브의 군인·관료·지주 엘리트들이 파키스탄 정부의 실권을 장악했다. 10년 동안의 혼란스러운 민정이 실시된 끝에, 아이유브 칸 장군이 이끄는 군부가 정권을 장악했다. 아이유브 칸 정권하에서도 펀자브 엘리트들은 여전히 권력을 행사했다. 군사정권은 권력을 중앙으로 집중시켰고, 지주·기업인·공무원과 수피 지도자의 강력한 지지를 받았다. 아이유브 정권은 권력을 중앙에 집중시켰음에도 불구하고 분열된 나라를 통합시키지 못했다. 1965년에 인도와의 전쟁에서 패배하자 선거제도의 부활을 요구하는 목소리가 되살아났으며 벵골은 자치를 요구하고 나섰다. 시위와 폭동이 이어졌고, 1969년에는 야히아 칸 장군이 정권을 이어받았다. 군사정권하에서 서파키스탄이 군사·행정·경제를 장악하고 동파키스탄의 문화와 학문을 무시하자, 이에 분개한 동파키스탄이 자치를 요구하고 나섰다. 1970년 총선에서는 벵골의 자치를 요구하던 아와미 연맹이 다수 의석을 차지했으나, 파키스탄 정부는 벵골의 저항을 탄압했다. 그 결과 내전이 발발하여 인도의 개입을 불러왔고, 마침내 동파키스탄은 1971년에 독립국가 방글라데시로 탈바꿈했다.

파키스탄과 방글라데시 모두 이슬람의 종교적 측면과 정치적 측면 사이에서 생겨나는 갈등을 해소하지 못했다. 1971년부터 1977년까지 줄피카르 알리 부토와 파키스탄 인민당이 파키스탄을 이끌었다. 파키스탄 인민당은 신헌법을 제정하여 파키스탄을 이슬람 사회주의 공화국으로 규정하고, 농업과 공업에 대한 개혁정책을 추진했다. 무슬림만이 대통령과 총리가 될 수 있었고, 모든 법령은 울라마 평의회의 심의에서 이슬람에 부합하는지 여부가 결정되었다. 차관과 무역 부문에서 아랍 산유국에 대한 의존도가 높아지자, 부토는 음주와 도박을 금하는 등 이슬람의 도덕규범을 더욱 강화했다. 하지만 파키스탄 인민당은 권력을 유지하기 위해 관료와 지주층의 압력에 굴복함으로써, 국민대중의 저항을 불러일으켰다. 부정선거를 통해 정권유지를 꾀하던 파키스탄 인민당은 1977년 7월에 대규모 시위와 군부의 개입으로 권력을 잃었다.

지아 울 하크 장군이 이끄는 새로운 군사정권(1977~1988)은 자마티 이슬라미의 입김으로 다시 강력한 친이슬람 정책을 추진했다. 정부는 전통적인 이슬람식 처벌을 도입하고 도박과 음주를 금지시켰으며 새로운 사법심의제도를 만들었다. 일반적으로 이슬람 개혁주의는 개인의 도덕적 행위를 대상으로 하지만, 파키스탄에서는 행정과 경제를 포함하는 전체적인 이슬람 체계, 즉 니자미 무스타파를 대상으로 삼았다. 이에 따라 정책 입안자들은 이자의 수수(授受)를 폐지하고 국민투자신탁 같은 이익분배기관을 설치하여 이익분배채권을 발행했다. 주택건설 융자조합은 건축업자에게 돈을 빌려주고 임대수익에서 발생하는 이윤의 일부를 취했으며, 중소기업융자조합은 식량구매와 물품대여가 주업무였다. 이런 국영은행에는 손익공유예금이 개설되었다. 이런 은행들은 자본 부족이나 이자를 계산해주는 기관들과의 극심한 경쟁에도 불구하고 운영 첫 해에 8~15%의 수익률을 올려 적어도 단기적으로는 이익을 실현했다.

여성의 역할도 중요한 사회적 쟁점이었다. 여성은 가사에만 전념해야 한다는 주장과 공공생활의 영역에서 여성에게 자유와 기회를 보장해주어야 한다는 주장이 팽팽하게 맞섰다. 이혼이나 상속과 관련하여 여성에게 일정한 권리를 부여하는 가족법 개정안, 여자 증인 두 명이 남자 증인 한 명과 동등한 효력을 가지도록 하는 증거법 개정안을 둘러싸고 열띤 논쟁이 벌어졌다.

1988년 8월에 헬기 사고로 지아 울 하크 장군이 사망함에 따라 정세는 더욱 불투명해졌다. 민정이 회복되어 전(前) 총리 줄피카르 알리 부토의 딸 베나지르 부토가 이끄는 파키스탄 인민당과 나와즈 샤리프가 이끄는 이슬람민주동맹이 경합을 벌였다. 파키스탄 인민당은 신드 주민의 지지를 받았고, 지아 울 하크의 파키스탄무슬림연맹을 기반으로 하는 이슬람민주동맹은 펀자브 출신의 군인과 관료들의 지원을 받았다. 이슬람 민주동맹은 1990~1993년, 1997~2000년에 정권을 잡았다. 그러나 당시의 정권교체가 진정한 의미의 민주적인 절차에 따라 이루어진 것은 아니었다. 1997년까지 대통령은 임의로 총리를 해임하고 의회를 불신임할 수 있는 헌법적 권한을 가지고 있었고, 실제로 다섯 번이나 이런 권한을 행사했다. 정당들은 파키스탄에 안정이나 번영을 가져오는 데 실패했으며, 따라서 이미 절망적인 상태에 있었던 파키스탄의 생활수준은 인플레이션으로 더욱 악화되었다. 펀자브와 신드 지주들 사이의 파벌싸움, 순니파와 시아파 사이의 시가전, 신드인과 우르드어를 사용하는 무하지르(인도에서 온 이주민) 사이의 반목, 카라치와 라호르에서 일어난 대학살 등으로 주요 도시들은 통제불능상태에 빠졌다. 2000년에는 페르베즈 무샤라프 장군이 이끄는 군부가 다시 정권을 잡았다.

　파키스탄의 정치에서는 이슬람 정당의 역할이 컸다. 특히 이슬람 국가의 창설을 기본적인 목표로 하는 자마티 이슬라미와 데오반드 개혁운동과 관계가 있던 자미아티 울라마이 이슬람, 그리고 1948년에 결성되어 바렐위 운동과 관계된 자미아티 울라마이 파키스탄의 활동이 두드러졌다. 한편 무함마드 타히르 알 카디리가 설립한 다와티 이슬람은 포교와 사회봉사에 주력했다. 이들은 학교나 도서관 설립, 출판물 발행을 통해 무슬림의 통합과 무함마드의 가르침에 부합하는 이슬람의 실천을 역설했다. 1980년대와 1990년대에는 일부 과격분자와 도시민의 지지를 등에 업은 군부엘리트가 파키스탄 사회의 이슬람화를 주도했는데, 그 배경에는 권력을 유지하려는 권위주의 정권의 야심이 있었다. 이 시기에는 주요 정당들이 국가통치에 결정적인 역할을 하지 못했다. 규모는 작지만 영향력 있는 정당인 자마티 이슬라미는 지아 장군을 설득하여 파키스탄을 이슬람 국가로 선포하는 성과를 올렸다. 그렇지만 자마티 이슬라미는 이슬람 군사정권은 물론이고 그 뒤를 이은 선출된 정권과도 원만한 관계를 유지하지 못했다. 지아 정권이 파키스탄을 이슬람 국가로 선포한 이후, 이슬람을 빙자한 수많은 정당이 등장하여 대중의 표를 분산시켰을 뿐만 아니라 자마티 이슬라미 스스로도 현실정치 참여를 통해 내부갈등을 드러냈다. 자마티 이슬라미는 강력한 지적 권위를 배경으로 하향식으로 운영되었고, 대중의 지지기반이 취약했다. 또한 현실정치에 참여하게 되면서 전술적 이익과 원칙의 고수라는 문제를 둘러싸고 내분이 초래되었다. 1998년 여름 곤경에 처한 나와즈 샤리프 총리가 재차 이슬람법의 시행을 촉구하자, 자마티 이슬라미는 법률의 부족이 아니라 기존의 법률이 지켜지지 않는 것이 문제라는 논리로 총리의 제의를 거절했다. 파키스탄 정부는 이슬람을 통해 국민의 단합을 이끌어낼 수 있기를 기대했다. 그러나 펀자브인·파슈툰인·신드인 사이의 이해 상충, 순니파와 시아파의 불화는 이슬람의 가치를 내세운다고 해서 해결될 문제가 아니었다.

파키스탄의 주요 대외정책 역시 국익과 이슬람의 종교적·국민적 정체성 문제로부터 자유롭지 못했다. 1980년대에 파키스탄은 카슈미르의 이슬람 운동과 소련의 점령에 대한 아프간의 저항을 지원했다. 19세기에 러시아의 팽창에 대항하여 인도 아대륙을 방어한 영국의 정책을 이어받은 듯한 형국이었다. 그러나 파키스탄의 진정한 의도는 이란 시아파의 입김을 막고 국경지대에 대한 인도의 압력을 사전에 저지하는 한편, 파키스탄과 아프가니스탄의 영토를 잠식하는 결과를 가져올 파슈툰 주민의 독립요구를 차단하는 데 있었다. 또한 아프가니스탄을 보호국으로 만들어 중앙아시아 진출을 위한 교두보로 삼으려는 속셈도 있었다. 이런 파키스탄의 대외정책은 소련을 견제하는 측면이 있었으므로 미국의 지원을 받을 수 있었다. 또한 파키스탄은 이슬람주의를 통해 사우디아라비아와 걸프 연안국들의 지원도 끌어낼 수 있었다. 그러나 그 대가 역시 만만치 않았다. 수백만에 이르는 아프간 난민이 파키스탄으로 몰려들었다. 또한 무법천지로 변해버린 국경을 통해 과격한 이슬람 사조가 유입되고 무기와 마약밀매가 판을 쳤다. 소련이 물러나자 아프가니스탄은 무정부상태로 변했고, 파키스탄은 아프가니스탄을 이슬람 국가로 통일하려는 탈레반을 지원했다. 탈레반은 각 마드라사를 통제하

던 자미아티 울라마이 이슬람의 지원을 받아 1994년 이래 아프가니스
탄을 지배했으나 2001년 말에 미국의 개입으로 붕괴했다.

　인도와 파키스탄은 카슈미르 산악지대를 둘러싸고 치열하게 경합하
고 있다. 카슈미르 주민은 무슬림이 다수를 이루고 있지만 이 지역의
마지막 통치자 하리 싱은 1947년에 카슈미르를 인도에 넘겼다. 인도와
파키스탄은 지체하지 않고 전쟁에 돌입했다. 1949년 1월에 유엔의 중
재로 휴전이 이루어져 인도와 파키스탄이 각각 카슈미르의 3분의 2와
3분의 1을 관할하게 되었다. 인도는 1947~1953년에 샤이흐 모함메드
아브둘라와 그가 이끄는 국민회의에 상당한 자치권을 허용했으나,
1953년에 방침을 바꾸어 샤이흐 아브둘라를 체포하고 점차 카슈미르
에 대한 통제를 강화했다. 1975년부터 1984년까지 인도는 다시 카슈
미르에 자유선거를 허용하고 샤이흐 아브둘라와 그의 아들 파루크 아
브둘라의 통치를 인정했다. 그러나 1980년대 중반에 인도 정부와 카슈
미르 지도부 사이의 신뢰가 다시 무너지면서, 카슈미르 주민들은 잠
무·카슈미르 해방전선을 중심으로 세속주의를 지향하는 독립국가의
건설을 외치며 전면적인 무장투쟁에 돌입했다. 무력충돌이 계속되면서
무슬림과 힌두 교도 사이의 적대감도 고조되었다. 그후 시크 교도가 발
호하면서 다시 종교 내셔널리즘 문제가 대두하자, 카슈미르 주민들은
스스로를 무슬림으로 규정하기 시작했다. 1987년에 인도는 무슬림연
합전선의 총선 참여를 불허했다. 이에 대항하여 무슬림연합전선은 세
속주의를 버리고 이슬람과 파키스탄에 동조하게 되었고, 지도권도 투
쟁적인 노선의 단체인 하라카트와 히즈불 무자히딘에게 넘어갔다. 사
우디아라비아의 개입, 호전적인 이슬람의 등장, 파키스탄 정보기관의
지원 등의 요인에 의해 카슈미르 분쟁은 지하드의 양상을 띠었다. 인도
가 저항세력을 진압하기 위해 50만의 병력을 투입하면서 충돌은 더욱
확대되었다. 카슈미르 분쟁으로 파키스탄과 인도는 이미 두 번이나 전

쟁을 치렀고, 지금도 끊임없는 국경분쟁과 전쟁의 위험에 노출되어 있다. 1998년에 인도와 파키스탄은 핵실험을 하며 서로를 위협했다. 2002년 초 인도는 대규모 병력을 동원하여 카슈미르 저항세력에 대한 파키스탄의 지원을 차단했다. 인도는 카슈미르 문제를 해결함으로써 다종교사회의 활력을 과시하고 더 이상의 영토분할을 용납하지 않겠다는 의지를 확실하게 보여주려고 한다. 파키스탄은 이슬람 국가로서 무슬림이 살고 있는 인접 영토를 접수할 권리가 있다는 주장을 굽히지 않고 있다. 한편 한때 지역적 독립을 요구하던 카슈미르 사람들은 세속주의에서 이슬람주의로 이동하고 있고, 과거에는 자치정부 수립을 꿈꾸었으나 이제는 파키스탄에 편입되기를 바라고 있다.

방글라데시

방글라데시는 1971년에 분리독립했다. 독립 초기에는 종교적 정체성보다는 국민적 정체성을 강조했다. 인도는 방글라데시의 독립을 적극적으로 지원했는데, 그것은 방글라데시의 소수자 중에는 상당수의 힌두 교도가 있었기 때문이다. 방글라데시는 국민적 정체성을 강조함으로써 무슬림의 정체성을 내세우는 파키스탄과 분리독립에 반대하는 종교집단을 물리칠 수 있었다. 또한 국민적 정체성은 서파키스탄 주민들의 일자리와 재산을 인수하는 데도 유용했다. 1972년의 헌법은 세속주의를 기본원칙으로 삼고 종교집단의 정치활동을 불법으로 규정했다. 벵골 문학 부흥운동도 국민적 정체성의 이슬람적인 측면이 아니라 벵골어의 측면을 강조했다. 그러나 파키스탄과 마찬가지로 방글라데시는 절대빈곤과 정치제도 결여, 정치적 정체성의 모호함을 극복하지 못하고 있다.

1970년대 말에 지아 울 라만 장군이 이끄는 집권 여당 아와미 연맹은 방글라데시의 정체성에서 이슬람적인 면을 재확인하는 일이 아주

중요하다는 것을 깨닫게 되었다. 방글라데시인과 인도의 일부가 된 서
벵골의 벵골인 사이의 차이를 두드러지게 강조하기 위해서, 또 신생국
에 대한 서벵골 지식인의 영향을 줄이기 위해서 1977년의 헌법은 이슬
람 단체의 정치활동 금지조치를 완화하고, 세속주의 원칙을 삭제하는
대신 하느님에 대한 믿음이라는 표현을 포함시켰다. 1982년에 에르샤
드 장군이 쿠데타로 정권을 잡으면서 이런 경향이 더욱 강화되었다. 그
러나 1979년과 1991년의 총선에서 이슬람 정당들에게 압승을 거둔 방
글라데시국민당은 이슬람에 대한 일반적인 귀속의식과 결합된 세속적
인 개발계획을 유지했다. 방글라데시국민당은 세속주의를 지향하는 아
와미연맹과 철저한 이슬람주의를 고수하는 자마티 이슬라미 사이에서
여전히 중간노선을 취하고 있다. 타블리기 운동이 강력한 힘을 발휘했
다는 사실이나, 코란을 모독했다는 이유로 강제 추방된 페미니스트 작
가 타슬리마 나스린을 둘러싼 논쟁이 보여주는 바와 같이 일반 대중은
이슬람에 공감하고 있다. 벵골인의 정체성은 민족적–국민적인 면과 이
슬람적인 면을 둘 다 가지고 있고, 정치적 상황의 변화에 따라 전자가
강조되기도 하고 후자가 강조되기도 할 것이다.

결론

인도 아대륙에 3개의 무슬림 사회가 형성된 경위를 이해
하기 위해서는 이슬람과 코즈모폴리터니즘, 인도 특유의 전통에서 정
통성을 찾았던 무굴 제국의 복합적인 유산과, 국가로부터 독립되어 있
었지만 통합을 이루지는 못했던 무슬림 종교단체의 영향을 고려해야
한다. 무굴 제국의 사회구조는 다원적이었기 때문에 무슬림의 정체성
외에도 부족·카스트·직업·민족 등 정체성의 근거가 실로 다양했다. 무
굴 제국이 19세기와 20세기에 유럽의 지배를 받게 되면서, 다양한 부

류의 정치지도자와 종교지도자는 어떤 정체성에 의거하여 자신의 이익을 정의할 것인가 하는 문제를 놓고 또 다시 분열했다. 그들은 민족적·국민적·종교적 정체성 가운데 하나를 선택해야 했고, 종교를 선택한 경우에도 공동체 중심의 정치적 요소와 개인 중심의 윤리적 요소 중 하나를 강조해야 하는 어려움에 빠졌다.

이슬람이 남긴 복합적인 제도와 문화유산으로 인해 오늘날 인도 아대륙에서는 상황에 따라서 모든 가능한 형태의 이슬람 정체성을 허용해왔으며, 이슬람과 국가들 사이의 다양한 관계를 보여주고 있다. 인도의 무슬림은 무슬림 정권의 보호 없이 무슬림으로 살아야 하는 딜레마에 빠져 있다. 이들은 사회적으로나 종교적으로나 보수적인 편이다. 인도의 무슬림 종교지도자들은 개인의 종교적 헌신을 강조하면서, 이슬람을 공동체의 관점이 아니라 개인의 신앙심이라는 관점에서 설명한다. 또한 이슬람법과 교육제도를 수정하려는 인도 정부의 노력을 종교적 권리에 대한 부당한 간섭으로 보고 저항한다. 이와 대조적으로 파키스탄에서는 국가가 공식적으로 이슬람 국가이며 이슬람을 집단적 정체성으로 강조한다. 파키스탄 정부는 이슬람을 근대국가 및 근대경제와 통합시키고 있고, 인도와는 달리 전통적인 이슬람의 관행에서 벗어나 급진적인 이슬람 정책을 추진하고 있다. 한편 방글라데시에서는 무슬림의 사회적·종교적 관행의 방향성을 규정하지 않은 채, 정치적 정체성이 국민적 상징과 종교적 상징이라는 양극단 사이에서 오락가락하고 있다.

28장

인도네시아·말레이시아·필리핀의 이슬람

동남아시아의 무슬림은 19세기 중반까지도 통일된 문화나 제국에 통합되지 못한 채 수많은 민족적·언어적 집단을 단위로 여러 국가에 흩어져 있었다. 일찍이 네덜란드와 영국이 제국을 건설했지만, 양국의 지배로 인해 동남아시아의 정치와 경제가 심대하게 변용되고 내셔널리스트와 무슬림이 외세의 개입에 저항하기 시작한 것은 19세기 후반의 일이었다. 남아시아의 경우와 마찬가지로, 외세의 지배로 인한 정치와 사회의 변화에 저항한 것은 정부기관이 아니라 사회의 자치적인 부문이었다. 전통적인 울라마와 수피 지도자, 구시대 정치엘리트, 신세대 관료 및 지식인, 이슬람 개혁주의자, 급진적인 군부의 지도자 등이 동남아시아 사회의 미래에 대한 방향을 제시했다. 20세기에는 세속적 내셔널리스트, 공산주의자, 이슬람 전통주의자, 이슬람 개혁주의자들이 네덜란드와 영국의 지배에 저항하는 동시에 이 지역의 정세를 주도하기 위해 서로 투쟁을 벌였다.

네덜란드의 지배와 동인도제도의 자본주의 시스템

1795년과 1815년 사이에 네덜란드와 영국은 자바에서 각종 통치기법과 강제경작시스템을 실험했다. 또한 자유농민 영농, 자본주의적 영농, 자유무역정책과 통제무역정책 등을 다양하게 시도해 보았다. 1795년 이전에 네덜란드는 커피와 후추 같은 작물을 뜯어내서 유럽 시장에 판매했다. 그러나 1795년에 프랑스와의 전쟁에서 패하고 1799년에 네덜란드 동인도회사마저 몰락하자, 네덜란드는 공물의 수탈을 극대화하기 위해 정치적인 통제를 강화했다. 1806년에 다엔딜스 총독은 토착군주들을 제압하고 목화와 커피 생산을 장려했다. 1811년에는 영국이 자바를 접수했고, 영국인 행정관 스탬퍼드 래플스는 자본주의형 경제개발을 도입했다. 그는 인도네시아 사람들에게 토지 사유를 허가하고, 강제적인 현물 인도 대신에 소출의 5분의 2에 해당하는 세금을 현금으로 바치게 하는 새로운 조세제도를 실시했다. 또한 강제노동 대신 임노동을 실시하려고 노력했고, 화폐경제를 장려하여 영국 상품에 대한 동인도제도 주민의 구매력을 키워 나갔다. 하지만 1816년에 자바의 지배권을 회복한 네덜란드는 직접통치방식으로 되돌아갔다. 1825년에 네덜란드는 네덜란드무역회사(NHM)를 설립했고, 이 회사는 동인도제도와 네덜란드 사이의 무역을 독점했다. 1830년에 판 던 보스 총독은 정치와 경제에 대한 통제를 강화했다. 그는 자바를 '레지던스'라는 행정구역으로 나누고, 레지던스를 다시 '리전시'로 세분했다. 토착군주들은 지위의 세습은 인정받았지만 권한은 대폭 축소되었고, 네덜란드인 감독관의 지시를 받았다. 19세기를 거치면서 토착군주들은 조세수입에서 자신들이 차지하던 몫을 빼앗겼다. 1867년에는 토지를 몰수당했고, 1882년에는 농민의 노동과 사적인 봉사를 강제하는 권한도 박탈당했다. 토착군주들은 독자적인 지위를 상실하고 봉급을 받는 지방관으로 전락했다.

경제는 '경작할당시스템'하에서 조직되었다. 이것은 일종의 과세나 마찬가지였다. 이 시스템에 의해 농민들은 자기땅의 20%에 사탕수수·인디고·커피·차·담배·계피·면화 등의 지정작물을 재배하고 그 생산물을 세금이나 지대 대신 공물의 형태로 제공해야 했다. 또한 농민은 수로·도로·교량을 건설하고 황무지를 개간하는 등 자바의 경제 인프라를 구축하는 사업에 노동을 제공해야 했다. 이 시스템은 원래 농민의 의무를 고정시킨다는 취지로 시행되었으나, 실제로 농민은 더 많은 착취·지대·부역에 시달렸다. NHM은 경작할당시스템에 의해 생산된 작물을 사전에 계약된 가격에 사서 네덜란드 화물선에 선적하여 유럽으로 수출했다. 자바에 필요한 물품은 대부분 네덜란드에서 수입되었다. 1840년대에는 경작할당시스템에 의한 착취가 과도해서 생산성이 대폭 하락하고 적정 수준의 재정수입마저 어렵게 되었다. 농민들의 삶의 질은 떨어졌고, 동인도제도 전체가 기근으로 고통을 겪었다. 네덜란드인들은 영국이나 중국 상인들과의 경쟁 때문에 사업이 잘되지 않았다.

네덜란드에서는 1848년에 혁명이 일어나 자유주의적인 자본주의 이데올로기를 추구하는 신흥 상인계층이 득세하고 의원내각제 정부가 구성되었다. 의원내각제 정부는 1864년에 동인도제도의 예산도 관장하게 되었다. 1850년대와 1860년대를 거치면서 네덜란드의 여론은 완전히 바뀌었다. 데커르의 소설 『막스 하벨라르』*가 발간되고 설탕 구매계약 스캔들이 터지자, 경작할당시스템을 비난하고 자유주의 원리에 입각한 새로운 식민행정을 요구하는 여론이 들끓었다. 자유주의자들은 식민당국의 통제를 철폐하고 자유로운 사업을 보장할 것과, 강제양도시스템을 폐지하고 직접과세를 요구했다. 1860년대를 거치면서 후추·

---

* 네덜란드 총독 판 던 보스의 가혹한 인도네시아 착취정책을 폭로한 소설.

정향·육두구·인디고·차·계피·담배에 대한 경작할당은 폐지되었다. 또한 1870년의 법에 의하면 전통적인 위탁판매시스템 대신 점진적인 자유시장을 확립해야 했다. 네덜란드는 새로운 민간기업 시스템을 육성하기 위해 국유지가 장기임대되었고, 새로운 법률들은 소규모 자작농지와 마을 소유의 토지를 자본주의 기업가들에게 장기 임대하는 것을 허용했다. 1882년에는 부역노동이 폐지되고 임노동이 시행되었다. 새로운 정책은 자본주의 경제발달, 설탕산업 성장, 관개시설 확충, 철도부설을 촉진했다. 19세기 말에는 자바 경제의 지배권이 네덜란드 정부 관리로부터 민간자본가와 기업가들에게로 이동했다.

이런 정책들은 심대한 결과를 가져왔다. 자바에서 경작할당시스템은 '농업의 내향적 발전'(agricultural involution)이라는 발전의 순환을 가능케 했다. 가장 중요한 작물, 즉 수출용 작물인 사탕수수와 주식인 쌀은 상호보완적이었다. 두 작물은 인접한 농지에서 경작할 수도 있고, 계절에 따라 같은 땅에서 윤작할 수도 있었다. 또한 계단식 경지를 조성하고 관개시설을 유지하는 데 별도의 노동력이 필요한 것도 아니었다. 이런 상호보완성은 수출과 세입, 식량생산을 동시에 해결해주었다. 더욱이 사탕수수와 쌀은 투입되는 노동력에 비례하여 생산량이 증가했고, 식량생산이 늘어나면 더 많은 인구를 부양할 수 있었기 때문에, 한동안은 식량증산과 인구증가의 발전적 순환이 이루어졌다. 쌀 생산이 한계에 도달하면, 쌀이나 사탕수수 재배에 적합하지 않은 토지에 옥수수와 콩 등의 곡물을 재배하여 식량을 보충했다. 자바가 성장의 순환에 진입했을 때, 인구는 유례없이 증가했고 더욱 집약적인 농경이 이루어졌다. 이 같은 순환 덕분에 네덜란드는 사탕수수에서 얻는 조세수입이 늘어났음에도 불구하고 토착민들은 생활수준을 유지할 수 있었다. 하지만 1850년에 700만이던 자바의 인구가 1900년에 2,840만 명으로 급증하자, 1인당 생활수준은 더 이상 향상되지 않았다. 자바는 평등한 노

그림 28. 라마단 종료를 기념하는 새벽예배(인도네시아의 자카르타)

동집약적 사회에서 기계화된 자본주의적 식민경제로 변모했다. 그러나 이런 변화에도 불구하고, 마을공동체는 사회적으로 평온을 유지했다.

자바에서는 자본주의 경제가 농민사회에 추가되어 농민사회와 통합될 수 있었지만, 수마트라에서는 자본주의 경제의 도입이 심대한 사회적 변화를 가져왔다. 19세기 초에 수마트라는 수출용 농산물과 임산물의 주요 산지이자 직물과 기계류 같은 외국상품의 시장이었다. 이 같은 새로운 경제의 발전은 수마트라 경제를 광범위하게 상업화시켰다. 새로운 입식자들을 위한 뉴타운이 건설되고, 네덜란드 방식의 학교가 도입되었다. 또한 마을의 은행들은 주민신용제도라 불리던 네트워크로 연결되고, 신문도 발간되었다. 자바의 경우와는 달리 자본주의는 전통사회의 구조에 파고들면서 주민들 사이에 새로운 계층을 만들어냈다. 네덜란드의 지배가 시작된 뒤에 수마트라(와 말레이)에는 담배·야자·차·고무를 생산하는 플랜테이션이 생겨나고 주석을 채굴하는 회사도 설립되었다. 담배는 휴경기간이 길고 식용작물은 경작법이 단순했기 때문에 담배와 식용작물은 함께 경작할 수 있었지만, 고무·야자·차 등을 생산하는 플랜테이션에서 쌀과 옥수수를 재배할 수는 없었다. 따라서 플랜테이션이 확대되자 농지에서 밀려나는 농민이 늘어났고, 이들은 농업노동자 계층을 형성하게 되었다. 수마트라의 자본주의적 발달은 소농 계층도 창출했다. 소농은 화전농경에서 수출용 고무와 커피의 원료인 고무나무와 커피나무를 재배하는 원경(園耕)으로 전환했다.

외곽도서와 말레이에서는 개인의 토지소유가 늘어나면서 공동체의 경제를 규제하던 가치체계가 무너졌다. 자바에서는 논농사의 생태적 특성 덕분에 마을공동체가 유지되었지만, 다른 섬들에서는 마을이나 가족 단위로 농사를 짓던 전통적인 패턴이 약화되었다.

자바에서 두드러진 농업의 내향적 발전과 외곽도서에서 두드러진 자본주의 상업경제의 성장으로, 네덜란드는 19세기 말부터 정책방향을 수정하게 되었다. 자유주의의 원리를 전제로 했음에도 불구하고, 자본주의적 영농과 산업이 확대되자 네덜란드는 다시 적극적으로 개입하기 시작했다. 네덜란드인 자본가와 입식자들은 중앙정부의 통제에는 반대했지만, 군사력의 확대와 경찰·학교·관개·철도·영농실험에 대한 투자와 개입에는 찬성했다. 네덜란드의 1888년과 1891년의 조사연구는 인도네시아의 농민들이 노동력을 착취당하고 있으며 현지 관리들이 과도하게 토지를 유용하고 있다고 폭로했다. 1900년경에는 자유주의적 자본주의 정책은 개인 자본가들의 배만 불려주었다는 사실이 명백하게 드러났다. 번영하는 인도네시아 경제 안에서, 토착민의 복지는 후퇴했고 정부의 세입은 줄어들었으며 네덜란드의 제조업자들도 손실을 보았다.

　인도주의자와 자유주의자, 선교사들은 경제개혁과 토착민의 이익 보호, 정부 내 자바인 관리의 고용과 교육을 주장하고 나섰다. 자유주의자들은 네덜란드가 토착민의 복지에 책임을 져야 할 뿐만 아니라 지난 수세기에 걸친 착취에 대해서도 보상을 해야 한다고 주장했다. 네덜란드인과 토착민의 협조를 통해 인도네시아를 지배하는 방안을 지지하는 사람들도 있었고, 인도네시아 주민을 유럽 문화에 동화시키고 네덜란드와 인도네시아의 엘리트 계층을 통합해야 한다고 주장하는 사람도 있었다. 정부정책의 비판자들은 동인도제도에 대한 통치방식의 혁신과 인도네시아 토착민이 참여하는 복지국가 건설을 요구했다. 당시 이들의 주장은 윤리적인 정책이라고 불렸다. 비록 의도는 좋았지만 이 역시 네덜란드의 지배를 전제로 하는 지극히 유럽 중심적인 발상이었다. 윤리적인 정책은 백인의 책임에 대한 네덜란드식 버전에 불과했다.

　1900년 이후에는 자본가의 이익과 인도주의적 고려가 결합하여 기존의 자유방임정책에서 벗어나 국가가 직접 경제개발을 관리하게 되었다. 네덜란드는 인도네시아의 농업·광업·공업 자원을 개발할 국영기업을 설립했다. 철도·도로·해로가 개발되고 관개시설도 확충되었다. 국가는 주석과 석탄 광산을 개발하고 고무 플랜테이션을 만들었으며 농업신용은행을 발족시켰다. 이런 과정에는 농업·의학·수의학 분야의 전문가들이 적극 참여했다. 교육과 공중보건이 확대되고 자본가의 착취로부터 농민과 노동자를 보호하는 조치가 취해지면서 토착민의 복지도 한층 개선되었다. 윤리적인 정책은 정부가 마을문제에 시시콜콜 간섭하는 부작용을 낳기도 했다. 자바와 외곽의 섬들에서는 네덜란드의 관리들이 토착민의 일상생활에 직접적으로 개입한 결과 행정업무가 폭증했다.

네덜란드는 특히 인도네시아 사람들을 위한 신식 학교를 설립하는 데 아주 적극적이었다. 19세기 초에 인도네시아 귀족들은 네덜란드인 입식자들의 가정에서 교육을 받기 시작했고, 1848년에는 인도네시아의 공무원을 양성하기 위한 네덜란드 학교가 처음으로 문을 열었다. 1851년에는 인도네시아의 하층 프리야이를 교육시켜 서기와 보건 담당관리를 양성하는 학교가 설립되었다. 1902년과 1908년 사이에는 많은 기술학교가 세워져 인도네시아인 관리에 대한 교육을 실시했다. 1903년에는 농업학교가 문을 열었고, 1907년에는 의학과 수의학을 가르치는 학교들이, 1908년에는 법률학교가 세워졌다. 1914년에 이르자 서양식 교육이 초등학교와 중학교까지 확대되었고, 이들 학교에서 인도네시아인들은 네덜란드어·영어·과학·수학·제도(製圖) 등의 교과과정을 배우게 되었다. 1920년대에는 법관과 기술자, 특수 행정직 관료를 배출하기 위한 학교도 설립되었다.

마지막으로 새로운 정책은 이 열도 전역에 대한 네덜란드의 정치적 통제의 중앙집중화를 의미했다. 1914년에는 모든 지역을 관할하는 단일 정부가 구성되었다. 각 지방에는 유럽인과 인도네시아인이 혼합된 지방위원회가 조직되었고, 1916년에는 새로운 대의제기구인 인민위원회를 구성했다. 인민위원회는 네덜란드인과 토착민 대표로 구성된 자문기구로서 선출직과 임명직을 망라했다. 1922년에는 기본법을 제정하여 인도네시아 정부의 자치권을 확대하고 인민위원회에 입법기능을 부여했다. 하지만 이 새로운 자유는 네덜란드 정부와 인민위원회에서 유럽인 대표의 비율이 늘어남으로써 상쇄되었다.

네덜란드인 행정관들도 새로운 법률을 도입했다. 1848년에는 동양계 외국인에 관한 법률을 제정했고, 1872년에는 인도네시아 토착민에게 적용되는 형법을 제정했다. 1904년과 1927년 사이에 네덜란드는 토착민의 관습법을 유럽의 규범에 맞춰 수정하고 여러 지역의 법률행정을 통일시켰다. 그러나 1927년 이후에는 정책을 바꾸어 유럽의 법률과 관행을 적용하는 동시에 관습적인 인도네시아의 법체계도 유지하는 이중적인 법체계로 돌아섰다. '아다트'(관습법)를 유지한다는 정책에도 불구하고, 관습법은 성문법으로부터 상당한 영향을 받았다. 결과적으로 인도네시아는 아다트, 이슬람법, 네덜란드 성문법이 혼합된 법률체계를 갖게 되었다.

수세기 동안 인도네시아의 기본적인 사회구조는 건드리지 않은 채 자국의 이익만을 챙기던 네덜란드는 드디어 인도네시아의 근대화 작업에 착수했다. 이에 따라 오랫동안 유지되어오던 국가엘리트와 울라마 및 농민 사이의 균형이 깨졌다. 네덜란드의 통치는 프리아이의 권위를 약화시키고 새로운 계층을 탄생시켰으며, 이 두 세력은 사회적·정치적 영향력을 놓고 경합을 벌였다. 자바에서는 네덜란드의 정책에 힘입어 의사·엔지니어·법률가·교사 등의 전문직과 임업·광업·농업·철도·전신·보건행정을 전담하는 공무원이 등장했다. 신진 전문가와 관리들은 대개 하층 프리아이, 미낭카바우와 외곽 도서의 신부유층, 지방수장들의 아들, 그리고 암본과 멘다나우 섬의 그리스도 교도였다. 신식 교육을 받은 전문가와 행정관들은 구(舊)귀족과 농민 사이에 자리를 잡고 마을의 울라마나 촌장과 경쟁하면서 정치적 역할을 확대해 나갔다.

이들 신흥 계층은 네덜란드 식민통치의 산물이었지만, 네덜란드 정부에 반감을 갖고 있었다. 신진 행정관들은 인도네시아를 유럽 문화와 네덜란드의 행정체제에 통합시키려는 정책의 수혜자였음에도, 유럽인의 지배에는 반대했다. 프리야이는 교육기회와 정치권력의 확대를 요구했다. 외곽 도서의 상인·지주·종교지도자들은 무역과 순례에 대한 네덜란드의 억압 및 그리스도교 선교사의 침투에 저항했다. 교역과 문화적 교류를 통해 이슬람 세계에 통합되어 있던 수마트라·싱가포르·말레이의 상인들은 네덜란드의 통치를 상업적·종교적 이익에 대한 위협으로 간주하고 저항했다.

말레이-인도네시아에서 이처럼 새롭게 떠오르는 계층과 사양길에 접어든 계층은 20세기 초에 이데올로기적 저항운동과 정치적 저항운동의 토대가 되었다. 다양한 환경을 배경으로 세속적 내셔널리즘과 사회주의, 이슬람 부흥운동이 나타났다. 이런 정치운동은 하나같이 말레이 문명과 인도네시아 문명의 독립성과 근대성을 지향했다. 프리야이 출신 신흥 관료와 지식인은 내셔널리즘을 표방했고 자바의 농민들이 여기에 호응했다. 공산주의는 하층 프리야이와 학생, 노동자의 이익을 대변했다. 이슬람 개혁주의는 도시의 중산층 사이에서 널리 확대되었고, 특히 외곽 도서의 마을에서 상당한 영향력을 발휘했다. 농촌의 키야이(울라마)와 그 추종자들은 이슬람 보수주의를 신조로 삼았다. 이 모든 운동세력은 인도네시아의 독립에 헌신했지만, 서로 간의 의견충돌도 만만치 않았다. 무슬림 중산층 지도자들은 프리야이 엘리트와 싸웠고, 지식인은 구귀족층에 반대했다. 개혁주의자들은 관습에 얽매이는 공동체의 지도층과 대립했고, 좌파 지식인과 노동자들은 부르주아지와 싸웠다. 1912년부터 독립을 쟁취하기까지 이들 운동세력간의 투쟁은 네덜란드에 대한 저항 못지않게 치열했다.

인도네시아의 전통주의, 내셔널리즘, 이슬람 개혁주의

네덜란드의 통치가 강화되고 인도네시아의 지배층이 몰락하는 현상에 처음으로 반응을 보인 집단은 무슬림 공동체였다. 힘의 균형이 무너진 틈을 타고 울라마가 프리야이 엘리트의 권위에 도전했던 것이다. 17세기 초반에 마타람 왕국이 들어선 뒤부터 자바의 귀족층은 전통적인 가치를 옹호하는 프리야이 집단과 이슬람 신앙 및 무슬림 공동체를 대변하는 키야이 집단으로 양분되었다. 그후 프리야이 집단이 식민통치체제에 흡수되면서, 키야이는 자바 사회를 대표하는 유일한 독립집단이 되었다. 이들의 권위와 규모, 영향력은 엄청나게 커졌다. 더욱이 메카 순례와 아라비아 유학을 통해 인도네시아의 무슬림은 이슬람 개혁주의의 가르침을 접하게 되었고, 무슬림의 정체성에 대한 인식이 높아졌으며, 무슬림이 세계 도처에서 유럽의 식민주의에 반대하고 있다는 사실을 깨닫게 되었다. 순례자들은 무슬림의 종교생활을 향상시키고 강화하겠다고 다짐하면서 돌아왔다. 또한 고향 사람들을 우둔함과 그릇된 인도에서 벗어나 올바른 이슬람 의식(儀式)을 깨닫게 하겠다는 열망을 불태웠으며, 정치적 자치를 위해 모든 것을 바치겠다고 맹세했다.

울라마와 농민의 저항

울라마가 이끄는 농민의 저항은 자바 전쟁(1825~1830)과 더불어 시작되었다. 네덜란드의 새로운 토지정책은 요그야카르타의 유력자와 일반 주민들의 원성을 샀다. 네덜란드는 과거 행정부가 허가한 토지 임대차계약을 무효화하고, 유력자들로 하여금 임차인에게 보상금을 지급하도록 했다. 또한 유력자들은 자신의 토지를 네덜란드 정부에 임대해야 했고, 네덜란드 정부는 그것을 다시 유럽인 경작자들에게 양도했다. 드디어 1825년에 토착민의 분노가 내란으로 폭발했다. 자바 통치자의 아들로 왕위계승 기회를 잃고 이슬람 연구에 몰두하고 있던 디포네고로 왕자가 내란을 이끌었다. 네덜란드에 굴복한 부패한 왕실에 분노를 느낀 그는 반란의 선봉에 섰다. 그는 귀족층의 부패 척결과 이슬람의 정화를 기치로 내걸고 종교지도자들을 규합하여 5년 동안 농민의 저항운동을 이끌었다. 반란은 결국 진압되었지만, 디포네고로는 외세의 지배에 맞선 국민적 저항운동의 상징적인 인물이 되었다.

자바의 반텐 지역에서는 키아이와 농민의 저항이 끊이지 않았다. 반텐은 15세기와 16세기 초에 무슬림에게 정복되었는데, 무슬림은 이 지역에 벼를 도입하고 봉건적 지배체제를 확립했다. 농민들은 공물을 바치고 도로건설 등의 공공사업에 노역을 제공해가면서 논농사를 지었다. '아브드'(노예)라고 불리던 집단은 지배자 또는 주인의 저택에서 하인으로 일했다. 이들은 주인의 명에 따라 정원 청소, 땔감 주워오기, 말 사료 채집 등의 온갖 잡역에 시달렸다.

네덜란드는 1808년에 반텐을 합병했고, 계급사회인 현지의 특성을 고려하여 1832년까지 술탄 제도를 존속시켰다. 구시대의 유력자들은 잃어버린 정치권력을 보상받기 위해 식민정부에 참여하기 시작했으나, 새 일자리를 놓고 서민 출신의 관리들과 경쟁하는 처지가 되었다. 네덜란드는 1856년과 1882년에 각각 새로운 법을 만들어 사적인 부역을 단계적으로 폐지하고 이를 인두세로 대체했다. 그러나 이런 법률의 제정에도 불구하고 농민의 노역 부담은 여전했다. 그 결과, 사회의 모든 계층이 네덜란드의 통치에 불만을 품게 되었다. 기득권을 상실한 유력자, 종교지도자, 마을의 장로와 촌장, 부역에 시달리는 농민 모두가 술탄제로의 복귀 또는 이슬람이 지배하는 사회의 건설을 위해 봉기할 나름대로의 이유를 갖고 있었다. 1820년, 1822년, 1825년, 1827년, 1831

년, 1833년, 1836년, 1839년에 연이어 반란이 일어났다. 1845년에 반란을 일으킨 농민들은 성전에 참여한다는 표시로 흰옷을 입었다. 그후 1850년, 1851년, 1862년, 1866년, 1869년에도 반란이 일어났다.

1840년대와 1850년대에 반텐은 이슬람 부흥운동의 열기에 휩싸였다. 이 열기는 이슬람 의례의 준수와 성지순례 참가, 종교학교의 설립, 형제단 가입 등 다양한 형태로 표출되었다. 카디리야 교단은 독립적인 키야이를 흡수하여 종교지도자와 평신도 사이의 결속을 강화했다. 각 교단은 코란의 명령을 철저하게 준수하라는 설교를 통해 이슬람 개혁주의를 강조했고, 이슬람 부흥운동을 외세에 대한 반감으로 연결시켰다. 마디(구세주)의 출현에 대한 기대감도 중요한 역할을 했다. 세상의 종말과 최후의 날을 상징하는 괴문서가 나돌았다. 방랑 설교사들은 이런 사회적 분위기를 더욱 부채질했다. 다수의 키야이는 미래를 예견하고 병을 치유할 수 있는 능력을 가진 사람으로 숭배되었다. 종교적 열망은 이슬람의 영토가 외세의 속박에서 해방되고 무슬림 독립국가가 출현할 것이라는 믿음으로 발전했다.

1888년에는 이슬람 부흥운동이 대반란으로 이어졌다. 외세의 지배에 대한 뼈에 사무친 적개심과 부패한 귀족에 대한 분노, 이슬람 국가의 출현에 대한 열망이 팽배한 가운데, 일단의 농민이 식민정부에서 일하는 네덜란드인 관리와 자바인을 공격했다. 식민정부는 가까스로 반란을 진압했다. 미낭카바우에서 시작된 파드리 운동, 반제르마신 전쟁(1859), 아체 전쟁(1871~1908) 등 동인도제도의 다른 지역에서 발생한 반란도 네덜란드의 지배와 토착 정치엘리트의 권위에 저항하여 일어난 울라마 주도의 농민운동이었다.

농민운동에 대한 네덜란드인의 초기 대응은 사태를 악화시켰다. 1825년경에 네덜란드는 이미 무슬림 키야이를 주적으로 여기고 있었다. 이들의 영향력을 약화시키기 위해 네덜란드는 현지 프리야이 집단 및 수장들과 손을 잡았다. 또한 성지순례가 인도네시아 저항운동에 가장 큰 영향을 미친 것으로 판단하여 그것을 금지시켰다. 장기간에 걸친 아체 전쟁과 반텐 대반란은 결국 네덜란드의 정책을 재검토하게 만들었다. 네덜란드 정부는 흐리스티안 스나욱 휘르흐로녜*의 조언에 따라 이슬람의 종교생활과 이슬람의 정치적 호전성을 구분했다. 그들은 네덜란드의 지배에 순응하는 무슬림에 대해서는 순례의 자유를 허용하는 동시에 무슬림에 대한 감시를 강화하고 식민통치에 반대하는 정치활동을 무자비하게 탄압했다. 무슬림의 저항운동은 네덜란드의 식민통치를 몰아내는 데는 실패했으나, 이를 계기로 이슬람이 인도네시아 농촌사회에 더 깊숙이 뿌리내리게 되었다.

프리야이와 노동자 내셔널리즘

키야이 집단과 농민의 저항운동이 인도네시아 사회의 전통적인 구조에 뿌리를 두고 있었다면, 인도네시아의 내셔널리즘은 네덜란드의 통치에 대한 19세기 후반 프리야이 귀족의 저항에 그 기원이 있다. 왕실과 귀족으로서의 권위와 특권을 박탈당한 프리야이 집단은 일차적으로 지방 궁정문화의 회복을 위해 노력했다. 그후 러일전쟁을 비롯해서 인도와 중국의 내셔널리즘 운동에 고무되는 한편 화교(華僑)와의 정치적 경쟁에 위협을 느낀, 서양식 교육을 받은 인도네시아인들은 뜻을 합해서 인도네시아인 전체의 문화적·정치적 각성을 추진했다.

1908년에 창설된 '부디 우토모'(고귀한 노력)은 자바 최초의 문화단체로, 지나친 서양화로 인해 상실된 품위와 안정을 회복한다는 목표를 내걸고 옛 자바의 교육과 힌두-불교 문화의 부흥에 힘썼다. 이 단체는 초기에 네덜란드의 윤리적인 정책을 받아들이고 정부에 협조했으나,

---

* Christiaan Snouck Hurgronje, 1857~1936. 이슬람에 정통한 네덜란드 학자로 네덜란드 아시아 식민정부의 고문을 지냈다.

1917년에 문화운동에서 정치운동으로 방향을 바꾸고 자치와 의회정치를 요구했다. 1912년에는 에피 다우어스 데커르가 급진적인 성향의 인디스허 파르티(IP, 동인도당)를 결성하고 인도스(유럽인과 인도네시아인의 혼혈인)를 유럽인과 동등하게 대우해줄 것을 요구했다. 인디스허 파르티는 인도네시아의 통일과 정치적 독립을 주장한 최초의 정당이었다. 1922년에는 타만 시스와(배움의 정원)라는 단체가 결성되어 자바의 전통적인 예술과 문화를 복원하기 위한 교육사업을 전개했다. 이 단체는 250여 개의 학교를 설립하고 교사와 학생을 묶어 내셔널리스트 형제단을 결성하여 인도네시아 민족의 성숙성과 독립에 대한 열망을 표현했다. 1930년대에 창간된 문예지 『푸장가 바루』(신시인新詩人)는 작가와 독자들이 인도네시아인의 가치관과 서양의 가치관을 통합하는 방법에 대해 토론하는 장이었다. 『푸장가 바루』 동인들은 서양식 교과과정의 내용을 표현할 수 있는 모국어를 만들어내는 것을 목표로 삼았다.

이들 문화단체와 교육단체는 점차 정치색을 띠어 갔지만, 본격적인 국민정당은 1920년대 말과 1930년대 초에야 탄생했다. 1927년에 수카르노가 이끄는 스터디그룹이 인도네시아국민당(PNI)으로 발전했다. 1939년에는 인도네시아정치연합(GAPI)이 출범하여 내셔널리즘 운동의 구심점이 되었다. 내셔널리즘 진영이 네덜란드 식민통치의 틀 속에서 활동을 전개하는 가운데, 식민주의에 반대하는 급진적인 세력이 등장하기 시작했다. 20세기에 접어들자 노동조합이 생겨났다. 1905년에 철도노동자들이 노조를 결성한 데 이어 전차노동자, 세관원, 교사, 전당포 점원, 공공사업장 노동자, 재무 공무원이 잇달아 노조를 결성했다. 1914년에 출범한 동인도사회민주주의동맹(ISDV)은 급진적인 정치노선을 표방하고 인도네시아에 사회주의와 공산주의 이념을 소개했다. 1920년에는 인도네시아공산당이 결성되었다. 공산주의자들은 1925년과 1926년에 세마랑에서 일련의 파업을 주도했고, 자카르타·자바·수

마트라 등지에서도 폭동을 일으켰다. 폭동은 쉽게 진압되었고, 공산당
은 불법화되어 지하로 잠적했다.

　이와 같이 내셔널리즘 운동은 두 진영에서 전개되었다. 한쪽 날개는
서양식 교육을 받은 프리야이 출신의 공무원과 전문가 집단의 이익을
대변했고, 다른 날개는 정치권력과 인도네시아의 독립을 추구하는 노
동자와 급진적 지식인의 이익을 대변했다. 두 진영 모두 세속적인 가치
를 추구했고, 인도네시아의 전통과 국제적이고 서양적인 이상의 결합
을 중시했다.

이슬람 부흥운동

　　같은 기간에 수마트라·자바·말레이의 주요 항구에 거주
하던 무슬림 상인들 사이에서는 새로운 형태의 종교·사회·정치 운동이
출현했다. 무슬림 상인들은 식민 열강의 팽창은 물론 메카와 카이로에
서 전개되고 있던 이슬람 개혁주의에 대해서도 민감하게 반응했다. 다
양한 동남아시아 민족이 뒤섞인 싱가포르는 이슬람 개혁주의와 이슬람
근대주의의 중심이 되었다. 말레이인, 미낭카바우 이주자, 말레이의 고
무 플랜테이션에서 일하는 자바 노동자, 메카 순례에 오른 인도네시아
인이 모두 싱가포르로 몰려들었다. 네덜란드가 메카 순례를 제한하자
인도네시아인은 영국이 지배하던 싱가포르를 통과하여 메카로 갔다. 싱
가포르에는 아랍인과 인도인의 무슬림 공동체가 다수 형성되어 있었다.

　아랍인 거주자들이 특히 중요한 역할을 했다. 다수의 아랍인은 메카
순례를 주선하는 중개인으로 활동했다. 아라비아 반도의 하드라마우트
출신의 샤이흐들과 사이이드들은 싱가포르에서 신망을 얻었을 뿐만 아
니라 종교적인 위엄도 갖추고 있었다. 이들은 상인엘리트층으로서 토
지와 가옥을 소유하고 있었고 플랜테이션과 무역에 투자했으며 바티크
(염색천)·담배·향료의 무역을 장악하고 있었다. 또한 모스크를 세우고

종교행사를 주관하고 아랍과 이슬람 문화를 세련되게 가꾸는 데 힘을 기울였다. 자위 페라나칸(인도 말라바르의 무역상과 말레이 여성 사이에서 태어난 혼혈인)도 말레이인의 문화생활을 주도한 집단으로서 말레이어를 소생시키고 말레이인의 초기 민족의식을 일깨우는 역할을 했다. 이들은 대개 사무원·통역·교사·상인으로 활약하면서 아랍인 공동체 다음 가는 권위와 세력을 누렸다. 자위 페라나칸 집단은 1876년에 말레이어 신문을 발행했고 말레이인의 학교에서는 이 신문을 교재로 사용했다. 또한 말레이어 소설·시·설화의 출판과, 아랍어 종교문학의 번역을 후원했다. 어떤 언어연구회는 영어 용어에 상당하는 말레이어를 만들어내고 아랍어 단어를 말레이어 관용법에 수용했다. 이런 노력을 통해 특정 지방을 초월한 공용어와 새로운 말레이 정체성이 생겨났다.

아랍인, 자위 페라나칸, 말레이인은 이슬람 개혁주의와 낙슈반디야 교단 및 카디리야 교단의 전파를 적극 후원했다. 이들의 노력 덕분에 특정 지방에 더 이상 얽매이지 않는 코즈모폴리턴한 이슬람의 종교의식이 발전했다. 항구도시에서는 이슬람이 마을공동체의 종교가 아니라, 국제적인 관계 속에서 통합된 유동하는 개인들의 종교였다. 싱가포르에서 생성된 새로운 형태의 이슬람은 무역과 순례에 의해, 또한 학생·교사·수피의 교류에 의해 동남아시아 전역으로 퍼져나갔다.

상업·도시화·교육은 다른 지역에서도 개혁운동을 자극했다. 1905년과 1912년 사이에 자바에서는 많은 이슬람 단체가 결성되었다. 그중에서도 1912년에 하지 아흐마드 다흘란이 창시한 무함마디야*의 활동이 가장 활발했다. 무함마디야는 종교적 관행의 개혁과 무슬림 공동체의 생활개선에 힘을 쏟았다. 종교감독관의 아들로 태어난 다흘란은 메카를 순례했고, 모스크 관리자로 일하면서 바티크 염색천 무역에도

---

* 무함마드의 도(道)를 의미하는 아랍어.

종사했다. 그의 운동은 전통적인 사회구조 바깥에서 활동하는 영세한 중소 무역상들의 지지를 받았다.

무함마디야는 코란과 예언자 무함마드의 말씀에 입각한 경건한 신앙생활을 추구했다. 하지만 중세 이슬람의 법적·철학적 체계와 이슬람 성자의 권위를 부정하고 종교문제에 대한 개개인의 독자적인 판단, 즉 이즈티하드를 지지했다. 또한 수피즘 자체를 거부하지는 않았지만, 출생의식·할례의식·혼례·장례 같은 복잡한 종교행사와 성묘 숭배에는 반대했다. 무함마디야는 윤리, 영혼의 정화, 이기적인 욕망의 억제, 지식 및 도덕적 이해력의 심화를 중시했다. 예언자 무함마디야는 근대적인 형태의 이슬람으로 간주되기도 하지만, 이 단체의 일차적인 관심사를 감안할 때 이슬람 개혁주의의 전통에 속한다고 보는 것이 타당하다.

무함마디야는 개인의 덕목이 사회적 행위로 표현되어야 한다고 가르쳤다. 무엇보다 근대식 종교학교 설립에 많은 노력을 기울였다. 페산트렌이 경전과 주문(呪文)의 낭송법을 가르치는 데 주력한 반면에 무함마디야 계열의 학교에서는 이슬람의 기본교리, 아랍어, 네덜란드어, 세속적 과목들을 가르쳤다. 아울러 단계별 학습 프로그램과 합리적인 교육방식을 도입하여 암기보다는 이해와 논증을 강조함으로써 이슬람의 가치와 당대의 교육사조와 사회적 요구까지 조화시키고자 했다. 1929년까지 무함마디야는 64개의 마을학교와 몇 개의 사범학교, 다수의 도서관·보건소·보육원·병원·구빈원을 설립했다. 또한 여성운동단체나 청소년단체와도 관계를 맺었다. 무함마디야와 연계된 사회단체들의 주된 기능은 이슬람 개혁주의 신앙을 널리 전하는 것(타블리그)이었다.

1923년에 서부 자바에서 하지 잠잠과 하지 무함마드 유누스를 따르던 상인들에 의해 설립된 페르사투안 이슬람(PI)도 이슬람 연구와 올바른 종교의식, 이슬람법 준수를 모토로 내걸었다. 코란과 하디스를 신앙과 행동의 유일한 근거로 삼았다는 점에서는 무함마디야와 닮은 구석이 있지만, PI는 자격을 갖춘 인물의 독자적인 판단에 따라 코란과 하디스를 현실에 맞게 적용할 수 있다는 입장을 취함으로써 기존의 단체와 차별화된 모습을 보였다. PI는 부적 사용이나 주술에 의한 환자의 치료 같은 인도네시아의 통속적인 종교관행을 배격하고, 수피즘의 부적절한 의식과 성자숭배, 성자와 하느님의 교감에 대한 믿음에도 반대했다. 또한 힌두교의 가치를 담고 있을 뿐만 아니라 여성의 자유를 선동한다는 이유로 와양(자바의 전통 그림자극)을 비난했다. 기본적으로 개혁적인 사고를 가졌음에도 불구하고, PI는 이슬람 자체가 본질적으로 진보적인 종교라고 주장하면서 이슬람을 시대의 흐름에 맞게 변화시키려는 노력을 하지 않았다. 또 국민국가를 신격화할 수도 있다는 이유에서 세속적인 내셔널리즘에 반대했다. PI는 인도네시아인을 비롯한 무슬림 민족들의 정치권력과 자유는 이슬람 원리로 되돌아갈 때만 회복될 수 있다는 주장을 펼쳤다. 이 단체는 무슬림 포교사를 양성하는 대학을 설립했고『펨벨라 이슬람』(이슬람의 수호)이라는 잡지를 발간했다. 그리고 표준 인도네시아어로 수많은 팸플릿을 발행했고, 무슬림에게 종교적 책임을 가르치는 연구단체를 만들었다.

　이슬람의 종교적·교육적 부흥은 정치적 차원의 일이기도 했다. 1911년에 하지 사만후디는 화교와 상권경쟁을 벌이고 중부 자바에서 활동하는 그리스도교 선교사에 대응하고자 이슬람 조직을 만들었다. 사만후디의 조직은 우마르 사이드 초크로아미노토의 도움을 받아서 1912년에 사레카트 이슬람(이슬람동맹)으로 전환되었다. 초크로아미노토는 얼마 지나지 않아 사레카트 이슬람을 인도네시아 최대의 정치운동단체로 발전시켰다. 1917년에 사레카트 이슬람은 총회를 열고 이슬람에 대한 복종과 가난의 극복이 인도네시아인의 종교적 사명이라고 선언했다. 또한 농업개발, 교육에 대한 정부의 지원, 봉건적 특권의 폐지, 인도네시아인의 선거권 확대를 요구했다. 이슬람적 호소와 정치적 호소

를 결합한 데 힘입어 사레카트 이슬람은 인도네시아 최초의 대중정당
이 되었다. 중산층과 도시민뿐만 아니라 울라마와 농민도 사레카트 이
슬람을 지지했다. 많은 농민은 사레카트 이슬람을 다가오고 있는 '라투
아딜'(정의로운 군주)과 마디의 전조로 받아들였다.

미낭카바우에서도 이슬람 종교운동과 사회운동이 활발하게 전개되
었다. 미낭카바우에서는 19세기 초반에 이미 파드리 운동이 일어나 인
도네시아 사회의 관습과 샤리아의 조화를 시도한 바 있다. 파드리 운동
은 네덜란드의 통치와 함께 막을 내렸지만, 특히 낙슈반디야 교단의 수
피 개혁주의자들은 구습에 대한 비판과 이슬람의 개혁에 대한 주장을
굽히지 않았다.

수마트라와 말레이에서는 네덜란드가 도입한 자본주의의 경제적·정
치적 충격과 싱가포르·메카·카이로에서 유입된 새로운 사상의 영향으
로 새로운 논쟁이 벌어졌다. 신사상을 수용한 젊은이들은 '카움무다'라
고 불렸는데, 이들 중 일부는 서구화와 세속화를 추종하면서 인도네시
아의 관습법을 근대화하는 문제에 관심을 보였다. 말레이 청년단
(1906), 노력협회(1912), 수마트라 청년연합(1918)은 근대적인 교육을
장려하고 서양사상을 아다트에 접목시키기 위해 결성된 단체였다. 또
다른 집단은 이슬람 개혁주의에 초점을 맞추었다. 샤이흐 아흐마드 하
티브(1855~1916)는 메카 유학 도중에 무함마드 아브두의 사상을 접하
게 되었다. 그는 고향으로 돌아와 수마트라와 말레이에서 젊은 학자들
을 양성했다. 그의 제자들은 학교 설립, 서적출판, 포교활동에 힘썼다.
역시 메카에서 공부하면서 무함마드 아브두의 사상에 매료된 샤이흐
무함마드 타히르(1867~1957)는 싱가포르에서 『알이맘』이라는 신문을
창간했다. 『알이맘』은 무슬림을 대상으로 교육의 중요성을 역설했다.
이 신문은 이슬람의 쇠퇴가 이슬람법의 경시에서 비롯되었다고 진단하
고, 무슬림 개개인의 생활수준을 높이고 무슬림 공동체를 부흥시키기

위해서는 코란과 하디스의 말씀에 복종해야 한다고 주장했다. 또한 종교문제에서 이성의 역할이 중요하다고 강조하고 관습적인 믿음과 관행에 반기를 들었다. 이 신문은 무덤에서 봉창(奉唱)기도를 행해야 하는가, 예배 중에 '니야'(의도)를 분명히 해야 하는가 아니면 드러나지 않게 해야 하는가, 저축은행과 협동조합이 정당한 것인가 등의 종교적 의문에 대한 대중의 논쟁을 유도했다. 사이이드 샤이흐 알 하디는 1920년대에 페낭에서 개혁운동을 전개했다. 그는 1919년에 마드라사 알마슈호르를 설립했고, 1927년에는 젤루통이라는 출판사를 만들어 여성해방이나 개혁문제에 관한 책을 출간했다. 개혁주의자들이 세운 학교들은 종교뿐만 아니라 역사·지리·수학 등의 근대적인 과목을 가르쳤다. 1920년대에 수마트라에는 이런 학교가 39개교에 이르고 학생수는 1만 7천 명에 달했다. 수마트라와 말레이의 개혁주의자도 자바나 싱가포르의 개혁주의자와 마찬가지로, 성자의 사망일을 기념하는 대중적인 수피의 관행에 반대했다. 또한 관습법에 따른 혼례와 장례, 성일(聖日)의식을 반대했고 울라마와 펭훌루(촌장)들의 전통적인 관행을 비난했다.

　이슬람 개혁운동은 마침내 네덜란드에 반기를 들었다. 1918년과 1923년 사이에 개혁운동 세력은 다양한 카움무다 집단을 통합하고 이들이 정치운동에 몰두하도록 만들기 위해 몇 가지 노력을 기울였다. 급진적인 지식인들은 수마트라의 학생운동에 침투했는데, 이것은 반자본주의와 반제국주의를 설교하고 정부의 조세정책과 산림정책을 비판하며 지방 유력자들의 봉건적 지배와 네덜란드의 식민통치를 거부하도록 학생들을 선동하기 위해서였다. 수마트라의 학생단체들은 1926년과 1927년 초에 소상인과 소농의 지원을 받아 산발적으로 반란을 일으켰으나 네덜란드에 의해 진압되었다. 이슬람 개혁운동은 참된 신앙과 그 실천에 초점을 두고 출발했으나, 교육과 사회활동을 통해 네덜란드의 통치와 전통적인 귀족층의 권위에 반대하는 정치의식을 고양시켰다.

　　종교개혁과 교육의 근대화, 정치활동을 강조하는 대중운동은 전통적인 울라마 사회의 반향을 불러일으켰다. 1921년에는 미낭카바우 울라마 연합이 결성되었고, 1926년에는 자바의 나흐다툴 울라마(울라마 연합)가 결성되었다. 나다툴 울라마는 자바 동부 좀방의 종교학교 페산트렌을 중심으로 활동하던 종교지도자들의 연합체였다. 이 단체는 전통적인 종교적 원칙을 옹호하고 샤리아와 법학파, 수피의 관행이 자신들이 추구하는 영적 세계의 중심에 있음을 재확인했다. 코란과 순나를 강조하던 개혁주의자들과는 달리, 울라마는 이슬람의 전통적인 관행을 중시했다. 하지만 이들은 이슬람 개혁운동과 내셔널리즘 진영의 조직기술을 수용하여 근대적인 정치활동을 할 수 있는 능력을 갖춰 나갔다. 19세기에 이미 수피 교단의 도움을 받아 네덜란드의 지배와 프리야이의 통치에 저항했던 키야이는 20세기에 하나의 정당으로서 인도네시아 사회의 정세변화에 대응하며 투쟁을 전개했다.

　　과거의 이슬람과 새로운 형태의 이슬람은 여러 면에서 차이점을 보였다. 전통주의자들은 세상이 변하지 않는다고 이해했지만, 개혁주의자들은 세상이 역사를 통해 끊임없이 변한다고 보았다. 전통주의자들은 마음의 신비적·주술적 성향이 종교라고 생각했다. 그래서 전통적인 종교는 의례와 정서에 호소하게 마련이고 현실을 수동적으로 받아들인다. 그들에게 예배·금식·암송은 마음의 평화를 가져다주고 신자와 진리 사이의 조화를 가능하게 해주는 수단이었다. 이와는 대조적으로 개혁주의자들은 적극적인 자기절제를 강조하면서 도덕적·사회적 개혁을 이루기 위한 개인의 책임이라는 관점에서 종교를 바라보았다. 이들의 종교는 내향적이고 윤리적이며 지적이었다. 기존의 이슬람이 개인과 공동체의 조화, 공동체와 국가의 조화, 그리고 국가와 우주의 조화에 충실했다면, 개혁주의자들은 무슬림의 유토피아를 창조하고자 했다. 이런 목표를 달성하기 위해 서양식 조직과 교육방식, 과학적 사고를 수용하는 동시에 대중들이 이해하기 쉬운 언어를 사용하면서 언론을 통한 대중운동을 전개했다. 특히 소년단 운동, 학교, 고아원, 병원 등은 이슬람을 사회세력화하는 데 핵심적인 구실을 했다.

1920년대부터는 내셔널리즘과 이슬람주의를 표방하는 여러 정당이 인도네시아 사회에 이데올로기적·정치적 방향을 제시하기 시작했다. 이들 정당은 도시의 공무원·상인·노동인구를 '알리란'이라는 새로운 사회단위로 재편하여 종교운동과 정치운동을 전개했다. 또한 농촌에서도 이데올로기와 문화를 정화하고, 학교·자선활동·청소년단체·여성단체·친목 클럽을 조직했다. 내셔널리스트·공산주의자·무슬림 단체들은 각자 다양한 사회활동과 종교활동을 통해 추종세력을 규합했다. 한 마을에는 하나의 단체가 있는 것이 일반적이었지만, 일부 마을에서는 여러 단체가 난립하며 경쟁하는 일도 나타났다. 지방의 관점에서 전국정당은 이데올로기 이상의 의미를 갖고 있었다. 전국정당은 오락에서 정치활동에 이르는 모든 활동을 단일한 운동으로 집중시키는 새로운 형태의 공동체였던 것이다.

타협과 경쟁, 1900~1955년

1900년부터 1920년경까지 네덜란드의 식민정책은 내셔널리즘 운동과 이슬람 운동의 확산에 간접적으로 도움이 되었다. 네덜란드는 교육을 장려하고 인도네시아인을 관리로 채용했으며 정당을 합법화하고 언론자유를 허용했다. 1917년경 사레카트 이슬람이 대중운동단체로 발돋움하여 네덜란드의 통치에 반대하는 세력의 구심점이 되었다. 그러나 사레카트 이슬람은 이후 15년에 걸친 이데올로기와 정치노선을 둘러싼 내분으로 와해되고 말았다. 사회주의 세력이 대두하면서 당내 갈등이 극단으로 치달았다. 결국 1923년에 좌파가 제명되었는

데, 이와 함께 다수 대중의 지지를 잃었다. 또한 사레카트 이슬람은 농민에 대한 주도권을 나흐다툴 울라마에게 빼앗기고 말았다. 1920년대에 사레카트 이슬람은 호전적인 이슬람, 반공산주의, 반네덜란드의 기치 아래 비협력정책을 채택했다. 그러나 범이슬람 이념이 별다른 호응을 얻지 못하자 1920년대 말에 인도네시아 사레카트 이슬람당(PSII)으로 개명하고 내셔널리즘 노선을 채택했다. 인도네시아 사레카트 이슬람당은 정치적 행동주의 노선을 채택하면서 무함마디야와도 결별했다. 무함마디야는 주로 교육과 포교에 주력했고 정부에도 협조적이었다. 무함마디야 회원들은 1929년에 당의 결정에 따라 무함마디야와 인도네시아 사레카트 이슬람당 가운데 하나를 선택해야 했다. 1930년대에도 무슬림 단체는 행동주의자, 개혁주의자, 보수주의자의 세 갈래로 분열되어 있었으나, 비정치적인 이슬람 개혁주의자들이 가장 큰 세력을 형성하고 있었다. 인도네시아 사회가 이데올로기적으로나 문화적으로 분열된 상황에서 대중운동이 하나로 통합되기는 어려웠다. 그럼에도 불구하고 다양한 무슬림 단체의 동시다발적 활동은 대중의 폭넓은 지지를 받았으며, 이런 지지를 발판삼아 그들은 궁극적으로 독립된 이슬람 인도네시아 국가의 형성을 주장하게 되었다.

　이슬람 운동의 기세가 꺾이면서 정치적 주도권은 내셔널리즘 진영으로 넘어갔다. 1927년 인도네시아 국민당(PNI) 창설과 함께, 수카르노는 인도네시아인의 단결과 네덜란드로부터의 독립, 국가와 종교의 분리를 대표하는 인물로 부상했다. 이슬람과 국가의 관계에 관해 많은 글을 쓴 그는 아타튀르크의 터키 건국에서 해법을 찾았다. 수카르노는 개인적인 신앙의 영역에서는 이슬람을 인정하되 이슬람이 국가정책에 영향을 미치는 것은 허용하지 말아야 한다고 주장했다. 따라서 그는 세속화된 국민국가의 맥락에서 사적인 종교로서의 이슬람의 비전을 설명했던 것이다.

　내셔널리스트와 무슬림 진영의 저항이 거세지자 네덜란드는 윤리적인 정책을 포기하고 다시 권력을 중앙에 집중시켰다. 네덜란드는 교육에 대한 국가의 통제를 강화함으로써 무슬림 단체의 결성을 저지하고자 했다. 네덜란드는 1905년과 1925년의 이른바 구루 포고를 통해 이슬람 학교의 설립은 지방정부의 허가를 받도록 했다. 1932년에는 사립학교의 설립도 정부의 허가를 받도록 하는 법률을 제정했다. 또한 프리야이에게 혼인에 관한 사법행정을 관장하게 함으로써 무슬림에게 수치심을 주었다. 네덜란드 정부는 그리스도교 선교사의 선교여행이나 교육활동에는 보조금을 지급했다. 1935년에는 정당의 활동을 중단시켰고, 1940년에는 정치적 성격의 집회를 금지시켰다.

　무슬림 단체들은 내셔널리즘 진영의 도전과 네덜란드의 탄압정책에 직면하여 새로운 형태의 정치적 행동주의를 채택했다. 무슬림 집단의 행동주의는 제2차 세계대전을 거쳐 1955년까지 이어졌다. 무함마디야는 도덕과 교육의 개혁에 주력했지만, 1930년에 설립된 인도네시아무슬림협회는 반제국주의와 반자본주의 운동을 전개하면서, 인도네시아의 독립이 이슬람 개혁과 경제번영의 핵심조건이라고 주장했다. 인도네시아 이슬람당도 이슬람·반제국주의·반자본주의 슬로건을 내걸었다. 이 당은 이슬람 개혁과 네덜란드로부터의 독립, 통일된 인도네시아 의회정부 수립, 국가의 주요 기업통제를 요구했다. 인도네시아의 이슬람 정당들은 내각제 정부를 구성하여 종교부를 신설하고 각료의 3분의 2를 무슬림으로 임명해야 한다는 새로운 요구들을 제시했다.

　무슬림 세력은 일본군의 인도네시아 점령(1942~1945)에 크게 고무되었다. 일본군은 구시대 귀족층을 억압하는 한편 빠른 속도로 무슬림 단체들을 장악해 나갔다. 일본은 무함마디야와 나흐다툴 울라마를 제외한 대다수 정당의 활동을 금지시켰다. 일본군은 종교와 정치적 선전을 관장하는 기구를 설치했고, 초등학교급 이상의 교육기관에서 행하는 이슬람 교육을 장악했다. 또한 초승달과 떠오르는 태양이 새겨진 깃발을 앞세운 무슬림 민병대를 조직하여 일본이 서양을 상대로 벌이는 전쟁이 무슬림의 지하드와 다르지 않다는 인상을 주었다. 지식인과 키아이를 겨냥한 특별 교육과정도 개설했다. 1943년 11월에 일본군은 마시우미*를 설립하여 모든 무슬림 단체의 활동을 조율하게 했다. 마시우미의 후원 아래 일본군은 무슬림으로 구성된 종교 관료조직을 만들어 중앙행정부와 지방의 마을들을 연결하는 역할을 맡겼다.

　무슬림은 일본군 점령기에 행정적·군사적 기능을 담당함으로써, 정치권력을 크게 신장시켰을 뿐만 아니라 훗날 정치활동의 토대가 되는 지지세력도 확대했다. 중산층 상인과, 부농 및 마을의 울라마가 힘을 합쳐 일본에 협조했다. 무슬림 사역부대와 전투부대가 창설되면서, 프롤레타리아트 출신의 군사지도자와 종교지도자가 나왔다. 일본은 장차 독립 인도네시아의 정치적·문화적 원칙을 둘러싸고 벌어질 투쟁에서 무슬림이 유리한 입장에 설 수 있도록 지원했던 셈이다.

　네덜란드를 몰아내고 인도네시아를 점령했던 일본은 1945년에 패망했다. 1945년 8월 17일 수카르노는 인도네시아의 독립을 선언했다. 그러나 실질적인 독립을 실현하는 데는 5년이 더 소요되었다. 영국을 등에 업은 네덜란드가 인도네시아를 다시 지배하려고 했기 때문이다. 그러나 네덜란드는 인도네시아의 군사적 압박과 UN의 정치적 압력을 견디지 못하고 마침내 1950년 8월에 인도네시아가 독립공화국임을 인정하게 되었다.

인도네시아 공화국

　신생 공화국은 마시우미, 나흐다툴 울라마, 인도네시아

---

* Masyumi. Majelis Syuro Muslimin Indonesia(인도네시아무슬림협의회)의 약칭.

국민당(PNI), 인도네시아공산당(PKI) 등 무슬림 세력과 내셔널리즘 진영을 망라한 연립정부를 구성했다. 무슬림 세력은 제2차 세계대전 기간에 조직 면에서 상당히 유리한 고지를 확보했음에도 불구하고, 신생 공화국의 헌법과 제도에 자신들의 요구를 충분히 반영시키지 못했다. 무슬림 세력은 처음에 '네가라 이슬람'(이슬람 국가)의 건설을 요구했다. 그러나 무슬림 사이에서도 네가라 이슬람의 의미는 제각각이었다. 보수주의자들은 그것을 각료의 대부분이 무슬림이고 키야이로 구성된 의회가 입법권과 법률의 이슬람법 일치 여부를 심의하는 권한을 가지는 국가로 이해했다. 한편 이슬람 개혁주의자들은 그것의 의미를 공화국이 이슬람법에 따른다는 원칙에 대한 일반론적인 선언으로 받아들였다. 무슬림 세력은 자카르타 헌장에 샤리아의 이행을 무슬림의 의무로 규정하는 조항을 삽입하는 선에서 만족해야 했다. 하지만 내셔널리즘 진영은 유일신 신앙, 내셔널리즘, 인도주의, 민주주의, 사회정의라는 5대 원칙, 즉 판차실라를 내세웠다. 내셔널리즘 진영은 세속주의 원칙을 강조하면서 이슬람에 대한 직접적인 언급은 의도적으로 피했다. 판차실라는 새로운 질서의 상징이 되어 인도네시아 공화국 헌법에 명시되었지만, 신생국가를 이슬람이라고 확인하는 문구는 생략되었다.

무슬림 세력을 무마하기 위해 종교부 설치에 관한 조항이 헌법에 포함되었다. 종교부는 종교의 자유를 보호하고 서로 다른 종교공동체들 사이의 조화를 유지하는 권한을 부여받았다. 그러나 종교부를 설치한 근본취지는 혼인·이혼·희사·모스크·순례를 비롯한 무슬림의 종교적 문제를 다루는 데 있었다. 종교부 산하의 종교교육청은 정부의 후원을 받는 종교학교의 운영을 맡았고, 종교선전청은 서적과 홍보물의 배포와 포교사업을 담당했으며, 종교사법청은 샤리아 법정을 감독했다. 종교부는 거대한 관료체계를 갖추고 중앙정부와 지방의 마을들을 연결하고 무슬림 정당을 지원했다. 종교부를 통해 국가가 이슬람을 지원하자, 일부 무슬림은 결국에는 이슬람 국가가 실현되리라는 희망을 품게 되었다.

하지만 외곽 도서의 무슬림 단체들은 타협을 거부하고 즉각적인 이슬람 국가의 실현을 위해 싸우기로 결정했다. 수마트라에서는 제2차 세계대전 기간에 혁명이 일어나 아체, 미낭카바우, 동해안지방 등지의 봉건수장들이 몰락했다. 아체에서는 울라마가 지역의 귀족층을 제압하고 정치적인 입지를 굳혔다. 또한 셀레베스와 칼리만탄의 무슬림 공동체도 즉각적인 이슬람 국가의 수립을 요구했다. 외곽 도서들이 이슬람 국가의 건설을 요구한 것은 자바의 중앙정부로부터 자치를 획득하기 위한 명목상의 요구였을 것이다.

한때 사레카트 이슬람에 몸담았던 행동주의자 카르토수위르조가 결성한 '다르 울이슬람'(이슬람의 집)이 가장 격렬하게 저항했다. 카르토수위르조는 1940년에 수파 연구소를 설립하여 이슬람 포교사와, 일본이 마시우미의 지원을 받아 조직한 무슬림 민병대 즉 히즈불라의 간부를 양성했다. 또한 1945년에는 서부 자바의 마시우미 민병대를 통솔했고, 1947년에는 네덜란드에 대항하여 싸웠다. 카르토수위르조는 1948년에 인도네시아와 네덜란드 사이에 체결된 렌빌 협정을 거부하고 스스로 이슬람 임시정부, 즉 이슬람 국가의 이맘을 자처했다. 그는 자신의 국가가 코란에 기초한 입헌공화국으로, 의회에서 선출된 이맘이 국가의 수장이라고 선언했다. 또한 법 앞에서의 평등과 인간답게 생활할 권리를 보장하고 모든 시민에게 종교·언론·집회의 자유를 부여하겠다고 약속했다. 행정부와 군대의 요직은 모두 무슬림의 몫이었다. 그의 임시정부는 1962년에 와해될 때까지 네덜란드와 인도네시아 공화국을 상대로 투쟁했다.

다르 울이슬람이 붕괴된 뒤에 인도네시아의 정치적 정체성에 관한 투쟁은 정치권으로 넘어갔다. 1950년과 1955년 사이에 인도네시아 국민당(PNI)과 마시우미는 이슬람과 공산주의자의 역할에 대해 논쟁을

벌였다. 무슬림 진영 역시 분열되었다. 1952년에 나흐다툴 울라마는
마시우미에서 탈퇴하여 독자적으로 정당을 결성했다. 무함마디야와 나
다툴 울라마의 사이도 벌어졌다. 지루한 정쟁 끝에 1955년에 국민투표
가 실시되었다. 이 선거는 인도네시아 역사에서 대단히 중요한 사건이
었다. 이 국민투표를 계기로 알리란, 즉 정당과 선거구 사이의 수직적
연대는 인도네시아의 이데올로기적·사회적 조직의 기본적인 형태로
확립되었다. 인도네시아 국민당과 인도네시아 공산당은 구시대 귀족과
지주, 종교지도자들이 지배하는 농촌마을의 지지를 받았다. 이슬람 정
당들은 전통주의와 개혁주의의 성향이 강한 선거구에서 많은 표를 얻
었다. 대부분의 경우, 농촌마을은 촌장이 지배하느냐 키야이가 지배하
느냐에 따라 지지하는 정당이 달랐다.

선거 결과 이슬람 국가의 건설은 수포로 돌아갔다. 자바에서는 표가
인도네시아국민당, 마시우미, 나흐다툴 울라마, 인도네시아공산당으로
갈렸다. 외곽 도서와 수마트라, 남부 칼리만탄, 북부 셀레베스 등 강력
한 무슬림 지역은 대부분 이슬람 정당들을 지지했으나, 개혁파와 보수
파로 분열되었다. 하지만 이슬람 정당들은 전국적으로 42.5%를 득표
하는 데 그쳐 의회제 이슬람 국가의 건설에 필요한 과반수 득표에 실패
했다. 인도네시아 국민의 대다수가 무슬림임에도 불구하고 이슬람 정
당들은 1955년 이후 정치적으로는 줄곧 군소 정당에 머물러 있다.

1955년부터 현재까지의 인도네시아

수카르노와 세속주의 인도네시아: 1955~1965년

이슬람 국가건설의 열망은 좌절되고 수카르노 대통령과
군부가 권력을 장악했다. 1957년에 수카르노는 의회제도를 무시하고
이른바 교도 민주주의를 주장했다. 그는 공산주의자를 포함한 거국내

각의 구성과 노동자·농민·청년 및 지역의 이익단체를 대표하는 국민회의의 설치를 제의했다. 수카르노의 집권으로 공산주의자의 세력 확대에 대한 두려움이 확산되고, 외곽 도서의 주민들은 자바의 우월적 지위에 불안감을 갖게 되었으며, 지역자치를 기대하던 무슬림의 야망도 무너지고 말았다. 수마트라와 셀레베스의 군부 지도자와 모함마드 낫시르 당수를 포함한 마시우미의 원로들은 수카르노의 구상에 반대하고 인도네시아 공화국의 혁명정부를 형성했다. 혁명정부를 굴복시킨 수카르노는 1959년 7월에 제헌의회를 해산하고 1945년 헌법으로의 회귀를 선언했다. 1945년 헌법은 강력한 대통령 중심제 헌법이었다.

수카르노 대통령은 새로운 체제를 궁리하고 군인과 공무원에게 주도적인 역할을 맡겼다. 경제의 주요 부문은 국유화되었고 군부가 주요 산업을 통제했다. 또한 정당·노조·언론에 대한 검열이 실시되었다. 수카르노 정권은 소위 나사콤을 새로운 통치 이데올로기로 내세웠다. 나사콤은 내셔널리즘·이슬람·공산주의를 종합하여 강력한 중앙집권체제와 계획경제체제를 구축한다는 정치적 구상이었다. 1960년에 수카르노 정권은 마시우미를 해산하고 그 지도부의 인사들을 투옥시켰다. 하지만 나흐다툴 울라마와는 긴밀한 관계를 유지했다. 마시우미가 외곽 도서의 개혁주의자와 도시민, 상인의 이익을 대변한 반면 나흐다툴 울라마는 자바 농민층의 이해를 대변했다. 이들은 수카르노 정권이 전통적인 자바 중심의 정치를 펼치고 있다고 보고 그 권위를 기꺼이 인정했고, 나아가 종교부의 장악과 자바 농촌지역에 대한 정치적 영향력 유지를 조건으로 이슬람 국가건설이라는 궁극적인 목표도 중도포기했다. 마시우미는 이데올로기적 요구를 굽히지 않다가 해체되고 말았지만, 나흐다툴 울라마는 정치적·전술적 유연성을 유지한 덕분에 살아남았다.

수카르노는 문화적·정치적 표현을 억압함으로써 지식층과 문화계 인텔리를 소외시켰다. 또한 과도한 지출과 누적된 외채로 국가경제는 파탄지경에 이르렀다. 신정권은 공산주의 진영이 정치적 입지를 굳힐수 있도록 기회를 제공했다. 공산당은 1957년과 1958년에 국영화된기업에 대한 군부의 경영권을 위협함으로써 군부의 주요 후원자인 미국과의 관계를 곤란하게 만들었다. 1963년에 토지개혁정책의 도입에성공한 공산당은 대지주들이 소유한 토지의 몰수에 착수했다. 대지주들은 대부분 인도네시아 국민당과 나흐다툴 울라마의 당원이었다. 하지만 공산당의 도전은 보수 성향의 이슬람 정당들과 군부의 동맹을 야기했다. 1964~1965년에는 공산당과 무슬림 청년집단 사이에 충돌이발생했다. 1965년 후반에는 공산당의 폭동으로 동부 자바와 중앙 자바에서 대규모 내란이 벌어져 수많은 공산주의자가 살육되었다.

수하르토 정권: 국가와 이슬람, 1965~1998년

공산당의 몰락과 함께 수하르토 장군은 수카르노를 권좌에서 몰아내고 1965년 말 새로운 군사정권을 수립했으며, 이듬해 대통령에 취임했다. 수하르토가 권력을 잡는 과정에서 군부의 장교단, 이슬람 공동체조직, 소수파인 그리스도 교도와 가톨릭 교도가 중추적인 역할을 했고, 전문가 집단과 중산층 관료, 서양화된 지식인도 수하르토를지지했다. 수하르토는 군부를 축으로 친척·심복·측근을 정부와 재계의요직에 배치하여 국가를 통치했다. 그는 전(前) 공산당원과 인도네시아 국민당 및 마시우미 운동원들의 지원을 받아 집권여당 골카르당을창당하여 1971년과 1977년에 실시된 총선을 조종했다. 수하르토는 미국에서 교육받은 고문들의 도움을 얻어 자유주의 경제정책을 추진했다. 또한 판차실라를 국가와 사회의 기본원칙으로 삼고 바하사인도네시아어*를 공용어로 채택하는 등 철저한 세속주의 노선을 취했다.

---

* 수마트라 섬 동부 잠비 지역의 말레이어 방언을 알파벳으로 표기하는 언어.

하지만 수하르토 정권은 갈수록 강압적인 통치로 변해갔다. 무슬림 단체에 대한 수하르토의 정책은 19세기 말에 네덜란드가 행한 정책을 그대로 답습했다. 네덜란드는 이슬람의 종교적인 면과 정치적인 면을 구분하고, 전자에 대해서는 관용을 베풀었지만 후자에 대해서는 억압했다. 수하르토 정권은 1960년대부터 1980년대까지 이슬람 정당을 철저하게 통제했다. 군부는 호전적인 이슬람이 종교문제를 정치문제로 비화시킬 뿐만 아니라 국론을 분열시키고 근대화에 방해가 된다는 확신을 갖고 있었다. 군부는 마시우미를 재건하려는 노력도 철저하게 탄압했다. 무슬림이 이슬람법의 시행을 끈질기게 요구하자, 군부는 이들이 언젠가는 대중을 동원하여 권력을 빼앗을지도 모른다는 경계심을 떨쳐버리지 못했다. 그렇지만 1968년에 수하르토 대통령은 마시우미의 과거 지도자들이 신당 집행부에 참여하지 않는다는 조건하에 인도네시아 무슬림당의 설립을 허용했다. 또한 1969년에는 무슬림의 독자적인 포교활동을 무력화시키기 위해 정부가 직접 이슬람 포교본부를 세웠다. 1973년에는 4개의 이슬람 정당이 통일개발당(PPP)으로 통합되었다. 신당은 이슬람식 당명을 사용할 수 없었고, 정부의 철저한 통제를 받았다.

세속적인 내셔널리즘 이데올로기가 확립됨에 따라, 무슬림은 정치적 야망이 꺾였을 뿐만 아니라 정체성마저 도전을 받게 되었다. 판차실라는 이슬람을 대신하여 인도네시아인과 자바인의 이데올로기로 발전했다. 세속주의의 기치 아래 국가는 이슬람법을 경시하기 시작했다. 1974년의 혼인법 개혁안은 샤리아에 배치되는 세속적인 상속법과 입양법을 제안했다. 이슬람 법정이 개혁안에 저항했으나, 이슬람법 재판관들은 민사법정과 경쟁할 능력도 권위도 없었다.

세속적 내셔널리즘에 이어 이슬람에 두 번째 도전장을 내민 세력은 자바의 신비주의 집단 케바티난이었다. 1965년에 공산당 소탕을 위한 내전이 휩쓸고 지나간 뒤에 주민들은 공산당원이라는 의심을 피하기 위한 방편으로 종교단체에 가입했다. 케바티난은 자신들의 종교가 그리스도교·힌두교·이슬람과 같은 반열의 종교라고 주장했다. 케바티난 추종자들은 자바의 신비주의와 판차실라를 동일시하기 위해 노력했다. 그들은 새로운 국교의 창설을 꿈꾸었다. 케바티난 못지않게 무슬림을 위협한 것은 그리스도 교도의 선교활동이었다. 힌두 교도·불교도·무슬림 사이에서는 포교활동이 법으로 금지되어 있었음에도 불구하고, 정부는 가톨릭과 세계교회협의회(WCC)가 추진하던 학교와 병원 건립사업을 허가했다. 이슬람 단체가 정치권력에서 배제된 상황에서 무슬림의 정체성이 표류하는 것은 어쩔 수 없는 일이었다.

정치적으로나 문화적으로 시련을 겪었지만, 무슬림 단체는 여전히 상당한 저력을 가지고 있었다. 나흐다툴 울라마(NU)는 자발적으로 정부에 협조함으로써 영향력을 유지했다. 나흐다툴 울라마는 기본적으로 정치적 저항보다는 종교적 관행의 개혁에 더 큰 관심을 기울였으므로, 종교부를 통해, 그리고 아체, 서부 자바, 서부 수마트라의 울라마평의회를 통해 정부에 협력했다. 하지만 1970년대와 1980년대에는 이슬람 개혁주의자가 종교부 장관에 임명되고 개혁주의 성향의 이슬람 학교가 설립되고 통일개발당이 창당됨으로써, 나흐다툴 울라마의 위상도 많이 약화되었다. 나흐다툴 울라마 대회는 이슬람에 대해서는 언급조차 하지 않은 채 판차실라를 인도네시아 사회의 기본원칙으로 받아들였다. 그럼에도 불구하고 지방에서는 울라마가 여전히 영향력 있는 정치세력이었다. 서부 자바와 수마트라에서는 키야이가 가족문제와 농사를 비롯한 마을의 대소사에 상당한 영향력을 행사했다. 키야이는 울라마와 학교의 네트워크, 지역위원회, 전국 규모의 종교정당, 종교부를 통해 정부에 영향력을 행사했다. 농촌지방의 울라마는 종교학자인 동시에 전국 정치인이었다.

더욱이 교육부도 무슬림에 대한 교육과 종교서적 출판을 장려했다. 마흐무드 유누스 종교장관은 6년제 초등학교, 4년제 중학교, 4년제 고등학교 교육을 비롯한 포괄적인 이슬람 교육프로그램을 고안했다. 모든 국공립학교의 교과과정에 종교교육이 추가되었다. 1951년에 설립된 국립이슬람대학교는 신학·법학·교육학·인문학 교수진을 보강하여 1960년에 국립이슬람학연구소로 확대되었다. 1960년 이후에는 종교가 전문학교와 대학의 필수과목에 포함되었다. 종교부는 수많은 마드라사와 페산트렌을 감독하고 교과과정 개혁을 지원했다.

이슬람이 힘을 발휘할 수 있었던 또 하나의 요인은 개혁주의나 근대주의 운동단체들의 변함없는 역동성이었다. 무함마디야는 합리적·능률적·금욕적 행위의 이상과 공동체의 개념, 이슬람 사회의 시대적 모델을 제시하는 중요한 역할을 수행했다. 당시 무함마디야의 회원은 수백만을 헤아렸다.

무슬림 행동주의자들은 정부의 세속주의에 다양한 방식으로 대응했다. 자바에 모든 권력이 집중되면서 정치적·경제적 자치권을 상실한데 좌절한 외곽 도서의 무슬림은 이슬람 국가의 건설을 더욱 거세게 요구했다. 이와는 대조적으로 일부 무슬림은 국가와 사회의 세속화 추세를 수용함으로써 정치적·문화적 압박을 극복해 나갔다. 무슬림 정치인들은 이데올로기적인 목표를 제쳐두고 다원적인 정치시스템 속에서 무수한 집단 사이의 한 집단으로서 활동했다. 사업이나 지역이나 직업에 따라 폭넓게 관계를 맺고 있던 정치인들에게 이슬람은 정체성을 이루는 한 요소에 지나지 않았다. 지식인들은 정쟁에서 한 발 물러나 세속적인 가치와 정신적인 가치를 구별했다. 인도네시아학생협회(HMI)는 1971년에 헌장을 채택하고 사회의 세속화와 이슬람을 개인의 종교로 보는 관념을 받아들였다. 인도네시아학생협회의 대표 누르촐리시 마지드는 이슬람을 공동체적·정치적 신념체계가 아닌 개인의 신념체계로 보고, 비이슬람 집단과의 협력을 강조했다. 그는 세속적인 문제는 이슬람법의 지배를 받지 않는다고 주장했다. 이런 부류에 속하는 사상가들은 코란이 인간의 행동을 유도하고 동기를 부여할 뿐이며 일상생활에서 구체적인 지침을 제공하는 것은 아니라고 생각했다.

하지만 대부분의 무슬림 행동주의자들은 장기적인 문화적 접근만이 군부의 의구심을 누그러뜨리고 이슬람 관행을 강화할 수 있는 길이라고 믿고 있었다. 주요 무슬림 단체들은 정치에서 손을 떼고 도덕·종교·사회 분야의 활동을 통해 이슬람 사회의 건설을 위한 노력을 이어갔다. 다와, 즉 포교운동에 힘쓰는 사람도 있었고, 무슬림의 사회복지에 헌신하는 사람도 있었다. 일부 기술관료는 정부에 참여하여 경제발전을 위해 일했다. 1967년에 인도네시아 이슬람 포교협회(DDII)는 무함마디야와 마시우미의 전(前) 회원들의 도움을 받아 서적을 배포하고 대중에게 설교하고, 모스크와 도서관 건립을 주선하고, 관개사업과 산림녹화사업을 후원했다. 아체의 울라마 회의는 무슬림 개개인의 올바른 신앙생활을 감독하고, 가정과 사업장에서 이슬람 교리가 지켜지는지 감시했다. 이들 운동단체의 일반 목표는 인도네시아 사람들에게 이슬람을 주입하고 무슬림의 형제애를 강화하며 나아가 이름뿐인 무슬림을 점진적으로 개조하여 무슬림 공동체에 적극 참여하게 만드는 것이었다. 이런 태도를 지향하는 무슬림은 예배와 금식 같은 종교의식에 더 많은 시간을 할애하기 위해 정치활동을 줄여 나갔다.

1970년대 말에는 대규모 이슬람 부흥운동이 태동했다. 이 시기에 대학가에서는 이마두딘 아브둘라힘이 주도하는 살만 운동이 유행하고 있었다. 살만 운동은 학생들에게 예배·금식·희사를 실천하는 엄격한 생활을 강조했다. 다만 복장이나 오락에 대해서는 관대한 입장을 취했다. 젊은 세대가 종교를 개인의 신념에 관한 문제로 보고 현실정치를 받아들였음에도 불구하고, 1981년에 군사정권은 다시 인도네시아학생협회에 압박을 가했다. 이에 학생협회는 이슬람이 개인의 종교인 동시에 사회정치질서의 근간이라는 주장을 재천명함으로써 권위주의 통치와 판차실라 이데올로기에 저항했다. 학생들의 주장은 정부, 교육기관, 기업 등에 포진하고 있던 교육받은 중산층의 마음을 사로잡았다. 당시 중산층은 도시의 무질서와 세속주의자의 부패에 대한 대안을 이슬람에서 찾고 있었다. '아방간'*과 '산트리'(개혁주의자), 나흐다툴 울라마와 무함마디야 사이의 역사적 구별이 무너지면서, 이슬람이 공공생활에서 차지하는 비중은 더욱 커졌다. 무슬림은 다양한 관점을 종합하기 시작했다. 공립학교의 증가, 상업적 성공, 누르촐리시 마지드의 영향으로 인해 이슬람의 가치에 대한 광범위한 합의가 이루어지게 되었다. 마지드는 이슬람을 이해하는 것은 개개인의 책임이며 이슬람은 다양한 형태의 정부와 양립할 수 있다고 주장했다.

　1970년대 후반부터 수하르토 정권은 이슬람에 헌신하는 중산층의 등장에 대응하기 시작했다. 개인의 신앙생활은 장려하되 무슬림의 정치활동은 억제한다는 정책기조는 변하지 않았지만, 정부는 이슬람 법정을 강화하고 그리스도교 선교단의 활동을 금지하는 따위의 몇 가지 양보를 선보였다. 또한 종교부를 동원하여 모스크·학교·예배실을 세우고 이슬람 연구대학을 강화했다. 수하르토 정권은 '질바브'(두건)의 착용을 허용하고, 이슬람 두뇌집단을 후원하고, 조사연구센터와 콘퍼런스 센터도 설립했다. 1987년에는 포교활동에 대한 규제를 완화했고, 1990년에는 수하르토 자신이 직접 메카를 순례했다. 나흐다툴 울라마는 정부와 사회 사이에서 조정자 역할을 함으로써 과거의 영향력을 회복했으며, 이슬람이 도덕적 영향력을 발휘하는 국가를 건설한다는 입장을 변함없이 유지했다. 그리고 정부에 협력한 대가로 그 위상이 더욱

---

* 전(前)이슬람시대의 주술적인 신앙과 애니미즘을 신봉하는 사람들.

높아졌다.

1990년대에 정부는 무슬림 단체에 대한 규제를 풀고 그 활동을 지원하는 방향으로 정책을 바꾸었다. 1990년에 수하르토는 인도네시아무슬림지식인협회(AIMI)를 창설하고 인도네시아의 이슬람화 정책을 추진했다. 권위주의 정권하에서 정치적인 통제가 풀린 것은 아니지만, 이슬람은 인도네시아의 국민/국가 정체성을 구성하는 부분으로 인정되었다. 하지만 다수의 무슬림 지도자는 AIMI가 이슬람을 관료화하여 질식시키거나 인도네시아 이슬람의 다양성과 관용성을 손상시킬 가능성이 있다는 점을 우려하여 협회의 활동에 반대했다. 좀 더 냉소적인 사람들은 AIMI를 정치적인 음모로 보았다. 즉 AIMI를 통해 이슬람 운동을 흡수하고 골카르당과 통일개발당을 비롯한 여러 정당의 대표들을 규합하여 1998년 선거에서 재집권함으로써 인도네시아 정치를 완전히 장악하려는 의도라고 판단했다. 1998년 무함마디야의 대표 아민 라이스 박사가 더 이상 수하르토 정권의 부패를 참을 수 없다고 선언함으로써 무슬림 단체의 협조를 구하려던 수하르토의 노력은 실패했다.

1997년에 인도네시아 경제의 붕괴는 수하르토 정권에 종말을 가져왔다. 경제가 무너지자 수많은 인도네시아 사람들이 궁핍해졌고 부패와 독선적인 경제정책의 실체가 드러났다. 시위와 폭동이 이어진 끝에 마침내 1998년 5월 수하르토는 하야했다. 수하르토의 몰락과 함께 정치적 혼란이 일어났고, 수하르토의 심복 하비비, 나흐다툴 울라마 의장 아브두라흐만 와히드(1999~2001년 재임), 수카르노의 장녀 메가와티 수카르노푸트리가 차례로 대통령직을 승계했다. 중앙정부가 약화되고 판차실라 원칙이 무너지면서 외곽 도서에서는 분리주의 운동이 일어났다. 유혈사태가 일어난 뒤에, 동티모르는 유엔의 지원으로 독립을 쟁취했다. 아체의 분리주의 운동, 이리안자야와 칼리만탄의 민족분쟁, 암본에서 일어난 무슬림과 그리스도 교도의 충돌 등 국가권력의 해체와 인도네시아의 사회적 분열을 보여주는 여러 사건이 발생했다. 2000년에는 공권력과 군부세력이 약화된 틈을 타고 이슬람 정당과 학생단체, 민병대가 세력을 확대했다. 알라의 군대, 이슬람 청년전선 같은 단체는 술집과 윤락가를 공격했고, 라스카르 지하드는 몰루카 제도에 의용군을 파견하여 그리스도 교도와 전투를 벌였다. 성월당은 화교에게 적대감을 표명하고 무슬림 사업가를 우대해줄 것을 정부에 요구했다. 하지만 나흐다툴 울라마와 무함마디야는 온건한 입장을 지키면서 민족적 갈등을 누그러뜨리기 위해 노력했다. 인도네시아 정부가 정치적 분열과 혼란을 극복하기 위해 안간힘을 쓰고 있는 가운데, 2001년 9월 11일에 테러리스트들이 뉴욕과 워싱턴을 공격한 뒤로는 미국이 과격 무슬림 단체의 단속을 인도네시아에 강력히 요구하고 있다.

영국령 말라야와 독립국 말레이시아

20세기 초에 말레이에 대한 영국제국의 지배가 강화되면서, 중앙집권화된 국가와 농업 및 채취산업 위주의 자본주의 경제가 출현했다. 1830년대에 사탕수수 플랜테이션이, 1880년대에는 커피 플랜테이션이, 19세기 말에는 고무 플랜테이션이 들어섰다. 20세기의 첫 10년 동안은 파인애플과 기름야자의 비중이 높아졌다. 페라크와 셀랑고르는 중요한 주석 산지였다. 철과 금도 채굴되었다. 광산은 대부분 중국인 소유였고 중국인 노동자가 투입되었다. 페낭과 싱가포르는 주석이 수출되고 중국인을 비롯한 외국의 노동자들이 유입되는 주요 항구였다. 1910년경에 말레이는 인도와 마찬가지로 영국과 유럽에 원료를 수출했다.

이런 변화는 종교생활은 물론이고 국가와 무슬림 공동체 사이의 관계에도 엄청난 영향을 미쳤다. 근대 이전에는 술탄이 정치와 종교의 최고지도자인 동시에 말레이 사회의 이슬람을 상징했다. 하지만 이슬람법의 현실적인 집행과 교육 및 신앙에서 술탄이 차지하는 비중은 그다지 크지 않았다. 현실적으로는 각 마을의 울라마가 이슬람을 대표했다. 예배 인도, 이슬람 교육, 혼례와 장례 주관, 분쟁조정, 병자 치유, 공동체 재산의 관리, 세금징수가 모두 울라마의 소관이었다. 울라마는 다른 울라마 또는 부유한 지주집안과의 혼인을 통해 더욱 기반을 다졌다. 카디에 임명되어 중앙정부에 진출하는 경우도 있었지만, 울라마는 기본적으로 국가의 통제를 받지 않고 독립성을 유지했다. 그들은 주로 샤피이파에 속해 있었고, 더러는 수피 교단에 속해 있었다. 그러나 울라마 전체를 통제하는 중앙조직은 없었다. 수피 교단들은 종교적 견해와 교육을 어느 정도 표준화했던 것으로 판단되지만, 실제로 종교교사들의 단체를 만들지는 않았다.

영국의 지배는 이런 시스템을 송두리째 흔들어놓았다. 영국인은 중앙정부기구를 공고히 하고 말레이 술탄들의 권위를 박탈했다. 술탄들은 종교와 관습에 대해서만 권위를 행사할 수 있었다. 따라서 술탄들은 종교와 관습에 대한 영향력을 확대하고, 마을의 종교생활에 대한 통제를 강화하는 방향으로 나아갔다. 1880년에 페라크에는 국가 '카티'(설교사)가 파견되었다. 1884년과 1904년 사이에 셀랑고르의 통치자 라자 무다 술라이만은 혼인과 이혼에 관한 법률을 제정하고 카디를 임명했으며 민사 및 형사 사건에 이슬람법을 적용했다. 켈란탄에서도 무슬림의 전통이 파괴되는 것을 우려하여 종교생활을 재정비하려는 노력이 진행되었다. 1888년과 1894년 사이에는 '마하 멘테리'라고 불리는 관료가 샤리아의 엄격한 준수를 강조하고 무슬림에게 금요예배에 참석할 것을 요구했으며, 하디스 공개 강독회를 개최하고 지방의 이맘들에 대한 통제를 강화했다. 또한 자선세의 일부를 지방정부가 거두어들이는 한편 종교경찰을 창설하여 종교규범의 실행을 감독하도록 했다. 그러나 1905년과 1909년 사이에 영국은 샤리아 법정보다 민사법정의 비중을 확대하고 이맘의 징세권을 박탈함으로써 켈란탄 중앙정부의 권한을 강화했다. 하지만 무프티(법률고문)에게는 마을 모스크와 재정 관리를 맡겼다. 무프티는 중앙정부로부터 봉급을 받는 관리로서 이슬람 사법 제도의 수장이 되었다.

1915년에는 '마즐리스 우가마'(종교평의회)를 설치하여 종교법정 및 모스크와 관련된 모든 사무를 관장하도록 했다. 마즐리스 우가마는 주로 자카트 재정의 5분의 3, 마을의 종교지도자들이 징수하던 인두세의 5분의 4를 통제했다. 그후 마즐리스 우가마는 영어·아랍어·말레이어 교육을 지원하고 교과서와 번역서를 출간했으며 이슬람 종교생활의 개혁에도 앞장섰다. 말레이 반도 전역에 걸쳐 종교행정이 통합되고 수석 카디, 종교협의회, 샤리아 위원회가 구성됨으로써 국가가 직접 이슬람의 법·교육·의례·재정업무를 지배하게 되었다. 국가가 종교를 지배함으로써 이슬람은 강한 보수 성향을 띠게 되었지만, 이 덕분에 말레이는 1950년대까지 정치적 안정을 누릴 수 있었다.

영국의 식민통치와 말레이의 경제발전에 의해 초래된 사회적 변화에 자극을 받아 카움 무다, 즉 개혁주의적이고 근대주의적인 무슬림운동이 등장했다. 카움 무다는 국가와 마을의 무슬림 엘리트에게도 심각한 도전으로 다가왔다. 해외에서 경험을 쌓은 상인과 학생들은 고향으로 돌아가 지방의 이맘과 수피, 종교행정에 반기를 들었다. 1920년대 후반에 카이로 유학생들이 발간한 잡지들은 범이슬람주의와 범말레이주의, 반식민주의를 주창했다. 1930년대에 카움 무다는 정치적으로 과격한 행태를 보임으로써 외세의 지배에 대한 내셔널리즘 저항운동의 상징으로 부상했다. 카움 무다의 도전에 직면하여 말레이의 여러 소국들은 출판물을 검열하거나 판금시켰고, 술탄의 허가 없이는 이슬람을 가르치지 못하도록 했다. 종교 담당관리들은 카움 무다의 새로운 시각을 비난했다.

1920년대와 1930년대에는 세속주의를 지향하는 내셔널리스트들이 주도권을 넘겨받았다. 영국식 교육을 받은 말레이 귀족의 자제들은 화교들의 영향력 확대에 위협을 느끼고 말레이 협회를 결성했다. 말레이 협회는 차세대 정치지도자를 자처하면서 화교와 경쟁하는 말레이인의 특권을 보호해줄 것을 술탄과 영국 측에 요구했다. 하지만 다른 지식인들은 영국의 지배와 귀족층에 대항하기 시작했다. 주로 하층 출신인 술탄 이드리스 직업학교의 졸업생들은 인도의 좌파 내셔널리즘에 영향을 받아 1938년에 케사투 멜라유무다(청년말레이인연합)를 결성하고 영국과 귀족층에 대한 저항운동을 전개했다.

그럼에도 이 기간에 내셔널리즘 운동은 별다른 성과를 거두지 못했다. 당시 말레이 귀족층이 영국의 통치에 만족하여 영국에 의존하고 있었으며, 아울러 1920년대의 말레이 경제가 비교적 호황을 누렸기 때문이다. 또한 교육받은 말레이인은 관직을 얻을 수 있었으므로, 내셔널리스트 정당이 형성되기 어려운 상황이었다. 뿐만 아니라 말레이인·화교·인도인 사이의 적대감으로 인해 공동체의 차원이 아닌 전국적인 차원에서 말레이 국민운동을 전개하기가 어려웠다. 게다가 대중에게 영향을 미친 정치적·경제적 변화가 없었기 때문에, 영국과 말레이 귀족층에 대한 저항운동에 대중을 동원하기도 쉽지 않았다. 따라서 내셔널리즘 저항운동에 참여한 세력은 극소수의 무슬림 개혁주의자와 근대적 교육을 받은 말레이인에 국한되었다.

제2차 세계대전 이후 몇 년 간 말레이의 정치상황은 급변했다. 이 변화는 내셔널리스트들의 저항에 의해 야기된 것이 아니라 전통적인 엘리트가 지배하는 독립국가의 건설에서 비롯되었다. 말레이 독립에 관한 논의는 1946년에 시작되었다. 당시 영국은 말레이의 여러 국가와 싱가포르, 말라카, 페낭을 모두 합해서 말라야 연합의 발족을 제의했다. 영국은 또한 술탄제를 폐지하고 말레이 전역을 통치하는 중앙정부를 설립하되 현지의 화교와 인도인의 공동체도 정권에 참여할 수 있게 하는 방안을 제시했다. 말레이의 귀족층은 1946년에 통일말레이국민조직(UMNO)을 결성하고 영국의 제안에 강력히 반대했다. 결국 1948년에 영국이 제안을 수정하여 말라야 연방을 구성하되 말레이 국가들의 독자성을 인정하고 말레이인의 우월적 지위를 보장하기로 했다.

하지만 주로 화교 노동자들의 지지를 받고 있던 말라야 공산당은 말라야 연방안에 거세게 반발했다. 1940년대에 반일(反日)저항운동을 조직한 바 있는 말라야 공산당이 이번에는 말라야 연방안과 영국의 지속적인 영향력 행사에 저항하여 게릴라전을 전개했다. 공산당의 움직임에 대항하여 UMNO와 말라야화교협회(MCA), 말라야인도인협회(MIA)가 동맹을 맺었다. 1957년에 툰쿠 아브둘 라만의 지도 아래 말레이 관료와 화교 상인, 인도인 지식인 등의 지지를 받아 독립국 말라야 연방을 수립했다. 신헌법하에서 말레이인은 교육과 국가관료제를 지배하고 비말레이인은 경제를 지배하는 것이 확정되었다. 이슬람은 말라야의 국교로 선포되었지만, 종교의 자유 또한 보장되었다. 모든 공립학교에서는 10년의 유예기간을 거쳐 영어·중국어·타밀어 대신 말레이어를 쓰도록 했다. 1963년에 말라야 연방은 북보르네오와 싱가포르(비록 싱가포르는 1965년에 연방에서 탈퇴했지만)를 포함하여 연방이 확대되었고, 공식명칭도 말레이시아로 바뀌었다.

다민족 사회에서의 말레이시아 국가와 이슬람

독립국 말레이시아에서 정권을 잡은 UMNO는 말레이-무슬림 정체성의 민족적 특성을 중시하는 세속주의 정당이었다. 말레이인은 장학금의 배분, 특정 사업에 대한 인허가, 공직 임용 등에서 특혜를 받았지만, 중국계 주민과 인도계 주민도 연방정부에 참여했다. 말라야 연방 시대에는 중앙정부가 종교문제에 개입하지 않았다. 종교는 지방 차원의 문제였으며, 대부분의 말레이 주정부는 모스크 건설, 윤리법과 형법의 시행, 구빈세 징수를 담당하는 부서를 설치했다. 또한 이단적인 교리의 전파를 금했고, 금요예배에 참석하지 않거나 금식에 관한 규정을 지키지 않는 개인을 처벌했다. 1957년의 독립 이후에는 연방정부가 종교문제에 어느 정도 영향을 미치게 되었다. 이슬람은 연방의 국교가 되었고, 학교는 일정수 이상의 무슬림 학생이 있을 경우 이슬람 교육을 실시할 의무가 있었다.

말레이인의 정체성에서 이슬람적인 특성을 부각하는 경향을 보인 세력도 일부 있었다. 켈란탄과 트렝가누에서 최초의 이슬람 정당이 탄생했다. 범말라야 이슬람당(PMIP)은 화교와 인도인에 대한 무슬림 공동체의 적대감을 드러내고 이슬람법이 지배하는 이슬람 국가의 건설을 주장했다. 켈란탄에서는 중앙집권화와 징세권 상실에 저항하는 이맘과 종교지도자, 급진적인 청년 내셔널리스트, 지대 상승과 농산물 가격의 하락, 토지 상실의 위협으로 어려운 처지에 빠진 소지주들이 PMIP를 강력하게 지지했다. 농민과 지방의 엘리트들이 이슬람주의를 표방하는 PMIP를 지지하게 된 것은 단지 경제적인 이해관계 때문만은 아니었다. 이들은 토지소유권과 종교적 권위를 상실할 경우 이슬람 생활방식 자체를 잃어버리게 될지도 모른다는 불안감을 갖고 있었다. 그들은 이슬람에 호소함으로써 집단적 단합과 도덕적 명분을 확보하고 세속적인 이익의 추구를 정당화했다. 다시 말하면 정의사회의 구현이라는 도덕적 비전을 제시함으로써 농촌생활을 보호하려는 의도를 미화했던 것이다. 그들이 말하는 정의는 다름 아닌 농민과 마을공동체의 이익이었다. PMIP는 계급적 이익을 한 차원 높여서 도덕적·사회적 관심사와 연결시켰다.

PMIP는 주목할 만한 성공을 거두었다. 1959년에는 켈란탄과 트렝

가누에서 여당을 물리치고 이슬람 행정체제를 갖추었다. PMIP는 카디
와 무프티의 위상을 강화하는 한편 종교적으로 부도덕한 행위와 노선
이 다른 분파를 억압했다. PMIP의 득세에 자극을 받은 UMNO는 종교
지도자들을 영입하고 이슬람의 이익을 추구하겠다는 입장을 천명했다.
하지만 이슬람 쪽으로 기울면서 UMNO는 화교나 인도인과의 협력이
약화되었다. 1960년대에 말레이인은 교육과 행정 부문에서 자신의 위
상을 더욱 강화하고 국민경제에서도 역할을 확대하고자 했다. 청년말
레이 지도자들은 말레이인 중심의 국가자본주의에 대한 지지를 주장하
고 말레이 사회의 이데올로기가 이슬람과 다원주의 중에서 어느 쪽을
지향할 것인가라는 문제를 제기했다. 1969년의 선거는 여당을 더욱 압
박했다. PMIP는 선거를 통해 세력을 확대했고, 화교 급진주의자들은
말레이시아 화교협회의 유약한 태도를 비난하고 중국인을 동등하게 대
우해줄 것을 요구했다. 힘의 균형은 1969년에 공동체간 폭동으로 깨져
버렸다.

이에 대한 반동으로 비상정권이 들어섰다. 새로 구성된 국민전선은
과거와 마찬가지로 보수세력이 주축을 이루었다. 정부는 다시 공동체
간의 균형을 유지하고 말레이시아의 경제난을 해소하면서 말레이시아
의 국민적 정체성을 강화하려 했다. 1970년대에 시행된 새로운 경제정
책은 정부투자와 공기업 확대에 중점을 두었고, 여기에 필요한 자금은
외국자본 유치와 석유·고무·목재·야자기름의 수출소득으로 조달하려
는 것이었다. 이런 정책은 궁극적으로 말레이인의 경제활동 참여를 촉
진하는 데 의미가 있었다. 정부목표는 경제활동 전반에 걸쳐 말레이인
이 차지하는 소유와 고용의 비율을 30%로 끌어올리고 국가자본주의
체제를 주도할 말레이인 경제지도자를 양성하는 것이었다. 1972년에
PMIP는 말레이시아이슬람당(PAS)으로 당명을 바꾸고 국민전선에 가
담했다. UMNO는 PAS를 체제 내에 흡수하려 했으나, 오히려 무슬림

행동주의자들이 정부부처·경제단체·교육기관에 침투하는 결과만 가져왔다.

이슬람 세력을 분산시키려는 이런 노력에도 불구하고, 이슬람 단체들은 꾸준히 힘을 키워 나갔다. 도시화가 진전되고 농촌인구가 도시로 이주하고, 특히 학생수가 증가함에 따라, 새로운 무슬림 의식이 표면 위로 떠올랐다. 이슬람 급진주의를 대변하던 PAS의 세력이 약화되고, 다콰 운동(포교와 교육에 중점을 둔 이슬람 운동)이 힘을 얻었다. 세속적인 교육을 받은 화이트칼라 노동자·교사·학생들 사이에서 사회의 부패에 대한 자각과 무슬림 사회의 개혁 필요성에 대한 인식이 제고되었다. 이들은 이슬람 강좌에 참석하고 무슬림 복장을 착용하면서, 코란의 가르침으로 돌아가 개인의 도덕성을 회복해야 한다고 주장했다. 또한 서양을 악의 근원으로 규정하고, 말레이 민족의 쇼비니즘에 호소했다. 이 새로운 운동의 주도세력은 시골의 전통적인 지도자들이 아니라, 대학교육을 받았거나 해외유학 경험이 있는 도시 거주 말레이인 무슬림이었고, 이들은 도시의 노동자·학생·하급 전문가들을 파고들었다. 해외유학과 이슬람 서적의 보급, 세계 각지의 이슬람 부흥운동이 큰 영향을 미쳤다. 이슬람 수련캠프가 문을 열고 각종 세미나가 개최되었으며 토론집단이 생겨났다. 팔레스타인·레바논·아프가니스탄에서 일어난 봉기들도 말레이인의 의식을 새롭게 했다. 다콰 운동원들은 복장에서 다른 사람과 뚜렷이 구별되었다. 이들은 헐렁한 겉옷을 걸치고 얼굴을 베일로 가렸으며 터번을 두르기도 했다. 또한 금욕생활을 실천하면서 전통적인 정령 숭배, 샤머니즘, 공동체 구성원의 유대를 위한 축제, 지방의 풍습과 관습법에 반대했다. 말레이시아에서 진행된 다콰 운동은 표준화된 이슬람을 정의하려던 전지구적 운동의 일부였다.

이슬람 부흥운동을 통해 중요한 세 단체가 탄생했다. 1971년에 안와르 이브라힘이 결성한 말레이시아이슬람청년운동(ABIM)은 개인·가족·공동체·국가의 총체적인 이슬람화를 목표로, 청소년을 대상으로 종교교육을 실시했다. 두 번째 단체인 다룰 아르캄은 협동조합·공장·병원·학교를 후원했고, 농업이나 소규모 제조업과 같은 경제활동을 통한 자립을 강조했다. 또한 남녀의 분리를 비롯한 코란과 아랍의 관습을 충실히 실천했다. 다룰 아르캄은 평등주의적이고 유토피아적인 강령을 내세웠지만, 메시아에 열광하는 권위주의 집단으로 치부되어 말레이시아에서 배척당했다. 마지막으로 타블리기 자마트는 설교에 주력했고 지식인층을 파고들었다. 이런 행동주의 단체들이 종교 면에서 근본주의를 지향하고 정치 면에서 개혁주의를 추구한 것은 말레이시아 국가의 미묘한 균형상태에 위협이 되었다.

이에 대응하여 마하티르 빈 모하마드 총리는 1981년 이후 나라 전체에 대한 엄격한 통제를 계속했다. 권위주의적인 마하티르 정부는 무슬림 급진세력의 요구에 제동을 걸기 위해, 과격분자들을 민족분규 선동자로 체포하고 출판물을 규제했다. 다콰 운동에 대해서는 그 세력을 제도권에 흡수하려고 노력했다. 1982년에 마하티르 정부는 안와르 이브라힘을 UMNO로 끌어들이면서 이슬람의 가치를 수용할 용의가 있다고 선언했다. 정부는 이슬람을 일종의 시민종교로 취급함으로써 이런 정책을 합리화했다. 동시에 정부는 철저하게 세속주의를 지향하는 말레이 내셔널리즘 운동인 부미푸트라(대지의 아들)도 지원했다. 부미푸트라는 말레이인의 민족의식을 고취함으로써 기술과 경제의 근대화를 달성하려는 사회운동이었다. 마하티르 정부는 무슬림의 종교적 지향성과 말레이인의 민족문화적 지향성을 동시에 강조했다.

마하티르는 이슬람식 경제원칙을 천명하고 이슬람 은행·보험회사·기업을 설립했다. 그러나 말레이시아 이슬람 은행은 은행권에 본격적으로 진입하지 못했고, 이슬람 규범이 은행권에 미친 영향도 미미했다. 정부는 이슬람 학교와 이슬람 방송에 대한 지원을 확대하고 이슬람 대학을 설립했다. 무슬림 재판관의 신분도 민사법정의 재판관과 동일한 수준으로 끌어올렸다. 마하티르 정권은 말레이시아 경제를 주석·고무·팜유 위주의 경제에서 마이크로칩과 현대의 공산품 위주의 경제로 이동시킴으로써 이 나라에 고도의 경제적 번영을 가져왔다. 고속도로·공항·댐·대중교통 등의 광범위한 인프라를 발전시켰다. 대외정책 면에서는 PLO와 아프가니스탄의 저항과 아랍의 입장을 적극적으로 지지했다. 말레이시아는 우즈베키스탄·쿠웨이트·사우디아라비아와의 경제적인 유대를 강화했지만, 이란·리비아·시리아와의 외교에는 신중을 기했다.

말레이시아 정부는 이슬람 국가 건설에 대한 요구와 국제경제의 압력, 다민족 사회의 필요성 사이에서 균형을 유지할 수 있는 그들 나름의 이슬람 양식을 찾으려 하고 있다. 이슬람주의자들은 좀 더 친이슬람적인 정책을 요구하고, 특히 화교를 비롯한 비무슬림, 비말레이인 민족 집단, 그리고 아직도 토속적인 이슬람을 신봉하는 농촌 말레이인과 갈등을 빚고 있다. 정부는 말레이인의 지지를 확보할 필요성과 화교와의 협력관계를 유지할 필요성 사이에서 고민하고 있다. 정부가 이슬람을 중시할수록, 비말레이인 주민들은 위협을 느끼기 때문이다.

이슬람주의자들이 이슬람 국가를 형성하는 데는 많은 난관이 있다. 국가와 사회의 철저한 이슬람화를 요구하는 과격단체도 여전히 강력하지만, 다콰 운동은 서서히 정부에 흡수되고 있다. 이슬람은 정치인·울라마·무슬림 행동주의자 등에 의해 논의되면서, 말레이인의 정치적 정체성의 토대로 널리 전파되었으나, 정치적 강령으로 자리를 잡을 만큼 구체화되지는 않았다. 게다가 상당수의 화교와 인도인, 서양의 세속적 사상에 바탕을 둔 헌법과 민주주의, 말레이인에 대한 국가의 후원, 자본주의에 기초한 자유주의 경제구조는 말레이시아가 이미 제도적으로 다원적인 사회임을 보여준다.

여성의 사회적 역할도 뜨거운 논쟁거리이다. UMNO는 고용의 남녀 평등과 복장에 대한 규제완화를 주장한다. PAS는 여성의 직업이 교사·간호사·사회복지사 같은 교육과 양육 분야에 한정되기를 원하고, '푸르다'(남녀분리)를 요구하고 있다. 이슬람의 자매들이라는 여성운동 단체는 코란의 해석에 오류가 있다고 주장하면서 이슬람에 바탕을 둔 양성평등을 주장하고 있다.

1998년 이래 말레이시아는 정치적 위기에 처해 있다. 안와르 이브라힘을 공직에서 해임하고 동성애 혐의로 기소함으로써 마하티르 총리에 대한 신뢰에 금이 가기 시작했다. 정적에 대한 무자비한 탄압은 마하티르의 경제정책, 정실주의, 독직, 독립적이지 못한 사법부를 규탄하는 시위를 촉발했다. 2001년 말 현재 말레이인의 정체성을 둘러싼 긴장은 해결되지 않고 있다.

필리핀

필리핀의 무슬림 인구는 총인구의 약 4~7%를 차지하며, 대부분 남부 도서에 집중되어 있다. 무슬림 인구의 주요한 중심은 민다나오 섬이었다. 수많은 전쟁을 치렀음에도 불구하고 스페인은 남부의 술탄국들을 정복하지 못했다. 무슬림이 스페인에 동화되지 않았으므로, 스페인은 이 지역의 정체성에 아무런 역할도 하지 못했다. 그렇다고 스페인에 대항하는 과정에서 민다나오 섬에 공통의 이슬람 정체성이나 정치적인 협력이 생겨났는가 하면 그렇지도 않다. 필리핀의 무슬림은 민족과 언어가 다른 3개의 대집단과 10개의 소집단으로 분열되어 있었다. 그들은 많은 피보호민을 거느린 '다투'(봉건영주)의 지배를 받았다.

미국-스페인 전쟁에서 승리한 뒤에, 미국은 1889년에 필리핀의 남부 도서를 장악했다. 미국의 지배를 받으면서 민족을 초월한 무슬림 정체성의 관념이 형성되었다. 나지브 살리비는 영주와 족장이 지배하는 사회구조를 타파하고 식민통치와 공동체의 발전을 촉진하기 위해 무슬림의 통합을 주장했다. 살리비의 구상은 라나오·술루·코타바토를 관할하던 장학사 로렌스 쿠더에게 영향을 미쳤다. 로렌스 쿠더는 서양식 교육을 받은 무슬림 엘리트를 공무원·법률가·정치가로 육성하여 필리핀인을 대표하게 하는 방안을 모색했다. 그는 출신에 관계없이 모든 신세대에게 무슬림-필리핀인이라는 민족적 정체성을 심어주었다.

1946년에 필리핀이 독립하자 다수인 그리스도 교도가 국가를 지배하게 되었는데, 이들은 스페인화되지 않은 무슬림 인구에 대해 편견을 가지고 있었다. 이런 편견으로 인해 그리스도 교도들이 대거 남부 도서 지역으로 이주했다. 처음에는 마닐라와 외국에서 교육받은 젊은 지식인이 중심이 되어 그리스도 교도에 저항했으나, 나중에는 상인과 밀수꾼이 가세했다. 무슬림 저항세력은 두 부류로 나누어졌다. 첫 번째 부류는 이슬람 정체성과 모스크·학교·순례를 축으로 하는 무슬림 공동체의 건설을 강조했다. 두 번째 부류는 분리운동을 주장하는 내셔널리스트 집단이다. 이들은 스페인 식민지시대의 담론에서 유래한 '모로'라는 이름에 새롭게 긍정적인 의미를 부여하여 필리핀의 무슬림 인구를 가리키는 용어로 사용했다. 1968년에는 필리핀-무슬림 민족연맹이 결성되었고, 1970년에는 코타바토에서 발생한 민족폭동과 함께 저항이 격렬해졌다. 1972년에 계엄령이 선포되자 필리핀-무슬림 민족연맹은 1970년에 누르 미수아리에 의해 창설된 모로민족해방전선(MNLF)의 무장 분리운동에 가세했다. 분리주의자들은 모로의 땅(방사모로)을 요구했다. 이는 국가와 전통 귀족세력에 대한 일종의 반란이었다. 봉건영주와 구세대 엘리트들은 대개 분리주의 세력의 폭력에 반대하고 마닐라 정부에 협력했다. 그리스도 교도 정권은 계엄령으로 응수했다. 아직

도 이 지역에서는 억압적인 필리핀 정부에 맞서 무슬림 인구의 지역자
치를 실현하기 위한 전쟁이 산발적으로 일어나고 있다.

무슬림 분리주의 세력의 저항운동은 지역주민의 자치와 공통의 이슬
람 정체성 창조라는 두 가지 특성을 지니고 있다. 사우디아라비아·이
집트·리비아는 이슬람 교육과 모로의 저항운동을 재정적으로 지원하
고 있다. 또한 이집트의 알아즈하르 대학 출신의 포교사들은 이 지역에
마드라사를 설립했다.

자치지역 요구를 수용한 1976년의 평화협상은 실행되지 못했다.
1980년대에 이슬람 성직자들이 종교적 개혁과 자치를 요구하고 나서
면서 비무장 이슬람 운동 형태의 분리주의가 다시 고개를 들었다. 울라
마 집단은 정치적 자치와 사법상의 평등, 이슬람의 개혁을 요구했다.
1984년 하심 살라마트는 모로이슬람해방전선(MILF)을 결성하고 투쟁
을 이어갔는데, 이 단체는 현재 필리핀 남부 도서의 독립과 이슬람 국
가건설을 요구하고 있다. 이슬람주의가 되살아나면서 모로 분리주의자
와 이슬람 성직자, 무슬림 정치가들이 다시 힘을 합쳤다. 1986년에 마
르코스 정권이 붕괴하면서 정부가 공산 반란군 진압을 위해 군대를 철
수하자, 자경(自警)단원들이 발호하여 다시 큰 혼란을 초래했다. 1996
년에는 MILF와 정부 사이에 평화협상이 이루어졌고, 누르 미수아리가
무슬림 민다나오 자치구역의 지사가 되었다. 1997년에 MILF는 휴전협
정에 서명했다. MILF는 현재 민다나오와 술루 군도를 대상으로 티모르
식 국민투표의 실시를 요구하고 있다. 좀 더 과격한 분리주의 단체들은
이슬람의 기치 아래 무장투쟁을 계속하고 있다. 1991년에 사우디아라
비아 민간자금의 도움으로 결성된 아부사이야프그룹은 자금조달을 위
해 무장공격과 납치를 자행하고 있다.

이 지역의 일반 주민들은 각자 다른 생각과 목표를 가지고 있다. 그
들은 이슬람 저항단체가 정부군의 횡포를 막아주는 보호막 구실을 한

다고 생각하여 지지했지만, 스스로를 모로 무슬림 국가의 일원으로 여기지는 않았다. 또한 성직자들이 요구하는 개혁적인 이슬람을 실천하지도 않았다. 그들은 주술·부적·정령에 대한 믿음을 간직한 채, 전통적인 혼례·장례·제례를 고수하면서 중동의 관습에 기초한 이슬람을 실천하라는 울라마 개혁주의자들의 제안을 거부하고 있다. 그들은 무슬림이지만, 무슬림 엘리트가 만들어낸 문화적·민족적 정체성을 받아들이지 않고 있다. 지방의 무슬림은 그리스도 교도가 지배하는 필리핀 국가와 논쟁을 벌이는 것과 마찬가지로 모로 단체 내부에서도 무슬림 전통주의자와 개혁주의자, 전통적인 정치지도자와 이슬람 성향의 정치지도자 사이의 설전이 끊이지 않고 있다.

결론

오늘날 동남아시아의 사회구조는 각 지역의 전통적인 제도와 문화유산에 네덜란드·영국·미국의 식민통치로부터 받은 영향이 더해진 결과이다. 19세기에 네덜란드와 영국은 식민통치를 통해 이 지역의 정치와 경제를 급속히 변화시켰다. 이런 변화는 세속적 정체성과 무슬림 정체성 사이의 충돌을 불러일으켰다. 동인도 제도에서는 네덜란드의 경제정책과 무역정책에 자극을 받은 무슬림 상인들이 이슬람 근대주의운동을 시작했다. 또한 네덜란드가 서양식 교육과 행정을 도입한 결과 프리야이를 중심으로 내셔널리즘과 공산주의 운동이 태동했다. 이런 입장들 간의 차이는 각각 자바와 인도네시아의 문화적 관점에서 세상을 바라보는 사람들과 이슬람의 관점에서 세상을 바라보는 사람들 사이의 역사적 분화를 반영한 것이다. 20세기 인도네시아의 역사는 이슬람과 인도네시아 전통문화 사이의 갈등이 빚어낸 산물이다. 지난 반세기 동안 수카르노와 수하르토가 이슬람 국가건설을 요구하는 이슬람 세력을 외면했지만, 이슬람 부흥운동은 인도네시아 국가의 종교적·이데올로기적 약속을 재정의하는 데 있어서 상당한 성과를 거두었다.

인도네시아와 마찬가지로 말레이시아에서도 다콰 운동을 통해 무슬림의 의식이 제고되었다. 국가는 인구의 다수를 차지하는 말레이인의 무슬림 정체성과 이익을 보호하기 위해 많은 부분을 양보했지만, 다수자가 가하는 정치적 압력의 힘을 약화시키고 소수자인 화교와 인도인 그리고 자본주의 경제구조를 수용하기 위해 노력하고 있다.

필리핀의 경우 민족을 초월한 무슬림의 정체성은 역사적인 유산이 아니라, 미국의 통치와 교육정책, 필리핀 정부의 억압에 대한 저항에서 비롯된 근대적 현상이다. 외국에서 들어온 이슬람 개혁주의의 영향을 받아 탄생한 모로 운동은 독립된 이슬람 국가를 건설하기 위해 투쟁하고 있다.

29장

러시아와 중국 지배하의 내륙아시아: 캅카스와 아프가니스탄

19세기 말에 내륙아시아 지역의 무슬림 주민들은 러시아와 중국의 지배를 받게 되었다. 포르투갈·영국·프랑스·독일·네덜란드에 이어 러시아와 중국이 무슬림 민족들의 지배자가 된 것이다. 그러나 러시아나 중국의 경우 본토와 맞닿은 지역을 식민지화했기 때문에, 정복지를 궁극적으로 독립하게 될 외국의 영토라고 여기지 않고 제국의 일부로 간주했다. 중국과 러시아의 관점에서 '식민지' 문제는 곧 '소수민족' 문제였다. 즉 어떻게 해야 가장 잘 내륙아시아의 민족들을 러시아 제국과 중화제국의 정치체제에, 그후에는 소련사회와 중국공산주의사회에 복종시키고 동화시킬 수 있을까? 반면에 무슬림의 관점에서는 다른 문명에 동화될 위기에 직면하여 무슬림의 정체성을 어떻게 정의할 것인지가 과제였다. 1990년대에 소련의 몰락이라는 예기치 못한 사태는, 내륙아시아의 민족들 사이에 국가 형성이라는 새로운 물결을 일으켰다.

차르의 지배와 자디드

러시아의 통치 초기단계인 19세기에, 내륙아시아는 다른 식민지의 상황과 다를 바가 없었다. 러시아의 정복활동으로 내륙아시아는 새로운 영토구분과 행정상의 정비를 받아들여야 했다. 러시아는 이슬람 국가들을 해체하고, 이 지역을 크게 두 개의 통치지역으로 분할했다. 하나는 카자흐 스텝 지대였고, 다른 하나는 장차 중앙아시아 또는 러시아 투르키스탄으로 불리게 되는 지역이었다. 부하라와 히바는 자치공국으로 남았다.

러시아는 처음에는 이슬람 종교조직에 호의적이었다. 부하라에서는 고도로 조직화되고 국가의 지원을 받는 종교단체가 경제적·사회적 결속력을 유지했다. 막타브(코란 기초학교)와 마드라사의 보존으로 무슬림 교육은 그 맥을 이어갔다. 감독관과 교사는 현지의 통치자에 의해 임명되었다. 샤이흐 알이슬람과 종교재판관은 이슬람 학교에 대한 감독권을 행사했다. 학생장학금과 교직원 봉급은 와크프로 충당했고, 졸업생들은 대개 교사·이맘·무프티·카디가 되었다. 부족민과 농촌주민 사이에서는 이슬람 성자가 여전히 영향력을 발휘했다. 성묘(聖廟)의 방문과 숭배는 내륙아시아 무슬림의 종교생활에서 가장 중요한 요소였다.

러시아가 직접 지배하는 영역의 경우 차르는 무슬림을 정부의 통제 아래 두기 위해 이슬람 종교조직을 만들었다. 1788년에 예카테리나 여제는 유럽과 시베리아의 무슬림을 대상으로 우파에 최초의 이슬람 종교행정기구를 두었다. 1794년에는 크림에 '무프티아트'(무프티들의 협의회)가 설립되었고, 1872년에는 자카프카지예 지역에 순니파와 시아파를 담당하는 관청이 따로따로 설치되었다. 러시아 당국은 시아파 샤이흐 알이슬람, 순니파 무프티, 카디, 그리고 종교회의 수장들을 임명했다. 차르 정부는 지방 모스크에 대한 무프티 임명을 규제했고(많은 경우 공석으로 남겨두었다), 그들에게 봉급을 주었으며, 이들의 활동을 감독하고 정치적인 충성을 요구했다. 또한 이슬람 간행물에 대한 검열을 실시했다. 이런 정책이 비무슬림 정권의 지원하에 시행되었다는 점을 제외하면, 차르의 정책은 부하라나 오스만 제국의 무슬림 통치자들이 구사한 정책과 유사했다.

농촌지방과 유목민 지역에서는 울라마와 학교가 그다지 큰 비중을 차지하지 못했다. 카디는 칸에 의해 임명되었지만, 그 역할은 토지·상속·물·가족문제에 샤리아를 적용하는 데 그쳤다. 주민들은 아스한이라고 불리는 독립적인 수피 성자를 열심히 따랐다. 수피들은 순례와 축제로 표현되는 성자숭배를 강조함으로써 이슬람과 샤머니즘의 종교의식을 혼합했다. 예컨대 투르크메니스탄의 경우 사람들은 종족과 부족에 귀속되어 조직되었고, 존경받는 수피 성자는 부족들 사이의 또는 칸과 부족 사이의 분쟁을 조정하는 역할을 했다. 때로는 수피가 이란과 히바 정권에 대항하는 투르크멘 반란을 이끌기도 했다. 또한 수피는 성지 관리인, 교사, 묘지 감독자, 죽은 성자와 인간을 이어주는 영매(靈媒), 민간요법 시술자 등의 다양한 역할을 했다. 이들은 자신의 토지나 물을 소유하지 않았고, 부적을 팔거나 종교행사를 진행하고 받은 수입으로 생활을 유지했다.

투르크멘 사회에서 가장 두드러진 존재는 에블리아드, 즉 무함마드와 1~4대 칼리프의 후손으로 추앙받는 성스러운 종족이었다. 무함마드, 칼리프 우스만과 알리의 후손들인 이른바 사이이드, 그리고 칼리프 아부 바크르와 우마르의 후손들인 이른바 호자(흐와자)가 성스러운 조상으로부터 종교적인 힘을 물려받은 것으로 믿어졌다. 사실 이들 성스러운 종족은 조정자인 수피 샤이흐들의 직계자손이었다. 예컨대 아타 종족의 시조 게즐리 아타는 야사비야 교단에 속한 14세기의 수피였다. 이집트와 모로코를 비롯한 많은 이슬람 세계와 마찬가지로, 투르크메니스탄에서도 수피에 대한 믿음과 무함마드의 혈통은 불가분의 관계에 있었다. 이들 성스러운 종족은 악령을 쫓아낼 수 있는 주술적인 힘을 지녔다고 사람들은 믿었다. 이들의 디크르 의식은 영적인 치유의 효과가 있었고, 신들림과 발작현상이 수반되는 특징이 있었다. 투르크멘인이 일반적으로 성스러운 종족을 숭배한 것은 전(前)이슬람 시대의 조상숭배와 크게 다르지 않았다.

그러나 러시아 제국행정의 적용, 러시아군 주둔지의 설치, 러시아와의 무역, 러시아식 교육과 문화정책의 도입 등으로 이 지역은 크나큰 변화를 겪었다. 물론 각 지역에 대한 러시아의 정책적 목표와 현지 무슬림 사회의 특성에 따라 러시아 지배의 함의는 지역마다 달랐다.

투르크메니스탄의 경우 러시아의 점령으로 종교적 구조에 중대한 변화가 일어났다. 러시아는 투르크멘인의 적의를 누그러뜨리고 토지의 사유화를 조장했으며, 정착생활을 유도했다. 따라서 부족 간의 단합과 종교적 명상의 필요성이 점차 줄어들었다. 동시에 모스크, 종교법정, 이슬람 학교, 순례는 점점 더 세속적인 형태로 바뀌었다. 이교도의 지배하에서 주민들이 정착생활을 하게 되고 권력이 중앙으로 집중되면서 수피의 조정자 역할이 약화되고 조직화된 지도력을 갖춘 울라마가 득세했다. 이것은 유럽인의 지배를 받게 되면서 울라마가 부상하고 농촌 수피의 권위가 떨어진 모로코나 인도와 비슷한 양상이었다.

카자흐 지역에서는 러시아인이 구시대의 사회구조를 파괴하고 식민사회를 건설했다. 시장경제의 도입으로 타타르족 상인이나 서기와 경쟁하게 되고 러시아의 지배자들에게 세금을 현금으로 납부하게 된 카자흐의 유력자들은 세력이 크게 위축되었다. 낫의 도입으로 겨울에 사용할 건초를 미리 준비할 수 있게 되자 유목생활의 필요성이 줄어들었다. 러시아는 공동체의 토지와 건초 및 사료에 대한 공동소유를 사유재산화하는 법을 만들었다. 러시아의 통치는 유목민족들의 안전을 향상시켰으며, 그들로 하여금 새로운 지역으로 확장해 나가거나 덜 광대한 영역에서 생존할 수 있게 해주었다.

유목인구가 강제로 정착생활을 하게 됨으로써, 러시아인 입식자들은 사용하지 않는 비옥한 토지를 점유하기 시작했다. 러시아 정부는 1868년 이전까지는 농병(農兵)인 코사크에게만 정착을 허용했으나, 투르키스탄을 정복한 뒤로는 일반 농민에게도 입식을 허용했다. 1868년과 1880년 사이에 약 4,000호(戶)의 러시아인이 세미레체*에 정착했고, 타타르인과 우즈베크인도 투르키스탄에서 이주해왔다. 1889년까지 러시아 정부는 입식을 제한하는 조치를 취했다. 그러나 1896년 러시아인의 이주를 담당하는 정부기관이 설치된 데 이어 시베리아 횡단철도가 건설되고 러시아 정부가 주인 없는 카자흐 땅의 점유를 지원하게 되자, 1905년을 기점으로 러시아인의 이주가 크게 늘어났다. 1912년에 카자흐 스텝지대에 정착한 러시아인은 약 150만 명으로, 카자흐 총인구의 40%에 달했다. 이런 순환이 계속되는 가운데 점점 늘어나는 러시아인은 카자흐인을 갈수록 좁은 공간으로 밀어냈고, 카자흐인의 위축은 추가적인 러시아인의 입식을 더욱 활발하게 만들었다. 러시아의 관점에서 보면, 식민화는 비옥한 스텝지대를 농지로 전환시키고 카자흐 주민의 봉기를 사전에 차단하는 한편 서부와 중부 러시아의 인구압 해소를 가능케 했다. 반면 카자흐인의 관점에서 보면, 그것은 카자흐인 사회의 파괴를 의미했다. 카자흐인은 러시아인 입식자들과 날이면 날마다 충돌했고, 그들의 이동로와 땅과 물을 러시아인에게 빼앗겼다.

이와는 대조적으로 투르키스탄에서는 러시아가 군사적 지배와 무역 장악에 주력했을 뿐 여타 문제에 대해서는 개입을 최소화했기 때문에, 현지의 경제·사회조직이나 교육·문화생활은 파괴되지 않았다. 러시아

* 오늘날의 카자흐스탄 동남부.

인은 행정기구의 고위직을 독차지했지만, 지방에서는 일정 부분 자치를 허용했다. 예컨대 토착민에게 3년 임기의 촌장과 구역장을 선출하게 하는 제도를 도입했다. 단 그들은 러시아인 관리들에 의해 언제든지 해임될 수 있었다. 이슬람법과 관습법이 적용되는 법정도 기능을 유지했다. 러시아의 행정이 도입됨으로써 촌장과 종교수장들은 중앙의 통제에 복종하게 되었다. 비록 지방마다 편차가 있긴 했지만 말이다.

그러나 러시아가 투르키스탄의 경제에 가한 충격은 다음과 같은 변화를 가져올 만큼 엄청 났다. 크라스노보드스크─사마르칸트(1881~1888)─타슈켄트(1898) 철도는 주로 군사용이었으나, 1906년에 타슈켄트-오렌부르크 구간이 완공되면서 러시아 행정관과 숙련공들이 이 지역으로 이주해왔고, 기존 무슬림 도시와 인접한 지역에 근대적인 러시아 도시가 들어서게 되었다. 투르키스탄의 수도 타슈켄트에는 학교·박물관·도서관·신문사·천문대 등의 기관이 세워져 마치 러시아의 근대도시를 옮겨놓은 듯한 모습이었다. 트란스카스피아와 세미레체의 도시에도 많은 러시아 인구가 몰려들었다. 하지만 카자흐 스텝지대와는 달리 토착농민인구가 이미 포화상태를 이루고 있던 투르키스탄의 농촌 지역에서는 러시아의 식민화정책이 한계에 부딪혔다.

철도가 부설되면서 목화생산이 크게 증가했다. 중앙아시아 지역이 목화생산으로 전환하자, 우크라이나와 서시베리아 등 북부지역에서 생산된 밀이 철도를 따라 이 지역으로 유입되었다. 파르가나 지역의 경우 1885년에는 목화를 재배하는 땅이 전체 경작지의 14%에 불과했으나 1915년에는 44%로 늘어났고, 밀·수수·알팔파·쌀의 재배면적은 줄어들었다. 그러나 투르키스탄 전체를 놓고 보면 관개시설과 배수시설의 부족, 유목민의 목초지 점유, 부하라 지배자의 대규모 미개간지 소유 등으로 인해 목화재배에 활용되는 경작지는 가경지의 13%에 불과했다. 1912년에 투르키스탄에서 생산된 목화는 전체 러시아 목화공급량의 63.6%를 차지했고, 러시아의 산업화에 결정적인 역할을 했다. 결국 러시아의 지배를 통해 투르키스탄은 비단·건과·포도·포도주·사탕무에 의해 보완되는 단일작물경제를 갖게 되었다. 1917년 이전까지 중앙아시아의 산업화는 거의 목화 가공업에 한정되었고, 그나마 숙련공은 모두 러시아인이었다. 투르키스탄은 제국의 이익을 위해 원료를 공급하고 수출이익에 예속된 식민지 경제나 다름 없었다.

러시아의 토지정책 역시 장기간에 걸쳐 상당한 영향을 미쳤다. 1886년에 차르 정권은 와크프 토지를 소작인의 재산으로 만들고, 정부의 허가 없이는 와크프를 갖지 못하게 했다. 1913년에 차르 정부는 모든 경작지는 경작농민의 소유이며 모든 목초지와 이용하지 않는 땅은 국가 소유라고 선언했다. 나아가 1913년경에는 투르키스탄에서 수리(水利) 시설을 갖춘 토지의 약 50%가 소토지소유자의 재산이 되었다. 토지법의 변화는 농민들을 토지소유자로 만들어주었지만, 동시에 그들을 화폐경제와 변화무쌍한 세계시장에 무방비로 노출시켰다. 농민들은 목화시장의 불황을 극복하기 위한 자금뿐만 아니라 농기구·소(牛)·종자를 구입하기 위한 영농자금도 직접 마련해야 했다. 부채를 떠안은 농민들은 돈놀이꾼에게 토지를 넘기고 다시 물납 소작농으로 돌아갔다. 새로운 토지법의 시행은 지주·상인·돈놀이꾼과 성공한 일부 구세대 신사층에게 토지소유권이 집중되는 결과를 초래했다. 요컨대 토지법의 변화는 새로운 부르주아 지주층을 만들어냈을 뿐, 장기적으로 일반 농민들에게 아무런 이익도 주지 못했다.

러시아의 보호령 부하라에서도 러시아의 개입이 비슷한 결과를 낳았다. 러시아의 수도와 부하라를 연결하는 철도가 건설되면서 부하라는 러시아 경제와 직접 연결되었다. 러시아 철도노동자들의 영구 정착지들이 부하라와 티르미드를 비롯한 주변 소도시에 생겨났고, 이들 도시에 러시아인의 기업과 은행이 문을 열었다. 러시아는 이란과 인도를 제

치고 부하라의 최대 교역상대가 되었다. 부하라는 목화·새끼양 모피·
양모·비단·피혁·건과·카펫을 수출하고 러시아의 섬유·금속·설탕·도
자기를 수입했다. 러시아는 부하라의 세관을 장악하고 러시아 화폐를
유통시켰다. 이런 변화에 의해 부하라의 상인과 행상들은 이득을 보았
지만 지방의 직인과 직물 생산자들은 궁지에 몰렸다. 게다가 러시아 자
본도 농촌주민에게 타격을 주었다. 농민들은 국제 목화시장에서 살아
남기 위해 고리대금을 이용하고 그 대신 목화를 수확 전에 헐값으로 처
분해야 했다. 그로 인해 많은 농민이 땅을 잃었다. 부르주아지는 러시
아인과 토착민 사이의 중개인으로 또는 러시아 상사(商社)의 대리인으
로 교역에 참가하여 부를 쌓고 토지를 사들였으나, 직인과 농민은 경제
적으로 고통을 겪었다.

러시아의 지배에 대해 서민과 신흥 부르주아지는 서로 다른 반응을
보였다. 대부분의 서민들은 어쩔 수 없이 현실을 받아들였다. 유목민은
정착을 하는 과정에서 궁핍해졌음에도 불구하고, 1869년과 1916년 사
이에 카자흐 스텝지대에서는 이렇다 할 무장저항이 없었다. 특히 트란
스카스피아에서는 1881년과 1916년 사이에 한 건의 반란도 일어나지
않았다. 다만 트란속사니아와 페르가나에서는 수피들이 주도하는 반란
과 농민들의 약탈이 산발적으로 일어났다. 1892년에 타슈켄트에서는
여러 차례 폭동이 일어났는데, 이는 콜레라의 확산을 막기 위해 당국이
여성에 대한 건강진단과 무슬림 공동묘지에서의 매장 금지라는 의학적
인 조치가 발단이 되었다. 1898년에는 흔히 이샨 마달리라 불리는 이
샨 무함마드 알 할리파 카비르(1856~1898)가 2천여 명의 반란군을 이
끌었다가 제대로 싸움 한 번 못해 보고 패퇴했다. 마달리는 처음에는
바보 취급을 당했으나 나중에는 성자의 반열에 올랐다. 그는 1884년에
메카를 순례하고 돌아와 가난한 사람들을 위해 자선사업을 행했다. 그
는 추종자들의 도움을 받아 학교·모스크·창고·식당을 짓고 자신의 여

러 부인을 위한 거처를 마련했다. 사회에 불만을 품은울라마와 한때 관직에 몸담았던 사람들도 그를 따랐다. 마달리의 추종자들은 러시아인을 몰아내고 코칸트한국(汗國)을 재건한다는 계획하에 몇몇 러시아 주둔군 기지를 습격했다. 이들은 순식간에 지리멸렬되었고 마달리는 처형되었다. 하지만 이것으로 투르키스탄의 저항이 완전히 끝난 것은 아니었다. 1906년과 1910년 사이에 농촌에서는 돈놀이꾼들에 의해 땅에서 쫓겨난 농민들이 러시아인 입식자들을 공격하는 따위의 약탈행위가 산발적으로 이어졌다.

제1차 세계대전은 광범위한 무슬림 반란을 재촉했다. 1916년, 목화 수확이 한창인 계절에 러시아는 24만 명에 달하는 무슬림 농민을 군대의 사역장정으로 소집했다. 러시아인 입식자가 많은 지역, 유목민을 강제로 정착시킨 지역, 토지를 강제몰수한 지역에서 특히 저항이 거셌다. 장기간의 경제적 고통이 마침내 반란으로 폭발했던 것이다. 카자흐인은 관공서·학교·우체국·철도·전신망과 러시아 민간인들을 공격했고, 러시아 농민들은 이에 대한 보복으로 토착민의 재산을 강탈하고 고향에서 몰아냈다. 양측 모두 끔찍한 상호 대학살을 자행했다. 키르기스인도 반란을 일으켰고, 다수가 중국으로 이주했다. 다른 무슬림 지역은 대체로 평온을 유지했다.

자디드 개혁주의

내륙아시아의 중산층은 러시아의 지배에 저항하기보다는 새로운 문화적·정치적 의식을 전달하는 역할을 했다. 19세기 초부터 카잔 대학은 러시아 문화를 타타르인과 카자흐인에게 전파하는 중심지였다. 19세기 중반 이후 러시아는 교육정책을 크게 강화했다. 니콜라이 일민스키는 학교를 설립하고 타타르인 교사들을 채용하여 타타르인에게 타타르어로 러시아식이나 유럽식 교육을 하게 했다. 일부 타타르인은 러시아에 동화되는 것을 우려하여 차르의 구상에 반대했고, 일부 러시아인도 차르의 구상이 타타르어 사용의 확대와 분리주의 운동을 초래할지 모른다고 걱정했다. 그러나 대다수의 타타르인은 근대적 사상과 러시아의 생활양식을 접하게 되리라는 기대에 부풀어 새로운 교육제도를 환영했다.

투르키스탄에서 무슬림을 대상으로 러시아식 교육이 실시된 배경은 이와는 사뭇 달랐다. 1876년에 본 카우프만 총독은 러시아인 입식자들을 대상으로 종교색이 배제된 학교를 설립했다. 그는 무슬림 자녀들이 자발적으로 이 학교에 등록하여 러시아의 선진문물을 습득하기를 바랐다. 1884년에는 처음으로 투르키스탄 주민들을 위한 학교가 설립되어 오전에는 러시아어·산수·지리·역사·문학 등의 세속적인 과목을 가르치고 오후에는 이슬람과 현지어를 가르쳤다. 몇 개 학교만으로도 무슬림 통역사·교사·지식인을 양성하기에 충분했다. 하지만 대부분의 무슬림은 학교에서 가르치는 이슬람 교육이 부실하여 오히려 아이들이 이슬람에서 멀어질 수도 있다고 생각하여 별로 반기지 않았다. 1917년까지 무슬림 교육은 대부분 울라마가 도맡아했다.

하지만 러시아의 정복과 식민통치를 통해 토착 부르주아지가 형성되었고, 식민통치를 겪은 여타 이슬람 지역과 마찬가지로 러시아식 교육을 통해 소수의 지식인이 출현했다. 러시아식 교육과 터키 및 이란에서 유입된 새로운 사상의 영향을 받은 식자층은 이슬람 관행의 개혁과 자기계발, 문화적 계몽을 주장하기 시작했고 결국에는 정치적인 자치를 요구했다. 새로운 지식인들 중에는 국민국가적인 발전에 비중을 두는 사람도 있었고, 종교의 개혁을 외치는 사람도 있었다. 20세기에 접어들자 사회주의를 옹호하는 세력도 생겨났다.

가장 의미심장한 문화적 경향은 우술리 자디드, 즉 신방식이라고 불리는 개혁운동이었다. 자디드 운동은 교육개혁 프로그램으로 출발했으나 점차 정치운동으로 발전했다. 이 운동은 부유하고 유럽화된 카잔과 크림의 타타르인들 사이에서 처음 시작되었다. 주로 카잔 대학에서 교육받은 이들은 러시아 문화에 동화되었음에도 불구하고 투르크와 무슬림의 문화유산에 많은 관심을 보였고 자신들의 후진성도 자각하고 있었다. 볼가와 크림의 타타르인 부르주아지는 카자흐스탄·투르키스탄·부하라에 자디드 운동을 전했다.

19세기 초에 가브덴나시르 쿠르사위(1783~1814)는 타타르인의 지적 부흥을 이끌었다. 그는 타타르인 출신의 젊은 신학자로, 부하라의 마드라사에서 교사로 일했다. 쿠르사위는 교리보다 이성이 우월하다고 주장하여 무슬림 사회에서 추방되고 말았다. 그러나 그의 사상은 시하베딘 매르자니(1818~1889)에게 전수되었다. 매르자니는 종교문제에 대한 독자적인 판단을 허용하고, 케케묵은 교조적 교리를 청산하며, 코란과 하디스, 이슬람의 역사를 가르치는 새로운 교육제도를 도입하고, 러시아어와 근대과학을 가르치자고 주장했다. 그가 내세우던 프로그램의 골자는 이슬람 신앙과 교리의 개혁, 근대화, 이슬람과 러시아 문화의 통합이었다. 요컨대 매르자니는 개혁주의와 근대주의의 결합을 추구했다.

카윰 나시리(1824~1904)는 근대적 사상을 담은 이슬람 문학의 형성에 크게 기여한 인물로 꼽힌다. 농촌 종교교사의 아들로 태어난 나시리는 카잔과 부하라의 마드라사에서 교육을 받았으며 아랍어·페르시아어·차가타이어를 공부했다. 또한 러시아어를 독학으로 공부하여 한동안 러시아 신학교에서 강의를 하기도 했다. 그는 1871년에 신학교를 떠나 학교를 설립하고, 자신의 교육관에 입각하여 이슬람 과목뿐만 아니라 러시아어·산수·지리·역사·음악·미술 등도 가르쳤다. 그는 러시아어를 배우려는 타타르인을 위해 러시아어 구문론과 타타르어-러시아어 사전 같은 교재를 개발했다. 또한 유럽의 과학에 관한 논문을 쓰고, 무역과 공업에 관한 저작을 출판했다. 그는 타타르의 민요와 전설을 채집하여 전(前)이슬람 시대의 신앙에 관한 자료의 보존에 힘쓴 민속학자이기도 했다. 보수적인 종교지도자와 그들의 교육관에는 반대했지만, 나시리 자신은 경건한 무슬림으로서 무함마드의 생애와 무슬림 성자들의 일화에 대한 연구를 비롯하여 이슬람에 관한 수많은 책을 남겼다. 그는 살아 생전에는 크게 주목을 받지 못했으나, 백과사전적 지식의 소유자이자 이슬람 개혁주의를 이슬람 근대주의와 결합시킨 선구자였다.

가장 유명한 자디드 운동의 지도자는 이스마일 가스프린스키(1851~1914)였다. 그는 크림 출신의 타타르인으로, 유럽에서 교육을 받고 한때 이스탄불과 파리에서 기자로 활동했다. 그는 1883년에 『번역자』라는 잡지를 창간하고 무슬림 민족들의 근대화와 통합을 위한 자디드 운동을 전개했다. 가스프린스키는 개혁 지향보다는 근대 지향에 더 큰 비중을 두고 무슬림의 지식과 사회생활을 향상시키기 위해서는 서양의 문물을 배워야 한다고 주장했다. 무슬림은 이슬람의 철학적·신학적 체계를 간직하는 동시에 근대 기술문명을 받아들여야 한다는 것이 그의 지론이었다. 그는 폴란드의 타타르 공동체를 이슬람을 신봉하면서도 근대기술문명에 동화된 긍정적인 사례로, 부하라를 무지몽매하고 낙후된 무슬림 사회를 보여주는 부정적인 사례로 꼽았다.

가스프린스키는 자디드 운동의 정신을 가르치는 학교를 적극적으로 지원했으며, 1905년경에는 카잔·오렌부르크·박체사라이·바쿠가 자디드 교육의 중심지가 되었다. 또한 그는 오스만 제국의 언어를 기반으로 아랍어·페르시아어·차가타이어를 대신할 표준화된 튀르크 문어를 개발하는 데도 힘을 쏟았다. 가스프린스키의 궁극적인 목표는 유럽의 문물을 무슬림 민족들에게 전파하고, 공통의 언어, 합리적인 종교, 공유된 근대문명을 바탕으로 무슬림 민족들을 통합하는 것이었다.

타타르 상인과 식자층도 타슈켄트와 부하라에 자디드 학교를 세웠고, 주로 러시아식 교육을 받은 경험이 있거나 러시아식 사고에 익숙한 현지의 목화 상인과 돈놀이꾼들도 이 대열에 동참했다. 타슈켄트의 학교와 『투르키스탄 관보』는 근대화에 대한 관심을 확산시키는 견인차 역할을 했다. 이런 정부 공식 간행물은 우즈베크어로 간행되었고, 러시아어 번역문이 함께 게재되었다. 부하라 주민들은 1906년의 이란 혁명과 1908년의 청년터키당 쿠데타에 자극을 받아 종교에 비중을 두되 러시아어·산수·지리·물리·화학 등도 함께 가르치는 학교를 세웠다. 이는 크림이나 카잔의 개혁주의적인 학교들이 종교교육보다는 세속적인 교육을 강조한 것과는 대조적이었다. 1910년에는 속칭 유력 부하라인 연합이라고 불리는 새로운 결사가 결성되어 잡지를 발간하고 문학작품을 배포했다. 이 청년 부하라당에는 상인이나 울라마 집안 출신의 지식인들이 많았고, 이들 중 다수는 이스탄불에서 공부했다. 그들은 청년터키당의 개혁운동, 타타르인의 자디드 운동, 범이슬람주의, 반러시아주의, 반봉건주의를 두루 흡수했다.

부하라에서 일어난 개혁운동의 이론적 지도자는 아브두르 라우프 피트라트였다. 그는 부하라의 이슬람 문화가 쇠퇴하고 있으며, 그 책임은 보수적인 울라마 세력에게 있다고 주장했다. 울라마는 무함마드의 가르침을 왜곡했을 뿐만 아니라 이슬람을 특권층의 입맛에 맞추고 진보에 역행하게 만들었다는 것이 그의 논지였다. 그는 대중의 종교적 관행과 성자숭배에 대해서도 비판을 제기했다. 또한 무슬림 공동체가 거듭나기 위해서는 이슬람을 새롭게 인식함으로써 무지한 지도자와 그들에 대한 맹종을 거부해야 한다고 주장했다. 그는 교육개혁을 통해 개개인의 정신개조와 사회적·정치적 혁명을 통해 외세의 지배와 부패한 정치 엘리트를 몰아내야만, 비로소 무슬림 공동체가 재탄생할 수 있다고 믿었다. 그는 바탄(조국)과 밀레트(민족)의 개념에 기초한 이슬람 정체성을 심화하고 정치적 행동을 강조한 최초의 부하라 사상가였다.

제정 러시아에서 전개된 자디드 운동은 여타 무슬림 사회에서 일어난 근대주의 운동과 별 차이가 없다. 운동의 주체는 부르주아지 또는 상인계층의 지식인이었다. 즉 자디드는 사회에서 소외된 계층이 아니라 정치적 야망을 가진 엘리트들의 운동이었다. 코란·순나·이즈티하드를 강조했다는 점에서는 울라마 개혁주의와 유사하지만, 자디드 운동은 기본적으로 이슬람을 근대기술문명과 조화를 이룰 수 있는 종교로 탈바꿈시키려던 근대주의 운동이었다. 따라서 자디드 운동은 수피의 개혁운동보다는 오스만 제국의 근대주의 운동 또는 인도의 사이이드 아마드 칸의 근대주의에 가까운 것으로 보인다.

자디드 운동의 문화적 관심은 곧 정치적 관심으로 이어졌다. 타타르인은 자디드 운동의 영향을 받아 자신들의 정치적 정체성을 논의하기 시작했고, 자신들이 투르크인의 일부인지 독립된 민족인지를 놓고 논쟁을 벌였다. 터키로 이주한 타타르인은 범투르크주의를 내세우며 타타르어·튀르크어·몽골어·핀우고르 제어를 사용하는 사람들은 모두 아틸라·칭기즈칸·티무르의 자랑스러운 후예로서 단일민족을 형성했다고 주장했다. 반면에 러시아에 거주하는 타타르인은 자신들이 별개의 민족(밀레트)이라는 입장을 취했고, 러시아 사회에 동화되기를 원했다. 이들은 무슬림과 러시아인의 평등을 요구하면서 두 민족이 협력하는 미래를 상상했다. 라시드 이브라히모프는 오스트리아-헝가리 제국 형태의 러시아-무슬림 연방을 구상했다. 카잔·키예프·티플리스·오렌부르크 등지의 무슬림 지식인들 사이에서는 사회주의 사상도 유포되었다. 넓은 지역에 뿔뿔이 흩어져 살던 그들이 러시아로부터 영역적으로 분리될 가능성은 거의 없었기 때문에, 타타르인 대다수는 범이슬람이나 범투르크라는 대의를 지지했던 것 같다.

카자흐인 역시 민족정체성과 동화의 문제로 고민했다. 일부 카자흐인은 러시아 학교에서 공부하고 러시아 군대와 행정부에서 일했다. 카자흐인은 대체로 타타르 상인과 문화에 반감을 가지고 있었으므로, 러시아의 교육자들에게 기꺼이 협조했다. 일민스키와 그의 제자 이브라힘 알틴사린(1841~1889)은 러시아식 교육제도를 도입하여 카자흐어로 교육을 실시하고 키릴 문자를 사용하는 사범학교를 세웠다. 알틴사린은 1879년과 1883년 사이에 4개의 카자흐인 학교를 설립한 데 이어 카자흐 사범학교도 세웠다. 그러나 카자흐와 러시아의 협력기간도 1896년과 1910년 사이에 러시아인 입식자가 대대적으로 밀려들면서 끝이 났다. 이때부터 카자흐 지식인들은 별개의 민족의식을 형성하기 시작했다. 1905년에는 알라시 오르다(신화적인 카자흐 부족의 이름을 따서 명명)가 결성되었다. 하지만 이 단체는 1917년까지는 특별한 정치적 행동을 하지 않았다. 1907년에는 최초의 카자흐 신문이 발간되었다. 카자흐 지식인들은 유럽식 근대교육에는 호의적인 태도를 보였지만, 문화적 동화와 러시아의 식민정책에는 반대했다. 급진주의자들은 처음으로 카자흐의 해방과 정치적 자치를 주장하기 시작했다.

　1904~1905년의 러시아 혁명으로 이듬해 두마 즉 의회가 설치되고 일시적으로 언론·출판·결사의 자유가 보장되자, 이슬람 신문사, 이슬람 정당, 이슬람 단체가 우후죽순 격으로 생겨났다. 타타르인과 아제르바이잔인의 주도하에 몇 개의 이슬람 정당과 사회주의 정당이 결성되었다. 1904년에 무함마디야 마드라사의 타타르인 학생들이 알이슬라(개혁)당을 결성하여 문화적 자디드 운동을 정치적 권리를 위한 투쟁으로 몰아갔다. 1905년에는 사범학교 졸업생들이 마르크스주의적인 내셔널리즘 정당인 베레크(단결)를 조직했다. 이후 베레크는 알이슬라와 합당하여 탕칠라르(새벽별)를 창당했고, 이 당은 인민주의 혹은 사회주의 혁명을 지향했다. 일부 알이슬라 지지자들은 러시아사회민주당 카잔 지부를 설립했다. 1907년에는 다른 타타르인들이 타타르 사회민주주의 그룹을 결성했다. 같은 시기에 크림 사람들의 당인 밀리 피르카

(국민당)도 조직되었다.

1905년에 카잔 타타르인·크림인·아제르바이잔인은 러시아의 허가 없이 니즈니노브고로드에서 전(全)러시아 무슬림 대회를 개최하고 전 러시아 무슬림당(이티파크 알무슬리민)을 결성했다. 1905~1906년에 개최된 세 차례의 무슬림 대회에서, 타타르인 지도자들은 러시아 무슬림의 단결을 촉구하면서 입헌군주국의 건설, 러시아인과 무슬림의 평등과 협력, 이슬람 교육, 언론과 출판의 자유, 사유재산의 존중을 요구했다. 대회는 일면 단결을 과시하는 듯이 보였으나, 대표자들의 입장에는 큰 차이가 있었다. 가스프린스키를 비롯한 타타르의 원로 지도자들은 정치적 행동주의에 반대하고 종교와 문화에 집중하기를 원했다. 러시아 사회주의에 경도된 무슬림은 무슬림 대회가 종교정당으로 발전하는 것을 꺼렸다. 대부분의 참석자는 민족과 종교에 입각한 무슬림의 정치적 행동에 호의적이었고, 시민권의 보장, 소수자에 대한 관용, 민족적 평등, 문화적 자치 등을 요구하는 기본방침에 찬성했다. 그러나 영역의 독립에는 호응하지 않았다.

아제르바이잔에서는 아르메니아와 러시아의 영향이 시아파 울라마의 보수주의와 결합하면서, 지식인들이 급진적이고 반(反)종교적 성향을 띠게 되었다. 1904년에 바쿠에서 결성된 훔메트(노력)는 볼셰비키와 손을 잡았다. 바쿠는 무슬림 프롤레타리아 당이 생겨나기에 아주 이상적인 지역이었다. 바쿠에는 유전에서 일하는 산업노동자 계급이 형성되어 있었고 무슬림 자유주의의 전통이 강했으며, 외부 무슬림 세계의 급진적인 정치사조도 거침없이 흘러들어왔기 때문이다.

하지만 1907년에 러시아 혁명으로 인한 짧은 자유기가 막을 내리고 반동의 시대가 찾아오자, 무슬림 지식인들은 정치적으로 고립되었을 뿐만 아니라 러시아 자유주의 세력과 연대하려는 노력이 무산되었고, 무슬림 대중의 지지도 받지 못했다. 카자흐 유목민들은 러시아인 입식자들에 의해 삶의 터전에서 쫓겨났고, 투르키스탄 농민들은 러시아의 토지제도와 목화정책으로 인해 곤궁해졌다. 이런 트라우마에도 불구하고, 대부분의 주민은 여전히 종족공동체와 마을공동체에서 족장과 종교지도자의 권위를 인정하며 살고 있었다. 1917년 혁명이 일어나기 직전까지도 극소수에 불과한 무슬림 지식층은 대중의 지지를 받지 못한 채 종교 이데올로기, 사회주의 이데올로기, 내셔널리즘 이데올로기에 의해 분열되어 있었다.

혁명기

1917년에 러시아 혁명이 발발하면서 러시아인 사이에서, 그리고 러시아인과 무슬림 사이에서도 권력투쟁이 벌어졌다. 1917년 2월에는 임시정부가 수립되었고, 같은 해 10월에는 소비에트 정권이 들어섰다. 공산당은 모든 식민지 주민의 자결권과 분리권을 보장한다는 원칙을 천명했다. 1917년에는 식민지 민족들의 문화적·정치적 자치의 조건을 검토하기 위해 요시프 스탈린을 인민위원으로 하는 민족문제인민위원회의가 설치되었으나, 1919년에 공산당은 무슬림 사회를 직접 지배하는 방향으로 입장을 바꾸었다. 공산당은 러시아인이 많이 살고 있는 지역은 물론이고 전략적·경제적 중요성이 큰 영토와 민족들을 포기할 수 없었던 것이다. 또한 내륙아시아의 러시아인도 각자의 정치적 견해와 관계없이 러시아 민족의 지배권을 유지하기 위해 투쟁할 태세를 갖추고 있었다.

적군(赤軍)과 백군이 내전에 휘말리자, 무슬림 지식인과 각 지역의 지도자들은 러시아의 붕괴를 기대했다. 1917년과 1920년 사이에 바시키리야·카자흐스탄·아제르바이잔·캅카스의 무슬림은 독립을 위해 투쟁했다. 우랄 지역에서는 타타르인과 유대가 깊은 바시키르인이 목축과 임업, 소규모 농업으로 생계를 이어가고 있었다. 이들도 러시아의 식민통치를 끝내고 러시아인이 점령한 토지를 되찾기 위한 투쟁에 나섰다. 1917년에 그들은 바시키르 국가평의회를 설립하고 전(全)러시아 무슬림 대회에서 탈퇴했다. 처음에 스탈린은 소비에트가 무슬림 민족들을 지원한다는 점을 보여주기 위해 바시키르 공화국 창설에 호의적인 태도를 보였다. 그러나 통일된 타타르 국가의 건설을 염원하던 타타르인이 바시키르의 자치에 반기를 들었다. 스스로 자치권을 유지할 만한 힘이 없었던 바시키르 공화국은 처음에는 백군과, 나중에는 적군과 동맹을 맺었으나 1920년에 적군의 지원을 받은 러시아인과 타타르인에 의해 붕괴되고 말았다.

카자흐스탄에서는 1917년 12월에 개최된 제3차 전(全)카자흐인 대회가 세미팔라틴스크와 잠베이티를 자치지구로 선포하고 독립적인 무슬림 행정기구를 조직했다. 카자흐인들은 식민정책의 중지와 빼앗긴 토지의 반환을 요구했다. 카자흐인은 볼셰비키와 투르키스탄의 범이슬람주의자 양측으로부터 공격을 받았고, 백군과 적군의 내전에 복잡하게 연루되어 있었다. 결국 알라시 오르다는 패배했고, 1920년에 카자흐 자치 소비에트 사회주의 공화국이 선포되었다. 아제르바이잔과 캅카스의 자치운동도 비슷하게 막을 내렸다.

그 밖의 다른 지역의 무슬림은 완전한 독립을 주장하지 않고, 러시아-소비에트 체제 내에서 문화적 자유와 부분적인 정치적 자치를 요구했다. 볼가 지역의 무슬림은 1905년 혁명 이후에 생겨난 여러 단체를 발판으로 삼아 온건한 부르주아 정당과 사회주의 정당을 탄생시켰다. 1917년 5월, 7월, 12월에 모스크바와 카잔에서 개최된 전(全)무슬림 대회는 러시아 국가 내에서 문화적 자치를 추구하는 세력과 무슬림 국가연방을 결성하려는 세력으로 분열되었다. 그후 일련의 대회를 통해 타타르인과 바시키르인의 주도하에 국가평의회(밀리슈라)와 집행위원회, 군사평의회가 설치되었고, 마침내 제헌의회에서 이델우랄 타타르 공화국의 수립이 선포되었다. 하지만 이델우랄 타타르 공화국은 걸음마도 제대로 떼지 못한 채 1918년에 볼셰비키에 의해 해체되었다. 한편 스탈린은 무슬림 중앙인민위원회의를 통해 타타르의 사회주의자와 공산주의자를 공산당으로 흡수하고 1920년에 타타르 자치 소비에트 사회주의 공화국을 만들었다. 크림 지역에서는 러시아 공산당과 현지의 밀리피르카당(국민당)이 합작하여 소비에트 정권을 수립했다. 1917년에 탄생한 민주 타타르 공화국은 1921년에 크림 소비에트 공화국으로 재편되었다.

투르키스탄에서도 소비에트 통치가 평탄하게 이루어지지는 않았다. 1917년 2월 혁명으로 러시아 전역을 지배하는 임시정부가 수립되었다. 이에 대응하여 1917년 4월에 투르키스탄의 무슬림 지식인들은 대회를 소집했다. 당시에는 1916년에 발생한 폭동의 가혹한 진압과 기근, 토지를 둘러싼 무슬림과 러시아인의 갈등으로 인해 사회적 분위기가 험악한 상황이었다. 대회 참석자 대부분은 러시아식 교육을 받은 지식인과 타타르 상인들이었고, 이들은 정치적 독립보다는 문화적 자치를 선호했다. 좀 더 과격한 대표자들은 러시아 연방국가 내에서의 영역적 자치를 요구하고 나섰다. 하지만 모든 참석자는 러시아의 자유파와 급진파 중 어느 편이 정권을 잡더라도 장차 동맹을 맺을 수 있을 것이라는 희망 속에서 타협적인 태도를 취했다. 사실 그들은 보수적인 종교 지도자들이 모든 무슬림 세력을 장악하고 개혁적인 지식인들을 굴복시킬 수도 있다는 점을 우려했다. 결국 대회는 두 집단으로 분열되었다. 자디드 운동을 대표하는 집단은 이슬람 위원회를 구성하고 근대적인 국가를 건설하여 러시아와 대등한 위치에서 연방을 구성한다는 입장을 천명했다. 또 다른 집단은 울라마 협회를 조직하고 샤리아의 우위를 확보하는 데 주력했다.

1917년 10월에 소비에트 정권은 투르키스탄을 장악하고 프롤레타리아트의 이익을 대변하지 않는다는 이유로 무슬림의 정치참여를 배제했다. 이에 대한 반발로 무슬림은 1917년 10월 코칸트를 수도로 하는 투르키스탄 자치공화국의 건설을 선포했다. 또한 투르키스탄 자치 공화국은 샤리아가 지배하는 국가로서 러시아와는 연방을 형성한다는 구상을 천명했다. 투르키스탄 자치 공화국은 1918년 2월에 러시아 군대에 의해 전복되었다. 하지만 코칸트 정부는 그 짧은 기간에 새로운 학교를 설립하고 군대를 창설하고 농민들에게 토지를 돌려주고 와크프를 재분배하고 가난한 사람들을 구제했다. 결국 유럽인 프롤레타리아트와 무슬림 부르주아지가 일으킨 두 차례의 투르키스탄 혁명은 막강한 군사력에 의해 진압되고 말았다. 투르키스탄은 자치 소비에트 사회주의 공화국으로 선포되었다.

러시아인의 쇼비니즘과 러시아 정권에 대한 무슬림의 반감을 해소하기 위해, 1919년에 모스크바 당국은 특별위원회를 파견하여 권력을 중앙으로 집중시키고 현지주민과의 협력기반을 마련했다. 러시아인은 자디드 개혁세력의 지지를 확보하기 위해 종교의 자유를 보장하고, 투르키스탄의 자치문제를 다룰 인민위원회의를 설치했다. 자디드 운동의 지도부는 대거 공산당에 입당하여 무슬림 주민의 요구에 부합하는 방향으로 러시아의 정책을 수정하기 위해 노력했다. 가장 시급한 과제는 기근과 질병의 해소였다.

자디드 지식층은 체제 속으로 진입했지만, 지방에서는 바스마치(농촌의 비적)의 저항이 이어졌다. 바스마치들은 샤리아와 예언자 무함마드, 무슬림의 의무인 지하드의 이름으로 저항운동을 전개했으며, 분노에 찬 코칸트의 퇴역군인, 지주, 상인, 토호, 족장, 수피, 소작지마저 잃어버린 농민, 노동자들이 그들을 지원했다. 1920년에 이르러 러시아 군대는 무수한 바스마치 집단을 산간벽지로 몰아냈으나, 이들을 완전히 제거하지는 못했다. 그후 반무슬림 종교정책이 도입되자 또다시 저항을 불러왔다. 오스만 제국에서 육군대신을 지낸 엔베르 파샤는 1921년과 1922년에 저항세력의 통합에 나섰으나, 1922년 8월 그가 피살되면서 그의 노력은 수포로 돌아갔다. 한편 군사적인 조치만으로는 바스마치 운동을 완전히 제압할 수 없다는 사실을 인식한 러시아 정부는 정치적 양보를 하기로 결정했다. 그래서 와크프 토지를 돌려주고 마드라사를 다시 열고 샤리아 법정을 인정했다. 목화와 곡물의 징발도 중지했다. 이미 내부적인 분열로 세력이 약해진 바스마치 세력은 소비에트 정권의 양보와 러시아 군대의 화력 앞에서 마침내 무너지고 말았다. 1920년대 말과 1930년대 초에 산발적인 저항이 있었지만, 1924년 이후 투르키스탄은 사실상 러시아의 통제하에 있게 되었다.

부하라와 히바 역시 소비에트 정권과 무슬림의 협력을 거쳐 결국에는 소비에트 정권에 흡수되었다. 부하라에서의 투쟁은 아미르(군주)를 비롯해서 보수적인 무슬림 행정·종교 엘리트들과 자디드 개혁세력 사이의 오랜 반목에서 시작되었다. 러시아 2월혁명에 고무된 온건 자디드 개혁주의자들은 유급 공무원 제도의 도입과 재정의 투명성 제고, 건설적 개혁의 걸림돌인 수석 카디의 해임을 요구했다. 한편 청년부하라당 급진파는 의회를 설치하여 러시아의 권한을 제한할 것을 주장하고, 교육과 출판의 자유 및 반동적인 각료의 추방을 요구했다. 이들은 타슈켄트 소비에트와 손을 잡고 소비에트의 강령을 채택하려 했으나 보수적인 물라(이슬람 성직자)들이 주도한 대규모 반대시위로 좌초하고 말았다. 그러나 청년부하라당은 1920년에 러시아 군부와 현지 상인집안의 지원을 받아 부하라 인민소비에트공화국을 창설했다. 부하라 인민소비에트공화국은 이슬람과 샤리아에 입각한 인민민주주의를 천명하고 사유재산권과 결사와 출판 및 종교적 양심의 자유를 보장했다. 또한 정치개혁과 토지분배, 여성의 참정권을 약속했다. 하지만 신정부가 기

존의 엘리트를 대체할 인재를 확보하지 못함으로써 이런 공약은 이행
되지 못한 채 사장되고 말았다.

얼마 지나지 않아 공산당의 지배가 러시아-부하라 제휴를 완전히
대체했다. 러시아인과 타타르인이 군대·학교·세관·민병대·경찰·관공
서에 파고들면서 소비에트 권력이 강화되기 시작했다. 또한 무역협정
을 통해 소비에트 정권은 사실상 부하라의 상거래를 독점하게 되었다.
1923년에 중앙아시아 경제평의회가 설립되자 부하라 전역이 러시아의
금융·교통·통신 네트워크에 흡수되었다. 러시아 공산당은 청년부하라
당이 부르주아 내셔널리즘, 범이슬람, 범투르크 경향을 보인다고 비판
하면서 부하라 출신 정부관리를 체포하고 당을 숙청하는 한편 이슬람
과 부르주아 세력에 적대적인 프롤레타리아 정당을 만들었다. 부하라
는 1924년에 소비에트 사회주의 공화국의 일원으로 소련에 통합되었
다. 히바는 1923년에 이미 소련에 통합되어 있었다.

대부분의 사례가 보여주듯이 무슬림 지식층은 자신의 문화적·이데
올로기적 목표를 독자적으로 실현할 만한 정치력을 갖추지 못했기 때
문에 부득이 러시아 공산당과 손을 잡아야 했다. 무슬림 지식층은 사분
오열 상태에 빠졌으며 조직력과 군사력은 말할 것도 없고 대중동원 능
력조차 갖추지 못했다. 또한 지방의 수장과 유력자, 보수적인 종교지도
자들과도 원만한 관계를 맺지 못했다. 일부 지식인은 러시아에 적대적
인 태도를 보였지만, 많은 지식인들은 완전히 러시아에 동화되었을 뿐
만 아니라 향후 무슬림과 러시아인이 협조적인 관계를 유지할 수 있을
것으로 내다보았다. 연방제의 희망을 안겨준 레닌의 민족자결에 대한
약속, 스탈린의 노련한 외교술, 공산당이 무슬림을 동등하게 대우할 것
이라는 기대감이 복합적으로 작용하여 많은 지식인이 공산당에 입당했
다. 그 중에는 러시아 혁명을 일종의 자디드 개혁운동으로 오해한 부류
도 있었다. 과거의 봉건적인 유력자, 부유한 상인, 개혁 성향의 울라마

와 지식인들이 러시아인과 동등한 권리를 확보하고 나아가 민족해방을 이루게 될 것이라는 희망 속에 볼셰비키당에 합류했다. 그 중에서 가장 중요한 인물로는 볼가 지역의 타타르인 미르사이드 술탄 갈리예프 (1892~1928?), 카자흐의 작가이자 알라시 오르다의 창시자인 아흐메트 바이투르시노프(1873~1937), 청년부하라당 운동의 이념적 지도자 중 한 명인 아브두르 라우프 피트라트(1938년 사망), 청년부하라 당원 파이줄라 호자예프(1896~1938), 그리고 아제르바이잔의 사회민주주의 운동가이며 홈메트의 창립자인 나리만 나리마노프(1870~1933) 등을 꼽을 수 있다.

술탄 갈리예프를 비롯한 무슬림 공산주의자들은 공산주의를 프롤레타리아 혁명이론으로 이해한 것이 아니라 지하단체조직, 대중선동 및 교화, 정치적 지지 획득, 민족자결의 표명 등을 설명해주는 실천이론으로 받아들였다. 또한 마르크스주의자들이 강조하는 계급투쟁이나 프롤레타리아 중심주의는 제쳐두고, 식민통치를 받고 있는 민족은 내적인 계급분화와는 무관하게 모두 프롤레타리아 민족에 속하며 이들의 제1과업은 독립쟁취에 있다고 주장했다. 요컨대 민족혁명이 계급투쟁에 우선한다는 논리였다. 이들은 혁명의 지도세력이 노동자가 아닌 농민이고, 혁명의 전초기지도 도시가 아닌 농촌이 되어야 한다고 생각했다. 민족혁명이 이루어질 경우 무슬림의 나라들은 역사발전과정에서 자본주의 단계를 우회해서 곧바로 사회주의 단계로 진입할 수 있다고 보았다. 술탄 갈리예프는 러시아인을 거의 믿지 않는다고 밝힌다. 그는 사회주의가 식민주의를 종식시킬 것이라는 러시아의 주장에 회의적이었으며, 과거 억압적인 자본주의 국가였던 러시아는 사회주의 체제하에서 억압적인 사회주의 국가가 될 것이라고 전망했다. 갈리예프는 민족해방을 강조한 정치인으로, 사회주의와 이슬람은 양립할 수 있을 뿐 아니라 해방된 무슬림 사회에서 통합되어야 한다고 믿었다.

이런 국제혁명과 식민지 민족해방의 이론은 소비에트 체제 속에서 상당한 위력을 발휘했다. 무슬림 지도자들은 공산주의를 무슬림 해방의 시각에서 해석함으로써 지역문제에 대한 러시아의 간섭에 저항하는 한편, 이슬람 자체가 계급 간 대립을 최소화하는 종교인 만큼 식민지배로부터 민족해방이 우선이라는 논리를 바탕으로 계급투쟁을 조장하는 정책에 반대했다. 무슬림 지도자들은 러시아인 입식자들을 몰아내고 러시아의 지배에서 벗어나겠다는 결의를 천명했다. 일부 무슬림 내셔널리스트는 공산당에 침투하여 당의 교육을 장악함으로써 범이슬람주의와 범투르크주의의 이상을 고양시키겠다는 포부를 갖고 있었다.

러시아 공산당은 무슬림의 내셔널리즘 지향에 강한 거부감을 보였다. 스탈린은 용의주도하게 무슬림 단체들을 흡수함으로써 무슬림 공산주의자들을 제압했다. 소련에는 오직 하나의 공산당이 존재할 뿐이고 계급투쟁이 민족투쟁에 우선하며 공산혁명은 아시아가 아닌 유럽에서 먼저 완수되어야 한다는 스탈린의 주장이 우위에 섰다. 1923년에 개최된 제12차 러시아 공산당 대회는 내셔널리즘 성향의 그루지야 공산주의자들을 비난하면서 각 지역당은 중앙당에 복종하라고 요구했다. 술탄 갈리예프에 대해서는 중앙당의 권위에 도전했을 뿐만 아니라 국경지대에서 러시아의 안보를 위협하고 지방의 내셔널리즘을 조장한다는 비판이 가해졌다. 그는 당에서 제명되고 1928년에 정치범 수용소에 수용되었다.

소비에트 정권과 무슬림 내셔널리스트들이 동맹을 맺은 지역에서는 결국 소련이 무슬림 세력을 몰아내고 무장저항도 제압했다. 대부분의 제3세계 국가에서는 무슬림 내셔널리스트와 개혁주의 지도자들이 여러 세대에 걸쳐 흔들림 없이 자신들의 위상을 강화하면서 대중의 지지를 얻어 독립을 쟁취하거나 나름의 국민적 정체성을 창조한 반면에, 소련에서는 무슬림 지도자들이 순식간에 무릎을 꿇고 말았다. 1920년에 소비에트 정권은 타타르·크림·카자흐·투르키스탄·아제르바이잔에 소비에트 사회주의 공화국을 건설했고, 히바와 부하라에는 인민공화국을 세웠다. 히바와 부하라는 각각 1923년과 1924년에 소비에트 사회주의 공화국으로 바뀌었다. 1924년에는 투르키스탄·부하라·호라즘의 경계가 재편되어 4개의 중앙아시아 공화국 우즈베키스탄·투르크메니스탄·카자흐스탄·키르기스가 탄생했다. 새로 탄생한 공화국의 경계는 주민의 민족적·언어적 유사성을 기반으로 했지만 무슬림을 분리시켜 범투르크 내셔널리즘 운동을 사전에 차단하려는 의도도 작용했다. 신생 공화국은 모두 소련에 소속되었다. 이들 공화국은 국방·외교·경제관리를 위해 연방을 형성했을 뿐 원칙적으로 독립국가였다. 그러나 소련 헌법은 소련의 법이 각 연방의 국내법보다 상위에 있으며, 모든 영토에 소련의 주권이 미친다고 규정하고 있었다. 이들 공화국은 실질적으로 공산당과 중앙정부의 철저한 감시를 받았다.

이런 '자치적인' 민족정권시스템은 다른 무슬림 집단들에게까지 확장되었다. 소련의 분류에 따라 우즈베크인·타타르인·카자흐인·아제르바이잔인·타지크인·투르크멘인·키르기스인·바시키르인·체첸인·오세트인·아베르인·레즈긴인·카바르인·카라칼파크인은 공통의 역사와 언어적·문화적 정체성 및 정치-영역 조직을 갖춘 인구 30만 명 이상의 무슬림 민족(나로드)에 포함되었다. 그 밖에 공용어를 사용하고 부족 차원의 통합을 이루었다 하더라도 민족의 특징을 모두 갖추지는 못한 소규모 집단은 민족성(나로드노스트)에 따라 분류되었다. 1936년부터 소련이 해체되는 1991년까지 다양한 민족과 민족집단이 6개의 소비에트 사회주의 공화국(우즈베키스탄·아제르바이잔·카자흐스탄·투르크메니스탄·타지키스탄·키르기스스탄)과 8개의 자치 소비에트 사회주의 공화국(타타르스탄·바시코르토스탄·다게스탄, 그 밖에 캅카스 지역의 자치주들)으로 편성되었다. 캅카스 지역에는 4개의 소규모 자치주가 있었다.

범례:
- 분쟁지대
- ----- 성(省)·지역·공화국의 경계
- —·—·— 국가간 경계

1000 km

0

소 련

몽 골

중 국

신장

티베트

네팔

인 도

파키스탄

아프가니스탄

이 란

이라크

터 키

카자흐스탄

우즈베키스탄

투르크메니스탄

키르기스스탄

타지키스탄

타타르스탄

바시코르토스탄

다게스탄

체르케스

그루지아

아제르바이잔

아르메니아

사우디아라비아

시리아

하미

우루무치

악수

야르칸드

카슈가르

호탄

라다크

카슈미르

코칸드

안디잔

마르길란

페르가나

부하라

히바

세미팔라틴스크

발하슈 호

아랄 해

카스피 해

모스크바

키예프

카잔

우파

오렌부르크

사마르칸트

타슈켄트

아슈하바트

바쿠

티플리스

예레반

소련과 중국 지배하의 내륙아시아(1990년까지)

소련의 근대화

제2차 세계대전 이전

소비에트 사회주의 공화국 시스템이 조직화되면서 내륙
아시아 민족들의 생활여건과 의식을 근대화하여 소비에트 사회에 통합
시키려는 노력이 빠른 속도로 진행되었다. 이런 목적을 달성하기 위해
소비에트 정권은 내륙아시아 민족들을 러시아의 행정제도와 정치체제
에 복속시키고 토착사회들의 경제개혁에 착수했다. 또한 소비에트 지
향의 '민족' 문화를 장려하기 위해 기존의 종교문화와 가족문화를 전복
하려 했다.

1920년대와 1930년대는 그런 과정의 첫 번째 국면이었다. 이 기간
에 소비에트 정권은 정부와 공산당의 조직을 정비하여 중앙정부의 지
배를 확고하게 다졌다. 1922년 또는 1923년을 기점으로 투르키스탄·
부하라·히바 등지의 공산당은 무슬림 구세대와 부르주아 내셔널리스
트들을 축출하고, 열성적인 러시아인과 현지의 '프롤레타리아' 출신 간
부로 그 자리를 채웠다. 1928년경에는 타타르스탄과 크림의 공산당에
대한 숙청이 마무리되었다. 볼가 지역의 문학·예술·과학 단체는 모두
소비에트 통제하에 들어갔다. 1930년대에는 카자흐스탄·우즈베키스
탄·키르기스스탄·타지키스탄·크림의 공산당에 대한 숙청작업이 조직
적으로 이루어졌다. 1937년과 1938년에는 내셔널리즘을 추구하던 구
세대 무슬림 공산주의 세력이 완전히 제거되었다. 소수민족의 권리를
보호하겠다는 소비에트 정권의 약속은 구두선에 그쳤고, 실제로는 중
앙당과 중앙정부가 절대적인 권한을 행사했다. "자결권이 프롤레타리
아 독재의 실현에 방해가 될 수 없고 방해가 되어서도 안된다는 것"이
스탈린이 추진했던 정책이었다.

1920년대와 1930년대의 공산당 내 숙청은 심각한 문제를 야기했다.

정치적인 충성심과 기술적인 능력을 갖춘 간부를 찾기가 어려워진 것이다. 우즈베키스탄을 비롯한 일부 공화국에서는 현지인을 고용하여 '소수민족 우대조치'를 입증하는 정책과 러시아인 전문가를 고용하여 효율을 제고하는 정책이 번갈아 채택되었다. 하지만 1930년대 중후반에 오면 러시아 공산당은 현지주민의 교육수준이 낮아 이들을 훈련시켜 고용하기는 어렵다고 판단하고, 러시아인 전문가를 중용하고 러시아어 사용을 확대하는 쪽으로 정책을 바꿨다. 현지주민들의 낮은 교육수준과 정부기관을 장악하겠다는 러시아인의 의지가 동시에 작용하여, 내륙아시아 공화국들의 정부기구와 당기구는 대체로 러시아 요원의 지배를 받았다.

내륙아시아의 경제발전은 사실상 원점에서 출발했다. 1914년과 1920년 사이에는 거듭된 내전과 기근, 약탈 및 정부의 재산몰수로 주민들이 엄청난 피해를 입었다. 혁명의 와중에 무수한 사람이 목숨을 잃었고, 농업과 제조업의 생산고도 바닥으로 떨어졌다. 소비에트는 혁명 이전 수준으로 경제를 회복하기 위해 혁명 초기에 제안했던 집단농장 제도로 돌아가고 신경제정책(NEP)을 채택했다. 소비에트 당국은 몰수한 토지와 징발한 가축을 무슬림 소유주에게 돌려주고 관개시설 재건을 장려하는 등의 조치를 통해 내전으로 인한 피해를 복구하는 데 힘을 쏟았다. 또한 많은 국영기업을 다시 민영화하고 강제징발도 중단했다. 정부는 오랫동안 유목민의 정착화를 포기하고, 유목민에게 일정한 목초지를 할당해주었다. 이는 유목민의 부분적인 정착을 유도하려는 조치였다. 쌀과 다른 곡물 대신 목화생산을 늘리기 위해 가장 많이 노력했다. 이런 신경제정책에 힘입어 1928년에는 농업과 제조업 부문의 생산이 1913년의 70% 수준까지 회복되었다.

내륙아시아의 경제가 어느 정도 회복되자 소비에트 정권은 토지개혁에 착수했다. 투르키스탄에서는 지주와 와크프의 토지와 용수권(用水

權)을 몰수하는 조치에 착수했다. 1924년에 소비에트 정권은 '봉건적인 부족사회의 잔재'를 청산하기 위해, 대규모 장원 및 중소지주의 '과잉' 재산을 몰수하여 빈민과 소작농에게 나눠주었다. 토지개혁은 극빈층 농민의 생활을 향상시키고 농촌엘리트의 정치적 기반을 파괴하기 위한 것으로, 더욱 급진적인 사회개혁을 위한 정지작업이었다. 토지개혁에 앞서 정부는 농업노동자들의 선전운동단체를 조직했다. 이들의 임무는 전통적인 지배층의 권위를 무너뜨리고, 농민들을 선동하여 지주를 몰아내게 하고, 계급투쟁을 조장하는 것이었다. 그러나 이것은 쉬운 일이 아니었다. 대지주와 소지주 사이의 사회적·경제적 경계가 명확하지 않았고, 대지주와 빈농이 문화적으로나 종교적으로 끈끈하게 연결되어 있었기 때문이다. 한편 소비에트 정권은 협동조합과 노동조합을 통해 농민들을 집단적인 조직에 익숙하게 만들었다.

1928년부터 내륙아시아의 공화국들을 포함한 소련 전역에서 공업화와 농업의 집단화가 본격적으로 시작되었다. 같은 해에 국영농장과 집단농장이 도입되었고, 1929년과 1934년 사이에는 농업노동자와 임업노동자의 노동조합이 새로 조직되었다. 1934년에는 농산물 생산에 대한 국가의 통제를 강화하고 농기계 사용의 효율성을 높이기 위해 기계트랙터 정비소를 설치했다. 집단농장의 농민들은 치밀하게 조직화되었다. 농업의 집단화는 집단농장을 관리하는 새로운 엘리트와 농업노동력을 제공하는 새로운 프롤레타리아트를 만들어냈다. 1937년까지 농업집단화는 약 95%가 완료되었다. 예컨대 타지키스탄의 경우 생계형 농업에서 목화·곡물·과일·가축 등의 수출품을 생산하는 경제구조로 바뀌었다.

카자흐스탄은 독특한 변화를 겪었다. 카자흐스탄의 토지개혁은 1921~1922년에 가난한 정착민에게 용수권을 분배하면서 시작되었다. 1926~1927년에는 지주들로부터 약 80만 헥타르의 농지를 몰수하여 빈농들에게 할당했다. 1929년에는 가축을 재분배하고 유목민을 강제로 정착시켜 가축농장과 국영농장에 편입시켰다. 1932년경에는 카자흐 주민의 대부분이 정착생활을 하게 되었는데, 그 대가는 엄청났다. 1930년대에 카자흐스탄 인구는 처형과 중국으로의 이주로 인해 약 90만 명이 감소했고, 가축의 수도 엄청나게 줄어들었다.

소비에트 정권은 내륙아시아의 공업발전을 국가 장기발전계획의 최우선 과제로 추진했으나 1920년대와 1930년대에는 별다른 성과를 거두지 못했다. 면직공업은 1917년부터 1922년까지 내전과 국유화 조치로 완전히 몰락했으나 이후 회복되었다. 1928년부터 1941년까지 소비에트 정부는 기계화된 섬유생산과 각종 공업을 도입하고 석탄과 전력의 생산을 늘려 나갔다. 이것을 토대로 공업화를 심화시키려 했던 것이다. 카자흐스탄의 경제발전은 농산물 가공, 육류 포장, 모직물 산업, 통조림 제조업을 회복하는 데 그쳤다.

내륙아시아에서 소비에트 정권은 경제를 크게 발전시키지는 못했지만, 소련의 여타 지역에 뒤지지 않는 수준의 대중교육을 실시함으로써 교육적인 면에서는 괄목할 만한 성과를 거두었다. 교육투자와 그 성과는 다른 식민지 국가는 물론 무슬림 독립국가에 견주어도 손색이 없었다. 1930년에는 초등교육이 의무화되고, 16세와 30세 사이의 성인을 대상으로 문맹퇴치운동이 전개되었다. 학교에서는 현지어로 수업이 진행되었다. 하지만 1938년에는 러시아어가 소수민족 학교에서 필수과목이 되었다. 1940년대까지 소비에트 정권의 교육정책은 전 인구가 식자능력을 갖추고 소비에트 사회를 수용하는 데 주안점을 두었다. 그 이후에는 직업훈련이 중시되었다.

문맹퇴치운동과 더불어, 소비에트 정권은 사회주의 정신을 전파하기 위한 수단의 일환으로 국민문화를 장려했다. 무슬림을 여러 국민국가로 나눔으로써 애국심보다 하위에 있는 부족적 충성심을 비롯하여 초국적인 종교의식이나 민족의식을 없애고, 이들이 소비에트 정치질서에 통합될 수 있는 국민정체성을 갖도록 했다. 사실 소비에트 정권이 들어서기 전에는 무슬림 사회에 국민이라는 개념이 존재하지도 않았다. 대부분의 무슬림은 자신을 특정 부족·도시·마을의 일원으로 간주할 뿐이었다. 자신을 코칸트와 부하라 같은 영역국가의 구성원으로 인식한 것은 엘리트뿐이었고, 범투르크주의나 범이슬람주의를 자신의 정치적 정체성으로 받아들인 것은 자디드 개혁운동가뿐이었다. 소비에트 정권은 신세대 공산당원·작가·교사가 주도하는 학교·정치집회·극장·클럽·신문·강연·민속예술·가두행진을 통해 무슬림을 국민국가적인 공화국의 틀 안에서 사회주의화하고 교화하는 프로그램을 실행에 옮겼다. 아울러 사회주의적 메시지가 담긴 지방의 역사·언어·서사시·민요·미술을 이용하여 지역문화와 소비에트 문화를 혼합하려고 했다.

　가장 큰 변화를 겪은 것은 언어와 문학이었다. 소비에트 정권은 1926년에 바쿠에서 개최된 튀르크어학 대회에서 아랍 문자의 사용을 금지하고 튀르크어를 라틴 알파벳으로 표기하기로 결정했다. 새로운 알파벳은 복잡한 정치적인 의미를 내포하고 있었다. 그것은 내륙아시아의 무슬림 민족들을 과거의 학문적 유산과 단절시키기 위한 조치였지만, 이를 계기로 무슬림은 이미 라틴 알파벳을 사용하고 있던 터키와 가까워지고 러시아어를 습득하려 하지 않았다. 결국 소비에트 정권은 1939년과 1940년에 새로운 키릴 문자를 도입하고 러시아식 용어의 확산을 통해 내륙아시아의 언어들을 근대화하려 했다. 러시아식 용어 중에서 국제적으로 공인된 기술 및 과학 용어는 내륙아시아 언어의 음소(音素)와 문법에 맞게 수정되었다.

　또한 소비에트 정권은 문학의 근대화에 많은 노력을 기울였다. 1925년에는 범투르크 혹은 범이슬람 문화에 대응할 수 있는 국민문화의 형성을 요구했고, 1934년에는 작가연합을 만들어 저작 및 출판에 관한 새로운 기준을 정하고 작가들에게 이를 강요했다. 소수민족의 정체성을 드러내는 문학에 대한 정치적 탄압은 작가와 검열관 사이의 격렬한 투쟁을 야기했다. 1920년대와 1930년대에 내륙아시아의 문학가들은 소비에트 정권의 억압하에서 자국어를 사용한 새로운 형식의 소비에트 사회주의 리얼리즘을 만들어냈다. 하지만 그들은 사회주의 혁명과 관련된 핵심주제를 다루면서도 전통적인 고전문화를 보존하려고 노력했다. 소비에트 정권은 1930년대 후반에 대대적인 숙청을 단행하여 내셔널리스트 시인과 지식인들을 제거해버렸다.

소비에트 정권은 민족문화의 진흥을 돕는 동시에 조직화된 종교이자 사회적·문화적 영향력이 막강한 이슬람을 무너뜨리기 위해 엄청나게 노력했다. 종교는 시민들이 소비에트 사회에 완전히 동화되는 것을 방해한다고 생각했기 때문이다. 소비에트 정권은 기본적으로 이슬람을 적대시했고, 이슬람 신앙을 '말살'하거나 제거하려는 정책을 펼쳤다. 1918~1920년의 내전기간에는 이슬람 사법행정·종교재산·학교 등 이슬람의 공적 요소를 발본색원하려고 했으나, 정부의 포고령이 제대로 실행되지 않았다. 울라마 세력은 혁명개념이 무신론적이라고 비판하고 소비에트 정부의 정책에 대한 대중의 저항을 부추겼다. 바스마치의 저항과 지역엘리트의 반발이 거세지자 소비에트 정권은 부득이 이슬람 학교·대학·모스크의 문을 다시 열도록 허락하고 와크프도 돌려주었다. 소비에트 정부는 타슈켄트에 '마하마이 샤리아'라는 무슬림 감독기관을 설치하여 학교의 행정과 교사의 훈련, 모스크 관리자의 임명을 감독하게 했다. 소비에트 정권은 이슬람이 주민의 신앙과 정체성에 뿌리를 내리고 있다는 사실을 인정할 수밖에 없었다. 그럼에도 불구하고 소비에트 정권의 이슬람 억압정책은 소기의 성과를 거두었다. 도시에서는 울라마의 영향력이 약화되었고, 무슬림은 점차 세속의 학교와 법정에 의지하기 시작했다.

1924년에 내륙아시아에 공화국들이 수립되면서 소비에트 정권은 새롭게 세속화 조치를 강화했다. 1923년에는 정교분리원칙이 재천명되었고, 1923년과 1928년 사이에는 종교단체를 무력화하는 여러 법률이 제정되었다. 종교단체의 법인 자격과 재산소유권이 박탈되었고, 종교단체가 보유하고 있던 막대한 기부재산이 몰수되었으며, 종교재판소와 종교교육도 폐지되었다. 와크프는 정부기관에 의해 완전히 장악되었고, 1930년에 이르자 와크프 제도 자체가 없어졌다. 대부분의 무슬림 나라들에서도 이와 유사한 조치가 취해졌다. 카디와 관습법정은 한동안 존속하면서 일부다처제·신부값·사법절차에 관한 이슬람법을 시행했다. 그러나 소비에트 법과 상충되는 샤리아의 내용이 무효로 선언되자, 무슬림 주민들은 현실적으로 러시아 법정에 의존할 수밖에 없었다. 1926년에 샤리아 법정은 임의기관으로 전락했고, 1927년에는 마침내 모습을 감추었다. 이 무렵에 이슬람 학교도 대부분 폐쇄되었다. 무신론자 연맹은 유일신 신앙과 코란·예배·금식을 비난하면서 반(反)종교적인 선전공세를 퍼부었다. 1929년에는 이슬람 종교지도자들이 체포되었다. 그 중 다수는 처형되었고, 무슬림의 종교행정도 억압을 받았다.

소비에트 정권의 반(反)종교운동은 주로 이슬람 가족법을 겨냥했다. 1924년과 1926년 사이에 제정된 새로운 가족법은 이혼과 재산 문제에서 여성의 평등권을 인정했다. 또한 법정 혼인연령을 남녀 각각 18세와 16세로 정했고, 신부값·일부다처·여성납치를 금했으며, 여성에게도 완전한 노동권을 부여했다. 얼굴과 신체를 모두 가리는 베일 즉 '파란자'의 착용은 비난의 대상이 되었다. 그러나 무슬림 공동체 내부의 사회적 압력 때문에 여성은 전통적인 관습에서 벗어나거나 법적 권리를 주장하기가 어려웠다. 소비에트 정부는 여성도 노동을 해야 한다고 강조하면서도, 1936년에는 '사회주의' 가족의 중요성과 여성이 아내와 어머니로서 수행하는 역할을 인정했다. 하지만 이 무렵에는 이미 신앙·교육·사법·재산과 관련된 이슬람의 제도적 기반은 모두 와해된 상태였다.

제2차 세계대전 이후

　　제2차 세계대전 이후 소련은 무슬림 주민의 정치적·경제적 동화정책을 유지했지만, 종교적·문화적 정책은 특히 1953년에 스탈린이 사망한 뒤에 대폭 수정했다. 러시아인은 여전히 당·정치경찰·군대·경제계획·교통통신·지방의 공업·관개·수송·재정·은행의 요직을 독차지했다. 그러나 공산당 제1서기, 각료회의 의장, 소비에트 최고회의 의장단 등 일부 '대표성'을 띤 자리는 내륙아시아인에게 할당했다. 정부와 당의 권한 있는 자리는 러시아인 또는 러시아(또는 유럽) 국적을 가진 무슬림 간부들이 차지했다. 당의 제1서기는 현지인이 차지했지만 인사권을 가진 제2서기는 러시아인의 몫이었으며, 이런 원칙은 모든 소비에트 공화국에 공통적으로 적용되었다. 이처럼 러시아인이 정부와 당을 지배하게 된 것은 현지인을 정치적으로 신뢰할 수 없었을 뿐만 아니라 잘 훈련된 지방간부를 충원하기가 어려웠기 때문이다. 러시아인은 현지인의 기술력과 교육수준, 사회생활과 문화양식을 늘 의심의 눈으로 바라보았다.

　　경제개발정책도 오랫동안 일정한 패턴을 유지했다. 제2차 세계대전 중에 소비에트 정부는 우즈베키스탄·카자흐스탄·우랄을 후방의 군수기지로 개발했다. 종전 후에는 비료·철강·전력·석탄·석유·천연가스 개발에 치중했다. 투르키스탄에서는 적극적인 관개사업을 통해 수백만 헥타르의 경작지가 늘어났으나, 낙후된 영농방식과 비료 및 농기계의 부족으로 목화 생산이 크게 늘어나지 못했다. 1960년대 말에야 목화 수확의 기계화가 이루어지면서 경작면적이 늘어나고 노동생산성도 향상되었다. 니키타 흐루쇼프(1953~1964년 재직)가 실시한 처녀지 개간사업에 의해 카자흐스탄은 목축경제에서 농업경제로 완전히 탈바꿈했다.

내륙아시아의 산업화는 카자흐스탄의 목화와 직물, 식품가공, 수력발전, 구리광산과 바쿠의 유전에 집중되었다. 러시아는 상대적으로 낙후된 지역인 내륙아시아로부터 목화·금속·연료 같은 유용한 원자재를 들여오고, 그 대가로 공업과 농업에 대한 투자를 지원했다. 내륙아시아의 경영진과 기술진은 주로 러시아와 우크라이나의 노동자들이었다. 경제가 변화하면서 공장·집단농장·노동조합 같은 새로운 조직이 생겨났고, 많은 노동자가 근대적 경제에 들어왔다. 소비에트 지배하에서 내륙아시아는 아시아의 다른 이슬람 국가보다 높은 수준의 생활을 영위했다. 1950년대에는 영양상태가 양호해졌고, 1960년대에는 주택사정도 개선되었다. 혁명과 내전을 겪으면서 감소했던 무슬림 인구는 1917년과 1959년 사이의 정체기를 벗어나 급속히 증가했다. 1959년에 2,400만이던 무슬림 인구가 1970년에는 4,700만을 헤아렸다. 무슬림 인구는 출산율 증가 덕분에 슬라브인 인구증가 속도보다 4~5배나 빨랐는데, 높은 출산율은 소득증대, 교육확대, 도시화와 무관하게 유지되었다. 소비에트 정부는 식량생산·유통·용역계약·주택건설 부문에서 민간기업을 용인했다.

각 지역에서 소비에트 교육제도가 확산되면서 정부와 정당, 기술직에 고용되는 무슬림의 수가 꾸준히 늘어났고, 상대적으로 러시아인과 유대인, 다른 유럽인의 역할은 줄어들었다. 현지인이 각 공화국의 경제와 정치에서 차지하는 비중도 크게 증가했다. 1957년에 무슬림 기술자들은 우즈베키스탄 노동력의 57.6%에 달했다. 타지키스탄처럼 교육과 사회의 발전이 더딘 지역에서는 현지인 간부의 수가 여타 지역에 비해 상대적으로 적었다. 무슬림은 소비에트 사회에 동화되기를 원하지 않았고, 차별받지도 않았다. 무슬림은 그들만의 신분구조를 가지고 있었고, 하층계급에 속하는 러시아인 이주자들을 무식하고 교양 없는 부류로 깔보았다.

스탈린 사후 소련 정부는 비러시아 문화에 좀 더 관용적인 태도를 보였다. 흐루쇼프는 국제주의적이고 통일적인 소련사회를 옹호했지만, 단기간에 여러 민족의 융합을 이루기가 쉽지 않다는 점을 인정했다. 1964년 권좌에 오른 브레즈네프는 문화적 동화보다는 여러 민족이 소련의 가치를 공유하는 것이 중요하다고 공식적으로 선언했다. 소련정부는 이데올로기와 사회경제적 원칙을 공유해야 한다는 입장은 견지하되, 민족적 차이는 어쩔 수 없는 정치적 현실의 일부로 수용했던 것이다. 실제로 소련의 소수민족은 러시아어와 러시아 문화의 우위를 인정하는 대가로 어느 정도의 문화적 자치를 누릴 수 있었다.

따라서 스탈린 사후에는 다양한 민족문화가 부활하거나 재창조되었다. 내륙아시아의 구전문학은 혼례나 장례 때 부르는 노래·설화·전설·서사시의 형식으로 살아남았고, 계속 출판되고 논의되었다. 과거의 영광을 묘사한 역사소설과 서사시도 발표되었고, 문학적·고고학적 연구를 통해 우즈베크인과 카자흐인 등 중앙아시아 민족의 뿌리가 동방이라는 사실도 밝혀졌다. 학교에서는 간접적인 방법으로 문학과 역사를 가르쳤다. 카자흐어·우즈베크어·아제르바이잔어·타타르어·투르크멘어·키르기스어·타지크어·바시키르어 등의 다양한 언어로 된 간행물도 출판되었다. "러시아 혁명 이전 민족적 유산의 재발견"은 중요한 문화적 조류가 되었다. 이런 자유화 조치에도 불구하고 튀르크어나 내륙아시아의 언어들로 발간된 서적은 대부분 러시아와 유럽을 소재로 다루었으며, 소설을 비롯한 문학작품은 소련 당국의 검열로 인해 그 내용에 제약이 따랐다.

각 공화국은 민족의식을 새롭게 강화하려고 노력했다. 우즈베크인은 소련의 충성스러운 시민인 동시에 행정과 기술의 핵심인력이었고, 러시아어를 유창하게 구사할 뿐만 아니라 복장과 예절 면에서는 영락없

는 유럽인이었다. 그러나 그들은 여전히 스스로를 우즈베크인으로 여
겼고, 러시아의 정체성에 완전히 동화되려는 노력 자체를 경멸했다. 카
자흐인 지식인도 정치적 충성심과 민족적 정체성을 절충하려고 노력했
고, 자민족의 역사를 당대의 사회적 현실과 부합하는 방향으로 재해석
했다. 소비에트 체제하에서 무슬림은 상당한 문화적 변용을 경험하면
서도 러시아 사회에 완전히 동화되지는 않았다.

　제2차 세계대전 이후 소련은 이슬람에 대한 정책을 완화했지만 공식
적으로는 여전히 비우호적이었다. 1941년부터 1953년까지 소련정부
는 무슬림의 여론을 달래고 전쟁에 대한 지지를 얻기 위한 노력의 일환
으로 국가의 통제하에 울라마에게 종교조직의 재건을 허용했다. 1943
년에는 타슈켄트에 무프티아트라는 무슬림 감독기관을 다시 설치하여
우즈베키스탄·카자흐스탄·키르기스·타지키스탄·투르크메니스탄을
관할하게 했다. 이와는 별도로 바쿠(아제르바이잔 관할), 우파(러시아와
시베리아의 타타르인 관할), 다게스탄의 마하치칼라(북캅카스 관할)에 각
각 종교 담당 부서를 두었다. 이들 부서의 장은 무프티 중에서 선출되
었는데, 북캅카스에서는 순니파 무프티와 시아파 샤이흐 알이슬람이
공동대표를 맡았다. 울라마와 모스크 대표자들의 위원회는 혼인·이
혼·할례 같은 종교문제나 의례문제에 대해 파트와를 제시했다. 지방의
모스크는 무타왈리야트(행정위원회)와 회계감사위원회라는 두 선출된
기관의 지배를 받았다. 무타왈리야트는 모스크의 건물과 여타 재산을
관리했다. 평신도회의에서 선출된 위원들에게는 이맘의 권위가 부여되
었다. 1944년에는 종교문제처리위원회가 설치되었고, 평신도 대표자
들이 종교위원회에 활동내용을 보고했다. 이런 공식적인 기관을 통하
지 않은 종교활동은 불법으로 간주되었다.

　가장 중요한 기관은 중앙아시아 및 카자흐스탄 무슬림청으로, 그 영
향력과 권위가 소련 전역에 미쳤다. 무슬림청은 여러 개의 모스크를 관

그림 29. 코란을 연구하는 타슈켄트의 울라마

리했을 뿐만 아니라 소련에 단 두 개 있던 마드라사—부하라의 미리 아랍 마드라사와, 좀 더 수준 높은 학생들을 위한 타슈켄트의 이맘 알 부하리 이슬람 연구소—를 운영했다. 마드라사에서는 향후 종교관리가 될 학생들을 훈련시켰다. 이 두 마드라사말고 다른 이슬람 학교는 없었으며, 샤리아 법정이나 와크프는 단 하나도 없었다.

타슈켄트의 무슬림청은 하디스 선집과 고전, 그리고 소련의 유일한 이슬람 정기간행물인 『소비에트 동방의 무슬림』 등을 출판했다. 영어·불어·러시아어·아랍어·페르시아어·다리어·우즈베크어로 발간된 이 잡지는 역사와 문학에 대한 해설, 종교교과서에 대한 의견, 기념물의 보존에 관한 토론 등을 게재했다. 또한 라마단 엄수, 예언자 무함마드 탄생일 기념, 성묘 방문 같은 문제에 관한 종교적 조언을 제공했다.

무슬림 행정을 담당하는 기관이 설치되었음에도 불구하고, 흐루쇼프

재직기인 1954년과 1964년 사이에는 이슬람 성직자의 '등록 말소'와 모스크에 대한 억압 같은 강력한 반(反)종교 대중운동이 전개되었다. 흐루쇼프의 실각 이후, 소련 정부는 행정력과 경찰력을 동원하지 않고 교육과 회유를 통해 종교활동을 억제하려 했다. 즉 출판과 영화, 라디오 방송, 연구기관의 보고서를 포함한 체계적인 반(反)종교적 정치선전을 통해 이슬람을 공격했다. 소련의 학자들도 이슬람을 시대에 뒤떨어진 종교적 잔재로 취급했다. 1970년대에는 캅카스에서 수피즘을 겨냥한 반이슬람 운동이 다시 일어났다. 당시의 반이슬람 운동은 종교와 근대과학이 양립할 수 없다는 점과 공산주의가 이슬람 도덕에 우선한다는 점을 강조했다.

이에 대해 무슬림 지도자들은 이슬람과 근대와 사회주의가 공존할 수 있다는 것을 분명히 밝혔다. 그들은 소련이 이룩한 경제발전을 높이 평가하고 모스크 사진집에 이어 발전소 사진집을 출판했다. 또한 외국 무슬림 대표단의 방문에 관한 기사, 군축회의와 반핵회의에 관한 보도, 팔레스타인의 대이스라엘 투쟁 옹호 등을 통해 소련의 대외정책을 적극적으로 지지하고 서양 비평가들의 소련 비판에 반론을 제기했다. 울라마는 외국의 종교사절을 영접하거나 외국을 공식 방문하고 사회주의하에서 이슬람이 누리는 이점을 선전하는 등 러시아 외교에서 중요한 역할을 했다. 울라마는 소비에트 시스템을 옹호하고 이슬람을 사회주의 사회의 요구에 적응시켜야 하는 입장에 있었다. 또한 자신들의 신앙이 정당하고 유의미하다고 믿고 싶어 하는 세속적인 전문직 무슬림의 요구에 민감할 수밖에 없었다. 더구나 무슬림 지도자들은 소련식 교육을 받은 시민이었을 뿐만 아니라 시간제 고용인으로서, 또 결혼과 가족 관계를 통해서 소련사회에 참여하고 있었다. 즉 종교지도자 자신의 정체성에는 소련식 근대성과 이슬람이 혼재해 있었다. 공식 종교단체의 존속은 정부와 울라마 집단 사이에 암묵적인 협력이 있었음을 의미한다. 정부가 이슬람 행정을 지원한 데는 무슬림의 지지를 얻으려는 계산이 깔려 있었지만, 공식단체를 해산시킬 경우 지하 이슬람 운동을 부채질할지도 모른다는 우려도 한몫했다. 무슬림 지도자들은 이슬람 조직을 유지시켜준 것에 대한 보답으로 소련 정권에 지지를 보냈던 것이다.

국가가 관리하는 이슬람과 더불어 대안적인 형태의 비공식 종교활동도 활발했으며 특히 농촌지역에서는 그 영향력이 매우 컸다. 수피형제단은 조직적인 결속력은 없었지만 부족의 세력이 강한 투르크메니스탄·키르기스스탄·카자흐스탄·캅카스에서 여전히 중요한 위치를 점하고 있었다. 묘나 성묘에 대한 순례도 비공식적인 무슬림 종교생활의 일부로 남아 있었다. 애니미즘적인 의식도 이슬람을 가장하여 몽매한 사람들을 파고들었다. 정령의 침범을 막고 귀신을 쫓으며 상처를 치료하는 목적으로 부적이 이용되었다. 전(前)이슬람 시대부터 전해 내려온 조상숭배와 샤머니즘도 사라지지 않았다. 돌팔이 의사와 떠돌이 무당 외에 성자를 자처하는 무리도 있었다. 가정에서 출산·혼인·장례 때 행하던 의례는 주술적인 성격이 강했다. 전통적인 신앙이 지속될 수 있었던 것은 소련사회의 경제와 정치에 완전히 흡수되지 않은 공동체가 존속했기 때문인 것으로 보인다. 하지만 전반적으로 소련의 무슬림은 산업발전과 도시화, 공교육의 수준 향상, 여성의 사회진출 등에 힘입어 점점 세속화되었다. 특히 전문직 종사자와 숙련노동자 사이에서는 예배·금식·애도를 비롯한 종교적 의례에 대한 관심이 갈수록 희박해졌다. 그렇지만 지식인들은 모국어와 민족적 정체성, 종교적 관습에 강한 애착을 보였다. 그들은 러시아인과 혼인하지 않았을 뿐만 아니라 여성의 지위, 라마단 엄수, 축제, 출생·할례·혼례·장례 등의 의례와 관련된 무슬림의 전통을 고수함으로써 소련사회에 동화되는 것을 거부했다.

일부 무슬림 엘리트는 소비에트 시스템에 흡수되었지만 대중은 동화되지 않았다. 무슬림은 공동체로부터 이탈하는 것을 두려워했다. 그들은 씨족, 부족, 민족공화국, 보편적인 무슬림 공동체, 소련정부 등 다원적이고 때로는 상충되는 집단에 대한 충성심을 유지했다. 소련의 무슬림은 소련 시민이자 소수민족인 동시에 이슬람 유산의 계승자라는 절충적인 성격의 정치적 정체성을 갖고 있었다.

이와 같이 소련의 무슬림은 철저한 경제적·사회적 근대화를 체험했고, 소비에트의 정치교육을 통해 새로운 가치관을 습득했다. 전통적인 사회구조는 무너졌고, 기성 엘리트는 제거되었으며, 이슬람에 기초한 전통적인 교육·법률·관행은 억제되거나 폐지되었다. 울라마는 국가의 지배를 받게 되었다. 수피형제단 역시 비밀결사로 겨우 명맥을 유지했고, 캅카스의 일부 지역을 제외하고는 추종자도 많지 않았던 것으로 보인다. 정치와 과학에 대한 소련식 사고가 무슬림의 세계관을 지배하게 되면서 심지어 사적인 신앙의 차원에서도 이슬람의 위상이 위축되었다. 동시에 소련정권은 다민족으로 구성된 소비에트 정치사회에 무슬림을 통합시키기 위해 세속화된 국민적 정체성을 적극 권장했다.

비록 이슬람은 정치적인 차원에서는 위상을 잃었지만, 무슬림의 신앙과 정체성을 뒷받침하는 역할에는 변함이 없었다. 심지어 정치적으로 동화된 무슬림, 즉 자신을 소련시민으로 여기고 국가에 충성하며 사회주의의 정치적·경제적 가치를 수용할 뿐만 아니라 러시아어를 구사하고 유럽식 복장과 예절에 익숙하며 근대적 기술과 행정능력을 갖춘 무슬림조차도 민족적이고 가족적인 문화와 자아상(自我像)의 차원에서는 별개의 정체성을 유지했다. 이슬람은 언어와 민족의식을 배경으로 여전히 소련 무슬림 인구의 마음을 사로잡고 있었다. 특히 농민과 도시이주민, 그리고 사회와 경제의 변화에 영향을 받지 않은 노년층 사이에서는 이슬람의 힘이 온전히 지속되었다. 터키에서는 이슬람 정권이 이어졌으나 소련에서는 역사상 유래가 없는 새로운 형태의 정권이 수립되었다. 그러나 근대적인 세속국가가 건설되면서 양국에서는 이슬

람이 개인의 신앙과 사회적 정체성을 뒷받침하는 종교로 자리매김하게
되었다.

구소련 내륙아시아의 신생 독립국가

　　　　　1991년에 소련이 붕괴되자, 무슬림의 종교적·민족적 정
체성을 둘러싼 수십 년 동안의 투쟁은 막을 내렸다. 그러나 신생 독립
국가들의 출현으로 이 문제가 완전히 해소된 것은 아니었다. 소련의 붕
괴는 오히려 정치권력과 경제적 자원, 민족적·지역적·종교적 정체성을
둘러싼 갈등을 격화시켰다.

　미하일 고르바초프(1986~1991년 재직)의 시대에, 소수민족은 러시
아의 정책과 권위에 도전하기 시작했다. 1988년에는 카자흐스탄에서
반정부시위가 일어났고, 1989년에는 키르기스인이 키르기스어의 사용
을 요구하며 시위를 벌였다. 우즈베키스탄의 페르가나 계곡에서 민족
분쟁이 일어나자, 러시아인은 이 지역에서 철수하기 시작했다. 1991년
8월과 12월 사이에 중앙아시아 국가들은 잇따라 독립을 선언했고,
1991년 12월 9일에는 소련 지도자들이 민스크에 모여 소련의 해체와
함께 새로운 독립국가연합(CIS)의 창설을 공식적으로 선언했다. 독립
국가연합에 속한 주권국가들은 군사적·경제적 협력관계를 유지하기로
합의했다.

　새롭게 독립한 중앙아시아 국가들(우즈베키스탄·타지키스탄·키르기
스스탄·투르크메니스탄·카자흐스탄)은 시류에 맞춰 이제는 내셔널리즘
이나 세속주의를 표방하는 전(前)공산당 간부들에 의해 좌우되었다.
이들은 정치기구와 경찰조직을 완전히 장악하고 고도로 권위주의적인
정권을 세웠다. 여기에 반대하는 세력은 다양한 대중적·부족적·민족
적·종교적 어젠다를 제시했다.

독립과 함께 이들 지역의 경제는 붕괴했다. 소비에트 시대의 경제는 목화생산과 광업, 천연자원 개발에 집중되어 있었다. 목화생산에 치중하느라 곡물생산이 뒷전으로 밀려났고 식량은 외부에서 수입하는 실정이었다. 살충제와 비료의 사용은 토양을 오염시켰다. 관개시설 확충은 용수를 고갈시켰고 그 결과 아랄 해의 면적이 줄어들었다. 소련정권 말기에 생산성은 이미 내리막길을 걷고 있었다. 더구나 중앙아시아 국가들은 식민지로서 착취당했다. 이들은 소련 목화의 대부분을 생산했지만, 의류는 거의 생산하지 않았다. 수력발전소가 이 지역과 유럽러시아*에 전력을 공급했던 탓에, 카자흐스탄을 제외한 중앙아시아의 석유와 가스는 개발되지 않았다. 문맹률은 크게 낮아졌지만, 사회복지와 보건 서비스는 열악해서 소련의 평균수준에도 미치지 못했다. 인플레이션, 식량부족, 높은 실업률, 마피아식 기업관리, 부패, 정치적 불안 등과 같은 소련의 유산은 경제를 파탄으로 몰고 갔다. 신생국들은 저마다 경제 자유화를 약속했지만 토지의 재분배조차 이루어지지 않았다.

중앙아시아 지역은 풍부한 석유와 가스를 보유하고 있고, 특히 카자흐스탄·투르크메니스탄·아제르바이잔은 상당한 매장량을 자랑한다. 그러나 신생국들은 다른 나라의 영토를 통과하지 않고는 석유와 가스를 수출할 수가 없다. 이 지역 국가들 사이의 경쟁은 모두의 경제적 기회를 가로막고 있다. 러시아는 이미 자국 영토를 통과하고 있는 수송관을 통제하여, 투르크메니스탄과 카자흐스탄이 비싼 가격에 유럽으로 수출할 수 있는 원유와 가스를 러시아로 끌어들이고 있다. 러시아는 새로 건설되는 수송관이 자국영토를 통과하여 흑해로 연결되기를 바란다. 제2의 쿠웨이트를 꿈꾸는 투르크메니스탄은 터키와 이란을 가로지르는 방안을 선호하고 있다. 하지만 미국의 지원을 등에 업은 터키는

* 러시아에서 유럽에 속한 부분.

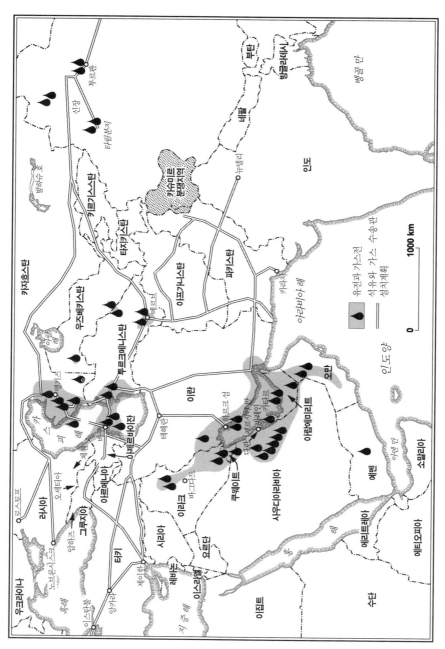

유전, 가스전과 수송관: 중동과 내륙아시아

지도 36

이미 위험할 정도로 많은 수송관이 설치되어 있는 다르다넬스 해협과 보스포루스 해협을 통과해야 한다는 점 때문에 흑해 루트에 반대하고, 지중해로 직행하는 새로운 수송관의 건설을 주장한다. 최단거리의 수출경로는 이란을 지나가는 것이지만, 미국이 정치적인 이유로 반대하고 있다. 카스피 해의 원유나 가스의 매장량과 투자 수익성에 대한 의문도 제기되고 있다. 현지의 정치적 불안과 수많은 지역분쟁도 외국인 투자자들을 주저하게 만든다.

중앙아시아의 신생독립국들은 대부분 국민적 정체성을 확립하는 문제로 어려움을 겪고 있다. 이들 국가의 정부는 이슬람 운동에 적대적인 태도를 보이면서, 세속주의에 기초한 국민적 정체성을 규정하고자 한다. 그러나 다양한 파벌·민족집단·내셔널리스트·이슬람 단체는 구(舊)공산당 세력이 주축을 이루고 있는 정권에 반대하고 있다. 모든 신생국가에서는 러시아인 인구와 비러시아계 토착민 인구 사이의 갈등이 첨예하다. 중앙아시아의 어느 나라에서나 다수민족을 차지하는 인구는 자기들의 고유 언어가 국어가 되어야 한다고 생각하며, 실제로 투르크멘어나 우즈베크어, 또는 카자흐어를 국어로 채택했다. 그러나 그들은 러시아인 주민의 특별한 지위를 인정하지 않을 수 없다. 러시아인 주민은 그 수가 상당하고 경제와 행정에서 결정적인 역할을 담당하고 있을 뿐 아니라, 러시아와의 동맹도 중요하기 때문이다. 모든 국가에서 다수민족과 소수민족 사이에 분쟁이 발생하고 있고, 일부 지역에서는 부족·씨족·지역 집단이 중앙정부에 반발하고 있다. 하지만 이런 세력들을 통합할 수 있는 정당은 아직까지 출현하지 않았다.

이슬람의 부흥은 이들 국가의 정체성 문제를 더욱 복잡하게 만들고 있다. 소련은 해체되는 마지막 순간까지도 철저하게 이슬람을 통제했다. 이슬람 성직자를 양성하는 마드라사는 소련 전역에 두 곳밖에 없었고, 메카와 메디나의 순례도 일부에게만 허용되었다. 소련의 해체와 함께 그동안 억눌려왔던 다양한 요구가 봇물처럼 터져 나왔고, 이슬람 국가의 건설을 주장하는 호전적인 단체까지 등장했다. 이런 경향에 영향을 준 것은 해외의 사조, 범이슬람주의와 범투르크주의의 가르침, 자디드 운동, 울라마의 모스크 및 종교학교 건설, 수피즘의 부활 등이었다. 사우디아라비아, 걸프 연안국들, 파키스탄의 강력한 지원에 힘입어 이른바 와하비 운동도 되살아났다. 와하비 운동은 개혁주의와 경전주의를 지향하면서 모스크와 학교의 건립, 종교교육에 특별한 열의를 보이고 수피즘에 대해서는 적대적인 태도를 취한다. 그러나 와하비 운동은 민족의 경계를 뛰어넘지 못하고 있으며 특히 아프가니스탄과 타지키스탄의 내전을 조장한 것으로 알려지면서 중앙아시아 주민들의 의구심을 샀다. 수피즘의 부활로 예배·치유·교육 같은 수피의 전통적인 기능과 대중적인 이슬람의 신앙과 관행이 되살아났다. 마지막으로 타지키스탄과 우즈베키스탄에서는 이슬람 국가의 창설을 목표로 하는 이슬람 정당도 결성되었다. 중앙아시아 신생 독립국가들의 지배층은 종교지도자들을 체제 안으로 끌어들이기 위해 애쓰고 있다. 카자흐스탄은 소련이 만들었던 중앙아시아의 종교 담당기관을 모방하여 카자흐스탄 종교청을 설치하고 종교교육과 모스크 보수, 순례단 파견 등의 사업을 추진하고 있다. 우즈베키스탄과 투르크메니스탄도 이와 유사한 종교단체를 가지고 있다.

중앙아시아의 이슬람 국가들은 전세계에 존재하는 모든 이슬람 신앙·관행·조직의 축도(縮圖)이다. 이처럼 다양한 형태로 이슬람이 되살아난 것은 정치력을 발휘하여 이들을 통합할 역량을 가진 세력이 형성되지 못했기 때문이다. 이슬람 자체도 다양한 민족집단을 통합하지 못하고 있는 실정이다. 각 민족은 독자적인 학교·모스크·상점·카페를 갖고 있다.

주요 나라들의 정치상황은 매우 불안정하다. 카자흐스탄의 누르술탄

나자르바예프 대통령은 러시아계 주민의 압력, 카자흐 내셔널리즘의 요구, 카자흐스탄의 핵무기에 대한 국제사회의 압력, 막대한 잠재력을 가진 텡기스 지역 가스와 유전의 개발 등 어려운 과제를 놓고 고심하고 있다. 물론 가스와 유전의 개발은 수송관이 건설된 뒤에나 실현될 수 있는 일이다. 나자르바예프는 러시아와 우호관계를 유지하기 위해 노력하는 동시에 호전적인 내셔널리즘을 무마하기 위해 카자흐인의 문화적 정체성을 장려하는 데도 힘을 쏟고 있다. 구(舊)공산당 엘리트 세력의 집권에 반대하는 야당들——아자트(자유당)와 반핵녹색당을 비롯해서 과격한 카자흐 내셔널리즘 정당과 이슬람 정당들——은 모두 파괴되어 지하로 잠적했다. 이슬람은 카자흐인의 독자적인 정체성의 기반으로 여전히 상당한 영향력을 발휘하고 있다. 알마아타의 카디 라드베크 니산바이는 코란을 카자흐어로 번역하고 마드라사를 개설했으며, 신문을 발간하고 모스크를 세워 이슬람 부흥을 이끌었다. 이슬람을 통해 스스로를 카자흐인이나 러시아인과 구별하려는 카자흐스탄 내 소수자도 이슬람 부흥을 크게 환영하고 있다.

우즈베키스탄의 대통령 이슬람 카리모프는 과거에 우즈베크 공산당(현재는 국민민주당으로 당명 변경) 제1서기였다. 그는 권위주의 정권을 세우고 정치와 경제를 엄격히 통제하면서 중앙아시아의 맹주를 꿈꾸고 있다. 그러나 경제가 위태위태하고 세계은행과 외국인 투자자들도 우즈베키스탄을 외면하고 있다. 야당세력은 다종다양하고 사분오열되어 있는 상태이다. 특히 페르가나 계곡에서는 우즈베크 내셔널리스트와 여러 소수자 집단 사이의 충돌이 끊이지 않고 있다. 카리모프는 자신의 퇴진과 러시아의 영향력 차단, 범투르크 동맹을 요구해온 우즈베크 내셔널리즘 정당 비를리크를 해산시켰다. 무슬림 세력은 결집력을 발휘하지 못하고 있고, 공식적인 이슬람의 위계는 아흘레 순나, 우즈베키스탄 이슬람 운동, 이슬람 민주당의 도전에 직면해 있다. 아흘레 순나는 사우디아라비아의 지원을 받아 모스크와 마드라사 건립에 주력하고 있고, 우즈베키스탄 이슬람 운동은 수천 명의 전사를 거느리고 이슬람 국가의 건설을 요구하는 호전적인 단체이다. 이슬람 민주당은 폭력적인 수단에 반대하면서 샤리아의 시행을 주장한다. 이슬람 개혁주의자와 정치단체들은 대중 수피즘을 시온주의자나 터키의 음모라고 비난하고 있다. 무슬림은 분파주의와 분열로 정치력을 상실했고, 정부는 이슬람의 정치적·사회적·도덕적 개혁운동을 억압하고 있다. 미국이 아프가니스탄 문제에 개입하면서 이슬람주의자와의 관계에서 카리모프 대통령의 입지가 강화되었다.

키르기스스탄은 아스카르 아카예프 대통령이 통치하고 있다. 아카예프 대통령은 물리학자 출신의 자유주의자로, 1991년 선거에서 경제 민영화를 공약으로 내걸고 대통령에 당선되었다. 그러나 1994년 7월 아카예프는 의회를 해산하고 비판적인 신문을 폐간했으며 독재권력을 휘두르고 있고, 민영화와 시장경제 프로그램도 사실상 포기했다. 무슬림 단체들은 비시케와 오시 같은 주요 도시에서 활발하게 활동하면서 모스크와 학교를 건립하고 있으나, 이슬람 정당의 활동은 억제되고 있다.

전(前) 투르크메니스탄 공산당 제1서기 사파르무라드 니야조프(투르크멘바시라고도 함)는 1990년 8월에 투르크메니스탄의 독립을 선포했고, 1991년에 대통령에 당선되었다. 이후 공산당은 투르크메니스탄 민주당으로 당명을 바꾸고 유일 정당으로서 니야조프 독재정권을 떠받치고 있다.

타지키스탄은 다른 중앙아시아 국가들과는 달리 내전에 빠져들었다. 전(前)타지키스탄 공산당 제1서기였던 라흐몬 나비예프는 공산당의 위계를 유지하면서 억압적 조치로 권력을 강화했다. 이슬람 부흥당은 이슬람 국가의 창설을 요구하면서 나비예프에게 완강히 저항했으나, 나비예프를 무너뜨리지는 못했다. 그러나 그것으로 상황이 수습된 것은 아니었다. 지방과 부족 엘리트의 도전, 아프가니스탄과 이란의 후원을 받는 파벌들의 대두, 러시아와 우즈베키스탄의 간섭 등의 시련이 이어졌고, 마침내 사회질서가 완전히 무너지고 말았다. 일련의 끔찍하고 파괴적인 충돌을 거친 뒤에 쿨리아브 주(州)를 중심으로 새로운 지역 연합이 형성되어 1994년 11월에 에모말리 라흐몬을 대통령으로 선출했다. 중앙아시아의 신생국들 중에서 타지키스탄의 정국이 가장 불안정하다.

러시아·터키·이란은 이 지역에 대한 영향력을 유지 또는 확대하기 위해 노력하면서, 특정 파벌과 정책을 지원하고 있다. 터키는 캅카스와 중앙아시아 지역을 대상으로 흑해 경제협력회의를 설립하여 인프라 투자, 학생교류, 텔레비전 방송, 봉사요원 및 전문가 파견 등의 다양한 활동을 전개하고 있다. 또한 중앙아시아 국가들이 사용하는 튀르크어를 서양식 알파벳으로 전환하는 작업에도 참여했다. 그럼에도 불구하고 터키의 영향력은 상당히 제한적이다. 구소련 지역의 맹주를 자처하는 러시아가 터키의 구상을 견제하고 있기 때문이다. 러시아는 우즈베키스탄을 비롯한 전(前) 소비에트 국가들과 상호원조조약을 체결했고, 우즈베키스탄과 타지키스탄 사이의 분쟁에도 개입했다. 또한 러시아와 터키는 원유와 가스의 수출을 위한 대체 수송관 건설을 둘러싸고 경쟁을 벌이고 있다.

이란도 중앙아시아에서 중요한 역할을 하고 있다. 이란은 페르시아어를 사용하는 타지키스탄과 밀접한 문화적 관계를 유지하고 있다. 이란은 페르시아어 협회와 카스피 해 경제기구를 후원하고, 타지키스탄 이슬람 부흥당의 자금을 제공해왔다. 이란은 철도로 투르크메니스탄과 연결되어 있으며, 원유와 가스 수송관의 건설도 제의하고 있는 상황이다. 이란은 카스피 해 일대에서 무시하지 못할 위상을 확보하고 있다.

캅카스

　　캅카스 지역은 18세기 말과 19세기에 러시아에 흡수되었다. 역사적으로 캅카스의 민족들은 자유인 신분의 농민과 여러 유형의 농노 또는 노예를 지배하던 귀족층에 의하여 통치되었다. 어떤 집단은 종족이나 씨족 연맹체를 구성하기도 했다. 이슬람은 7세기 아랍인의 정복을 통해 아제르바이잔과 남부 캅카스 지역에 처음으로 소개되었고, 그후 11세기에 셀주크인이 이주해오면서 본격적으로 확산되었다. 12~13세기에는 몽골의 킵차크한국이 북부 캅카스 지역에 이슬람을 전파했고, 16~17세기에는 크림한국과 오스만 제국이 이슬람을 광범위하게 확산시켰다. 18세기에는 낙슈반디야 교단이 다게스탄에 소개되었다. 캅카스의 학자들은 메카와 메디나에서 수학하고 다마스쿠스와 알레포에서 교사생활을 하면서 울라마 및 수피와 국제적인 유대를 갖게 되었다. 그러나 러시아의 지배가 시작될 무렵만 해도 무슬림은 150만 명 정도로 캅카스 총인구의 일부에 불과했다. 그들은 튀르크어·이란어·캅카스 방언을 사용하는 20여 개의 언어집단으로 나뉘어 있었다. 엘리트 집단은 주로 무슬림이었지만, 일반 주민들은 애니미즘을 신봉했다.

　이 무슬림 인구 중에서 체첸인의 비중이 가장 컸지만, 이들에게는 19세기까지 하나의 통일된 민족이라는 개념이 없었다. 그들은 자신들을 공통의 언어를 사용하는 사람(바이나흐, 우리 사람들)으로 인식했다. 그들은 씨족(가르스)을 단위로 부족(테이프)을 형성했고, 테이프가 합쳐져 투쿰(부족연합)을 형성했다. 체첸 사회에서는 가장이 가정에서 절대적인 권위를 행사했고, 투쿰 차원에서는 장로회의가 투쿰의 이익을 대변했다. 이슬람은 현지 군주의 정복활동 또는 순회 포교사(쿠미그)에 의해 다게스탄에서 이 지역으로 전파되었다. 19세기 초까지는 현지 물라의 수가 많지 않았고, 이들의 영향력도 미미했다. 또한 체첸 사회의 법률체계도 샤리아보다는 아다트(관습법)에 의존했다. 예컨대 여성이 자발적으로 혼인을 취소할 수 있었다.

러시아는 18세기 초에 캅카스 지역에 침투하기 시작했다. 사파비 왕조가 몰락하면서 러시아가 1723년에 북부 다게스탄을 장악했고, 오스만 제국이 동부 그루지야와 남부 다게스탄을 점령했다. 이후 러시아는 1801년과 1804년 사이에 그루지야를 합병했다.

18세기 말과 19세기에 낙슈반디야 교단의 이맘이 자유농민지주들을 이끌고 러시아에 저항했으며 족장들이 여기에 가세했다. 샤이흐 만수르(1760년경~1791년)는 이슬람의 확산과 종교적 분규의 종식, 이교도의 개종을 위해 노력했다. 그는 예언자 무함마드가 자신에게 보낸 기사(騎士)를 보았다고 주장하면서 이맘을 자칭했다. 또한 자신의 신성함을 가리기 위해 몸을 베일로 감쌌고 음주와 흡연을 금했다. 그는 이슬람의 정화, 이슬람에 부합하지 않는 종교적 관행의 폐기, 샤리아에 의한 통치, 불신자에 대한 성전이라는 네 가지 원칙을 내세웠다. 만수르는 자유농민과 현지 유력자들의 연합을 구축했지만 결국 유력자들에게 버림을 받았다. 그는 1787년 전투에서 패했고, 1791년에 생포되고 말았다.

이 패배에도 불구하고, 그의 노력으로 캅카스에 이슬람이 뿌리를 내리고, 후대의 수피 설교사들은 캅카스를 러시아에 대한 이슬람 저항운동의 본거지로 삼게 되었다. 샤밀(1834~1859년에 활동)은 부족연맹을 뛰어넘는 공동의 국가를 건설하기 위해 노력한 걸출한 지도자였다. 그는 샤리아를 시행하여 부족 사이의 유혈분쟁을 종식시켰고, 상속·혼인·이혼·범죄행위에 이슬람법을 적용했으며, 음주·음악·흡연을 금지시켰다. 또한 코란 학교를 설립했다. 하지만 그가 부족연맹을 능가하는 권위를 행사하고 세금을 부과하자, 이에 대한 저항도 만만치 않았다.

샤밀의 국가는 충직한 할리파와 전사(무리드)를 근간으로 해서 건설되었으며, 주로 낙슈반디야 교단이 기반을 다져놓은 지역에서 성공을 거두었다. 샤밀은 러시아인과 반대파 부족들에게 1859년에 패했다.

그의 패배에도 불구하고, 아니 어쩌면 그 때문에 수피즘은 더욱 위세를 떨치게 되었다. 수피는 초자연적인 존재와 소통하고 악령을 쫓아낼 수 있는 능력을 지니고 있을 뿐만 아니라 인간과 하느님을 중재하는 안내자라는 믿음이 더욱 깊어졌다. 사람들은 성묘, 교차로, 언덕, 동굴, 바위 등 러시아에 대항하여 전투를 벌였던 성스러운 장소를 순례하고 질병치료와 임신 같은 개인의 소원을 빌었다. 낙슈반디야 교단과 함께 카디리야 교단도 많은 추종자를 확보했으며 큰소리로 코란을 암송하고 춤을 추며 음악을 연주하고 북을 치는 독특한 의식(디크르)을 선보였다. 1877~1878년에는 낙슈반디야와 카디리야 교단이 함께 반란을 일으켰으나 러시아군에 의해 진압되었다. 캅카스의 무슬림은 러시아가 혁명의 소용돌이에 빠진 것을 틈타 이 지역에서 러시아 세력을 몰아내고 자치정부를 세우려고 했다. 울라마는 1917년에 대회를 개최하고 이맘을 선출했으며, 이맘은 1920~1925년에 반(反)러시아 운동을 이끌었다. 그러나 무슬림의 저항은 다시 한번 러시아에 의해 수포로 돌아갔다. 러시아는 종교지도자들을 체포하고 저항세력을 무장해제시켰을 뿐만 아니라 이슬람 기구와 샤리아 법정을 폐쇄했다. 그럼에도 불구하고 1928~1936년, 1940~1944년에도 폭동이 이어졌다. 제2차 세계대전 기간에 소련은 체첸-잉구시아의 모든 주민을 카자흐스탄과 시베리아로 추방하고, 그 영토를 러시아와 그루지야 소비에트 공화국으로 분할시켰다. (1944년에 러시아는 타타르인이 독일에게 협조했다는 이유로 크림반도에 거주하던 타타르인을 내륙아시아로 추방하고, 이들의 지역을 우크라이나에 통합시키기도 했다.)

소비에트 시대 막바지에, 캅카스 주민들은 라마단 금식을 행하고 성묘를 찾는 등 이슬람에 대한 강한 애착을 갖고 있었다. 코란 학교도 많았고, 수피는 예배와 가정의 의례를 주재했다. 이 지역에서 수피형제단이 건재할 수 있었던 것은 수피 지도자와 신자들 사이의 엄한 규율과, 수피형제단을 가족 또는 씨족(테이프)의 일부로 생각하는 사회적 인식 덕분이었다. 경우에 따라서는 한 마을에 거주하는 여러 세대가 스스로를 수피형제단의 일원인 동시에 같은 조상의 후손이라고 생각했다. 그러나 1970년대부터 이 지역에서도 이슬람 부흥운동이 시작되었다. 포교사들은 다게스탄과 체첸의 농촌마을에 침투하여 이슬람의 정화와 코란 및 순나에 대한 믿음을 가르치는 한편 성묘에 대한 참배, 마울리드 축제, 부적과 주문의 사용 같은 수피의 관행을 비판했다.

소련이 쇠락하자 두다예프 장군이 1990년에 체첸 국민회의를 창설했다. 그는 1991년에 쿠데타로 정권을 장악하고 같은 해 11월에 체첸 독립을 선언했다. 1994년에 러시아는 영토를 보전(保全)하고 비적떼로부터 나라를 수호한다는 명분으로 체첸을 공격했으며, 치열한 공방전 끝에 수도 그로즈니를 쑥밭으로 만들었다. 그러나 막대한 군사적 손실은 물론이고, 체첸 침공의 정당성을 놓고 국론이 분열되어 어려움에 빠진 러시아는 명목상의 관할권을 유지한 채 사실상 체첸 독립을 허용하게 되었다. 1996년에 체첸은 이슬람 공화국 수립을 선포했다. 한편 일부 와하브파는 농촌지역에 이슬람 공화국을 세우겠다고 선언하고, 지역의 안전을 책임지고 이슬람법에 따라 혼인, 상속, 토지분쟁을 처리하겠다고 주장했다. 1998년에 그들은 캅카스에 칼리프제를 확립한다는 명분으로 지하드를 선포했다. 1999년에는 샤밀 바사예프의 지도 아래 이웃한 다게스탄의 마을들을 공격하여 제2차 러시아-체첸 전쟁을 촉발했다. 러시아는 군사적인 수단을 동원하여 체첸을 점령했으나, 게릴라 활동을 잠재우지는 못하고 있다. 체첸에서는 중무장한 분파들이 득세하고 씨족과 폭력집단이 권력을 다투고 있다. 러시아는 체첸을 정치적으로 지배하겠다는 결의를 다지고 있지만, 얼마나 많은 군사적·정치적 노력을 기울여야 할지 확신하지 못하고 있다. 이런 정국의 불안정은 지금도 계속되고 있다.

인접한 다게스탄의 무슬림 역시 수많은 경쟁세력으로 분열된 가운데, 다게스탄 종교청과 와하브파가 종교계를 주도하고 있다. 다게스탄 종교청은 모스크·학교·자선사업·출판·이슬람 축일·순례를 후원하고 있다. 와하브파는 지방색을 띤 이슬람보다는 경전주의적인 이슬람을 대표하며, 일상적인 사회생활과 의례를 이슬람화하는 데 주력하고 있다. 캅카스의 다른 지역에서도 분리주의 운동이 일어나고 있다. 그루지야의 무슬림 소수자인 아브하즈인과 오세트인은 러시아와의 재연합이나 영역적 독립을 요구하고 있다. 두 민족 모두 러시아의 도움을 받아 그들의 목표를 부분적으로 달성해왔다.

아제르바이잔

아제르바이잔은 1924년 이래 소련의 일부였다. 소비에트 통치는 시민사회를 파괴했을 뿐만 아니라 나라를 지연이나 혈연에 기반하여 서로 경쟁하는 관료 마피아가 농단하게 만들었다. 1989년에 아제르바이잔 내셔널리스트들은 아제르바이잔-투르크 문화의 회복과 키릴 문자의 폐지를 주장하고 독립을 요구했다. 이듬해인 1990년에는 바쿠에서 봉기를 일으켰으나 러시아군에 의해 진압되었다. 그러나 공식적으로 소련이 종말을 고하면서 아제르바이잔은 독립국이 되었다.

아제르바이잔의 당면과제는 나고르노-카라바흐 지역의 지배권을 둘러싼 아르메니아와의 전쟁이다. 나고르노-카라바흐는 아제르바이잔 영토 내에 있는 자치구역으로 주민은 아르메니아 정교를 믿는 아르메니아인이다. 1988년에 아르메니아가 나고르노-카라바흐에 대한 권리를 주장하자 아제르바이잔은 1990년 11월에 이곳의 주민에 대해서 영토적으로 종주국의 권리를 내세우며 자치권을 박탈했다. 그 결과 양국은 전쟁에 돌입했고, 아제르바이잔이 패했다. 그후 몇 차례 대통령이 바뀐 끝에 1993년에 헤이다르 알리예프가 군사 쿠데타로 정권을 잡았다. 사실상 구공산당 엘리트가 다시 요직을 자치했고, 러시아의 입김이 되살아나고 있다.

알리예프는 이데올로기나 정치적 원칙을 내세우기보다는 강력한 보스나 군벌을 대변하는 수많은 정당과 분파의 도전을 받고 있다. 아제르바이잔은 민족적 갈등, 가문 또는 지방 보스들 사이의 경쟁, 분파적 정당, 경제적 혼란, 러시아를 비롯한 외세의 개입 등으로 초래된 난국을 타개하고 확고한 국민적 정체성을 창조해야 하는 과제를 안고 있다. 아제르바이잔의 경제와 유전 개발은 대외협상 및 수송관 건설과 관련된 지배세력 내부의 주도권 싸움으로 답보상태를 면치 못하고 있다. 문화적인 차원에서 지배층은 터키와의 관계를 강조하고 있으나 이란과의 관계도 상당히 긴밀하다. 소련 해체 이후에는 모스크 방문과 순례가 자유롭게 이루어지고 있다. 이슬람 국가건설 또는 도덕개혁을 표방하는 정당도 있지만, 이슬람이 아제르바이잔의 정치에서 차지하는 비중은 크지 않다.

두 세기에 걸친 러시아의 지배와 여성의 교육·법적 권리·고용을 확대하기 위한 소련의 정책이 있었음에도 불구하고, 아제르바이잔은 기본적으로 이슬람에 기초한 전통적인 가족문화를 유지하고 있다. 자디드 운동 세대는 여성해방이 국가 진보에 꼭 필요하다고 주장했다. 소련은 여성의 식자능력과 교육수준을 높이고 여성의 고용을 늘리기 위해 노력했지만, 대부분의 여성은 농업이나 단순 기술직을 벗어나지 못했다. 또한 표면적으로는 여성에게 사회의 문호를 개방했으나, 여성의 독립에 필요한 주택과 보육시설을 제공하지 않았다. 결국 아제르바이잔 여성들은 다시 가족생활로 복귀하고 말았다. 사실 과거에도 현지 엘리트가 정치적으로 소련을 지지하는 대가로 소련은 가족 내에서 남성의 지배를 묵인한다는(남성의 '명예'를 존중한다는) 암묵적인 합의가 있었다. 그 결과 공식적으로는 소련시민으로 행동하면서 사적인 차원에서는 아제르바이잔인의 전통을 따르는 이중적 구조의 문화가 생겨났다. 소련이 몰락하면서 아제르바이잔 여성들은 그나마 그동안 확보해온 약간의 권리마저 상실하고 보호받기 위해 다시 친족의 유대관계에 의존하는 신세가 되었다. 여성은 조신하고 남성에게 복종해야 하며 음주와 흡연을 해서는 안되고 보호자 없이는 공공장소에 모습을 드러낼 수 없었다. 오늘날 아제르바이잔의 여성은 국민적·민족적 정체성과 무슬림의 겸양을 상징하는 존재로 간주되고 있다.

아프가니스탄

아프가니스탄은 역사적으로 서아시아와 중앙아시아와 남아시아에 건설된 대제국들의 틈바구니에 끼어 있었다. 주변의 그 어떤 제국도 산악에 둘러싸여 접근하기 어려운 이 가난한 나라를 완전히 정복하지는 못했다. 인구는 매우 다양하다. 북쪽에는 투르크인, 동쪽에는 파슈툰인, 남쪽에는 발루치인, 서쪽에는 투르크멘인이 거주하고 있다. 타지크인은 두 번째로 큰 민족집단이고, 우즈베크인과 하자라인이 그 다음을 차지하고 있다. 타지크인은 사회적으로 천대받고 있으며 최근 수십 년 동안 노동자로 수도 카불에 흘러들어왔다. 인구의 대부분(약 85%)은 밀·목화·과일 등의 농작물을 재배하거나 양·소·염소 등의 가축을 사육하고 있다. 인구의 절반은 파슈토어를 사용하고 있으며 파슈툰인 외의 인구는 파르시어를 공용어로 사용하고 있다. 아프가니스탄 국민 전체가 공유하는 문화적 요소는 파르시어(서로 다른 언어를 사용하는 민족들이 의사를 소통할 때는 파슈토어가 아니라 파르시어가 주로

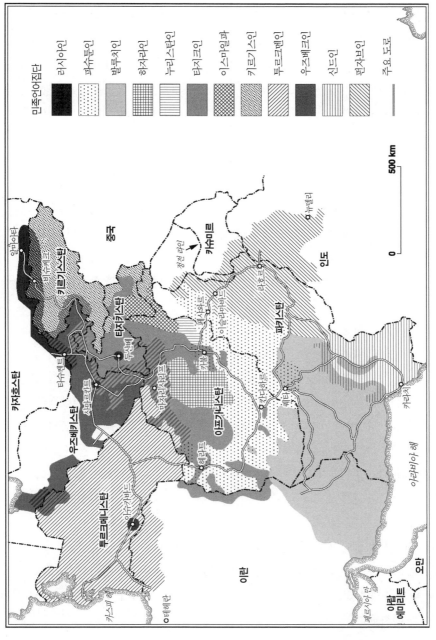

내륙아시아와 아프가니스탄의 민족분포

지도 37

쓰인다)와 이슬람뿐이며, 주민들은 지방색이 짙고 부족주의와 분파주의가 강하다.

역사적으로 아프가니스탄은 부족장들에 의해 통치되었는데, 시대에 따라 부족장의 권력은 천차만별이었다. 부족장이 지도자 겸 지주로서 부족의 구성원을 농노 또는 소작인으로 거느린 경우도 있었고, 권력이 좀 더 분산된 경우도 있었다. 또한 특정 부족이 민족집단을 지배하면서 피지배집단의 노동력을 착취한 경우도 있었다. 다만 부족 내부에서는 합의와 협력의 가치가 존중되었다. 부족의 장로들로 구성된 장로회의(지르가)가 있었지만, 일반적으로 아프가니스탄은 갈등이 많은 사회였다. 갈등의 요인은 원한, 부족의 내분, 부족 간의 경쟁, 민족·언어·종교의 차이에서 비롯된 적대감 등이었다.

여러 유형의 갈등 중에서 가장 심각했던 것은 중앙정부 행세를 하는 세력과 부족들 사이의 갈등이었다. 중앙의 통치자들은 살아남기 위해 부족들의 지지를 구하기도 하고 부족들을 상호견제하게 하기도 하고 그들에게 외부의 적을 공격하도록 유도하기도 했다. 중앙정부가 힘이 있을 경우에는 새로운 군사기지를 설치하고 도로를 건설하고 교통통신 체계를 확립하여 지방에 징세관을 파견하고 교사를 양성하여 지배력을 강화해 나갔다. 그러나 중앙정부의 힘이 약화되면 부족들이 세금납부를 거부하고 군대를 습격하고 소도시를 약탈하고 종교적인 선전을 벌이며 중앙정부에 저항했다. 이슬람은 사회적으로 큰 역할을 했다. 물라는 재산이나 명예와 관련된 공동체 문제에 큰 영향력을 행사했을 뿐만 아니라 대다수는 세속적이고 부유했으며 명망이 있었다. 또한 이들은 지식과 재산의 소유인 동시에 정치판의 막후 실력자였다. 수피 '피르'(성자)들은 저명한 정치가와 사회지도자를 망라하는 광범위한 네트워크를 형성하고 이를 이용하여 자금을 끌어 모으거나 정치적 영향력을 행사했다.

그림 30. 아프가니스탄 마자리샤리프의 모스크

가즈나 왕조·구르 왕조·몽골 제국·티무르 제국이 차례로 아프가니스탄을 지배했다. 16~18세기에는 무굴 제국·우즈베크·사파비 왕조가 아프가니스탄을 분할지배했다. 18세기에는 파슈툰 부족들이 세력을 키워 사파비 왕조를 몰아내고 무굴 제국에 대항했다. 그후 오랜기간에 걸쳐 중앙집권국가를 건설하려는 시도가 드물지 않게 반복되었다. 이 과정에서 가장 중요한 파슈툰 부족들인 두라니족과 길자이족이 주도적인 역할을 했다. 두라니족의 족장 아흐메드 샤 사도자이는 아프가니스탄과 북인도의 펀자브·물탄·카슈미르를 평정하고 소왕국을 세웠다(1747~1773). 그러나 사도자이의 아들 타이모르가 죽은 뒤에는 경쟁자들이 지역을 분할했다. 그후 도스트 모함마드(1835~1863년 재위)가 바라크자이 왕조를 세우고 중앙정부를 회복했다. 모함마드는 1837년에 시크교도를 상대로 승리를 거둔 다음에 스스로 무슬림 통치자를 상징하는 아미르 알무미닌이란 칭호를 사용했다.

19세기 중반에는 아프가니스탄과 국경을 마주하고 있던 영국과 러시아가 아프가니스탄을 둘러싸고 쟁탈전을 벌였다. 영국은 아프가니스탄이 인도 방어에 긴요하다는 판단 아래 1839~1942년에 아프가니스탄을 침공했다. 그런데 아프가니스탄 침공에 너무 많은 비용이 소요되자, 영국은 아프간 아미르(지배자)들을 조종하여 파슈툰족이 인도를 침범하지 못하게 하는 방향으로 정책을 바꾸었다. 하지만 러시아가 중앙아시아를 점령하자 영국은 다시 정책을 바꾸어 1878~1880년에 재차 아프가니스탄을 침공했다. 영국이 바란 것은 아프가니스탄이 인도를 위협할 만큼 강하지 않으면서 러시아의 남진을 저지할 만큼의 힘을 갖는 것이었다. 그러나 영국은 다시 아프간 아미르들의 힘을 빌려 부족들을 통제하는 선에서 침공을 중단할 수밖에 없었다. 1880년대에 영국과 러시아는 양국의 세력권에 관한 합의를 이끌어냈다. 1885년에는 럼스덴 위원회를 통해 아프가니스탄과 러시아의 국경선에 관한 합의가 이루어졌고, 1893년에는 듀랜드 협정에 의해 아프가니스탄과 영국령 인도의 국경선을 확정되었다. 1907년에 영국과 러시아는 조약을 체결하고 아프가니스탄을 완충지대로 설정했다.

아미르 아브두르 라흐만(1880~1901년 재위)은 영국의 도움을 받아 아프가니스탄의 '근대화'에 착수했다. 라흐만은 일단 아프가니스탄을 통일하고 왕권을 강화할 계획을 세웠다. 그는 하자라인과 시아파, 카피르(비무슬림)를 제압하고 부족의 위임이 아니라 신권(神權)에 의해 아프가니스탄을 다스린다는 것을 천명했다. 아브두르 라흐만은 아프가니스탄 최초의 근대적인 국가기구를 설치했다. 그는 중앙군을 조직하여 지방의 반란을 진압했고, 기능별로 정부부처를 만들었다. 정부는 후원, 관직 임용, 와크프 기부 같은 회유책을 통해 울라마들을 흡수하고, 물라들을 정부와 국가 법정의 관리로 임명했다. 아브두르 라흐만은 오스만 제국의 탄지마트 개혁운동을 본받아 군대와 행정조직을 만들고 군수공장과 산업시설을 건설했다. 하비불라(1901~1919년 재위)는 장교·공무원·교사를 양성하는 전문학교를 설립하여 근대주의와 내셔널리즘을 추구하는 1세대 지식인들을 배출했다. 마흐무드 베그 타르지는 아프가니스탄의 근대화를 이끈 대표적인 지식인이었다.

아마눌라(1919~1929년 재위)는 탄지마트를 사회적·경제적 개혁으로 확산시켰다. 그는 통치 초기에 새로운 법체계·재판제도·행정제도를 도입했고, 유럽 순방에서 돌아온 뒤인 1928~1929년에는 여성의 베일 착용 금지, 궁정복식의 서양화, 노예제 폐지, 세속적 학문 장려 같은 급진적인 개혁정책을 내놓았다. 아마눌라는 결혼·이혼·상속에서 여성에게 사실상 동등한 권리를 부여하고 법과 교육 분야에서 물라의 역할을 축소하려는 계획을 갖고 있었다. 하지만 그의 제안은 부족장들과 낙슈반디야 교단 지도자들의 공공연한 반란을 야기했는데, 부족장들은 권력의 집중을 우려했고 낙슈반디야 교단 지도자들은 아마눌라를 신앙심

없는 통치자라고 비난했다. 반란군에 의해 아마눌라는 권좌에서 추방되었고, 파슈툰족의 나디르 장군이 샤가 되었다. 나디르 샤는 1933년에 암살당했고, 그의 아들 자히르(1933~1973년 재위)가 정권을 이어받았다.

자히르 샤는 새로운 헌법을 공포하고 개혁에 저항하는 종교지도자들을 제압하기 위해 많은 노력을 기울였다. 신정권은 이슬람적 정체성을 강조하면서도, 경제성장을 추진하고 군사력을 강화하고 교육을 확대했다. 자히르 정권 후반기 10년 동안 아프가니스탄에 처음으로 정당과 자유로운 언론이 출현했다. 1959년에는 여성의 인권신장을 위한 개혁이 재개되었다. 카불의 여성들은 베일을 벗고 학교와 직장에 다녔으나, 농촌지역은 여전히 보수적인 상태에 머물러 있었다.

약 100년 동안 아프가니스탄 정권의 지배적인 테마는 줄곧 똑같았다. 국가권력의 중앙집권화 대(對) 부족자치. 요컨대 보수세력과 종교집단의 반대를 무릅쓴 근대화와 특히 여성의 지위향상으로 압축된다. 왕정시대에는 왕족, 군인, 지주, 일부 자본가, 종교지도자, 부족장, 서양식 교육을 받은 지식인이 아프간 엘리트층을 형성했다. 부족장들이 지방의 총독을 비롯한 정부와 군대의 요직을 차지하는 경우가 많았고, 관료조직은 정실에 좌우되었다. 1950년대에 목화 재배와 설탕 가공을 제외하고 수송·도로·관개·발전(發電) 등 경제의 모든 새로운 부문은 정부에 의해 개발되었다. 아프가니스탄 정부가 추진한 사업 중에서는 헬만드 계곡의 관개시설공사가 가장 큰 프로젝트였다. 미국과 소련은 상대방이 아프가니스탄에서 우위를 점하는 것을 우려하여 앞다투어 막대한 원조를 제공했다.

1960년대와 1970년대에는 냉전과 국제사회의 힘의 균형이 아프가니스탄의 운명을 결정했다. 파키스탄에 살고 있는 파슈툰족을 포함한 모든 파슈툰족의 통일을 요구하는 운동이 일어나면서, 아프가니스탄은 파키스탄 및 미국과의 관계가 소원해졌고, 자연히 소련 쪽으로 기울어졌다. 경제원조와 신세대 엘리트에 대한 교육을 도맡아하게 된 소련은 아프가니스탄의 군대와 정부, 지식층 사이에 강력한 지지기반을 구축했다. 1973년에 다우드 칸이 조카 자히르 샤를 몰아내고 군부와 파르참파의 지원을 받아 대통령제와 공화국을 수립했다. 다우드 칸은 애당초 아프가니스탄에 대한 소련의 영향력을 약화시키기 위해 쿠데타를 계획했으며, 파키스탄·사우디아라비아·이란의 재정적·정치적 지원 덕분에 실행에 옮길 수 있었다.

다우드 칸이 이슬람 국가들 쪽으로 기울어지는 것이 내심 못마땅했던 소련은, 아프가니스탄인민민주당이 군대와 관료조직에 침투해 있는 마르크스주의자들의 도움을 받아 다우드를 제거하고 쿠데타를 일으키도록 지원했다. 쿠데타에 성공한 인민민주당은 할크와 파르참 양파로 분열되었다. 할크파는 주로 농촌과 파슈툰족의 지지를 받았고, 파르참파는 주로 도시와 비파슈툰족의 지지를 받았다. 두 파벌은 상대방 지도자들을 제거하며 치열한 싸움을 벌였는데, 결국 1979년에 할크파가 승리했다.

신정권은 아프가니스탄을 레닌주의 당에 복종시키려고 했다. 그래서 토지개혁과 사회개혁을 추진했고, 특히 여권 신장에 힘을 쏟았다. 하지만 대중이 당의 이데올로기를 받아들이지 않았기 때문에, 할크 정권은 소련의 지원에 명운을 걸게 되었다. 여기에 맞서 미국·파키스탄·사우디아라비아의 지원을 받는 저항운동이 일어났다. 저항세력이 이슬람주의를 표방했음에도 불구하고, 미국은 소련에 타격을 주기 위해 저항운동을 지원했다. 사우디아라비아는 보수적인 이슬람 국가들과 급진적인 무장세력의 동맹을 형성하여 이란을 견제하고자 하는 친(親)순니파 정책을 추구했다. 파키스탄 역시 아프가니스탄의 순니파를 이용하여 아프가니스탄에서 이란과 시아파의 영향력이 커지는 것을 막고, 카슈미르 분쟁과 관련하여 인도에 압박을 가하며, 파슈투니스탄 분리운동의 파장을 막고, 중앙아시아에서 영향력을 확대하려는 야심을 가지고 있었다. 한편 소련은 국경을 맞대고 있는 국가에 다른 나라의 지원을 받는 정권이 들어서는 것을 용납할 수 없었을 뿐더러 페르시아 만으로 진출하려는 야심이 있었기 때문에 자신의 꼭두각시를 구하기 위해 개입에 나섰다. 소련은 할크파의 지도자 하피줄라 아민을 제거하고 파르참파의 수장 바브라크 카르말에게 정권을 넘긴 다음 아프가니스탄을 침공했다. 전쟁은 1989년에 소련군이 철수하면서 끝이 났으나, 내전은 2001년까지 계속되었다.

아프가니스탄은 이슬람의 이름으로 소련과 전쟁을 치렀고, 이로써 아프가니스탄 정치사에서 처음으로 이슬람이 전면에 부상했다. 역사적으로 볼 때 이슬람은 아프가니스탄 왕국의 형성에 크게 기여한 바가 없었다. 국가의 권력과 정통성의 기반은 파슈툰 부족들의 귀족층이었다. 아프가니스탄의 군주들은 고위 물라들의 지지를 받기 위하여 이들을 관직에 임명하고 기부금을 제공하고 정책고문으로 활용했지만, 물라들은 대부분 부족장이나 지주에게 예속되어 있었다. 또한 국가의 권력이 강화되고 세속적인 교육과 법체계가 도입되고 근대주의 담론이 생겨나면서, 물라·수피 성자·사이이드들의 위상은 많이 약화되었다. 교육받은 사람들에게 이슬람은 수많은 이데올로기 가운데 하나에 지나지 않았다.

1960년대와 1970년대에는 마르크스주의를 지향하는 세속의 지식인에 대항하여 새로운 유형의 무슬림 지식층이 나타났다. 근대식 교육을 받은 이슬람 지식인은 전통적인 이슬람 종교지도자와는 달리 더욱 정치 지향적이고 이데올로기 지향적이었다. 그들은 무슬림 형제단과 자마티 이슬라미를 본뜬 연구단체를 만들었다. 이슬람주의자들은 무슬림 학생연합을 결성하고 1969년에 카불 대학 캠퍼스를 장악했다. 또한

1973년에는 울라마와 단합하여 전국적인 조직을 결성하고 샤리아의 실행을 주장했다.

하지만 이슬람주의 운동단체는 아주 상이한 집단들로 구성되어 있었다. 그 중에서 굴부딘 헤크마티아르가 이끌고 탈부족화된 중산층 학생들의 지지를 받는 히즈비 이슬라미(이슬람당)가 가장 중요했다. 히즈비 이슬라미는 이데올로기적으로 순혈주의를 지향하는 권위주의 정당으로, 이슬람 국가의 창설이 목표였다. 그 다음으로 중요한 단체는 부르하누딘 라바니가 주도하던 자미아티 이슬라미(이슬람 협회)였다. 이 단체는 북부 및 북동부에 거주하는 우즈베크인·투르크멘인·타지크인의 지지를 받았다. 그 밖에도 비교적 나이 많은 울라마나 수피의 네트워크에 기초한 전통주의 정당들이 있었다. 사이이드 아흐마드 가일라니가 이끌던 마하지 밀리 이슬라미(전국이슬람전선)는 부족장·지주·수피 샤이흐와 연결되어 있었고, 미국과 사우디아라비아의 지원을 받았다. 한편 이란은 시아파 정당들을 지원했다.

공산주의 쿠데타 이후 이슬람주의자들은 샤리아를 아프가니스탄의 민법으로 채택하고 이슬람 국가를 건설할 것을 요구하며 적극적인 저항운동을 전개했다. 그러나 이슬람 세력의 저항은 지역·정당·부족에 따라, 또 보호–피보호관계, 족장의 개인적 야심, 종교적인 이데올로기의 차이에 의해 사분오열되어 하나의 운동단체로 통일될 수 없었다. 아흐마드 샤 마수드 같은 일부 지도자들이 민족과 지역을 초월한 동맹을 형성한 예가 있긴 하지만, 이슬람 저항운동은 기본적으로 민족계열을 따라 조직되었다. 파슈툰족을 배제한 나머지 민족들의 유대가 강화되자 파슈툰족이 이를 견제함으로써 국민적 단결은 더욱 어려워졌다. 하자라 시아파는 전통주의자와 이슬람주의자로 나뉘어 서로 싸웠고, 이스마일파는 방관적인 자세로 일관했다. 우즈베크인과 투르크멘인은 각각 독자적인 정당을 결성했으나, 현장의 지휘관들은 정당과 충분한 조율을 거치지 않고 임의로 움직였다. 낙슈반디야 교단과 카디리야 교단은 저항운동에서 비중 있는 역할을 수행함으로써 수피 운동단체들이 건재하다는 것을 보여주었다. 그러나 상당수의 수피는 이슬람주의자들을 지지했다. 시브가툴라 모자데디가 이끄는 자브하이 나자티 밀리 아프가니스탄(아프가니스탄 민족해방전선)은 정치적으로 중요한 역할을 했고, 자히르샤의 복귀를 주장했다. 내전으로 인해 사회를 통합할 수 있는 기구는 모두 무너졌고, 지역적·분파적·민족적 유대관계가 다시 강화되었다.

아프가니스탄의 이슬람 운동은 지방적·국민적·종교적 정체성의 상호 연결을 보여주는 좋은 예이다. 파슈툰족 출신의 중산층 학생들로 구성된 히즈비 이슬라미는 이슬람 부흥을 외친 분파주의적 정당이었다. 이 당은 이슬람 국가의 창설과 샤리아의 실행을 목표로 삼았지만, 어떻게 보면 국민국가의 권력을 장악하기 위해 투쟁하는 종교적·정치적 폭력집단이었다. 라바니의 자미아티 이슬라미도 우즈베크인·타지크인·투르크멘인이 주축을 이룬 분파주의 정당으로, 보편적인 이슬람의 원리라는 이름으로 권력을 잡기 위해 투쟁했다.

전쟁은 관련된 모든 사람들에게 재앙이었고, 그 파괴성도 엄청났다. 수백만의 아프간인이 목숨을 잃었고, 또 수백만 명이 강제로 추방되었다. 소련은 1989년에 군사적 패배와 부정적인 여론의 압력에 굴복하여 군대를 철수시켰고, 결국에는 소련 자체가 해체되기에 이르렀다. 소련은 나지불라 장군 밑에 마르크스주의 정권을 남겨두었으나, 나지불라 정권은 1992년 4월에 무너졌다. 그후 우즈베크-타지크-무자히딘 연합이 라바니를 명목상의 대통령에 세우고 정권을 장악했다. 그러나 이슬람주의자와 세속주의자의 반목, 이슬람주의자 내부의 분열, 이슬람주의자와 전통주의자의 불화, 그리고 민족·지역·군벌과 연결된 파벌과 민병대들의 대립으로 말미암아 아프가니스탄은 통제 불능상태에 빠졌다. 심각한 내분은 외세의 개입을 불러왔다. 1992년 이래 미국·파키스탄·이란·사우디아라비아·우즈베키스탄이 아프가니스탄의 정세에 영향력을 행사하고 있다. 중앙아시아에 새로운 독립국가들이 출현하면서, 아프가니스탄은 교역은 물론이고 파키스탄과 페르시아 만으로 향하는 석유와 가스 수송로의 개설과 관련하여 그 어느 때보다 주목받고 있다.

경합하는 수많은 세력 가운데 탈레반은 아프가니스탄 전역을 정복하고 통일을 이루는 듯했다. 탈레반은 농촌의 이슬람 학교와 북서변경지대 마드라사의 학생을 가리키는 말이다. 이곳의 많은 학생이 이슬람 저항운동에 참여했다. 1994년에 물라 무함마드 오마르는 파키스탄과 사우디아라비아, 다양한 이슬람주의 정당의 지원을 받아 학생들을 이끌고 범죄자와 비적들에 맞서 싸웠고, 이를 계기로 탈레반은 대중의 지지를 얻어 칸다하르를 장악했다. 그후 파키스탄의 자미아티 울라마이 이슬람이 탈레반을 지지하고 학생들을 보내서 아프가니스탄 의용군에 가담하게 했다. 탈레반은 1994년에 수도 카불을 점령한 데 이어 샤 마수드와 북부의 군벌들을 밀어붙였으나, 아프가니스탄 전역을 장악하지는 못했다. 지하드의 기치 아래 비(非)아프간인 자원병들이 몰려들고, 1996년부터 오사마 빈 라덴 및 그의 알카에다와 연계되면서 탈레반은 더욱 강력해졌다. 탈레반 정권은 비파슈툰족과 시아파 인구를 억압하는 한편 극단적인 이슬람 원리를 강요하고 여성을 학교와 직장에서 추방했다. 또한 아프간 전역의 모든 불교 유적을 파괴하고, 힌두 교도에게는 신분을 표시하는 노란 명찰을 부착하게 했다.

2001년에 있었던 9·11 테러사건으로 아프가니스탄은 새로운 국면을 맞이했다. 미국은 아프가니스탄이 국제 테러활동의 근거지로 이용되는 것을 막기 위해 탈레반 정권을 무너뜨리기로 결정했다. 미국은 공중에서 탈레반과 알카에다 병사들에게 폭탄을 퍼부었고, 지상에서는 북부동맹을 지원했다. 결국 2001년 말에 탈레반 정권은 무너졌으나, 아프가니스탄의 정치적 미래는 여전히 아무것도 결정된 것이 없는 상태이다.

중국의 무슬림

중국의 무슬림은 크게 두 집단으로 나뉜다. 그 하나는 후이족(回族)으로, 한족(漢族) 거주지에 흩어져 사는 무슬림을 지칭한다. 이들은 외모와 언어 면에서는 중국인과 다를 바가 없지만, 돼지고기를 먹지 않고 조상숭배를 하지 않으며 도박·음주·아편흡연을 금한다. 그래서 후이족은 스스로를 별개의 민족으로 여긴다. 그들은 과거 여러 시대에 걸쳐 중국에 정착한 페르시아인·아랍인·몽골인·투르크인 무슬림의 후손이다. 후이족은 일반적으로 이슬람교를 '칭전'(清眞)이라고 부르는데,* 칭전이란 돼지고기를 금하고 종교적 가치와 민족적 품위, 독자적인 생활방식을 지키는 것으로 인식한다. 하지만 후이족은 칭전의 교리를 매우 다양하게 해석한다. 이들은 통일된 조직체를 형성하지도 않고, 강력한 네트워크를 갖추고 있지도 않다. 후이족은 전통적으로 상업과 운수업에 종사하고 있다.

후이족은 여러 요소에 의해 다른 집단과 구별되며, 일부 요소는 중첩되기도 하지만 모든 후이족 공동체가 공유하는 정체성의 요소는 없다. 닝샤 성(寧夏省)에 거주하는 후이족은 이슬람 신앙과 정통성을 강조한다. 이들은 후피야 수피 교단과 관계를 맺고 있고, 이슬람 관행의 준수, 야외에서의 남녀 분리, 마드라사의 교육, 이슬람 축제를 중시한다. 또한 모스크와 묘를 중심으로 공동체를 형성하고 있다. 베이징 근교의 후이족은 직업, 시장경제, 교육, 족내혼을 통해 동질성을 확인한다. 후이족 여성은 한족 남성과 혼인하지 않으며, 대개 자신의 주거구역에서 또

---

* 중국에서는 모스크도 '淸眞寺'(칭전스)라고 한다.

는 다른 후이족 공동체들과의 네트워크를 통해 동족 배우자를 구한다. 베이징의 뉴제(牛街)*에서 후이족의 정체성은 특별히 이데올로기적으로 규정되지는 않지만, 학교와 직업, 배우자, 돼지고기 기피, 후이족 식당의 이용 등에 의해 표시가 난다. 중국 남동부 천다이(陳埭)에 거주하는 후이족은 이슬람과는 거의 관계가 없다. 다만 그들은 아랍-무슬림의 후손이라는 사실을 부각시키고 조상의 묘를 숭배함으로써 스스로를 한족과 구별하고 있다. 한편 일부 후이족은 종교나 혈통과는 무관하게 식당·학교·클럽 같은 세속적인 단체를 통해 집단적 정체성을 확인하고 있다. 일부 후이족 공동체는 모스크를 예배를 드리는 곳이라기보다는 혼례나 장례를 치르는 곳으로 인식한다. 중국정부의 정책적인 지원은 후이족의 민족적 자각을 일깨워주는 데 일조했다. 오늘날에는 이슬람이 후이족의 정체성에서 큰 비중을 차지하고 있다.

후이족 외의 무슬림 집단은 위구르인·카자흐인·키르기스인을 비롯한 내륙아시아의 민족들이다. 이들은 대부분 튀르크어를 사용하며 중국의 문화양식에 동화되지 않았다. 이들 민족은 19세기 말에 중국에 합병되었다. 당시 청조(淸朝)는 윈난(雲南)·산시(陝西)·간쑤(甘肅) 성에 거주하는, 중국어를 사용하는 무슬림과 신장(新疆)의 위구르인과 카자흐인을 복속시켰다. 민국시대(1911~1949)에 중국은 무슬림 소수민족이 중국사회에 완전히 동화되어 통합될 것이라는 기대를 갖고 있었다.

하지만 신장 성은 상당한 수준의 자치를 유지했고, 독립적인 군벌들에 의해 지배되었다. 민국시대에 신장 성을 지배한 최초의 인물은 양쩡신(楊增新, 1859~1928)이었다. 그는 중국인과 무슬림으로 구성된 군대를 편성하여 지방의 세력균형을 도모하면서 중국인 비밀결사의 활동을 방해하고 무슬림 세력이 독자적인 정권 수립에 나설 가능성을 차단

---

* 베이징 쉬안우 구(宣武區) 광안문(廣安門) 안에 있는 거리. 이곳에 '牛街淸眞寺'라는 유명한 모스크가 있다.

했다. 그는 향촌의 수장들에게 자치권을 부여하는 동시에 경제적인 부담을 덜어줌으로써 자신의 입지를 강화하는 한편 중국인의 지배체제를 유지했다. 양쩡신은 1924년에 소련과 조약을 체결하고 동투르키스탄에 소비에트 영사관 설치를 허가하고 소비에트 중앙아시아에 중국 영사관을 설치하기로 합의했다. 이로써 신장 성의 자치권은 더욱 강화되었다. 그러나 양쩡신은 1928년에 피살되었고, 1933년에는 성스차이(盛世才)가 신장 성의 지배자가 되었다. 성스차이도 소련과 밀접한 관계를 유지하고 현지 비중국인의 지지를 확보하는 정책을 폈다. 그는 현지어 신문을 발간하고 통화를 안정시켰으며, 소련의 투자를 유치하여 통신장비를 개선하고 공장과 정유시설을 건설했다. 하지만 독일의 소련 침공으로 소련의 지원이 끊기면서 신장 성은 다시 중국 정부의 지배하에 들어가게 되었다.

1944년에는 카자흐인과 위구르족이 반란을 일으켰다. 소련의 중재로 1946년에 신장 성은 중국에 반환되었고, 반란군은 신장 성의 자치와 행정개혁을 조건으로 중국의 지배에 동의했다. 그러나 국민당 정부는 현지의 민심을 얻을 기회를 놓쳤고 무슬림도 단결력이 부족하여 독립을 유지하지 못했다. 1949년에 중국공산당이 신장 성을 접수했다.

공산주의 정권하에서 중국의 무슬림 소수민족은 지대한 정치적 관심의 대상이다. 무슬림 소수민족은 주로 변경지역이나 자원이 풍부한 지역에 살고 있기 때문이다. 무슬림 거주지에는 육류·유제품·양모가 풍부하고 광물자원이 많이 매장되어 있다. 또한 무슬림은 중국경제에 기여하는 바가 크고, 분열된 사회에서 정치권력의 기반을 제공할 수 있는 한 축이기도 하다. 중국 정부는 국가적 자존심과 국방, 경제적 이익을 고려하여 무슬림 소수민족의 충성을 확보하기 위해 많은 노력을 기울였으나, 정책의 일관성을 유지하지는 못했다. 원래 중국의 정책적 목표는 프롤레타리아 문화 속에서 민족적 차이를 없애는 것이었다. 정부는 무슬림에게 전통적인 관습과 신앙을 허용하는 동시에 공산당과 국가관료제, 대중조직에 참여시켰다. 1920년대와 1930년대에 공산당은 소련의 노선을 쫓아 소수민족의 자결권을 약속했다. 그러나 1938년에 마오쩌둥(毛澤東)은 소수민족의 자결권에 대한 지지입장을 포기하고 통일된 중국이라는 국가 안에서의 자치를 강조했다. 마오쩌둥은 소수민족도 중국인과 동등한 권리를 가진다고 선언했다. 후이족 역시 공산당과 홍군(紅軍)에 참여했고, 무슬림은 종교적 자유를 약속받았다. 공산당은 권력을 장악한 뒤에도 무슬림 사회를 수용한다는 정책을 유지했다. 공산당은 무슬림이 직장이나 정부기관에서 자신의 관습에 따라 행동할 수 있도록 허용했고 할례와 혼인풍습도 용인했다. 1953년에는 중국이슬람협회가 결성되었고, 1955년에는 종교학자를 양성하는 중국이슬람신학원이 설립되었다. 공산당은 각 지역 무슬림 지도자의 정치적인 위상을 보장하는 한편 신장 성을 비롯한 무슬림 거주지역을 자치구로 지정했다. 더불어 무슬림을 위한 의료사업과 교육도 시작되었다. 과학적인 영농방법과 가축사육기술이 소개되었고, 중국인 노동자의 지원을 받아 생산성을 높이기 위한 노력도 활발하게 전개되었다. 1949년부터 1955년까지 중국정부는 소수민족지역의 통합에 집중적인 노력을 기울였다.

1956년에 공산당 지도부는 새로운 단계로 나아갈 여건이 성숙되었다고 판단하고 소수민족 인구의 사회화에 박차를 가했다. 백화제방(百花齊放) 운동에 힘입어 무슬림 지도자들은 중국공산당 정권에 대한 비판을 꺼리지 않았다. 무슬림의 분리주의 경향, 소련에 거주하는 무슬림과의 통합 요구, 이슬람 국가건설 욕구, 중국인의 지배에 대한 반발이 쏟아져 나왔던 것이다. 무슬림은 식량 부족, 모스크의 몰수, 공산주의 교육의 전파와 정치선전에 대해 불만도 갖고 있었다. 그렇다고 무슬림이 박해를 받지는 않았지만, 이들은 그동안 누렸던 자치의 범위가 줄어

그림 31. 내몽골 지역의 모스크

들고 있음을 느꼈다.

중국정부는 이와 같은 뜻밖의 비판에 심각하게 반응했다. 1957년에 중국공산당은 더욱 적극적인 소수민족 인구의 동화작업을 추진했다. 공산당은 계급투쟁을 강조하고 무슬림의 관습을 폐지하고 지역의 자치권을 제한했다. 지방 차원의 내셔널리즘은 공산당에 대한 배신행위로 규정했다. 또한 전통적인 엘리트를 제거하고 그 자리에 신뢰할 만한 계급적 배경을 가진 간부를 앉혔으며, 합작사(合作社, 협동조합)를 만들어 사회주의 생산방식을 도입했다. 소수민족의 언어·축제·관습은 비판을 받았고, 후이족은 다른 민족과 공동으로 식당을 이용하고 중국인과도 통혼하라는 압박을 받았다. 무슬림만을 위한 별도의 식당과 공중목욕탕은 폐쇄되었다. 여성은 전통의상을 벗고 산업전선에 나서야 했고, 모스크의 재산은 몰수되었다. 공산당은 여러 민족이 혼합된 인민공사(人民公社)를 설립하고, 한족(漢族) 청년들을 소수민족지역에 정착시켰다. 1958년에는 중국이슬람협회가 해산되었다.

이런 강압적인 조치에 반발하여 닝샤 성의 무슬림 주민은 이슬람 공화국 건설을 외치며 무장저항운동을 일으켰으며, 카자흐인은 국경을 넘어 소련 영토로 이주했다. 이로써 소수민족 동화정책이 너무 성급했고 더 이상 밀어붙이기가 어렵다는 것이 분명해졌다. 중국 지도부는 하급 간부들이 정책을 오도했으며 경제적인 실익도 없이 문화적인 압박을 가할 경우 오히려 부작용만 낳는다는 사실을 깨닫게 되었다. 중국정부는 소련과의 국경선을 지키고 중동·아프리카·아시아 이슬람 국가의 외교적 지지를 확보하기 위해 서둘러 '대약진운동'을 끝냈다. 일부 인민공사는 해체되었고, 후이족은 다시 독립된 식당을 가질 수 있게 되었으며, 소수민족의 특수성도 용인되었다.

그러나 1966년에 문화대혁명이 일어나고 홍위병이 조직되면서 소수민족의 특권이 다시 도마 위에 올랐다. 홍위병은 모스크 폐쇄, 코란 학습 금지, 할례 및 이슬람식 혼례의 폐지를 강요했다. 이런 압력에도 불구하고 1969년에는 후이족 학교가 다시 문을 열었고, 종교축제도 거행되었다. 1970년의 헌법 개정안 초안은 소수민족의 언어와 관습을 인정했으나 별도의 보호조항을 두지 않았다. 전술적인 이유에서 소수민족 정책은 온건했지만, 대부분의 공산당원들은 동화정책을 선호했다.

1975년 이후 중국정부는 소수민족이 중국의 틀 속에서 각자의 문화를 발전시킬 수 있는 권리를 재확인했다. 1976년에 마오쩌둥이 사망하고 사인방(四人幇)이 몰락하자, 무슬림의 권리가 완전히 회복되어 학교를 설립하고 식당을 운영하며 종교활동을 할 수 있게 되었다. 1980년에 중국이슬람협회는 1963년 이후 처음으로 집회를 가졌다. 1980년대 이후 중국경제가 개방되고 외세의 위협이 사라지면서 소수민족은 점점 자치를 요구했고, 중국정부도 소수민족의 요구에 전향적인 자세로 대응했다. 중국정부는 소수민족에 대해 자치 행정구역의 설치를 허용하고, 한 자녀 갖기 운동의 예외를 인정하는 특전을 베풀었다. 그러나 이와 동시에 중국정부는 신장과 티베트의 독립운동을 억압했다. 또한 무슬림을 현지 행정체계에 통합하는 정책을 추진하고, 중국농민을 대규모로 북서부 무슬림 지역으로 이주시켜 이 지역의 무슬림 세력을 약화시켰다. 아울러 종교를 빙자한 반혁명활동은 용납하지 않는다는 입장을 분명히 했다. 이처럼 정책이 수시로 바뀐 것은 소수민족을 중국 사회에 동화시키는 구체적인 정책에 대한 중국 지도부의 의견이 엇갈렸기 때문이다.

신장은 특수한 지역으로 비한족 무슬림 인구의 비중이 매우 크다. 1949년에 공산정권이 수립되었을 때 신장에는 카자흐인과 위구르인을 위한 별도의 행정조직이 설치되었다. 1955년에 중국정부는 타림 분지와 카슈가르·악수·호탄 인근에 거주하는 350만에 달하는 무슬림 주민을 위해 일리-카자흐 자치주와 신장 위구르 자치구를 설치했다. 중국인은 전통적인 무슬림 지배계층을 제거하고 농업과 목축을 집단화하고 학교를 신설하고 경제를 발전시키기 위해 노력했다. 또한 관개와 개간을 통해 밀·목화·옥수수·쌀의 생산을 증대했다. 카자흐인 거주구역에서는 석탄·철·석유를 개발했다. 유목민들에게는 정착생활을 하면서 가축을 키우도록 유도했다. 1959년에 하미(哈密) 철도가 개통되어 중국인이 대거 이 지역으로 이주했다. 현재는 한족이 이 지역 인구의 40% 이상을 차지하고 있다.

중국정부는 신장에 대해 양면정책을 구사하고 있다. 중국은 이 지역의 경제개발에 우선순위를 두고 있다. 정부는 인접한 중앙아시아의 여러 국가와 우호적인 통상관계를 유지함으로써 신장의 긴장을 누그러뜨리고 인근 국가들이 이 지역의 소수민족을 부추기지 않도록 유도하고 있다. 동시에 이 지역의 무슬림 지도부와 저항세력에 대해서는 억압정책을 쓰고 있다. 그럼에도 불구하고 이슬람 교육이 되살아나고 외부세계와의 접촉이 빈번해지면서 무슬림의 자각과 분리주의가 싹트고 있다. 1990년대에는 카슈가르에서 일어난 지하운동·암살·폭동에 대한 보도가 끊이지 않았다.

결론

러시아와 중국이 내륙아시아의 민족들을 지배한 방식은 유럽 제국주의 정권이 무슬림 세계의 다른 지역을 지배한 방식과는 달랐다. 러시아와 중국은 인접 영역을 접수했고, 자국민의 정복지 이주와 정착을 허용했다. 정복국가의 주민과 피정복지의 주민 모두 이주자들을 일시적인 체류자로 여기지 않았다. 소련의 점령지에서는 유럽인이 대규모로 정착하여 식민국가와 피식민사회가 유례없는 통합을 이루었다. 이런 사회적 통합 덕분에 이 지역이 무슬림 사회 중에서 가장 근대화된 모습을 갖출 수 있었던 것으로 보인다. 그렇다고 해서 러시아인과 무슬림이 완전히 대등한 관계에 있었다는 뜻은 아니다. 무슬림은 사실상 정부와 공산당 기관을 장악하고 있는 러시아인의 지배를 받았다. 하지만 독립은 이 지역에 어떤 정치적·경제적 이익도 가져다주지 않았다. 중국에서는 수세기에 걸쳐 일부 무슬림이 중국사회에 동화되었지만, 후이족은 자신의 정체성을 유지한 채 중국사회에 완전히 흡수되지 않았다. 내륙아시아의 무슬림 사이에서는 분리주의 경향이 여전히 위력을 발휘하고 있다.

20세기 아프리카의 이슬람

30장

서아프리카의 이슬람

19세기 말까지 이슬람은 복합적인 힘의 작용에 의해 서아프리카의 수단 지역, 사바나, 삼림지대까지 확산되었다. 이주 상인과 포교사들이 서아프리카 각지에 무슬림 공동체를 형성했다. 수단과 동아프리카의 일부에서는 이들 공동체가 토착 지배세력을 개종시켜 이슬람 국가를 건설했다. 또한 울라마와 수피 성자들이 지하드를 전개하여 새로운 국가를 창설한 경우도 있었다. 그러나 19세기 막바지에는 유럽인이 침입하여 기존의 국가들을 해체하고 유럽식 정치시스템을 강요했다. 이슬람 국가의 형성은 좌절되었고, 아프리카의 무슬림 민족들은 유럽의 정치적·경제적 압박을 받게 되었다.

식민통치와 독립: 아프리카 국가와 이슬람

오늘날 아프리카 사회의 정치적 판도를 결정한 것은 프랑스와 영국이다. 1900년까지 프랑스는 대서양 연안의 세네갈·기니·코트디부아르·다호메를 포함한 광범위한 영역을 차지했다. 1899~

1922년에는 내륙으로 진출하여 수단·니제르·모리타니에 식민지를 개척했다. 오트볼타(오늘날의 부르키나파소)는 1919년에 프랑스에 합병되었고, 1932년에 코트디부아르·니제르·수단으로 분할되었다가 1947년에 다시 오트볼타로 회복했다. 차드의 무슬림 인구 역시 프랑스령 중앙아프리카 제국에 포함되었다. 한편 영국은 감비아·시에라리온·가나와 나이지리아의 북부와 남부를 보호령으로 삼았다. 나이지리아의 여러 보호령은 1914년에 나이지리아 식민지 및 보호령으로 통합되었다.

영국과 프랑스는 식민지를 지배하면서 하나의 기본원칙을 적용했다. 즉 중개자 역할을 하는 토착수장들에게 주민을 지배하게 하고, 영국과 프랑스의 관료에게 토착수장들을 감독하게 했다. 이 원칙은 각기 다른 방식으로 시행되었다. 프랑스는 좀 더 직접적이고 권위적인 통제방법을 택했다. 세네감비아와 수단 지역에서 프랑스인은 무슬림 저항세력의 기반을 파괴하고 규모가 큰 국가와 최고수장권을 없앴으며, 나이 많은 귀족들을 추방했고, 중앙행정에 예속시키기 쉬운 소규모 토착수장들을 선호했다. 이런 토착수장들은 전통적으로 중요한 존재가 아니었지만, 프랑스의 지배하에서 세금을 징수하고 부역을 동원하며 프랑스의 법률을 적용하는 중책을 맡게 되었다.

영국은 '간접통치' 방식으로 정치적 통제를 시도했다. 영국인은 프랑스인과 달리 비교적 규모가 큰 토착 행정조직을 받아들이고 그 지배엘리트의 권위도 보장해주었다. 북부 나이지리아에서 영국은 소코토 왕국을 무시하고 지방의 아미르들이 영국인 총독대리나 관할지구 장교의 자문을 받아 행정·징세·재판을 관할하도록 했다. 영국장교들은 아미르를 감독했지만, 아미르와 그 신민 사이에 끼어들지 않았다. 하지만 영국은 북부 나이지리아에서 현지 행정을 합리화하고, 봉건적인 토지 보유를 직접 지배로 대체했으며, 토착 궁정의 영토를 확립하고, 무슬림 사법권을 크게 강화했다. 또한 유럽인의 토지 매입과 그리스도교 선교사의 무슬림 지역 출입을 금지하는 법으로 유럽 인지배의 직접적인 충격을 완화시켰다.

식민정권이 수립되면서 서아프리카의 경제와 사회에 엄청난 변화가 일어났다. 식민 열강의 주된 관심은 세네갈의 땅콩, 코트디부아르의 목재, 다호메의 팜유 같은 환금작물의 수출을 확대하는 것이었다. 프랑스는 농산물 생산을 늘리기 위해 세금을 현금으로 징수하고 강제노동을 이용하여 바나나·코코아·커피 플랜테이션을 경영했다. 영국은 황금해안을 통해 코코아·목재·고무·망간·알루미늄·금을 수출했다. 팜유·코코아·고무·땅콩을 주로 생산한 나이지리아는 수출을 통해 많은 수입을 올렸으나 1인당 소득은 여전히 낮았다.

철도가 부설되어 아프리카 내륙이 국제시장과 연결되었다. 프랑스는 생루이·다카르·바마코를 연결하는 철도를 부설하여 나이저 강을 대서양까지 연결시켰다. 또한 기니·코트디부아르·다호메·시에라리온·나이지리아에 건설된 철도는 내륙의 생산기지를 항구와 연결시켰다. 그러나 내륙을 상호 연결하는 교통망은 건설되지 않았다. 철도가 부설되면서 사하라를 통과하는 교역로는 폐쇄되었다. 이에 따라 대서양 노예무역에 의해 촉발된, 아프리카 무역의 지배권을 둘러싼 사하라 지역 주민과 유럽인의 오랜 투쟁도 막을 내렸다. 이때부터 국제무역은 사막을 건너는 낙타가 아니라 내륙에서 해안에 이르는 철도를 통해 이루어졌다.

더욱이 무역은 유럽 회사들의 이해관계에 의해 좌우되었다. 통화·금융·항해·관세·법제(法制)는 유럽인의 대규모 은행과 해운회사 등 일부 기업의 독점적 이익을 보장해주었다. 프랑스가 아프리카 식민지 국내 경제에 가하는 각종 제약으로 인해 프랑스령 서아프리카는 세계수준보다 물가가 높았고, 만성적인 무역수지 적자에서 벗어나지 못했다. 아프리카인은 유럽인과 경쟁을 벌이다 파멸했고, 수출업에서도 제외되었다. 설상가상으로 아랍인·그리스인·인도인이 밀려 들어와 지방의 소매업마저 잠식했다. 영국과 프랑스는 1930년대까지 투자는 하지 않고 행정비용을 식민지에 전가시켰다. 1930년대에 세계적인 대공황을 겪고 나서야 식민열강은 식민지의 경제개발이 자국에게도 이익이 된다는 점을 인식하기 시작했다. 하지만 식민열강이 식민지에 본격적으로 투자한 것은 제2차 세계대전 이후의 일이다.

정치와 경제가 변하면서 여타 무슬림 세계와 마찬가지로 서아프리카에서도 새로운 경제계층과 사회적·정치적 집단이 형성되었다. 경제구조의 변화로 종족의 결속이 깨지고 개인은 거대한 시장제도에 편입되고 인구이동이 촉진되고 공동체가 아니라 개인이 부를 소유하게 되었다. 또한 계절노동자와 이주노동자, 임금노동이 생겨났고, 전통적인 권위와 인습으로부터 비교적 자유로운 도시 중심지가 형성되었다. 무역과 행정의 패턴이 변하면서 많은 사람이 수도와 항구도시로 몰려들었다. 이렇게 뿌리 뽑힌 인구 중에서 새로운 엘리트가 생겨나고 새로운 공동체가 형성되었다.

도시에서는 서양식 교육을 받고 의사·교사·변호사·언론인·통역·정부관리가 된 소수의 아프리카인이 부르주아지로 성장했다. 그러나 이런 교육의 기회는 매우 제한적이었다. 프랑스 식민지에서는 불과 3%의 아프리카 학생만이 학교에 다닐 수 있었다. 나이지리아에서는 남부 출신을 중심으로 영국식 교육을 받은 소수의 엘리트가 배출되었다. 1942년 이전의 10년 동안 약 30만 명의 학생이 초등교육을 받았으며, 그 가운데 2천 명 정도가 중등교육을 받았다. 학교는 대부분 남부에 있었고, 미션스쿨이 주류를 이루었다. 일부 예외적인 경우를 제외하면 북부 나이지리아에는 미션스쿨이나 서양식 교육기관이 설립되지 않았다.

식민통치와 교육의 영향으로 기능공·운수노동자·벽돌공·사무원·환금작물 재배농민 등의 하급 엘리트 집단이 형성되었다. 특히 사무원들은 근대적 행정과 경제의 작동원리를 이해하는 부류로서 하급 엘리트와 고위 관료를 연결하는 중요한 역할을 했다. 사무원과 교사들은 각종 모임과 노동조합, 정치운동단체의 중심인물이 되었다. 이들 신흥 엘리트들은 새로 생겨난 수많은 협회나 단체를 통해 입지를 굳혀 나갔다. 이농과 도시화의 과정에서 부족집단·민족집단·구호기관·노동조합·토론회·정치클럽 같은 다양한 단체가 나타났는데, 이들 단체는 정당 출현의 기반이 되었다. 특히 학생단체와 청년단체는 아프리카 내셔널리즘 운동의 형성에 중요한 역할을 했다.

대공황과 제2차 세계대전 덕분에 이들 신흥 엘리트는 자신의 요구를 주장할 기회를 얻었다. 전쟁으로 유럽 열강이 정치권력과 도덕적 권위에 치명적인 손상을 입게 되자, 아프리카의 지도자들은 민족의 자결과 독립을 요구하고 나섰다. 프랑스의 식민행정은 지방위원회와 상인회의소의 자문을 받기는 했지만, 고위 부족장, 부유한 무역상, 재산소유자, 참전용사만이 정치참여의 자격을 얻을 수 있었다. 프랑스는 아프리카인의 요구를 누그러뜨리고 식민지의 예속상태를 유지하기 위해 오랫동안 방어적인 행동을 취했다. 하지만 1944년의 브라자빌 회의에서 프랑스는 아프리카의 경제개발을 위한 투자를 확대하고 교량과 항구, 농업 기반시설을 건설하며 보건과 교육을 개선하기로 약속했다. 또한 브라자빌 회의는 새로운 정치적 목표를 채택했다. 프랑스는 아프리카인 개개인을 프랑스의 시민생활에 동화시키는 정책을 포기했다. 대신에 프랑스연합의 틀 내에서 아프리카사회협회를 만들고 해외의 준주(準州)마다 의회를 구성하여 프랑스 의회에 대표를 파견하는 방안을 제의했다.

준주 의회의 설치는 정당의 창설로 이어졌다. 일부 정당은 개인의 도당(徒黨)이나 소집단 연합체의 형태를 띠었으나, 광범위한 지지기반을 가진 대중정당도 탄생했다. 1946년에 펠릭스 우푸에 부아니는 반제국주의를 표방하고 전문직 종사자와 노동조합 지도자, 청년단체를 규합하여 아프리카민주연합(RDA)을 결성했다. RDA는 코트디부아르·수단·니제르·기니에서 최대 정당으로 발돋움했다. 한편 세네갈에는 프랑스 사회당의 아프리카 지부와 세네갈민주연합(BDS)이 들어섰다. 1949년에 레오폴 상고르가 설립한 BDS는 1951년에 세네갈 진보연합(UPS)으로 당명을 바꾸었다. 1958년에 드골 장군은 아프리카 국가들이 국민투표를 통해 즉각적으로 독립하는 방안과 프랑스의 일부로 남아 자치를 실시하는 방안 중에서 택일하게 하자고 제안했다. 기니가 즉각적인 독립을 선택한 반면 대부분의 서아프리카 국가들은 경제적인 이해득실을 따졌을 때 프랑스의 일부가 되는 편이 낫다고 판단했다. 그러나 1960년에 프랑스는 코트디부아르·다호메·니제르·오트볼타·모리타니 이슬람 공화국의 독립을 허용했다.

영국의 식민지 중에서는 콰메 은크루마와 인민회의당이 주도하던 가나가 최초로 독립을 달성했다. 나이지리아에서는 제1차 세계대전 이후 서양식 교육을 받은 엘리트들이 독립운동을 이끌었다. 영국은 여전히 구세대를 통한 지배에 집착하면서 서양식 교육을 받은 소수의 엘리트 세력을 정부의 요직에서 배제했다. 궁극적으로 자신들이 나이지리아 사회를 지배하게 될 것이라고 교육을 받아온 신흥 엘리트들은 식민통치에 저항하는 내셔널리스트로 변모하여 대중의 권리를 대변하게 되었다. 그들은 사무원·기술자·상인·지주 같은 하위 엘리트 편에 서서 유럽인 노동자와 똑같은 임금의 지급과 식민행정에의 참여를 요구했고 궁극적으로는 독립을 요구했다. 1930년대에는 노동조합·노동자 협회·직능단체·친족집단·부족연합 등의 다양한 조직이 형성되어 정치선동의 온상이 되었다. 나이지리아에서는 학생이나 내셔널리즘 진영의 압력과 영국의 정책적 변화가 맞물려 1946년에 최초의 나이지리아 헌법이 제정되었다. 이 리처즈 헌법은 나이지리아 입법평의회를 개설할 것과, 4개 지방—라고스 식민지와 서부·동부·북부—에 기존의 토착 행정당국에서 모집한 의회를 두어야 한다는 것을 규정했다. 새 헌법이 채택되자, 지방정부와 중앙정부의 권한 배분을 둘러싸고 요루바족과 이그보족, 북부의 무슬림과 남부의 그리스도 교도, 그리고 각 지역의 지배 집단과 소수자 사이에 지역적·민족적·종교적 분쟁이 벌어졌다. 특히 북부의 무슬림은 남부의 그리스도 교도가 나이지리아를 지배하게 되는 것을 우려했다. 나이지리아는 1960년에 연방헌법을 채택하고 독립했다. 이어서 시에라리온과 감비아가 각각 1961년과 1965년에 독립국이 되었다.

이들 신생 독립국의 영토경계, 행정구조, 엘리트 세력, 이데올로기적 성향은 모두 식민시대의 산물이었다. 수단 지역과 서아프리카 대부분의 지역에서는 대중의 보편적인 가치나 정체성과는 무관한 이데올로기와 이익을 내세우는 극소수의 집단이 권력을 잡았으며, 경우에 따라서는 군사정권이 수립되기도 했다. 이 새로운 엘리트들은 대개 비무슬림이었고, 주로 정치와 경제의 근대화에 관심을 가진 집단이었다. 그들은 이슬람을 정치질서의 일부로 인정하지 않고 그리스도교와 같은 수준의 '사적인 종교'로 간주했다.

이처럼 유럽의 식민통치는 세속적인 엘리트 집단을 탄생시켰지만, 이슬람의 평화로운 확산에도 일조했다. 식민행정은 평화와 질서를 가져오고 무역을 촉진함으로써 간접적으로 이슬람이 확산될 수 있는 환경을 조성했던 것이다. 유럽인은 전통적인 사회구조를 해체하고 새로운 교육제도와 사회사상을 도입하고 시장을 개방하고 아프리카의 유랑민들을 도시로 끌어들였다. 이런 과정에서 이슬람은 삶의 터전을 잃은 사람들을 하나로 묶는 응집력을 발휘하게 되었다. 식민열강은 무슬림을 비무슬림 아프리카인보다 문화적·교육적 수준에서 우월한 집단으로 간주하고, 무슬림 부족장과 서기를 비무슬림 지역의 행정관으로 임명했다. 무슬림 종교교사들은 식민열강의 후원을 받아 포교활동과 교육활동을 전개하고 공동체를 조직했다. 일부 지역에서는 식민 당국이 이슬람 법정의 개설을 지원하기도 했다.

식민통치시대는 물론 독립국가가 건설된 뒤에도 많은 이교도가 이슬람으로 개종했다. 1900년과 1960년 사이에 서아프리카의 무슬림 인구는 대략 두 배로 늘어났고, 그후에도 빠른 속도로 증가하고 있다. 1912년에 말리 지역에서는 밤바라인의 3%만이 무슬림이었다. 프랑스의 식민통치를 통해 평화가 정착되고 새로운 무역의 기회가 열리면서 대대적인 개종이 이루어져, 1960년대에는 밤바라족의 70%가 무슬림이 되었다. 현재는 말리 주민의 약 90%가 무슬림이다. 나이지리아 북부의 경우 영국이 이슬람을 국교로 인정함으로써 하우사족이 대규모로 개종했다. 예컨대 바우치 토후국의 경우 1920년대에는 무슬림의 비율이 50%였으나 1952년에는 75%로 늘어났다. 일로린의 경우 1931년에는 무슬림 인구가 43%였으나 1952년에는 63%로 늘어났다. 하우사족의 이주와 요루바족의 대규모 개종에 힘입어 이슬람은 남부로도 확산되었다. 1963년의 인구조사에 의하면 라고스와 서부지역 주민의 40% 이상이 무슬림이었다. 1970년에 이르자 나이지리아의 무슬림은 총인구의 절반을 넘어섰다.

기니를 비롯한 해안지역에서도 새로운 이슬람 개종자들이 생겨났다. 19세기 말에 오트볼타의 무슬림 인구는 3만 명 정도에 불과했으나 1959년에는 전체 주민의 약 20%에 해당하는 80만 명이 무슬림이었다. 현재는 부르키나파소 국민의 절반 정도가 무슬림이다. 코트디부아르에서는 무슬림이 1921년에는 7%, 1960년에는 22%, 1970년에는 33%를 차지했다. 현재 무슬림의 비율은 약 60%이다. 가나의 무슬림 인구도 독립 이후 15%에서 30%로 증가했다. 시에라리온에서는 1960년에 약 35%이던 무슬림 인구가 현재 약 60%로 늘어났다. 모리타니·세네갈·말리·나이지리아·감비아·기니·니제르·소말리아에서도 무슬림이 절대 다수를 차지하고 있다. 나이지리아·코트디부아르·부르키나파소·시에라리온·차드·기니비사우·에티오피아·수단에서는 무슬림이 인구의 절반 이상을 차지하고 있다. 그리고 가나·카메룬·탄자니아 등의 국가에서는 무슬림이 다수는 아니지만 그 규모가 상당하다.

식민통치는 이슬람 전파에 기여했을 뿐만 아니라 무슬림의 사회적 성격과 종교적 관습, 공동체적 정체성에도 영향을 미쳤다. 무슬림은 18~19세기의 정치적인 열망을 포기하고 외국의 지배를 받아들일 수밖에 없었다. 많은 경우 외세의 지배를 받아들였을 뿐만 아니라 외세에 협력하기도 했다. 나이지리아 북부의 아미르나 세네갈의 수피 같은 이슬람 종교지도자들은 식민정권과 독립 이후의 정권에 앞장서서 참여했다. 그들은 식민정권을 옹호하고 인력을 모집하고 세금을 징수하고 심지어 무슬림 저항세력을 진압하기도 했다. 인도의 무슬림 지도자들과 마찬가지로, 그들은 국가엘리트를 자처하고 지배세력에 협력함으로써 그 이익을 향유했다. 북아프리카·아랍중동·인도·인도네시아에서는 무슬림 단체들이 정당으로 발전했지만, 서아프리카의 수단 지역과 사바나, 삼림지대에서는 그런 일이 흔치 않았다.

하지만 협력을 거부하고 유럽인과의 접촉을 끊은 무슬림도 적지 않았다. 19세기에 식민열강이 세력을 확장하는 동안에는 무슬림이 군사적으로 저항했으나, 유럽의 제국들이 자리를 잡은 뒤로는 무장저항은 거의 사라졌다. 나이지리아의 마디파, 니제르의 투아레그족, 모리타니와 소말리아의 수피 전사집단 정도가 무장저항을 계속했을 뿐이다. 외세의 지배에 대한 무슬림의 저항은 대개 학교와 개혁운동, 수피형제단을 통해 간접적으로 표출되었다. 예컨대 나이지리아 이바단 지역의 바미델레 운동은 아랍어 사용과 무슬림 복식의 보존, 이슬람 관행의 개혁을 주장했다. 하우사족과 요루바족은 무슬림으로서의 정체성을 이어갔다. 도시의 '근대화된' 무슬림은 교육단체를 결성했다.

하말리야 교단은 상징적인 수단을 통해 외국의 지배에 저항했다. 샤이흐 하말라(1883~1943)가 개창한 하말리야 교단은 니오로에 거점을 둔 수피형제단이었다. 하말리야 교단은 티자니야 교단의 분파로, 티자니야 교단이 설립자의 가르침을 오도하고 있다고 비난하며 독립했다. 샤이흐 하말라는 스스로 사회와의 접촉을 차단하고 자신이 세운 모스크에서 교육사업에 전념했으며 자발적인 기부 외에는 어떤 도움도 받지 않았다. 그의 추종자들은 티자니야 교단의 탐욕과 허세에 대항하는 하말라의 겸손과 관용을 숭배했다. 하지만 하말라의 은둔생활은 중대한 정치적 결과를 초래했다. 그는 정치적인 문제에 대한 언급을 일체 거부했고, 프랑스의 식민통치도 공식적으로 인정하지 않았다. 그의 추종자들은 이런 태도를 프랑스의 식민통치에 대한 저항으로 받아들였다. 당시 프랑스는 아프리카의 언어와 민족에 대한 지식이 없는 소수의 행정관과 서기·통역·정보원·밀정에 의존하여 통치하고 있었기 때문에, 현지인의 동향에 대해 극도의 의구심을 가지고 있었다. 프랑스는 이슬람 종교지도자들을 철저히 감시하고 그들의 활동을 엄격히 통제했다. 프랑스인은 하말라가 자신들의 지배를 정치적으로 인정하지 않자 1925년에 그를 추방했다. 이에 대응하여 하말라는 수용소에서 약식예배를 이용하기 시작했고, 그의 추종자들은 메카가 아니라 하말라가 수감되어 있는 방향을 향해 예배를 했다. 이는 합법적인 정부의 부재를 상징적으로 보여주기 위한 것이었다.

하말리야 교단은 모든 계층의 사회적 평등을 주장함으로써 도망노예, 신세대, 부족적·사회적 기반을 상실한 사람들에게 강한 호소력을 발휘했다. 하말리야 교단은 1940년대에 두 파로 분열되었다. 한 분파는 티자니야 교단의 종교적 권위에 끊임없이 도전했다. 티에르노 보카르(1939년 사망)가 이끌던 다른 분파는 티에르노 보카르의 지적·신비주의적 가르침과 평등주의를 강조하고 외세의 지배를 거부했다. 하말라 사후에, 그의 추종자들은 정치단체를 조직하고 프랑스에 대항했다.

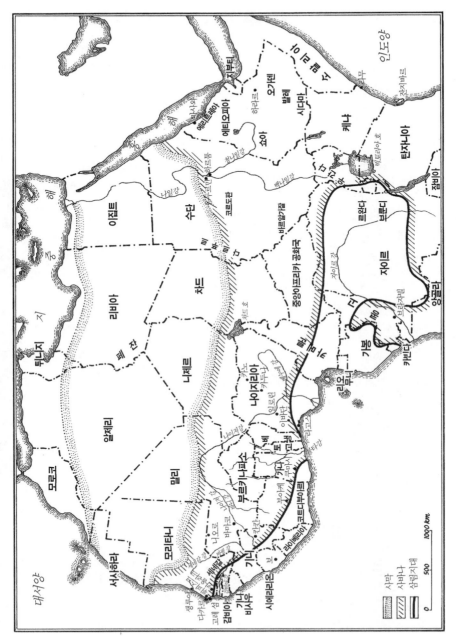

지도 38 북아프리카의 수단지역, 1980년경

식민통치는 아프리카 사회에 매우 복잡한 유산을 남겼다. 오늘날 아프리카 국가의 영토경계와 통치구조는 영국과 프랑스가 남긴 것이다. 비록 의도된 것은 아니었다고 하더라도 식민통치를 통해 이슬람과 무슬림 조직이 확산되었다. 하지만 모든 지역이 균등하게 이슬람화되었던 것은 아니다. 모리타니·세네갈·니제르·말리·소말리아에서는 무슬림이 다수를 이루었고, 나머지 국가에서는 무슬림과 그리스도 교도, 토착애니미즘 신봉자들이 뒤섞여 있었다. 나이지리아·부르키나파소·코트디부아르·카메룬·수단·에티오피아처럼 무슬림이 총인구의 절반에 가까운 나라에서는 엄청난 갈등과 내전이 뒤따랐다. 무슬림이 소수자인 지역에서는 그들의 인구비율에 어울리는 정치적·공동체적 구조가 형성되었다.

무슬림은 정치적 이데올로기와 종교적 의례, 계층과 환경의 차이에 의해 내부적으로 분열되기도 했다. 지난 반세기 동안 무슬림 사회에는 적어도 그 지향점에 따라서 다섯 부류의 집단이 있었다. 세속주의를 지향하는 무슬림, 울라마가 주도하는 무슬림 공동체, 수피 교단, 개혁주의자(와하브파), 이슬람주의자 또는 급진적인 정치세력이 그들이다. 물론 각각의 범주 안에서도 다양한 유형의 집단이 존재한다. 아프리카의 여러 무슬림 사회를 살펴보면, 각 사회의 정치구조와 공동체의 구조뿐 아니라 각 사회가 거대한 아프리카 문명에 적응하는 방식도 다르다는 것을 알 수 있다.

모리타니

모리타니는 아프리카 국가들 가운데 국가·국민·민족의 정체성이 가장 긴밀하게 통합된 사례이다. 모리타니는 공식적으로 이슬람 국가이며 전 인구가 무슬림이다. 모리타니는 아랍 문화와 이슬람을 혼합했다는 측면에서 소말리아나 북부 수단과 비슷하고, 국가 차원에서 이슬람을 지향한다는 면에서는 알제리나 리비아에 가깝다.

　역사적으로 모리타니는 고도로 계층화된 사회였다. 부족집단의 위계가 사회질서의 기본원리였다. 정복자 하산 가(家)의 후예인 아랍계 하산족은 전사로 활동했다. 그들은 침략과 약탈을 자행하고 공물을 징수했다. 산하자 부족의 후손인 자와야 부족은 종교엘리트로, 교육·무역·농경·목축에 종사했다. 이들 부족집단이 직인·자유인·노예를 지배했다. 모리타니의 인구는 아랍어계 언어를 구사하는 북부의 부족민과, 남부의 흑인 즉 세네갈계 아프리카인으로 나뉘었다. 18세기부터는 수피 형제단이 무슬림 사회조직의 근간을 이루었다. 모리타니 이슬람의 창시자는 샤이흐 시디 알 무흐타르 알 쿤티와 부틸리미트의 샤이흐 시디야 알 카비르였다. 19세기에는 티자니야 교단의 비중이 커졌다.

　오늘날의 모리타니는 프랑스 식민통치의 산물이다. 모리타니는 1904년에 프랑스의 보호령이 되었으나, 1902년과 1934년 사이에 모리타니인은 자주 반란을 일으켰다. 반란은 모두 진압되었고, 결국 대부분의 무슬림 종교지도자는 자신들의 종교적·경제적 이익을 지키기 위해 프랑스에 협력하기로 했다. 프랑스는 하산족을 정치엘리트로 인정하여 보조금을 지급하고 식민 당국과 주민을 연결하는 매개자로 활용했다. 동시에 하산족의 약탈행위를 금지시키고 목축과 교역에 종사하도록 했다. 프랑스가 하산족을 지원함에 따라, 자와야 (종교) 부족은 정치적 중재와 경제적 교섭, 생산활동의 조직이라는 전통적인 역할을 박탈당했다. 프랑스는 모리타니의 전통적인 사회질서를 유지한다고 생각했지만, 사실은 부족 사이의 공생관계를 파괴했다.

　1946년에 프랑스는 모리타니를 세네갈에서 분리시키고 이 지역에 새로운 정치체제를 도입했다. 1947년에는 지방의회가 설치되었고, 1948년에는 모리타니동맹이 결성되었으며, 1951~1952년에는 진보

모리타니연합(UPM)과 청년모리타니협회가 생겨났다. 이들 정당은 모리타니 사회를 양분하고 있던 전통적인 엘리트와 근대화된 정치인을 대변했다. 1950년대에 모리타니의 최대 과제는 아랍인이 지배하는 북쪽의 모로코와 남쪽의 세네갈 및 수단 사이에서 정체성을 보존하는 것이었다.

　모리타니는 1960년에 목타르 울드 다다의 주도하에 독립을 이루었다. 목타르 울드 다다는 샤이흐 시디야의 사촌이며 진보모리타니연합의 총재로서 프랑스 식민정권에 협력했던 인물이다. 그는 1961년에 모리타니 인민당을 결성하고, 1964년에는 다른 모든 정당을 불법화했다. 목타르 정권은 기본적으로 아랍인 정권으로, 풀베족(풀라니족)이나 사라콜레족(소닌케족)에 속하는 흑인 농경민족과 남부의 민족집단들을 정권에서 배제했다. 집권당은 전통적인 엘리트 집단을 대변했고, 당원은 주로 자와야 부족민이었다. 독립 이후 모리타니 사회에는 노동조합·여성단체·학교처럼 부족과 무관한 새로운 조직이 생겨났고, 경제활동의 패턴이 변함에 따라 기업가 계층의 영향력도 커졌다. 특정 이데올로기를 지향하는 정당이나 이슬람 정당을 형성하려는 움직임도 있었지만, 여전히 가족의 연줄이 정부와 기업의 운영에 결정적인 영향을 주고 있다. 상인과 관료, 부족의 지도자들은 서로 긴밀한 관계를 유지하고 있다. 이슬람은 공통의 종교이지만 실질적인 의미에서 국가를 통합하지는 못하고 있다.

　1978년에 군사 쿠데타가 일어난 이래 불안정한 정세 속에서 군부 지도자들이 현재까지 모리타니를 통치하고 있다. 목타르 대통령은 서사하라에 대한 영유권을 주장하면서 잠시 모로코와 함께 그 지역을 분할 점령했다. 그러나 폴리사리오(POLISARIO) 분리독립운동이 일어나자 모리타니는 서사하라에서 철수할 수밖에 없었고, 이 사건을 계기로 1978년에 쿠데타가 발생했다. 이후 부족주의와 지역주의는 더욱 기승을 부리고 있다. 흑인아프리카인이 1983년에 모리타니 아프리카인 해방전선(FLAM)을 결성하고 정치적 차별에 저항하여 시위를 벌이자, 정부는 행정부·군부·대학에서 흑인들을 축출했다. 1989~1990년에는 많은 농민이 세네갈과 말리로 도망쳤다. 모리타니는 기본적으로 외국의 원조에 의존하고 있는데, 주로 이라크를 비롯한 아랍국가들의 지원을 받고 있다.

이슬람 정당은 불법이며, 전통적인 종교지도자와 정부 당국의 제휴에 의해 호전적인 이슬람 운동을 막아내고 있다. 정부는 권력을 강화하기 위해 이슬람을 선전하고 있다. 1985년 헌장은 이슬람을 국가와 국민의 공식종교로 선언하고 샤리아를 단 하나의 타당한 법원(法源)으로 규정했다. 1991년에는 유력한 울라마와 수피 교단의 지도자를 망라한 이슬람 고등평의회가 구성되었다. 티자니야 교단과 카디리야 교단은 모두 친정부세력이며 세네갈과 모리타니 사이의 적대감을 해소하는 데 큰 역할을 했던 마라부트(종교지도자)의 권위가 높아졌다. 국가는 모스크와 학교, 고등교육기관을 통해 종교를 통제하고 있다.

세네갈

세네갈 역시 압도적인 이슬람 사회이지만, 국가와 이슬람의 관계는 모리타니와 사뭇 다르다. 세네갈은 유럽의 정치구조를 본떠 국가를 건설했고, 지배엘리트는 비무슬림이다. 그렇지만 인구의 대다수는 수피형제단의 구성원이고, 국가와 수피 엘리트가 협력하여 세네갈의 통합을 유지하고 있다. 세네갈은 이슬람 국가와 무슬림 공동체 조직 사이의 고전적인 관계 패턴에 새로운 활력을 불어넣었다.

세네갈의 이런 패턴의 기원은 19세기에 있었다. 당시 무슬림의 지하드와 프랑스의 정복활동은 세네갈 사회의 전통적인 기반을 변형시켰다. 19세기 말의 전쟁에서 티에도(노예전사엘리트) 가문과 이교도 지배자 가문은 제거되었다. 하지만 유서 깊은 가문은 수피 대가를 배출하거나 무슬림 가문과 통혼하여 위상을 유지했다. 과거 족장에 의존하던 군인·농민·직인과 해방노예들은 이슬람 성자들의 지도력에 의지하게 되었다. 사회적 권력의 기반이 노예소유에서 땅콩생산으로 옮겨가면서 이런 변화는 더욱 촉진되었다. 세네갈 최대의 언어집단인 월로프족이 대거 이슬람으로 개종했다. 예컨대 1913년에 서부 살룸 주민의 절반가량과 남부 살룸 주민의 75%는 무슬림이었다. 1960년에 이르자 세레르족의 약 50%가 개종했다. 오늘날에는 세네갈인의 90% 이상이 무슬림이다.

프랑스의 식민통치도 이슬람의 확산에 일조했다. 프랑스는 무슬림을 문화적으로 앞서 있을 뿐만 아니라 경제적인 생산성이 높고 행정력도 우수한 집단으로 간주했다. 프랑스는 무슬림 서기와 족장들을 중개자로 활용했고 이슬람법의 시행도 허용했다. 식민통치하에서도 이슬람 성자들은 장소를 옮겨가며 설교를 하고 학교를 짓고 공동체를 형성했다. 하지만 동시에 프랑스는 무슬림을 잠재적인 정치적 라이벌로 간주하고 통제했다. 1903년에 제정된 법은 학교의 교사들에게 자격증을 받도록 하고 프랑스어의 사용을 요구했다. 1908년에는 아랍어로 된 신문의 배포가 금지되었다. 1911년에는 프랑스어가 이슬람 법정의 공식어로 지정되었고, 이슬람 성자들의 자선기금 모금이 금지되었다.

하지만 이런 정책이 일관성 있게 시행된 것은 아니며, 제1차 세계대전 이후 프랑스는 일부 무슬림 지도자를 선택하여 지원하고 조종하는 정책으로 선회했다. 이에 호응하여 수피들은 프랑스가 평화를 유지하고 군대를 육성하고 세금을 징수하고 농작물 생산을 장려하는 데 협력했다. 무슬림 엘리트는 프랑스의 지배에 순응하여 호전적인 정치활동을 포기하고, 예배·교육·경제활동에 몰두하면서 새로운 무슬림 형제단을 조직했다. 사드 부(1850~1917)는 파딜리야 교단을, 엘 하지 말리크 시는 카디리야 교단을 조직했다. 세네갈 티자니 가의 일원인 이브라힘 니아스(1900~1975)는 티자니야 교단에서 자기만의 분파를 만들고 1930년대에는 '시대의 구원자'를 자처했다. 그의 메시지는 도시로 이주 하여 새로운 환경에 적응하느라 고생하고 있던 무슬림에게 특히 많은 호응을 얻었다.

세네갈의 여러 수피 교단 가운데 가장 널리 알려진 조직은 1886년에 아마두 밤바(1850~1927)가 설립한 무리디야 교단이다. 아마두 밤바는 월로프족과 투쿨로르족의 후예로 금욕주의와 깊은 신앙, 무욕으로 명 성을 얻었다. 그는 프랑스에 무력으로 대항하는 것이 쓸데없다는 것을 깨닫고 전쟁에 가담하고 있던 마바와 라트 디오르의 추종자들을 설득 하여 일상으로 복귀시켰다. 과거에 전사로 활동했던 샤이흐 이브라히 마 팔(1858~1930)은 아마두의 은둔주의와 평화주의를 지지하면서 1886년에 아마두에게 충성을 맹세하고 자신의 부하들을 무리디야 교 단의 활동에 동원했다. 이브라히마 팔이 아마두에게 복종한 것은 노예 군 전사들이 프랑스의 식민통치와 무슬림의 지도력을 받아들여야 월로 프족이 살아남을 수 있다는 사실을 인정했다는 뜻이다. 이슬람 지도자 와 전사, 영적 권위와 세속의 권력이 손을 맞잡자, 세네갈 주민들도 새 로운 질서를 수긍하게 되었다. 한편 프랑스는 아마두 밤바가 영토적· 정치적 야심을 가지고 있다고 오랫동안 의심했다. 아마두는 1895년과 1902년 사이에 망명생활을 해야 했고, 1907년에 다시 추방되었다. 그 러나 1912년에 프랑스는 그를 세네갈의 정신적·경제적 지도자로 인정 하고 디우르벨로 돌아오는 것을 허가했다.

무리디야 교단의 구성원들은 프랑스 식민정권에 흡수되었다. 프랑스 의 지원을 받은 교단의 지도자들은 프랑스 정부에 예속될 수밖에 없었 다. 그들은 사막의 변경지대를 농경지로 개간하여 땅콩을 재배했다. 교단 지도자들은 이 농지를 소유했고, 농민들은 조별로 일주일에 한 번씩 그 땅에서 기여노동을 했다. 무리디야 교단은 땅도 없고 직업도 없는 청년들을 인도하여 다이라(영농집단) 안에서 9세부터 25세까지 도제수업을 받도록 했다. 1912년에 6만 8천 명이던 교단의 신도수는 1960년에는 약 40만 명으로 늘어났다. 40만 명은 월로프족 인구의 3분의 1, 그리고 세네갈인의 8분의 1에 해당하는 수치였다. 그들은 정치적 관심을 접고 노동을 통해 근대적 생활방식에 적응해 나갔다. 세네갈인은 경제활동에 전념함으로써 패배감을 극복하고 새로운 존엄성을 발견했다.

무리디야 교단의 신자들은 육체·정신·재산을 지도자에게 바쳤고, 지도자는 신자들을 보호하고 이들을 하느님과 연결시켰다. 이 교단은 절대적인 복종과 정기적인 노동력 제공을 강조했다. 교단 창시자의 묘 관리자가 창시자의 할리파(대리인) 역할을 했다. 그 밑에 약 300~400명의 샤이흐가 있었고, 이들은 분쟁을 조정하는 역할을 할 뿐 교육과 예배를 주관하지는 않았다. 샤이흐의 위상은 대중으로부터 그들이 주술적임 힘을 가진 사람으로 인정을 받느냐 여부에 달려 있었다. 교단의 위계는 매우 엄격하여 하급 지도자는 상급 지도자에게 충성을 다해야 했다.

무리디야 교단은 전통적인 이슬람 관행을 중시하지 않았다. 그들은 라마단은 엄격히 지키지만, 일상적인 예배와 축제에 빠짐없이 참석하지는 않았다. 월로프족은 일반적으로 이슬람의 신학적·신비주의적 교리에 대해 잘 알지 못했다. 또한 이혼에 관한 이슬람법도 지키지 않았고, 혼인과 재산문제에서는 가족의 책임을 강조하는 사법체계를 채택하고 있었다. 이브라히마 팔의 분파는 노골적으로 비정통 노선을 추구했다. 이브라히마 팔의 후손들은 예배를 비롯한 이슬람 의식을 준수하지 않았고, 노동·부적·신비주의적 관행을 통해 종교적 축복을 받을 수 있다고 믿었다.

세네갈 사회는 수피형제단을 중심으로 조직되었으나, 독립투쟁을 이끈 세력은 프랑스식 교육을 받은 도시의 비무슬림 전문직업인과 정치 엘리트였다. 19세기 중반에 프랑스가 생루이·다카르·고레 섬·뤼피스크의 주민에게 시민권을 부여한 이후 세네갈 사회에 정치적으로 세련된 엘리트 세력이 등장했다. 이들은 식민행정에 참여하거나 유럽인 회사에서 근무했다.

세네갈은 1960년에 독립했다. 세네갈은 세속국가로서 헌법·공화정·민법·행정·교육·사법 등 모든 제도를 프랑스를 모범으로 삼았다. 정치적 담론은 이슬람의 상징으로 가득했지만, 정교분리의 원칙이 보편적으로 받아들여졌다. 엘리트의 기준은 프랑스어 구사능력이었다. 세네갈은 주민의 80%가 월로프어를 사용하며 대부분이 무슬림이라는 점에서 비교적 통합을 이룬 아프리카 사회라고 할 수 있다. 국가 행정의 위계도 확립되어 있다. 정부는 궁극적으로 사회를 세속화한다는 방침하에 교육과 경제개발, 사회질서 유지에 강한 의욕을 보이고 있다.

1960년부터 세네갈은 세네갈진보연합(UPS)의 의장 레오폴 상고르에 의해 통치되었다. 상고르는 1980년에 은퇴할 때까지 일인 지배체제를 유지했다. 그는 1964년까지 모든 정적을 제거했고, 1966년에는 일당 사회주의 국가를 선포했다. 1976년부터 1980년까지 상고르는 은퇴를 염두에 두고 다당제와 국민투표를 허용했다. UPS를 계승한 세네갈 사회당은 총선에서 계속 압도적인 승리를 거두었다. 상고르에 이어 아브두 디우프가 대통령에 선출되어 2000년까지 재직했다. 그는 최초의 무슬림 통치자였다.

이런 제도적 구조의 이면에서는 마라부트(수피 수도자나 성자)의 권위 아래 있는 형제단 조직이 세네갈 사회를 지탱하고 있다. 마라부트들은 한편으로는 국가권력에 저항하면서 다른 한편으로는 국민에 대한 정부의 통제를 지원하는 이중적인 자세를 보였다. 국가관료와 마라부트는 권력을 놓고 다투면서도 서로 협력하는 관계이다. 마라부트는 정권의 정통성을 뒷받침하고, 행정적으로도 보조적인 기능을 수행한다. 역으로 국가는 마라부트의 경제적 수익을 보장하는 프로젝트를 후원하고 그들에게 명예와 부를 제공한다. 마라부트는 부와 일자리 창출능력, 정부와의 교섭능력을 기반으로 추종세력을 규합한다. 일자리를 찾는 사람, 질병 치료와 사회적 지원을 기대하는 사람, 영적 상담이나 가족과 사회생활에 관한 조언을 구하는 사람들은 마라부트 주변에 모여들게 된다. 대중의 지지를 등에 업고 마라부트는 국가정책에 관여하고 교묘하게 국가권력에 도전한다.

　관료와 수피는 주로 협력하지만, 그들 사이에 긴장이 조성되는 경우도 있다. 무리디야 교단은 과도하게 땅콩생산에 치중함으로써 윤작을 무시하고 산림을 파괴하고 지력을 약화시킨다는 비난을 받았다. 정부는 농민조합을 만들어 영농기술을 향상시키는 한편 땅콩생산을 통제하려고 했다. 하지만 무리디야 교단은 토양보존이나 영농기계화, 근대적인 농업기술 따위는 아랑곳하지 않고 계속 새로운 땅을 개간했다. 최근 들어서야 무리디야 교단은 땅콩생산에서 도시의 교역으로 전환하여 소매상·전기 용역·운송·미곡 유통 등의 사업에 파고들고 있다. 마찬가지로 1972년에 정부가 새로운 민법을 채택했을 때도, 마라부트들은 그 시행을 거부했다. 또한 축제일을 임의로 변경하여 자신들이 국가권력의 통제를 받지 않는다는 것을 상징적으로 과시하기도 했다. 이슬람주의자들과는 달리, 세네갈의 마라부트들은 직접 국가권력을 장악하는 대신 종교에 의해 규정되는 '시민사회'를 창조함으로써 국가권력에 제약을 가하고 있다.

　각 지방에서 수피 다이라는 작업장 단위의 조직이다. 다이라는 축제를 주관하고 모금활동을 한다. 축제는 구성원의 수와 세력을 보여주는 대단히 중요한 행사이다. 개인은 다이라에 소속됨으로써 사회보장의

혜택을 누릴 뿐만 아니라 마라부트의 경제적 연줄을 이용하여 생계를
유지할 수도 있다. 하지만 실제로 타리카(수피 교단)가 그 구성원들에
게 미치는 영향은 제한적이다. 개인은 저마다 자기가 따르는 마라부트
가 있지만, 그에 대한 충성은 배타적이지 않다. 또한 상업적인 거래와
혼인이 타리카 안에서만 이루어지는 것도 아니다. 사람들은 마라부트
의 의견과 상관없이 편의에 따라 자녀들을 코란학교에 보낸다. 마라부
트들은 투표방법을 가르치지만 신도들은 이를 무시하거나 기권하는 경
우가 허다하다. 종교지도자라 할지라도 정치문제를 다룰 때는 신도들
의 눈치를 살펴야 한다.

　세네갈 사회가 도시화되면서 전문직 종사자·관료·교사를 비롯한 중
산층이 성장했다. 이들은 신비주의에 입각한 농촌지도자의 권위에 의
문을 제기하고 있다. 도시에서는 아랍어가 관심을 끌고 있고, 종교적인
정서가 억압되고 있는 가운데서도 정기적인 예배와 순례, 윤리적인 품
행 및 지적 호기심을 강조하는 이슬람에 대한 열의가 되살아나고 있다.
1953년에 디울라족 상인과 도시이주자, 중동에서 돌아온 학생들이 무
슬림문화연합을 결성했다. 무슬림문화연합은 아랍어와 이슬람 교육을
후원하고 식민주의와 자본주의, 농촌 수피의 권력에 반대했다. 1954년
에는 아프리카학생무슬림협회가 결성되었고, 1957년에는 세네갈에서
아랍어 가르치기 운동이 벌어졌다. 1962년에는 무슬림 문화협회 전국
연합이 결성되어 교육의 질을 높이고 아랍어와 코란 가르치기 운동을
확대하기 위해 노력했다. 1970년대에는 아랍의 경제적·문화적 영향이
커지면서 이슬람 헌법 제정에 대한 요구가 터져 나왔다.

　하지만 고향으로 돌아온 학생들과 아랍어 교사들이 주도하고 있는
개혁주의의 영향은 미미한 수준이다. 1980년에 샤이흐 티디아네 시는
무스타르시딘 교단을 설립했다. 무스타르시딘 교단은 수피 교단의 조
직과 개혁주의의 가르침, 그리고 부패와 서양을 비난하는 이슬람주의

의 원칙을 결합했다. 이 교단은 세네갈 사회에서 소외된 청년층을 동원하여 반정부운동을 전개했다. 하지만 이슬람주의자들은 대부분 세네갈 정치시스템에 흡수되었다. 세네갈인은 아랍어를 신성한 언어로 여기지만 국민 정체성의 한 부분으로 간주하지는 않는다. 개혁파도 정부나 수피 엘리트와 동맹을 맺는 것 외에는 뾰족한 방법이 없다. 대통령이 무슬림이고 국민들도 이슬람 정서가 강하지만, 세네갈은 수많은 수피형제단, 도시주민과 농촌주민, 전통주의자와 근대주의자로 분열되어 있다. 현재로서는 세네갈을 이슬람 국가로 되돌릴 수 있는 광범위한 종교운동이 일어나기는 어려운 실정이다.

세네갈 여성의 지위는 모호하다. 이슬람이 전파되면서 여성들은 이전에 누리지 못했던 가족과 상속에 관한 권리를 부여받았다. 그러나 수피형제단의 확산으로 다시 여성의 권리가 박탈되었다. 서양의 영향으로 세네갈의 소녀들은 어느 정도 교육을 받고 있지만, 소년들에 비하면 보잘것없는 수준이다. 1956년에 처음으로 여성에게 투표권이 부여되었고, 1993년에 입법부와 행정부에서 여성이 차지하는 비율은 15% 정도였다. 1972년의 법에 따르면 16세 이하의 혼인과, 남성의 일방적인 파혼은 금지되었으며, 일부다처제 또는 일부일처제에 대해서는 혼인 당시 쌍방이 합의하도록 했다. 하지만 국가의 법이 마라부트들에게는 통하지 않았다. 또한 이슬람 국가의 건설을 주장하는 극단주의자들은 일반적으로 베일의 착용과 여성의 격리, 여성의 사회진출 철회를 요구하고 있다.

나이지리아

독립 이전의 북부 나이지리아

영국의 식민통치하에서 북부와 남부가 통일된 나이지리

아는 모리타니나 세네갈과는 달리 종교적으로 다원주의적인 사회가 되었다. 북부 나이지리아의 지배엘리트는 15세기부터 이슬람을 신봉했다. 소코토 왕국은 많은 주민을 이슬람으로 개종시켰다. 북부 나이지리아에서는 아미르가 사법행정을 관할했다. 아미르는 말람(종교학자, 중동의 울라마에 해당)을 임명하여 예배와 축제를 주관하는 임무를 맡기고 말람으로부터 이슬람법에 관한 조언을 구했다. 비공식적으로 말람은 지역의 분쟁도 조정했다. 영국의 식민통치하에서 나이지리아의 무슬림 사회는 더욱 기반을 다졌다. 1931년 영국은 북부 나이지리아의 아미르 및 부족장 협의체를 조직하고 그리스도교 선교사들로부터 이들을 보호했다. 영국인은 재정과 숙련된 교사의 부족을 이유로 서양식 교육의 확대에 반대했지만, 아미르들은 학교에서 아랍어 대신 영어를 가르치기를 원했고, 자녀들을 영어교육이 가능한 학교로 진학시켰다. 1922년에 카치나 칼리지가 설립되기 전까지는 근대식 교육을 실시하는 중등교육기관이 없었다. 1930~1931년에는 영어가 중등학교의 필수과목이 되었고, 아랍어는 비중이 낮아져 1932년에 선택과목이 되었다. 한편 코란 교육은 정부가 임용한 말람이 맡았다. 카노 법률학교의 교과과정은 완전히 이슬람식이었다. 1940년대에 영국은 정책을 수정하여 남부에서 시행되고 있던 근대적인 교육을 북부로 확대했으나, 독립할 당시에 서양의 세속적인 가치를 접한 북부 나이지리아 주민은 극소수에 불과했다.

영국의 식민통치는 정치적인 측면에서는 보수적이었지만, 나이지리아의 경제와 사회에 큰 변화를 몰고 왔다. 도로와 철도가 건설되고 땅콩과 목화 같은 수출용 작물이 생산되면서, 북부 나이지리아의 농민들은 국제적인 시장경제 내에서 살아가야 했다. 결국 세계시장의 가격변동과 과도한 부채 때문에 많은 농민이 토지를 잃고 도시로 몰려들었다.

이런 사회경제적 변화는 수많은 하우사족 농민이 이슬람으로 개종한 한 가지 이유가 되었다. 전체적인 개종의 규모를 파악하기는 어렵지만, 각 개인이나 공동체의 경험에 대한 연구들은 많은 사람이 상업적인 기회를 얻기 위해 개종했음을 보여준다. 교역 성공 여부는 친지·친구·자본가·소비자와의 네트워크에 달려 있었다. 따라서 상인들은 자신의 사업이 번창하여 전국적인 무슬림 네트워크에 참여할 필요가 있을 때 개종했다. 개종자들은 교역의 수준을 마을에서 도시로 바꾸고, 마을 중심의 혈연과 지연을 끊었다. 개종을 원하는 하우사족은 종교재판관 앞에 출두하여 세정식(洗淨式)을 치른 뒤에 가운과 터번, 세정수를 담은 물병을 받았다. 개종을 하면 마력의 공포나 악령의 공격으로 위험에 처할 수도 있다고 생각했다. 그래서 개종자들은 회사, 말람과의 상담, 약물 복용 등의 방법으로 스스로를 안전하게 지키려 했다. 개종한 여성들은 농사일을 그만두고 가정에서 격리된 생활을 하면서 남편의 경제력에 의존해서 살아갔다. 물론 가내수공업이나 상업을 통해 수입을 올리는 여성도 적지 않았다. 하우사족은 개종한 뒤에도 이슬람의 '진'(초자연적인 존재에 대한 통칭) 개념을 잘못 이해하여 계속해서 정령을 믿는 경우가 많았다.

상업경제가 발달하면서 북부 나이지리아의 주요 도시 카노의 사회구조가 크게 변화했다. 20세기 초에 카노 주민의 약 77%는 하우사족이었다. 그러나 농촌지역의 주민은 하우사족이 3분의 2, 풀라니족이 3분의 1을 차지하고 있었다. 아랍인은 도시의 소수자였다. 카노의 주민은 언어·민족·계층에 따라 구분되었다. 계층구조는 상류계층인 풀라니족 정치엘리트와 부유한 하우사족 상인, 고위 관료, 중산층 상인, 평민(탈라카와타)으로 이루어졌다. 직업집단은 공동체로 조직되었고, 각 공동체에는 노동조합, 복지회, 친족회의가 있었다. 19세기에는 하우사족·풀라니족·아랍 씨족이 독자적으로 종교생활을 영위했다. 철도, 환금작물인 땅콩, 국제항공여행의 도입으로 카노가 북부 나이지리아의 주요 시장인 동시에 번영하는 상인층의 중심으로 발전하자 1920년대 이후 인구가 엄청나게 늘어났다. 1950년에 카노의 주민은 대부분 무슬림이었지만, 카노의 근대산업과 행정을 지배한 것은 나이지리아의 다른 지역에서 이주해온 비무슬림이었다.

카노 주민은 공통의 언어인 하우사어와 공통의 종교인 이슬람을 기반으로 통합되었다. 하우사족 상인과 풀라니족 관료, 그리고 유사한 분야에서 활동하는 두 부족의 직인들은 공통의 경제적 이익을 매개로 단합했다. 수피형제단의 부활은 하우사족·풀라니족·아랍인을 초민족적인 단체로 유도하여, 파편화된 지방 정체성을 보다 통합된 지방 정체성으로 바꾸는 데 일조했다. 이런 변화를 이끈 것은 1930년대에 세력을 확대한 티자니야 교단이었다.

티자니야 교단은 19세기에 무함마드 벨로의 딸과 결혼한 우마르 탈에 의해 북부 나이지리아에 소개되었다. 그러나 아미르 아바스(1903~1919)가 개종하기 전에는 티자니야 교단에 속한 아미르나 말람이 거의 없었다. 그후 카노에 처음으로 티자니야 교단의 모스크가 세워져 무함마드 살가가 이맘이 되었다. 무함마드 살가에 이어 세네갈의 카올라크에 거주하던 월로프족 출신 이브라힘 니아스가 교단을 이끌었다. 이브라힘 니아스는 교단 창시자의 할리파이자 성자의 징표를 가진 것으로 인정받았고, 이슬람 개혁을 위해 한 세기에 한번씩 출현하는 무자디드로 추앙받았다. 일부 추종자는 그를 마디(구세주)로 믿기도 했다. 이들은 또한 이브라힘이 이슬람력 13세기의 개혁가 우마르 탈과 12세기의 개혁가 우스만 단 포디오를 계승했다고 믿었다. 티자니야 교단은 이슬람 청년단과 청년 무슬림회에 젊은 세대를 끌어들여 세력을 확대했다. 1960년대에는 카노의 말람 가운데 약 60%가 티자니야 교단 소속이었다. 티자니야 교단은 카노를 기반으로 북부 나이지리아의 카치나와 카두나 같은 도시와 농촌으로 전파되었다. 또한 나이지리아와 서아프리카 전역에서 디크르의 암송과 예언자 무함마드의 탄생일 기념행사 같은 종교의식을 주관했다. 또한 수많은 학교의 운영을 지원함으로써 서양식 교육에 맞서 아랍어와 이슬람 교육을 부활시켰다. 무역상과 여행자들은 티자니야 교단의 네트워크를 이용하여 숙소와 일자리를 구하고 다른 도움도 받았다. 이브라힘은 바라카(축복을 내리는 능력)로 명성이 자자했기 때문에 여성 신도도 많았다. 한편 카디리야 교단 역시 하우사족·아랍인·풀라니족의 학자들을 포함하는 대중적인 조직으로 발전했고, 공동예배와 축제를 주관했다.

수피형제단에 대한 초민족적인 귀속의식과 카이로 유학을 통해 카노 사회는 외부의 무슬림 세계와 연결되었다. 독립할 무렵에 북부 나이지리아, 특히 카노 사회는 상호연관된 다면적인 사회적 정체성을 지니고 있었다. 한편에는 19세기 공동체 개념의 잔재가 여전히 남아 있었다. 풀라니족 엘리트는 자신들의 권력을 영속화했고, 평민들 사이에서는 풀라니족과 하우사족의 민족적 정체성이 강했다. 이와 동시에 무슬림의 사회적 정체성을 재정의하려는 시도도 있었다. 아미르들은 무슬림의 종교적 기능을 강조했고, 수피형제단과 정당은 무슬림 상인과 평민의 열망을 강조했다.

북부의 엘리트들은 수피의 종교적 결속을 기반으로 북부 나이지리아를 통일하고 나라 전체를 무슬림이 지배하게 되길 바랐다. 그들은 1948년에 북부 나이지리아의 정치단체의 이익을 대변하는 나이지리아 인민회의를 결성했다. 이 당의 지도자 아마두 벨로는 행정·사법·교육의 개혁을 주장하는 정치인·장교·관료·은행가·지식인·기업인을 규합하여 이른바 카두나 마피아라는 비공식 네트워크를 조성했다. 1960년대에 그는 우스만 단 포디오의 이름을 따서 수피 계파를 초월한 새로운 운동인 우스마니야를 창설하여 대중적 지지기반을 확보했다. 벨로는 사우디아라비아와 쿠웨이트의 지원을 받아 세력을 확대했으나 1966년에

암살당했다. 벨로 사후 이 운동은 지리멸렬하여 결국에는 유명무실해
지고 말았다.

한편 귀족 가문의 젊은이들과 새롭게 번영을 구가한 상인들은 나이
지리아 인민회의에 맞서 북부진보연합(NEPU, 1947~1950)을 결성했
다. 아랍식 교육은 물론 서양식 교육까지 받은 말람들이 NEPU를 이끌
었다. 코란 해석을 전공한 아미누 카노는 하우사어로 지배계급의 권력
남용을 비판하는 희곡을 썼다. 그는 영국의 식민정부뿐만 아니라 토착
권력자들에 대해서도 비판을 가했다. NEPU는 교사·서기·하급 관리·
소상인·수공업자·노동자·하급 울라마를 규합하여 전제적인 식민통치
에 저항했다. 무슬림 형제단이 중산층을 대변했던 것처럼, 신생 이슬람
정치단체들도 프티부르주아지와 하층민을 대변하여 국가와 상인엘리
트에 대항했다. 북부 나이지리아에서는 국가와 상인, 인민주의적인 저
항운동이 모두 이슬람의 상징을 수용했지만, 그 의미는 아전인수 격으
로 해석되었다.

남부 나이지리아

이슬람은 북부 나이지리아의 사회조직과 정치적 갈등에
심대한 영향을 미친 반면, 남부 나이지리아에서는 사회의 전체적인 조
류와는 무관한 특정 소수자의 종교에 지나지 않았다. 남부 나이지리아
의 요루바족은 보르누·송가이·하우살란드에서 건너온 무슬림 상인을
통해 처음 이슬람으로 개종했다. 19세기에는 시에라리온과 브라질에서
해방된 노예들이 라고스에 정착촌을 건설했고, 북부에서 내려온 무슬
림이 민족적·지역적 귀속에 따라 일로린과 이바단 등의 도시에 자리를
잡았다.

한 세기 이상 중요한 무슬림 공동체들의 중심이었던 라고스는 1861
년에 영국 식민지가 되었다. 영국은 무슬림 사이의 분쟁을 해결하는 데

일조하고 무슬림 내부의 문제를 공평하게 처리함으로써 좋은 평판을 얻었다. 영국인은 심지어 모스크를 후원하기도 했다. 하지만 영국이 도입한 서양식 그리스도교 교육은 무슬림에게는 대단한 위협이었다. 개인이 상업이나 전문직에서 성공하기 위해서는 반드시 서양식 교육을 받아야 했으므로, 그리스도교 학교는 인기가 있었다. 그러나 많은 무슬림은 그리스도교 학교가 가족의 신앙을 해칠까 봐 우려했다. 그래서 무슬림은 그들 나름의 교육기관을 설립했다. 라고스의 에그베 민족협회는 1880년대에 설립되었다. 제1차 세계대전 중에는 인도의 아흐마디야 교단이 들어와 포교를 시작했다. 1923년에는 안사르 웃 딘(이슬람 후원자)이라는 단체가 설립되었다. 1960년에 이르러 안사르 웃 딘은 약 5만 명의 신도를 거느리고 초등학교·고등학교·사범학교를 설립했다. 여성교육을 담당하는 단체도 생겨났다. 이렇게 다양한 교육기관이 생겨나면서 라고스는 이슬람 근대주의의 중심지가 되었다.

나이지리아가 독립하기 전에 이바단에는 요루바족과 하우사족의 무슬림 공동체가 있었다. 요루바족 무슬림 공동체의 수장은 수석 이맘이었다. 10명의 학자들이 평의회를 구성하여 모스크를 운영하고 공동체 문제를 주관했는데, 이들은 기부금으로 생활을 영위했고 그 지위는 세습되었다. 요루바 무슬림은 코란 학교와 고등교육기관을 후원했지만 배타적으로 생활하지는 않았다. 그들은 비무슬림 요루바족과도 교회·모스크·축제를 공유하면서 사회적으로 긴밀한 관계를 유지했다.

요루바족과 함께 하우사족 무슬림 공동체도 이바단에 있었다. 하우사족은 상인·교사·걸인·짐꾼·노동자로 이바단에 이주해왔다. 그들은 북부의 땅콩기름·육포·생선·우유·소를 수입하고, 남부의 콜라넛·설탕·철·소금·공산품을 수출하는 원거리무역에 종사했다. 하우사족의 무역은 은행·보험·민사법정·계약서 등의 제도적인 장치를 갖추지 못한 채 전통적인 방식으로 이루어졌다. 따라서 무역의 성공은 촘촘하게 짜인 하우사 공동체 내의 신용에 좌우되었다. 20세기 초에 이바단의 하우사족 상인들은 자신들의 구역을 형성했고 북부인 이주자와 그들의 처첩이 이곳에 살도록 했다. 영국인과 다수인 요루바족은 하우사족 수장이 통제하는 주거구역이 형성되는 것을 반겼다. 원래 이주민 공동체에는 행상과 상인들뿐 아니라 걸인과 도둑 같은 말썽꾼들도 있게 마련인데, 하우사족이 특정구역에 그들을 모두 수용하여 자체적으로 규율을 유지한다면, 영국인과 요루바족으로서는 골치 아픈 짐을 더는 셈이었다.

하우사족 구역의 수장은 이바단 공동체의 생활에서 중요한 역할을 했다. 그는 재판을 진행하고, 혼례를 집행하고, 상속 및 양육권 분쟁을 중재하고, 직업별 하위집단의 책임자를 임명하고, 공공질서를 유지하고, 이방인을 감시했다. 그는 신뢰의 상징으로서 토지와 재산의 소유권을 확인하는 역할도 수행했다. 시민들은 수장의 사무실 앞에 무릎을 꿇음으로써 개인적인 충성을 맹세했다. 또한 우시장, 푸줏간, 걸인 길드를 규제하는 하위 수장들이 있었다. 걸인은 맹인, 절름발이, 한센병환자라는 세 하위집단으로 구성되었고, 각각의 우두머리가 있었다. 구걸은 천한 행위가 아니라 하나의 직업으로 인정되었고, 걸인들은 자기 구역을 할당받아 활동했으며 금요일의 벌이는 우두머리에게 바쳤다.

지주들에게는 결정적으로 중요한 경제적 기능이 있었다. 그들은 떠돌이 노동자들에게 여관 관리인 또는 민박집 주인이었던 것이다. 그들은 자신의 손님들을 위해 계약을 주선하고 사업자금을 대여하고 예탁금을 관리하고 사업여건에 대해 조언하는 중개인 역할을 했다. 부유한 지주들은 아들이나 양자를 포함한 직원들을 두고 사업체를 관리했다. 그들은 사람들을 서로 연결시켜줌으로써 교역을 촉진했다.

그러나 1940년대 말과 1950년대에는 내셔널리즘 운동이 대두하면서 수장과 지주들의 사회가 전복되었다. 요루바족의 세력 확대와 나이지리아 내셔널리즘의 부상에 직면하여, 하우사족은 자신들의 집단적 이익을 지키기 위해 요루바족과의 경쟁에서 뒤지지 않으면서 국민적 단합을 강조하는 새로운 조류에 동참할 수 있는 방법을 모색했다. 그들의 해결책은 티자니야 교단에 합류하는 것이었다. 이브라힘 니아스의 인상적인 방문 이후 1950년과 1952년 사이에 하우사족 공동체의 거의 모든 구성원이 티자니야 교단에 가입했다.

새로운 종교적 각성은 하우사 공동체 내에서 권위의 본질을 변화시켰다. 우선 올바른 무슬림의 관행을 지도하는 교사인 말람의 역할이 중요해졌다. 말람은 가르치는 일 외에도 부족장과 상인들에게 특별한 사업의 전망에 대한 자문을 해주었다. 그들은 말람이 사업을 성공으로 이끄는 올바른 종교적·주술적 비결을 알고 있다고 믿었다. 또한 신비로운 힘을 발휘하려면 꼭 필요한 순수한 마음을 가지고 있다고 믿었다. 티자니야 교단의 구성원들은 말람에게 의탁하여 악령으로부터 자신을 보호하고, 가족문제·사업·일상사를 그들과 상의했다. 특히 시장의 변화에 민감한 지주들은 말람의 사회적·도덕적 도움을 구했다. 부족장과 지주들은 메카를 순례하고 하지(순례자)라는 칭호를 얻음으로써 새로운 종교적 권위를 수용한다는 뜻을 나타냈다. 또한 그들은 대중의 압력을 의식하여 사회적 비난을 초래하는 추문이나 바람직하지 못한 행위를 더욱 삼가게 되었다. 공동체의 조직·권위·정체성이 이슬람을 바탕으로 재구성되었던 것이다.

독립국 나이지리아

남과 북을 같은 정치체제로 인도하여 1960년에 나이지리아 국민국가가 성립하자 이슬람의 정치적 의미는 심대하게 변했다. 민족적·종교적·지역적 차이가 너무 컸기 때문에 남과 북의 진정한 연합은 이루어지지 않았다. 북부의 무슬림과 서부의 요루바족 그리고 동부의 이그보족 사이의 반목이 가장 심각한 문제였다. 북부는 정치권력을 장악하고 있었지만, 석유를 생산하는 남부는 행정기관의 요직을 다수 차지하고 있었다. 1966년에 서부가 북부의 세력확대에 저항하는 과정에서 혼란이 일어나자 이론시 장군이 쿠데타를 일으켜 정권을 장악했고, 그가 암살된 뒤에는 고원 장군이 권력을 잡았다. 한편 동부의 이그보족은 신정권에 통합되기를 거부하고 비아프라 공화국을 선포했다. 양측의 격렬한 내전은 1970년에 동부지방이 패할 때까지 계속되었다.

1966년과 1979년 사이에 등장한 일련의 군사정부는 나라의 재통합에 주력했다. 그러나 북부 제주(諸州)가 협력을 강화하는 가운데 북부의 인구가 상대적으로 다수라는 인구조사가 발표되자, 북부의 지배를 두려워한 남부가 다시 봉기를 일으켰다. 1976년에는 고원 장군이 축출되고 올루세군 오바산조(1976~1979년 재직)가 이끄는 새로운 군사정권이 탄생했다. 그후 민정이 회복되었고, 1979년 선거에서 북부의 무슬림 엘리트를 대변하는 나이지리아 국민당이 압도적인 승리를 거두었으며, 셰후 샤가리가 제2공화국의 대통령이 되었다. 국민통합적 정치 시스템을 수용해온 북부가 사회 전반을 지배했다. 유일한 반대세력은 카노와 카두나의 노동자·직인·상인의 지지를 받고 있던 인민혁명당이었다.

1984년에는 다시 군사 쿠데타가 발생했고, 1999년까지 군사정권이 이어졌다. 이 시기의 군사정권은 부패와 석유 수익 착복으로 악명이 높았고, 전국은 극도의 혼란에 빠졌다. 1998년에 아바차 장군이 사망한 뒤에는 오바산조가 대통령에 선출되었다. 이런 정국 불안에도 불구하고 1966년 이후 군사정권은 점진적으로 나이지리아 국가를 강화했다. 석유자원의 개발을 통해 연방정부의 수입이 크게 늘어났다. 연방정부는 은행과 경제활동 전반을 직접 통제하면서 석유화학·가스·비료·시멘트·자동차·종이·설탕 등의 산업에 거액을 투자했다. 국가정책은 나이지리아의 경제엘리트 형성에 초점을 맞추었다. 1972년에 나이지리아 정부는 경제활동의 상당부분을 내국인에게만 개방하고, 최소한의 나이지리아 자본이 투입되지 않는 한 외국기업의 활동을 불허했다. 정부는 공무원의 기업활동을 허용했고, 중앙은행은 대출금의 대부분을 나이지리아의 기업인과 공무원에게 할당했다. 자본가·사무원·직인·대리인 사이의 의존관계는 때로는 일반 사람들에게 금전적인 이익을 줄 수 있었다.

독립 이후 북부 나이지리아의 이슬람

정치적 상황은 북부 나이지리아에서 이슬람의 역할을 크게 바꾸어놓았다. 1966년에 군사정권이 수립되면서 북부 아미르들의 정치권력은 줄어들고, 그 대신 그들의 의례적·종교적 기능은 더 중요해졌다. 아미르들은 아랍어와 하우사어를 사용하는 무슬림들을 통합하기 위해 종교단체를 후원하고 코란을 하우사어로 번역하는 작업을 돕고 이슬람 개혁주의를 확산시켰다. 그들은 무슬림들 사이의 내적인 차이를 무시하고 이슬람이라는 공통의 정체성을 강조했다. 새로운 개혁주의 운동단체는 티자니야 교단과 카디리야 교단의 지배에 도전했다. 이들은 당대 이슬람의 보편주의·경전주의·급진주의를 표방했고, 북부의 엘리트와 밀접한 관계를 맺고 있었다. 그런데 개혁주의자들이 후원하는 이슬람 교육과 아랍어 교육은 새로운 대항엘리트를 낳았다. 마드라사의 졸업생은 대부분 이슬람 교사가 되었고 일부는 종교재판관이 되기도 했는데, 이들은 샤리아에 기반을 둔 사회의 건설을 추구했다. 그들은 여성을 지적으로나 도덕적으로 열등한 존재로 간주하고 여성교육에 거부감을 가졌으며, 여성을 가정에 격리시켜야 한다고 주장했다.

이 경향을 대표하는 인물은 1960년부터 1966년까지 북부 나이지리아의 대(大)카디였던 샤이흐 아부바카르 구미였다. 원래 아마두 벨로

의 문하생이었던 구미는 수피형제단을 '비다' 즉 비합법적인 혁신이라
고 공격했고, 성자숭배와 혼례와 축제에서의 과소비 같은 세간의 관행
을 비판했다. 또한 근대식 이슬람 교육을 확산하고 헌법을 포함한 모든
세속적인 법률체계에 샤리아의 원리를 반영하기 위해 노력했다. 하지
만 구미는 여성의 교육과 여성의 참정권을 옹호했다. 이는 전국 정치에
서 북부 무슬림의 선거권과 정치력을 증대시키기 위한 노력의 일환이
었다. 1978년에 구미의 추종세력은 얀 이잘라(혁신 제거와 순나 확립을
위한 협회)를 결성했다. 사우디아라비아와 쿠웨이트로부터 재정지원을
받은 이 협회의 운동은 왕성한 설교와 카세트와 라디오를 통한 선전에
의해 전파되었다. 얀 이잘라가 내세운 무슬림의 단결, 평등, 부패방지
는 근대적 교육을 받은 반(反)서양 성향의 관료·기업인·지식인·학생
에게 큰 호소력을 발휘했다. 얀 이잘라의 개혁운동은 점차 이슬람의 이
데올로기적 정체성과 정치제도를 확립하려는 이슬람주의로 변모했다.
얀 이잘라의 과격분자들은 수피형제단의 지지자들과 폭력적인 충돌을
야기했을 뿐만 아니라, 그들 스스로 유대교와 그리스도교가 지배하는
서양세계와 전쟁을 벌이고 있다고 생각했다.

1970년대에는 북부를 나이지리아에 통합하려는 기류도 형성되었다.
1970년대에 북부의 무슬림 엘리트들은 정치적인 위상을 유지하기 위
해 남부의 비무슬림 세력과 연대하지 않을 수 없었다. 또한 북부의 하
우사족과 남부의 요루바족 사이의 경제적인 유대, 농작물의 수송과 유
통을 위한 카노와 라고스의 경제적 상호의존, 연방정부의 보조금 정책
은 지역간 협력의 기반이 되었다. 미디어도 종교적·지역적 유대에 반
대하고 그 대신 나이지리아 국민의 정체성을 강조했다.

하지만 1980년대는 무슬림의 호전성이 커졌다. 1970년대의 유가 급
등은 이슬람의 부흥과 종교적 갈등을 초래했다. 1970년대에 초등학교
교육이 전국적으로 실시되자 나이지리아의 무슬림이 정치적인 움직임

을 보이기 시작했다. 무슬림은 초등교육의 의무화가 이슬람의 가치를 훼손하고 서양과 그리스도교의 영향력을 증대시킬 것으로 판단했다. 이런 조치에 대항하여 무슬림은 모스크를 더 자주 방문하고 별도의 학교를 설립했으며 보수적인 복장을 착용하기 시작했다. 북부에서는 미디어와 학교교육을 통한 이슬람 홍보가 확대되었다. 이슬람 단체들은 무슬림 주민들의 통합을 외치면서 국가가 정책적으로 이슬람을 인정하도록 압력을 가했다. 1986년에 설립된 울라마 평의회는 금요일과 이슬람 축일들의 공휴일 지정, 서양 지향적인 외교정책 탈피, 바티칸이나 이스라엘과의 외교관계 단절, 이슬람회의기구(OIC) 가입을 요구했다. 나이지리아이슬람최고평의회(NSCIA)도 이슬람력의 도입과 샤리아 항소법원의 설치와 같은 이슬람 정책의 수립을 촉구했다. 결국 이슬람 법정이 별도로 설립되지는 않았으나 이슬람법에 정통한 세 명의 재판관이 연방항소법원의 재판관으로 임명되었다. 또한 이슬람과 하우사어 교육이 교과과정에 포함되었다. 무슬림이 점차 국민생활에 통합되어가자, 이슬람 행동주의자들은 이슬람을 개인의 종교적 행동과 사회질서의 지침으로 삼아야 한다고 주장했다. 서부의 요루바족은 상대적으로 훨씬 관용적인 태도를 보였지만, 강력한 개혁운동의 영향을 받아 정치시스템의 이슬람화를 요구했다.

새로운 상황 속에서 무슬림은 정치색을 한층 분명히 하고 강경한 입장을 보였다. 북부의 무슬림 극단주의자들은 스스로를 남부의 비무슬림과 서양으로부터 박해를 받는 소수자로 여겼다. 동시에 자신들은 소코토 칼리프조의 이념을 만방에 구현하고 북부 나이지리아를 비무슬림이 제거된 이슬람 성지로 만들 거룩한 사명을 띠고 있다고 생각했다.

무슬림의 호전성이 표면화되면서 무슬림과 그리스도 교도 사이의 긴장이 고조되었다. 1987년에는 카두나에서 그리스도 교도가 코란을 모독했다는 소문이 떠돌면서 무슬림과 그리스도교 학생단체 사이에 시가

전이 벌어졌다. 양 진영의 충돌은 도시는 물론 농촌지역까지 확대되어 카두나 주(州) 전체가 소요사태에 휩싸였고, 다수의 교회와 모스크가 파괴되었다. 1999년 5월에는 군사통치가 끝나고 북부 여러 주에서 샤리아를 시행하려는 움직임이 일어나면서 무슬림과 그리스도 교도 사이의 관계는 더욱 껄끄러워졌다. 1999년에 잠파라 주는 나이지리아에서 처음으로 샤리아를 채택했다. 이어서 카노 주 의회가 샤리아의 도입을 승인했고, 니제르 주도 샤리아 도입 법안을 통과시켰다. 2001년 11월까지 북부 12개 주가 이슬람법을 채택했다. 그 사이 무슬림과 그리스도 교도 사이에 잔혹하고 파괴적인 폭동이 일어났다. 오바산조 대통령은 샤리아의 채택을 반대했으나, 북부 제주(諸州)는 이미 연방정부의 통제에서 벗어나 있었다.

나이지리아 여성은 대단히 보수적인 환경에서 생활하고 있다. 나이지리아에서 여성의 격리는 규범적인 관행으로 여겨진다. 즉 남성과 여성은 사회적으로 서로 어울리지 않는다. 여성은 대체로 11~14세에 결혼하며 대부분 가정에서 취사, 바느질, 자수 같은 가사노동을 한다. 일반적으로 여성이 외부에서 교육을 받거나 경제활동을 하려면 남편의 승낙을 얻어야 한다. 그렇지만 여성의 자율적인 활동이 허용되는 영역도 있다. 1976년에는 여성에게 투표권이 부여되었고, 1977년에는 대중교육청이 출범하여 여성을 위한 성인교육반을 개설했다. 교육을 받은 여성들은 개인교습을 하기도 하고, 일부는 1978년에 설립된 카노의 여성아랍어사범학교에서 교사로 활동하고 있다. 카노와 카두나에서 정권을 잡은 인민구제당은 1979년에 여성을 포함한 모든 주민에게 초등교육을 실시했고, 2명의 여성을 공직에 임명했다. 여성인권단체도 활동하고 있다. 나이지리아 무슬림 여성단체연합은 샤리아의 시행을 지지하고, 이슬람법에 규정되어 있는 여성의 상속권·자녀양육권·교육권을 옹호하고 있다.

북부 나이지리아에서 이슬람은 국교인 동시에 지배엘리트에 대항하는 중하층의 종교였다. 1950년대에 북부진보연합(NEPU)은 중산층 지식인과 평민의 지지를 배경으로 이슬람의 가치를 내세우며 토후제도와 귀족층에 반발했다. 1970년대에 정치엘리트와 경제엘리트가 국가권력을 장악하게 되면서 이슬람은 저항운동의 상징으로 되살아났다. 예컨대 카노에서는 코란을 공부하던 떠돌이 학생과 말람 가운데 상당수가 노동자·공장근로자·소상인·수공업자로 전락했다. 이들은 임금 착취, 인플레이션, 생활수준 하락에 대한 불만을 해소할 수 있는 탈출구를 이슬람의 가치에서 찾았다. 말람과 그 제자들은 노동계급에게 코란을 해석해주는 중요한 역할을 했다. 말람과 학생들은 노동자와 함께 어울리면서 코란을 가르치고 하우사족 무슬림의 예법을 실천하고 교양·절제·인내·정직 등의 덕목을 가르치고 사회적 연대와 이슬람의 정의를 외쳤다. 그들은 이런 방법을 통해 저임금에 허덕이는 빈자의 분노, 부유층의 과소비, 정치적 억압을 질타했다. 무슬림의 관점에서 하층계급이 요구하는 정의를 표현했던 것이다. 벼락부자들은 한때 존경받는 위치에 있었던 말람들을 성가시고 위험하고 비도덕적인 존재로 매도했다. 초등교육이 보편화되면서 전통적인 이슬람 교육이 쇠퇴했으며, 이에 따라 말람의 필요성이 줄어들었던 것이다. 집도 없고 취직도 되지 않는 코란학교 학생들은 건설현장에서조차 쫓겨났을 뿐 아니라 치솟는 식비와 주거비 때문에 고통이 가중되었다. 살기가 힘들어진 이들은 얀타친 운동에 투신했다. 얀타친 운동은 일종의 천년왕국운동으로 1980~1985년에 북부 나이지리아 전역에서 폭동을 야기했다. 이란 혁명의 영향으로 또 다른 과격한 이슬람 운동이 일어났다. 이 운동의 참가자들은 스스로 시아파라고 주장했으나, 그들이 전통적인 시아파와 종교적으로 연결된 것은 아니었다. 이들은 코란학교 학생이었고, 초등교육 수준의 교육을 받은 사람들이었다. 그들은 시아파 이슬람을 신앙체계라기보다는 이슬람 초기 가치로의 회귀를 의미하는 저항운동으로 이해했다.

이슬람은 한편으로는 하우사족과 풀라니족의 융합뿐만 아니라 카노의 정체성과 북부지역의 정체성과 나이지리아 전체의 정체성의 복잡한 혼합을 상징했지만, 다른 한편으로는 못 가진 자와 엘리트 사이의 계급 갈등을 상징했다. 모든 정당은 권력투쟁에 필요한 상징과 조직의 기반을 이슬람에서 찾는다. 다른 이슬람 국가와 마찬가지로, 북부 나이지리아에서 이슬람은 보편적인 관용어, 다시 말해서 하나의 복합사회 안에서 서로 대립하는 이해관계를 분절하기에 충분할 만큼의 내적인 차별성을 지닌 사회적 정체성에 반드시 필요한 포괄적인 토대가 되었다.

와하비 운동과 개혁주의 운동

서아프리카의 다른 지역에서는 무슬림이 소수자였기 때문에 정권을 장악하지 못했다. 대부분의 서아프리카 국가는 일당독재, 군사정권, 권위주의 정부에 의해 지배되었고, 이런 상황은 오늘날에도 계속되고 있다. 무슬림 공동체는 학교와 학자, 자한케나 사가누구 같은 성직자 종족, 수피형제단, 소수민족집단 등을 중심으로 형성되고 있다.

옛 형태의 공동체는 사회의 종교적 관행과 정치를 변화시키려는 개혁운동과 근대주의 운동의 도전을 받고 있다. 하지만 근대주의 운동은 특정 국가에 한정된 것이 아니라 서아프리카 전역에 확산되고 있다. 이는 도시화의 확대와 더불어 변화하는 사회에 있어서 도덕적 질서와 사회적 통제에 대한 필요성을 반영하는 것이다. 식민통치하에서 도시생활의 곤궁함은 가족 내에서 안정된 연장자들과 젊은이들 그리고 노동자들 사이에 경제적 이해관계의 충돌을 낳았다. 연장자들은 가족의 부를 독차지하려 했고, 청년세대와 노동자들은 저항의 한 표현으로 근대주의 개혁운동과 교육개혁운동에 눈을 돌렸다. 개혁운동의 저변에는 중소 상인과 하급 관리들이 있었다. 식민 당국과 국가권력에 영합하는 수피즘에 대한 환멸도 개혁운동에 기름을 부었다.

바마코에 기반을 둔 와하비 운동은 그 대표적인 사례이다. 와하비 운동이라는 명칭은 개혁적 의도를 나타내기 위한 것으로, 서아프리카의 와하비 운동은 사우디아라비아에서 일어난 종교운동과는 다르다. 와하비 운동은 알아즈하르 대학과 카이로 대학에서 무슬림 형제단을 비롯한 이슬람의 새로운 조류를 접한 유학생들에 의해 서아프리카에 소개되었다. 메카와 메디나 순례도 새로운 종교사상을 접할 수 있는 좋은 기회였다. 순례자의 일원이었던 알 하즈 아브달라 마흐무드는 개혁사상을 품고 바마코로 돌아왔다. 그는 동료들에게 코란과 예언자 무함마드의 말씀을 배우고 말리크파와 수피의 금욕주의를 따를 것을 요구하면서 성자숭배나 애니미즘적인 종교관행을 멀리하라고 당부했다. 그는 바마코의 말람들이 이교적인 의례를 행하고 식민 당국과 정치적으로 결탁했다고 비난했다. 알 하즈 아브달라는 1949년에 학교를 설립하고, 1951년에는 수바누 알무슬리민(청년 무슬림 소사이어티)을 조직했다. 이 단체는 청소년이 프랑스의 가치에 동화되는 것을 막고 이슬람 장려를 주요 목표로 삼았다. 알하즈 아브달라는 식민당국이 제공하는 프랑스어 교육은 프랑스에 대한 아프리카인의 종속을 상징하므로, 이에 맞서 아랍어 교육을 실시해야 한다고 생각했다. 그가 설립한 학교의 졸업생들은 대개 살라피 운동 계열의 개혁주의자로 변모하여 샤리아의 실행을 요구하고 구세대 울라마와 전통적인 마라부트들에게 저항했다.

와하비 운동은 서아프리카의 교역로를 따라 빠른 속도로 확산되었다. 말리·기니·감비아·시에라리온·코트디부아르·세네갈·오트볼타(부르키나파소)·니제르의 칸칸·보·부아케를 비롯해서 그 밖의 중소도시에 지부가 설치되었다. 특히 이런 도시들에서는 티자니야 교단과 카디리야 교단의 공동체가 거의 힘을 쓰지 못했다. 1950년대에는 프랑스어와 아랍어를 함께 가르치는 일반 학교와 아랍어를 가르치는 마드라사를 통해 새로운 엘리트가 배출되었다. 개혁세력은 현지 모스크의 관리권을 둘러싸고 다른 무슬림 집단과 갈등을 빚었는데, 때로는 한 도시에 2개 이상의 모스크가 생겨나기도 했다.

1970년대부터는 아랍중동 지역과의 접촉이 늘어나면서 이슬람과 아랍어 교육이 더욱 확산되었다. 사우디아라비아·리비아·튀니지·이집트는 모스크와 마드라사의 운영경비와 장학금을 지원했다. 사우디아라비아는 1962년 이슬람세계연맹을, 1973년에 무슬림청년세계회의를 결성했고, 여러 곳에 이슬람 국제대학을 설립했다. 리비아는 이슬람 소명회(다와 알이슬라미야)라는 조직을 만들어 아프리카 학생들에게 장학금을 지급하고, 아프리카 여러 국가에 포교사를 파견했으며, 국제회의를 후원했다. 이란도 비슷한 프로그램을 시행했다. 수단은 아프리카 국제대학과 코란 대학을 설립했다. 세네갈·니제르·나이지리아에는 모스크·마드라사·문화센터·보건소가 세워졌다. 이슬람 단체의 수도 빠른 속도로 늘어났다. 서양식 교육을 받을 기회가 없었던 사람들도 순례·장학금·재정보조·기부·비영리단체의 지원을 누리게 되었다.

1980년대에는 이슬람주의가 더욱 중요해졌다. 개혁주의가 개인적인 삶의 정화에 전념했다면, 이슬람주의는 이슬람 국가 건설에 주력했다. 이슬람주의자들은 비효율적인 국가를 대신할 사회복지단체를 만들었고 학교와 모스크를 후원하고 사회·보건 서비스를 제공했다. 세네갈과 나이지리아에는 이슬람 대학이 설립되었다. 이런 움직임은 각국의 정치상황과 밀접한 관계가 있다. 1950년대와 1960년대에는 이슬람 개혁운동이 수단·기니·코트디부아르의 아프리카민주연합(RDA)과 긴밀하게 연결되어 있었다. 개혁세력은 아프리카민주연합과 힘을 합해 프랑스의 식민통치와 강제노역, 부당한 세금에 저항했다. 또한 두 세력 모두 보수적인 농촌의 수장들과 종교지도자들에 대항했고, 근대화한 상인집단의 지지를 받았다. 양자는 사회정의와 평등의 원칙을 내걸었는데, 개혁주의자들은 그 원칙을 종교적으로 해석했고, RDA는 세속적으로 해석했다. RDA의 정치인들은 무슬림의 지지를 호소하기 위해 종종 이슬람 어휘와 코란 구절을 인용했다. 따라서 이슬람 개혁의 종교적 원리에 대한 함양은 무슬림의 정치의식을 높이는 하나의 방법이었고, 반대로 내셔널리즘은 무슬림 정서에 의해 유발되었다.

여러 국가에서 이슬람과 국민적 정체성의 관계는 한층 밀접해졌다. 1960년대에 말리의 모디보 케이타 대통령은 개혁주의 단체들을 억압했다. 그러나 아랍어와 이슬람에 대한 교육이 확대되고 아랍국가와의 유대관계가 긴밀해지고 사우디아라비아와 쿠웨이트로부터 재정지원을 받게 되면서 정책에 변화가 생기기 시작했다. 모디보 케이타의 뒤를 이은 무사 트라오레는 말리 이슬람통일진보협회를 후원하고, 이 단체를 이용하여 무슬림 관련 업무를 처리했다. 1970년대에는 마드라사 교육이 급속히 확대되었고, 1980년에 이르자 마드라사가 국가 교육시스템의 주요 부문으로 성장했다. 국가의 지배층은 여전히 프랑스어를 쓰는 세속주의자들이었지만, 교육부·법무부·내무부·종교부·외교부의 많은 관직이 아랍어 사용자에게 할애되었다. 이슬람주의자들은 이슬람이 서양 제국주의에 반대하는 아프리카인의 본성을 표현한다고 주장했다. 이슬람은 사실상 말리의 국교가 되었다.

오트볼타는 1987년에 부르키나파소로 국명을 바꾸었다. 부르키나파소는 수차례의 군사 쿠데타를 거쳐 1991년에 입헌공화국이 되었다. 부르키나파소에서 아랍주의와 이슬람주의 운동은 유럽식 근대에 대한 일종의 대항문화이며, 이 나라의 무슬림 인구를 구성하는 이질적인 민족집단을 통합하는 하나의 방법이었다. 마드라사 교육은 제2차 세계대전 직후에 시작되었는데, 현재는 무슬림 인구의 절반이 마드라사에서 교육을 받고 있다. 다만 중등교육을 이수하는 사람은 극소수에 불과하다.

그림 32. 말리 몹티에 있는 금요 모스크

부르키나파소의 이슬람은 모스크 건설, 국영방송을 통한 설교, 이슬람 축제의 공인, 아랍국가의 후원 등에 힘입어 더욱 강력해지고 있다. 마드라사 교육은 정치권력에서 소외된 중하층 사람들에게 호소력을 발휘하고 있으며, 이들은 샤리아에 기초한 국가를 선호한다. 하지만 이슬람 운동단체들은 수많은 파벌로 분열되어 있다.

코트디부아르

코트디부아르에서는 와하비 운동이 국가의 정치체제뿐만 아니라 민족과 이슬람 정체성에 대한 정의마저 바꿔놓았다. 이곳에서는 이미 오래전부터 디울라족이 무슬림 공동체를 형성하고 있었다.

그들은 코르호고의 코코 구역에 살면서 직조와 무역에 종사했다. 이들은 카빌라 단위로 조직되었는데, 카빌라는 부계적 출계집단이었다. 디울라족은 모리 씨족과 툰티기 씨족으로 구성된 반족(半族)이었다. 모리 씨족은 엄격하게 이슬람을 준수하는 집단으로 대대로 아랍어 이슬람 경전을 전수해왔다. 모리 씨족의 종교적 기원은 15세기 알 하즈 살림 수와리까지 거슬러 올라간다. 한편 툰티기 씨족은 이슬람 축제에는 참가했지만 이슬람법을 엄격하게 준수하지는 않았다. 그들은 종교와 깊은 관계를 맺지 않은 채 주로 전쟁과 정치에 관여했다. 툰티기 씨족의 학자들은 이슬람이 정치와 무관하다고 보고 기존 정권을 받아들였다. 티자니야 교단과 카디리야 교단이 디울라족 공동체에 지부를 두었으나, 제대로 조직을 갖추지는 못했다. 가입은 자유로웠으나, 실제로 교단에 가입한 사람은 주로 종교적 성취를 인정받고 싶어 하는 노년층이었다.

그후 코트디부아르의 여러 민족이 개종하면서 이슬람은 소수민족의 종교로서의 편협성을 극복하고 전국적인 다수의 종교로 발전하게 되었다. 무슬림에 대한 정의도 바뀌었다. 무슬림이란 모리 씨족과 툰티기 씨족의 일원이 아니라 이슬람법을 준수하는 사람을 뜻하게 되었다. 툰티기 씨족도 이슬람을 엄격히 준수하게 되었고, 설교는 이슬람 의례로서의 춤을 대체했다.

이런 변화를 촉발한 것은 1940년대 후반에 코트디부아르에 소개된 와하비 운동이었다. 와하비 운동은 교역로를 따라 전파되었으며, 주로 아비장·부아케·바마코 등의 주요 도시에서 자리를 잡았다. 초기의 개종자는 상인·해운업자·기업가 등의 벼락부자와 이들이 부리는 일꾼들이었다. 와하비 운동 신봉자들은 친아랍, 반식민주의를 지향하면서 독립투쟁에 참여했다. 새로운 지식인들은 모리 씨족의 문화를 폄하하고 친족이나 민족에 대한 전통적인 충성심이 아닌 이슬람의 보편성을 강조했다. 와하브파 설교사들은 마법과 성자숭배, 전통적인 혼례나 장례를 비난했다. 와하비 운동은 부유층의 운동으로 출발했으나 점점 개종한 하층민과 최근 개종자의 운동이 되었다. 하층민은 와하비 운동이 보편주의를 강조하고 인종·카스트·출신지를 무시하는 태도에 매료되었다. 개종자의 상당수는 기니에서 온 이주민이었다. 1990년대에 이르자 와하비 운동의 급진주의와 분파주의가 진정되면서, 와하브파는 다른 무슬림과 함께 예배를 보기 시작했다. 코트디부아르는 적어도 외형상으로는 무슬림이 통일을 이루고 있다.

이슬람이 강해지자 친(親)가톨릭 성향의 후푸에 부아뉘 대통령은 무슬림을 정부에 통합하기 위해 이슬람최고평의회를 만들었다. 그는 1990년에 이맘 세력의 지원에 힘입어 재선되었다. 그러나 1993년 우푸에 부아니 대통령이 사망한 뒤에는 이슬람을 신봉하는 북부와, 그리스도교와 애니미즘이 강한 남부가 권력투쟁을 벌이기 시작했다. 아비장에서는 폭동, 무슬림에 대한 살육, 모스크에 대한 방화가 이어졌다.

가나

쿠마시는 옛 형태의 무슬림 공동체가 개혁주의의 도전을 받은 또 하나의 예이다. 쿠마시에서는 19세기에 이미 강력한 무슬림 공동체가 형성되어 아샨티 왕국의 서기·외교사절·정치고문·군인·주술사를 배출했다. 무슬림의 부적이 가치를 인정받는 사회였기 때문에, 무슬림의 영향력은 상당했다. 무슬림은 아샨티 제국의 엘리트와 통혼했다. 토착 무슬림 외에도 하우사족과 모시족 상인들이 이 지역과 교역을 했다. 이들은 소·가죽·옷감을 쿠마시로 들여오고, 사금(砂金)·소금·콜라넛을 가져갔다.

1896년에 영국은 아샨티 제국을 무너뜨리고 쿠마시를 점령했으며 1900~1901년에는 북부 가나를 보호령으로 선포했다. 영국인은 황금

해안을 따라 금광과 코코아 플랜테이션을 개발하고, 북부의 주민이 남부로 자유롭게 이주할 수 있는 길을 열었다. 이주가 자유로워지자 북부 가나·하우살란드·오트볼타·토고·다호메·니제르·말리에서 수십만 명의 노동자가 쿠마시로 몰려들었다. 대부분의 이주자는 무슬림이 아니었으나, 얼마 지나지 않아 이슬람과 하우사어를 받아들였다. 이들은 주로 종고(쿠마시의 무슬림 구역)에 정착했지만, 민족적 차이는 종족을 통해 영속화되었다. 각 종족은 저마다 지도자를 선출했다. 지도자는 고아나 병자와 같은 사회적 약자를 도와주고, 숙식을 제공하고, 상속을 감독하고, 혼례와 장례를 주관하고, 이슬람법과 관습법에 기초하여 분쟁을 해결하는 중요한 역할을 했다. 영국은 종족공동체의 우두머리를 인정하고 이들에게 법정 개설을 허용했으며, 종고의 수장 즉 사르킨을 임명했다. 그러나 독립과 더불어 무슬림 공동체 조직은 크게 변했다. 1957년에 콰메 은크루마 대통령은 공동체 대표의 지위를 박탈하고 내무부 장관 밑에 무타와킬루라고 명명된 남성을 종고의 수장으로 임명함으로써 정부와 무슬림 공동체를 직접 연결시켰다. 이와는 별도로 정부는 무슬림 통제기구로서 무슬림평의회를 만들었다. 그러나 1966년에 은크루마 대통령이 축출되자 무슬림 공동체들은 다시 자신들의 우두머리를 세웠다.

1966년 이래 종고의 공동체 구조는 무슬림 공통의 정체성을 강조하는 쪽으로 진화해왔다. 1세대 이주자들은 민족적 유대를 끈끈하게 유지했으나, 2세대와 3세대는 자신을 협소한 종고의 일원이라기보다는 더 큰 무슬림 공동체의 일원으로 인식하고 있다. 이웃, 학교, 청년집단은 기본적으로 다민족으로 구성되었다. 하우사족의 이슬람은 가나 이슬람의 표준이 되었다. 결혼식과 명명식(命名式)은 하우사족 전통에 따라 행해진다. 공동 모스크에 모여 축제와 기념일 행사를 치르고 예배를 드리는 것도 초민족적 연대를 강화하는 데 일조했다. 도시에서 태어나 교육을 받은 신세대 지도자들은 기득권을 누리는 민족과 종족의 나이 많은 지도자들에게 도전해왔다. 아흐마디야 교단, 가나무슬림포교회, 이슬람연구개혁센터, 서아프리카이슬람연대협회, 이슬람최고평의회, 가나무슬림대표자평의회 등이 이런 움직임을 대표하는 단체이다. 이들 단체는 모두 영어와 아랍어를 함께 가르치는 학교와 포교활동을 지원하고 있다.

남아프리카의 무슬림

남아프리카의 무슬림 인구는 약 32만 5,000명으로 총인구의 약 2%를 차지하며, 세 집단으로 분류된다. 첫 번째 집단은 케이프 말레이인으로, 이들은 17세기에 인도네시아 군도에서 건너왔다. 두 번째 집단인 인도 무슬림은 19세기에 계약노동자·무역상·상인·행상으로 남아프리카에 왔다. 그리고 세 번째 집단은 1860년 이후 말라위와 잔지바르에서 이주해온 노동자들이다. 그 밖에 무슬림으로 개종한 아프리카인도 일부 존재한다.

1652년에 네덜란드 동인도회사가 케이프에 진출한 뒤 동남아시아 도서의 무슬림 집단이 처음으로 남아프리카에 들어왔다. 이들 최초의 무슬림은 암보이안 마르디커*라고 불리는데, 네덜란드는 산족과 코이코이족의 공격으로부터 네덜란드인 정착지를 보호하기 위해 이들을 데려왔다. 그 밖에도 네덜란드는 아프리카와 아시아의 전역에서 무슬림 노예들을 데려왔다. 네덜란드 지배하에서 공개적인 신앙생활을 할 수 없었기 때문에, 무슬림은 주로 가정에서 수피의 전통에 따라 이슬람을 실천했다. 그후 영국의 식민통치가 시작되면서 1798년에 처음으로 모스크의 건설이 허용되었다. 19세기에 들어서는 이맘을 중심으로 많은

---

* Amboyan Mardycker. 몰루카 제도의 암본 섬에서 온 자유인이라는 뜻.

모스크가 건설되었다. 말레이 무슬림은 코사족과 싸우는 영국군을 도운 대가로 모스크 부지를 받기도 했다. 하지만 케이프의 무슬림은 대부분 국가와 적대적인 관계를 유지했다. 20세기에는 아파르트헤이트법이 케이프의 무슬림에게 많은 영향을 미쳤다. 무슬림은 대부분 도심과 상가에서 케이프타운 교외로 밀려났고, 이들은 주거지역에서 새로운 모스크를 건설했다. 1945년에 설립된 무슬림사법평의회(MJC)를 비롯해서 무슬림을 단일 조직 아래 통합하려는 노력은 실패로 끝났다. MJC는 샤리아를 무슬림 공동체의 법으로 만들려고 했으나, 독자적인 세력을 가진 이맘의 반대에 부딪혔다.

트란스발의 무슬림은 주로 영국의 식민통치기간에 인도에서 계약노동자·행상·상인의 신분으로 이주해왔다. 1887년에는 프리토리아에 처음으로 모스크가 건설되었다. 종교지도자들은 대부분 인도에서 건너왔고, 대체로 보수적인 성향을 보였다. 종교적 쟁점은 각 모스크의 학자 즉 '알림'이 해결했다. 그러나 모스크와 국가의 관계는 영향력 있는 무역상과 행상으로 구성된 위원회의 손에 달려 있었다. 나탈에도 많은 무슬림이 있었는데, 이들의 조상은 사탕수수 플랜테이션 노동자로 건너온 인도인이었다.

오늘날 남아프리카 공화국의 무슬림은 종교적 권리를 보장받고 있다. 무슬림은 학교와 직장에서 종교행사 참석을 이유로 스케줄의 조정을 요구할 수 있다. 무슬림 청년운동, 이슬람의 소명, 키블라 같은 새로운 조직들도 꾸준히 생겨났다.

31장
동아프리카의 이슬람

이번 장에서는 동아프리카의 국가들을 편의상 하나로 묶어서 검토하지만, 사실 각 나라의 역사적 경험이 너무나 다르기 때문에 공통점을 발견하기는 어렵다. 수단의 역사는 북아프리카 또는 중동의 아랍 제국(諸國)의 역사와 많이 비슷하다. 수단은 약 150여 년에 걸쳐 근대국가를 형성해왔다. 수단의 북부는 아랍어를 사용하고 무슬림의 정체성을 지니고 이슬람 단체의 영향력이 강하지만, 남부의 비무슬림 아프리카 주민들은 아랍-이슬람과 중앙집권국가에 동화되기를 거부하고 있다. 소말리아도 수단, 중동과 북아프리카의 여러 나라, 모리타니 등과 마찬가지로 부족 중심의 이슬람 사회로, 아랍의 정체성이 소말리아 국민의 정체성의 일부를 이루고 있다. 에티오피아에서도 오랫동안 국가가 공고하게 유지되어 왔으나, 그것은 무슬림이 아닌 그리스도 교도의 리더십하에서 이루어졌다. 에티오피아의 무슬림은 비무슬림 국가에 통합되는 것을 거부하고, 그들의 저항은 최근까지도 종교적인 차원보다는 세속적인 차원에서 표현되었다. 이들 국가와 대조적으로 케냐·탄자니아·우간다 같은 동아프리카 국가들의 경우, 20세기에 식민정권이 수립되고 그것이 세속적인 국민국가에 의해 대체되었다는 점에서 서아프리카의 국가들과 비슷한 패턴을 보여준다. 이들 국가에서는 이슬람이 지역공동체 또는 사회조직의 기반일 뿐이고, 국가권력이나 국민적 정체성의 토대는 아니다.

수단

　　19세기에 이르기까지 수단 근대국가를 구성하고 있는 지역에는 이슬람 술탄국들이 오랫동안 존속했고, 상당수의 무슬림 주민이 있었으며, 이슬람 종교체제가 발달했다. 19세기와 20세기에는 영토의 통일과 국가권력의 공고화가 빠르게 진행되었다. 이런 과정은 이집트에서 독자적인 세력을 구축한 오스만 제국의 부왕 무함마드 알리가 수단을 정복하면서 시작되었다. 무함마드 알리는 1820년에 푼지 술탄국을 정복했고, 1830년에는 하르툼에 새로운 수도를 건설했다. 그후 이집트의 통치자들은 상(上)나일과 적도지방(1871), 바르알가잘(1873), 다르푸르(1874)를 차례로 점령했다.

　이집트의 통치자들은 오스만 제국의 탄지마트 개혁운동을 수단에 도입했다. 그들은 남부의 주민을 징발하여 지방군을 편성하고, 수단의 행정구역을 정비하여 각 구역의 관리들로 하여금 마을수장을 통해 세금을 징수하게 했다. 이집트인은 국가가 무역을 독점하고 노예사냥을 국가사업화했다. 그러나 무함마드 사이드(1854~1863년 재위)의 시대에 국가의 무역독점은 끝이 났다. 유럽인이 수단으로 몰려와 아라비아고무·타조털·상아 등의 무역을 장악했던 것이다. 1863년에 이스마일 파샤는 수단무역회사(나중에 이집트무역회사로 발전)를 설립하여 철도와 전신을 구축하고 증기선을 운영했다. 경제가 번영하면서 국가세입이 늘어났고, 행정도 중앙에 집중되었다.

　이집트는 수단의 무슬림 종교엘리트를 복종시키는 데 힘을 쏟았다. 이집트인은 토착 파키(이슬람 법학자)들의 재정적 특권을 박탈하고 몇 몇 수피 타리카(교단)를 억압했다. 대신에 이집트인을 주축으로 하고 알아즈하르 대학을 졸업한 수단 학생들을 통합하는 울라마 체제를 장려했다. 수단의 종교지도자들은 대부분 말리크파였지만, 이집트는 종교 및 사법 행정에 하나피파의 이론을 적용했다. 이집트인은 주요 도시에 법정(마질리스 마할리)을 세우고 하르툼에는 항소법원(마질리스 알아단)을 설치했다.

　외세의 침입으로 토착 성자와 부족장의 세력은 약화되고, 개혁적인 수피 교단이 확산되었다. 개혁적인 수피형제단이 위세를 떨치게 된 데는 18세기 후반에 메카와 메디나에서 돌아온 순례자들의 영향이 컸다. 1800년경에 순례에서 돌아온 샤이흐 아흐마드 알 타이이브 이븐 알 바시르는 삼마니야 교단을 소개했다. 수피 성자 집안의 후손인 무함마드 알 마즈두브(1796~1833)는 아흐마드 이븐 이드리스 알 파시(1837년 사망)의 개혁적인 가르침을 수단에 소개하고 새로운 원리에 따라 수피 교단을 개편했다. 모함메드 우스만 알 미르가니(1793~1853)는 하트미야 교단을 설립했다. 이들 수피 교단은 이슬람교에 대한 새로운 개념을 설명하고, 공식 이슬람법을 받아들였으며, 파키를 성자 또는 기적을 행하는 자로 존경하는 전통을 혐오했다. 수피 교단은 단숨에 정치적으로 중요한 존재가 되었다. 하트미야 교단은 조직을 전국적으로 확대하고 이집트 정권에 협력했다. 삼마니야 교단도 광범위한 조직을 갖추고 활동했으나, 하트미야 교단과는 달리 지배세력과는 거리를 두고 지역주민의 편에 섰다. 한편 마즈두비야 교단은 무장저항을 전개했다. 이집트는 국가행정에 이슬람의 형태를 부여하고자 노력했음에도 불구하고 수피즘은 이집트의 지배에 대한 수단 지방의 저항을 이끌어내는 토대가 되었다.

그림 33. 무함마드 아흐마드의 묘소(수단 옴두르만)

50년에 걸친 이집트의 지배는 마침내 폭력적인 저항운동을 야기했다. 삼마니야 교단의 샤이흐 무함마드 아흐마드(1848~1885)는 자신을 마디(구세주)로 선언하고 참된 이슬람으로 돌아갈 것을 촉구했다. 그는 신성한 영감을 받아 여성의 격리와 토지의 분배 같은 문제에 대해 지침을 내리고, 수단인의 종교적 관행을 샤리아의 가르침에 맞게 수정했다. 또한 부적의 휴대, 음주 및 흡연, 장례식에서 행해지던 여성의 호곡, 종교행사에서의 음악연주, 성묘참배에 반대했다. 무함마드 아흐마드와 그의 신도들은 예언자 무함마드가 이주한 역사적 사실을 모방하여 코르도판의 산악지대로 이주한 뒤 '안사르'(예언자의 조력자)를 자처하고 군사·재무·법률행정을 갖춘 혁명국가를 건설했다. 무함마드 아흐마드의 반란군을 지지한 것은 경건한 신도들, 군대의 주축을 이룬 유목민 바카라족, 그리고 여러 부족이었다.

흔히 마디스트라 불리는 이들 반란군은 1885년에 영국의 찰스 고든 장군을 격퇴하고 하르툼을 점령했다. 무함마드 아흐마드 사후 아브달라 이븐 무함마드가 그의 할리파가 되어 국가건설 과업을 이어갔다. 그러나 아브달라 이븐 무함마드가 권력을 잡은 뒤로는 혁명기조가 쇠퇴하고 세속적인 정권으로 변해갔다. 그는 이집트에 대한 저항이라는 초기의 혁명정신에 투철하기보다는 오히려 국가권력의 집중에 힘을 쏟았다. 아브달라 이븐 무함마드는 군사력을 강화하고, 투르크-이집트식 재정시스템을 도입했으며, 지방에 대한 정부의 지배권을 회복했다. 이는 관료제와 부패의 구습으로 회귀하는 것을 의미했다. 마디스트는 국제적인 추세에 따라 이슬람의 관습을 개혁했고, 지방의 종교학자와 성자숭배를 억압했다. 이에 대한 반발로 다르푸르의 종교학자 아부 줌마이자는 국가권력과 개혁적인 무슬림 형제단의 침투에 맞서서 지방 파키와 부족민의 영향력을 회복하기 위해 노력했다.

마디스트 정권은 이탈리아·프랑스·영국의 세력확대에 대처해야 했

다. 그들은 1898년의 옴두르만 전투에서 영국-이집트 연합군에게 패
배했다. 정복은 영국-이집트 공동통치(1899~1955)로 이어졌다. 군대
와 행정에 소요되는 비용은 이집트가 부담했지만, 군대와 행정에 대한
실질적인 지배권은 영국인 총독이 행사했다. 키치너와 그의 후임자 레
지널드 윙게이트(1900~1916년 재임)는 잔존세력을 소탕하고 1916년
에 다르푸르 지방을 수단에 통합시켰다. 그들은 지방행정기관을 설치
하고 영국인 관리를 최고위직에 임명하고 이집트인과 수단인을 하위직
에 고용했다. 그러나 전쟁에서의 패배에도 불구하고 마디스트는 광범
위한 지지세력을 확보하고 있었다. 그들은 부족의 분파주의를 극복하
는 데 기여했고, 수단 내셔널리즘과 수단 국가의 발전에 중요한 토대가
되었다.

영국인은 비무슬림이었지만, 과거 이집트 정권이 시행하던 종교정
책으로 복귀했다. 수단 북부에서 영국인은 1901년에 울라마청을 만들
어 울라마 체제를 재건했다. 또한 모스크와 순례를 지원하고, 이슬람
법정에 이집트인 재판관과 알아즈하르 대학 출신 수단인을 배치하여
이슬람법의 적용을 권장했다. 그 밖에도 고든 대학과 옴두르만 학문연
구소(1912)를 설립하여 수단인 법학자들을 양성했다. 영국-이집트 공
동통치정부는 울라마에게는 우호적이었지만, 수피즘에 대해서는 적대
적인 태도를 보였다. 영국인은 마디스트가 파괴한 모스크에 대해서는
재건을 허가하지 않았다. 하지만 그들은 수피 억압정책을 강행할 수 없
었고, 수피 교단은 새로운 모스크와 학교를 설립했다.

제1차 세계대전 중에 영국은 정치적 지지를 얻기 위해 하트미야 교
단을 밀어주기 시작했다. 영국의 정책이 오락가락했음에도 불구하고,
마디스트는 영국의 지배를 받아들이고 심지어 지지했다. 그들은 지지
기반을 농촌에서 도시로 확대했고 신문을 발행했으며 평화적인 지하드
를 호소했다. 마디스트의 성공에 자극을 받은 하트미야 교단은 1924년

에 마디스트 국가의 재건보다는 영국의 통치가 계속되는 것이 낫다는 입장을 밝혔다. 이런 종교계의 움직임과는 별도로 세속적인 내셔널리즘 운동이 일어났다. 1920년에는 수단 연합회가 결성되어 자결권을 요구했다. 장교들은 백기연맹을 지지했고, 1924년에는 내셔널리스트의 시위가 여러 차례 있었다. 하지만 지식인들은 마디스트와 하트미야 교단 사이에서 분열되어 1940년대까지도 독자적인 세력을 형성하지 못했다.

종교지도자들의 영향력 확대와 내셔널리즘의 부상에 위협을 느낀 영국은 1924년에 부족과 농촌의 수장들을 후원함으로써 도시엘리트와 종교엘리트를 견제하는 새로운 행정정책을 채택했다. 영국은 관료조직의 규모를 축소하여 도시엘리트의 교육과 고용을 가급적 하지 않고, 농촌지역의 영어교육을 확대함으로써 도농분리를 부추겼다. 하지만 1936년에 이르러 영국은 간접지배가 통하지 않는다는 것을 깨달았다. 농촌 부족들의 조직력이 생각보다 약했기 때문이다. 농촌에서 충분한 지지 기반을 획득하지 못한 영국은 다시 도시의 지식층에 의존하게 되었고, 이런 정책의 변화를 틈타 내셔널리스트와 종교단체의 저항운동이 격화되었다. 1938년에는 대학졸업자총회가 결성되어 수단인 관리의 행정적 입지가 강화되었는데, 마디스트는 1943년에 이 단체를 장악했다. 또한 1943년에는 하트미야 교단에 의해 최초의 정당 아시카가 설립되었다. 1945년에는 마디스트의 지도자인 무함마드 아흐마드의 아들 사이이드 아브드 알 라흐만이 움마당을 결성했다. 움마당은 독립을 주장하면서도 영국과는 우호적인 관계를 유지했다. 이렇게 해서 이슬람 지방주의가 쇠퇴하고 국가의 독립이 수단 사회의 최우선 과제로 떠올랐고, 이슬람 종교운동단체는 내셔널리즘 정당의 기반이 되었다. 무슬림 종교지도자들은 대중의 지지를 동원할 수 있는 유일한 세력이었다.

하지만 독립에 이르는 길은 험난했다. 1947년에 영국은 마지못해 영국 총독이 거부권을 갖는다는 조건하에 국회와 최고집행위원회를 구성하는 방안을 제시했다. 남부의 지도자들은 자신들의 위상에 대해 우려하면서도 1947년에 개최된 주바 회의에서 영국의 제안을 수용했다. 북부 수단의 종교지도자와 내셔널리스트들은 이집트와의 통합문제를 둘러싸고 의견이 엇걸렸다. 하트미야 교단과 도시·강변지역을 대표하는 국민통일당(NUP)은 마디스트의 부활을 경계하여 이집트와의 동맹을 선호했다. 마디스트는 이집트와의 통합에 반대하고 즉각적인 독립을 요구했다. 1953년 선거의 결과는 수단 사회가 완전히 둘로 쪼개져 있음을 보여주었다. 국민통일당이 국회의 다수당이 되었으나, 다르푸르와 코르도판, 청(靑)나일 강 유역, 남부지역에서는 움마당이 우세했다. 움마당은 대중집회를 통해 이집트와 통합할 경우 내전도 불사하겠다는 입장을 천명했다. 국민통일당 역시 점차 나세르에 환멸을 느끼고 이집트의 의도를 의심하게 되었다. 1954년 1월 영국은 수단인에게 권력을 이양했고, 1956년에 수단은 공식적으로 독립했다.

독립국 수단은 안정된 전국 정권을 확립하지 못했다. 그 한 가지 요인은 나라 내부의 종교와 파벌에 의한 분열, 다시 말하면 수단인의 정체성을 아랍-이슬람적 관념으로 규정하려는 운동과 수단 국민국가 만들기라는 세속적 개념에 헌신하는 군부엘리트 사이의 분열이다. 또 하나의 결정적으로 중요한 요인은 아랍계 무슬림이 지배하는 북부와 비무슬림이 다수인 남부 사이의 분열이다. 수단인의 약 40%는 아랍계 무슬림이었으나, 딩카족·누에르족·실루크족을 비롯한 나일어족과 나일-쿠시어족은 인구의 절반 이상을 차지했다. 독립 이전에 북부의 아랍계 무슬림은 정치는 물론 이집트 및 영국과의 교섭에서 사실상 남부 사람들을 배제했다. 결국 비아랍계 남부 사람들은 수단아프리카인민족연합(SANU) 등의 정당을 결성하고 남부의 자치와 독립을 요구하기에 이르렀다. 통일된 아랍-이슬람 국가를 꿈꾸는 세력과, 그리스도교와 애니미즘을 믿는 수단인을 포용하는 다원적인 아프리카 사회를 추구하는 세력 사이의 갈등은 오늘날에도 계속되고 있다.

1954년에 수립된 의회정부는 얼마 후 이브라힘 아부드 장군이 주도한 군사쿠데타로 무너졌다. 1958년에 정권을 장악한 군사평의회는 정당과 노조를 해산했고, 하트미야 교단의 적극적인 참여와 마디스트의 용인하에 남부를 중앙정부의 통제하에 두고 아랍-이슬람 정체성을 부여하려 했다. 남부의 주민과 공산주의자, 무슬림 형제단, 학생들은 군사정권에 저항했다. 남부에서는 게릴라 활동이 전개되었고, 북부에서도 학생시위와 철도파업이 이어졌다. 이런 사태의 여파로 1964년에는 아부드가 물러나고 문민 연립정부가 들어섰다. 문민정부는 1964년에서 1969년까지 수단을 통치했으나, 종교적 정체성과 세속적 정체성의 대립, 남부와 북부의 반목 같은 현안을 해결하기에는 역부족이었다. 결국 또다시 자파르 누마이리 장군의 군사 쿠데타가 일어났다.

누마이리는 의회를 해산한 뒤에 혁명평의회를 구성하고 국호를 수단민주공화국으로 바꾸었다. 그는 1970년과 1972년 사이에 공산주의 단체를 해체하고 하트미야 교단과 안사르 세력의 정당들을 억압하는 한편 남부의 주민에게는 아프리카인으로서의 정체성과 자치를 인정하는 획기적인 조치를 취했다. 누마이리는 바르알가잘과 적도 부근, 상(上)나일 지방에 자치를 허용했다. 하지만 국방·외교·통화 정책은 중앙정부가 관장했다. 1976년 이후 누마이리 정권의 정책은 여러 차례 변화를 겪었다. 한동안은 서양 지향적인 정책을 펴기도 했다. 또한 마디스트와의 관계를 회복했고, 이집트와 선린관계를 유지했으며, 나일 강을 따라 대규모 농업개발을 후원했다.

1983년 9월에 누마이리 정권은 방향을 바꾸어 수단을 완전히 이슬람화하기 위한 노력에 착수했다. 물론 이런 시도에는 선례가 있었다. 1964년에 아부드 장군이 행정과 학제(學制)를 아랍화하고 외국선교사

를 추방한 바 있다. 또 1968년의 헌법 초안은 이슬람을 국가의 공식 종
교로, 아랍어를 공식 언어로 정했다. 그러나 누마이리는 훨씬 과격한
조치를 취했다. 그는 후두드(이슬람 형벌)를 부활시키고 이슬람 법정의
권한을 강화하는 한편 자신이 무오류의 이맘이라고 선언했다. 또한 남
부를 이슬람화하기 위한 투쟁을 재개했다. 그러나 누마이리는 1985년
에 권력에서 축출되었고, 그후 사이이드 사디크 알 마디가 이끄는 온건
한 연립정부가 수립되어 4년간 수단을 통치했다. 1989년에는 국민이
슬람전선(NIF)의 지도자 하산 알 투라비가 오마르 알 바시르 장군이 이
끄는 군부와 손을 잡고 정권을 장악했다.

투라비는 이슬람이 지배하는 국제질서—비록 그것은 국민국가에서
생기지만—를 꿈꾸는 이상주의자이며, 처음부터 이슬람화의 도구로
서의 국가의 중요성을 인정했던 대단히 능수능란한 정치가였다. 그는
초기 저작에서 이슬람 헌장의 제정을 촉구하면서 이슬람법의 적용과
이슬람 혁신에 전념하는 정부를 구성할 것을 제의했다. 그는 오직 이슬
람만이 대중을 움직이는 힘을 가지고 있다고 믿었다. 투라비는 민주적
인 대통령제 정부의 구성을 제안하고, 사유재산제도를 인정하되 주요
산업은 정부가 직접 관리해야 한다고 주장했다. 또한 국가는 언론을 통
제하는 가운데 무슬림의 교사가 될 것이었다. 투라비는 근대 테크놀로
지의 유용성, 이슬람법을 역사적 환경에 적응시킬 필요성, 현대사회에
서 여성의 완전한 참여를 믿었던 근대주의자였다.

투라비는 1980년대 중반부터 군부·입법부·학생운동단체·직능단체
에 상당한 네트워크를 구축했다. NIF는 학교·병원·모스크·파이살 이
슬람 은행, 그리고 이슬람 다와 기구와 이슬람아프리카구호국 같은 기
관을 후원했다. 1995년에 이르러 투라비는 국가를 완전히 장악했다.
일단 권력을 잡자 그는 독재적이고 억압적인 체제를 확립했다. 야당 지
도자들은 투옥되었다. 모든 비판은 억압당하고, 교화와 통제의 체제가

시행되었다. 투라비는 이슬람주의를 신봉하지 않는 공무원과 노동조합을 강제로 퇴출시키고 그 자리에 NIF 간부들을 앉혔다. 또한 모든 학교에서 영어 대신 아랍어를 가르치게 했다.

여성에 대한 정책도 엄청난 변화를 겪었다. 수단이 독립했을 때 여성은 공무원·의사·교사로 일하면서 나라의 발전에 기여할 수 있는 존재로 인정받았다. 하지만 NIF 정부는 여성해방을 서양적 가치의 모방으로 간주하고 선임자의 지위에서 여성을 퇴출시켰다. 투라비 정권은 남성의 권한을 저해하지 않는 범위 내에서만 여성의 사회참여가 가능하다는 태도를 보였다. 여성은 보건·복지·보육 분야에서 일하는 것이 바람직하다고 간주되었고, 여성단체의 결성도 금지되었다. 정부는 미술교육과 음악교육을 금지했고, 남녀가 함께 춤을 추거나 공공장소에서 어울리는 것을 막았다. 이슬람 의상을 착용하지 않은 여성에게는 태형을 가했다.

투라비 정권은 남부에 대해서도 비타협적인 태도로 일관하면서 비무슬림 인구의 아랍화 및 이슬람화를 고집했다. 남부 사람들은 자신을 아프리카인과 그리스도 교도로 정의하고, 소수자의 권리를 보호하는 다원적인 국가의 건설을 요구하고 있다. 그들의 의견은 수단인민해방운동에 의해 일부 대변되고 있다. 대부분 망명중인 야당 지도자들은 국민민주동맹을 결성하고, 민족과 종교의 다원성을 인정하는 사회의 실현을 바라고 있다. 이들의 상충하는 어젠다를 절충하기는 어려워 보인다. 현재 학살 수준의 참혹한 내전이 벌어지고 있고, 시민들은 아사 직전에 내몰리거나 고향에서 쫓겨나고 있다. 석유가 발견되면서 갈등은 더욱 증폭되었고, 정부군은 남부지역의 주민을 영토 밖으로 몰아내고 있는 실정이다. 남과 북의 대결이 지속되고 있는 가운데, 1999년 12월 12일에는 오마르 알 바시르 장군이 다시 쿠데타를 일으켜 수단의 정치는 파국으로 치달았다. 바시르 장군은 투라비를 축출했고, 의회가 바시르의

대통령 권한을 축소하려 하자 의회의 표결이 이루어지기 이틀 전에 전
격적으로 의회를 해산했다.

소말리아

소말리아는 모리타니와 마찬가지로 아랍계 무슬림 부족
사회를 바탕으로 국가를 형성했다. 18세기까지 소말리아의 부족들은
대부분 무슬림이었다. 소말리아는 영국과 이탈리아에 의해 분할된
1891년에 근대국가의 형태를 갖추기 시작했다. 이탈리아 보호령은 고
도로 관료제적인 방식으로 다스려졌고, 관개시설·철도·도로·학교의
발전을 우선시했다. 제2차 세계대전의 발발과 함께 영국은 이탈리아령
소말릴란드를 점령하여 장차 소말리아의 국토가 되는 모든 지역을 영
국의 통치하에 두었다. 1935년에는 소말릴란드민족협회가 결성되어
근대교육의 실시와 배타주의의 극복, 주민의 통합을 내세우며 처음으
로 식민정권에 대항했다. 1937년에는 소말리 공무원노조가 조직되었
고, 1943년에는 소말리청년연맹이 결성되었다. 1950년에 소말릴란드
는 UN의 신탁통치국가가 되어 다시 이탈리아의 지배를 받았다. 1960
년에는 영국의 보호령이던 북부와 이탈리아의 보호령이던 남부가 통일
되어 소말리아 독립국가가 탄생했다. 신생 정부는 과거의 영국령과 이
탈리아령을 빠른 속도로 통합해 나갔다.

소말리아 사람들은 단일 문화와 언어를 가진 국민이다. 이들은 모두
무슬림이지만 두 개의 종족집단 — 소말리족과 사브족 — 으로 나누어
진다. 소말리족과 사브족은 다시 수많은 부족연맹과 부족 및 그 지파로
세분된다. 부족은 가장 일반적인 정치조직의 단위이다. 부족장은 전사
인 동시에 기우사(祈雨士)로, 종교적·주술적 힘을 가진 존재로 믿어진
다. 비록 아랍 민족은 아니지만, 부족은 확고한 무슬림의 정체성을 갖

고 있고 부족의 구성원들은 자신의 출계가 무함마드에서 유래했다고
믿는다. 따라서 1950년대에 이탈리아와 영국의 지배하에서 결성된 정
당은 씨족에 기반을 두었다. 소말릴란드민족협회는 이사크족에, 연합
소말리당은 디르족과 다로드족에 각각 기반을 두었다. 그러나 소말리
어를 위한 새로운 문자의 개발은 국민적 정체성의 상징적 중심을 형성
하는 데 일조했다.

소말리아인은 3대 수피 교단인 카디리야·이드리시야·살리히야 교
단에 소속되어 있다. 카디리야 교단은 일찍이 15세기부터 하라르에 소
개되었고, 그 분파인 우와이시야 교단은 동아프리카 전역에 널리 퍼져
있다. 알리 마예 두로그바는 아흐마드 이븐 이드리스 알 파시(1760~
1837)가 설립한 이드리시야 교단을 소말리아에 전파했다. 모함메드 아
브둘라 하산은 1887년에 무함마드 이븐 살리흐가 설립한 살리히야 교
단의 대표적인 인물이었다. 그는 메카에서 돌아와 이슬람 정화운동을
전개하면서, 그리스도 교도와 영국 식민통치와의 전쟁을 선포했다. 그
러나 1908년에는 임시평화협정을 체결하고 소말리아 내에서 소규모
준(準)자치국가를 다스렸다. 이 국가는 1920년에 영국군에 패망했다.

목축으로 생활하던 북부의 소말리아인은 수피를 피보호부족으로 여
기고 경작지를 제공했다. 스스로를 수피 성자의 후예라고 여기고 있던
유력 부족들은 수피들을 부족의 일원으로 받아들였다. 이런 경우에 수
피 공동체는 대개 부족집단들 사이의 경계에 터를 잡고 조정자 역할을
했다.

목축보다는 농경의 비중이 큰 남부에서는 부족조직이 비교적 약하고
국가조직이 강했다. 종족이 덜 중요했던 만큼, 수피가 농경사회를 통합
하는 데 큰 역할을 했다. 따라서 남부의 수피는 북부의 수피에 비해 부
족과의 관계에서도 상대적으로 안정된 정치적 지위를 누렸다. 수피는
부족의 교사와 재판관으로 봉사하고 혼인문제·재산문제·계약문제에

이슬람법을 적용했다. 또 이들은 중재자와 조정자로서 활동했다. 지방의 수피 성자가 사망하면, 그의 묘는 축복의 장소로 여겨져 숭배와 순례의 대상이 되었다. 수피형제단과 성묘에 소속된 수피 외에도 많은 성자가 독자적으로 활동했는데, 이들도 종교행사를 주관했고 존경의 대상이었다. 소말리아의 종교지도자들은 서로 다투는 부족들 사이에서 다리가 되었고, 씨족과 부족의 한계를 넘어서 어느 정도의 통일을 가능하게 했다.

소말리아 정부는 주요 파벌과 지방 친족집단을 국민국가로 통합하기 위해 노력했다. 이들 사이의 적대감에도 불구하고 모든 주요 집단은 자신이 더 큰 집단인 소말리아 국민에 속한다는 것을 알고 있었다. 부족구조의 유동성 덕분에 유연한 정치적 거래와 연합이 가능했다. 분절화는 분열의 힘으로뿐만 아니라 통일의 힘으로도 작용했다.

1966년에는 시아드 바레 장군이 쿠데타를 일으켜 정권을 장악했다. 그는 과학적 사회주의에 대한 헌신을 선언하고 소련의 지원을 얻기 위해 소련 편으로 돌아섰다. 정부는 종족이나 부족에 대한 귀속의식을 억압하려 했고, 국민적 협력을 호소했다. 또한 바레 장군을 국가 수반으로 우상화했다. 1975년에는 이슬람 종교지도자들이 처형되었고, 여성에게 남성과 평등한 법적인 권리가 부여되었다. 정부는 적극적으로 문맹퇴치사업을 벌이고, 유목민을 국영농장이나 집단농장에 재정착시켰다. 하지만 종족에 대한 충성심은 지속되었고, 정부는 스스로를 사회주의 정부이자 이슬람 정부로 간주했다.

당시 소말리아가 당면한 가장 어려운 정치문제는 케냐·지부티·에티오피아에 사는 소말리인들이 점유한 영역에 대한 권리주장이었다. 이웃국가들은 소말리아의 권리주장에 반대했으며 아프리카 국가기구도 국경의 변경을 용납하지 않았다. 프랑스가 지부티에서 철수하고 에티오피아에서 혁명이 일어나자, 에리트레아·발레·오가덴의 소말리아 게릴라들은 이들 지방을 에티오피아의 지배로부터 빼앗으려 했다. 게릴라전은 지역분쟁에서 국제전으로 확대되었고, 에티오피아는 소련과 쿠바의 지원을 받아 소말리아의 공격을 물리쳤다. 에티오피아와의 전쟁으로 소말리아는 이슬람 국가로서의 정체성을 더욱 강조하게 되었다. 1991년에는 시아드 바레가 축출되었고, 그 뒤에는 중앙정부의 권능이 유명무실해졌다. 지금은 씨족에 기반을 둔 군벌들이 권력을 장악하고 있으며, UN과 미국의 개입은 아무런 성과도 거두지 못하고 있다.

에티오피아와 에리트레아

수단과 마찬가지로 에티오피아 역시 무슬림과 비무슬림 인구로 극명하게 구분되어 있다. 오늘날 무슬림은 총인구의 3분의 1 내지 절반을 차지하고 있다. 무슬림과 그리스도 교도는 수세기에 걸쳐 대립해왔다. 18세기 후반과 19세기 초반에 이슬람이 널리 확산되고 무슬림 공국들의 세력이 커지면서, 그리스도 교도의 지배력이 약화되었다. 그러나 1855년 왕위에 오른 테오드로스 황제는 그리스도 교도들을 규합하여 예루살렘·메카·메디나를 정복함으로써 이슬람을 몰아내고 평화의 왕국을 건설하고자 했다. 1868년 테오드로스 사후 그의 후계자는 셰와의 통치자 메넬리크 2세(1867~1913년 재위)였다. 그는 1889년에 '왕 중 왕'(황제)이 되었다. 공고해진 그리스도교 에티오피아 왕국은 다시 하라르·시다모·아루시·발레·에리트레아 지역의 무슬림 소수자를 통합하는 작업에 착수했다. 부활한 에티오피아 왕국은 대외적으로 유럽 식민주의의 도전에 직면했다. 1885년에 홍해 연안의 마사와(미치와)를 정복한 이탈리아는 1896년에 에티오피아와 우치알리 조약을 체결했다. 이탈리아는 조약을 근거로 에티오피아를 보호령으로 간주했지만, 메넬리크 황제는 독립을 유지했다.

1913년 메넬리크가 죽고 오랜 공백기를 거친 뒤인 1930년에 즉위한 하일레 셀라시에 황제는 중앙집권화를 추진했다. 그는 교육을 받은 평민들로 국가의 기간요원을 구성하여 귀족층을 무력화시켰다. 하지만 1934~1935년에 에티오피아를 침공한 이탈리아는 에티오피아·에리트레아·소말리아를 통합하여 이탈리아 동아프리카 제국을 건설했으며, 셀라시에 황제는 국외로 도주했다. 1941년에 영국의 지원을 받아 황제로 복귀한 셀라시에는 중앙집권화정책을 재개하여, 지방의 정적들을 제압하고 교회의 권위를 약화시켜 성직자들을 황제에게 굴복시켰으며 귀족들의 군사권과 징세권을 박탈했다. 이런 중앙집권화 노력에도 불구하고, 지방의 유력 가문들은 여전히 막강한 권력을 갖고 있었다.

여타 제3세계 국가와 마찬가지로 중앙집권국가가 형성되면서 많은 사회적 변화가 일어났다. 셀라시에 황제는 구(舊)귀족층에서 발탁한 인물들로 새로운 관료층을 구성했다. 1950년대에 장교, 중등학교 졸업자와 대학졸업자, 노조 지도자 등의 젊은 세대가 성장하면서 관료집단의 힘이 약해졌다. 1950년 이후에 출현한 신세대 엘리트는 구세대의 부패를 좌시하지 않았다. 1974년에는 병사들의 항명사태에 이어 대규모 시위와 폭동이 일어났으며, 결국 군사조정위원회, 즉 '데르그'가 정권을 잡았다. 군사정권은 제국을 해체하고 황제를 폐위시켰다. 1975년에는 급진세력이 데르그를 장악했다. 이들은 마르크스-레닌주의 이데올로기를 표방하면서 사유재산을 몰수하고 토지개혁을 실시했으며 북부의 종족제도와 남부의 소작제도를 폐지했다. 1978년에는 맹기스투 하일레 마리암이 소련과 쿠바의 지원을 받아 에티오피아 인민민주공화국을 건설했다. 이때부터 1990년대 초까지 전국에서 폭동과 반란이 끊이지 않았다. 1994년의 신헌법은 에티오피아를 민족과 언어에 기초한 반(半)자치적인 주들로 분할했는데, 중앙정부의 약화로 인해 지역간 분쟁이 빈발하면서 정국이 혼란스러워졌다.

　사회적인 혼란기에 일부 무슬림은 국가에 저항할 수 있는 기회를 잡았다. 19세기 이래 에티오피아의 무슬림은 공직에 진출할 수 없었다. 1931년에야 헌법에 의해 기회균등, 토지보유, 관직진출의 권리가 보장되고 이슬람 축제가 인정되었다. 무슬림의 불만은 발레 지방에서 폭발했다. 이곳의 소말리족과 갈라족이 반란을 일으켰던 것이다. 아파르족의 술탄은 사우디아라비아의 지원을 받아 오가덴에서 반란을 일으켰다. 서부 소말리아해방전선은 자치를 위한 운동을 개시했다. 에티오피아 정부는 반란을 진압하고 소말리족의 침공을 격퇴했다. 하지만 에티오피아의 다른 지역에서는 그리스도 교도와 무슬림이 종교적인 이유로 반목하지는 않았다. 그들은 함께 성자를 숭배하고 순례에 동참했다. 또한 임의로 종교를 바꿀 수도 있었으며 혼인을 통해 가족관계를 맺기도 했다.

　무슬림과 그리스도 교도가 인구의 절반씩을 차지하고 있는 에리트레아의 저항이 가장 심했다. 에리트레아의 국경은 이탈리아에 의해 처음 설정되었는데, 주로 티그라이 부족들로 이루어진 무슬림 인구는 1940년대에 이르러서야 정치의식을 갖기 시작했다. 1952년에 에리트레아는 자치권을 유지한 채 에티오피아와 연방을 이루었으나, 셀라시에 황제는 에리트레아를 에티오피아에 통합하려 했다. 1957년에는 아랍어와 티그리니아가 공용어에서 제외되었다. 이에 반발한 에리트레아의 학생·노동자·지식인들은 에리트레아해방전선(ELF)을 결성했으나, 1962년에 ELF가 패배하면서 에리트레아는 공식적으로 에티오피아에 합병되었다. 그후 카이로에 망명중이던 정치지도자와, 종교단체와 부족의 지지를 받는 에리트레아 지방군인들이 특정한 이데올로기적 정체성 없이 ELF를 재편했다. 그런데 1970년에 더 급진적인 이데올로기 경향을 가진 불만분자들이 에리트레아인민해방전선(EPLF)을 결성하고, 무슬림의 정체성이 아닌 급진적인 이데올로기를 기반으로 에리트레아의 그리스도 교도와 손을 잡았다. 에리트레아의 그리스도 교도는 에티오피아를 지배하고 있던 암하라족에게 반감을 갖고 있었다. EPLF는 민족민주혁명, 인민전쟁, 혁명적 사회변혁을 요구했다. 1977년에 EPLF와 ELF는 독립이 공통의 목표라는 데 동의했다. 실제로는 에티오피아와 에리트레아의 저항세력은 멩기스투 정권을 물리쳤다. 에리트레아는 1993년에 EPLF의 서기장 이사이아스 아페웨르키의 지도 아래 국민투표를 실시하여 독립을 이룩했다. 에리트레아는 국경 획정을 둘러싸고 1998년부터 2000년까지 에티오피아와 또 한번의 전쟁을 치렀다.

스와힐리 동아프리카

19세기까지 동아프리카 해안지역은 스와힐리 무슬림 문명의 요람이었다. 오만의 통치자 사이드 빈 술탄(1804~1856년 재위)에게 정복된 이래 잔지바르는 이 지역에서 유일한 이슬람 국가의 수도로서 이슬람 문명의 중심으로 발전했다. 무슬림은 해안도시와 인근 도서에 모여 살았고, 주로 스와힐리어를 사용하는 민족과 인도계 무슬림 공동체(자마트반디)로 구성되어 있었다. 잔지바르에서 활동한 카디와 무프티는 대부분 남부 아라비아 출신이었다. 잔지바르와 라무는 마드라사를 갖춘 고등교육의 중심지였다. 내륙에서는 소말리인이 이슬람으로 개종했으나 다른 지역에서는 호수지대와 콩고에 이르는 교역로를 따라 무슬림 구역이 드문드문 존재했다. 반투어를 사용하는 내륙의 무슬림은 스와힐리어 문명의 영향을 받았다.

19세기 말에 잔지바르·탕가니카·케냐·우간다 등지에 유럽 국가들의 보호령이 설치되면서 이 지역의 정치사는 새로운 국면을 맞이했다. 서아프리카에서와 마찬가지로 식민통치는 세속적인 국민국가의 형성으로 이어졌고, 그 속에서 무슬림은 상당히 비중이 있는 소수자였지만 정권의 이데올로기나 정치에는 영향을 미치지 못했다. 그런데 식민통치, 백인의 입식, 그리스도교 선교사의 활동 등으로 오히려 이슬람이 확산되었다는 점도 서아프리카와 다르지 않았다. 무역이 활발해지자 내륙의 주민들이 해안도시로 모여들었고, 그곳에서 이슬람으로 개종한 사람들은 고향으로 돌아가 이슬람을 전파했다. 영국과 독일이 무슬림을 관료·경찰·군인·교사로 등용하면서, 이슬람은 더욱 퍼져 나갔다. 제1차 세계대전 중에는 오스만 제국의 동맹국인 독일이 무슬림의 이익을 보호했다. 이 지역의 정치적 불안정, 이질적인 민족들을 통합할 수 있는 공통의 정체성의 부재, 사회와 정치를 조직할 수 있는 새로운 기반의 필요성이 이슬람의 확산을 부추겼다. 케냐·탕가니카·우간다·북로디지아(잠비아)·마다가스카르·동부 콩고 등의 동아프리카 지역이 스와힐리어를 공용어로 사용했다는 점도 이슬람의 확산에 유리하게 작용했다.

이슬람의 확산과 함께 수피 교단의 활동범위도 확대되었다. 식민통치시대를 통해 동아프리카의 무슬림은 수피형제단을 중심으로 조직적인 형태를 갖추게 되었다. 무함마드 마루프(1853~1905)가 주도하던 샤딜리야 교단은 해안을 따라 포교 본부를 설치하고 개혁된 이슬람 관행을 소개했다. 샤이흐 우와이스 알 바라위(1847~1909)는 독자적으로 카디리야 교단의 분파를 창설하고 잔지바르를 거점으로 탕가니카·케냐·동부 콩고에서 포교활동을 벌였다. 우와이스파는 스와힐리어와 반투어를 사용하는 민족을 대상으로 활발한 활동을 전개하여 많은 무슬림을 흡수하고 이교도를 개종시켰다. 또한 그들은 남부 탕가니카에서 반독(反獨) 저항운동을 이끌었다. 샤이흐 우와이스는 성묘 방문의 정당성 문제와 이미 죽은 성자가 인간과 하느님을 중개할 수 있는가 하는 문제에 대해 살리히야 교단과 논쟁을 벌여 명성을 얻었다. 그는 개혁파의 가르침과는 달리 그런 관행에 대해 관용적인 태도를 보였는데, 이런 보수적인 견해 때문에 1909년에 암살되었다.

잔지바르

무슬림의 위상은 각 식민지마다 달랐다. 잔지바르는 아랍인이 지배하는 사회였다. 아랍인은 경작지의 대부분을 소유했을 뿐만 아니라 정부와 경찰을 장악하고 배타적인 귀족사회를 형성했다. 인도-파키스탄 공동체는 무역을 지배했다. 인구의 다수를 구성하는 아프리카 원주민은 주로 직인·어부·노동자였다. 이들은 수많은 부족으로 이루어져 있었지만, 자신들을 시라지*라고 불렀다. 동아프리카 내륙에서 온 이주자들은 잔지바르의 도회지에 모여 살면서 강력한 정치적 응집력을 보였다. 아랍인은 아프리카인이 정치적 위상을 제고하거나 영향력을 확대하려 할 경우에 강력하게 대응했다. 잔지바르는 알라위야·샤딜리야·카디리야 교단의 중심지였다. 울라마 학문의 전통이 강했지만, 지야라트(성자 묘 방문), 마울리드(성자 탄생일 기념행사) 축제 등도 일반화되어 있었다.

영국은 기존의 술탄제와 아랍인 엘리트를 통해서 잔지바르를 지배할 작정이었으나, 그럼에도 불구하고 잔지바르의 사회구조와 구성원 사이의 세력균형에 큰 변화를 가했다. 영국은 술탄의 권한을 약화시키고, 노예제를 폐지함으로써 아랍인 엘리트의 경제적 기반을 파괴했다. 아랍인은 플랜테이션의 경영권을 인도인 돈놀이꾼과 상인들에게 빼앗겼다. 하지만 영국인은 정향 플랜테이션의 경영권에 손대지 않았다. 노예들은 농노에 가까운 농민으로 신분이 바뀌었고, 니암웨지족 노동자들이 수입되었다. 노예제가 폐지되자 아프리카인이 새로운 엘리트 집단과 공동체를 형성하고 토지소유권을 확보하기 시작했다. 1930년대에

---

* Shirazi, 10세기경 페르시아에서 건너온 이주민.

는 아랍인, 인도인, 시라지, 이민 온 본토 아프리카인이 저마다 정치단체를 구성했다.

제2차 세계대전과 함께 독립운동이 시작되었고 잔지바르 사회의 다양한 집단 사이에 정치투쟁이 벌어졌다. 제2차 세계대전 종전으로 참전 병사들이 귀환하고 이집트와 팔레스타인의 정세가 전해짐에 따라, 잔지바르의 아랍인과 아프리카인은 점차 정치에 관심을 갖게 되었다. 영국의 정치개혁과 1948년의 부두노동자 파업 역시 대중을 결집시키는 결과를 가져왔다. 1956년에 창당된 잔지바르 국민당은 아랍인의 이익을 대변했다. 아랍인은 공통의 언어와 문화, 무슬림의 신앙심, 민족적 자부심, 과거의 지배 경험을 배경으로 단합하여 영국인을 추방하고 아랍-이슬람 국가를 세우기 위해 노력했다. 토착농민과 이민 온 본토 노동자들은 1957년에 아프로-시라지 연합을 결성했다.

1950년대에 정당정치 시스템이 만들어지자, 아랍인은 정권을 잡으려면 어느 정도 아프리카인의 지지를 확보할 필요가 있다고 판단하게 되었다. 아랍인은 이슬람에 기초한 다민족국가의 건설에 호의적인 여론을 조성하기 위해 노력했다. 결국 아랍계 정당은 1961년과 1963년 선거에서 승리를 거두었다. 하지만 1963년에 집권당은 야당을 탄압하고 아프리카인 경찰을 아랍인과 아시아인으로 대체함으로써 많은 지지자를 잃었다. 또한 여당의 지지기반이 군인과 지주엘리트에서 젊은 세대의 공무원·언론인·정치인으로 바뀜에 따라 아랍인의 위상도 약화되었다.

이 경직된 정권은 잔지바르가 독립(1963년 12월)한 직후에 아프리카인 혁명세력으로부터 공격을 받았다. 아프리카인 혁명세력은 정부를 장악하고 토지와 주요 기업을 국유화했으며, 공산권 국가들과 외교관계를 맺고 아랍인 공동체를 해체했다. 잔지바르는 1964년에 탕가니카와 함께 탄자니아로 통합되었다. 탄자니아의 한 주(州)가 된 잔지바르에는 이슬람의 정체성은 남아 있지만 아랍의 정체성은 사라졌다. 코란 학교와 이슬람 교육기관은 이슬람과 아랍어 교육을 계속하고 있다. 잔 지바르는 이슬람 개혁주의자들의 영향력 확대에 대응하여 마드라사 교육을 강화하고 있다.

탄자니아

1885년에 독일은 탕가니카를 보호령으로 선언하고 이 지역에 독일 최초의 해외영토정부를 두었다. 독일의 지배는 현지 주민의 격렬한 저항을 받으면서 확립되었다. 부시리 바란은 독일의 과세와 통제에 맞서서 자신의 이익을 보호하려는 노예무역상인들이 주도했다. 마콘데 고원에서 일어난 야오족의 저항은 1889년까지 계속되었다. 타보라 지역의 우니아니엠베 시는 1893년까지 독일에 저항했고, 헤헤 왕국은 교역로의 통제권을 놓고 1898년까지 독일과 전쟁을 벌였다. 독일은 헤헤 왕국을 멸망시킨 뒤에야 체계적인 각종 행정과 징세를 시작할 수 있었다. 독일은 전국을 관할하는 중앙의 총독과 22개 주로 구성된 정부를 구성하고, 각 주가 자체적으로 치안기구와 사법기구를 갖추게 했다. 수장이 없는 지역에는 '아키다'(아랍계나 스와힐리어 사용자 출신의 관료)를 책임자로 임명했다. 독일은 커피·사이잘 삼·고무·목화를 재배하는 플랜테이션을 시험운영하고, 아프리카인에게는 환금작물을 경작하여 세금을 내도록 했다. 일부 구역에 독일인 정착지가 건설되었으며 독일인은 아프리카인을 강제노동에 동원했다. 독일인의 경제적 착취는 반란으로 이어졌다. 남동부 탕가니카에서는 1905년에 마지막 반란이 일어나 광범위한 지지를 받았다. 이 반란은 잔혹하게 진압되었으나, 그후 독일 총독은 아프리카인의 적대감을 누그러뜨리기 위해 체벌을 금지하고 교육과 보건 개혁을 시작했다.

제1차 세계대전에서 독일이 패배함에 따라 1919년에는 영국이 탕가니카의 대부분을 국제연맹의 신탁통치지역으로 접수했다. 르완다와 부룬디는 벨기에가 차지했고, 키웅가는 모잠비크에 합병되었다. 이 과정에서 영국 역시 아프리카인의 강력한 저항에 부딪혔으나, 과거 독일이 경험한 저항에 비하면 약한 편이었다. 영국의 농업정책과 교육정책을 통해 새로운 엘리트가 형성되었다. 또한 전통적인 지배세력에 대항하는 관료와 부농, 교육받은 청년들은 아프리카인을 위한 복지단체를 조직했는데, 이 단체들은 1920년대와 1930년대에 내셔널리즘을 표방하는 정치단체로 발전했다. 1920년대에는 농민들이 국가의 농업정책과 판매정책에 저항하여 탕가니카아프리카협회를 설립했다. 이 단체는 1954년에 탕가니카아프리카민족연합(TANU)으로 이름을 바꾸고 가나의 회의인민당(CPP)을 본떠 전국 규모의 정치연합으로 탈바꿈했다. TANU는 민족·인종·종교에 따른 차별을 거부하고 탕가니카인의 단결에 기초한 자치정부를 구성하기 위해 대중운동을 전개했다. 그리하여 TANU는 1958년과 1959년에 실시된 선거에서 승리했고, 탕가니카는 1961년에 독립했다.

줄리어스 니에레레 대통령이 이끈 탕가니카는 복지와 시민의 존엄성에 헌신하는 국가사회의 개념을 가장 성공적으로 만들어낸 아프리카 국가 가운데 하나였다. 탄자니아는 평등과 민주주의, 분권화된 행정, 사회주의, 공동체의 정치참여 같은 근대국가의 기본적인 가치를 받아들였다. 니에레레 대통령은 자신의 통치이념을 우자마(공동체주의)라는 용어로 요약했다. 하지만 이러한 니에레레 대통령의 이상과, 중앙집권적 정치구조를 통해 강력한 관료제를 형성하고 대중에 대한 통제를 강화하려는 TANU의 정치적 성향은 끊임없는 마찰을 빚었다. 니에레레는 1967년의 아루샤 선언에서 민주적인 정치사회라는 자신의 비전을 재확인했다. 그는 경제의 지방 분산과 대중의 정치참여를 아프리카 사회의 지향점으로 정의하려 했다. 또한 관료엘리트의 권한을 축소하고 노동집약적인 농업의 개발을 추진하는 한편 외국자본의 간섭을 배제하기 위해 노력했다. 1970년대에는 농촌개발사업을 추진했으나 그 결과는 빈약했다.

잔지바르와는 달리 탕가니카의 무슬림 공동체는 국가 차원의 후원을 받지 못했다. 영국은 탕가니카를 잔지바르의 이슬람 체제로부터 분리시켰지만, 수피 이슬람은 외세에 대한 저항의 한 형태로 탕가니카 전역에 전파되었다. 수피 교단은 무슬림을 조직하는 중요한 단체가 되었다. 하지만 수피 교단 사이의 갈등도 고스란히 전파되어, 무슬림 사이에 불화를 초래한 측면도 있었다. 무슬림 형제단은 점차 전국적인 정치운동에 연계되었다. 1934년에는 탕가니카무슬림협회(MAT)가 결성되었는데, 수피 지도자들은 이 단체를 통해 적극적인 TANU 지지자가 되었다. 1957년에는 순수한 무슬림 이익단체를 지향하는 탕가니카 전(全)무슬림국민연합이 출범했으나, 무슬림 인구의 다수는 계속해서 TANU를 지지했다. 1960년대에는 정부가 무슬림 엘리트를 흡수하기 위해 탄자니아 무슬림최고평의회를 만들었다.

방가모요의 샤이흐 라미야의 사례는 지방 수피즘의 역할과 지방의 수피들이 국가 정치체제에 편입되는 과정을 분명하게 보여준다. 노예 출신인 샤이흐 라미야는 상인과 지주로 성공을 거둔 뒤에 종교를 연구하여 지역사회에서 존경받는 인물이 되었다. 그는 영국에 협력한 대가로 리왈리(구역의 관리)로 임명되었다. 그는 자신의 경제적·종교적·정치적 입지를 활용하여 카디리야 교단의 한 분파를 확립했다. 그의 추종자는 대부분 형제단의 사회적인 유대와 유력 후원자에 대한 충성을 통해 도움을 받은 적이 있는 아프리카인이었다. 1938년에 라미야의 후계자가 된 그의 아들 샤이흐 무함마드는 예언자 무함마드가 아랍인이 아니라 모든 인종을 대표하는 존재라고 선언했다. 이는 탄자니아 무슬림 공동체의 정체성을 아랍이 아닌 아프리카에서 찾으려는 의지의 표명이었다. 샤이흐 무함마드는 추종자들에게 전국정당인 TANU에 입당하도록 장려했고, 자신은 TANU의 지방대표가 되었다. 독립 이후 니에레레 대통령은 무함마드를 하킴(지방의 총독)으로 임명했다. 이리하여 샤이흐 무함마드는 전통적으로 정치권력을 행사하던 시라지 종족을 대신하는 아프리카인 무슬림 종교지도자이자 탄자니아 정치엘리트의 일원이 되었다. 그는 추종세력을 수피형제단으로 조직화함으로써 지방의 공동체 구조를 국가의 정치체제에 연결시켰다. 국가는 무슬림의 정치적 지지에 대한 보상 차원에서 무슬림을 법무부 관리와 지방의 재판관으로 임명했다. 무슬림은 탄자니아 국민의 약 3분의 1을 차지하고 있다.

1985년에 니에레레가 은퇴하자, 그가 추진한 정책의 문제점이 속속 드러났다. 국민국가 건설을 위한 그의 실험은 경제침체와 실업, 그리고 아시아계 시아파, 오만 출신 아랍인, 시라지, 아프리카인 사이의 갈등으로 얼룩졌다. 전(前) 잔지바르 대통령이었던 알리 하산 음위니의 신정부는 니에레레의 정책을 뒤집었다. 다당제를 실시하고, 경제의 민영화를 시작한 것이다. 그러나 결과는 경제의 파탄이었다. 1993년에는 반그리스도교 폭동이 일어나 그리스도교 계열의 학교가 공격을 받았다. 세속적인 국민국가가 붕괴하자, 무슬림의 정체성에 대한 정의를 놓고 무슬림들 사이에서 갑론을박이 재연되었다. TANU를 지지했던 수피 지도자들의 권위는 땅바닥에 떨어졌고, 아랍 세계에서 수련한 개혁주의 교사들의 세력이 커졌다.

케냐

탕가니카는 순수한 아프리카 사회로 발전했지만, 케냐는 백인 입식자의 사회가 되었다. 1888년에 영국동아프리카회사의 손에 들어간 케냐는 1904년에 영국의 보호령이 되었고, 1918년에는 직할식민지가 되었다. 영국은 1900년과 1919년 사이에 강압정책을 펼쳐 이

지역을 유럽인의 정착지로 만들었다. 남아프리카·영국·뉴질랜드·오스트레일리아·캐나다에서 이주한 백인들이 고지대에 정착하는 동안, 토착 아프리카인은 원주민 보호구역으로 쫓겨났다. 1923년부터 1952년까지 영국은 백인들이 최고의 토지와 광물자원을 차지할 수 있도록 흑백분리정책을 시행했다. 또한 의료·교육·경제 혜택 면에서 백인을 우대했다. 이런 차별정책에도 불구하고, 영국의 미션스쿨이나 군복무를 통해 아프리카인 엘리트가 배출되었다. 이들은 동아프리카협회와 카비론도 납세자 복지협회를 결성했고, 1944년에는 조모 케냐타가 케냐아프리카연합을 창설했다. 아프리카인은 취업 및 교육의 기회와 토지소유권을 요구했다. 1952년 백인의 지배에 항거하는 게릴라전인 마우마우 반란이 일어났다. 이런 투쟁을 통해 1959년에는 인종과 주거구역의 경계가 허물어졌고, 1963년에 케냐는 독립을 달성하고 케냐아프리카민족연합당이 정권을 잡았다. 1978년에 케냐타가 사망하자, 부통령 다니엘 아라프 모이가 그의 뒤를 이어 2001년 말 현재까지 케냐를 통치하고 있다.

케냐의 무슬림은 총인구의 약 6%에 불과하지만, 아프리카인·아시아인·아랍인을 비롯하여 여러 민족으로 구성되어 있다. 해안지역의 무슬림은 잔지바르와 밀접한 관계를 맺고 있다. 내륙의 무슬림으로는 키쿠유족·마사이족·마루족 등이 있는데, 이들은 제1차 세계대전 이후 해안지역과의 교역을 통해 이슬람으로 개종했다. 무슬림 사회에서는 케냐무슬림 복지회 같은 단체들이 학교와 진료소를 후원하고 있다. 케냐의 무슬림 사회는 지역적으로 스와힐리어가 통용되는 해안에 편중되어 있고 포교활동과 정치적 네트워크 형성의 기반이 되는 수피형제단이 없기 때문에 그 영향력이 제한적이다. 그럼에도 불구하고 일부 무슬림 단체는 교육과 다와(포교)에 힘쓰고 있으며, 사우디아라비아에 유학한 학생들은 장례식 추도사나 성자 탄생일 기념행사 같은 지역관습에 반대하고 있다. 1992년에는 과격한 무슬림이 케냐이슬람당(IPK)을 결성했다. 그러나 무슬림 최고평의회는 IPK에 반대한다는 입장을 천명했다.

우간다

우간다에서도 식민지 시대의 국가조직이 독립국 우간다의 등장을 규정한다. 영국은 1893년에 부간다 왕국에 보호령을 설치한 데 이어 1900년에는 우간다 협정을 체결하고 우간다 전역을 지배했다. 1914년에는 지방의 족장들도 모두 굴복하고 말았다. 영국은 지배력을 강화하기 위해 프로테스탄트와 손을 잡고 그리스도교를 전파하는 한편 이슬람의 확산을 막았다. 영국 지배하에서 처음으로 우간다에 교육제도가 도입되었는데, 새로운 교육제도는 종교에 따라 차별적으로 적용되었다. 가톨릭과 프로테스탄트는 정부로부터 토지를 할당받는 특혜를 누렸지만, 무슬림은 관직 진출에서 불리했을 뿐만 아니라 모스크와 학교에 대한 지원도 거의 받지 못했다. 케냐에서와는 달리, 영국은 목화와 커피를 생산하는 농민경제를 장려하고 백인의 입식을 제한했다. 우간다의 도시에는 인구가 많지 않았고, 주로 무역에 종사하던 인도인·유럽인·아랍인 등의 외국인이 거주하고 있었다.

아프리카인의 저항운동은 일찍부터 발전했다. 1920년대에 청년바간다협회가 아프리카인의 참정권을 요구했다. 우간다아프리카농민협회는 인도와 유럽의 상인들로부터 토착농민의 이익을 보호하기 위해 조직되었다. 하지만 우간다의 아프리카인은 대규모로 토지를 빼앗기지는 않았고, 영국의 간접지배로 인해 외세의 개입 정도가 심하지 않은 편이었다. 따라서 내셔널리즘의 형성이나 영국에 대한 무장저항에 한계가 있었다. 그럼에도 불구하고 1952년에 우간다국민회의는 독립을 요구했다. 가장 강력한 지방의 통치자인 부간다의 카바카(군주)와 프로테스탄트 엘리트가 우간다의 강력한 세력으로 부상했다. 1960년에는 지방

의 그 밖의 수장들과 여러 주민집단들의 이익을 대변하는 우간다인민
회의가 결성되었다. 1962년에 실시된 선거에서는 부간다의 세습군주
무테사 2세가 승리했다. 그러나 그후 몇 년 동안은 우간다인민회의가
행정권을 장악하고 노동조합을 해체하고 군대를 창설하는 실권을 행사
했다. 1966년에는 밀턴 오보테가 군대를 동원하여 권력을 장악했다.
그는 1962년에 제정된 헌법을 폐기하고 대통령이 되었다. 1966년부터
1971년까지 우간다는 문민정부의 형태를 유지했지만, 실질적인 지배
권을 행사한 것은 군부였다. 1971년 1월에는 이디 아민 장군이 쿠데타
로 정권을 장악했다. 이디 아민은 군부 내 누비아인의 지원을 받았다.
수단에서 건너온 누비아인은 스스로를 우월한 부족집단으로 여겼기 때
문에 나머지 인구의 분노를 샀다.

　영국은 우간다에서 이슬람에 대해 적대적인 정책을 폈다. 그러나 아
랍 상인과 수단 군인, 스와힐리어 사용자와의 접촉을 통해 이슬람은 꾸
준히 확산되었다. 1930년에 무슬림의 수는 약 12만 2천 명이었다. 부
간다의 전(前) 카바카였던 음보고가 무슬림 공동체의 대표적인 후원자
가 되었다. 하지만 그는 무슬림의 이익을 보호하는 데 성공하지 못했
고, 정부로부터 모스크 건립을 위한 부지를 얻어내는 데도 실패했다.
1921년에 음보고가 사망한 뒤에 무슬림은 키불리와 부탐블라의 두 분
파로 갈라졌다. 두 분파는 주도권을 잡기 위해 싸웠고, 금요일의 회중
(會衆)예배 외에 별도의 정오예배가 필요한지 여부를 놓고 교리논쟁을
벌였다. 혼인신고를 담당하는 서기와 교사의 권위도 쟁점이 되었다. 두
분파의 대립은 교육개혁과 무슬림 공동체의 전반적인 발전을 저해했
다. 제2차 세계대전이 끝날 때까지 논쟁을 해결하기 위한 노력이 전개
되었다. 1944년에는 우간다 무슬림교육협회가 설립되어 파벌주의를
극복하고 교육정책을 통일하기 위해 노력했고, 1948년에는 두 집단이
화해하기에 이르렀다. 동아프리카무슬림복지협회는 학교와 모스크를

건설하고 학생들에게 장학금을 지원했다. 1950년대에 독립운동이 진행되면서 무슬림의 정부 진출이 늘어났으나, 1965년에 이르기까지 정치적인 영향력은 미미했다. 일부 무슬림은 정부와 무슬림 주민을 연결하는 역할을 했으나, 이런 정치인들은 무슬림 사회에서 정당성을 인정받지 못했다. 따라서 무슬림이 정부에 영향력을 행사할 수 없었던 것처럼, 정부도 무슬림을 통제하기가 쉽지 않았다. 정부의 역할은 무슬림 집단 사이의 분쟁을 조정하고 교육기금을 제공하며 상징적인 차원에서 무슬림을 각료로 임명하는 데 그쳤다.

이디 아민(1971~1979년 집권) 정권에서 무슬림은 정부의 지원을 받았다. 그 자신이 무슬림인 아민은 우간다무슬림학생협회와 우간다무슬림최고평의회를 조직하여 무슬림 공동체를 국가의 보호 아래 두었다. 아민은 친아랍과 친이슬람 정책을 시행했다. 그는 아시아인을 추방하고 그 재산을 압류하여 우간다무슬림최고평의회에 넘겨주었다. 그렇지만 아민도 무슬림 공동체를 동원하는 데 이전 정부들보다 더 많은 성공을 거두지는 못했다. 무슬림은 통일되지도 않았고 국가기구에 복종하지도 않았다. 아민이 쫓겨나자 수많은 무슬림이 우간다를 떠났고 모스크와 학교가 파괴되었다. 1986년부터는 요웨리 카구타 무세베니 정권과 우간다애국운동(UPM)이 우간다의 내정을 안정시켜왔다. 우간다의 무슬림은 전 인구의 약 15%이다.

1960년대에는 동아프리카 내의 다른 식민자들, 즉 르완다·부룬디·말라위·콩고가 독립국이 되었다. 무슬림 소수자는 아랍인과 스와힐리 상인, 동아프리카 포교사, 제2차 세계대전 이후에 들어온 파키스탄 상인의 영향을 받아 형성되었다. 그러나 이들 나라에서 무슬림은 소수인데다 가난하고 교육수준도 낮아 국정에서 아무런 역할도 하지 못하고 있다.

시아파 공동체

동아프리카의 무슬림 인구에는 이스마일파, 이스마일파 분파인 보라파, 십이 이맘파, 아흐마디야 교단 등 규모는 작지만 상당한 영향력을 가진 인도계 시아파 공동체가 포함되어 있다. 사이이드 알 사이드(1804~1856)는 인도의 무슬림을 잔지바르에 끌어들여 관세 징수인과 재정고문으로 임명하고 인도인의 무역을 장려했다. 영국도 구자라트나 인도의 다른 주에서 온 이주민의 무역을 지원했다. 인도인은 주로 노동자나 상점 점원으로 일하면서 스와힐리어를 습득하고 돈을 모았다. 어느 정도 자리가 잡히면 자신의 상점을 열고 인도로 돌아가 결혼을 한 다음 사업을 도와줄 친척들을 데리고 돌아왔다. 영국과 독일이 부설한 철도를 통해 아프리카 내륙이 개방되면서, 이스마일파 무슬림이 대거 내륙으로 파고들었다. 1900년과 1960년대 사이에 이스마일파 공동체는 근대적인 사업에 공동으로 투자하여 큰돈을 벌었다. 세속적인 교육을 받은 여성들은 베일을 벗어던졌다. 무슬림 공동체는 독자적으로 진료소·스포츠클럽·도서관·공회당·병원·학교를 운영하고, 보험·농업·주택건설 같은 공공사업을 위한 기금도 비축하고 있다. 아가 칸은 각종 평의회의 위계를 통해 이스마일파 공동체를 다스린다. 원칙적으로 아가 칸의 권위는 절대적이며, 그는 모든 관직에 대한 임명권도 가지고 있다. 다만 공동체와 각 기관의 실질적인 운영은 소수의 엘리트에게 맡겨져 있다. 최근에는 신세대 의사·엔지니어·전문 직업인이 구세대 상업귀족을 점차 밀어내고 있다. 이스마일파 공동체는 1954년에 일종의 헌법을 만들어서 세속적인 업무와 종교적 업무, 교육, 보건, 재산, 기부금 모집 및 징세, 산업개발을 담당하는 기관을 설치했다. 또한 이 헌법에는 가족문제와 혼인문제를 다루는 사법(私法)도 포함되었다. 1964년에는 법을 개정하여 일부다처제를 명시적으로 금지했고 혼인 가능연령을 남녀 각각 18세와 16세로 정했으며 이혼하는 여성에게 남

성과 거의 동등한 권리를 부여했다. 양육권·입양·친자확인 같은 문제
는 동아프리카 각국의 법에 따르고 있다.

보라파는 무역에서 두각을 나타내고 있고, 주로 금속세공·시계제
조·상업에 종사하고 있다. 보라파 공동체는 위계적으로 조직되어 있
다. 동아프리카 전체를 관장하는 수장은 몸바사에 거주하며, 각 지방의
아밀(대행자)이 물라(종교학자)를 감독한다. 물라는 학교에서 교사로
활동하는 동시에 지역사회의 종교활동을 관장한다. 1951년과 1955년
사이에 다우디 보라 자마트라는 새로운 신도단체가 형성되었다. 이 단
체는 18세 이상의 모든 남성으로 구성되며, 공동체의 재산인 모스크·
공회당·학교·클럽·진료소·부동산을 관리하는 집행위원을 선출한다.
보라 공동체는 기부·희사·회비로 운영자금을 조달하고 있다.

십이 이맘파 공동체도 강력한 응집력을 보이고 있다. 각 지방의 신도
들은 자마트로 조직되며, 각기 집행평의회와 신탁청, 그리고 공동체의
재산과 활동을 관리하는 위원회를 두고 있다. 십이 이맘파의 최고평의
회는 동아프리카 전역의 지방 자마트를 대표한다. 19세기 말 인도 북부
에서 형성된 아흐마디야 교단도 동아프리카에서 규모는 작지만 열성적
인 추종세력을 확보하고 있으며 특히 포교활동에 열의를 보이고 있다.
처음으로 코란을 스와힐리어로 번역한 것은 아흐마디야 교단이었다.
아시아계 무슬림 공동체는 고도로 근대화된 집단이지만, 자기들끼리
똘똘 뭉쳐서 분파를 만들고 전체 아프리카 사회에 통합되지 않고 있다.

이상에서 살펴본 바와 같이 동아프리카의 무슬림 공동체는 민족·종
교·파벌을 중심으로 매우 다양하게 파편화되어 있다. 수단과 소말리아
의 경우를 제외하면 동아프리카의 무슬림은 정치적 소수자로서 국가권
력에 참여하지 못하고 있다. 동아프리카 정권들은 이슬람을 국가의 정
체성으로 인정하지 않는다. 탄자니아의 무슬림은 국가의 엄격한 통제
를 받고 있고, 우간다에서는 무슬림이 권력투쟁에서 패배했다. 동아프

리카의 무슬림은 정치적 소수자로서의 한계를 인정하고 종교문제에 관심을 집중하는 편이며, 교육과 복지를 목적으로 하는 많은 단체를 형성해왔다.

이슬람의 보편성과 아프리카 이슬람의 다양성

19세기를 통해 아프리카의 무슬림은 상인·포교사·전사로 활동하면서 세력을 확대했다. 수단 지역에서는 이슬람 정권이 탄생했고, 여러 민족이 이슬람으로 개종했다. 무슬림은 수단을 기반으로 기니의 삼림지대와 서아프리카의 연안으로 침투해 들어갔으며, 그 결과 나이지리아와 세네갈에서도 많은 사람이 이슬람으로 개종하게 되었다. 동아프리카에서는 갈라족과 소말리족을 비롯한 여러 민족이 이슬람으로 개종했다.

그러나 1882년과 1900년 사이에 유럽이 아프리카를 정복하면서 군사적 수단을 통한 이슬람의 확장은 막을 내렸다. 하지만 식민지시대에도 이슬람은 평화적인 방법을 통해 계속 퍼져 나갔다. 식민통치는 정치를 안정시키고 경제활동의 기회를 확대하고 도시화와 상인이나 노동자의 이주를 촉진함으로써 이슬람 확산에 일조했다. 오늘날 모리타니·세네갈·기니·말리·니제르·소말리아에서는 무슬림이 압도적인 다수이다. 나이지리아·부르키나파소·코트디부아르·시에라리온에서는 인구의 절반 이상이 무슬림이며, 가나와 탄자니아에서도 무슬림의 비중이 상당하다.

이슬람이 빠른 속도로 확산됨에 따라 무슬림의 종교관과 공동체조직, 무슬림과 국가사회의 관계에도 중대한 변화가 일어났다. 19세기에 일어난 이슬람 운동은 주로 이슬람 국가 또는 이슬람 원리가 지배하는 사회의 건설을 목표로 삼았으나, 식민통치의 결과는 세속적인 비무슬림 국민국가의 탄생이었다. 거의 모든 신생 독립국은 종교와는 무관한 사회적 이데올로기를 기초로 세속적인 국민적 정체성을 표방했다. 모리타니·북부 수단·소말리아처럼 아랍계 인구가 다수를 차지하거나 아랍의 정체성을 주장하는 일부 국가에서만 이슬람의 관점에서 국민적 정체성이 표현되었다. 이슬람을 국교로 선언한 국가는 수단뿐이다. 나이지리아의 경우 이슬람적 정체성은 국가의 정치시스템에 흡수되었고, 무슬림 공동체의 조직과 정의의 개념은 정치적·사회적 권력을 장악하기 위한 투쟁에서 중요한 역할을 하고 있다. 다른 지역에서도 세속적인 엘리트들은 크고 작은 무슬림 공동체를 독자적인 정치세력으로 인정하고 있다. 아프리카의 모든 무슬림 인구는 공동체집단으로 조직되어 있고, 자신들의 경제·교육·외교상의 이익을 위해 국가에 보호와 후원을 요구하고 있다.

무슬림 공동체는 다양한 방식으로 조직화된다. 수단은 울라마와 법학파의 전통적인 조직형태가 보존되어 있는 유일한 국가이고, 다른 지역에서는 수피형제단이 무슬림 단체의 주요 형태이다. 모리타니·세네갈·기니·말리·나이지리아·소말리아·탄자니아 그리고 사하라 이남 아프리카에서는 수피형제단이 다양한 민족집단(카노의 경우)과 부족집단(소말리아의 경우)을 통합하는 역할을 해왔다. 수피형제단은 구성원의 신앙생활을 인도하고 정신적 위안을 제공하는 것 외에, 경제와 정치에도 관여하고 있다. 세네갈과 이바단의 하우사족 사회에 전파된 무리디야 교단은 신자들의 경제활동을 지원하고 있고, 세네갈과 나이지리아의 티자니야 교단, 탄자니아의 카디리야 교단, 수단의 하트미야 교단, 리비아의 사누시야 교단은 구성원을 결집하여 정치활동을 전개하고 있다.

조직화된 형제단과는 별도로 수피 가문과 종족, 개인적으로 활동하는 수피 성자도 사회에서 중요한 역할을 하고 있다. 소말리아에서는 수피 종족이 부족집단들의 가교역할을 하고 있고, 기니와 서아프리카 해안지역에서는 학식 있는 포교사 가문이 무슬림의 정착과 교육의 구심점이 되고 있다. 서부 기니·수단·탄자니아 등지에서는 무슬림 성자 또는 외경의 대상이 되는 지역 성묘를 중심으로 무슬림 공동체가 건설되었다.

아프리카의 도시와 타운에서는 무슬림협회·단체·클럽이 빠른 속도로 확산되어왔다. 동아프리카의 이스마일파나 보라파처럼 소수자 집단을 대표하는 공동체들은 자마트반디를 형성하여 종교·복지·교육·경제 등 다양한 활동을 벌인다. 또한 남부 나이지리아·가나·시에라리온으로 이주한 북부의 이민자들이 만든 협회들은 민족적 소수자를 위한 단체이다. 그러나 이런 협회들은 가족·부족·민족집단과 분리되지 않고 혼합되어 있다. 서아프리카의 디울라 공동체와 무슬림 포교사 집단정착지의 경우, 이슬람은 구성원의 민족·직업·언어 정체성에서 핵심적인 부분이며, 디울라족의 무슬림 상인집단은 이를 통해 주변의 민족들과 자신을 구별짓는다. 이와 유사하게 남부 나이지리아에서는 이슬람 하면 하우사족의 민족성을 연상하게 된다. 하우사족 자체가 무슬림 공동체를 규정하는 것이다. 모리타니·소말리아·수단의 아랍인들 사이에서 이슬람은 부족적·민족적·언어적 특징과 혼합되어 있다. 아랍-소말리족 또는 베르베르 자와야 부족으로 살아간다는 것은 무슬림으로 살아간다는 것을 의미한다. 이슬람이 민족성뿐만 아니라 국민성에 스며든 경우도 있다. 이슬람이 국민적 정체성의 기반이 되고 있는 모리타니·수단·소말리아가 그런 사례에 해당한다.

하지만 도시의 모든 무슬림 단체가 민족을 바탕으로 형성된 것은 아니다. 많은 단체는 특정 종교교사를 중심으로 학습·토론·사회활동을 하는 작은 클럽이며, 그 활동도 학교운영에서부터 카페에서의 담소에 이르기까지 실로 다양하다. 이처럼 다양한 무슬림 단체 가운데 특히 이슬람의 개혁과 교육에 헌신하는 근대주의자 단체들이 사회적으로 큰 파장을 일으키고 있다. 수단 지역의 와하브파와 나이지리아의 다양한 근대주의자 단체가 그 대표적인 사례이다. 이런 유형의 단체는 아프리카 전역에 퍼져 있으며, 이슬람에 근대식 교육을 접목시키기 위해 노력하고 있다. 최근 수십 년 동안 이른바 와하브파 또는 개혁주의 단체들은 사우디아라비아와 여타 아랍국가들로부터 자금과 물자를 지원받아 영향력을 확대해왔다. 상황에 따라 차이가 있지만, 이 단체들은 사회적·종교적 관행의 개혁과 이슬람 국가의 건설을 주장하고 있다. 우간다와 콩고처럼 무슬림이 소수자인 사회에서는 교육단체가 무슬림 공동체 조직의 주요 형태가 되고 있다.

무슬림 공동체의 구조는 지방의 친족집단이나 마을집단 같은 전통적인 형태로부터 수피 종족, 형제단, 교육단체, 근대적인 개혁운동단체에 이르기까지 참으로 다양하다. 이슬람 공동체조직은 소수자의 민족적 정체성을 강화하는 동시에 상이한 부족과 민족집단을 묶어주는 역할을 하고 있다. 이슬람 공동체의 정치적 목적도 각양각색이다. 국가권력에 협력하거나 적극적으로 참여하는 공동체도 있고, 방관하거나 소극적으로 저항하는 공동체도 있으며, 심지어 혁명을 기도하는 공동체도 있다. 무슬림의 신앙과 정체성은 사회적 상황에 따라 유연하게 변화해왔으며 특히 정치적 현실에 민감하게 반응해왔다.

아프리카의 무슬림은 전통적으로 비무슬림이 지배하는 국가의 존재를 인정하고 그 속에서 독자적인 공동체 조직을 형성했으나, 최근 수십 년 사이에는 무슬림 공동체와 국가 사이에 문제가 생겨나고 있다. 1970년대 이후 나이지리아·세네갈·기니·소말리아·수단 등의 무슬림은 이슬람 교육의 강화와 이슬람법 시행, 이슬람 정체성의 도입을 요구해왔다. 예컨대 기니에서는 세쿠 투레 대통령이 이끄는 민주당이 정권을 잡고 오랫동안 근대화와 여성의 지위향상을 위해 노력해왔다. 그러나 최근에는 이슬람 축제를 행하는 한편 과거 푸타잘론에서 발생한 호전적인 이슬람 운동을 기념하고 있다. 나이지리아와 세네갈에서는 무슬림 지도자들이 이슬람의 이상을 실천할 것을 요구하면서 정부와 갈등을 빚고 있다. 수단에서는 누마이리 대통령과 종교지도자 투라비가 남부에 이슬람의 정체성을 강요한 바 있다. 에티오피아와 차드에서는 소수자인 무슬림이 정치적 자치 또는 국가의 장악을 위해 투쟁하고 있다.

　무슬림의 종교적 지향점도 사회조직의 형태만큼이나 다양하다. 일부 대중적 이슬람은 고도로 혼합적이며 아프리카의 애니미즘적인 정령 숭배와 결합되었다. 이 과정에서 이슬람력과 이슬람 축제, 탄생일·할례·혼례·장례를 기념하는 이슬람 의식이 그대로 아프리카 사회에 수용되었다. 이슬람의 교리는 기본적으로 아프리카의 신앙체계와 충돌하지만, 이슬람은 아프리카인의 정신세계를 완전히 변화시키는 대신 기존의 신앙을 합리화하고 이슬람화하고 있다. 이슬람은 하느님의 절대성을 강조하는 동시에, 점(占), 주술, 마술, 요술도 용인한다. 무슬림은 아프리카인이 믿는 정령(精靈)을 이슬람의 '진'과 같은 의미로 수용하고, 특히 송가이족의 홀레이, 하우사족의 보리, 그리고 에티오피아·소말리아·수단의 자르 같은 정령숭배에 호의적이다. 이런 정령숭배는 특히 여성에게 카타르시스와 영적 위안을 제공한다. 또한 아프리카의 무슬림은 질병치료 또는 경제적 번영을 기원하는 주술적 관행도 용납할 뿐만 아니라, 이교도의 의식과 예술적 표현을 통해 정서적 편안함을 얻기도 한다. 이슬람 종교지도자들은 엄격한 종교적 원리와 신비적인 요소에 대한 일반인의 실질적인 욕구 사이의 균형을 맞출 필요가 있음을 인식하고 있다.

　타협주의적이고 문화융합적이며 혼합적인 형식의 이슬람과 함께, 샤리아에 입각한 표준적인 이슬람 관행과 신앙이 병존하고 있다. 특히 상해와 살인 같은 형사사건에서는 샤리아가 위력을 발휘한다. 또한 샤리아는 가부장적인 부계 가족조직과 상속을 강화하는 경향이 있다. 샤리아는 공동체의 이익보다는 개인의 이익을 우선시하기 때문에, 갓 개종한 사람들은 가족의 통제에서 벗어나 자신의 재산을 지키기 위해 샤리아를 중시한다. 반면에 토지와 가축을 생활의 터전으로 삼는 소말리족이나 풀라니족처럼 공동체의 이익을 중시하여 샤리아를 무시하는 경우도 있다. 이와 같이 샤리아의 영향력은 각 지역의 사회구조, 공동체, 개인의 이해관계에 따라 달라진다. 즉 상황에 따라서는 관습법이 아닌 샤리아를 적용함으로써 오히려 상업이나 재산문제에서 유리한 입장에 설수도 있다.

샤리아는 혼인풍습에도 지대한 영향을 미쳤다. 샤리아는 혼인을 개인 사이의 자발적인 계약으로 간주하고 당사자 모두에게 기본적인 의무를 부과한다. 단 이혼에 관한 규정은 남성에게 유리하다. 아프리카인은 무슬림의 혼인선물(마르) 풍습을 받아들이고, 이 돈을 이혼하거나 남편이 사망할 경우 신부에게 주는 보상 또는 보상의 약속으로 이해했다. 물론 아프리카인이 샤리아의 규정을 철저하게 준수한 것은 아니다. 혼인을 친족집단 사이의 동맹으로 간주하는 지역에서는 샤리아의 규정과는 무관하게 형제연혼(兄弟緣婚)과 자매연혼(姉妹緣婚)의 풍습이 꾸준히 이어지고 있다.

개혁주의 이슬람은 이슬람의 또 다른 모습을 보여준다. 기존의 이슬람은 아프리카 사회에 파고들어 아프리카인의 사회적 이상과 행동을 바꾸려고 노력했지만, 개혁주의자들은 아프리카의 전통을 완전히 무시한다. 순수하게 코란과 순나에 의지하는 개혁주의자들은 아프리카인의 정령숭배와 부적신앙을 혐오하면서 국제표준으로 인정받는 이슬람 신앙과 관행을 아프리카 사회에 도입하려 한다. 아랍 세계에서 교육이 확대되고 새로운 무슬림 지식층이 대두하고 마드라사를 비롯한 종교교육 단체들이 확산되면서, 개혁주의자의 목소리가 더욱 커지고 있다. 신앙심이 깊고 교육수준이 높은 이슬람 개혁주의자들은 동료 무슬림의 종교적 관행을 개혁하고 세속정권을 이슬람 국가로 대체하기 위해 노력하고 있다. 하지만 때로는 개혁주의가 근대주의와 혼합되기도 한다. 프리타운·라고스·다카르의 교육단체들은 무슬림의 정체성을 근대 서양 문명에 적응하도록 수정하고, 무슬림을 세속화된 국민국가 단위의 아프리카 사회에 통합시키기 위해 애쓰고 있다.

마지막으로, 특정 교리를 신봉하는 이슬람 분파가 있다. 아시아인으로 구성된 이스마일파와 보라파, 기타 소수자 공동체가 이 부류에 속한다. 아프리카 전체의 시각에서 보자면, 이슬람은 하나의 종교가 아니라 희미하게나마 정체성을 공유하고 있는 다양한 종교공동체의 집합이다.

사하라 이남 아프리카 사회에서 이슬람이 이처럼 다양한 형태를 띠게 된 것은, 정치적·사회적 행동의 폭이 그만큼 넓다는 것을 뜻한다. 19세기에 수단 지역과 서아프리카의 무슬림은 이슬람 국가를 건설하기 위해 엄청나게 노력했지만, 결국 수단·모리타니·소말리아처럼 무슬림 인구의 정체성이 비교적 균질적이거나 아랍인이 다수인 곳에서만 오늘날 공식 이슬람 국가가 존재한다. 이슬람은 원칙적으로 포괄적인 정치질서에 전념하는 반면, 전통적인 이슬람의 이상은 정치적 현실에 맞게 순응해왔다. 아프리카의 무슬림 공동체는 주로 예배·교육·복지를 위한 조직이다. 이슬람은 원칙적으로 모든 자잘한 충성심을 부숴버리는 종교인 데 반해, 아프리카의 이슬람은 하우사·베르베르–소말리·아랍·모시·디울라 등의 언어적·민족적 귀속의 필수적인 부분이다. 또한 이슬람은 원칙적으로 하느님의 계시인 경전에 기초한 보편적인 종교이지만, 아프리카에서는 현지의 사정에 따라 다종다양한 형태를 띠고 있다. 그러나 오늘날에는 아프리카의 특수성에서 탈피하여 이슬람의 보편적 특성을 주장하는 추세가 강하다.

서양의 이슬람

32장

유럽과 미국의 무슬림

유럽과 미국의 무슬림 인구는 매우 다양하다. 그럼에도 이 장에서 한꺼번에 다루는 것은 대체로 지리적인 편의 때문이다. 유럽과 미국의 무슬림은 출신, 생활환경, 관습, 무슬림으로서의 자의식, 구미 사회에서의 지위 면에서 각양각색이다. 유럽의 경우 발칸의 무슬림과 서유럽의 무슬림 사이에는 현격한 차이가 있다. 발칸의 무슬림은 14세기 투르크인의 정복 이후에 이주해온 사람들과 오스만 제국 시대에 개종한 토착민의 후손이다. 하지만 서유럽의 무슬림은 대부분 최근에 유럽에 이민 온 사람들이다. 제2차 세계대전 이후 파키스탄인과 인도인, 그보다 훨씬 적은 아랍인이 영국으로 건너갔다. 북아프리카인과 그 밖의 적은 수의 서아프리카인·투르크인·이란인이 프랑스로 갔고, 투르크인은 독일로도 들어갔다. 그 밖에 식민제국이 붕괴하면서 생겨난 난민과 임시노동자들이 서유럽으로 건너갔다. 이들은 대부분 새로 가정을 꾸리거나 고향의 가족을 불러와 새로운 나라에 정착했으며, 소규모이긴 해도 지금은 서유럽 인구의 중요한 구성부분이고 계속 그 수가 늘어나고 있다. 제1차 세계대전을 전후하여 미국으로 건너간 소수의 무슬림이 있지만, 오늘날 미국에 거주하는 무슬림의 대부분은 지난 수십 년 사이 인도·파키스탄·팔레스타인·레바논·이란·이라크에서 건너온 사람들이다. 미국은 내국인 가운데 상당수(대부분 흑인이다)가 이슬람으로 개종했다는 점에서 서유럽과 다르다.

동유럽

1990년대에 발칸에는 대략 825만 명의 무슬림이 있었는데, 이는 전체 인구의 약 13%를 차지하는 규모이다. 나라별로 살펴보면 알바니아 인구의 70%, 보스니아헤르체고비나 인구의 45%, 마케도니아(대부분 알바니아인) 인구의 30%, 유고슬라비아(코소보의 알바니아인과 세르보크로아트어를 사용하는 산자크의 슬라브인 포함) 인구의 20%, 불가리아 인구의 13%가 무슬림이며, 루마니아(타타르인)와 그리스에는 아주 소수의 무슬림이 살고 있다. 알바니아인은 모두 합쳐서 400만 명이 넘는다. 보스니아인은 235만 명, 그리고 불가리아·마케도니아·그리스·루마니아에 거주하는 투르크인은 105만 명이다.

오늘날 발칸 지역 무슬림의 위상은 오스만 제국의 쇠퇴와, 19세기에 그리스·세르비아·루마니아·불가리아에서 일어난 그리스 정교회 내셔널리즘의 대두에서 유래한다. 오스만 제국의 쇠퇴로 정치적 보호막을 잃어버린 많은 무슬림이 러시아-투르크 전쟁(1878)과 발칸 전쟁(1912~1914), 제1차 세계대전을 거치면서 오늘날의 터키로 이주하게 되었다. 전후 처리과정에서 그리스의 무슬림은 터키로 이주했고, 역으로 아나톨리아의 그리스 정교회 교도는 그리스로 이동했다. 이런 대규모 인구이동에도 불구하고, 무슬림 밀집지역은 그리스도 교도가 다수를 차지하는 국가에서 소수자로 남았다. 그후 발칸의 모든 국가에서 무슬림은 빠른 속도로 세속화의 길을 걸었다. 발칸의 무슬림은 이슬람을 실천하는 부류와, 이슬람을 실천하지는 않지만 혈통·문화·민족 때문에 스스로를 무슬림으로 여기는 부류로 나뉘었다.

제2차 세계대전 이후 발칸 국가들을 접수한 각국의 공산당은 무슬림을 핍박하고 이슬람을 금지시켰다. 불가리아와 유고슬라비아의 공산정권은 이슬람의 관행을 금지시켰고, 알바니아의 엔버 호자(1946~1985)는 이슬람 단체들을 뿌리뽑았다. 공산정권들이 붕괴하면서 균질적인 국민을 만들어내려던 이들의 계획은 실패로 끝났고, 민족적·종교적 편 가르기와 갈등이 부활했다. 1980년에 티토가 사망한 뒤 유고슬라비아에서는 연방의 국가들 사이에 긴장이 고조되었다. 알바니아인은 코소보의 자치 또는 '공화국' 승격을 요구하면서 세르비아의 내셔널리스트와 충돌했다. 1991년에는 마케도니아가 독립을 선포했고, 이어서 슬로베니아·크로아티아·보스니아헤르체고비나도 독립했다. 슬로보단 밀로셰비치 대통령이 이끄는 유고 연방에는 몬테네그로와 세르비아만 남게 되었고, 밀로셰비치는 2000년에 권좌에서 밀려나 체포되었다. 세르비아와 크로아티아는 전쟁에 돌입했고, 보스니아는 내전에 휩싸였다. 1995년에는 NATO의 개입으로 분쟁이 종식되었고, 전쟁으로 폐허가 된 지역을 재건하는 작업이 진행되었다. 그후 코소보에서 세르비아인과 알바니아인의 분쟁이 일어나자, NATO가 개입하여 코소보를 점령했다. NATO의 감시하에 있는 마케도니아에서도 알바니아인과 슬라브인 사이에 새로운 내전의 기운이 감돌고 있다.

보스니아

수세기에 걸쳐 오스만 제국의 지배를 받았던 보스니아는 1878년에 오스트리아-헝가리 제국에 편입되었다. 보스니아 무슬림의 피난처 역할을 해왔던 오스만 제국의 쇠퇴는 보스니아인에게 깊은 실망감을 안겨주었다. 오스트리아는 '라이스 알울라마'(울라마 대표)를 통해 보스니아의 무슬림을 통제하고, 와크프를 관리하는 자문위원회를 설치했다. 또한 1909년에는 무슬림 행정기구에 자치권을 부여했다. 보스니아의 종교엘리트들은 높은 신분과 무슬림 정체성의 표시로서 오스만어를 사용했다. 이와 동시에 세속적인 교육이 확대되고 독서 클럽과 정치단체가 형성되면서 새로운 지식층이 출현했다. 종교엘리트와 세속의 지식인은 세르비아인이나 크로아티아인의 정체성과 구별되는, 그리고 종교적 정체성과 국민적 정체성이 혼합된 보스니아인의 민족적 정체성을 만들어냈다. 보스니아인은 자신들을 '국민화'하려는 세르비아인과 크로아티아인의 시도에 강력하게 저항했다. 그들은 보스니아어를 사용하고 아랍 문자 또는 키릴 문자로 자신들의 언어를 표기했다.

1918년에 유고슬라비아가 건국되자, 보스니아인은 유고 무슬림 기구를 조직하고 자치권과 무슬림 교육제도와 사법제도의 유지를 요구했다. 그러나 1929년에 쿠데타가 일어난 뒤, 알렉산다르 왕은 보스니아헤르체고비나를 영토에서 제외하고 세르비아화 정책을 추진했다. 보스니아헤르체고비나 지역은 제2차 세계대전 중에 크로아티아에 흡수되었다. 전쟁 중에는 크로아티아인의 파시즘 정당 우스타샤와 세르비아인의 군사조직 체트니크의 틈바구니에서 수만 명의 보스니아인이 학살되었다.

1945년에 공산정권이 수립되자 많은 보스니아인이 터키로 이주했다. 공산정권은 1952년에 수피 교단의 활동을 금지시키고 이슬람 학교와 모스크를 폐쇄했으며 와크프에서 얻는 수입도 몰수했다. 하지만 1957년과 1969년 사이에는 무슬림 조직이 되살아났다. 1966년 이후 티토 대통령은 관용적인 민족정책을 채택하고, 보스니아인을 유고슬라비아 국가 내에서 분리된 동등한 민족으로 인정했다. 수피 테케가 다시 문을 열었고, 무슬림은 모스크와 학교 설립을 재개했다. 그렇지만 보스니아-무슬림 정체성의 세속적인 성격은 변하지 않았다. 알바니아인과 투르크인 사이에서, 즉 세르비아인이 압도적 다수를 차지하는 지방에 살고 있는 무슬림들 사이에서 무슬림의 정체성이 확립되지 않았다는 것을 생각하면, 티토 대통령의 새로운 민족정책은 분명히 세르비아인과 크로아티아인의 정치적 압력을 상쇄하기 위한 조치였다.

1990년 공산정권이 붕괴한 이후 알리야 이제트베고비치가 이끄는 보스니아 무슬림의 민주행동당은 보스니아인의 독립과 세속적인 다민족 국가의 창설을 주장했다. 보스니아가 독립을 선언하자 보스니아와 헤르체고비나에 거주하던 세르비아인도 독자적인 세르비아 공화국을 선포하고 무슬림을 공격했다. 세르비아인은 '민족정화'*를 통해 무슬림을 이 지역에서 완전히 몰아내려고 했다. 민족정화는 보스니아 무슬림에 대한 잔인한 고문과 강간, 대량학살로 얼룩졌다. 세르비아인은 보스니아인의 정체성을 상징하는 모든 흔적을 말살하기 위해 모스크와 역사적인 건물, 유물을 닥치는 대로 파괴했다. UN이 개입을 시도했으나, UN의 무기금수조치는 오히려 세르비아에 유리하게 작용했고 평화유지군도 제역할을 수행하지 못했다. 결국 크로아티아-보스니아 연합이 NATO의 공중지원을 받아 전쟁을 종식시켰다. 1995년 11월의 데이턴 합의를 통해 보스니아는 두 개의 국가—하나는 무슬림과 크로아티아인의 국가, 다른 하나는 세르비아인의 국가—로 분열되었다. NATO군은 이 지역을 계속 점령하면서 지역의 정치적 안정과 여러 민족집단의 공존을 지원하고 있다.

전쟁을 통해, 그리고 공산정권의 붕괴, 전세계 이슬람 국가의 지원, UN과 NATO의 소수자 권익보호 등에 힘입어 보스니아의 무슬림은 이슬람 정체성을 강화하게 되었다. 지하드와 샤히드(순교) 같은 개념을 사용하는 이슬람 어휘가 보스니아인의 담론에 단골로 등장했다. 이슬람 교육과 관행이 다시 시작되었으며, 사라예보는 이슬람 서적출판의

---

* ethnic cleansing. '인종청소'라고도 번역한다.

중심이 되어 왔다.

알바니아

　　알바니아에서는 이슬람과 무슬림의 정체성이 사회적 문제가 되지 않았고, 이슬람은 알바니아의 국민의식과 동일시되지도 않았다. 알바니아 주민의 약 55%는 순니파이고 15%는 벡타시파이다. 북부의 게그족 주민은 순니파와 가톨릭 교도로 나뉘어 있고, 남부의 토스크족 주민은 벡타시파와 그리스 정교회 교도로 나뉘어 있다. 1967년과 1990년 사이에는 모든 종교활동이 금지되었으나, 1990년에 라미즈 알리아 대통령이 종교활동을 부활시켰다. 사우디아라비아, 걸프 연안국들, 터키, 말레이시아 그리고 해외 거주 알바니아인의 지원으로 모스크·마드라사·수피 테케·성묘·도서관이 새로 세워졌으나, 무슬림의 종교행사 참여는 여전히 저조한 편이다. 벡타시파는 이란의 지원을 받았다. 이슬람의 문화적·종교적 부활에도 불구하고, 알바니아인은 내셔널리즘을 정치적 정체성의 기초로 삼고 있다. 정치적으로는 알바니아·코소보·마케도니아의 알바니아인 인구를 통합하여 발칸 알바니아 국가를 건설하는 문제에 관심을 보이고 있다.

　코소보의 알바니아인도 보스니아인과 마찬가지로 유고 연방을 받아들이지 않은 채 독자적인 정체성과 영토에 대한 권리주장을 굽히지 않고 있다. 코소보-알바니아인의 정체성도 종교적 관점에서보다는 민족적 관점에서 정의되었다. 1974년의 유고슬라비아 헌법은 코소보를 유고슬라비아 연방 내의 자치지역으로 인정했으나, 1980년대에는 코소보를 둘러싼 알바니아인과 세르비아인의 갈등이 점점 고조되었다. 1990년에는 알바니아인이 코소보 인구의 85%를 차지했고, 학교·법원·언론이 모두 알바니아인의 수중에 있었다. 알바니아인은 학교를 중심으로 유고슬라비아로의 통합에 반대하는 운동을 전개해 나갔다. 알

바니아인은 문화적인 자치를 누리고 있었지만, 독립 달성과 대(大)알
바니아 건설이라는 내셔널리스트들의 야심은 줄어들지 않았다.

1989년에 슬로보단 밀로셰비치 유고슬라비아 대통령은 코소보의 자
치권을 박탈했다. 경찰의 탄압이 시작되었고, 언론을 비롯한 주요 기관
에서 알바니아인이 축출되었다. 세르비아인은 코소보를 식민화하고 알
바니아인을 다른 곳으로 강제이주시키려고 했다. 이에 대항하여 알바
니아인은 이브라힘 로고바의 지휘 아래 지하정부를 조직하고 독립운동
을 전개했으며, 급진적인 인사들은 코소보해방군을 조직했다. 전투가
격화되고 평화회복을 위한 외교적 노력이 실패를 거듭하자, 마침내
NATO가 개입하게 되었다. 세르비아군이 알바니아인을 몰아내기 위한
마지막 공세를 펼치는 가운데, 1999년 3월부터 6월까지 미국과 그 동
맹국들이 세르비아를 폭격했다. 결국 NATO가 세르비아를 굴복시키고
코소보를 점령했으며, 지금은 연합국이 이 지역을 관할하고 있다. 대부
분의 알바니아인은 민족적 정체성을 유지하고 있고, 일부는 이슬람을
시대에 뒤떨어진 오스만 제국의 유산으로 보고 거부한다. 그러나 코소
보의 일부 알바니아인은 이슬람 내셔널리즘의 관점에서 스스로를 정의
하기 시작했다.

마케도니아는 발칸 제국(諸國) 중에서 가장 최근에 민족적·종교적
갈등을 겪었다. 유고 연방의 자치지역이었던 마케도니아는 1991년에
독립했다. 알바니아인(20~25%)과 투르크인(4~5%)을 포함한 무슬림
은 총인구의 약 30%를 차지하고 있다. 마케도니아의 또 다른 무슬림으
로는 포마크 또는 토르베시라고 불리는 슬라브인과 로마라 불리는 집
시 무슬림이 있는데, 이들은 스스로 투르크인 또는 알바니아인이라고
생각하고 있다. 알바니아인은 문화적 자치는 물론이고, 세르보크로아
트어와 함께 알바니아어를 국어로 인정해달라고 요구한다. 또한 공동
통치를 하는 민족집단으로서 국정파트너의 지위도 요구하고 있다. 마

케도니아의 슬라브 내셔널리스트들은 이런 요구들을 완강히 거부해왔다. 2000년과 2001년에 NATO는 정치적인 타협을 주선함으로써 가까스로 내전의 발발을 막았다. 마케도니아의 갈등은 종교적 성격보다는 내셔널리즘적 성격이 강하다.

불가리아

불가리아에는 총인구의 13%에 달하는 약 125만 명의 무슬림이 살고 있다. 대부분은 투르크인이지만, 로마와 포마크의 수도 적지 않다. 불가리아의 무슬림은 여러 차례에 걸쳐 차별과 박해를 경험했다. 1878년 독립과 함께 불가리아의 지도자들은 국가를 서구화하기 위해 오스만 제국의 유산을 청산하는 정책을 추진했다. 그 결과, 1878년과 1912~1913년에 많은 무슬림이 오스만 제국으로 이주했다. 하지만 지배층인 그리스도 교도들이 무슬림을 정치적 경쟁자로 여기지 않았기 때문에, 지방의 투르크인이 피해를 입는 일은 없었다. 1944년에 정권을 장악한 공산당은 세속적이고 사회주의적인 정체성을 심기 위해 불가리아 사회의 종교적 정체성을 억압했다. 특히 1950년대 후반부터 1985년까지 공산정권은 무슬림 고유의 민족적 정체성을 와해시키려고 애썼다. 무슬림의 종교적·문화적 관행은 물론이고 투르크-이슬람식 이름과 튀르크어의 사용도 금지되었다. 공산정권은 세속적인 교육을 통해 투르크인 엘리트를 불가리아 사회에 동화시켜 나갔다. 정부의 억압이 이어지자 1950~1951년에 많은 무슬림이 불가리아를 떠났고, 1989년에는 무려 50만 명이 이민을 가는 사태가 벌어졌다.

공산정권이 붕괴되면서 무슬림은 다시 종교적·민족적 형태의 정체성을 강화할 수 있는 기회를 잡았다. 포마크*는 스스로를 불가리아인으

---

* Pomak. 불가리아인이면서 무슬림인 사람들을 주로 가리키는 말이지만, 유고슬라비아 시대의 마케도니아 공화국에서는 슬라브계 무슬림을 지칭하기도 했다.

로 여기면서도, 1989년 이후에는 강력한 친족관계와 직업적 유대관계를 소중히 하고, 이슬람의 교육과 관행을 부활시킴으로써 그들의 독자성을 유지했다. 이들은 외딴 지역에서 공동으로 생활하고 있으며 전반적으로 행상일이나 무역처럼 가족과 떨어져 지내는 직업(건설현장의 인부는 별도)을 피한다는 점도 이들의 남다른 정체성을 지켜주는 요인이다. 현재 포마크 공동체는 경제적으로 큰 어려움에 처해 있다.

발칸의 무슬림은 터키를 정치적 보호막으로 여기고 있고, 터키도 종교와 오스만 제국의 역사를 공유한다는 점 때문에 형제국가를 자처하고 있다. 터키는 발칸 문제에 군사적으로 개입하기도 했다. 무슬림-투르크인 공동체를 보호한다는 명분으로 키프로스의 일부를 점령하여, 키프로스를 통합하려는 그리스의 시도에 제동을 걸었을 뿐만 아니라 그리스와 조약을 체결하여 트라키아의 무슬림을 보호하고, 발칸의 난민을 받아들였던 것이다. 그렇지만 최근 들어서는 발칸 문제에 매우 신중한 태도를 보이고 있다. 터키의 외교정책 입안자들은 자칫 잘못하면 발칸이 그리스도교의 동맹과 이슬람 동맹으로 양분될 수도 있다는 것을 잘 알고 있기 때문이다.

서유럽

동유럽에는 이슬람이 깊이 뿌리를 내리고 있지만, 무슬림이 서유럽에 가기 시작한 것은 19세기 이후의 일이다. 외교관이나 학생신분으로 보스니아인은 빈에, 투르크인은 파리에 갔다. 영국군에 근무한 인도 병사나 예멘과 소말리아의 선원들은 리버풀과 런던에 정착했다. 알제리인 노동자들은 제1차 세계대전 이전에 마르세유로 이주했고, 프랑스는 전시와 전후에 알제리인 징집병을 본국에 파견했다. 그후 프랑스 정부는 무슬림이 파리에 모스크를 세우고 보비니에 공동묘지를 건설하는 것을 허용했다. 전간기에는 식민지의 학생들이 식민 본국의 수도로 유학했다. 양차대전에서 포로가 된 러시아와 소련의 무슬림은 독일 군대에 눌러앉기도 했다.

1950년대와 1960년대에 수많은 무슬림이 서유럽으로 이주한 것은 식민제국이 붕괴했기 때문이기도 하지만, 그보다는 유럽이 경제적으로 번영하고 끊임없이 노동자를 모집했기 때문이다. 이들은 대부분 농장이나 건설현장에서 비숙련 혹은 미숙련 노동자로 일하기 위해 단신으로 왔다. 그러나 1973년 이후 유럽이 불경기에 접어들자 유럽 각국은 노동이민을 중단하기 시작했고, 심지어 외국인을 그들의 고국으로 돌려보내려는 움직임도 있었다. 그후 각국 정부가 이미 유럽으로 이주한 노동자와 그 가족의 결합을 허용하면서 새로운 인민의 물결이 일어났다. 1980년대부터는 취업을 위한 불법입국과 정치적 망명이 유럽 이민의 주된 형태가 되었다. 이들은 경제침체기에 일자리를 얻기가 어려워졌다. 하지만 일부는 주기적으로 이민자의 신분을 정리하는 제도의 덕을 보기도 했다. 1990년대에는 컴퓨터와 소프트웨어 같은 첨단산업 부문의 고급 기술자들이 이민대열에 합류했다.

서유럽의 무슬림

이민을 받는 나라와 이민자의 관계는 이민자의 세대나 유형에 따라 달라진다. 하지만 모든 이민자에게 결정적으로 중요한 영향을 미치는 것은 이민을 받는 나라의 시민권정책, 이민을 수용하는 나라의 국민이 이민자에 대해 갖는 태도, 이민자들을 더 큰 사회에 통합하는 제도적 메커니즘이다.

유럽과 미국은 이민에 대해 상당히 다른 태도를 보이고 있다. 역사적으로 볼 때 미국은 영구정착과 미국사회에 동화되기를 기대하는 이민자의 나라이다. 동화에 의해 이민자의 모국어는 상실되었고, 공적 영역에서 민족적 차이는 대수롭지 않게 여기며, 이민자 문화의 특수성은 공적인 상징들 안에서 평가절하된다. 이것은 사적인 영역에서 종교적 정체성이 수용됨으로써 균형을 이루어왔다. 다시 말해 사적인 영역의 종교적 정체성은 미국이라는 공적인 영역의 정치적 정체성과 양립하고 있다. 오늘날 미국은 유대교와 그리스도교에 이어 이슬람도 토착종교로, 즉 전통의 한 부분으로 인정해가는 과정에 있는 것으로 보인다. 이는 정치인들이 교회·회당·모스크의 3자연합을 언급하기 시작했다는 점에서 확인된다.

반면에 다수의 유럽 국가는 애초에 무슬림 이민자들을 영구정착시키거나 사회적으로 동화시킬 의도가 없었다. 그러나 시간이 지나면서 무슬림 이민자들은 임시노동자가 아니라 영주자라는 사실이 분명해졌다. 따라서 유럽 각국은 시민권과 관련된 정책을 재검토하고, 자신들의 민족적·종교적·국민적 정체성을 재정립하게 되었다. 유럽 각국은 자신의 여건에 따라 다양한 정책을 통해 대규모 이민자 문제에 대처했다. 무엇보다도 시민권 취득의 자격요건을 법률로 정했다. 물론 그 내용은 나라마다 다르다. 영국과 프랑스는 5년 거주를, 독일은 8년 거주를 시민권취득의 자격요건으로 정하고 있다. 세 나라 모두 언어와 시민사회의 전통에 대한 이해와 선량한 품성을 시민권 부여의 요건으로 규정하고 있으나, 현실적으로는 영국에서 시민권을 얻기가 가장 쉽다. 프랑스의 경우 상당한 수준의 사회적 동화를 요구하고 있다. 독일의 법은 국익을 고려하여 시민권을 제한할 수 있도록 담당 공무원에게 광범위한 재량권을 부여하고 있다.

시민권이 없는 부모에게서 태어난 아이들에 관한 법 역시 나라마다 다르다. 미국은 속지주의를 적용하고 있으므로, 미국의 영토에서 태어난 아이는 자동적으로 미국시민이 된다. 영국의 경우 부모 가운데 한 명이 '영주권자'라면 자녀에게 시민권을 부여한다. 그러나 양친이 모두 영주권자가 아닌 경우에는, 그 자녀가 10년 이상 거주하거나 부모 중 적어도 한 사람이 영주권을 얻을 경우에만 시민권을 부여한다. 프랑스에서는 부모 중 적어도 한 사람이 프랑스 태생이어야 그 자녀가 시민권을 받을 수 있다. 그러나 최근에 개정된 법률은 그 자녀가 11~18세에 반드시 5년 이상 프랑스에 거주한 뒤 정식으로 시민권을 신청하도록 요구하고 있다. 독일은 2000년 1월 이후 정책을 크게 변경하여 부모 중 적어도 한 명이 8년 동안 합법적으로 거주하면 그 자녀에게 출생과 동시에 시민권을 부여하기로 했다. 이 법이 시행되기 전에는 시민권이 없는 부모의 자녀가 독일시민권을 취득하기 위해서는 독일계 혈통임을 증명해야만 했다. 미국·영국·프랑스는 귀화한 사람이 속인주의 원칙에 따라 다른 나라의 시민권을 가지고 있을 때는 이중국적을 인정한다. 반면에 독일의 경우 이중국적자는 23세가 되면 두 나라의 시민권 중 하나를 선택해야 한다.

시민권 취득을 위한 노력과는 별도로, 이민자들은 새로운 사회에 통합되기 위해 다양한 전략을 강구해왔다. 미국·영국·프랑스처럼 이민자에게 시민권을 허용하는 국가에서는, 시민이 된 이민자들이 정상적인 정치적 과정을 통해 자신들의 이익을 증진할 수 있다. 미국의 무슬림은 협회를 구성하여 이민자를 위한 로비활동을 하고 있다. 영국에서는 지방정부에 진출하여 영향력을 행사하고 이익단체를 구성하여 로비를 벌이고 대중의 관심을 끄는 것이 이민자의 사회적 통합을 촉진하는 전형적인 수단이다. 무슬림은 무엇보다도 고용차별 철폐를 요구하고 있다. 또한 신성모독 금지법을 보호해줄 것과, 공적 영역에서도 무슬림의 종교적 정체성을 인정해줄 것을 요구하고 있다. 프랑스에서는 노동조합과 인종차별 철폐운동이 사회적 동화의 주요 수단이 되고 있다. 독일에서는 노동조합·직업훈련기관·학교, 그리고 베를린과 브레멘 같은 좀더 자유주의적인 주(州)의 교육정책이 이민자의 사회적 동화에 기여하고 있다.

이민을 받는 나라의 문화적 태도와 이를 반영하는 정책도 이민자의 동화에 중대한 영향을 미친다. 이민자의 문화를 인정하고 이를 자국의 문화 속에 수용하는 정도는 나라마다 차이가 있다. 벨기에와 네덜란드는 다양한 종교공동체에 대해 국가제도의 틀 안에서 대등한 위상을 보장하고 있다. 스웨덴·영국·미국은 다문화주의에 가장 개방적인 태도를 보이고 있다. 영국도 다양한 인종과 민족의 정체성을 인정할 뿐만 아니라 이를 공식적으로 지원한다는 점에서는 다문화국가이다. 그러나 소수자 공동체를 규정함에 있어서 인종에 대한 반감 못지않게 종교에 대한 거부감도 강력하다. 다문화사회는 문화적 다원주의와 다문화주의 사이에 걸쳐 있다. 전자는 다양한 공동체를 사적인 영역에서 수용하는 것이고, 후자는 그 공동체들을 공적인 영역에서 승인하는 것이다.

프랑스는 개인 위주의 세속적인 시민사회를 지향하며, 다문화주의를 반대하고 개인주의를 선호한다. 프랑스는 완전한 언어적 동화와 정교 분리를 시민의 요건으로 간주한다. 즉 종교를 철저하게 사적인 영역에 한정시키고 있다. 프랑스는 국가 내에 공동체집단이 형성되는 것을 용납하지 않는다. 한편 독일은 이민에 관대한 태도를 취하는 자유주의자와 이민·고용·복지정책에 반대하는 우파로 나뉘어 있다.

이민을 받아들이는 국가들도 예상치 못한 이민자의 증가에 대처하느라 많은 어려움을 겪었다. 영주권자가 된 엄청나게 많은 이민자들로 인해 유럽 사회들은 이민자 개개인을 사회에 동화시키고 이질적인 종교와 문화의 집단적 권리와 정체성을 인정해야 하는 문제에 직면하게 되었다. 많은 유럽인은 무슬림을 하나의 민족집단으로 간주하고, 이슬람을 국가의 분열을 조장하는 원리주의 종교로 인식한다. 대규모 집단을 이루고 있는 무슬림은 이슬람과 유럽식 제도가 양립할 수 있음을 보여주어야 하고, 역으로 유럽은 다원주의적인 사회를 수용할 수 있는 역량을 발휘해야 하는 상황이다. 카다피와 호메이니의 등장, 테러주의자들의 활동, 탈레반의 대두 같은 국제적인 사건들은 무슬림에 대한 반감을 증폭시켰다. 또한 샐먼 루시디 사건으로 인해 이슬람의 가치는 유럽의 자유주의적 가치와 공존하기 어렵다고 생각하는 사람이 많아졌다.

　1970년대 후반부터 1990년대 초반까지 유럽 사회에는 이민을 반대하는 분위기가 팽배했다. 프랑스·독일·오스트리아·이탈리아 등지에서는 강력한 우파 정당이 부상하여 이민정책에 반기를 들었고, 이민자의 고용과 사회적·재정적 지원에 대해서도 극력 반대했다. 지금도 일자리와 사회적 자원의 배분을 둘러싼 갈등은 계속되고 있다. 많은 유럽인은 식민지의 피지배자를 바라보던 시각으로 이민자를 바라보고 있다. 즉 이민자들을 교육을 통해 계도해야 할 열등한 민족으로 간주하는 것이다. 또한 자신들의 문명에 비유럽적인 요소가 끼어들어서는 안된다고 생각한다. 유럽인이 이런 태도를 갖게 된 이면에는 경제의 세계화, 억제되지 않는 이민자의 유입, 국민문화의 상실에 대한 우려가 깔려 있다. 그러나 이러한 긴장은 1990년대 후반에 많이 누그러진 것으로 보인다. 그것은 상당한 수준의 경제번영, 이민자를 상대로 한 범죄행위에 대한 강경한 대응, 인종차별적인 정당에 대한 제재(독일의 경우), 무슬림의 영주를 피할 수 없는 현실로 인정하는 유럽 내의 분위기가 복합적으로 작용한 결과인 것 같다.

　무슬림이 개인이나 공동체 차원에서 이민국 사회에 적응해 나가는 방식은 나라마다 제각각이고 한 나라 안에서도 다르다. 이민자의 적응과정은 이민국의 제도와 정치적 상황, 사회적 태도에 따라 큰 차이를 보이고, 이민자 집단의 문화·정체성·목표에 따라서도 크게 달라진다. 이민자들은 정착과정에서 사회적·종교적 관습의 실행, 법률행위, 공동체의 조직, 이민국 사회와의 관계 같은 각종 문제에 부딪치게 된다. 또한 여성의 복장·교육·취업에 대한 낯선 전통을 접하게 된다. 게다가 언

어·종교·교육·사회규범·이성관계 등에서 권위를 행사하려는 부모와
이에 반발하는 자녀 사이에 갈등이 발생한다. 이런 문제들을 해결하기
위해 이민자들이 유럽 사회에 요구하는 것은 모스크와 학교의 건립, 할
랄 고기*와 여학생용 두건 같은 무슬림의 특수한 요구와 이슬람 가족법
의 인정, 사회복지제도의 혜택, 정부의 보호, 정치적 용인, 대중의 관용
이다.

　법률문제는 특히 민감하고 복잡한 사안이다. 무슬림 이민자 사이에
서도 법률체계가 통일되어 있는 것은 아니다. 그들은 각자의 고국에서
통용되는 다양한 법률체계—샤리아, 관습법, 근대적 법률, 당대의 행
정 관례—를 들여온다. 예컨대 가족문제로 분쟁이 발생할 경우 현실
적인 관행, 샤리아, 출생국가의 법률, 정착국가의 법률 가운데 어느 것
을 적용해야 할지 결정하는 것은 결코 쉬운 일이 아니다. 더구나 종교
가 다른 사람들이 혼인하는 경우에는 자녀양육권과 상속에 관한 분쟁
이 일어난다.

　무슬림은 모스크와 커뮤니티센터, 사회조직을 통해 이런 문제에 대
처했다. 최초의 사회단체는 마을·지역·민족을 단위로 조직되었다. 그
후 고국의 정부와 정당, 사회단체들이 유럽에 지부를 설치했다. 예를
들어 사우디아라비아와 이집트는 모스크 건립과 공동체 프로젝트를 지
원하고 이맘을 파견했다. 디야네트, 즉 터키의 종교부는 독일에 거주하
는 터키 무슬림의 종교활동과 교육활동을 후원하고 감독했다. 끝으로
영국·벨기에·프랑스의 경우 정부가 나서서 이민자 공동체들을 조직화
하고 대변할 수 있는 협회와 평의회를 설립했다. 그러나 이런 집단들은
무슬림 전체를 포용하거나 대표하기에는 역부족이며, 이민국 사회의
제도적·정치적 저항과 이민자 공동체 내부의 분열로 인해 제대로 기능

＊ 이슬람법에 따라 도축된 식용육.

을 발휘하지 못하고 있다.

프랑스

제1차 세계대전 당시 프랑스 정부의 식민지 징집을 통해 알제리인 병사와 노동자들이 처음으로 프랑스에 발을 디뎠다. 알제리 독립전쟁 이후, 프랑스 용병으로 복무했던 알제리인(아르키)은 1962년에 프랑스로 도망쳤다. 이처럼 제2차 세계대전 이후 1974년까지 북아프리카 사람들이 대거 프랑스로 건너왔다. 1970년대에는 말리·모리타니·세네갈의 흑인과 터키인이 이주해오면서, 프랑스에서 무슬림의 수가 크게 늘어났다. 그러나 북아프리카와 사하라 이남 아프리카 출신 이민자들이 영주를 고려하기 시작한 것은 1974년 이후였고, 터키인은 1989년 이후에야 영주권 취득을 생각하게 되었다. 1980년대에 프랑스 태생 마그리브인은 대개 프랑스인의 공적 정체성에 동화되었으나, 터키인·말레이인·파키스탄인은 귀향의 꿈을 버리지 않고 있었다. 1990년에는 프랑스에 거주하는 무슬림의 규모가 300만을 상회했으며, 이들은 대부분 마르세유·리옹·파리·릴 같은 산업도시에 모여 살았다. 알제리인이 85만, 아르키가 40만, 모로코인이 45만, 튀니지인이 20만, 터키인이 20만, 세네갈인과 말리인을 비롯한 서아프리카인이 10만, 뵈르(프랑스 내 무슬림 가정에서 태어난 사람)가 45만이었다.

프랑스에 이민 온 무슬림은 애초에 민족적·국민적 정체성이 강한 편이었다. 그러나 종교적 결사의 자유를 법적으로 인정하는 프랑스에서, 무슬림 이민자들은 빠르게 기도실·모스크·공동체 조직을 만들어 나갔다. 이들 단체 중 상당수는 고국의 정부나 정당과 연결되었다. 이에 호응하여 본국의 정부와 정당도 프랑스에 거주하는 동포들을 조직화하기 위해 노력했다. 알제리의 이슬람해방전선(FIS), 튀니지의 르네상스당, 모로코의 술탄, 터키의 디야네트가 특히 적극적으로 움직였다. 서아프리카인은 주로 수피형제단과 관계를 맺었고, 터키인은 낙슈반디야 교단과 연결되었다. 민족보다는 이슬람에 더 큰 비중을 두는 종교단체와 정치단체도 활발하게 활동했다. 이 범주에 속하는 단체는 타블리기 자마트, 파리의 모스크, 무슬림 학생협회(무슬림 형제단에 귀속), 이슬람 조직연합, 모스크연합, 전국무슬림연합(모로코인) 등이다. 일부에서는 프랑스의 정치관행에 따라 모든 무슬림을 아우르는 전국 규모의 협회를 만들어야 한다는 압박도 가했으나, 그런 조직을 만들기는 어려운 실정이었다. 정부가 나서서 무슬림 공동체를 체계적으로 정비할 경우 세속국가가 민족적 소수자를 규합하여 종교공동체를 형성하는 역설적인 결과가 초래되기 때문이다.

교육은 무슬림에게 매우 중요한 문제이다. 프랑스의 학교제도는 세속주의 원칙을 확고하게 지키고 있고, 교육을 통해 차세대에게 프랑스 공화국의 탈종교적 가치를 심어 나가는 것이 프랑스의 오랜 전통으로 확립되어왔다. 법적으로는 종교단체가 운영하는 학교도 국가로부터 보조금을 받을 수 있으나, 현재까지 국가의 보조금으로 설립된 이슬람 학교는 없다. 프랑스에서 모스크는 아랍어와 이슬람 교육을 보충해주고 있다.

'두건'* 사건은 무슬림 학생과 프랑스 학교 사이의 갈등을 보여주는 대표적인 사례이다. 크레유 시의 한 고등학교 교장이 무슬림 여학생들에게 두건을 착용하지 말라고 요구했다. 정교분리의 원칙상 공공영역에서는 차이가 용납되지 않는다는 이유에서였다. 여학생들은 교장의 요구를 거부했으며 결국 퇴학당했다. 최고행정법원은 처음에는 각 학

---

* headcarve. 무슬림 여성이 머리카락과 피부(얼굴·손·발)를 가리기 위해 사용하는 의상을 아랍어로 '히자브'라고 부른다. 히자브는 일반적으로 '베일'이라고 번역하며, 그 형태에 따라서 여러 가지가 있다. 예컨대 얼굴 중앙의 눈만 남겨놓고 머리부터 발 끝까지 늘어뜨린 긴 천을 '부르카,' 얼굴 전체를 덮는 천을 '니카브,' 몸 전체를 덮는 검은천을 '차도르'라고 한다. 여기서 '두건,' 즉 headcarve는 부르카·니카브·차도르 등을 모두 가리키는 통칭이다.

교가 알아서 결정하라는 입장을 보였으나, 그후 이를 번복하여 무슬림 여학생들이 두건을 착용하고 등교할 수 있게 허용해야 한다고 결정했다. 이 결정에 대해 일반 대중은 격분했으며, 무슬림과 일반 시민의 여론은 극단적으로 갈렸다. 프랑스의 세속주의자들은 교육제도가 이데올로기에 충실해야 한다고 주장했고, 무슬림은 종교적 자유를 내세웠다. 이런 논쟁은 무슬림의 자의식을 더욱 자극하여, 갈수록 많은 무슬림 여학생이 두건을 착용하고 등교했다. 프랑스의 여론은 무슬림의 행동을 알제리의 이슬람 근본주의자를 옹호하는 정치적 선언 또는 여성에 대한 억압의 상징이자 사회적 통합의 걸림돌이라고 우려하기 시작했다. 장 마리 르 펭이 이끄는 우파 정당은 반(反)이민운동을 전개하여 지방 선거에서 큰 호응을 얻었다. 이 문제는 2000년에 프랑스 헌법재판소가 개종이나 포교를 목적으로 하지 않는 한 두건 착용 자체는 문제가 되지 않는다는 결정을 내림으로써 일단락되었다. 오늘날 프랑스의 여론은 무슬림의 존재 자체에 대해서는 과거에 비해 관대한 편이다. 그러나 이슬람에 대한 시각은 여전히 곱지 않다.

프랑스의 무슬림은 자신의 전통문화를 상실하고 다양한 형태로 새로운 정체성을 찾아가는 과정에 있다. 프랑스 학교에서 공부한 이민 2세대나 3세대의 마그리브인은 부모세대와는 다른 가치를 형성해 나가고 있다. 사회적·경제적으로 동화된 집단들은 프랑스화와 통합의 길을 걷고 있으며, 종교는 개인적인 차원에서 실천한다. 몇몇 연구결과에 따르면 이민자들이 사회적으로나 직업적으로나 프랑스 사회에 통합되고 있고, 민족이나 종교가 다른 사람과 결혼하는 빈도가 높아지고 있다고 한다. 또한 자신을 개인으로 상대해주기를 바라고, 다른 무슬림이나 아랍인과의 연대의식이 거의 없으며, 아랍인의 정체성을 재정립하는 문제에도 관심이 없는 것으로 나타났다.

1990년대에 실시된 조사에 의하면 인터뷰에 응한 무슬림의 70%가 프랑스 사회에 통합되기를 원하며 이슬람을 개인적인 종교로 여기는 것으로 나타났다. 약 25%는 이미 완전히 세속화되어 공공영역에서는 이슬람 정체성을 내세우지도 않았다. 하지만 25~30%의 무슬림은 이슬람이 공적으로 가시화되기를 바라고, 미나레트·축제·라마단·할랄 음식에 긍정적인 반응을 보였다. 『르몽드』지가 2001년 10월에 실시한 조사에서 응답자의 16%는 자신이 단지 무슬림의 후손일 뿐이라고 답했고, 36%는 일상생활에서 이슬람을 실천하지 않는다는 반응을 보였으며, 42%는 종교생활을 실천하고 있다고 답했다. 종교생활을 실천하지 않는 무슬림은 주로 기술직이나 행정직에 종사하는 중산층이었다. 반면 종교생활을 실천하는 사람들은 교육수준이 최하이거나 최고인 것으로 나타났다. 한편 라마단을 지키는 무슬림은 늘어나는 추세를 보이고 있다. 무슬림은 이슬람을 포기하지 않고도 프랑스 사회에 통합될 수 있다는 결론을 내린 것으로 보인다.

하지만 1990년대에는 신(新)이슬람 정체성과 공동체 분리주의, 프랑스 사회로부터의 이탈 등 강력한 반대경향이 대두하면서 사회적 통합의 기류에 제동이 걸렸다. 이슬람주의는 특히 사회적 통합에 실패한 지역에서 하나의 정치적 대안으로 힘을 얻고 있다. 종교단체들은 도시의 무질서를 바로잡고 정치권력과의 관계를 조율하며 무슬림 민족성을 창출하기 위해 노력하고 있다. 사회적으로 소외되고 직업도 없는 아랍인 청년과 흑인 청년은 이슬람의 형식 안에서 새로운 공동체적 하위문화를 만들어내고 있다. 어떻게 보면 신이슬람의 부활은 프랑스 사회의 편견, 실업의 고통, 문화적 진정성의 상실에 맞서야 하는 불우한 사람들의 저항이다. 학생·노동자·청년은 민족의 경계를 넘어서 새로운 범이슬람 정체성을 연결해 나가고 있다. 이 하위문화 속에서 남자형제들은 실패한 부모를 대신하여 여자형제들(여성은 남성에 비하여 쉽게 프랑스 문화에 동화되는 편이다)을 억압한다. 특히 남성은 남과 다른 무슬림의 외모를 고수하지 않을지라도 여성에게는 보수적인 '무슬림' 의상을 입게 함으로써 무슬림 공동체의 일원임을 드러내도록 강요한다. 여성에 대한 통제는 그들의 문화적 정체성을 형성하는 핵심부분이 되었다. 무슬림 평신도 설교사와 엘리트 이민자, 심지어 프랑스 정부조차 무슬림 공동체의 창구역할을 하는 대화상대를 찾고, 공동체의 정체성을 형성하기 위해 노력하고 있다. 그러나 대화상대가 불분명한 상황에서 반항심을 누그러뜨릴 해법을 찾기란 여간 어려운 일이 아니다. 신이슬람의 요구는 배타적인 프랑스 사회에 대한 저항을 나타내는 거부의 몸짓이다.

프랑스의 신이슬람주의 정체성에는 다른 의미도 있다. 마그리브인에게 신이슬람주의는 정치적 결집의 한 형태이다. 이들은 자신의 원래 국적을 받아들이지도 않을 뿐더러 조국이 자신들을 대변할 정치적 권위를 갖고 있다고 생각하지도 않는다. 신이슬람 운동은 서양의 가치와 정체성에 대한 대안을 모색하려는 노력의 일환이다. 또한 초국가적이고 글로벌한 무슬림의 귀속의식, 타블리기 자마트처럼 신앙심과 종교적 헌신을 강조하는 국제적인 종교운동단체, 적극적인 정치활동을 추진하는 무슬림 형제단도 신이슬람주의의 부활을 부추기고 있다.

프랑스에는 무슬림 주민은 있지만 전국적인 무슬림 공동체는 존재하지 않는다. 전통을 빼앗기도 하고 동화시켜버리기도 하는 도시의 환경이 프랑스에 살고 있는 무슬림 이민자 인구의 정체성과 그들의 사회적 역할에 어떤 영향을 미칠지는 두고 볼 일이다.

독일

독일에 거주하는 외국인 노동자는 대부분 1960년대에 터키에서 왔다. 독일정부와 산업계는 그들을 모집하기 위해 주도적인 역할을 했으며 터키 정부도 협조했다. 터키인과 쿠르드인은 쾰른에서 에

센으로 연결되는 공업지대와 함부르크·슈투트가르트·카를스루에·프
랑크푸르트에 정착했다. 그후 이란인과 북아프리카 아랍인, 유고슬라
비아의 난민이 밀려들었다. 독일정부는 터키인 노동자에게 제한적인
복지혜택을 제공했다. 그러나 터키인 노동자는 영구정착자가 아닌 임
시체류자라는 가정하에서 그리고 민족적으로 독일계 후손에게만 시민
권을 허락한다는 독일법에 따라서 이들에게 시민권이 부여되지는 않았
다. 1974년 이후 독일 정부가 새로운 노동자의 유입을 막고 기존의 외
국인 노동자들이 가족과 재결합하는 것을 허용하자 영주권자들이 생겨
났다. 독일 인구 8천만 명 가운데 무슬림 인구는 200~300만에 이르는
것으로 추산된다.

여타 유럽 지역에서와 마찬가지로, 터키인을 포함하여 독일에 거주
하는 무슬림 이민자들은 차별을 받고 있고, 때로는 일자리 문제와 문화
적 충돌로 인해 독일인의 노골적인 반감을 경험하고 있다. 터키인 이민
자들은 기회균등, 차별과 억압으로부터의 보호, 이슬람의 종교적 위상
보장, 그리고 무엇보다도 독일 국적 취득을 요구하고 있다. 터키인은
터키와 독일 양국의 시민권을 유지하기를 원하고 있다. 최근에 독일은
이민법을 개정하여 외국시민권을 포기하는 조건으로 영주자의 귀화를
허용하고 있다.

이런 공적인 요구와는 별도로, 각 개인은 서로 다른 자신만의 무슬림
정체성을 택하고 있다. 유럽의 다른 지역과 마찬가지로 독일에서도 '무
슬림'은 문화적 집단을 지칭하며, 반드시 종교적 의미만을 함축하지는
않는다. 무슬림의 정체성 속에는 터키인과 쿠르드인 같은 민족적·국민
적 개념이 내포되어 있다. 청년 이민자 역시 사회에서 소외되어 있지
만, 이들은 문화적 종합을 추구하고 있는 것으로 보인다. 그들은 두건
을 쓰고 청바지를 입는, 독일식도 터키식도 아닌 독특한 문화를 만들어
내고 있다.

독일의 법률은 종교단체들에게 공공법인의 지위를 부여하고, 그 단체들이 병원·군대·감옥·언론사 등의 공공기관에 요구사항을 제시할 수 있는 권리를 인정한다. 터키인 공동체도 이런 법률적인 틀 안에서 조직되었다. 정부는 종교단체를 복지사업의 하청계약자로 간주하고 종교단체가 운영하는 교회·보육원·병원·자선단체에 조세수입을 교부한다. 하지만 무슬림은 이런 체제에 완전히 통합되지는 않았다. 무슬림은 법적 요건을 갖춘 단체와 재단들을 설립했지만, 이런 단체와 재단은 아직까지 대표성을 가진 통일된 공공법인으로 인정받지 못하고 있다.

그 대신 터키인 이민자들은 터키보다 독일에서 더욱 왕성하게 활동하고 있는 조직들과 광범위한 네트워크를 구축하고 있다. 터키 정부의 디야네트(종교부)도 그 중 하나이다. 디야네트는 터키-무슬림의 정체성을 확립하고 터키의 세속주의 정책에 부합하는 형태의 이슬람을 전파하고 있다. 또한 유럽에 거주하는 터키인이 유럽 사회에 동화되지 않고 조국에 대한 충성심을 간직하도록 노력하고 있다. 또한 디야네트는 모스크와 학교교육을 지원하고 이맘을 임명하며 종교서적을 배포한다. 독일정부는 디야네트가 임명한 이맘의 지위만 공식적으로 인정한다. 그러나 디야네트는 세속적인 경향의 교육을 장려하기 때문에, 많은 부모들은 자녀를 모스크 학교에 보내는 것을 선호한다.

터키에 기반을 둔 민간 이슬람운동단체들은 터키인 이민자들에게 영향력을 행사하기 위해 경쟁을 벌인다. 이런 단체로는 술라이만시스, 라파(복지)당과 연계된 밀리 괴뤼시, 누르시스, 낙슈반디터키이슬람센터, 터키민주주의단체연합 등이 있다. 밀리 괴뤼시는 이슬람 국가의 이념을 추구하는 단체로 회원이 20만에 달하며 이슬람법의 채택을 요구하고 있다. 메틴 카플란은 1,300여 명의 추종자를 거느리고 칼리프 국가운동을 이끌고 있다. 그는 다른 무슬림 세계와 통일된 터키에 이슬람 정부를 세우고자 한다. 이 두 운동은 독일의 정치보다는 터키의 정치에 더 큰 관심을 가지고 있는 분리주의 망명객들과 연계되어 있다. 그 밖에 독일 내의 이슬람운동단체로는 무슬림형제회, 알제리이슬람해방전선(FIS)과 이슬람무장집단(GIA)의 해외대표부, 히즈불라, 하마스, 시아파 포교단, 이슬람세계연맹, 아흐마디야 교단 등이 있다. 사회적으로 소외된 청년층과 외국인 유학생들 중에는 빈 라덴 추종세력도 있는 것으로 보인다. 이상의 단체들은 예배, 순례, 교육, 독일정부와의 교섭, 아랍어와 컴퓨터 교육과정을 제공하고 있다. 하지만 아직도 통일된 무슬림 조직을 만들려는 노력은 요원한 상태이다.

　무슬림 공동체가 안고 있는 가장 심각한 문제는 교육이다. 독일에서는 대체로 주(州)정부가 주립학교의 종교와 외국어 교육, 그리고 교사양성을 책임지고, 종교단체는 교과과정을 제공한다. 하지만 브레멘 주와 베를린 주에서는 종교공동체가 교사양성을 포함하여 교육 프로그램을 전적으로 책임지고 있고, 주정부가 교사봉급의 80%를 비롯해서 제반 재정을 지원하고 있다. 하지만 교사의 자질과 교과내용을 승인하는 권한을 가지고 있는 주(州) 교육 당국은 무슬림이 그런 프로그램을 시행하는 것을 거부하고 있다. 게다가 독일관리들은 교회 학교와 비슷한 성격의 무슬림 학교 설립에 반대한다. 모스크에서 이루어지는 정치활동을 우려하기 때문이다. 독일 판사들도 무슬림 교육이 진정한 종교활동인지, 아니면 정치적·이데올로기적 교화인지에 대해 의문을 제기하고 있다. 1998년에 베를린의 한 법정은 이슬람 연합이 학교교육에 참여할 수 있도록 허용한 바 있다. 그러나 디야네트의 뜻에 반하는 정치적 목적을 가진 밀리 괴뤼시가 이슬람연합과 관련되어 있다는 주장이 제기됨에 따라, 이것은 실행되지 않았다. 학교에서 예배를 허용하고 생물시간에 남녀학생을 분리해달라는 무슬림의 요구도 여론의 저항을 받고 있다. 독일인은 그런 요구가 종교적인 이유가 아니라 정치적인 목적에서 나온 것이며 남녀평등의 원칙에도 어긋난다고 여기고 있다.

무슬림 단체들은 부득이 정부 당국의 요구에 맞추어 교과과정을 조정해 나가고 있다. 이런 과정을 통해 이슬람은 집단의 종교라기보다는 사적인 신앙으로 변하고 있다. 예컨대 2000년 2월에 베를린의 한 법정은 알레비파(시아파 분파)에게 공립학교에서 종교교육을 실시할 수 있는 자격을 부여했다. 알레비파는 연장자가 사도에게 신앙을 구전하는 전통을 이어온 단체로, 1980년대에는 사실상 종교적 정체성을 상실했다. 독일의 무슬림 공동체가 정체성을 유지하기 위해서는 학생들에게 가르쳐도 사회적으로 물의를 일으키지 않는 새로운 형태의 이슬람을 만들어내야 한다.

아우구스부르크에 거주하는 무슬림을 대상으로 한 사례연구는, 이슬람을 신봉하고 종교단체에 속해 있는 무슬림 사이에서도 종교적·정치적 성향이 제각각이라는 것을 보여준다. 수피 신비주의를 개량한 누르시스와, 신앙생활과 사회생활의 종교성을 강조하는 타블리기 자마트 같은 단체는 순수하게 종교적인 성향을 보이고 있다. 누르시스는 정치보다 의식의 고양이 우선한다는 믿음 위에서 타협을 거부하고 종교적인 원칙을 고수하는 단체이다. 이 단체는 대중의 지지를 끌어올리기 위해 노력하는 것이 아니라 주로 지식인들에게 호소하며, 교사와 제자 사이의 강력한 유대관계를 중시한다. 포교운동단체인 타블리기 자마트는 가장 순수한 경전주의 입장을 대표하며, 종교적 가치를 떨어뜨리지 않기 위해 종교와 정치를 분리한다.

그러나 여타 경전주의자들은 종교적 관심과 세속적 관심이 분리될 수 없다는 입장을 고수하고 있다. 종교적 각성은 정치권력에 기반을 두어야 한다는 것이다. 세속과의 교류를 지향하는 이런 유형의 단체들은 예외 없이 일반적인 추종자나 동조세력과 구분되는 핵심요원을 확보하고 이들을 위계적으로 조직화하고 있다. 술라이만지스는 쉴레이만 데미렐이 이끄는 터키 정도(正道)당과 제휴하는 실용적인 정책을 통해 코란학교를 지원하기 위해 노력하고 있다. 복지당의 결연기관인 국민미래당 역시 단체의 목적을 이루기 위해 정치에 뛰어드는 전략을 구사하고 있다.

전술은 다르지만, 터키인 무슬림 운동단체들은 터키 사회의 이슬람화라는 공통의 목적을 가지고 있다. 아우구스부르크의 단체들은 예외없이 독일을 기반으로 삼아 자신들의 대의를 터키에 알리기 위해 투쟁하고 있으며, 독일 내 무슬림의 당면과제에는 큰 관심이 없다.

이민자의 위상에 대한 독일사회의 태도는 극단적으로 나누어진다. 자유주의 성향의 독일인은 무슬림의 안전과 문화적 정체성에 대한 권리를 인정하고 지방선거 투표권을 부여해야 한다는 입장을 보이고 있다. 그러나 대다수 독일인은 민족적 뿌리가 다른 사람을 시민으로 받아들이기를 거부한다. 우익단체들은 이민자의 취업과 사회복지 혜택은 물론이고 이민을 받아들이는 것 자체를 강력하게 반대한다. 이런 사회적 긴장은 독일 통일에 따른 후유증으로 1990년대에 더욱 고조되었다. 특히 실업률이 높고 경제적 여건이 낙후된 구(舊)동독 지역에서는 신나치 운동이 기승을 부리고 있다. 독일은 신나치주의자들을 엄중히 처벌하고 정치적인 압박도 가하고 있지만, 이민자에 대한 폭력은 심각한 사회문제가 되고 있다.

스위스의 무슬림이 처한 상황도 독일에서의 상황과 엇비슷하다. 스위스에 거주하는 터키인은 이슬람을 민족적 유산으로 간직하며, 터키에 기반을 두고 있는 디냐네트·밀리 괴뤼시·술라이만지스·누르시스와 관계를 맺고 있다. 아랍인은 보편주의적인 이슬람에 기울어져 있다. 제네바에 있는 무슬림 형제단과 사우디아라비아의 모스크들은 다시 생겨난 개인주의적인 무슬림 정체성이 스위스의 공공생활과 화합을 이루도록 노력하고 있다.

그림 34. 반(反)루슈디 시위(런던)

영국

제2차 세계대전 이후 영국은 영연방국가의 시민에게 이
민을 허용했고, 1950년대에 노동이민이 영국에 들어오기 시작했다. 영
국은 1962년에 이민제한조치를 취했는데, 이를 예상한 사람들이 사전
에 파키스탄·구자라트·카슈미르·펀자브·터키령 키프로스·말레이시
아·모로코·예멘·서아프리카 등지에서 대거 몰려들었다. 1968년에는
여권 소지자에 대해서도 영국에 가족이 있는 경우에만 이민을 허용했
다. 이를 계기로 영국의 이민정책은 가족의 재결합을 중심으로 전개되
었다. 1970년대에는 동아프리카에 살던 많은 남아시아인이 영국으로
건너왔다. 1986년의 인구조사에서 영국의 무슬림은 약 100만 명으로

집계되었고, 현재는 약 150만 명에 이를 것으로 추정된다. 영국의 무슬림은 대부분 런던과 버밍엄, 요크셔 주의 브래드퍼드에 거주하고 있다.

이민 1세대 사이에서는 종교가 민족적 정체성의 일부를 이룬다. 예를 들어 파키스탄인은 그들 자신만의 식료품점과 옷가게, TV와 라디오 프로그램, 모스크와 학교를 갖추고 있다. 무슬림 이민자들은 자선단체로 등록되어 있는 다양한 종교단체에 가입하고 있다. 남아시아인은 바렐위파 또는 데오반드파의 전통을 따른다. 방글라데시인은 바렐위파의 모스크인 브릭 거리의 모스크에서 예배를 보며, 방글라데시 복지협회의 지원을 받는다. 파키스탄인은 데오반드파의 모스크인 런던 동부의 모스크에 모이며, 사우디아라비아와 파키스탄의 후원을 받고 있다. 무슬림 청년조직은 파키스탄인의 사회활동을 돕고 있다. 타블리기 자마트는 데오반드파가 운영하는 모스크와 관계를 맺고, 무슬림 이민자의 국제적 정체성을 강조하면서 무슬림이 새로운 나라에서 책임감 있는 시민이 될 수 있도록 지원하는 단체이다. 영국의 자마티 이슬라미는 무슬림에 대한 정책에 영향력을 행사하기 위해 조직된 압력단체이다. 이 단체는 이슬람 재단, 영국 이슬람 포교단, 청년무슬림 같은 단체와 연계하여 자체의 이데올로기를 전파하고 있으나 대중의 지지는 미미하다. 그 밖에 수피 교단들도 있다.

그러나 대부분의 무슬림 조직은 지역단위로 활동하며, 학교와 모스크의 운영, 음식과 장례에 관심을 기울인다. 브래드퍼드와 레스터에 거주하는 무슬림은 도시단위로 조직을 이루고 있다. 브래드퍼드 모스크평의회는 다양한 무슬림 공동체의 입장을 조율하는 단체이다. 무슬림 학생들의 요구를 당국과 협의하는 것도 이 단체이다. 이 밖에도 무슬림 기구연합과 모스크평의회 같은 전국적인 규모의 단체들이 있으나, 다른 유럽 국가에서와 마찬가지로 영국의 무슬림은 통일을 이루지 못한 상태일 뿐만 아니라 대체로 통일된 지도체제를 인정하지 않는 경향을 보인다.

1980년대 이후 영국의 무슬림은 자신의 정체성에서 종교적인 특성을 더욱 강조하는 경향을 보이고 있다. 금요예배 참석과 라마단 준수, 할랄 고기의 소비가 확대되고 있다. 영국의 무슬림은 1980년대에 무슬림 청년을 위한 학교설립을 요구하면서 처음으로 공적인 문제에 개입하기 시작했다. 무슬림 부모들은 생활수준 향상을 위해서는 교육이 필요하다는 점을 인정하면서도, 영국학교의 세속주의에 불만을 갖게 되었다. 나아가 영국인의 문화적 중립성과 사회적 다양성으로 인해 이슬람의 진리에 대한 무슬림의 확신이 위협받고 있다고 판단했다. 그들은 자녀들이 영국사회의 인종차별적인 태도와 남녀구별이 없는 문화에 노출되는 것을 꺼렸다. 무슬림은 영국국교회(성공회), 가톨릭, 유대교 등의 학교와 마찬가지로 종교단체의 감독을 받는 동시에 국가의 보조를 받을 수 있는 자립형 학교의 설립을 요구했다. 무슬림이 다수를 차지하는 지역에서는 교육개혁법이 허용하는 절차에 따라 지방자치단체를 통하지 않고 중앙정부로부터 직접 보조금을 받기 위해 노력해왔다. 그 밖에도 무슬림의 종교와 교육을 지원하고 불합리한 차별을 금지하는 법률의 제정을 요구하고 있다. 일부 무슬림은 이슬람 가족법의 적용을 요구하기도 한다.

영국 무슬림의 종교적 정체성 주장에는 초국가적인 측면도 있다. 이슬람 운동가들은 무슬림이 민족적·국민적 분열을 극복하고 공통의 종교적 관행과 신앙을 받아들여야 한다고 주장한다. 또한 소수의 이슬람 운동가들은 서양의 생활양식을 철저히 거부하고 엄격한 신앙생활을 요구한다. 노리치의 무슬림 공동체는 보건서비스, 학교교육, 가족법에 대한 영국법정의 재판권을 거부한다.

루슈디 사건은 영국 무슬림의 위상을 선명하게 드러내는 계기가 되었다. 예언자 무함마드에 대한 모욕을 담고 있는 『악마의 시』가 출간되자, 영국의 모든 무슬림이 분노했다. 이들은 신성모독죄로 작가를 처벌하고 이 책의 판매금지를 요구했다. 브래드퍼드 모스크 평의회는 『악마의 시』 화형식을 벌였고, 전세계의 무슬림이 항의에 동참했다. 이란의 아야톨라 호메이니는 루슈디에게 죽음의 저주를 내렸다. 이 일련의 사태에 대해 영국의 여론은 표현의 자유가 존중되어야 한다는 반응을 보였다. 이런 반응의 저변에는 무슬림이 반영(反英), 반자유주의, 반근대의 시각을 가진 근본주의자라는 인식이 깔려 있었다. 걸프전 당시 무슬림이 사담 후세인을 공개적으로 지지하자 영국의 여론은 더욱 냉담해졌다. 무슬림과 영국인은 서로의 입장을 이해하지 못했고, 피차 루슈디 사건에 대한 상대방의 분노가 얼마나 깊은지를 몰랐던 것이다.

그럼에도 불구하고 1990년대에 무슬림은 정치에 참여했고, 공공생활에서 점점 인정을 받고 있다. 1997년에는 전국 규모의 영국 무슬림 평의회가 결성되어 처음으로 하원의원에 선출되었고, 3명의 무슬림이 상원의원에 임명되었다. 1998년에는 그리스도교나 유대교의 학교와 마찬가지로 무슬림 학교도 국가의 보조금을 받게 되었다. 2001년의 인구조사에서는 개인의 신앙에 관한 항목이 추가되었고, 대학에서는 이슬람 연구가 빠르게 확산되고 있다. 무슬림 언론도 활발한 활동을 전개하고 있다. 그러나 이런 성과에도 불구하고 무슬림은 상당한 소외감을 느끼고 있고, 무슬림과 나머지 영국인 사이의 반감도 여전하다. 최근 레스터에서 발생한 폭동은 아직도 해결되지 않은 사회적·정치적 문제의 깊이를 적나라하게 보여주었다.

최근 런던의 월샘포리스트 자치구에 거주하는 파키스탄인을 대상으로 무슬림의 정체성에 관한 실태조사가 실시되었다. 조사결과 이들은 대단히 보수적인 집단으로, 노년층은 파키스탄의 친척 및 고향과 연락을 계속하고 있으며 자녀들이 영국사회에 동화되는 것을 막기 위해 애쓰고 있는 것으로 밝혀졌다. 아버지와 형제, 어머니는 딸이나 자매의 이성교제와 결혼에 일일이 간섭하고 이를 공동체의 경계와 가족의 명예에 관한 문제로 인식하고 있다. 반면에 청년층은 행동의 자유가 확대되기를 바라고 있다. 많은 젊은이가 영국식 생활양식을 즐기고 있지만 그들의 가족에 대한 애정에는 변함이 없다. 또한 영국인의 인종주의와 이슬람 혐오로 인해 영국사회에 동화되기 어렵다고 느끼고 있다. 촘촘하게 짜인 파키스탄 공동체와 자신들을 의심의 눈초리로 바라보는 서양 사회에서 적응하며 살아가야 하는 이 젊은이들은 자신의 뒤섞인 정체성에 대해 곤혹스러워하고 있다.

정체성 혼란을 극복하는 한 가지 방안은 이슬람에 더욱 집착하는 것이다. 이는 코란과 하디스의 강독 및 토론, 모스크 예배 참가, 라마단 준수, 술과 돼지고기 금지, 할랄 음식 섭취, 나이트클럽 출입금지, 이성교제의 자제 혹은 거부 등으로 나타난다. 일부 젊은이는 이슬람을 실천하지 않으면서도 이슬람을 정체성과 생활양식의 근거로 삼고 있다. 그들은 이슬람을 지침·도덕·규율·용기의 근원으로 여긴다. 여성들도 이슬람이 올바르게 이해된다면 자신에게 유리하다고 믿고 있다. 청년층이 이처럼 새롭게 이슬람에 몰입하는 것은 이슬람이 대단히 불안정한 문화적 환경에 처해 있는 그들에게 확실성과 불변의 진리를 제공해주기 때문이다. 나아가 이슬람의 보편적 원리와 무슬림의 글로벌한 정체성을 강조함으로써 영국의 청년 무슬림은 편협한 민족문화를 거부하고 있다. 또한 이슬람은 젊은이들이 부모로부터 독립하여 더 큰 공동체에 참가할 수 있는 근거가 되기도 한다. 요컨대 이 종교는 정체성의 근본을 해치지 않으면서 그들의 시야를 넓혀주고 있다.

이슬람에 몰입하는 것에 대한 대안으로 많은 청년들은 자신을 영국계 파키스탄인 또는 영국계 아시아인으로 인식한다. 젊은이들은 여전히 부모세대의 권위와 문화에 얽매여 있지만, 미묘한 순응을 통해 시야를 넓혀가고 있다. 특히 중매를 통해 파키스탄에 있는 상대와 결혼하는 족내혼에 대한 거부감이 커지고 있다. 그들은 집 밖에서는 영어를 사용하며, 아시아 랩을 좋아한다. 펀자브와 서양의 양식을 혼합한 방그라 음악은 정체성의 확대를 상징적으로 보여준다. 영국의 신세대 무슬림은 아시아적 정체성을 확립하거나 이슬람에 몰입함으로써 가족과 공동체의 문화를 해치지 않고도 더욱 넓은 세계로 나아가고 있다.

네덜란드

네덜란드에는 1960년대부터 무슬림 이민자가 들어왔다. 네덜란드 정부가 터키·튀니지·모로코·유고슬라비아와 쌍무협정을 체결하여 노동이민과 가족 재결합을 허용함에 따라 무슬림 노동자와 그 가족들이 네덜란드에 이민 오게 되었다. 1989년에 네덜란드의 무슬림 인구는 약 40만 명이었다. 네덜란드의 무슬림도 그 성향이 다양하다. 네덜란드에는 터키인 무슬림 단체, 모로코인 무슬림 단체, 수피 교단이 여럿 있고, 타블리기 자마트도 활발하게 활동하고 있다. 또한 모스크 학교의 교육이 보편화되어 있고, 1990년부터는 무슬림 역시 다른 종교 집단과 마찬가지로 정부의 재정 지원을 받는 학교를 운영할 수 있게 되었다.

네덜란드 정부는 원래 이민자들을 임시노동자로 여겼으나 그후 관점을 바꾸어 그들을 민족적 소수자로 간주하게 되었다. 네덜란드의 이민 정책은 문화적 다원주의와 법적 평등을 옹호하고 이민자들의 사회적·경제적 박탈감을 없애는 데 초점을 둔다. 네덜란드 정부는 이민자집단의 고유한 문화유산을 보존하기 위해 노력하고, 사립 종교학교, 라디오 및 TV 방송, 공동체조직을 지원하고 있다. 또한 공동체조직을 보호하는 차원에서 모스크에 보조금도 지급한다. 하지만 네덜란드 당국은 이맘을 해외에서 초빙하는 문제에 대해서는 제약을 가하고 있다. 이는 해외에서 초빙된 이맘들이 무슬림 통합을 방해하고 여성 취업에 반대할 것을 우려하기 때문이기도 하고, 내국인을 외국인의 통제에 맡기고 싶지 않기 때문이기도 하다. 정부는 1998년에 이맘 양성을 위한 교육기관을 설립한다는 계획을 세운 바 있으나, 무슬림은 이 문제에 관한 한 자신들의 손으로 사립대학을 세우겠다는 입장을 보이고 있다.

스웨덴

스웨덴의 무슬림 주민은 터키인·아랍인·파키스탄인이다. 스웨덴 무슬림의 약 절반은 종교색을 전혀 띠지 않으며, 35% 정도가 일상적으로 이슬람을 실천할 뿐이다. 스웨덴 정부는 교회와 종교학교에 보조금을 지급한다. 그러나 무슬림이 모국과 공식적인 관계를 갖는 것은 인정하지 않는다.

프로테스탄트의 가치가 몸에 밴 스웨덴인은 이민자들이 개인으로서 스웨덴 사회에 동화될 것이라고 믿어왔다. 그러나 오늘날 스웨덴의 무슬림은 집단으로서의 권리를 인정받는 것이 자신들의 가치와 문화를 지키는 유일한 수단이라고 판단하고 이를 정부에 요구하고 있다. 스웨덴은 전통적으로 프랑스 계몽주의와 영국 자유주의 관념의 영향을 받아 보편타당하고 평등한 권리를 가진 개인을 사회의 중심으로 생각해왔으나, 현재 민족적·종교적 공동체의 집단적인 권리를 인정해달라는 무슬림의 요구에 시달리고 있다.

여타 유럽국가 무슬림의 지위는 천차만별이다. 벨기에 정부는 종교기관이 학교·병원·복지단체에서 조정자로 활동하는 것을 인정한다. 그러나 벨기에의 무슬림 공동체는 아직 종교기관으로서의 지위를 공식적으로 인정받지 못하고 있다. 오스트리아 정부는 이슬람 교육을 정식 교과과정의 일부로 인정하고 있다. 이탈리아는 최근에 알바니아, 북아프리카, 동아프리카에서 이민 온 수십만에 달하는 무슬림의 존재에 대처해야 한다는 점을 인식하기 시작했다.

유럽 내 이민자의 정체성: 다양한 반응

무슬림이 안고 있는 가장 큰 문제는 유럽이라는 환경에서 스스로의 존재를 어떻게 정의하는가 하는 것이다. 독자적인 공동체와 이슬람법을 유지하면서 공동체의 자치권을 인정해달라고 요구할 것인가? 좀 더 과격하고 적대적인 태도를 보이는 정치적 성향의 이슬람을 지지할 것인가? 다문화사회의 일원이 될 것인가? 각자가 개인으로서 사회에 동화될 것인가? 이런 물음에 명확한 답을 제시하기는 어렵다. 몇몇 사례연구가 있긴 하지만, 무슬림이 어떤 정체성을 선호하는지, 사회경제적 계층과 세대에 따라 공적인 이슈에 대한 무슬림의 의견이 어떻게 달라지는지를 보여주는 통계적 연구는 거의 없는 실정이다.

이민자와 그들을 받아들이는 사회가 서로 모호한 태도를 보이고 있는 복잡한 상황 속에서 무슬림의 정체성은 여러 방향으로 변화해왔다. 이민 1세대는 고국과 긴밀한 문화적·사회적·경제적·정치적 관계를 유지했다. 그들은 자기의 언어·관습·종교적 의례를 지킴으로써 민족적 정체성을 유지했다. 영국의 파키스탄인은 결혼·무역·종교적 네트워크를 통해 본국과 연결되었다. 또한 바렐위파와 데오반드파의 모스크를 후원했고, 모국의 특정 마을이나 지역을 대표하는 지부를 거주지에 설립하기도 했다. 독일의 터키인과 쿠르드인은 디야네트·밀리 괴뤼시·술라이만지스·누르시스 그리고 터키의 정부·야당·수피형제단을 대표하는 여러 단체에 속해 있었다. 프랑스의 알제리인·모로코인·튀니지인은 자기 나라 동포들끼리 모스크를 조직했고, 본국의 정부나 정당들에 알게 모르게 귀속감을 가졌다. 그들은 개인행동보다 집단적인 결속을 중시했고, 전통적인 민족적·국민적 문화에 기대어 새로운 환경에 대처했다. 그러나 많은 이민자는 이런 추세와는 반대로 이민국 사회에 동화되거나 완전히 흡수되었다. 이런 현상은 특히 프랑스에 사는 이민 2세대들 사이에서 많이 나타난다.

무슬림 정체성을 유지하면서 동화된 사람들에게는 여러 선택지가 있었다. 일부는 이슬람 의식(儀式)을 지키지 않을 뿐더러 무슬림 공동체와도 관계를 갖지 않은 채, 개인의 정체성 차원에서 무슬림을 자처한다. 공적인 영역에 동화되었지만 자신을 경건한 무슬림으로 간주하는 사람도 있다. 이들에게 이슬람 의식의 실천 여부는 그다지 중요하지 않다. 이민국 사회에 동화된 사람 중에는 이슬람의 가치와 무슬림의 행동을 재해석하여 이슬람의 가치와 유럽의 가치를 종합하려는 부류도 있다. 이런 재해석을 통해 유럽의 세속적이고 개인주의적인 시민사상을 수용함으로써 잡종적인 새로운 서양-이슬람 정체성과 자유주의적인 형태의 유럽화된 이슬람이 탄생했다. 이들은 격리와 동화의 중간노선을 선택하여 혼합적인 디아스포라판 이슬람 문화를 형성한다. 이들은 이슬람을 세속화되고 개인화된 종교로 이해하기 때문에, 자기 나름의 종교에 대한 준수와 동일화의 수준을 선택하며, 움마·자마·국가와의 관계는 필요하지 않다고 생각한다.

적극적으로 신앙생활을 하는 무슬림들 사이에서도 다양한 가능성이 있다. 이슬람 의식을 행하고 모스크에 다니면서도 정치적 행동은 회피하는 부류가 그 하나이다. 인도에서 창시되어 유럽과 미국에서 활발히 활동하는 포교단체인 타블리기 자마트가 그런 입장을 대표한다. 타블리기 자마트는 1946년에 영국에 처음으로 포교단을 파견했고, 1952년과 1962년에 각각 미국과 프랑스에 포교단을 보냈다. 남아시아의 무슬림이 유럽으로 이민을 가면서 타블리기 자마트는 런던·파리·브뤼셀·토론토에 모스크를 세웠고, 1980년대에는 영국의 듀즈베리에서 세계대회를 개최했다. 타블리기 자마트의 구성원들은 생업을 버리고 포교에 헌신하며 서양문명에 대한 이슬람의 절대적인 우위를 믿고 물질주의와 소비문화를 배격하지만 정치에는 개입하지 않는다. 이들은 포교

사이자 투사로서 이슬람을 편협한 문화에 얽매이지 않는 보편적인 종교로 간주한다. 그들에게 이슬람과 특정 민족공동체는 별개이며, 종교와 문화 역시 마찬가지이다. 또한 그들은 개인에게 이즈티하드의 권리를 줌으로써, 무슬림 개개인이 유럽 생활에 순응해가는 메커니즘에 일조하고 있다.

또 하나의 선택지는 공동체 차원에서 이슬람을 실천하는 것이다. 유럽과 미국의 일부 무슬림은 일반 사회에서 발을 빼고 유토피아를 지향하는 독자적 공동체를 형성하고 있다. 이들은 학교를 비롯한 시설을 별도로 갖추고 있고, 자체적인 조직과 법률체계를 인정해줄 것을 요구하고 있다. 이들의 목표는 다문화사회 속에서 자신의 독특한 정체성을 유지하는 것이다. 유럽의 일부 무슬림은 해외생활을 일시적인 망명으로 여기고, 고국과 이슬람 세계의 발전을 위해 투쟁하고 있다. 자신의 주거를 기반으로 유럽인을 이슬람으로 개종시키기 위해 노력하는 사람들도 있다.

최근에는 민족적인 무슬림 정체성을 이슬람 신앙의 전세계적인 공통요소에 바탕을 둔 보편주의적인 무슬림 정체성으로 바꾸는 경향이 강력히 대두하고 있다. 이민 2세대는 이슬람의 민족적·국민적 요소를 강조하는 부모세대의 관습을 거부한다. 배경이 다른 무슬림이 상호 교류하게 되면서, 기존의 관습이 재해석되고 공통의 이슬람 규범이 재발견되고 있다. 신이슬람 운동은 고국이나 편협한 문화와의 연계를 거부한다. 이런 보편주의적인 이슬람 정체성은 역설적인 의미를 함축하고 있다. 즉 전세계 무슬림의 유대의식을 강조하다 보면, 오랜 세월에 걸쳐 축적된 이슬람의 문화유산이 경시되고 만다. 더구나 그 초국적인 성격에도 불구하고 이것은 민족이나 고국에 대한 충성을 회피하고 다종교 국민사회에서의 종교적 정체성에 대한 유럽-미국의 개념을 긍정함으로써 이민국 사회로의 통합을 용이하게 만든다. 그렇지만 무슬림은 이슬람의 초국적 성격과 코즈모폴리턴하고 글로벌한 정체성을 통해 유럽의 가치에서 벗어나고자 노력하고 있다. 이런 선택은 지식인과 학생들이 선호하는 편이다. 또한 사회적 차별과 범죄·마약·실업·폭력의 문제에 직면해 있는 소외된 일부 이민자에게 도피처가 되기도 하고, 대안적 이슬람을 제시함으로써 공공 서비스의 실패를 보완하는 역할도 한다.

마지막으로, 신이슬람주의자 중에는 무슬림의 단결과 힘의 회복을 위한 방안으로 경건한 신앙생활보다 정치적 목표를 강조하는 사람도 있다. 전세계 무슬림의 사회적·정치적 연대, 서양에 대한 적대감, 지하드(및 테러)의 결의는 이슬람이 보여주는 정치적 저항의 한 형태이다. 이민자 사회에서는 학교·정당·노조가 취약한 만큼, 무슬림의 집단적 정체성을 정의하는 데 종교의 역할이 클 수밖에 없다.

미국의 무슬림

미국의 무슬림 인구는 이민자와 상당한 규모의 미국인 개종자로 구성되어 있다. 제1차 세계대전이 끝나기 전에 주로 팔레스타인·레바논·시리아에서 소수의 무슬림이 미국에 이민을 왔다. 대개 독신 남성이자 미숙련노동자였던 이들은 미국인과 결혼하여 미국사회에 동화하는 경향을 보였다. 미국은 1921년과 1924년에 이민법을 제정하여 이민자의 유입을 차단했으나, 제2차 세계대전이 끝난 직후인 1947년에 이민법을 개정하여 이민자 할당을 다시 늘렸다. 1945년과 1967년 사이에 미국에 건너온 무슬림 이민자는 주로 학생과 전문직 종사자들이었다. 이들도 미국인과 결혼하고 무슬림으로서의 정체성을 거의 상실했다. 1965년의 개정 이민법은 마침내 할당제를 폐지했고, 오늘날과 같은 거대한 이민 유입의 길을 열었다. 정국이 불안한 인도·파키스탄·방글라데시·팔레스타인·레바논·이란·쿠웨이트의 주민들이

대거 미국으로 이주했다. 보라파와 니자르파의 일부 구성원을 포함한
시아파 무슬림도 인도·이라크·이란에서 미국으로 건너왔다. 미국의 무
슬림 인구는 약 550만으로 추산되고 있으며, 아프리카계 미국인이
30%, 아랍인이 33%, 남아시아인이 29%, 터키인이 5%, 이란인이 3%
를 차지하고 있다.

　뉴욕의 무슬림 인구는 약 30~60만 명에 달하며 대부분 퀸스와 브루
클린에 거주하고 있다. 폴란드인·러시아인·리투아니아인 무슬림은 제
1차 세계대전 이전에 뉴욕에 정착했고, 이후 파키스탄인·방글라데시
인·알바니아인·이집트인·인도네시아인이 합류했다. 디트로이트에는
무슬림과 그리스도 교도를 합해서 약 30만 명의 아랍인이 살고 있다.
레바논 출신의 무슬림은 디어본에서 대규모 공동체를 형성하고 있다.
시카고에는 약 30만 명의 무슬림이 거주하고 있다. 처음 시카고에 발을
디딘 무슬림은 19세기 말에 레바논·팔레스타인·시리아에서 건너온 이
민자들이었다. 최근에는 인도와 파키스탄의 분리, 중동의 전쟁, 방글라
데시와 파키스탄의 분리, 소련의 해체, 보스니아 전쟁으로 인해 시카고
에 들어오는 난민의 행렬이 이어졌다. 이들은 대체로 교육수준이 높은
전문직종사자·의사·엔지니어·교육자·자영업자·학생이었으며, 공동
체생활에 필요한 모스크·학교·문화센터·공회당·서점 등 공동체생활
에 필요한 시설을 구비했다.

　로스앤젤레스에는 약 50만에 달하는 아랍인·인도–파키스탄인·이란
인이 거주하고 있으며 시내에 2개의 대형 이슬람 센터가 있다. 남캘리
포니아 이슬람 센터는 미국의 환경에 맞게 이슬람을 적응시킨 것으로
명성을 얻고 있다. 다른 하나는 오렌지카운티 이슬람 소사이어티이다.
그 밖에도 순니파·십이 이맘파·니자르파·아흐마드파 등의 다양한 분
파가 독자적인 모스크를 가지고 있고, 심지어 민족별·국가별 모스크도
있다. 레바논인·파키스탄인·동아프리카인·이라크인·이란인 시아파도

독자적으로 모스크를 세웠다. 같은 민족집단 내에서도 종교적으로나 사회적으로 많은 차이가 있으며, 더구나 여러 가지 민족적 정체성과 종교적 정체성 사이의 경계가 불분명하다. 미국 내의 대다수 이란인은 무슬림이 아니다. 무슬림인 이란인은 주로 정치적 망명자로, 세속주의와 내셔널리즘에 관심을 보인다. 샌프란시스코베이 에어리어에도 아랍인·이란인·터키인·아프간인을 비롯하여 상당수의 무슬림이 거주하고 있다. 샌디에이고에는 2~5만 명의 무슬림 이민자들이 살고 있고, 쿠르드인·소말리아인·아프간인·아랍인·남아시아인으로 구분된다. 알바니아계 무슬림은 모스크와 벡타시야 교단의 테케를 운영하고 있다. 모스크에서는 금요예배·축제(이드)·혼례·장례를 행하고, 테케는 시카고·뉴욕·디트로이트 등의 도시에 지부를 두고 이민자의 신앙생활과 사회적 적응을 지원하고 있다.

미국인 개종자

미국의 무슬림 인구를 구성하는 두 번째 요소는 이슬람으로 개종한 미국인이다. 이들은 주로 이드리스 샤, 하즈라트 이나야트 칸, 수부드, 바와 무하이야딘의 운동단체나 니마툴라히야와 낙슈반디야 같은 전통적인 중동 수피 교단의 지부를 통해 수피즘에 감화된 사람들이다. 또한 '네이션오브이슬람'이나 아흐마디야 교단 같은 비정통 이슬람 단체에 가입한 미국인도 있다. 개종자들의 상당수는 아프리카계 미국인이다. 이들은 백인에 의해 강요된 정체성의 낙인을 피하기 위한 방편으로 이슬람 분파에 의지하게 되었다. 아프리카계 미국인은 평등주의를 주창하고 세계적인 네트워크를 갖춘 이슬람에서 백인 지배의 그리스도교 문화에 대한 대안을 찾았던 것이다.

드루 알리가 창설한 미국 무어식 과학사원은 최초의 아프리카계 미국인 무슬림 단체였다. 드루 알리는 흑인의 고통은 백인의 억압에서 기인한다고 주장했다. 또한 그는 흑인이 노예로서의 이름을 버리고 진정한 이름을 되찾음으로써 무슬림과 아시아인으로서의 정체성을 회복하고 참된 문화와 종교로 복귀하며 물질적인 여건도 복원해야 한다고 강조했다.

　두 번째 단체는 1930년 메카에서 디트로이트로 이민 온 윌러스 D. 파라드*가 결성한 네이션오브이슬람(NOI)이었다. 파라드는 아프리카계 미국인이 선민이며 단지 백인들에게 강제로 끌려와 노예가 되었을 뿐이라고 가르치면서 흑인의 자부심을 일깨웠다. 그는 흑인이 샤바즈 부족의 후손으로 아시아계 민족이며 문명의 창시자라고 주장했다. 또한 하느님이 직접 창조하신 흑인은 열등한 악마의 피조물인 백인보다 우월하다고 가르쳤다. 그의 추종자들은 파라드를 하느님의 현신으로 여겼고, 엘리야 풀(훗날 엘리야 무하마드로 개명)을 그의 예언자라고 믿었다. 1932년에는 파라드가 실종되었고, 엘리야 무하마드가 NOI의 지도자가 되었다. 그는 흑인을 하느님이 선택한 강하고 선량한 인간으로, 백인을 도덕적으로 열등한 존재로 보는 파라드의 주장을 더욱 발전시켰다. 또한 순수한 생활방식을 강요하고, 흑인 사업가에게 공동체에 대한 지원을 요청했다. NOI의 목표는 서구화과정에서 파괴된 문화를 되살리고 분리된 흑인 국민국가를 건설하는 것이었다.

　맬컴 엑스는 미국 이슬람 개종자의 전형을 보여준다. 그는 소규모 조직폭력배의 일원으로 방탕한 생활을 했으나, 신앙을 통해 구원을 받아 마침내 흑인 분리주의와 백인에 대한 증오를 외치는 격정적인 설교자가 되었다. 하지만 메카 순례에서 백인 무슬림이 베풀어준 환대와 관용에 감명을 받아, NOI의 이데올로기가 전세계에 알려진 참된 이슬람에서 이탈했으며 참된 이슬람은 인종의 차이를 초월하여 흑인과 백인을

---

* Farad. 파르드(Fard)라고도 한다.

모두 포용한다고 믿게 되었다. 1964년에 그는 NOI와 관계를 끊고 독자적으로 무슬림 모스크 회사를 설립했다. 그는 1965년 2월 25일에 뉴욕에서 암살당했으며, 3명의 NOI 회원이 그를 살해한 혐의로 유죄판결을 받았다.

맬컴 엑스 사후에 NOI는 두 분파로 분열되었다. 엘리야의 아들 워리스 딘 모하메드가 이끄는 다수파는 분리주의 개념을 포기하고 이슬람의 보편적인 관행과 신앙을 수용하고 백인을 포용하며 흑인과 아프리카의 관계를 강조했다. 이 분파는 단체의 이름을 미국무슬림포교단으로 바꾸었다. 한편 루이스 파라칸은 구세주 엘리야의 예언자를 자처했다. 그는 흑인 우월주의와 인종 분리주의, 백인과 유대인에 대한 적개심을 강조함으로써 NOI의 전통을 이어갔다. 루이스 파라칸은 여성의 복장을 포함하여 구성원의 일상생활을 엄격하게 규율하고, 술·마약·도박을 금지시켰다. 또한 '이슬람의 열매'라는 최초의 민병대를 조직했다. 하지만 파라칸은 최근 노선을 수정하여 금요예배와 라마단을 수용함으로써 이슬람의 표준적인 형태로 돌아섰다. 그는 2000년 2월에 와리스 딘 모하메드와 공동으로 집회를 개최하고 무슬림의 단결을 위해 일하겠다고 밝혔다. NOI는 외견상 주류 이슬람에 가까워지고 있지만, NOI 소속 신학자들은 코란의 표면적 의미와 내면적 의미를 구분하면서 주류와 다른 자신들의 종교적 입장을 옹호하고 있다. 파라칸은 분리주의 사상을 간직한 채 전통적인 무슬림과 연대를 모색함으로써 두 마리 토끼를 잡으려 하고 있다.

아프리카계 미국인의 여타 종교운동도 유사한 입장을 취했다. 일부 순니파 단체는 하나피 마드하브와 다르 울이슬람 같은 세계적인 규모의 이슬람 단체와 손을 잡았다. 일군의 미국인 개종자들은 1940년대 후반과 1950년대 초반에 다르 울이슬람을 조직하고 이상적인 공동체 운동을 전개함으로써 아프리카계 미국인의 자부심을 일깨웠다. 그들은 이슬람에 대한 믿음을 아프리카계 미국인의 내셔널리즘적 정치의식과 접목시켰다. 다르 울이슬람은 뉴욕의 브루클린에 건설된 여러 모스크를 거점으로 동부해안을 따라 30여 개의 지부를 설치했다. 미국사회를 신뢰하지 못하고 겉돌던 다르 울이슬람은 1982년에 해체되어 수피 운동으로 전환했다.

이슬람, 흑인 내셔널리즘, 미국의 종교전통을 두루 혼합한 NOI의 분파도 생겨났다. '5퍼센트 사람들의 알라 국가'는 NOI에서 분리된 단체이다. 창시자인 클래런스 13엑스는 1969년에 피살되었다. 이 분파는 이슬람의 상징주의와 흑인우월주의, 대중문화를 융합시켰고, 랩 음악으로 청년층 아프리카계 미국인과 소통했다. 단체의 구성원들은 자신들을 최후의 참된 의인(義人)이라고 생각했다. 그들은 코란에 기록된 문자와 숫자의 해석에 근거한 신비주의 신학을 설파했으며, 1960년대와 1970년대에 전성기를 누렸다. 아프리카계 미국인 무슬림 중에는 흑인 내셔널리즘을 지향하는 분리주의자, 순니파 무슬림이지만 내셔널리스트는 아닌 종교적 분리주의자, 와리스 딘 모하메드 같은 동화주의자가 섞여 있다.

NOI는 무슬림 공동체의 안정과 부흥을 위해 노력함으로써 특히 아프리카계 미국인 사이에서 폭넓은 지지를 받고 있으나, 백인과 유대인에 대한 적대적인 태도는 사회적으로 큰 논란을 불러일으키고 있다. 아프리카계 미국인 단체의 구성원들은 이슬람 분리주의와 이슬람 내셔널리즘을 낭만적이고 이상에 치우친 주장으로 보고 동화와 통합을 주장한다. NOI는 이슬람에 적대적이고 미국의 흑인을 아프리카와 나일 강의 후예라고 생각하는 아프리카 중심의 세속적 내셔널리스트와도 갈등을 빚고 있다. 또한 미국 태생의 흑인 무슬림과 무슬림 이민자 사이에도 갈등의 골이 깊다. 미국에서 태어난 무슬림은 복음주의의 영향을 받아 개인주의적인 관점에서 자유롭게 경전을 해석하지만, 이민자들은 민족적·집단주의적 시각으로 경전에 접근하는 경향이 있다. 미국 태생의 무슬림은 이민자들의 인종주의를 비난하면서, 이들이 참된 이슬람과 민족적 관습을 혼동하고 있다고 주장한다. 반면에 이민자들은, 미국 출신 흑인들은 참된 무슬림이 아니라고 주장한다. 순니파 무슬림도 흑인 내셔널리즘과 분리주의를 거부한다.

미국 무슬림의 정체성 문제

민족적 배경에 관계없이 미국의 무슬림은 미국의 상황에 다양하게 반응하며, 동화·순응·분리주의에 대해서 저마다 다른 경향을 보인다. 그래서 다음과 같은 문제를 놓고 열띤 논쟁이 벌어진다. 무슬림은 자신의 정체성을 잃지 않고 미국사회의 한 부분이 될 수 있는가? 미국인은 이슬람을 다문화사회에 존재하는 긍정적인 요소로 받아들일 것인가? 무슬림이 분리된 정체성을 유지하면서 동등한 권리를 요구할 수 있을까?

그 중에서 두 가지 경향이 주목할 만하다. 하나는 미국사회에 동화되거나 완전히 흡수되는 것이다. 디트로이트의 터키인이나 쿠르드인처럼 제2차 세계대전 이전에 이민 온 사람들은 대부분 미국의 주류에 흡수되었다. 그리고 인도 아대륙과 동아프리카에서 온 이스마일파 무슬림은 고국과의 긴밀한 관계를 유지하면서도 가족관계, 사업활동, 사회생활시의 복장에서는 미국의 사회규범을 받아들였다. 하지만 1960년대 이후의 이민자들은 그런 순응을 거부하는 경향이 강했고 전통적인 생활방식을 고수하고자 했다. 제2차 세계대전 이후에는 이민이 대규모로 이루어졌을 뿐만 아니라 이민자들이 공동체를 이루어 정착하게 되었다. 그리고 이들 공동체는 모국과 긴밀한 관계를 유지하면서 민족적 정체성, 이슬람 관습, 사회적 관행을 고수했다. 전통을 지켜야 한다고 생각하는 이민자들은 조국에서 통용되는 이슬람을 그대로 실천함으로써 이슬람과 민족적 관습을 구별하지 않았다. 이들은 자기가 태어난 국가, 민족, 심지어 지역과 마을의 관점에서 스스로를 정의했고, 조국의 가족·공동체·정부에 대한 정치적·종교적 충성심을 잃지 않았다.

　이처럼 민족적 정체성과 관습을 간직하는 데 관심을 기울이는 이민자도 있지만, 새로운 환경에서 살게 된 것에 대한 보답으로 더욱 철저한 무슬림이 되는 이민자도 있다. 이런 태도에 의해 미국 내 무슬림의 정체성과 역할은 매우 다양한 형태를 띠게 되었다. 일부 무슬림 지도자는 미국에 무슬림을 위한 영원한 장소는 없다고 믿으며, 따라서 고국으로 돌아가 이슬람 사회를 건설하라고 충고한다. 그들은 미국 이민을 예언자 무함마드의 히즈라에 빗대면서 궁극적으로는 조국으로 돌아가 이슬람 사회를 건설해야 한다고 생각한다. 또 다른 지도자들은 미국에 영원히 남아 미국을 이슬람으로 개종시킨다는 목표를 품고 있다. 이슬람의 부흥과 이슬람의 전파를 통해 비무슬림을 개종시키려는 다와 운동이 미국에서 큰 호응을 얻고 있다. 타블리기 자마트, 사우디아라비아의 지원을 받는 살라피 운동, 시아파 계열의 코이 재단이 다와 운동에 동참하고 있다. 이런 시각은 무슬림이 미국사회에 동화되지 말고 모스크와 학교를 중심으로 그들만의 분리된 거주지에서 살아야 한다는 주장으로 이어진다. 이런 입장을 지지하는 무슬림은 무슬림 조직의 강화에 역점을 두고 있는데, 이스마일 알 파루키가 그 대표적인 인물이다. 파루키는 무슬림이 미국에 도덕성과 구원을 가져다주는 존재라고 주장하면서, 무슬림 지식인 단체들이 지도력을 발휘해줄 것을 호소했다. 하지만 좀 더 일반적인 견해는 미국이 진정한 조국이 될 수 있다는 것이다. 20세기 초반의 신학자이자 개혁주의자인 라시드 리다는 무슬림은 비무슬림 지역에 남아 이슬람을 실천하면서 비무슬림 민족들의 개종을 위해 최선을 다해야 한다는 사상의 권위자로 인용되고 있다. 이슬람을 실천할 수만 있다면 낯선 국가도 얼마든지 이슬람 세계의 일부가 될 수 있다는 것이었다. 이슬람의 관행을 허용하는 한 무슬림은 자신을 받아들인 국가에 해를 입혀서는 안되며, 은행에 저축하여 이자를 벌 수도 있고 정부에 취업할 수도 있다는 것이 라시드 리다의 생각이었다.

또 다른 무슬림은 미국인과 유일신 사상을 공유하고 있다는 점을 부각시키면서 미국의 사회생활과 정치활동에 적극적으로 참여할 것을 촉구한다. 파즐루르 라만은 근대주의적인 이슬람이나 다른 신앙을 가진 민족들의 우호적인 관계를 강조하는 대표적인 인물이다. 세이예드 호세인 나스르는 북아메리카 사회에서 이슬람 정체성을 확립하는 방편으로 수피즘을 장려하고 있다. 순응주의자들은 미국식 생활양식에 적응하는 이슬람의 관행을 원한다.

이슬람 개혁주의, 살라피 운동, 초국적인 순니파는 특히 청년층으로부터 많은 지지를 얻고 있다. 이런 운동은 최고 수준의 보편적인 원리에 사람들을 붙들어매고, 전세계 무슬림의 제휴와 연대를 가능케 하는 종교적 정체성의 한 형태이다. 샤리아를 중시하는 순니파는 민족적·지역적 차이를 무시하고 무슬림의 통합을 이룩하기 위해 노력하고 있다. 순니파의 보편주의는 정교분리와 동화된 인구의 종교적 다양성을 수용하는 미국식 사고와 적절히 조화를 이루고 있다.

무슬림과 미국사회와의 관계, 즉 얼마나 사회에 동화될 것이며 어느 정도로 거리를 유지할 것인가 하는 문제는 일상생활과 직결된 문제이다. 가장 절박한 가족의 관심사는 자녀들의 자율성에 관한 것으로, 무슬림 부모들은 자녀들이 공동체로부터 일탈하거나 미국생활의 유혹에 빠져 타락할지도 모른다는 우려를 갖고 있다. 이민자들은 여러 세대가 함께 살면서 부모가 가족을 통제한다. 부모들은 으레 자녀의 배우자 선택에 개입하며 중매결혼도 다반사이다. 장차 가족의 생계를 책임질 남자아이들은 비교적 활동의 자유가 있지만, 여자아이들은 가정이라는 울타리에 갇혀 외출이 제한되고 일반적으로 데이트도 금지된다. 결혼을 할 때는 고국에서 배우자를 구하는 것이 통상적인 관례이다. 1970년대에 실시된 조사에 따르면, 젊은 세대는 대체로 부모의 권위를 인정하고 연애를 자제하며 중매결혼을 받아들이는 것으로 나타났다. 이런 결과는 이미 중산층에 도달했거나 전문적인 직업을 가진 사람은 가족과 공동체의 범위를 벗어날 필요성을 느끼지 못하다는 사실과 밀접한 관계가 있다.

　교육은 대단히 중요한 문제이다. 어떤 부모는 이슬람 학교를 선택한다. 이슬람 학교는 무슬림 학생들을 별도로 교육시키고 학생들이 공동체 바깥의 사회와 어울리는 것을 막아준다. 젊은 세대를 전통적인 신앙과 문화 속에 가두어두는 학교가 갈수록 늘어나고 있는 추세이다. 또 어떤 부모는 자녀를 공립학교에 보내면서 공립학교의 질을 개선시키고 교사들의 이슬람에 대한 소양을 높이기 위해 노력한다. 이들은 자녀들을 미국생활에 적응시키기 위해서는 공립학교에 보내야 하고 자녀들이 무슬림 공동체의 범위를 벗어나 폭넓게 친구를 사귀어야 한다는 입장이다. 현재 미국에는 공동체의 지도자를 양성하기 위한 소수의 무슬림 대학과 대학원이 있다.

　하지만 여성의 지위와 행동에 대해서는 이민자 공동체와 토박이 미국인 공동체 사이에 시각차이가 크다. 여성은 복장을 단정히 하되 자유로운 사회활동을 보장받고 남성의 지배를 받지 않아야 한다는 점에 대해서는 광범위한 합의가 이루어졌지만, 이민자 공동체는 보수적인 관점에서 여성의 활동을 제한하려는 경향이 있다. 디어본 지역에서 실시된 조사에 의하면, 아버지뿐만 아니라 남자형제와 남자친척까지 여성에 대해 가부장적인 태도를 보이고 여성의 순종을 요구하며 여성이 가정 밖에서 일할 기회를 제한하는 것으로 나타났다. 예멘인은 '부농'(富農)의 습성 때문에 여성의 취업을 금지하고 남성의 권위를 내세운다. 팔레스타인 출신의 경우 남성은 교육을 받고 장차 사업가나 직장인으로 성공해야 한다는 기대를 받고 있다. 그들은 일반 사회에 동화되어 미국인을 아내로 맞기도 한다. 하지만 팔레스타인 여성의 생활은 대체로 엄격하게 통제된다. 그들은 가족의 명예를 지켜야 하고 고국의 남성과 결혼해야 한다. 사정이 이러함에도 불구하고 팔레스타인 남성은 팔레스타인 여성이 지나치게 미국화되어 자기주장이 강하고 팔레스타인인이라는 의식이 부족하기 때문에 민족적 정체성을 지켜나가기 어렵다고 생각한다. 사정이 이렇다 보니 팔레스타인 출신의 미국인 여성은 결혼문제로 어려움을 겪는다.

이슬람으로 개종한 미국인 여성은 이슬람의 원칙과 외국의 문화적 이상을 구분하고 있다. 그들은 대부분 남편의 가족과 고국의 문화에 적응하지만, 가족 구성원으로서의 역할을 저해하지 않는 범위 내에서 여성도 마땅히 직업을 가져야 한다고 믿는다. 여성은 결코 남성과 함께 예배하거나 이맘이 될 수도 없다. 그러나 일부 모스크에서는 커튼을 사이에 두고 미라브(메카의 방향을 표시하는 벽감)를 향해 남녀를 나란히 앉히고 있다. 또 다른 모스크에서는 여성이 뒤쪽에 앉거나 발코니에 앉는다. 여성 전용실에서 텔레비전으로 예배장면을 시청하게 하는 모스크도 있다.

두건 착용은 무슬림 사이에서 성차(性差)의 표시로서 중요하지만, 이와 동시에 그것은 무슬림 공동체의 정체성을 보존하려는 의지의 표현이며, 미국사회가 무슬림의 관습을 어디까지 용인할 것인가를 확인하는 시금석이기도 하다. 미국의 몇몇 주(州) 법정은 독특한 두건의 착용을 포교의 목적을 드러내는 것이자 정교분리의 원칙과 세속적인 교육에 도전하는 행위로 간주하고, 개인의 선택에 맡길 일이 아니라 주(州) 정부가 규제해야 한다는 입장을 취해왔다.

무슬림의 특수한 요구를 충족시키는 동시에 신앙을 상징하는 건축물을 세우는 것은 미국사회에서는 매우 어려운 일이다. 초기에는 상점·

사무실·주택·교회를 '이슬람화'하여 모스크로 사용했다. 이슬람화란 세정(洗淨)에 필요한 시설을 갖추고 예배 보는 방향을 표시하고 아랍어 서체로 장식하는 것을 말한다. 미국 최초의 모스크 전용 신축 건물은 1957년에 개관한 워싱턴의 이슬람센터였다. 그후 100여 개의 모스크가 신축되고 수백 개의 건물이 모스크로 개조되었다. 대부분의 모스크는 뉴욕과 캘리포니아에 있으며, 미시건·일리노이·텍사스에도 몇 개가 있다. 모스크는 일반적으로 학교·집회장소·회의실·도서관·위락시설을 갖추고 있다. 이민자들은 워싱턴에 있는 이슬람 문화센터의 모스크처럼 고국의 전통을 충실히 재현한 전형적인 모스크를 좋아한다. 뉴욕의 이슬람 문화센터는 무슬림의 민족적 전통과 미국의 건축양식을 혼합했다. 뉴멕시코·인디애나·오클라호마에는 전통적인 건축양식을 나타내는 특별한 표식 없이 주변 환경과의 조화를 시도한 획기적인 형태의 모스크들이 있다. 이런 모스크들은 단일한 민족집단을 위한 것이 아니라 여러 민족이 모여서 예배를 볼 수 있도록 설계되었다. 이런 변화는 미국 내 무슬림의 다양한 정체성을 반영한 것이다.

무슬림 사회가 안고 있는 많은 문제는 결국 리더십 문제로 귀결된다. 미국의 무슬림 사회에서 이맘은 예배를 인도하고 법적 조언을 해줄 뿐만 아니라 랍비나 목사와 마찬가지로 목회활동을 통해 공동체를 조직하고 학교를 운영하며 분쟁을 조정하고 외부세계의 이슬람에 대한 이해를 제고하는 역할을 한다. 지금까지는 이슬람에 대한 해박한 지식을 갖고 있는 종교학자와 이맘을 대부분 구세계에서 초빙해왔다. 그러나 이들은 미국이라는 특수한 환경에 적응하지 못하고 있다. 게다가 종교지도자를 파견하는 국가는 미국의 무슬림을 자국의 종교적·이데올로기적·정치적 이익을 위해 동원하는 따위의 문제를 야기하기도 했다. 미국에서 육성된 이맘은 아직 이슬람에 대한 소양이 부족하다. 현재 가장 절실한 과제는 고전 종교학과 사회과학 및 인문학에 정통한 이맘과

피크흐(이슬람 법학 고문)를 양성하는 일이다. 지금은 미국피크흐평의
회가 복식·결혼·이혼 등에 관한 문제를 처리하고 있다.

무슬림은 번영과 자유를 찾아 미국으로 몰려들었으나, 미국인의 이
슬람에 대한 편견·차별·의심·부정적 태도로 인해 사회로부터 소외되
고 있다. 이란 혁명, 루슈디 사건, 걸프 전쟁, 탈레반의 대두, 9·11사태
는 무슬림에 대한 우려를 고조시켰다. 많은 미국인이 무슬림을 환영한
다는 의사를 거듭 표명하고 있지만, 무슬림은 현재 적대적인 분위기에
휩싸여 있다고 생각한다. 또한 미국사회로부터 시민정신과 애국심을
발휘해줄 것을 요청받고 있다. 선거와 병역문제, 혼인법과 이혼법의 차
이, 은행업무와 사업관행의 차이도 무슬림의 애로사항이다. 또한 직장
과 학교에서 이슬람 공휴일의 불인정, 여성과 연애에 관대하고 가부장
적인 권위를 경시하는 미국의 사회적 규범도 무슬림에게는 힘든 문제
이다.

이런 문제에 직면하여 무슬림은 단체를 조직하고 로비를 벌여 공동
의 이익을 지켜왔다. 아랍인 차별반대위원회는 초기에 결성된 로비단
체 중 하나이다. 그후 다민족적인 북아메리카이슬람서클, 무슬림공사
(公事)평의회(1988), 미국이슬람평의회(1990), 미국무슬림동맹(1994),
미국-이슬람우호증진평의회가 생겨나면서, 미국의 무슬림 사회가 민
족집단에서 범무슬림 국제주의를 지향하는 집단으로 변모하고 있음을
보여주고 있다. 미국 무슬림 정치조정평의회는 무슬림 정치단체를 총
괄하고 있다. 북아메리카 이슬람 소사이어티는 미국 전역에 교육용 자
재, 도서관, 작업장, 주택 및 결혼 상담, 신용기금 적립, 출판 등의 서비
스를 제공한다. 그러나 이 단체는 이민자공동체에 대한 서비스에 주력
하고 있기 때문에, 흑인들의 눈에는 자신들의 요구에 무관심한 단체로
보인다. 사우디아라비아의 지원을 받는 이슬람 기구연합은 전국의 모
스크와 공동체조직을 관리한다. 무슬림학생협회는 국가·민족·언어의

벽을 넘어 이슬람의 정체성을 통합하는 역할을 한다. 지역 차원에서는 여러 단체가 제휴하기도 한다. 뉴욕에서는 순니파와 시아파가 모스크를 공유하고 있다. 1990년대 이후 세계 무슬림의 날에는 모든 무슬림이 렉싱턴 거리에서 벌어지는 퍼레이드와 예배에 참가했다. 그렇지만 누구나 인정할 수 있는 단일한 권위와 전통적인 위계가 결여되어 있기 때문에, 무슬림 공동체들을 민족집단과 통합하고 각 분파의 차이를 초월하는 이슬람 정체성을 확립하기가 아직은 난망(難望)하다.

결론
이슬람의 세속화와 부흥

기원전 3천년기 메소포타미아에 고대 도시국가가 건설된 이래 중동과 이슬람 사회는 거의 5천년 동안 종족과 부족, 종교제도, 정치제도가 다각적으로 결합된 구도를 유지해왔다. 이슬람이 출현하기 이전에 이미 중동사회의 기초를 이루고 있던 그런 제도적 결합은 중동 이슬람 사회의 모델이 되었다. 약 1400년 전 예언자 무함마드는 메카에서 하느님의 계시를 받고 이 고대의 사회 패턴에 새로운 의미를 불어넣었다. 예언자 무함마드의 새로운 종교는 아라비아 부족공동체 안에서 제도화되었다. 아랍인의 중동 정복 이후 이슬람은 칼리프제와 술탄제 같은 정치제도 속에, 또한 순니 법학파, 수피형제단, 시아 분파 등 종교공동체에 파고들었다. 이슬람은 문학과 대중의 개념이나 도덕에도 침투했다. 이슬람은 이런 제도화과정을 거쳐 새로운 문명을 탄생시켰다.

이 새로운 문명의 종교적 기반은 이슬람 경전과 이슬람법에 대한 신앙, 신학을 통한 이해, 신비주의 방식의 실천이었다. 이슬람은 우주관, 윤리적 지배, 일상활동에 대한 법규, 인간과 하느님을 연결하는 의례절차, 신비주의적 자기수양법, 자기정체성의 상징을 제공했다. 사실 이슬람은 하나가 아니라 여러 개의 종교적 이상을 구현했다. 순니파 수피는 세상 안에서 윤리적이고 영적인 삶에 몰두했고, 시아파는 이맘에게 교시와 구원을 기대했다. 성자숭배를 통해 신의 축복을 구하려는 무슬림도 있었고, 종교적 구원에 대한 이성적이면서 영적인 개념들을 통해 속세에서 탈출하려던 영지주의 철학자와 신비주의자도 있었다.

정복과 무역, 방랑하는 수피들에 의해 이슬람이 중동 외부의 민족들에게 전파되었다. 이슬람의 확산과 새로운 민족들의 개종으로 내륙아시아, 인도, 동남아시아, 터키, 발칸, 북아프리카, 서아프리카에 이슬람 사회가 생겨났다. 이들 각 지역의 전(前)이슬람 시대의 문명이 이슬람의 보편적인 면과 통합되면서 새로운 형태의 인류공동체가 형성되었다. 울라마와 수피들에 의해 전해진 종교적 생활방식과 정체성은 종족·부족·마을·도시 공동체와 국가 같은 국지적인 집단을 통해 구체적으로 표출되었다. 17세기에 이르자 아시아·아프리카·동유럽의 많은 지역에서 이슬람 사회가 완전히 제도화되었다. 비록 지역마다 자기만의 독특한 형태를 띠긴 했으나, 그것은 분명히 초기 중동의 개념과 제도의 변형이었다.

여러 변형이 있긴 했지만 이슬람이 전근대 이슬람 사회의 유일한 조직원리는 아니었다. 각 지역은 이슬람과는 무관한 고유의 문화적 정체성과 사회조직, 정치제도, 경제를 유지하고 있었다. 이슬람 국가들의 군사제도, 관료제, 세제에는 전(前)이슬람 시대의 문화에서 전승된 비이슬람적 특성이 남아 있었다. 사회조직과 민족적 정체성, 지역공동체의 엘리트도 이슬람과는 무관했다. 무슬림의 경제도 고리대금의 금지나 형평·정의·자선을 요구하는 윤리적인 원칙 외에는 이슬람식으로 조직되지 않았다. 모든 이슬람 사회의 지배문화는 이슬람의 관념 및 상징과 비이슬람적 제도와 정체성이 뒤섞인 것이었다. 이슬람은 아무리 중요하다 해도 복합사회의 일면에 지나지 않았다.

전근대 이슬람 사회의 제도와 문화

　　　　전근대 이슬람 사회의 중심적인 특징은 국가체제와 종교 조직이었다. 우리는 흔히 이슬람 사회에서는 국가와 종교가 통합되어 있고, 이슬람은 총체적 생활양식으로서 가족과 사회뿐만 아니라 정치까지 규정한다고 이야기한다. 하지만 그것은 무슬림이 이상으로 생각하는 예언자 무함마드와 정통 칼리프의 시대에나 있었을 법한 일이다. 무함마드와 초기 정통 칼리프들은 속세와 종교의 권위를 겸비한 지배자이자 교사로서 지하드를 이끌고 도덕성을 일깨우던 공동체의 지도자였다. 이런 이상에 대한 향수는 개혁주의, 부흥운동, 칼리프제 부활운동을 통해 국가와 사회를 통합하려는 노력으로 나타났다. 이런 현상은 특히 종족공동체에서 두드러졌다. 이슬람에 대한 집착이 부족 통일, 정복, 새로운 제국의 형성으로 이어진 대표적인 예로는 북아프리카의 파티마·무라비트·무와히드 왕조와 이란의 사파비 왕조를 꼽을 수 있다. 18~19세기에는 비슷한 의도를 가진 개혁세력이 정복전쟁을 일으켜 오늘날의 나이지리아에 소코토 칼리프 왕국을 건설했고 수단에 마디스트 국가를 탄생시켰다. 오늘날의 신이슬람 운동이 추구하는 이상도 대동소이하다.

　하지만 대부분의 이슬람 사회는 그런 이상과는 달리 국가와 종교제도가 분리되어 있었고, 이런 상황은 오늘날에도 변함이 없다. 8~9세기에 초기 칼리프 왕국은 이미 세속적인 제국으로 변모했고, 무슬림 주민은 종교적으로 정의된 다양한 공동체 집단―법학파, 개혁파, 수피 종족, 형제단, 성묘(聖廟)공동체, 시아 분파, 민족집단―을 형성했다. 이런 집단들은 처음부터 국가와 무관했거나 점차 국가로부터 독립했다. 대부분의 집단은 정부에 참여하지 않은 채 주로 구성원들의 단합·예배·교육·법·도덕·이슬람의 공적인 상징에 관심을 기울였다. 후기 아바스 왕조, 셀주크 술탄국과 맘루크 술탄국, 오스만·사파비·무굴 제국을 비롯한 무슬림 정권에서는 국가기관과 종교단체의 제도적인 분리가 규범이 되었다.

하지만 국가와 종교의 분리는 명확하지도, 완전하지도 않았다. 분리는 제도적 차원에서, 그리고 조직과 인사, 기풍 면에서 규정되었던 반면, 문화적 개념에서는 국가와 종교공동체에 대한 극도의 양의성이 있었다. 한편으로 이슬람 국가는 세속적인 권력을 행사하는 기구로 간주되었고, 왕권의 세습, 국가가 후원하는 미술과 문학, 보편적인 우주론과 철학에 의해 정당화되었다. 이슬람 국가의 문화는 전(前)이슬람시대부터 존재하던 비이슬람 사회의 기층에 뿌리를 두고 있었다. 다른 한편으로 이 국가들은 초기 칼리프 시대로부터 전승된, 예배·교육·법·지하드의 수호자이자 후원자라는 역할에 기초한 무슬림의 종교적 가치를 지니고 있었다. 또한 많은 무슬림 사회에서 국가는 인간사를 관장하는 하느님의 의지의 직접적인 표현으로 간주되었기 때문에, 국가에는 본래부터 신성한 가치가 깃들어 있었다. 국가의 종교적 가치는 이슬람에 대한 봉사에서 파생되었으며, 직접적으로는 신의 뜻에서 나왔다.

이와 유사하게, 기본적으로 소규모 공동체나 개인의 종교적인 목적을 위해 조직된 무슬림 종교단체도 정치에 개입했다. 무슬림 종교지도자는 사실상 정치색이 배제된 신앙생활에 전념했지만, 적어도 개념적으로는 종교를 포함한 모든 영역을 관할하는 이슬람의 정치질서에서 완전히 벗어날 수는 없었다. 완벽한 무슬림으로서의 삶을 유지하기 위해서는 개념적으로라도 이슬람 국가가 필요했던 것이다.

이런 개념적인 모호함으로 인해 국가와 종교단체 사이의 관계에서 제도적 패턴의 변형이 다양하게 이루어졌다. 오스만 제국과 사파비 제국에서는 국가가 직접 이슬람의 사법적·교육적·사회적 기능을 통제했다. 오스만과 사파비 제국의 군주들은 관료화된 울라마의 강력한 지원을 받았고, 이들 제국의 종교단체는 사실상 정부의 부처가 되었다. 비록 이란의 종교엘리트는 끝끝내 자신의 자치권을 행사할 수 있었지만 말이다. 한편 인도의 무굴 제국과 자바의 마타람 왕국에서는 무슬림 지도자와 종교단체가 거의 자치적이었고, 때로는 국가정책이나 국가의 후원을 받는 문화를 비판하기도 했다.

따라서 전근대에는 이슬람 사회에 대한 두 개의 대안적인 개념이 있었다. 하나는 국가와 공동체, 정치와 종교의 영역이 하나로 통합된 '칼리프제'였다. 두 번째는 세속국가가 무슬림 종교생활의 진정한 버팀목이었던 반(半)독립적인 종교단체 위에 군림하는 '술탄제'이다. 전자의 경우 국가가 이슬람 사회의 모든 면을 표현했고, 후자의 경우 이슬람 사회는 국가와 종교기관으로 나누어졌다. 무슬림 공동체와 국가의 관계는 가변적이고 모호했다. 무슬림 공동체는 때로는 국가에 복종하고 헌신했으며, 때로는 독립적이고 비우호적인 태도를 취했다. 때로는 지배체제 고유의 정당성을 인정했고, 때로는 진정한 이슬람 사회에 역행한다는 이유로 지배체제를 부정했다. 한편 대부분의 무슬림 공동체는 국가를 편견 없이 바라보았다. 그들은 정치질서의 필요성을 인정하면서도, 정치적 개입을 경멸하고 공동체와 개인의 종교생활에 몰두했다. 정치적인 현실을 받아들이면서도, 진정한 칼리프 시대를 동경하고 정의로운 시대의 도래를 갈망했다. 전근대 이슬람 사회가 근대에 남긴 유산은 명확하게 정의된 국가와 사회의 구조가 아니라, 둘 사이의 다양한 변형과 내재적인 양의성이었다.

19~20세기 이슬람 사회의 변용

이 유산은 19세기의 변화를 통해 20세기 이슬람 사회의 구조로 전해졌다. 이슬람 정치엘리트와 종교엘리트는 유럽의 제국주의와 통상(通商)지배가 가한 충격에 대응하여 이슬람 사회를 재구성하기 위해 여러 대안적인 개념을 제시했다. 그것은 기본적으로 국가와 종교에 대한 과거지향적인 변형이었다. 정치엘리트는 지식층으로 변신하여 국민국가적 변용을 위해 처음에는 이슬람 근대주의 관념을, 다음에는 세속적 내셔널리즘 관념이나 때로는 사회주의 관념을 채택했고, 세속적이거나 심지어 서구적인 국가관과 사회관에 몰두하게 되었다. 이런 새로운 개념들은 일면 전근대 이슬람 세계의 정치문화에서 크게 벗어난 것으로 보이지만, 또 다른 면에서 보면 이슬람과의 관계와 무관하게 국가에 고유한 정당성을 부여해온 문화적 전통과 모순되지 않는다. 19세기와 20세기의 국가지식층은 근본적인 입장을 바꿨다기보다는 정치적 정체성에 대한 전통적인 표현방식을 근대적 방식으로 변화시켰던 것이다. 정치엘리트에게 서구 이데올로기와 서구 정치방법론의 채택은 국가의 지배가 비이슬람적이고 코즈모폴리턴한 관점에서 상징화되었던 전통의 연장선상에 있는 것이다.

이슬람 국가시스템의 붕괴와 유럽의 지배에 대응하기 위해 종교엘리트는 이슬람의 개혁과 쇄신을 외쳤다. 이슬람 국가가 몰락하고 유럽의 영향력이 커지고 무슬림 사회의 힘의 균형이 변화하는 상황에서, 종족·마을·부족 공동체는 이슬람 개혁주의를 받아들이고 국가통제에 저항했다. 경제와 통상의 변화로 혼란을 겪고 있던 농촌주민·직인·상인들도 이슬람 개혁주의의 영향을 받아 새로운 정체성을 확립하게 되었다.

개혁주의 운동단체는 과거의 종교단체들처럼 정치현실에 대해서 양의적인 태도를 취했다. 일부 운동단체들은 정치에 대한 관심을 버리고 교육활동과 종교적 실천에 집중하는 경향을 보였다. 인도의 데오반드·탄짐·타블리기 자마트와 인도네시아의 무함마디야처럼 중산층 상인들이 주축이 된 개혁운동 단체들이 여기에 속한다. 하지만 일부 운동단체들은 종교개혁을 통해 분출된 에너지를 정치활동으로 전환하여 이슬람 국가건설에 힘을 쏟기도 했다. 사누시야 교단과 서아프리카의 지하드 같은 부족 중심의 반(反)식민운동이 그 대표적인 예이다.

국민국가·내셔널리즘·이슬람

식민통치에 대한 투쟁과, 역사적으로 다양한 정치문화를 간직해온 무슬림 세력 내부의 갈등을 통해 근대 이슬람 사회의 골격이 형성되었다. 양차 세계대전을 거친 뒤에 독립한 국가에서는 1970년대까지 세 가지 투쟁이 사회의 삼중구조를 낳았다. 세속화된 국가, 이와는 대조적으로 비정치적인 이슬람 종교단체, 그리고 통합된 국가와 사회를 재건하려는 저항운동단체가 그것이다.

1900년과 1975년 사이에 지배적인 경향은 정치엘리트의 주도로 국민국가를 강화하고 세속적인 관점에서 거기에 정통성을 부여하는 것이었다. 일부 국민국가는 오스만 제국과 이란 왕정, 튀니지·모로코·이집트 등의 술탄국에서 떨어져 나왔다. 식민지배자들이 봉건세력·부족집단·종교단체를 제압하고 해외영토 지배를 확립했던 곳에서는 새로운 영역국가가 건설되었다. 이를테면 시리아·이라크·요르단·인도네시아·말레이시아·나이지리아·세네갈 등이다. 소련과 중화인민공화국은 무슬림 인구를 비무슬림 제국에 흡수했다. 시리아·이라크·이집트·요르단·알제리·파키스탄·인도네시아·나이지리아·수단·리비아 및 아프리카의 여러 군소국가에서는 주로 군부가 정권을 잡았다. 거의 모든 신생국에서는 국가가 경제를 장악함으로써 중앙정부가 강화되었다. 이집트·시리아·이라크·알제리의 경우 군사엘리트가 국가자본주의 또는 사회주의를 도입하여 새로운 지배계급에게 이익을 안겨주었다. 알제리·리비아·이라크·사우디아라비아·걸프 연안국들·인도네시아·나이지리아에서는 엘리트가 국가통제하에 있는 석유 세입을 독점했다.

독립 이후 1970년대까지 대부분의 신생국에서 국가엘리트는 세속적인 이데올로기에 상응하는 정체성을 선호했다. 사우디아라비아와 모로코 이외의 나머지 국가들은 일반적으로 이슬람의 종교적 개념이나 제도와 자신을 분리했다. 많은 국가는 종교단체를 관의 통제 아래 둠으로써 무슬림의 활동을 무력화시켰다. 이집트·인도네시아·탄자니아·소련은 이슬람 지도자를 흡수하고 이들을 무슬림 인구를 통제하기 위한 조정자로 이용했다. 전체적으로 이슬람은 폐지되었고, 이슬람법과 교육은 종교계의 손을 떠나 국가의 통제를 받거나 사적인 평결과 계도 수준의 부차적인 시스템으로 축소되었다. 정치적 목적을 위해 부족을 조직하는 시스템으로서의 수피즘은 사실상 사라졌다. 국가권력의 중앙집중화는 터키·이란·내륙아시아·이집트·시리아·알제리 등지에서 부족공동체를 파괴하거나 무력화시켰다.

국가와 사회 사이의 이 같은 관계의 변용은, 내셔널리즘·자유주의·사회주의 이데올로기와 정통성의 상징들을 동반했다. 부분적으로 이것은 다음과 같은 사실 때문이다. 독립투쟁을 주도했던 엘리트들이 식민지배를 경험하고 교육을 받았으며, 유럽을 잘 알았을 뿐만 아니라 옛 봉건세력이나 종교엘리트에 반대하는 투쟁을 벌임으로 해서 전통시대의 제국이나 종교의 관점보다는 국민이나 민족의 관점에서 독립적인 사회를 구상하는 경우가 많았던 것이다. 심지어 오스만 제국과 알제리의 근대적이고 개혁적인 이슬람 지도자들도 정치투쟁의 현실 속에서 이슬람 개혁의 불씨를 살리기 위해 내셔널리즘 노선을 걸었다. 내륙아시아처럼 독립운동이 일어나지 않았던 곳에서도 이슬람 근대주의는 민족적·국민적 정체성을 함양하여 국가의 지배를 받는 사회에 통합되는 방향으로 전개되었다. 정치엘리트들은 비이슬람적 정체성을 유지함으로써 국사(國事)를 세속적인 규범에 따라 규율하고 세속적인 상징으로 표현했으며 이슬람이 개입할 여지를 차단했다. 따라서 근대 이슬람 국가의 이데올로기적 성향도 중동·남아시아·동남아시아·아프리카의 이슬람 제국들이 부분적으로 이슬람과 무관한 관념과 상징을 이용하여 체제를 정당화했던 역사적인 관행에서 유래했다고 볼 수 있다.

19세기 후반과 20세기 초반에 내셔널리즘은 새로운 지식층의 주장을 뒷받침하는 레토릭 또는 논쟁의 수단으로 중요해졌다. 가족 중심의 편협한 사회에서 벗어나 도시에 들어가 국제적인 조류를 접하고 외국어를 익히고 세계정치에 눈을 뜬 코즈모폴리턴한 사람들에게, 더 이상 구질서에 얽매이지 않는 사람들에게, 그리고 식민통치하에서 외국의 엘리트에게 복종할 수밖에 없었던 사람들에게, 내셔널리즘은 마음의 고향이 되었다. 내셔널리즘 사상은 제국엘리트, 종교엘리트, 식민지배자에 대항하는 신흥 엘리트의 표현이었다. 유럽인이 내셔널리즘을 정치사회의 기본원리로 받아들였던 만큼, 내셔널리즘은 식민 본국에 맞설 수 있는 참으로 매력적인 논거였다. 또한 내셔널리즘적 상징을 동원하면 비무슬림 소수자를 반식민투쟁에 끌어들이기가 용이했고, 우월성을 갖고 대중을 이끌 수도 있었다. 지식인들은 세속적인 내셔널리즘을 배경으로 근대의 개화된 선구자로서 지배권을 주장했던 것이다.

독립이 되자 내셔널리즘은 엘리트층에서 대중으로 퍼져 나갔다. 전근대 이슬람 사회에서는 정치적·사회적 정체성이 여러 차원에서 형성되었다. 개인은 지배층·가족·종족·부족·마을공동체에 정치적 충성을 바치는 동시에 이슬람의 종교적 정체성을 간직하고 있었다. 언어와 민족에 대한 의식은 부차적인 것에 지나지 않았다. 하지만 근대 내셔널리즘은 그때까지 종속적이었던 요인들을 강조했다. 투르크인·아랍인·이란인·말레이인·우즈베크인·타지크인·카자흐인·벵골인·파슈툰인의 경우, 대대로 종족·민족·언어·이슬람 상징을 혼합한 정체성이 형성되었으나, 독립 이후에는 어족(語族)과 내셔널리즘의 관점에서 정체성이 다시 만들어진다. 내셔널리즘은 한정된 범위의 가족·마을·종교단체에 대한 충성심을 광범위한 정치적 단위에 대한 충성심으로 바꿔놓았다.

일반 대중 역시 민족·국민·국가정치의 관점에서 자기 자신을 바라보기 시작했다.

국가 형성은 그 자체가 국민의식의 원천이었다. 튀니지·이집트·알제리·벵골·인도네시아의 정체성은 모두 국민국가에 의해 형성되어 왔다. 이론상 국민국가는 이슬람의 보편성에 상반되는 것으로 보일지도 모르지만, 실제로는 무슬림에게 쉽게 수용되었다. 초기 칼리프제가 무너진 뒤에 뿔뿔이 분리된 이슬람 국가들이 탄생하고 그 정통성이 인정된 선례가 이미 존재했던 것이다. 신생국가에서 태어나 교육을 받았고 자신의 안전과 생계를 국가에 의존해야 했던 다수의 무슬림은 국민국가를 이슬람 교육과 포교에 적합한 체제로 받아들였다. 이슬람은 원칙적으로 영토에 구애받지 않았지만, 국민국가는 무슬림의 정체성에 영토적 경계를 부여했다.

세속화 추세에도 불구하고, 이슬람 국가의 내셔널리즘 운동은 언제나 이슬람과의 깊고 미묘한 교감을 유지하고 있었다. 19세기의 수피즘과 이슬람 근대주의는 내셔널리즘 운동에 흡수되었다. 청년오스만당의 근대주의자들은 청년터키당의 내셔널리스트에게 자리를 내주었다. 인도 아대륙의 옛 무슬림 엘리트의 후손들이 주도하던 알리가르 운동과 무슬림연맹은 국민국가의 건설로 방향을 바꾸었다. 무함마드 아브두의 제자들은 1890년대에 이미 내셔널리즘의 관점에서 이집트 문제를 생각하기 시작했다. 다마스쿠스의 유력집안들은 원래 오스만 제국에 저항하여 지방 차원의 이슬람 개혁운동을 일으켰으나, 제1차 세계대전 이후에는 아랍 내셔널리즘으로 바뀌었다. 살라피 개혁운동에서 영감을 얻은 튀니지의 데스투르당은 1930년대에 세속주의를 추구하는 신(新)데스투르당으로 변했다. 리비아·알제리·모로코에서는 이슬람 개혁주의가 식민세력에 대한 저항운동과 국민국가 형성의 기초가 되었다. 이슬람 개혁운동은 순수하게 지방적인 동일성을 초월하는 이슬람의 원리에 대한 충성을 요구함으로써 전국적인 규모의 정치운동단체를 만드는 데 일조했다. 이슬람 개혁운동은 무슬림의 관심을 지역의 종파·성묘·조정자에서 신앙의 추상적인 신앙의 원리로 돌려놓음으로써, 많은 인구를 전국적인 정치투쟁에 끌어들였다. 또한 개혁주의는 문화적 표준을 제시하고 교육열과 평등주의적인 정서를 제공함으로써, 내셔널리즘과 마찬가지로 근대적인 정치체제의 토대가 되었다.

더욱이 이슬람 세계에서 내셔널리즘이 감정적인 호소력을 발휘할 수 있었던 것은 이슬람을 지방화하고 이슬람 신앙의 힘을 내셔널리즘에 집중시키는 국민운동의 역량 때문이었다. 예컨대 많은 사람이 마음속으로 투르크인을 터키인으로 만드는 것은 이슬람이다. 터키의 지도자들은 민족에 기반을 둔 세속적인 사회를 건설했고, 헌법에서도 이슬람의 역할을 단호히 배격했다. 그러나 터키인은 계속해서 자신들을 무슬림과 동일시했다. 실제로 대부분의 투르크인은 터키인이자 무슬림이라는 이중 정체성을 유지했다. 즉 터키인이라는 국적은 무슬림 신분을 나타내는 것으로 이해되었다. 같은 맥락에서 알제리 국적은 아랍 민족성과 무슬림의 결합을 의미하는 것으로 이해되었다. 팔레스타인인 역시 국민적 정체성과 종교적 정체성이 맞물려 있음을 보여준다. PLO는 팔레스타인인의 국가를 세속적인 국민국가로 규정하고 있는데, 여기에는 물론 팔레스타인인 그리스도 교도도 포함된다. 그러나 수십 년 동안 이어진 팔레스타인인의 국가에 대한 충성심은 이슬람의 상징과 이슬람에 대한 귀속감 속에서 함양되어 왔다. 역으로 하마스는 스스로를 이슬람 단체로 규정하고 이슬람 국가의 건설을 목표로 하고 있지만, 사실은 PLO와 이스라엘에 반대하는 팔레스타인 운동단체이다. 이슬람과 팔레스타인 국민/민족 정체성은 호환 가능한 것은 아니지만, 그렇다고 하여 분리될 수 있는 것도 아니다. 말레이–무슬림, 보스니아–무슬림처럼 민족(그리고 언어)에 바탕을 둔, 즉 하이픈으로 연결된 무슬림 정체성이 적지 않다. 반면에 다민족으로 구성된 사우디아라비아·모로코·이란·수단·파키스탄은 스스로를 이슬람 국가로 규정하지만, 그 시민은 어디까지나 이란인, 모로코인 등등이다.

인도네시아는 국민정체성과 무슬림 정체성의 결합에서 또 하나의 변형을 예시한다. 인도네시아에서는 세속적 내셔널리스트와 무슬림 단체가 나란히 반식민투쟁을 전개했다. 인도네시아 국민당의 프리야이는 세속적인 형태의 국가건설을 추진했지만, 울라마와 무슬림 지식인 그룹은 이슬람 국가 건설을 추구하는 두 정당 사레카트 이슬람과 나흐다툴 울라마를 결성했다. 그 여파로 인도네시아인 정체성의 구성부분인 세속적인 국민적 요소와 이슬람적 요소를 어떻게 통합할 것인가를 놓고 갈등이 끊이지 않았다. 그러나 세속적 정당과 이슬람 정당은 반(反)네덜란드 투쟁에 의기투합했고 1947년에 독립을 달성했다. 그러나 독립 이후 두 세력은 1955년 선거에서 이슬람 정당들이 다수의 표를 얻는 데 실패할 때까지 권력투쟁을 벌였다. 인도네시아는 수카르노 집권하에서 판차실라, 즉 5원칙—하느님에 대한 신앙, 내셔널리즘, 인도주의, 민주주의, 사회정의—에 따라 세속국가가 되었다.(이 5원칙은 보편적인 종교사상 대신에 보편적 인도주의 사상을 국민정체성의 기반으로 삼고 있다.) 그렇지만 수카르노 대통령과 수하르토 대통령이 공식적으로 세속주의를 천명했음에도 불구하고, 정부기관은 이슬람에 애착을 보였으며 이슬람 개혁운동단체와 교육운동단체에 관대한 태도를 취했다. 수하르토 대통령은 집권 마지막 10년 동안 이슬람 단체들을 정부에 끌어들여 국가와 이슬람의 재통합을 시도했다. 1999년에는 처음으로 이슬람 정당의 지도자 아브두라만 와히드가 대통령에 선출되었다. 그러나 국가헌법에서 이슬람의 역할은 아직도 충분히 해결되지 않은 정치적 과제로 남아 있다.

결과적으로 인도네시아의 국민적 정체성은 철저하게 세속적이지도 않고 전적으로 종교적이지도 않으며, 시민권·민족성·종교의 개념이 모호하게 결합된 형태를 띠게 되었다. 따라서 개인은 그 요인들 가운데 하나를 선택하거나 그것들을 상이하게 조합하여 정체성을 구성할 수 있고, 정치적 상황의 변화에 대응하여 정체성의 개념을 수정할 수도 있다.

독립 후 첫 수십 년 동안, 신생국들은 이슬람의 조직·관행·관념에 지대한 영향을 미쳤다. 사회가 점차 세속화됨에 따라, 이슬람도 전통적인 집단적 실천에서 벗어나 개인적인 신앙의 문제가 되었다. 공적 영역을 인도하고 자연의 이치를 설명하는 종교의 역할은 축소되고, 개인의 윤리적·심리적 요구에 부응하는 종교의 역할은 강화되었다. 개인의 신앙과 사회적 정체성으로서의 이슬람은 한때 공동체조직과 정치제도에 깊이 새겨져 있었으나, 그후에는 공동체와 정치제도에서 점차 분리되고 있었다. 인도네시아·터키·소련을 비롯해서 고도로 세속화된 사회에서는 이슬람이 순수한 개인의 신앙일 뿐 아무런 정치적인 함의도 갖지 않게 되었다. 역으로 이슬람이 종교적 의미를 상실한 채 개인적·민족적 정체성의 근거로 변해버린 사례도 있다. 많은 사람이 신자가 아님에도 불구하고 '무슬림'으로 통하게 되었다. 그들은 혈연과 가족관계 때문에, 또는 한 국민집단에 귀속되었다는 이유로, 또는 신앙도 없이 단지 본인의 선택에 의해 무슬림이 되었다.

이슬람 국가의 세속화는 이슬람 종교단체에도 영향을 미쳤다. 이슬람 단체들은 정치적 목표를 포기하고 개인과 공동체의 종교활동을 지원하는 본연의 모습으로 돌아갔다. 서아프리카·이집트·인도네시아·말레이시아에서는 과거와 같은 부족과 수피 중심의 단체들이 보이지 않고, 합동예배·교육·자선을 위한 민족단체와 근대주의적인 종교집회, 사교와 토론을 위한 클럽이 늘어났다. 많은 경우에 지방의 세포들은 독립적이었으나, 서아프리카의 티자니야 교단 같은 대규모 종교단체와 연계된 경우도 있었다. 이들 중 일부는 개혁주의적인 살라피 운동단체였으며 인도네시아의 무함마디야처럼 이슬람의 올바른 실천, 공동체의 복지, 무슬림 사이의 결속을 위해 노력했다. 이런 단체들은 학생·지식인·기술자·전문직업인·상인의 마음을 사로잡았다. 이런 단체들 중 일부는 타블리기 자마트처럼 비무슬림을 이슬람으로 개종시키고 명목상의 무슬림을 올바른 이슬람의 실천자로 이끌기 위해 애썼다. 또한 학교·보건소·협동조합·각종 사업체를 통해 교육과 사회사업을 후원했다.

이들 수많은 개혁주의 단체와 근대주의 단체들은 무슬림 인구를 국민국가와 국민경제에 적응시키는 데 중요한 역할을 했다. 개혁주의자들은 감정적인 만족보다는 절제 및 추상적인 종규(宗規)와 권위에 대한 충성을 종교적인 성취의 원리로 삼았다. 그들은 억압된 감정을 개인의 책임의식으로 전환시킴으로써 세상을 이슬람에 맞게 개조하고자 했다. 또한 부족과 공동체, 종교적 권위에 대한 대중의 충성심을 국민국가체제에 대한 충성심으로 바꿔놓았다. 개혁주의자들은 근대 산업사회의 현실에 부합하는 평등주의와 보통교육을 강조했고, 도시화된 사회에 꼭 필요한 절제된 행동을 중시했다. 그렇지만 이슬람 개혁운동은 사회의 세속화에 타협하려는 노력이라기보다는 복합적이고 통합적인 사회제도의 발달에 창조적으로 적응하려는 시도라고 보는 편이 옳을 것이다. 개혁주의는 신자들의 관심을 세속사로 돌려놓았지만, 프로테스탄트 윤리에 상응하는 무슬림 윤리를 만들어냈다고 보기는 어렵다. 급진적인 프로테스탄티즘의 교리적 기반인 성악설과 예정설은 무슬림에게서는 찾아볼 수 없다. 즉 인간의 사악함을 둘러싼 심리적 긴장에 대해서는 말이 없다.

이슬람 부흥

지금까지 살펴본 바와 같이, 독립의 가장 공통적인 결과는 이슬람-민족사회를 가진 세속국가의 형성이었다. 신생국가들은 이슬람을 바탕으로 건설되었지만, 역으로 무슬림 정체성은 민족과 국가에 대한 충성심으로 변환되었다. 하지만 1970년대 이후 전세계적으로 이슬람이 부흥하면서 잠재된 무슬림 정체성이 가시화되기 시작했다. 이슬람 부흥은 대개 '이슬람 근본주의'로 규정된 많은 단체가 코란과 예언자 무함마드의 가르침으로 돌아갈 것을 주장하고 있다는 점에서, 그런 꼬리표를 다는 것도 일리는 있다. 그렇지만 그것은 광범위하고 다양한 운동단체들에 대한 단 하나의 포괄적인 명칭에 지나지 않는다. 편협하고 배타적인 단체도 있고 다원주의적인 단체도 있으며, 과학에 호의적인 단체도 있고 반과학적인 단체도 있다. 어떤 단체는 종교에 치우치고, 어떤 단체는 정치에 치우친다. 또한 민주적인 단체도 있고 권위주의적인 단체도 있으며, 평화적인 방법을 사용하는 단체도 있고 폭력적인 수단에 의존하는 단체도 있다. 나는 새로 생겨난 적극적인 이슬람 운동단체의 모든 범위를 포괄하기 위해 '이슬람 부흥'이라는 용어를 사용할 것이다. '개혁주의자' '살라피' '와하비'는 이슬람의 신앙과 관행을 개혁하려는 사람들이고, '이슬람주의자'는 정치적 어젠다를 중시하는 사람들이며, '지하드주의자'는 폭력을 주요 전술로 삼는 사람들이다.

　종교적인 면에서 이슬람 부흥은 철학·종교 사상을 연구하는 학파, 개인의 신앙심과 예배 참가를 독려하는 운동, 무슬림의 종교관행을 개혁하려는 교육단체 등을 포괄한다. 다수의 단체는 사회활동과 공동체 형성에 주력하는 경향을 보인다. 정치적인 차원의 부흥운동은 정당이나 로비단체를 결성하여 국내정치에 참여하는 형태로 나타나는데, 준(準)군사조직을 거느린 단체도 있다. 극단적인 단체는 정치권력을 장악하기 위해 암살과 폭파 등의 무력을 사용한다. 또한 종교와 정치를 오가며 광범위한 활동을 전개하는 단체도 있다. 국내에서만 활동하는 단체가 있는가 하면 국제적인 연대를 형성한 단체도 있다. 크게 보면 이런 단체들은 기존의 정치현실을 인정하는 개혁주의적인 단체와 기존 정권을 전복하려는 과격한 단체로 나뉜다. 종교에 치중하는 단체는 교육과 포교의 축적된 효과를 통해 궁극적으로 사회를 변화시킬 수 있으리라고 기대한다. 반면에 정치적 성향이 강한 단체는 정권을 장악하는 것이 진정한 이슬람 사회를 건설하기 위한 관건이라고 믿고 있다.

문화적인 면에서 이슬람 부흥은 개인주의, 물질 중심의 소비지상주의, 여성의 독립, 성적 자유, 종교적·도덕적 상대주의, 팝 문화 같은 구미의 가치관에 대한 반발로 나타난다. 문화적 부흥운동은 서양의 영향으로 아버지·종교교사·지배자의 권위가 무너지고 이슬람 신앙과 무슬림 문화가 파괴될 수도 있다는 우려에서 출발한다. 이슬람 세계는 미국의 TV와 영화, 그리고 맥도날드·코카콜라·청바지 같은 미국양식의 아이콘으로 상징되는 성 개방과 소비문화를 심대한 위협으로 간주하고 있다.

이란·이집트·유럽·미국에서는 자유주의 이슬람이 중요하다. 자유주의 이슬람은 종교문제에 대한 개인의 판단, 즉 이즈티하드를 중시하며 이슬람과 근대사회의 통합을 모색한다. 또한 코란을 해석하는 데는 다양한 방법이 있다는 점을 인정한다. 자유주의 이슬람 사상가들은 샤리아에 언급되지 않은 영역에 대해서는 무슬림이 독자적인 판단을 내리는 것이 신의 의지라고 본다. 파리에서 활동하는 모함메드 아르쿤과 이란의 아브돌카림 소루슈가 자유주의 입장을 대변하는 인물이다. 두 사람 모두 코란에 계시된 영원불멸의 진리와 끊임없이 변화하는 현실세계의 조화를 모색하고 있다. 소루슈에 따르면 종교는 영원하지만 종교에 대한 인간의 이해는 상황에 따라 변화한다. 그는 이슬람의 가르침을 샤리아와 동일시하는 것에 반대한다. 비이슬람법에 대한 축자주의가 이슬람의 핵심이 아니라 신비주의에 바탕을 둔 사랑이 이슬람의 본질이라는 것이다. 그는 이란이 이슬람에 기초한 민주주의로 나아가야 한다고 주장하면서, 이슬람을 이데올로기화하여 정치와 정체성의 도구로 이용하는 것을 비난한다. 자유주의 사상가들은 근대정부의 규범과, 합리주의·정의·자유·인권 같은 보편적인 인간의 가치는 본질적으로 종교의 문제는 아니지만, 종교적인 진리와 양립할 수 있다고 본다. 그들은 종교의 진리와 현대사회의 가치를 통합하는 것이 이슬람의 사명이라고 주장한다.

한편 아르쿤 같은 자유주의적인 무슬림은 이슬람을 개인화된 종교로 이해한다. 따라서 무슬림이 공동체의 통제에 구속되거나 공적인 일이 이슬람 규범에 종속되는 것은 옳지 않다고 본다. 그럼에도 불구하고 자유주의적인 무슬림은 정치적 쟁점에 대한 입장을 표명해왔다. 1980년대에 그들은 이슬람 운동가들에게 정당을 설립하고 경선에 참여하여 정계에 진출하라고 촉구했다. 자유주의자들은 정치참여의 요구를 초기 이슬람의 원칙인 슈라(협의)와 이즈마(합의)로 정당화했다. 그들은 또한 여성의 교육과 정치참여를 지지했다. 하지만 국내의 폭압적인 정권과 식민정권에 대해서는 무력투쟁도 필요하다고 인정했다. 따라서 1992년의 알제리 선거가 무효화된 뒤에는 이슬람해방전선(FIS)과 하마스, 히즈불라의 무력투쟁이 정당성을 인정받았다. 그러나 탈레반은 여성을 억압하고 사실상 가정에 감금하며 소수자를 탄압하고 남성의 턱수염 기르기를 강요함으로써 자유주의 이슬람과 정면으로 배치되는 길을 걸었다.

가장 광범위하게 나타난 이슬람 부흥운동은 이슬람을 근대적인 생활방식의 청사진으로 삼고 이슬람의 도덕을 실현할 수 있는 이슬람 국가의 건설을 촉구하는 것이다. 1930년대와 1940년대에 각각 설립된 이집트의 무슬림 형제단과 파키스탄의 자마티 이슬라미가 이런 부활운동의 효시이다.

이슬람 부흥운동가들은 대체로 아랍어와 코란에 대한 교육을 강조하고 이슬람 의식의 엄격한 시행을 요구하며 수피의 관행, 전통, 주술에 대한 믿음에서 유래하는 지방의 관습을 비난한다. 그들은 내셔널리즘·자본주의·사회주의에 대한 대안으로, 개인의 신앙과 집단생활을 동시에 충족시킬 전체주의적인 성격의 이슬람 사회의 형성을 기대한다. 이슬람 부흥운동가들은 이슬람을 개인과 사회의 모든 선(善)을 실현할 수 있는 포괄적이고 숭고한 생활방식으로 본다. 그들은 여성·교육·경제·사회구조·정부 등 개인과 사회의 모든 쟁점에 대한 해답을 이슬람에서 구함으로써, 이슬람이 모든 근대적인 요구에 부응할 수 있다는 사실을 증명하고자 한다. 이슬람 부흥운동가들은 아랍어와 코란 교육을 지원하고 정부가 이슬람에 기초한 정책을 추진할 것을 재촉한다. 세속주의에 환멸을 느끼고 외래의 가치가 아닌 토착적인 가치를 발견하려던 그들의 노력을 통해 이슬람 사회의 포스트모던한 개념이 정의되었다.

이슬람 부흥운동은 유토피아에 대한 열망 때문에 칼리프제라는 무슬림의 이상을 불러일으키기도 했지만, 여러 면에서 이 운동은 이슬람의 개념을 근대적 여건에 맞게 적응시키려는 새로운 시도이다. 신(新)이슬람 운동은 경전·율법·신학·신비주의 등의 전통적인 요소를 거의 배제하고 있다. 설령 이슬람 부흥이 과거의 개혁 노력에 그 뿌리를 두고 있다 하더라도, 오늘날 이 운동을 주도하는 세력은 울라마나 수피가 아니라 설교자들이다. 설교자들은 법학파나 수피형제단에 속해 있는 것이 아니라, 스터디그룹·스카우트·여성단체·체육클럽·기업·정당·민병대 등을 통해 조직화된다.

1970년대부터는 교육·포교·부흥운동에 종사하는 단체들의 역할이 더욱 중요해졌다. 와하비 운동은 서아프리카의 말리·기니·감비아·시에라리온·코트디부아르·세네갈·가나·부르키나파소에서 확산되고 있다. 나이지리아에서는 얀 이잘라가 이것을 대표한다. 남아시아에서는 파키스탄의 다와티 이슬람과 인도의 아홀리 하디스가 있다. 이집트의 자마트, 인도네시아의 무함마디야, 말레이시아이슬람청년운동도 비슷한 시각을 갖고 있다. 소련의 해체 이후 내륙아시아의 신생 독립국에서도 와하비 운동이 활발히 전개되고 있으며, 특히 체첸에는 샤리아가 적용되는 마을 규모의 이슬람 공화국이 세워지기도 했다. 요르단에서는 살라피 운동이 이슬람의 유일한 근원인 코란과 순나로 돌아갈 것을 촉구하면서, 가정과 모스크에서 비공식 스터디그룹·강좌·강연회를 조직하고 서점을 통해 책과 카세트테이프를 유포하고 있다. 이집트의 무슬림 형제단은 공식적인 자선단체·전문직단체·사회단체의 외곽조직으로 출발하여 마침내 정당으로 발전했다.

이들 이슬람 부흥운동단체들은 모스크와 학교, 공동체시설을 대거 건립해왔고, 집회·출판·대회를 후원하고 있다. 이런 노력의 결과 마드라사를 비롯한 이슬람 학교 졸업생의 수가 점점 증가했고, 이들은 여론을 주도하면서 교육·포교·정치분야의 간부로 활약하고 있다. 이 새로운 엘리트층은 서양식 교육 또는 전통식 교육을 받은 무슬림 지도자들에게 대항하고 있다. 사우디아라비아와 걸프 연안국들은 앞장서서 부흥운동을 지원해왔다. 수단과 리비아 등의 이슬람 국가들도 후원의 손길을 아끼지 않았다. 이란은 시아파의 활동을 지원하고 있다.

이슬람 부흥운동은 새로운 지지층을 찾아 저변을 확대하고 있다. 서아프리카에서는 상인·전문직종사자·이민자들이 이슬람 부흥운동을 지지하고 있다. 나이지리아의 카노에서는 도시의 이농인구가 종교교사를 중심으로 집단을 형성하고 노동자로서의 경제적 권익을 보장받기 위래 압력을 행사하고 있다. 말레이시아에서는 소지주들이 이슬람을 기치로 조직을 결성하고 자신들의 토지소유권을 박탈하려는 외부의 압력에 저항했다. 이집트·터키·이란에서는 새로운 기업으로 인해 생계를 위협받게 된 구세대의 직인과 상인 또는 서양식 교육을 받은 엘리트에게 밀려날 처지가 된 하급 이슬람 교사와 성직자들이 이슬람 부흥운동을 지지했다. 사회적으로는 운신이 자유롭지만 경제적으로 불안한 위치에 있는 학생·학자·기술자·중간급 관료·전문직 종사자 등의 신세대 지식인들도 부흥운동에 적극적으로 동참했다. 이집트에서는 이슬람 급진주의가 의학·공학·약학을 전공하는 학생들과 그 밖의 수준 높은 전공자들의 강력한 지지를 받았다. 터키의 경우 이슬람 학생단체와 정당은 공과대학에 세력을 구축했고, 사회주의 그룹은 인문대학을 장악했다. 이란에서는 혁명이 일어나기 전까지 학생들이 이란 내 이슬람 부흥운동에서 중요한 리더십을 발휘했다. 이들은 전통적인 공동체의 구성원과 교육적 배경이 달랐기 때문에 정치엘리트를 편들지 않았다. 생활의 근거를 상실한 농민이나 소상인과 마찬가지로, 새로운 지식층도 자신들의 삶을 위협하고 보다 완벽한 미래의 희망마저 앗아간 국내외 지배세력에 대한 적대감과 분노를 상징적으로 나타내기 위해 이슬람으로 돌아섰다.

개혁운동이 성장하자 덩달아 정치운동도 급성장했다. 상당수의 정치운동단체는 교육과 포교에 몰두하다가 영역을 확대했다. 정치단체를 지원하는 세력은 이슬람 사회를 건설하려면 교육만으로는 부족하며 정치권력을 획득할 필요가 있다고 생각했다. 정치적으로 적극적인 이슬람 운동단체들 중에는 여건만 허락한다면 기존의 정치시스템 안에서 경쟁을 통해 영향력과 유권자의 지지를 확보하는 민주적인 방식을 선호하는 단체들이 있었다. 예컨대 터키의 복지당과 그 후신인 미덕당, 튀니지의 안나흐다(르네상스)당, 이집트와 요르단의 무슬림 형제단, 파키스탄의 자마티 이슬라미, 말레이시아이슬람당(PAS), 인도네시아의 통일개발당(PPP), 그리고 그 밖의 정당들이 그런 단체이다.

이슬람 부흥운동이 일어난 지역에서는 예외없이 국가와 국민의 정체성에 변화가 일어났다. 국민 정체성을 이루는 종교적 요소와 민족적 요소 중에서 후자보다는 전자를 강조하는 나라가 적지 않다. 쿠르드인이나 베르베르인 사회에는 여전히 민족적 정체성이 강하게 남아 있지만, 인도네시아인·말레이시아인·이란인·터키인·이집트인·알제리인·튀니지인 등의 더 큰 무슬림은 정치적 요소나 민족적 요소보다는 이슬람적 요소에 더 큰 강조점을 두고 있다. 이들 사회에서는 정부가 대중의 압력에 밀려 이슬람에 대한 보다 긍정적인 태도를 취하고 기존의 세속화 정책을 완화하고 있다. 예를 들어 방글라데시인과 말레이인의 정체성은 이슬람을 강조하는 쪽으로 바뀌었고, 이에 상응하여 이들 나라의 정부는 스스로 이슬람의 후원자이자 지지자이자 보호자임을 천명했다. 인도네시아의 수하르토는 집권 마지막 10년 동안 무슬림 정서를 받아들이고 이슬람 운동단체를 자기편으로 만들려 했으며 정권이 이슬람의 후원자라고 인정했다. 줄피카르 알리 부토 대통령 이래 파키스탄의 역대 정권은 이슬람 시스템의 형성을 위해 다시 심혈을 기울였다. 아프가니스탄의 탈레반 정권은 2001년 후반에 무너지는 순간까지 이슬람 국가를 유지했다. 수단은 1999년 12월까지 하산 알 투라비와 국민이슬람전선의 통제 안에서 이슬람 국가를 공언했다. 모리타니는 샤리아를 유일한 법원(法源)으로 선포했고, 나이지리아는 무슬림의 요구에 따라 샤리아를 북부지역 여러 주정부의 법으로 공포했다. 이집트·모로코·요르단의 지도층은 이슬람에 대한 믿음을 재확인하는 동시에 이슬람 단체를 제도권으로 끌어들였다.

한편 폭력적인 수단으로 정권경쟁에 나선 이슬람 부흥 정치단체도 있다. 이란·아프가니스탄·이집트·알제리는 참혹한 내란을 겪었다. 수많은 분파들은 암살과 쿠데타, 관광객이나 소수자에 대한 공격을 통해 정권의 전복을 기도했다. 러시아의 점령에 맞선 아프가니스탄 전쟁에 참전한 후 귀향한 고참병사들이 과격한 신이슬람주의를 확산시켰다. 이들은 무슬림의 적을 배교자로 규정하고 정권을 장악하기 위해서는 폭력도 불사한다는 입장을 취했다. 이집트에서는 정부가 수십 년 동안

정권탈취와 이슬람화를 기도해온 무장세력을 제압한 것으로 보이지만, 이슬람 지하드 운동단체를 비롯한 테러 집단은 여전히 암약하고 있다. 알제리에서는 군부가 나서서 이슬람해방전선(FIS)과 이슬람무장집단(GIA)의 폭동을 대부분 진압했다. 인도네시아에서는 수하르토 정권이 붕괴된 뒤에 과격한 소규모 이슬람 단체가 우후죽순으로 생겨났다. 이들은 외곽 도서의 분리운동을 지원하면서 그리스도 교도를 상대로 전쟁을 벌이고, 이슬람 윤리를 실현하기 위한 이슬람 국가의 건설을 요구하고 있다. 라스카르 지하드, 알라의 군대, 이슬람청년전선 등이 대표적인 단체이다. 우즈베키스탄과 타지키스탄에서는 우즈베키스탄이슬람운동과 이슬람르네상스당이 정부를 약화시키고 있다.

호전적이고 폭력적인 이슬람 운동은 일반적으로 반식민투쟁 속에서 등장한다. 아프가니스탄에서는 이슬람 단체들이 소련에 대항하여 기나긴 투쟁을 성공으로 이끌었으나, 그후 이들 단체 사이에 투쟁이 벌어져 결국은 탈레반에 의해 모두 와해되었다. 체첸에도 러시아의 지배에 저항하는 수많은 단체가 있는데, 러시아는 막대한 비용이 들어가는 전면적인 군사적 점령을 통해 지배권을 유지하고 있다. 카슈미르에서는 히즈불 무자히딘을 비롯한 여러 집단이 인도의 지배에 항거하여 테러를 감행하고 있다. 또한 필리핀에서는 모로이슬람해방전선과 아부사이야프 그룹이 자치권을 획득하기 위해 투쟁하고 있다. 히즈불라와 하마스, 팔레스타인 이슬람 지하드는 이스라엘을 상대로 투쟁하고 있다. 신장성에서는 중국정부에 대한 저항이 계속되고 있다.

무슬림과 비무슬림이 공존하는 나라에서는 정치투쟁, 폭동과 시위, 심지어 내전까지 벌어지고 있다. 레바논과 나이지리아에서는 무슬림과 그리스도 교도 사이에 전투가 벌어졌고, 수단에서는 무슬림과 아랍인이 지배하는 북부가, 그리스도 교도와 정령숭배자가 많이 사는 남부를 지배하기 위해 내전을 일으켜 대량학살을 초래했다. 차드와 에티오피아에서도 무슬림과 그리스도 교도 사이에 긴장이 고조되고 있다. 바레인·이라크·사우디아라비아에서는 순니파와 시아파의 대립이 무력투쟁 양상을 띠고 있다.

이슬람 부흥운동은 20세기 후반의 특기할 만한 현상이지만, 어떻게 보면 오랜 기간에 걸쳐 형성된 이슬람의 역사를 반영한 것이기도 하다. 9세기 이후 이슬람 사회에서는 사실상 국가와 종교가 분리되어 왔다. 역사적으로 살펴보면 이슬람 사회에서 국가는 권력을 행사하는 세속적인 기구인 동시에 이슬람 생활방식을 보호하고 계도하고 육성하는 역할을 맡았다. 오늘날의 이슬람 국가는 바로 이런 역사적 전통을 이어받은 것이다. 국가가 세속적인 형태를 갖추면 정치적·경제적 기능을 수행하는 데 부족함이 없다. 또한 정치엘리트의 마음을 사로잡은 내셔널리즘은 반식민운동과 국가의 형성, 이슬람 국가의 정당화에 크게 기여했다. 그러나 내셔널리즘 이데올로기는 초월적인 종교적 호소력이 부족했고 무슬림의 정치적 충성심을 확보하는 데 실패했으며 무슬림에게 희망찬 미래의 청사진을 제시하지도 못했다. 이슬람은 이슬람대로 수 세기에 걸쳐 개인의 행동과 소규모 공동체의 생활을 지배하는 원리로 작동해왔지만, 국가에 대해서는 간접적인 영향력밖에 행사하지 못한 것이 사실이다. 그럼에도 불구하고 무슬림은 개인과 소규모 공동체뿐 아니라 국가도 이슬람의 원리에 의해 지배되는 이상적인 세계—하나로 통합된 이슬람 세계—를 갈망하고 있다. 이슬람 부흥운동단체의 일차적 목표는 도덕과 사회의 개혁이지만, 그 계획 안에는 국가권력의 장악이라는 이상이 숨어 있는 것이다.

따라서 이슬람 부흥운동은 종교와 정치의 통합이라는 이슬람의 전통을 되살리고 있다. 이 같은 전통은 농촌의 종족공동체와 부족사회뿐 아니라 도시의 노동계급과 중산층의 담론이 되고 있다. 과거에는 국가나 제국이 종교의 이름으로 정통성을 확보했고 무슬림의 종교적 이익과 이슬람법을 수호했으며 종교지도자들은 정치와 거리를 두었다. 이와는 대조적으로 신이슬람 운동은 종교적 믿음과 연대의 힘을 정치에 집중시키고 있다. 오늘날에는 종교적 감정이 정치적 대의(大義)에 대한 완전한 헌신의 토대가 되고 있다. 종교와 정치의 융합은 고전적인 이슬람의 이상이지만, 최근에 다시 이 두 가지가 합쳐지고 있다.

초국적 이슬람

또한 이슬람 부흥운동의 대두 덕분에 이슬람 신앙의 공통적인 특징들이 전세계적으로 널리 알려졌고, 무슬림의 공감대와 일체감이 점점 보편성을 띠게 되었다. 이슬람의 부흥은 이슬람의 참된 실천을 위한 종교교육의 강화, 칼리프제 또는 글로벌한 이슬람 사회의 창출, 그리고 비이슬람—특히 서양의 그리스도 교도와 유대인— 문화에 대한 이슬람의 승리를 비롯해서 다양한 목표에 헌신하는 초국적인(또는 국제적인) 이슬람 운동단체들을 강화해왔다.

초국적인 이슬람은 점점 보편화되고 있는 이슬람 정체성의 형태로 자신을 입증한다. 커뮤니케이션·미디어·여행·이민을 통해 세계가 더욱 가까워지면서 국가와 민족의 개별적인 전통을 초월하는 하나의 이슬람이 어느 곳에서나 비슷한 방식으로 실천될 가능성이 커졌다. 하즈 즉 순례는 여전히 이슬람 정체성의 대표적인 예로 남아 있지만, 최근에는 샤리아의 원칙으로 복귀하려는 정서가 갈수록 큰 힘을 얻고 있다. 무슬림 소수자의 위상이나 아프가니스탄·팔레스타인·보스니아·체첸 등지의 갈등에 전세계 무슬림의 관심이 집중되면서, 정치적인 경계를 초월한 무슬림의 일체감이 생겨나고 있다. 글로벌한 일체감은 특히 유럽과 미국의 무슬림 청년들에게 중요해지고 있다.

이런 정서는 조직화된 초국적 이슬람 운동단체의 확산에 의해 더욱 강화되고 있다. 이런 단체로는 이슬람세계연맹 같은 출판과 선전에 주력하는 기구, 또는 코란 연구를 추진하는 이슬람소명회(ICS), 타블리기 이슬람 같은 포교(다와) 단체, 그리고 사하라 이남 아프리카의 카디리야 교단이나 티자니야 교단 같은 수피형제단을 들 수 있다. 또한 무슬림은 행, 무슬림청년세계회의, 무슬림소수자문제연구소, 국제적인 연결망을 갖춘 각국의 이민공동체 등의 다양한 조직도 글로벌한 현상의 일부이다. 이 조직된 초국적 집단들은 대부분 종교단체의 형태를 갖추고 있다.

은행은 세계적인 금융시스템의 일부를 구성하는 만큼 특별한 의미를 갖는다. 이슬람 은행 역시 투자를 하고 국제적인 금융거래에 참여한다. 하지만 이슬람 은행은 이자 수수를 금하는 샤리아의 원칙에 따라 공동출자회사로 조직된다. 예금자가 고정금리를 받는 것이 아니라 은행의 투자수익을 나눈다는 개념이다. 대출을 받는 사람도 이자를 지급하는 것이 아니라 은행의 지분에 참여한다. 하지만 일반은행과의 경쟁을 통해 이슬람 은행도 점차 현실적인 방향으로 변해가고 있다. 은행에 돈을 맡길 경우 사전에 이자율을 제시하지는 않지만 시간의 경과에 따른 돈의 가치를 고려하며, 대출도 변제액수를 사전에 정하는 식으로 바뀌었다. 또한 많은 은행은 서양인 펀드매니저를 고용하여 국제시장에 투자하고 있으며, 이슬람 학자로 구성된 이사회는 감독기능을 수행한다. 서양의 은행들도 이슬람 국가에 지점을 설치하고 있다. 이슬람의 은행업은 글로벌한 현상이지만, 자기동일성을 갖는 무슬림 대중을 위한 마케팅 계획에 훨씬 더 많은 비중을 두고 있다.

그러나 보편적인 이슬람에는 상당한 제약이 있다. 글로벌한 무슬림 정체성의 함의가 반드시 조직적인 집단행동을 나타내는 것은 아니다. 무슬림은 세계적인 유대를 형성하고 있지만, 그들이 추구하는 종교생활의 핵심은 여전히 정치가 아니라 예배·토론·상호부조·교육·자선 등 지역 차원의 공동체 활동이다. 게다가 국제적으로 활동하는 많은 단체도 실제로는 국민국가의 후원을 받는 입장에 있다. 예컨대 세계적인 조직을 갖추고 구호활동과 정치적 개입을 하는 이슬람회의기구와 이슬람 개발은행은 다수 국민국가를 대변하는 집단적인 기구이다. 무슬림세계 연맹은 사우디아라비아의 후원을 받고, 이슬람사명회는 리비아의 지원을 받는다. 이흐완 알무슬리민(무슬림의 형제들)이나 자마티 이슬라미 같은 단체는 여러 나라에 지부를 두고 지식이나 논리나 재정 면에서 서로 도움을 주고 있지만, 모국의 정치적인 틀 안에서 독립적으로 움직인다. 전세계 무슬림의 형제의식이 강력하고 종교적인 목적을 위해 활동하는 국제적인 단체의 수도 많지만, 대부분의 이슬람 정치집단은 사실상 국민국가 안에서 지방화되어 있다. 정치적인 차원에서는 이슬람 보편주의와 국민국가 특수주의가 서로 반대되는 것이 아니라 오히려 합일을 이룬다.

초국적 군사조직과 테러조직

보편적인 혹은 초국적인 이슬람 운동단체는 성장함에 따라 폭력성을 갖는다. 많은 나라에서 이슬람 저항세력은 1980년대와 1990년대에 때로는 정당의 형태로, 또는 이슬람-내셔널리즘 이데올로기를 창출함으로써, 또는 이슬람 국가를 선언함으로써 각국의 정치시스템에 흡수되었다. 터키·말레이시아·인도네시아의 이슬람운동단체들은 정치시스템에 들어가게 되었다. 사우디아라비아·이집트·알제리의 이슬람 무장세력은 완전히 제거되지는 않았지만 정치적인 역할을 하기 어려울 정도로 파괴되었다. 신이슬람 운동은 대체로 파괴되거나 기존의 정치시스템에 흡수되었는데, 그후 두 개의 선택지가 있었다. 하나는 지속적인 교육사업·개혁운동·살라피 운동을 통해 평화적인 방법으로 내부로부터의 변용을 꾀하는 방안이었다.

두 번째 방안은 알제리·이집트·레바논·팔레스타인·수단·체첸·아프가니스탄·카슈미르·파키스탄·필리핀·말레이시아·인도네시아의 반

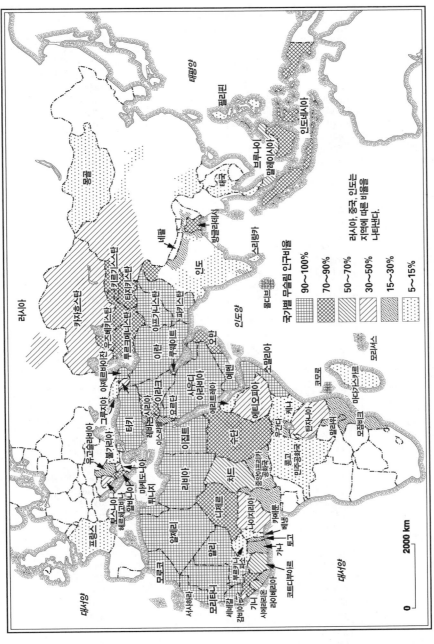

국가별 무슬림 인구의 비율

지도 39

표18

나라별 무슬림 인구[1]

국명	총인구(천 명)	기준일	무슬림 비율(%)	무슬림 인구(천 명)
아프가니스탄	25,889	1997	99	25,630
			84 순니	21,750 순니
			15 시아	3,880 시아
알바니아	3,490	1995	70	2,440
알제리	30,554	1990	99.5	30,400
아르메니아	3,810		43	164
오스트리아	8,091	1995	2.1	161
아제르바이잔	8,051	1995	93.4(대부분 시아)	7,520
바레인	691	1991	81.8	560
			61.3 시아	420 시아
			20.5 순니	140 순니
방글라데시	129,194	1991	88.3	114,080
벨기에	10,249	1995	2.5	256
베냉	6,396	1992	20.6	1,318
World Fact Book			10.0	640
보스니아와 헤르체고비나	3,836	1999	43	1,650
브루나이	336	1991	67.2	226
불가리아	8,172	1995	13.1	1,070
부르키나파소	11,946	1994	50	5,970
부룬디	6,055	1990	1.6	97
World Fact Book			10.0	605
카메룬	15,422	1990	21.8	3,360
캐나다	30,770	1991	0.9	290
중앙아프리카 공화국	3,513	1995	15	530
차드	8,425	1993	53.9	4,540
중국	1,265,207	1980	1.4	18,000
World Fact Book			2∼3	25,236∼37,584
코모로	578	1995	99.3	574
콩고 민주공화국	51,965	1995	1.4	730
World Fact Book			10	5,196
크로아티아	4,252	1997	1.3	50
키프로스 공화국	192	1996	96.4	184
덴마크	5,339	1995	1.5	180
지부티	451	1995	97.2	440
이집트	65,871	1990	90	59,284
World Fact Book	68,359		90	61,523
에리트레아	4,136	1995	69.3	2,870
에티오피아	64,117	1994	32.9	21,094
World Fact Book			45∼50	32,058
피지	819	1986	7.8	64
프랑스	58,835	1997	5.5	3,240
감비아	1,367	1993	95	1,300
그루지야	5,020	1995	11	550
독일	82,225	1995	2.4	1,973
가나	19,534	1991-2	14.4	2,812

1. 이 표의 수치는 *Britannica Book of the Year 2001* (Encyclopedia, Inc., Chicago, London 2001)에서 인용했다. *World Fact Book, 2001* (CIA)에 나오는 수치를 병기한 것은 양 자료 사이에 큰 차이가 있는 경우이다. 두 자료 모두 일관성이 부족하므로 신중하게 이용해야 한다.

국명	총인구(천 명)	기준일	무슬림 비율(%)	무슬림 인구(천 명)
World Fact Book			30	5,860
그리스	10,562	1995	1.3	140
기니	7,466	1983	86.9	6,350
기니비사우	1,286	1992	46	590
가이아나	792	1995	9	71
인도	1,014,004	1995	12	121,680
			9 순니	91,000 순니
			3 시아	30,000 시아
인도네시아	209,342	1990	87.2	182,546
이란	67,704	1996	99.6	67,433
			93.9 시아	63,547 시아
			5.7 순니	3,859 순니
이라크	22,676	1994	97	21,995
			72.5 시아	14,170 시아
			34.5 순니	7,820 순니
이스라엘	6,107	1999	14.9	910
이탈리아	57,723	1996	1.2	700
코트디부아르	15,981	1988	38.7	6,180
World Fact Book			60	9,588
요르단	4,982	1995	96.5	4,810
카자흐스탄	14,913	1995	47	7,010
케냐	30,340	1995	6	1,820
쿠웨이트	1,984	1995	85	1,686
			45 순니	893 순니
			40 시아	793 시아
키르기스스탄	4,895	1997	70	3,426
레바논	3,578	1995	55.3	1,980
			34 시아	1,220 시아
			21.3 순니	760 순니
라이베리아	3,164	1995	16	506
리비아	5,115	1995	97	4,960
마케도니아	2,041	1995	30	610
마다가스카르	15,506	1997	7	1,090
말라위	10,386	1995	20	2,080
말레이시아	23,260	1980	52.9	12,300
몰디브	285		100	285
말리	10,686	1995	90	9,620
모리타니	2,668	1994	99.5	2,650
모리셔스	1,184	1990	16.3	190
몽골	2,399	1995	4	100
모로코	29,067	1995	99.8	29,008
모잠비크	19,105	1995	28.2	5,390
World Fact Book			20.0	3,820
미얀마(버마)	41,735	1983	3.8	1,600
네팔	24,702	1991	3.5	870
네덜란드	15,896	1997	4.3	690
니제르	10,076	1995	88.7	8,940
나이지리아	123,338	1995	43	53,035
World Fact Book			50	61,669
오만	2,416	1993	87.7	2,120

국명	총인구(천 명)	기준일	무슬림 비율(%)	무슬림 인구(천 명)
파키스탄	141,553	1993	95	134,475
			75 순니	106,170 순니
			20 시아	28,310 시아
필리핀	76,320	1996	4.6	3,490
카타르	599	1995	95	570
루마니아	22,435	1992	0.2	45
러시아	146,001	1995	10	14,600
르완다	7,229	1996	1	70
사우디아라비아	22,024	1992	96.6	21,275
			93.3 순니	20,550 순니
			3.3 시아	725 시아
세네갈	9,987	1988	92	9,190
시에라리온	5,233	1993	60	3,140
싱가포르	3,278	1995	14.9	489
소말리아	7,253	1995	99	7,240
남아프리카 공화국	43,421	1991	1.1	477
스페인	40,128	1995	1.2	460
스리랑카	19,246	1981	7.5	1,450
수단	35,080	1992	72	25,258
수리남	431	1995	19.6	85
시리아	16,306	1992	86	14,023
			74 순니	12,066 순니
			12 시아	1,957 시아
타지키스탄	6,312	1995	85	5,370
			80 순니	5,050 순니
			5 시아	320 시아
탄자니아	35,306	1997	37	13,060
태국	62,423	1996	5.3	3,308
토고	5,019	1993	15	750
튀니지	9,593	1995	99.5	9,540
터키	65,667	1994	99.8	65,535
			80 순니	52,533 순니
			19.8 시아	3,002 시아
투르크메니스탄	4,885	1995	87	4,250
우간다	23,318	1995	16	3,731
아랍에미리트	3,022	1995	96	2,901
			80 순니	2,417 순니
			16 시아	484 시아
영국	59,714	1995	2.6	1,552
미국	275,372	1995	1.9	5,232
우즈베키스탄	24,756	1995	88	21,790
예멘	17,479	1995	99.9	17,460
			60 순니	10,487 순니
			40 시아	6,974 시아
유고슬라비아	10,662	1995	19	2,030
잠비아	9,582	1995	1	95
계				
최소	1,270,735			
최대	1,324,393			

식민투쟁을 지원하는 것이었다. 소련과의 아프가니스탄 전쟁에 참전한 비아프간인 '아프간 전사들'이 새로운 정치운동세력으로 등장했다. 이들은 한 지하드에서 또 다른 지하드로 이동하면서 활동하는 초국적 무슬림으로 전투인력, 군수물자, 자금, 조직력을 상호 제공했다. '아프간 전사들'은 사우디아라비아와 파키스탄의 정보기관, CIA가 지원하는 무자히딘 캠프에서 훈련을 받았다. 소련과의 전쟁을 위해 훈련받은 이 전사들은 걸프전에서는 이라크를 지원하고, 알제리에서는 이슬람무장집단(GIA) 편에 섰으며, 카슈미르의 하라카트 알안사르와 예멘 지하드의 활동에 동참했다. 또한 필리핀·체첸·이집트·보스니아의 과격세력과도 손을 잡았다. 사우디아라비아·이집트·알제리의 불만분자들도 국제적인 지하드에 동참했는데, 그들 중 일부는 자국 내에서 반정부운동을 전개한 전력이 있었다. 일부 무장조직은 유럽과 미국에서 활동했다. 무장조직들은 대부분 특별한 소속이 없으며, 일부 조직만이 이집트의 저주와 추방(탁피르왈히즈라) 또는 알제리의 살라피스트 그룹(GSPC)에 속해 있다. 이슬람 세계의 부패정권에 대한 국제적 지지자가 미국이라는 근거를 들어 반미투쟁을 벌이는 단체도 있다. 1993년 뉴욕 세계무역센터 폭파, 탄자니아와 케냐 주재 미국대사관 폭파, 아덴 항에 정박 중이던 미 해군 구축함 콜 호 공격, 2001년 9월 11일에 발생한 뉴욕 세계무역센터와 펜타곤에 대한 비행기 납치 자살공격은 서양의 최강국 미국을 상대로 한 세계적인 지하드의 사례이다.

　알카에다 네트워크의 조직자 오사마 빈 라덴이 이런 살육의 배후조종자로 지목되고 있다. 빈 라덴은 그리스도 교도와 유대인에 대항하는 세계 이슬람 전선을 이끌고 있으며, 적대국 정부의 전복과 이슬람 정권의 수립을 목표로 내세우고 있다. 빈 라덴은 사우디아라비아에 주둔한 미군의 추방을 주도하고, 미국과 그 동맹국의 폭격으로부터 이라크 사람들을 보호하고, 팔레스타인인의 대(對)이스라엘 투쟁을 지원하고,

세계 도처에서 벌어지는 이슬람 운동을 지원하고 있다. 특히 그는 전세계의 압제정권과 비이슬람 정권을 지원한다는 이유로 미국을 주적으로 삼고 있다. 지하드주의자들은 아프가니스탄에서 소련에게 승리를 거둔 데 고무되어 미국을 비난하고 이슬람 세계에서 추방하는 데 힘을 모으고 있다. 빈 라덴은 모든 무슬림이 총궐기하여 미국인(군사요원이든 민간인이든)과 그 동맹국에 맞서서 지하드를 벌이자고 촉구한 바 있다.

그러나 빈 라덴의 역할은 명확하지 않다. 그가 직접 현장을 지휘하는 것으로 보이지는 않는다. 오히려 이슬람주의 투사들을 고무하는 영웅, 그들의 불만을 표명하는 대변인, 지하드의 최고이론가, 테러리스트의 훈련을 조직하는 책임자 등의 역할을 하고 있는 것으로 보인다. 빈 라덴은 지하드 운동그룹에 자금을 제공하고 이를 통해 무장집단의 활동을 조정하는 중요한 역할을 해왔다. 그는 2001년 12월에 탈레반 정권이 미국과 아프간 북부동맹에 의해 무너질 때까지 탈레반에 군사적·재정적 지원을 했으며, 그 보답으로 탈레반은 빈 라덴에게 은신처를 제공했다. 빈 라덴의 활동에 대응하여 미국은 테러조직의 네트워크를 분쇄하기 위해 글로벌한 노력에 착수했다.

당대 이슬람 세계에서 테러리즘은 양의성을 갖는다. 대부분의 무슬림은 그들의 이름으로 테러가 행해지는 것을 비난한다. 그러나 무장 과격파는 미국의 정책에 대한 무슬림의 불만을 선명하게 대변하기 때문에 폭넓은 지지를 얻고 있는 것도 사실이다. 과격파는 개혁된 진정한 이슬람의 가르침을 전하며 학교·모스크·진료소·사회사업단체·구호기관·자선단체를 설립하고 있는 정치단체나 공동체 조직과도 신념을 공유하고 있다. 전세계적으로 이슬람 포교·교육·자선활동이 전개되고 있고 와하비 운동이나 살라피 운동도 확대되고 있다. 사우디아라비아와 걸프 연안국들은 이들의 활동을 재정적으로 지원하고 있으며, 여타 중동 국가들은 교사·포교사·조직책을 파견하고 있다. 테러리즘은 비이슬람적인 것으로 비난을 받지만, 테러리스트의 폭력은 간접적으로는 이슬람 신앙과 관행, 그리고 이슬람의 영역 확장을 추진하는 광범위한 운동의 극단주의적인 표현이다.

극단주의적인 이슬람 정치운동의 등장은 몇 가지 점에서 지난 세기에 전개된 역사적 과정의 산물이다. 이슬람은 대다수 무슬림이 지니고 있는 다층적인 자의식의 일부이다. 즉 가족·마을·후원네트워크·씨족·부족·언어집단·종파·정치단체의 일원이라는 복수(複數)의 정체성에 이슬람이 결합된 것이다. 이렇게 복잡하게 뒤섞인 정체성은 정치적 행위가 극단으로 흐르지 않게 하는 요인이었다. 그러나 소규모 공동체의 전통은 파괴되었고, 각 민족은 정치투쟁에 동원되는 획일적인 대중으로 환원되고 말았으며, 울라마와 수피의 권위는 실추되었고, 과격한 종교지식층이 출현했으며, 미디어와 이민이 글로벌한 영향을 미쳤다. 이런 환경에서 많은 사람들은 이슬람과 세속적인 국민국가의 세계라는 양자 사이에서 부득이 한 가지 정체성을 선택해야 했다. 결국 이런 양극화가 전세계에 재앙적인 결과를 초래하기 시작했던 것이다.

국가와 이슬람 사회 사이의 관계에서 볼 수 있는 당대의 유형

국가, 비정치적인 이슬람 종교단체, 이슬람 정치집단 사이의 관계는 나라마다 천차만별이다. 이런 편차는 각 사회에서 국가와 종교단체가 형성된 역사적 과정, 그리고 19세기와 20세기 초에 정치지도자, 종교엘리트, 지식인 사이에서 벌어진 갈등의 양상과 밀접한 관계가 있다.

대부분의 이슬람 사회는 두 차례에 걸친 세계대전 이후에 독립국가를 건설했다. 신생국들은 고도로 세속화된 정권과 비정치적인 무슬림

표19

지역별 무슬림 인구

지역	무슬림의 수	총 인구에 대한 무슬림의 비율	무슬림이 사용하는 주요 언어
아랍국가들 아라비아, 비옥한 초승달지대, 이집트, 수단, 마그리브(리비아에서 모로코까지)	약 284,000,000	대다수가 무슬림. 많은 나라에서 그리스도 교도가 소수자	아랍어(다양한 방언 포함), 일부는 베르베르어
이란 고원지대 이란(맞 아제르바이잔), 아프가니스탄, 타지키스탄	약 106,000,000	거의 전 인구가 무슬림이고 일부가 그리스도 교도, 유대인, 조로아스터 교도	페르시아어, 파슈토어, 발루치어, 쿠르드어, 타지어
터키와 남동 유럽 터키(아나톨리아), 발칸, 크림	약 74,000,000	터키는 무슬림이 다수자, 그 밖의 지역은 그리스도 교도가 다수자이고 무슬림이 소수자	터키어, 슬라브어, 알바니아어, 일부는 그리스어
내륙아시아 볼가 강 유역, 시베리아: 카자흐스탄, 우즈베키스탄, 투르크메니스탄, 키르기스스탄 등	약 12,000,000	볼가 강 유역과 카자흐스탄은 무슬림이 다수자, 그 밖의 지역은 무슬림이 다수자이지만 최근에는 러시아인이 대가 유임	터키어(다양한 방언)
인도 아대륙 파키스탄, 방글라데시, 인더스 계곡, 갠지스 평원, 비핫, 남인도, 실론	약 317,000,000	파키스탄과 방글라데시에서는 무슬림이 다수자이고 그 밖의 지역은 힌두, 그리스도 교도, 시크 교도에 둘러싸인 소수자, 인도 전체 인구의 약 25%가 무슬림	우르두어, 펀자브어, 카슈미르어, 벵골어, 구자라트어, 신드어, 타밀어, 말라얄람어
말레이시아와 인도네시아 바마에서 인도네시아와 필리핀까지	약 204,000,000	도서 지역에서는 무슬림이 대다수: 인도차이나 반도에서는 불교도, 힌두 교도, 그리스도 교도에 둘러싸인 소수자	말레이어(인도네시아어), 수단어, 자바어
중국 모든 성(省), 특히 간쑤, 윈난, 신장	약 18~35,000,000	불교도와 도교 신자에 둘러싸인 소수자	중국어, 터키어
사하라 이남 아프리카 동부 해안지역, 서·중앙 수단 외	약 1,300,000	대부분의 지역에서 무슬림이 압도적인 다수자, 정령신앙과 그리스도교의 확산	스와힐리어, 하우사어, 소말리어 등
서유럽	약 9,000,000	소수자	다양
북아메리카	약 5,500,000	소수자	다양

자료출처: M. G. S. Hodgson, *Venture of Islam*, Chicago, 1974. *Britannica Book of the Year 2001* 인구통계(Encyclopedia Britannica, Inc., Chicago, London, 2001)

공동체생활을 배경으로 자치의 시대를 시작했다. 당시에는 신이슬람 운동이 그다지 활발하지도 않았고, 이슬람이 국가의 정체성 형성에 크게 영향을 미치지도 않았다. 1970년대 이후 이슬람 부흥운동과 정치운동이 확산된 뒤에도 터키·튀니지·세네갈·이집트는 일부를 양보하기는 했지만 기본적으로 세속적인 정체성을 유지해왔다. 알제리는 이슬람을 국민적 정체성으로 수용하면서도 반(反)이슬람 정책을 채택한 모순적인 국가이다. 말레이시아·인도네시아·말리·모리타니·방글라데시 등은 이슬람-내셔널리즘 정체성을 통합해왔다. 오랫동안 이슬람 정체성을 유지한 사우디아라비아와 모로코 외에 이란·리비아·파키스탄·수단·아프가니스탄이 이슬람 국가를 선포해왔다. 지금부터는 몇몇 사례를 통해 이런 변화의 추이를 검토하고, 그것이 과거의 제도나 문화와 어떤 관련이 있는지 살펴볼 것이다.

세속화된 국가와 이슬람 사회: 터키·튀니지·세네갈

터키는 세속화된 이슬람 사회의 원형이다. 터키는 공공생활에서 이슬람을 해체하고 다원적인 정치시스템을 만들어냈다. 그러나 여러 면에서 근대의 발전형태는 오스만 제국에 의존한 것이다. 18세기에 오스만 제국은 중앙집권체제를 구축하고 이슬람의 차원에서뿐만 아니라 세속적 차원에서 정통성을 확보했으며 순니파 종교조직을 통합하여 체제 안에 끌어들였다. 관료행정과 밀레트 제도, 길드를 통해 오스만 정권은 전근대 이슬람 사회에서는 유례를 찾아볼 수 없을 만큼 강력하게 신민을 지배할 수 있었다. 18~19세기에 오스만 사회는 엄청난 변화를 겪었지만, 오히려 이런 변화를 통해 국가지배의 패턴을 20세기로 옮겨갈 수 있었다. 나라 안팎의 압력에 직면한 오스만의 엘리트는 군사력을 증강하고 관료조직을 합리적으로 개선하며 중앙정부의 권위를 강화하고 중앙집권국가의 유지에 필요한 사회적·문화적 변화를 수용하는 서양식 근대화 작업에 착수했다. 이런 개혁을 통해 군사·의학·공학·외교를 전공한 대학졸업생들이 새로운 지식층으로 등장했고, 이들의 뒤를 이은 세대는 훨씬 더 급진적인 개혁 프로그램을 채택했다. 제1차 세계대전이 발발할 무렵 정권을 잡은 청년터키당은 이슬람을 거부하고 철저한 세속화를 추진했다. 이 엘리트집단의 일부는 제1차 세계대전 패배 이후 무스타파 케말을 도와 터키 공화국을 수립했다.

오스만의 종교엘리트는 유럽의 개입에 대해서도, 세속적인 국민국가를 건설하려는 정치엘리트의 결의에 대해서도 효과적인 대응책을 내놓지 못했다. 그들은 국가에 종속되어 있었고, 수세기 동안 무슬림의 보호자를 자처해온 전사국가 오스만 제국에 헌신해왔다. 오스만의 상인계층도 정치권력을 다툴 만큼 힘 있는 세력으로 발전하지 못했다. 따라서 서양화된 정치집단이 주도한 터키 공화국의 수립과정에 울라마의 의견이나 무슬림 대중의 정서가 반영될 여지는 없었다.

터키 공화국은 오스만 제국의 유산, 즉 중앙집권정부, 유능한 군사지도력, 19세기의 개혁과 근대화, 장교·행정관료·엔지니어·전문기술자·학자로 구성된 지식층을 고스란히 물려받았다. 근대 터키는 탄탄한 국가구조와 국가통제사회에 대한 강력한 열정을 갖고 출범했다. 이 신정권은 전통적인 종교조직과 이슬람의 정체성을 묻어버리는 방식으로 터키 사회와 문화를 변용시켰다. 터키는 1920년대와 1930년대에 근대적인 산업경제의 기반을 마련했고, 대중을 공화정체제의 문화적 틀 안에 흡수했다. 또한 일반인과 이슬람의 연결고리를 차단하고, 인민대중을 서양의 세속적인 생활방식으로 유도했다. 경제발전과 함께 사회구조가 좀 더 분화되어 기업가·공장관리인·농촌지주·부농·기술자·산업노동자·지식인 같은 새로운 집단이 생겨났다. 제2차 세계대전 이후 터키는 정당과 선거제도, 의회정부를 갖추었으나 실권은 군부에게 있었다. 군부는 1960년과 1970년, 1980~1983년에 정치에 개입했다. 군부가 정권을 장악하고 있던 1982년에 새로운 헌법이 제정되었다. 군부는 신헌법에 의거하여 국가를 지휘할 공식 통로인 국가안보평의회를 설치했다.

하지만 상명하달식 문화변혁은 사회에 깊이 침투하지 못하고, 국가를 근대화된 도시엘리트와 농촌대중으로 양분하는 결과를 초래했다. 농촌대중은 여전히 이슬람에 강한 충성심을 보였다. 국가는 세속화되었지만 터키의 전 주민은 계속해서 자신들을 무슬림으로 인식했으며, 공화제가 실시된 기간 내내 모스크에서 예배를 드리고 성묘에 참배했다. 1960년대와 1970년대에는 종교단체와 정당을 중심으로 국가와 사회를 다시 이슬람 체제로 되돌리려는 노력이 확산되었다. 사이드 누르시가 설립한 운동단체, 낙슈반디야 교단, 국민구제당은 이슬람 국가의 재건을 표방하고 세력을 확장했다. 1980년대와 1990년대에 국가는 이슬람 법정과 와크프, 이맘의 교육을 통제함으로써 재차 이슬람을 제도권에 흡수하려고 했다. 외잘 대통령은 이슬람 단체의 활동을 용인했다. 그러나 이슬람에 대한 국가의 관용은 오히려 이슬람 저항세력의 성장을 부추겼을 뿐이다. 국민구제당의 후신이며 네지메틴 에르바칸이 이끌던 복지당은 학생, 소도시 상인, 지방 기업인, 대도시 이농인구의 지지로 20%의 득표율을 기록함으로써 1996~1997년에 터키의 총리가 되었다. 그는 1997년에 군부에 의해 축출되었다. 복지당은 해산되었고, 그 후신인 미덕당에 대한 지지는 10%에 그쳤다. 군부는 이슬람 정당들을 급진적인 '이란식' 혁명을 일으켜 아타튀르크가 세운 세속적인 터키 공화국을 파괴하려는 위협요소로 간주했다. 이슬람 정당은 당대 터키 사회의 불공평한 자원과 권력의 배분에 불만을 품은 자작농, 소도시의 기업가, 경건한 무슬림, 쿠르드족을 대변했다.

터키 정부는 자치와 독립을 요구하는 쿠르드족을 억압하기 위해 오랫동안 전쟁을 벌여왔다. 현재로서는 쿠르드족을 억누르는 데 성공한 것으로 보인다. 하지만 투쟁이 장기화되고 터키 사회가 세속주의자·이슬람주의자·쿠르드족으로 분열되면서 국민적 정체성이 문제로 부각되고 있다. 군부가 무슬림과 쿠르드족의 정치적·문화적 요구를 거부하는 이면에는 터키 국민이 단일하고 균질적인 통일체라는 인식이 자리하고 있다. 터키의 내셔널리스트들은 소수자의 권리 또는 복수의 민족적·문화적 정체성을 인정하지 않는다. 정부의 억압적인 정책과 그 권위에 대한 쿠르드족과 이슬람의 도전으로 인해 터키는 정치적 정체성의 위기에 처해 있다. 민주사회를 지향할 것인가 아니면 군사지배체제를 유지할 것인가? 터키는 균질적이고 통일된 세속사회인가, 아니면 이슬람 사회인가? 그렇지 않으면 자치를 누리는 민족적·종교적 하위공동체를 인정할 수 있는 다원주의적 사회인가?

튀니지 역시 오스만 제국의 유산을 물려받고, 세속적인 국민적 정체성의 경향을 보여준다. 튀니지는 터키와 마찬가지로 19세기에 강력한 중앙정부를 구성하고 울라마를 국가에 흡수했으나, 상업경제가 무너지고 외채가 불어나 1881년에 프랑스 보호령이 되었다. 1920년대에는 프랑스식 교육 또는 이슬람 교육을 받은 관료와 지식인들이 이슬람 개혁주의와 입헌제를 기치로 내걸고 프랑스의 지배에 저항했으나 정치적 목적을 이루지 못했다. 1930년대에는 사회적 신분상승을 꿈꾸는 사힐 지역의 프랑스 유학파 지식인과 아랍 지식인들이 데스투르당을 장악했다. 구세대 엘리트에 대한 반대와 독립을 앞세운 내셔널리즘적 레토릭은 이슬람 개혁주의의 자리를 빼앗았다. 1956년에는 부르기바가 이끄는 데스투르당이 정권을 잡았고, 이들은 내셔널리즘 기조를 유지하는 가운데 처음에는 사회주의 경제를, 나중에는 혼합경제를 추진했다.

세속적인 정부의 출현에도 불구하고 튀니지의 일반인은 여전히 이슬람을 정체성의 일부로 간직했다. 1970년대에는 정국이 불안해지고 경제가 어려워지면서 이슬람 부흥운동이 대두했다. 이슬람주의운동당

(MTI)은 라시드 알 간누시의 주도하에 1988년에 안나흐다(르네상스)당으로 개칭하고 1989년 선거에서 상당한 지지를 얻었다. 이 당은 폭력을 거부하고 공화제를 수용했으며 이슬람·인본주의·민주주의를 정강으로 내세웠다. 그러나 정부는 선거 직후 안나흐다당을 해산하고 당 지도자들을 국외로 추방했으며 수천 명에 달하는 당원을 투옥했다. 중앙집권국가가 근대국가의 형성을 주도했고, 식민지시대에 국가엘리트가 세속적인 정체성을 갖게 되었으며, 강력한 이슬람 운동을 억압함으로써 세속정권을 유지하고 있다는 점에서, 튀니지의 역사는 터키의 역사와 유사하다.

　세네갈은 세속정권이 이슬람 사회를 통치하는 터키나 튀니지와는 완전히 대조적인 정치구도를 보여준다. 전근대 세네갈 사회는 무수한 비무슬림 왕국으로 쪼개져 있었고, 그 안에서 무슬림 공동체는 고립된 집단으로 존재했다. 무슬림은 18세기 후반과 19세기에 세네감비아 지역을 장악하고 이슬람 국가를 건설한 뒤에 주민들을 개종시켰다. 이 과정에서 세네갈에서는 푸타토로, 우마르 탈, 마바의 대규모 지하드가 전개되었다. 그러나 국가와 사회가 일체가 되는 '칼리프제'를 부활시키려던 무슬림의 노력은 19세기 말 프랑스의 점령으로 좌절되고 말았다.

　프랑스는 세네갈의 정치구조를 쇄신하여 세네갈을 해외영토로 구성하고 무슬림 공동체를 수피형제단으로 재편했다. 티자니야와 무리디야 등의 수피 교단은 앞장서서 주민들을 형제단으로 조직화하고, 신앙생활과 경제활동을 주도했다. 무슬림은 조직화된 공동체를 통해 프랑스의 식민통치에 협력했다. 1960년 독립과 더불어 서양식 교육을 받은 정치엘리트들이 정권을 잡았으며, 이들은 종교지도자와의 협조관계를 회복했다. 이런 과정을 거쳐 오늘날 세네갈 사회에서는 국가엘리트와 종교엘리트가 전통적인 구분을 유지한 채 서로 협력하고 있고, 주민들은 무슬림의 정체성을 지니고 있다. 최근에는 아랍어와 이슬람을 정체

성의 기반으로 삼고 있는 도시의 전문직 종사자와 관료, 교사들이 국가
의 이슬람화를 요구하고 있다. 하지만 이슬람 부흥운동단체들의 요구
가 시스템을 흔들 정도는 아니며, 이슬람주의 운동단체들은 수피 교단
으로 변신하거나 정부에 협력하는 길을 택하고 있다.

이슬람 내셔널리즘: 이집트와 알제리

이집트와 알제리는 세속적인 국가와 이슬람 정체성의 또
다른 관계를 보여준다. 양국 모두 무슬림-국민 정체성을 지향해 왔으
나, 참혹한 내전을 통해 국가가 이슬람 저항세력을 괴멸시켰다.

이집트 사회의 기본구조 역시 18~19세기의 오스만 제국에서 비롯
되었으나, 이슬람이 이집트 정치과정에서 차지하는 비중을 보면 오스
만 제국과 차이가 있다. 이집트는 19세기 초반에 중앙정부의 권한을 강
화하고 경제발전을 이룩했는데, 이 과정에서 지주엘리트가 새롭게 형
성되고 울라마와 수피는 국가기관에 종속되었다. 그런데 이집트는 오
스만 제국의 중심을 이루는 지방들과는 달리 1882년에 영국의 지배를
받게 되었다. 영국의 지배는 새로운 지식층의 형성을 초래했다. 이집트
의 지식인들은 처음에는 이슬람 개혁주의와 근대주의에 열을 올렸으
나, 나중에는 세속적인 내셔널리즘을 독립의 이데올로기적 기반으로
삼았다. 1922년에는 지주·관료·언론인·법률가를 중심으로 한 토착세
력이 부분적인 자치권을 회복하고 자유주의 원칙에 입각한 입헌군주제
를 수립했다. 그러나 자유주의 정권은 완전한 독립을 쟁취하지 못했고
경제적 불평등을 해소하지도 못했다. 게다가 오스만 제국의 군사적 역
량, 자부심, 권위를 제대로 물려받지 못한 이집트의 엘리트는 터키와
같은 급격한 세속화 작업을 추진할 수도 없었다. 1930년대와 1940년
대에 정치엘리트의 권위는 무슬림 형제단의 도전에 직면했다. 무슬림
형제단은 이슬람법을 시행할 정부의 수립과 이슬람과 사회주의의 원리

를 결합한 통제경제의 적용에 힘쓰고, 이슬람을 자유주의나 공산주의에 대한 이데올로기적·정치적 대안으로 채택해야 한다고 주장했다.

1952년에는 나기브, 나세르, 사다트가 이끄는 자유장교단이 쿠데타를 일으켜 실패한 왕정과 자유주의 정권을 타도했다. 쿠데타 세력은 온건한 형태의 권위주의적 지배, 중앙통제식 경제관리, 그리고 사회주의 이데올로기에 전념했다. 1920년대~1940년대의 자유주의 정권과 마찬가지로, 신정권은 1950년대와 1960년대에 이슬람의 영향력을 무시하고 세속적인 개발정책을 추진했다. 정부는 강압적인 수단으로 이슬람의 종교활동을 통제했고 무슬림 형제단을 비롯한 반정부단체를 불법화했으며 종교기관의 자치도 축소시켰다. 이슬람법이 계속 적용되기는 했으나, 법의 구체적인 적용은 정부가 관할했다. 권위주의 정부는 일반인의 종교생활을 통제했고 울라마를 이용하여 정부정책에 대한 지지를 이끌어냈으며 이슬람이 국가정책이나 사회주의적 계획에 동조하게 하려 했다.

이슬람과 국가 사이의 분명한 동일성을 창조하기 위한 노력은 그리 성공적이지 못했다. 1930년대에 지식인과 정치인을 중심으로 이슬람 부흥운동이 일어났던 것처럼, 1970년대에는 중산층 학생과 젊은 전문직 종사자 사이에서 이슬람 정서가 확산되었다. 울라마와 이슬람 기구는 여전히 정부의 통제를 받았지만, 설교자·포교사·교사들은 독자적으로 이슬람 부흥운동을 전개했다. 또한 1967년 대이스라엘 전쟁에서의 패배, 팔레스타인 문제 해결의 실패, 경제개발의 실패가 이어지면서 이집트의 세속적인 사회주의 정책에 대한 비난이 터져 나왔다. 대학가에 이슬람 단체가 생겨났고, 개혁운동단체와 포교단체, 호전적인 정치조직이 크게 증가했다. 1980년대에는 이슬람 세력이 점점 과격해졌다. 무슬림 형제단은 대학과 전문직 단체에서 영향력을 확대했고, 빈민을 위한 구호사업을 벌였으며, 이집트 의회에도 진출했다. 1981년에는 지

하드를 외치는 이슬람 단체가 사다트 대통령을 암살했다. 이슬람 과격
파는 콥트 교회와 충돌했고, 1990년대에는 관료·장교·지식인·관광객
을 대상으로 하는 테러가 꼬리를 물었다. 정부가 과격저항세력을 대부
분 진압했음에도 불구하고, 여론은 이집트의 정체성에서 이슬람적 특
성을 중시했다.

오스만 제국의 한 지방이었던 알제리 역시 터키나 튀니지보다는 이
집트에 가까운 발전과정을 겪었다. 전통적으로 국가와 그 중추세력인
울라마는 알제리 사회의 일부만을 지배했고, 조직화된 부족집단과 수
피 공동체가 나머지 지역을 지배했다. 게다가 프랑스의 식민통치는 알
제리 사회에 여타 중동이나 북아프리카의 국가가 경험했던 것보다 훨
씬 큰 충격을 가했다. 프랑스의 점령과 유럽인의 대규모 입식으로 말미
암아 기존의 사회구조와 엘리트는 완전히 와해되었고, 주민들은 토지
를 빼앗기고 빈곤으로 내몰렸으며, 교육시설과 문화도 철저하게 파괴
되었다. 제1차 세계대전이 끝나고 나서야 비로소 프랑스 유학파, 공산
주의자 노동운동가, 이슬람 개혁을 주도하는 교육자 등을 중심으로 새
로운 지식층이 형성되었다.

터키·이집트·튀니지의 엘리트가 비교적 통합되어 있었던 데 비해,
알제리에는 국가 차원에서 정치와 이데올로기를 주도할 만한 세력이
존재하지 않았다. 결국 독립을 위한 투쟁과정에서 군사혁명세력이 주
도권을 잡았다. 독립전쟁을 승리로 이끈 군부는 사분오열된 사회에 고
도로 중앙집권화된 군사-관료 체제와 사회주의적인 경제를 구축했다.
군부엘리트와 기술관료는 농업개발과 농민인구를 무시하고 대규모 석
유화학공업과 관련 산업의 개발에 착수했다. 식민통치와 전쟁으로 사
회조직이 완전히 무너져버린 상태에서 정치엘리트는 알제리 사회를 지
탱하고 있는 유일한 유산인 이슬람에 매달릴 수밖에 없었다. 신정권은
개혁주의 이슬람을 사회주의에 접목시키려고 노력했다. 정부는 무슬림

집단의 자치권을 인정하는 범위 내에서 학교·모스크·와크프·성직자 교육을 통제했다. 그러나 경제사정이 더욱 악화되면서 절망에 빠진 사람들은 1980년대 내내 시위와 폭동의 원동력이 되었으며, 마침내 정부는 다당제를 받아들이고 선거를 실시했다. 1990년에 실시된 지방선거에서 여러 이슬람 정당이 연합한 이슬람해방전선(FIS)이 승리를 거두었다. 그러나 군부는 선거결과에 승복하지 않았고, 새로운 선거를 실시하지도 않았다. 참혹한 내전으로 약 10만 명이 목숨을 잃었지만, 아직까지 군사정권이 유지되고 있다. 알제리 군부는 정권을 계속 장악하고 있으며 이슬람 저항세력은 파괴되어 지하로 잠적했다. 알제리는 이집트와 마찬가지로 이슬람과 내셔널리즘의 결합을 시도해왔다. 그러나 국가와 저항세력이 모두 이슬람을 표방함에도 불구하고 분열을 극복하지 못하고 있다.

동남아시아의 이슬람-국민사회

동남아시아의 무슬림 사회에서는 세속적인 내셔널리스트 정권이 독립을 이끌었다. 그러나 이들 정권은 경쟁세력인 이슬람 단체와의 협력을 통해 점점 세속주의에서 이슬람적이고 국민적인 정체성으로 진화했다. 동남아시아에서 세속국가와 여기에 도전하는 이슬람의 결합은 네덜란드에 의해 수정된 인도네시아 사회의 역사적 구조에 그 기원을 두고 있다. 과거 오스만 제국의 해외영토들에서는 국가가 종교 엘리트를 지배하던 역사적 전통을 기반으로 근대적인 세속국가가 건설되었으며, 20세기에도 세속국가의 지배가 정통성을 인정받았다. 하지만 동남아시아에서는 역사적으로 국가가 허약했고 지방분권화되어 있었으며 권력의 정통성도 비이슬람 문화에 뿌리를 두고 있었다. 20세기의 인도네시아 국민사회가 세속주의를 택하게 된 것은 국가의 정치적 힘이 강해서가 아니라 비이슬람 문화적 정체성이 확립되어 있었기 때문이다. 또한 역사적으로 인도네시아와 말레이시아에서는 국가·종교 단체·마을공동체가 분리되어 있었으므로, 종교단체가 국가조직과 무관하게 자립적으로 활동할 수 있었다.

네덜란드의 식민통치를 거치면서 인도네시아는 새로운 형태의 국가와 사회로 변모했다. 네덜란드 제국은 인도네시아 근대국가의 지리적·행정적 기반을 조성했다. 인도네시아의 프리야이는 근대적인 교육을 받고 세속주의를 수용했다. 그들은 프리야이 문화의 비이슬람적 측면을 서구 지향성과 결합시켜 내셔널리즘 운동의 지도자가 되었다. 귀족 계급의 내셔널리즘에 대응하여 공산당은 인도네시아의 지식인과 노동자를 조직하여 세속주의의 또 다른 형태인 사회주의 국가의 건설을 위해 투쟁했다.

한편 인도네시아 제도(諸島)와 말레이 반도의 경제구조가 크게 변화하면서 다양한 엘리트 집단이 등장했다. 인도네시아의 외곽 도서와 싱가포르, 말레이의 항구에서는 상인집단과 지주들이 대두했으며, 이들은 이슬람 개혁주의와 근대주의의 관점에서 자신의 문화적·정치적 이해관계를 표현했다. 인도네시아의 개혁주의 성향은 크게 두 가지 방향으로 나아갔다. 하나는 무함마디야 운동으로 대표되는 종교와 교육의 개혁이었고, 다른 하나는 사레카트 이슬람에 의해 구현된 정치운동이었다. 이런 근대주의 운동에 맞서 지방의 울라마는 독자적으로 정당을 결성하고 마을의 이슬람 문화를 수호했다. 이들 운동단체는 '알리란' 즉 통합공동체를 기반으로 전국의 추종세력을 확보해 나갔다. 독립 당시 인도네시아 사회에서는 이데올로기적으로 입장이 분명한 몇몇 공동체가 경합하고 있었다.

인도네시아의 여러 운동단체는 네덜란드의 지배로부터 인도네시아를 해방시키기 위한 전쟁을 성공적으로 수행했으며, 독립 이후에는 독립국 인도네시아의 정체성을 정의하기 위해 투쟁을 벌였다. 군부의 지지를 받는 내셔널리즘과 공산주의 정치세력은 판차실라 원칙에 의거하여 인도네시아 국민국가를 정의하고자 했다. 다종다양한 무슬림 단체는 인도네시아를 이슬람 국가로 만들기 위해 노력했다. 1955년의 중요한 선거들에서 무슬림은 다수의 지지를 얻는 데 실패했으며, 1955년과 1960년 사이에 정치무대에서 밀려나고 말았다. 그후 내전과 1965년의 공산주의자 대학살을 거쳐 수하르토 장군이 이끄는 세속적인 군부엘리트가 권력을 장악했다.

군사정권은 종교지도자들로 구성된 당인 나흐다툴 울라마를 흡수하고 여타 무슬림 정치집단에 대해서는 통제를 강화했다. 나흐다툴 울라마는 정부에 협조하는 대가로 종교부와 농촌마을에서 기득권을 보장받았다. 일부 이슬람 개혁주의 단체가 세속정권에 반대하고 이슬람 국가 건설을 위해 노력했으나, 대부분의 단체는 정치에서 손을 떼고 '다와' 즉 설교를 통한 대중의 교화와 종교개혁에 몰두했다. 그들은 군부가 주도하는 세속정권을 수용하고, 이슬람을 정치운동이 아니라 공동체의 종교이자 개인의 신앙으로 간주했다. 하지만 인도네시아 사회에 이슬람의 정체성을 심으려는 노력은 멈추지 않았다. 1970년대 후반과 1980년대에는 새로 부상한 중산층이 이슬람을 받아들이게 되었고, 이에 따라 정부도 점차 무슬림의 요구를 수용하여 학교·모스크·콘퍼런스 센터·연구소의 건립을 지원했다. 나흐다툴 울라마도 이슬람 도덕의 후원자로서 영향력을 회복했다. 1990년에 수하르토는 인도네시아무슬림지식인협회를 설립하고 인도네시아의 이슬람화를 지원함으로써 이슬람이 인도네시아 정체성의 중심에 있음을 인정하기에 이르렀다. 하지만 1998년에 수하르토 정권이 붕괴하면서 정치적 공백이 초래되고 군부의 힘도 약화되자, 무슬림과 그리스도 교도 사이의 갈등이 재연되었고 과격한 무슬림 학생과 민병대는 이슬람 국가의 건설을 강력하게 요구했다.

말레이시아도 이슬람 정체성을 지향했다. 말레이시아는 다수자(말레이인-무슬림) 그리고 소수자(부유한 화교와 인도인)로 분열되어 있다. 독립 이후 말레이시아 정부와 집권당인 말레이국민기구연합(UMNO)은 세속적인 정체성을 유지하려 애를 썼으며, 민족적으로 말레이인을 우대하면서도 소수자 공동체를 정치체제에 통합해 나갔다. 하지만 켈란탄과 트렝가누 주(州)에서 범말레이이슬람당이 승리를 거두고 그 후신인 말레이이슬람당이 1972년에 국민전선에 합류함에 따라, 말레이 사회에서 이슬람의 비중은 더욱 커졌다. 또한 농촌인구의 도시 유입이 늘어나고 학생과 도시 중산층 인구가 증가하면서 무슬림 의식도 심화되었다. 이슬람에 대한 교육과 홍보가 확산되고 포교활동과 이슬람 부흥운동이 활기를 띠자, 국가도 이슬람을 더욱 중시하게 되었다. 마하티르 총리(1981~2003년 재직)는 이슬람 교육에 대한 지원을 강화했고 이슬람 금융기관을 설립했으며 외교정책에서도 무슬림의 이익을 중시했다. 말레이시아 정부는 중국인과 인도인 소수자를 평등하게 대우하면서 말레이시아 경제를 글로벌 경제의 일부로 발전시키기 위해 노력하고 있지만, 말레이인의 정체성과 말레이시아의 국가시책에서는 이슬람의 색채가 갈수록 뚜렷해지고 있다.

신이슬람 국가

무슬림 인구가 주를 이루는 지역에 건설된 대부분의 근대국민국가는 세속적인 또는 이슬람-국민 정체성을 채택하고 있으나, 일부는 이슬람 국가라고 공언한다. 이란 혁명정부·파키스탄·아프가니스탄·수단과 보수적인 군주국인 사우디아라비아와 모로코의 경우가 그러하다. 일반적으로 이 국가들을 이슬람 국가라고 칭하지만 그 의미와 이유는 나라마다 다르다.

이란

이란은 기본적으로 국가와 종교엘리트가 갈등을 빚어온 긴 역사를 갖고 있으며, 오늘날의 혁명정권도 이런 역사에 그 뿌리를 두고 있다. 국가가 울라마를 지배하고 근대적 발전을 주도했던 오스만 제국과는 달리, 이란에서는 상대적으로 허약한 국가와 상대적으로 강력한 울라마 집단 사이에 갈등이 끊이지 않았다. 사파비 왕조에 이어 150년 동안 이란을 지배한 카자르 왕조는 국가를 능률적으로 다스리지 못했는데, 그 틈을 타고 종교기관의 권력이 신장되었다. 19세기 말에는 러시아와 영국의 팽창에 대처하는 과정에서 국가와 종교기관이 마찰을 빚었다. 울라마와 지식인들은 외세에 대한 정부의 굴복에 반대하여 대중의 저항운동을 이끌었다. 이란 정부가 영국인 회사에 담배 전매권을 부여하자 1891~1892년에 울라마와 지식인들은 정부에 대항하여 대규모 시위를 벌였고, 1905~1911년에는 입헌혁명을 통해 잠시 의회정부를 구성했다. 전통적으로 국가권력이 허약한 반면에 종교단체와 부족공동체가 자치를 유지하고 있었기 때문에, 이란에서는 이슬람의 이름으로 혁명이 일어날 수도 있었던 것이다.

20세기 이란의 역사는 국가와 종교의 갈등이라는 전통을 반복했지만, 부족공동체와 민족공동체의 역할에 변화가 있었다. 1925년에 정권을 잡은 레자 칸(이후 샤)은 세속적인 근대화와 페르시아 내셔널리즘을 지향하는 근대국가를 건설했다. 그는 군사와 행정을 정비하고 산업경제와 서양식 교육제도 및 사법제도의 기반을 마련했다. 무엇보다도 그는 부족공동체 세력을 와해시켰다. 1941년에는 레자 샤가 폐위되고, 그의 아들 모함마드 레자 샤가 1979년까지 이란을 통치했다. 이 정권은 명목상 입헌군주제를 채택했으나 사실상 샤가 절대적인 권력을 행사했다. 1963년에 그는 '백색혁명'을 통해 토지개혁을 단행하고 세속적인 중앙집권체제를 구축했으며 경제·교육·사회생활을 서양식으로 근대화했다.

팔라비 정권은 울라마의 힘을 약화시켰지만 완전히 제압하지는 못했다. 정부는 세속적인 교육제도의 도입, 종교학교에 대한 정부의 통제, 새로운 법률의 채택, 와크프의 축소 등의 획기적인 조치를 통해 한동안 울라마를 통제할 수 있었다. 1950년대에는 심지어 정부와 울라마가 협조하는 시기가 있었다. 이때 정부는 울라마를 재판관으로 임명하고, 울라마의 이익을 위해 토지소유나 유력 가문과의 혼인을 통해 부를 축적할 기회를 주는 등 울라마에게 암묵적인 지지를 보냈다. 이에 화답하여 울라마는 바그다드 협약을 받아들이고 외국 정유회사와의 협력도 눈감아주었다. 그러나 백색혁명이 일어나자 국가권력이 더욱 강화될 것을 우려한 울라마가 정부정책에 문제를 제기함으로써 두 진영의 밀월관계에 금이 가고 말았다. 울라마의 사회적 책임을 강조하는 개혁운동도 이런 변화에 영향을 미쳤다. 이라크에 망명 중이던 아야톨라 호메이니는 팔라비 왕정에 반대하는 세력의 대변자가 되었다.

울라마·지식인·학생·정치인에 의해 촉발된 무슬림의 종교적·정치적 각성은 왕정에 대한 대중의 저항운동으로 발전했다. 1970년대에 이란 경제가 침체하고 정치적 탄압이 가중되고 미국에 지나치게 의존한다는 여론이 확산되자, 과격 게릴라 단체와 자유주의 성향의 정치인, 울라마가 힘을 합쳐 일련의 대규모 시위를 벌였고, 마침내 팔라비 정권이 무너졌다. 이후 왕정은 폐지되고 이슬람 정권이 수립되었다. 이로써 국가와 종교기관 사이의 길고 긴 갈등의 역사는 이슬람 국가의 형성으로 끝이 났다.

그럼에도 불구하고 이란 이슬람공화국은 1980년부터 현재까지 국민국가로 남아 있다. 비록 이슬람 국가의 외양을 하고는 있지만 말이다. 이란 정권은 이중적인 지배구조로 되어 있다. 한편으로 선출직 대통령과 의회의 다수파인 자유주의자들은 다원주의, 민주주의, 법치주의가 관철되는 근대 이슬람 사회를 선호한다. 다른 한편으로는 알리 하메네이를 수장으로 하는 성직자들이 국가 위에 군림하여 권위주의적인 통제를 유지한다. 종교지도자들이 장악하고 있는 감독자평의회와 공익판별회의는 의회가 제정한 법률이 샤리아에 부합하는지 여부를 심사할 뿐만 아니라 의회와 정부가 만든 법령을 폐지할 수 있는 권한을 가지고 있다. 또한 울라마는 군대와 정보기관, 종교경찰, 자경단, 주요 경제 부문을 장악하고 있다. 비록 총선에서는 패했지만, 성직자 집단은 여전히 국가운영에 막강한 영향력을 행사하고 있다. 국민경제의 몰락에도 불구하고 이슬람 정권은 여성의 외모와 활동을 엄격히 통제하고 있다. 또한 이슬람을 표방하면서도 대외정책에서는 국익을 앞세우며 대내적으로는 관료제와 군사력 강화에 열을 올리고 있다. 이런 면에서는 혁명 이전의 팔라비 정권과 크게 다를 바가 없다.

따라서 이란의 역사는 오스만 제국의 역사와 다르다. 오스만 제국에서는 정치지도자들이 이미 19세기에 세속화라는 당대의 조류를 받아들였고, 제1차 세계대전 이후에도 부족집단이나 민족집단의 심각한 도전에 직면하지 않았기 때문에 종교단체를 누르고 근대적인 세속국가를 수립할 수 있었다. 반면에 이란의 경우 부족공동체에 의해 약화된 국가는 종교조직이 국가에 반기를 들 수 있을 만큼 막강해지는 것을 막을 수 없었다. 20세기에 접어들어 이슬람 사회에서는 제3의 세력으로 영향력을 발휘해온 부족주의가 쇠락하고 울라마가 이끄는 일반 사회와 국가 사이의 극단적인 대립이 나타났다. 따라서 전통적으로 국가가 종교조직을 지배했던 오스만 제국에서는 정치지도자들이 국가의 발전방향을 설정하는 역할을 맡았다. 반면 이란에서는 역사적으로 국가가 허약하고 종교조직이 자치를 유지했기 때문에 이슬람의 이름으로 전국적인 혁명투쟁을 벌일 수 있었다. 국가권력과 종교권력 사이의 유별난 권력 균형 덕분에 이란은 근대국민국가의 이슬람적인 변형을 낳았다.

파키스탄

이란은 혁명적인 이슬람 국가이지만, 파키스탄은 보수적인 이슬람 군사정권에 의해 지배되고 있다. 파키스탄은 무굴 제국에 깊이 뿌리내린 국가·종교조직·부족공동체·민족집단의 상호작용에 그 기원을 두고 있다. 무굴 제국은 무슬림 집단과 민족집단 혹은 부족집단으로 조직된 고도로 자치적이고 다원적인 사회를 통괄하고 있었다. 영국이 무굴 제국을 멸망시킴으로써 인도 아대륙에서는 무슬림 사회를 발전시킬 수 있는 이슬람 국가가 사라졌고, 이슬람의 가치를 대변할 조직화된 종교단체도 자취를 감추었다.

무슬림은 무굴 사회의 계급적·종교적·민족적 구성을 반영하여 다양한 입장을 취했다. 관료와 지주들은 영국의 지배를 현실로 인정하고 자신의 지위를 유지하는 데 힘을 쏟았다. 무굴의 구 정치엘리트는 서양식 교육을 받아들이고 이슬람을 당대의 기술적·문화적·정치적 질서에 맞게 개혁하려고 했다. 이런 상황에서 알리가르 운동, 무슬림연맹, 파키스탄 운동이 출현했다. 지주·관리·정치인·언론인 등의 세속화된 엘리트 집단이 이런 운동을 이끌었다. 세속화된 엘리트는 종교적 전통에 대한 확신 때문이라기보다는 영국의 지배에 대한 투쟁, 인구의 다수를 이루고 있는 힌두 교도와의 경쟁, 민족·부족·지방의 차이에 따른 무슬림 내부의 뿌리 깊은 갈등 때문에 이슬람 형태의 내셔널리즘을 통일의 상징으로 치켜세웠다.

무슬림 종교지도자들도 나름대로의 구상이 있었다. 그들은 코란과 예언자 무함마드의 가르침을 합리주의와 원칙에 따라 실천함으로써 이슬람 사회를 재건하려는 노력을 전개했다. 많은 종교지도자는 무슬림연맹을 이끄는 정치인들의 세속주의에 반감을 가지고 있었지만, 개혁운동은 인도 아대륙에서 무슬림의 정체성을 형성하는 데 크게 기여했다. 정치지도자들은 이슬람의 정치적 상징—힌두 교도에 맞서서 파편화된 이슬람 사회를 통합할 수 있는 유일한 상징—을 이용하여 기본적으로 세속화의 길을 걸었던 반면 종교지도자들은 도덕과 공동체의 개혁에 주력했다.

이슬람 정체성에도 불구하고 파키스탄은 심각한 민족적·지역적 차이에 의해 분열되었다. 파키스탄 영토는 신드, 발루치스탄, 북서변경지대, 서부 펀자브, 벵골로 구성되어 있었고, 그 안에 펀자브인·벵골인·파슈툰인·신드인·발루치인 등의 다양한 민족이 뒤섞여 있었다. 국가가 당면한 가장 큰 과제는 새로운 정치적 경계에 걸맞은 국민적 정체성을 확립하고, 민족·언어·이데올로기의 차이에 의해 무수한 집단으로 분열되어 있는 주민들이 모두 수긍할 수 있는 체제를 갖추는 일이었다. 그러나 파키스탄과 방글라데시의 관계에 금이 가면서 벵골인의 분리주의가 국민통합을 저해하게 되었다.

더욱이 이슬람 국가에 대한 개념도 여러 갈래로 나뉘었다. 정치엘리트는 이슬람을 공동체와 국민의 정체성으로 간주했지만, 울라마를 비롯한 종교지도자와 일반인들은 새로운 국가는 헌법·제도·일상생활이 이슬람법의 지배를 받는 사회를 만드는 데 신명을 바쳐야 한다고 믿었다. 건국 이후에 수립된 파키스탄의 역대 정권은 정통성을 유지하기 위해 이슬람에 대한 헌신을 선언했다. 1970년대 초에 줄피카르 알리 부토 총리는 파키스탄을 이슬람 사회주의 공화국으로 선포하고 모든 법률을 원칙적으로 샤리아에 부합시켰다. 부토의 후계자 지아 울 하크 장군은 군사정권을 정당화하기 위해 자마티 이슬라미가 제시한 프로그램에 따라 정치제도·금융제도·조세제도를 이슬람화하여 완전한 이슬람 시스템, 즉 니자미 무스타파를 만들기 위해 노력했다. 1988년에 지아 울 하크가 사망한 이후 10년 동안 혼란스러운 문민통치가 이어진 끝에 페르베즈 무샤라프 장군이 쿠데타를 일으켜 정권을 잡았다. 무샤라프 정권은 아프가니스탄의 탈레반과 카슈미르의 지하드 운동세력을 지지했다. 그러나 세계무역센터와 미국 국방부에 대한 공격 이후 미국의 압력이 가중되자 탈레반과 관계를 끊었다. 파키스탄 사회에서 이슬람은 취약한 국민의 연대의식을 떠받치는 힘인 동시에 파키스탄인의 정체성과 국가정책의 근간을 이루고 있다.

파키스탄의 역사는 터키나 이란의 역사와 다르다. 우선 국가의 힘이 약했다는 점에서 오스만 제국이나 터키와 달랐고, 종교엘리트가 단결하지 못했다는 점에서 이란과도 달랐다. 소수자의 세력이 강했다는 것도 터키나 이란과는 다른 점이었다. 파키스탄에서는 아직 통일성 있는 국민적 정체성이 등장하지 않았다. 국가는 1947년 건국 이후 인도 아대륙의 다원주의적 유산을 극복하기 위해 계속해서 이슬람에 호소하고 있다. 그런데 이란과는 대조적으로 파키스탄에서는 이슬람 부흥운동이 정치적으로 보수 성향을 띤다.

아프가니스탄

이란과 파키스탄의 이슬람 국가는 국민국가의 구조를 갖추고 있지만, 아프가니스탄은 이슬람 국가의 출현으로 다시 한번 민족과 부족이 분열되는 비운의 역사를 맞이하고 있다. 아프가니스탄 동부에는 파슈툰족, 남부에는 발루치족이 살고 있으며, 북부에는 투르크인·타지크인·투르크멘인·우즈베크인·하자라인이 터를 잡고 있다. 전통적으로 왕권은 미약했고, 실질적인 권력은 부족의 칸들이 쥐고 있었다. 19세기 말 이래 바라크자이 왕조는 100년 가까이 아프가니스탄을 지배하면서 사회의 기반을 다지고 근대화를 이끌었다. 아브두르 라흐만(1880~1901년 재위)은 탄지마트 개혁을 도입하여 근대식 군대와 관료제를 창설했다. 그의 후계자들은 학교를 세워 새로운 엘리트를 교육시키고 경제를 개혁했으며 여성의 지위에도 변화를 가져왔다. 냉전시대인 1960년대와 1970년대에는 미국과 소련이 아프가니스탄 정부와 파편화된 지식인들을 상대로 경쟁적으로 영향력을 행사했다. 여러 파벌이 투쟁을 벌인 결과, 1979년에는 할크파 공산주의자들이 친소정권을 수립했다. 반정부 무슬림 지식인들은 이슬람 국가의 수립을 목표로 투쟁을 계속했으며 미국·파키스탄·사우디아라비아의 지원을 받았다. 히즈비 이슬라미에 소속된 파슈툰 전사와 부르하누딘 라바니가 이끄는 자미아티 이슬라미에 소속된 우즈베크인·하자라인·타지크인이 반정부세력에 합류했다. 아랍 세계와 다른 지역에서 온 지하드 운동가들의 지원을 받은 이슬람 저항단체들은 친소정권을 전복하고 아프가니스탄에서 소련군을 몰아냈다. 이슬람 저항단체들은 그후 자기들끼리 내전을 벌였고, 마침내 파키스탄 북서변경지대의 종교학교 학생들로 구성된 탈레반이 오사마 빈 라덴의 알카에다와 파키스탄의 도움을 받아 영토의 대부분을 지배하게 되었다. 그들은 이슬람 국가를 공고히 하고 여성에게 엄격한 규율을 부과했다. 2001년 말에 미국은 세계무역센터와 미국 국방부에 대한 항공기 공격을 응징하기 위해 아프가니스탄을 침공하여 탈레반을 타도했다. 세속주의 지식인과 이슬람주의 지식인이 경쟁하고 외세가 개입한 가운데, 아프가니스탄의 이슬람 국가는 건재하지만 나라는 거의 파괴되고 있다.

사우디아라비아

　　사우디아라비아와 모로코의 보수적인 이슬람 군주국은 또 다른 역사의 산물이다. 18세기에 종교개혁운동이 진행되는 과정에서 이븐 사우드 가(家)가 부족연합을 창설하고 아라비아 반도를 지배한 것이 사우디 정권의 기원이다. 와하비 운동을 지원한 사우드 가는 혈통과 종교적 권위의 통합을 기반으로 수장권을 정당화했다. 사우디 국가는 19세기에 해체되었으나, 20세기에 과거와 유사한 사회적 체제와 이데올로기를 바탕으로 왕국을 재건하고 오히려 그 세력을 확장했다. 1926년에는 메카와 메디나를 장악하고 성지보호권을 전유함으로써 그 종교적 정통성은 더욱 굳건해졌다. 엄청난 경제적 변용이 일어났음에도 불구하고, 사우디 국가는 여전히 지배자 가문의 재산으로 다스려지고 있다. 사우디아라비아 왕실은 막대한 석유 세입 덕분에 모든 부문의 고용과 보조금 지급을 독점하면서 전 인구를 왕실의 피보호민으로 만들고, 전세계의 이슬람 교육과 종교활동을 후원하고 있다. 국가가 교육과 여론을 통제한다는 것은 사우디아라비아 사회가 여타 아랍국가들과는 달리 내셔널리즘과 세속주의의 영향을 거의 받지 않았음을 의미한다. 왕실은 권력을 유지하기 위해 갈수록 보수적인 형태의 이슬람에 의지하고 있고, 공중도덕의 수호는 '무타윈' 즉 종교경찰에게, 교육과 정보의 통제는 울라마에게 일임하고 있다.

　그럼에도 불구하고 왕실의 부패, 미국과의 군사동맹, 서양의 영향력 확대를 비난하는 이슬람 반정부세력이 생겨나고 있다. 사우디아라비아는 이슬람 개혁주의를 지원함으로써 정치적 통합을 이루고 막대한 원유 수입에 의해 변용된 부족국가이다. 국가는 지배자 가문을 정당화하기 위해 이슬람을 거듭 강조하고 있고, 반정부세력은 지배자 가문을 타도하기 위해 이슬람에 호소하고 있다.

모로코

　　모로코 역시 사우디아리비아와 마찬가지로 이슬람 사회로 규정된다. 식민지 시대 이전부터 현재까지 이어지고 있는 왕정에 정체성의 기반을 두고 있다는 점도 사우디아라비아와 같다. 모로코의 술탄은 15~16세기에 예언자 무함마드의 출계이자 수피로서의 능력을 갖춘 인물이라는 점 때문에 종교지도자로 부상했다. 수세기 동안 역대 술탄은 모로코의 농촌지방을 지배하던 부족과 수피의 강력한 연합세력에 맞서서 중앙집권적 영역국가를 유지했다. 19세기에는 유럽 국가의 경제적 침투가 시작되었고 결국 프랑스가 모로코를 점령했다. 왕국은 무너졌고 1912년에 모로코는 보호령으로 전락했다. 하지만 프랑스는 식민통치의 편의를 위해 술탄을 명목상의 지도자로 남겨두면서 국가기구를 강화하고 부족연합과 수피형제단의 정치력을 약화시켰다.

모로코인의 저항운동과 독립투쟁을 이끈 것은 기존 부르주아 가문의 젊은 아들들이었다. 개혁주의자들은 지식인과 도시노동자를 규합하여 반(反)프랑스 투쟁에 나섰으며, 1940년대에는 술탄이 저항운동의 상징적인 존재가 되었다. 이로써 술탄은 전통적인 수피의 카리스마에 이슬람과 국가의 후원자라는 역할을 추가할 수 있었다. 모로코가 독립을 달성한 1956년에는 독립투쟁을 이끈 공로까지 더해져 술탄의 위상이 역사상 유례가 없을 만큼 높아졌다. 이슬람과 국민적 정체성, 왕정이 혼연일체가 되었던 것이다. 모로코의 술탄들은 프랑스가 구축한 강력한 중앙집권체제를 활용할 수 있었고, 결과적으로 모로코는 여타 북아프리카의 이슬람 사회들과는 달리 세속적인 지식층의 발달이나 통치체제 및 경제구조의 변용 같은 역사적 단절을 겪지 않았다. 모로코는 이란이나 파키스탄 같은 이슬람-국민국가라기보다는 사우디아라비아처럼 이슬람 저항세력을 흡수하거나 무력화시킨, 일부 수정된 전통 이슬람 국가로 간주되어야 할 것이다.

정치적 소수자로서의 무슬림

상당수의 무슬림 사회는 토착국가의 주류가 아니라 외부 세력이 건설한 국가 내에서 정치적 소수자로 살아가고 있다. 중국과 인도, 아프리카 여러 나라의 무슬림이 그 예이며, 이들은 인구수로나 정치적으로 소수자이다.

이런 사례는 몇 가지 유형으로 분류된다. 우선 무슬림 인구가 무슬림과 비무슬림 혼합사회의 정치적 정체성을 자기의 관점에서 정의할 수 있는지 여부가 문제인 경우가 있다. 수단은 무슬림과 비무슬림 주민이 북과 남으로 나뉘어 있다. 북부에 거주하는 아랍계 무슬림은 자신들의 정치적 영향력과 종교적 정체성을 남부로 확대하려 하고 있다. 나이지리아의 경우 북부의 토후국들이 19세기에 이슬람을 받아들였다. 이후 북부의 경제가 상업화되고 국제시장과 연결되면서, 이슬람은 교사·상인·노동자 등의 종교로 더욱 확산되었다. 1930년대와 1940년대에는 수피형제단이 북부 나이지리아의 다양한 민족과 직업집단을 하나로 통합하는 데 일조했다. 그후 영국은 과거 소코토 왕국이 지배하던 지역을 나이지리아의 일부로 만들었다. 1960년 독립과 함께 북부의 무슬림 지역은 세속적인 국민국가에 합류했는데, 무슬림 인구는 나이지리아 총인구의 절반에 가까웠다. 이로 인해 나이지리아에서는 근 20년 동안 지역분쟁과 민족분규가 끊이지 않았으나, 1970년대에 나이지리아 연방국은 군사통치와 석유 세입에 힘입어 안정을 찾기 시작했다.

복잡한 권력투쟁 속에서 나이지리아인의 정체성과 종교적 정체성이 이데올로기적 대안이 되었다. 북부는 남부와의 관계에서 스스로를 무슬림으로 정의하지만, 북부의 엘리트는 중앙정부의 권력을 공유하고 있는 남부의 비무슬림과 협력하기 위해 나이지리아 국민성을 수용한다. 엘리트가 나이지리아 국민성을 받아들이듯이, 일반인과 학생들은 이슬람의 기치 아래 군사통치, 경제적 불평등, 문화적 혼란에 저항한다. 북부 나이지리아에서는 이슬람이 모든 계층의 정치적 정체성의 한 부분으로 확립되었다. 그러나 이슬람은 계급이나 사회적 환경에 따라 그 의의가 다를 뿐 아니라, 국가를 정당화하는 데 이용되기도 하고 반정부 저항운동의 동기가 되기도 한다.

1980년대와 1990년대는 무슬림의 호전성이 증대된 시기였다. 1970년대의 유가폭등은 이슬람 부흥을 자극했다. 무슬림은 예배·교육·사회적 행동에서 과거보다 더욱 엄격하게 이슬람 규범을 준수했으며, 국민 국가가 샤리아와 이슬람 축제, 무슬림의 외교적 이익을 인정할 것을 집요하게 요구했다. 무슬림 극단주의자들은 나이지리아를 이슬람 성지로 만들기를 원한다. 요루바 지역의 무슬림은 하우사족보다는 훨씬 관용적인 태도를 보이고 있지만, 그들 역시 이슬람 부흥에 대한 열의를 품고 정치시스템의 이슬람화를 요구하고 있다. 1999년 이후 북부의 여러 주는 샤리아를 법전으로 채택했다. 무슬림이 호전성을 띠게 되면서 그리스도 교도와의 긴장이 고조되고 있다. 1980년대 이래, 특히 1999년 5월 군사통치가 끝난 뒤로는 북부 여러 주에서 무슬림과 그리스도 교도 사이의 폭동과 시가전이 끊이지 않고 있다.

한편 비무슬림 사회에 살고 있는 무슬림의 경우에는 무슬림 공동체의 정체성을 어떻게 유지할 것인지가 문제가 된다. 총인구가 10억이 넘는 인도 사회에서 무슬림이 1억 4천만 명에 이르지만 어쩔 수 없이 소수자로 살아가야 하는 인도 무슬림의 경우 정체성을 유지하는 문제가 특히 중요하다. 힌두 교도와 무슬림 사이의 끊임없는 갈등을 통해 인도 무슬림은 자신들이 소수자라는 사실을 절감하게 되었다. 다수자인 힌두 교도에 동화되거나 힌두 교도와 동맹하려는 노력도 있었지만, 대부분의 인도 무슬림은 샤리아를 준수하고 이슬람 학교에 기부를 하고, 우르두어와 독특한 종교적 관행을 지키면서 무슬림 공통의 정체성을 공고히 하고 있다. 특히 1980년대와 1990년대에는 사우디아라비아의 지원이나 타블리기 자마트와 아흘리 하디스 같은 이슬람 운동단체의 영향으로 무슬림의 목소리가 더욱 높아졌다. 무슬림의 정치적 이익을 보호하기 위한 정당이 결성되었고, 무슬림은 주요 정당과의 교섭을 통해 고용·학교교육·문화 부문에서 특권을 확보하려 한다. 한편 힌두 교도는 힌두 교도대로 인도가 힌두교 국가가 되어야 한다고 요구하고 있다. 힌두 극단주의자들은 무슬림을 동화되지 않는 소수자로 간주하고 그들의 추방을 요구한다. 인도는 종교적·민족적 정체성을 주장하는 두 공동체로 분열되어 있다. 국가의 세속적인 성격과 중립성, 무슬림 보호정책은 점점 퇴색하고 있는 것으로 보인다.

중국은 이와는 다른 무슬림 소수자의 상황을 보여준다. 중화인민공화국에서 무슬림 인구는 두 범주로 분류된다. 신장 성을 비롯하여 19세기에 중국이 정복한 무슬림 지역의 사람들은 중국의 지배하에서 한족과는 분리된 민족과 공동체의 정체성을 유지해왔다. 중국정부는 한족을 이주시켜 소수민족 지역을 지배하려고 여전히 노력하면서도, 1980년대 이후에는 각종 혜택을 주면서 소수민족의 지지를 얻으려 하고 있다. 그럼에도 불구하고 신장에서는 1990년대 내내 지하단체의 저항과 분리주의적인 요구가 점점 커져갔다.

두 번째 무슬림 인구는 후이족이다. 이들은 수세기에 걸친 중국생활을 통해 중국에 완전히 동화되어 육체적으로나 행동양식 면에서 한족과 구별되지 않는다. 그렇지만 후이족은 식습관, 가례(家禮), 직업, 그들만의 클럽과 협회, 자기 선언적인 종교적 정체성 등을 통해 끈질기게 분리의식을 유지해 왔다. 이런 경우에 결정적으로 중요한 문제는 분리하느냐 못하느냐가 아니라, 다민족사회에서 문화접변(acculturation)이 어느 정도 일어날 것인가, 또는 무슬림 주민들이 다민족사회에 어느 정도 적응할 것인가, 그리고 무슬림 정체성은 어떤 의미를 갖는가이다.

이슬람 사회에서 여성의 역할

당대 이슬람 사회의 변용에서 가장 어려운 문제 가운데 하나는 여성의 역할이다. 이슬람 세계 전역에서 남성과 여성의 정체성에 대한 개념, 가족의 역할, 그리고 공공생활에서 여성의 지위에 중대한 변화가 일어나고 있다. 그러나 이런 변화를 이해하는 데는 한계가 있다. 충분한 정보가 없을 뿐더러 이 문제 자체가 격렬한 이데올로기 논쟁에 가려버리기 일쑤이기 때문이다. 무슬림 사이에서도 의견이 크게 엇갈린다. 외부인은 이슬람 사회에 널리 퍼져 있는 존엄·안전·사랑에 대한 관념을 자신의 가치관과 분리하기가 어렵다. 그렇기 때문에 여기서는 이슬람 사회에서 있었던 여성의 역할에 대한 당대의 논의 가운데 일부 중요한 견해들을 개관하고자 한다. 아래의 내용은 주로 중동의 무슬림 주민에 관한 것이며, 다른 지역의 사정은 크게 다르다.

18세기까지 전근대의 중동

전근대 중동의 가족구조, 여성의 역할, 여성의 정체성 개념에 대해서는 별로 알려진 것이 없지만, 몇 가지 기본적인 견해는 확인할 수 있다. 이슬람이 출현하기 이전의 고대 근동사회에서 지배계급에 속하는 여성들은 외부와 격리된 생활을 했고 베일로 몸을 가렸다. 왕·관리·전사의 아내들이 비공식적으로 두각을 나타내고 위기의 순간에 남자들을 대신한 경우도 적지 않았으나, 기본적으로 전쟁·정치·종교는 남성의 몫이었다. 지배계급에 속하지 않는 일반 여성들은 격리되거나 베일을 착용하는 일이 없었다. 그들은 가사, 수공업, 육아, 간단한 농사일을 했고, 쟁기질이나 관개 같은 힘든 농사일은 남성이 맡았다. 고대 신전공동체와 제국이 탄생하면서 여성의 지위와 정치적·법적 권리는 약화된 것 같다. 다만 재산소유권을 비롯한 여성의 경제적 역할에는 변함이 없었다. 이후 일신교가 등장하면서 여성은 남성보다 열등한 존재로 간주되어 남성에게 복종해야 하는 처지가 되었고, 이혼의 권리도 남성에게 유리해졌다.

아랍인과 코란의 윤리는 여성의 사회적 지위에 상당히 높은 가치를 두고 있다. 전이슬람시대의 아라비아에서 여성은 다양한 상황에 처해 있었다. 가부장적인 부계 위주로 조직된 종족집단에서 여성은 하찮은 존재였고 사실상 씨족의 가산(家産)이었다. 그러나 다른 공동체에서는 여성이 자신이 태어난 부족과 함께 생활하면서 남편을 방문객으로 대우할 만큼 아주 독립적이었다. 또한 여성은 상업에도 종사했다. 예언자 무함마드의 아내 하디자도 독립적인 여성사업가였다.

코란은 상충하는 아라비아의 선례들 중에서 중도적인 입장을 취했다. 일반적으로 코란은 가부장적 씨족을 강화하고 남성의 특권을 그대로 두었지만, 여성의 지위도 향상시켰다. 여성을 더이상 전사(戰士)의 어머니로만 보지 않고 종교적으로 중요한 인격체로 대우했으며 여성의 겸양과 사생활, 존엄을 인정했다. 코란은 여성에게 재산권을 부여했고, 임신상태에서 이혼할 경우 경제적 지원을 받을 권리도 인정했다. 또한 부부관계의 상호성을 인정하고 경솔하거나 의도적인 이혼을 경계했다.

하지만 이런 코란의 가치가 무슬림 사회의 도덕을 지배한 시기는 길지 않았다. 아랍인의 정복활동이 시작된 뒤로는 비잔틴과 사산조 페르시아의 개념과 관행이 아랍인과 코란의 가치를 대체했다. 정복과 노예제는 일부다처제, 하렘, 여성의 복종을 보편화했다. 그후 여성의 사회적 역할을 높이 평가하던 투르크인과 몽골인이 중동을 정복했지만, 중동의 규범에는 아무런 영향을 미치지 못했다.

7세기부터 18세기까지 이슬람의 시대에 중동사회는 이데올로기와 이론 면에서, 그리고 많은 경우 실제 행동에서도 남녀의 역할을 비교적 엄격하게 구분했다. 여성은 가족의 영역을 맡았다. 여성이 가내수공업·농사·목축에 참여하는 것은 피할 수 없었지만, 중상류층에서는 여성을 시장과 정치에서 격리시키고 사회생활에서 남성과 어울리지 못하게 했다. 전근대사회는 남성의 지배와 여성의 복종을 당연한 것으로 받아들였다. 확대가족과 종족에서 여성은 아버지를 비롯해서 오빠와 남동생, 그리고 남편과 시댁의 남자친척들의 권위에 종속된 존재였다.

당시의 법률제도와 사회구조도 남성의 지배를 뒷받침했다. 통상적으로 결혼은 가족의 주선을 통해 이루어졌고, 신부의 남성 후견인이 궁극적으로 신부의 인생을 책임진다는 관념이 뿌리를 내리고 있었다. 신부는 시집으로 이사하여 남편의 가족들과 함께 살았다. 이슬람법은 남자의 이혼청구권을 폭넓게 인정한 반면에 여성의 권리는 극도로 제한했다. 이혼할 경우, 일정 연령 이상의 자녀는 남편과 그 가족에게 속하게 되어 있었다. 하지만 이슬람법은 여성에게 상당한 경제적 권리를 보장했다. 많은 경우 여성들은 이런 권리를 이용하여 자신의 재산을 지킬 수 있었다. 그러나 사회적 관습으로 인해 여성이 재산을 모으거나 상속을 받는 데는 많은 제약이 따랐다. 이슬람법과 달리 관습법은 여성이 남편이나 남편 친척의 재산 중 일정한 몫을 상속받을 수 있는 권리를 인정하지 않았다.

전근대 중동 이슬람 사회의 이데올로기와 개념도 남성의 우월성을 정당화하는 경향이 있었다. 당시에는 남성이 육체적으로나 정신적으로 우월하므로 감성에 치우치기 쉬운 여성을 지배해야 한다는 것이 일반적인 사고방식이었다. 여성은 조절되지 않은 자연의 힘과 동일시되고, 남성은 문화적인 질서와 동일시되었다. 물론 남성은 자비로운 자세로 여성을 보호해야 했다. 이런 기본적인 태도는 남성과 그 가족, 종족과 부족의 명예가 여성의 명예로운 행동에 달려 있다는 믿음으로 연결되었다. 이 같은 태도들의 결과로서 남성의 눈에는 여성의 섹슈얼리티가 여성다움의 본질적인 면으로 보였다.

하지만 남녀관계에 대한 이런 개념은 당시의 경제현실과 사회적 실상을 감안하여 수정될 필요가 있다. 당시의 남녀관계는 남성의 지배와 여성의 격리라고 하는 단순한 개념이 암시하는 것보다 훨씬 복잡하다. 여성이 '공적' 영역에서 남성보다 하찮은 역할을 한 것은 사실이지만, 당시에는 '공적' 영역의 범위가 근대사회보다 훨씬 좁았고 경제생활과 정치에서 가족이 차지하는 비중은 훨씬 컸다. 여성은 가족의 사회적 지위를 지키는 보호자로서, 결혼을 주선하고 다른 가족과의 호혜적 관계를 유지하는 중요한 역할을 했다. 교육을 받은 상류층 여성은 자기 집안의 소녀들에게 코란과 예언자 무함마드의 가르침을 전수했다. 따라서 여성의 이 보잘것없어 보이는 영역은 오늘날 우리가 생각하는 것보다 훨씬 중요했다.

여성이 가정생활에서 독자적인 위치를 확보하고 나아가 남성을 지배할 수 있는 여지도 있었다. 부부관계에서 여성은 개인적으로 영향력을 발휘하거나 남편을 조종하거나 음모와 책략을 동원하기도 했고, 남편이 성적 책임을 등한시하거나 성적으로 무능하다는 것을 폭로하여 망신을 주겠다고 위협하거나 부자(父子) 사이를 이간질시키는 방법으로 남편의 권력을 무력화시킬 수 있었다. 남성이 여성의 가사에 의존하는 현상과 이웃과 친척의 여론도 부부관계를 대등하게 만드는 요인으로 작용했다. 또한 여성들도 친구관계나 사교모임을 통해 그들만의 개인생활과 사회생활을 즐겼다. 여성의 세계에는 남성을 조롱하고 배척하는 상징과 의례가 수없이 많았다.

더욱이 남녀관계와 공적인 세계에서 여성이 차지하는 지위는 문화적 원칙에 따라 고정된 것이 아니라 상황에 따라 끊임없이 변했다. 오스만 제국 시대에 상류층 여성은 대개 하렘이나 가정에 구속된 신분이었지만, 자신의 삶을 가꾸고 자신이 원하는 것을 이룰 수 있는 자원과 기회를 갖고 있었다. 여성은 유산과 미망인 상속분, 와크프의 혜택을 통해 재산을 소유하기도 했다. 그들은 와크프를 희사하기도 하고 티마르 즉 위탁농장이나 사업체를 보유하기도 했다. 오스만 제국의 가정에서 여성은 국가의 주권에 상응하는 권한을 행사했다. 맘루크 왕조 시대의 이집트에서 여성은 징세위탁농장과 와크프, 토지, 저택, 상업용지를 관리했다. 알레포의 여성은 주택과 상업용 토지를 소유했다. 관료화된 국가보다는 지방분권적인 사회에서 여성의 권한이 큰 편이었다. 교육받은 여성은 종교문제·가족·정치에 대한 의견을 표명할 수 있었다.

하층 여성도 경제활동을 통해 어느 정도 독립적인 지위를 확보했다. 여성은 목축·농업·공예·가내수공업에서 중요한 경제적 역할을 수행했다. 농촌여성은 천막·침구류·깔개·담요·부대자루·그릇·바구니 등을 만들어서 자가 소비하거나 시장에 내다팔았다. 또한 치료사·조산원·요리사·매춘부·음악가·하녀·무역상 등으로도 활동했다. 도회지의 여성들은 자수를 놓거나 양모를 손질하고 물레질을 했다. 또한 여성들은 계 (契)와 유통망을 통해 수입을 올리기도 했다. 지역과 계층에 따라 상당한 차이가 있었겠지만, 여성의 소득과 재산이 가계에 경제적으로 보탬이 되었고, 여성이 가족의 식량과 그 밖의 자원을 분배하는 역할을 맡았다는 점을 감안하면, 여성은 가족과 사회 안에서 상당한 권력을 발휘할 수 있었다고 보아야 할 것이다. 하층 여성은 운신이 비교적 자유로웠다. 예컨대 18세기 모술에서는 여성이 묘에 참배하고 수피 의식에도 참여했다. 카이로의 여성들도 자유롭게 소풍을 가고 묘를 방문할 수 있었다.

법률적인 차원에서도 여성은 재판을 이용하여 샤리아와는 다른 상황을 만들어냈다. 재력이 있는 여성들은 법정을 통해 결혼관계에서 샤리아가 허용하지 않는 이익을 취하기도 했다. 그들은 법정에서 이혼 또는 혼인 취소, 미망인 상속분 확보, 자녀에 대한 친권 확보, 남편의 중혼권 제한 등의 유리한 판결을 얻어냈다. 남성이 여성보다 우월하다는 것이 재판관들의 일반적인 생각이었지만, 17~18세기 시리아와 팔레스타인의 법학자들은 여성에게 인정된 권리를 강제로 집행하거나 여성이 이혼 또는 혼인 무효를 신청할 수 있는 여지를 확대하는 파트와를 제시함으로써 여성의 지위를 향상시켰다. 가족문제에 관한 법학파의 입장은 상당한 차이를 보였기 때문에, 특정 상황에서는 이런 차이를 이용해서 유리한 판결을 얻어낼 수 있었다. 말리크파는 초혼의 여성에게는 후견

인이 있어야 한다는 입장이었으나, 하나피파는 후견인이 없어도 여성
이 결혼할 수 있다고 주장했다. 또한 하나피파는 이혼의 요건을 제한적
으로 해석한 반면, 말리크파는 유기, 부양의무의 태만, 상해 등을 이혼
사유로 인정했다. 물론 여성의 선택범위는 남성에 비해 좁았다. 여성은
불평등한 권한과 법적 지위 안에서 자신에게 조금이라도 유리한 최선
의 방안을 찾아야 했다.

따라서 남성과 여성의 상호관계와 상대방에 대한 태도는 양성의 사
회적·경제적 역할에 의해 좌우되었다. 여성은 단순한 성애의 대상이
아니라 가족의 생계를 일정 부분 책임지던 동반자였다. 외부의 시각에
서 보자면 남성이 우월했지만, 그렇다고 해서 여성이 억압받는 계급이
었다고 생각하기는 어렵다. 당시 중동의 여성은 자신들을 남성과 이해
관계가 상충하는 집단으로 여기지 않았다. 그들은 자신이 남성과는 다
르지만 남성을 보완하는, 가치 있고 정당하고 중요한 역할을 하고 있다
고 생각했다.

여성과 국민국가 시스템의 출현: 1900년에서 1970년대까지

19세기 후반과 20세기에 여성의 지위에는 큰 변화가 생
겼다. 유럽 제국주의의 침투, 국내의 정치적·경제적 개혁, 중동사회의
새로운 경제궤도로의 진입, 결혼과 젠더에 대한 새로운 사상의 도입과
전파는 여성의 지위에 지대한 영향을 미쳤다. 이집트와 시리아의 경우
유럽과의 무역이 확대되고 화폐경제가 확산되면서 남성은 밖에서 일하
고 여성은 가정경제를 꾸리는 형태로 성별분업이 이루어졌다. 그러나
시간이 지나면서 유럽산 섬유제품의 수입으로 수많은 토착산업이 몰락
하자 여성들은 방적공장과 가내작업장에서 카펫·실크·레이스 공장으
로 내몰렸다. 20세기의 변화로 말미암아 농사와 목축마저 임금노동자
의 몫이 됨으로써 여성들은 점점 농사일이나 목축일에서도 밀려났다.

그리고 단순 소비자이자 수출용 수공예품을 생산하는 노동자가 될 수밖에 없었다. 임노동은 여성을 고된 노동에 종사하게 만들었고, 가내작업장이나 공동체 작업장에서 여성을 데려갔으며, 낯선 남자에게 여성을 노출시키는 도덕적 문제를 야기했다.

유럽 열강은 중동에 대한 경제적·군사적·정치적 지배를 확대하면서, 이슬람 세계 여성의 후진적인 지위에 대한 수많은 관념을 들여왔고, 이런 관념들을 이용하여 자신들의 지배를 정당화하고 합법화했다. 여행객·상인·식민지 관리들은 한결같이 하렘·일부다처제·베일 등에 대한 감상을 기록하여 유럽에 전했다. 식민지 관리들은 중동여성들이 하렘과 베일에서 해방되고 서양여성이 누리는 법적 권리(일부일처제 포함)를 확보할 때에만 비로소 이 지역의 정치와 경제가 진정으로 개혁될 수 있다고 믿게 되었다. 한편 이스탄불과 카이로를 비롯한 아랍의 지배 엘리트도 권력을 지키고 강화하기 위한 방편으로 여성·결혼·가족에 대한 새로운 표준과 사상을 제시했다.

이집트의 신세대 지식인과 전문직업인, 관리들은 자신들이 받은 교육이나 유럽인과의 접촉, 식민당국의 정책을 기초로 이집트 사회의 경제적·정치적 미래에 여성이 어떤 역할을 할 것인지 논의하기 시작했다. 그들은 학교, 학생사절단의 유럽 파견, 출판물을 통해 자신들의 생각을 전파했다. 서양화된 지식인들은 베일·격리·교육기회 박탈 같은 차별로부터 여성을 해방시키고 남성과 동등한 자격으로 사회에 참여하게 해야 한다고 주장했다. 교육을 통해 여성은 안이하고 무의미한 삶에서 벗어나 직업을 갖고 조화로운 결혼생활을 영위하며 자녀를 양육할 수 있는 소양을 갖출 수 있다는 것이었다. 오직 근대적인 교육을 통해서만 여성은 어머니로서 그리고 근대적인 젊은이를 길러낼 수 있는 교육자로서의 역할을 완수할 수 있다고 믿었던 것이다. 그들은 나아가 여성의 자유는 사회 전체의 자유와 분리될 수 없을 뿐더러 여성을 해방시켜 공공 부문에서 남녀평등을 이루어야만 근대국민국가를 만들어낼 수 있다고 주장했다. 이 개혁주의자들은 핵가족이 도덕적인 근대사회의 필수조건이라는 데 찬성했다.

지식층이 여성문제를 제기한 데는 몇 가지 이유가 있었다. 우선 지식인들은 무슬림 사회의 세속화, 국가와 종교의 분리, 이슬람법의 적용범위 축소, 기존 정치권력에 대한 거부 등 정치적인 목표를 달성하기 위한 방편으로 여성문제를 거론했다. 다시 말하면 여성의 조건을 부각시킴으로써 자신들이 해방되고 근대화된 인물임을 과시하고, 개인적인 성취를 통해 표현되는 개성의 가치를 확인하고자 했던 것이다. 또한 여성의 조건을 거론한 것은 사회의 후진성을 강조하기 위해서였다. 여성의 지위향상은 지식층이 요구하던 전체 사회질서의 변화를 상징했다.

그렇지만 초기의 근대주의자와 내셔널리스트들은 여성의 실상을 고려하지 않은 채 '여성문제'를 논의했으며, 여성을 단지 자신들이 추진하던 정치적 프로젝트의 상징으로 취급했다. 지야 괴칼프는 오스만 제국 시대의 이슬람 정체성을 터키인의 새로운 정체성으로 대체하기 위해, 여성을 이슬람 때문에 신음해온 고대 투르크 사회의 화신으로 내세웠다. 아타튀르크도 민주주의와 자유주의의 새 시대를 여는 조건으로 여성의 해방을 추진했다. 즉, 서양을 모방할 필요도 없이 여성교육을 통해 터키의 진정한 자아를 실현할 수 있다고 본 것이다. 이집트의 카심 아민은 여성교육은 국가개혁의 핵심이라는 유럽인의 레토릭을 인용했다. 그는 국가의 명운이 여성의 지위에 달려 있다고 주장했다. 이란의 남성 이론가들은 20세기가 시작될 무렵까지도 여성을 해방의 수혜자가 아닌 근대성의 상징으로 간주했다. 이와 같이 내셔널리스트들은 여성문제를 제기했지만 실제로 여성의 지위를 향상시키지는 못했다.

여성의 지위를 향상시키려는 노력은 19세기 오스만 사회에서 처음 시도되었다. 왕실의 일부일처제, 축첩제도 폐지, 여성의 좀더 자유로운 결혼과 사회활동 보장과 같은 여성의 지위에 대한 근대적인 요구가 처음으로 제기되었다. 1863년에는 최초의 여학교가 설립되었고, 1870년대에는 다수의 미션스쿨이 세워졌다. 1908년과 1919년 사이에는 여학생을 위한 중등학교가 설립되었고, 1915년에는 대학문을 여성에게 개방했다. 제1차 세계대전 기간에 여성은 공장·은행·우체국·시청·병원 등에서 의무적으로 일했으며 이 시기에 축적된 여성의 경험은 향후의 개혁으로 이어졌다. 1924년에는 남녀 모두를 대상으로 하는 의무교육 제도가 도입되었다. 터키에서는 동반자적인 일부일처제의 핵가족이 이상적인 가족상으로 미화되었고, 실제로도 그렇게 받아들여졌다. 1924년에는 일부다처제가 폐지되고 여성에게도 남성과 똑같은 이혼권이 인정되었다. 이런 과정을 통해 근대 터키의 탄생과 더불어 교육받은 여성이 늘어나고 일부일처제를 약속하는 부부가 생겨났다.

이집트 총독 이스마일 파샤(1863~1879년 재직)는 여학생을 위한 초등학교를 열었고, 1873년에는 처음으로 중등학교를 세웠다. 비슷한 시기에 이집트 전역에서 미션스쿨과 사립학교가 설립되었고, 딸들을 학교에 보내기가 망설여졌던 상류층에서는 서양인 가정교사를 고용했다. 식민정부가 교육에는 거의 돈을 쓰지 않았음에도 불구하고, 공교육제도는 계속 확대되었으며 이를 통해 많은 남녀학생이 유럽식 교육과정을 경험하게 되었다. 1913년에 초등학교에 취학한 여학생은 약 2,600명으로 전체 학생수의 12%에 달했다. 1929년에는 여학생도 대학교 입학이 허용되었다. 이란의 경우 여성은 여전히 격리된 생활을 했지만 중상류층 여성의 교육기회는 확대되었다. 터키나 이집트와 마찬가지로 20세기 초반부터 엘리트 계층의 딸들이 미션스쿨과 외국인학교에 입학하기 시작했고, 1918년에는 여학생을 위한 공립학교가 처음으로 문을 열었다. 레자 샤는 왕위에 오른 뒤 아타튀르크를 모방하여 여성의 지위 향상을 근대화를 향한 국가적 과제로 삼았다.

교육개혁의 결과, 여성들이 독자적인 목소리를 내기 시작했으며, 이들은 '상징적' 여성이 아니라 '현실적' 여성이 안고 있던 문제점과 열망을 쏟아냈다. 이집트·터키·이란·시리아에서는 여성을 위한 신문이 발행되었다. 알렉산드리아에서는 1892년에 『젊은 여성』이 창간되었고, 1895년에는 터키어로 된 『숙녀만을 위한 잡지』가 발간되었다. 출판물의 증가와 함께 여성의 교육과 자선을 목적으로 하는 단체도 설립되었다. 교육받은 중산층 여성들은 사교모임이나 살롱을 조직하기 시작했다. 이런 모임은 여성의 권익을 옹호하는 여성단체의 효시가 되었다. 오스만 제국에서는 탄지마트 개혁운동가의 딸 파트마 알리예 하넴이 언론을 통해 아내·어머니·무슬림으로서의 여성에 대한 자신의 사상을 전파했으며 1891년에는 여성에 관한 책을 출판했다. 1908년에 설립된 여성지위향상협회와 여권옹호협회를 신호탄으로 1916년까지 많은 여성단체가 설립되었다. 여성단체들은 자선활동을 벌이고 오스만 사회에서 여성의 지위를 향상시키기 위해 노력했다. 이집트에서는 후다 샤라위가 무함마드 알리 기구를 창설하여 가난한 여성을 위한 학교·공방·주택·진료소를 건립했다. 이란에서는 여성단체와 정기간행물이 여성교육을 촉구했으며, 베일에 관한 토론회를 개최하고 여성의 직업훈련을 후원했다. 1906년에 설립된 여성의 자유협회는 동·서양 여성의 차이, 이란 여성의 지위 등의 주제에 관한 토론회를 주최했다.

여성의 사회활동은 자연스럽게 정치운동으로 연결되었다. 현모양처가 되는 데 만족하는 여성도 있었지만, 독립국가의 정치에 참여하고자 하는 여성도 있었다. 후자의 여성은 남성과 함께 식민통치에서 벗어나기 위한 내셔널리즘 운동에 뛰어들었다. 그러나 가부장제에 도전하거나 페미니즘적인 어젠다를 제시하지는 않았다. 터키에서는 제1차 세계대전 기간에 남성들이 전쟁에 동원되면서 여성의 노동이 필요해졌고, 여성은 노동인구가 될 절호의 기회를 얻었다. 이집트에서는 와프드당과의 제휴를 통해 독립된 여성 정치단체가 탄생했다. 1920년대에는 팔레스타인 수호 여성위원회가 시위에 참가했다. 1923년에는 이집트 여성들이 직접 이집트 페미니스트 연합을 결성했다. 이란의 여성들은 담배반란(1890)과 입헌혁명(1905~1911)에 적극적으로 가담했다. 예컨대 1910년에 설립된 전국여성협회는 파업과 불매운동에 참가하여 이란에서 외국인을 추방하라고 요구했다. 페미니즘적인 어젠다가 국가에 수용된 것은 1925년에 레자 칸 팔라비가 권력을 잡은 뒤였다.

터키와 이란의 예에서 보는 바와 같이, 제1차 세계대전 이후 수십 년 동안 신생 독립국들은 여성의 지위향상에 큰 역할을 했다. 이들 국가의 집권세력은 가족문제를 이용하여 권력기반을 강화하고, 여성을 노동에 동원하고, 부족공동체를 약화시키고, 신생국의 상징적 정체성을 만들어냈다. 그들은 확대가족보다는 핵가족이 국가권력을 강화하고 산업화를 이룩하는 데 훨씬 유리하다고 판단했다. 터키의 경우 국가의 적극적인 지원하에 1921년에 이스탄불 대학교가 남녀공학이 되었고, 1924년에는 남녀 구분 없이 초등학교 의무교육이 시행되었다. 또한 1926년에는 스위스 민법을 도입함으로써 터키 여성에게 유럽 여성과 동일한 법적 권리를 부여했다. 새로 도입된 가족법은 일부일처제를 원칙으로 하고, 여성의 이혼청구권과 평등한 상속권을 인정했다. 1930년에는 지방선거에서, 1934년에는 총선에서 여성에게 투표권이 부여되었다.

이란의 레자 샤도 여성의 지위를 근대화하기 위한 조치들을 발표했다. 1930년대에는 여성이 교육과 대중오락에 참여할 수 있게 되었다. 베일과 차도르는 불법이 되었다. 가족문제에서 남성의 특권이 폐지되지는 않았지만, 혼인연령에 대한 기준이 마련되고 혼인사실을 법원에 등록하게 함으로써 조혼과 임시혼이 매우 어려워졌다. 그러나 이런 제도적 노력에도 불구하고 현실적으로는 큰 변화가 없었다. 이는 정부의 개혁이 가부장적인 문화를 무너뜨릴 정도로 강력하게 추진되지 않았

고, 국가가 직접 여성센터를 만들어 독립적인 여성단체들을 관변조직
으로 흡수했기 때문이다. 1941년에 모함마드 레자가 폐위되고 나자,
20여 년 동안 이룩해놓은 성과마저 물거품이 되고 말았다. 이후 1950
년대와 1960년대에 권위주의적인 팔라비 정권은 다시 여성문제에 관
심을 보였다. 이란 정부는 1967년과 1973년에 가족법을 제정하여 일
부다처제를 억제하고, 이혼에 대한 남성의 일방적인 권리를 제한하고
여성에게 동등한 이혼청구권을 인정했다. 그러나 형법은 여전히 부정
을 저지른 아내·여동생·딸에 대한 명예살인을 허용했고, 여성은 법률
상의 권리를 실현할 만한 경제력을 갖추지 못했다. 교사·간호사·사무
원 등 공공 서비스 부문에서 일하는 여성의 비율이 28%에 달했지만,
노동조건을 규제하는 법률이 종업원 10명 이하의 소규모 사업장에는
적용되지 않았으며, 그래서 가난한 근로여성에게는 혜택이 없었다. 이
란의 근대화 과정은 남녀를 차별하는 사회구조 자체를 바꾸지는 못했
다. 또한 민주적인 제도가 마련되지 않아 진정한 의미의 여성운동이 형
성되기가 어려웠다.

이집트에서는 나세르에 의해 시작된 개혁이 중동 여권(女權)의 황금
시대를 열었다. 이집트 사회를 산업화·근대화·세속화하기 위해, 나세
르는 여성의 투표권·교육권·노동권을 확대했다. 나세르는 출산 및 육
아 휴가제를 도입함으로써 여성 사회진출의 걸림돌을 제거했다. 여성
은 공직에도 선출되었다. 그렇지만 군대에는 여성이 없었기 때문에 군
사정권하에서 여성은 국가기관의 최고위직에 오를 수 없었다. 사다트
는 나세르 시대에 만들어진 일당제를 폐지하고, 여성이 정부에 참여할
수 있는 기회를 확대했다. 특히 교육수준이 높고 봉사단체에서 경험을
쌓은 상류층 여성의 공직 진출을 장려했다. 1979년에는 사다트가 여성
할당제를 도입하여 의회의 30개 의석과 정부 내 각종 위원회 정원의 10
~20%를 여성에게 배정했다. 1986년에 무바라크 대통령이 사다트의

할당제를 폐지한 뒤, 여성은 변호사·의사·엔지니어로 이루어진 신디케이트를 구성하여 자신들의 권익을 대변했다.

몇몇 아랍중동의 나라들에서 여성은 교육수준이 높을 뿐만 아니라 적극적으로 생산활동에 참여하고 있다. 이집트·이라크·레바논·튀니지 같은 아랍국가에서는 여성이 산업인력으로 일하고 있다. 이라크의 경우에는 국가가 주택 및 자녀양육에 보조금을 지급함으로써 여성의 취업을 돕고 있다. 여성노동자는 노동조합과 노동자 단체에 가입되어 있지만, 이런 조직들은 정부의 엄격한 통제하에 있다. 이집트와 쿠웨이트 등의 국가에서는 행정·교육·의학 분야의 전문성을 갖춘 여성들이 정부기관에서 일하고 있다. 물론 여성은 가정과 지역의 작업장 같은 비공식 부문에서도 계속 일하고 있다. 하지만 가장 중요한 것은 국가가 여성의 경제적 지위를 변화시켰을 뿐만 아니라 교육·보건·복지를 향상시킴으로써 가족의 전통적인 역할을 흡수했다는 사실이다. 여성은 공공부문의 고객이 되었고, 국가공무원이 가족의 남성 구성원을 대신하여 중요한 서비스를 제공한다. 여성이 친척이 아닌 남자들을 고용주·교사·관료·동료로 대하게 되는 기회가 갈수록 늘어나고 있다.

여성은 이란·알제리·예멘에서 일어난 혁명과 팔레스타인 운동에서 중요한 정치적 역할을 했다. 시위, 조직 결성, 연설에 참가했을 뿐만 아니라 무기를 들고 전투를 벌이기도 했다. 그러나 혁명이 끝난 뒤에는 대부분의 국가에서 여성의 정치참여에 반대하는 여론이 조성되어 여성은 정치일선에서 물러나야 했다. 일반적으로 여성의 역할은 남성을 보조하는 것으로 인식되었고, 참정권도 부분적으로만 인정되었다. 1930년대의 이란·이라크·이집트는 여성단체를 국가에 예속시켜 독립적인 활동을 막았다. 내셔널리스트들은 반정부운동을 벌일 때는 페미니즘 운동을 지지했지만, 일단 권력을 잡은 뒤에는 여성운동을 정권에 대한 위협으로 간주했다. 오직 이집트와 1960년대의 이란만이 여성에게 투표권을 부여했다.

팔레스타인의 경우, 여성은 공동체의 이상을 상징하는 동시에 이스라엘에 맞서서 투쟁하는 전사로서의 역할을 톡톡히 해냈다. 여성은 1936~1939년의 팔레스타인 봉기에 적극 참여했다. 때로는 전선에 서기도 했지만, 주로 의료봉사, 무기 밀반입, 군복제작, 자금모집을 담당했다. 1948년 이후에는 적극적인 정치적 역할보다는 팔레스타인의 전통적인 도덕적·문화적 가치를 지키는 데 앞장서라는 압력을 받았다. 하지만 이스라엘의 웨스트뱅크와 가자 지구 점령에 저항하여 일어난 두 번의 봉기(인티파다)는 여성을 완전히 공적 영역으로 끌어들였고, 전통적인 성 역할(젠더)과 가족의 역할에 적지 않은 변화를 가져왔다. 두 차례의 인티파다에서 여성은 직접 전투에 참가했고, 심지어 자살폭탄 공격도 감행했다. 그 밖에도 남성이 전사·체포·추방·투옥으로 사라지게 되면 여성은 가족·가정·공동체를 책임져야 했다.

팔레스타인 독립투쟁에서 성 역할에 대한 구분이 무너지자 남성들이 거세게 반발했고, 이에 페미니스트들은 투쟁이 종료된 뒤에는 여성들이 다시 과거의 전통적인 역할로 회귀하지 않을까 우려했다. 팔레스타인 임시정부가 수립된 뒤에 여성은 남성의 집단에 흡수되었으며, 세속적인 단체는 물론이고 이슬람 단체도 여성운동을 회유하거나 무력화시켰다. 팔레스타인인의 시민권은 부계에 따라 결정된다.

1950년대부터 1970년대까지 이슬람 국가들은 법과 가족이라는 문제에서 여성의 지위를 개선하는 경향을 보였다. 그러나 가족법과 관련해서 터키의 예를 따른 아랍국가는 단 하나도 없었으며, 이슬람법을 완전히 무시하고 근대적인 민법을 제정한 아랍국가도 없었다.(그나마 튀니지가 터키에 가장 근접한 경우이다.) 아랍국가들은 이슬람법을 폐기하고 외국의 법제를 도입하는 대신 샤리아를 시대적 요구에 맞게 재해석하는 방식을 택했다. 국가는 새로운 법을 제정하거나 새로운 절차적 요

건을 삽입하거나 전통적인 법학파의 규정 중에서 필요한 부분을 취사
선택하는 식으로 법제를 개혁했다.

일반적으로 가족제도는 기존의 확대가족 대신에 부부 중심 가족을
강화하는 방향으로 재편되었다. 결혼할 때는 당사자인 여성의 동의가
필요해졌고, 법적으로 혼인연령을 정함으로써 조혼을 막고 부모의 개
입을 최소화시켰다. 또한 남성 후견인 제도를 철폐하고 학대받는 여성
에 대한 법적 구제장치를 마련했으며 여성의 친권도 개선되었다. 일부
다처제에도 제약이 가해졌으나 이를 완전히 금지시킨 나라는 터키·튀
니지·이스라엘·소련뿐이었다. 모로코와 레바논은 일부다처제를 직접
금지시키지는 않았으나, 여성이 혼인계약서에 그것을 제한하는 조항을
삽입할 수 있게 했다. 튀니지는 혼인 성립요건으로 당사자 쌍방의 동의
를 요구하지만, 모로코의 경우에는 여전히 후견인이 여성을 대리할 수
있다. 이혼에 관련된 규정은 여성의 권한을 확대하는 방향으로 개정되
었고, 대부분의 국가는 이혼에 대한 남성의 자유를 축소시켰다. 또한
많은 경우 법원의 판결을 이혼의 법적 요건으로 규정하고 있다. 그러나
남성의 일방적인 이혼의 자유를 완전히 철폐한 나라는 혁명 이전의 이
란과 남예멘뿐이다.

상속법은 고아가 된 손자에게 법정 상속인이 될 수 있는 자격을 부여
한 것 외에는 별다른 변화가 없다. 이집트의 경우 할아버지가 유언을
통해 손자에게 돌아갈 상속재산의 관리를 제3자에게 위임할 수 있도록
했고, 파키스탄은 고아가 된 손자에게 상속분이 바로 할당되도록 했다.
친권 조항도 자녀의 복지를 우선하는 방향으로 개정되었다. 이슬람법
은 일정한 연령에 도달한 자녀를 남편의 소유로 규정하고 있으나, 많은
나라의 법률은 친권의 소재를 법원이 결정하도록 하고 있다.

국가의 형성, 경제발전, 도시화, 근대적 관료제와 산업조직으로 인해
전통적인 가족제도가 해체되고 핵가족이 확산되었으며 여성취업도 늘

어났다. 현대사회에서 여성은 NGO·자선단체·신디케이트에서 중요한 역할을 하고 있다. 또한 매스미디어는 새로운 가치·취향·패션·유행을 낳았고, 특히 서구식 생활양식에 대한 인식을 바꿔놓았다. 중동의 무슬림 여성은 개인의 자립, 배우자 선택권, 독립적인 가정, 일과 사랑을 통한 성취감에 가치를 부여하기 시작했다.

변화의 정도는 나라에 따라 다르다. 대부분의 나라에서는 여성이 가사에서 해방되고 교육과 취업의 기회가 늘어나는 추세는 도시의 중상류층 여성에게 영향을 미쳤다. 예컨대 터키에서는 법적으로는 남녀평등이 완벽하게 보장되었지만, 실제로는 중상류층 여성만이 중등학교 이상의 교육을 받고 전문직 종사자가 되었다. 터키의 여성은 의료계나 법조계 등의 전문직에서 상당한 비율을 차지하고 있다. 하층 여성의 지위에도 변화가 있었으나 중상류층 여성들의 변화에 비하면 그렇게 두드러져 보이지 않는다. 도시로 이주한 여성들은 대개 노동자가 되었다. 농촌의 하층 여성은 일자리를 찾아 유럽으로 떠난 남자들을 대신하여 농사를 짓는 경우가 많았다.

아랍국가들은 남녀 모두를 대상으로 의무교육을 실시했지만, 여성의 교육수준과 식자능력은 여전히 남성에 뒤떨어졌다. 많은 사람은 여성교육이 가사와 육아에 할애될 시간을 빼앗을 뿐만 아니라 여성의 도덕심을 해치고 좋은 배우자를 만날 기회를 박탈할 것이라고 생각했다. 또한 여학생만을 위한 학교가 부족한 상황임에도 불구하고 남녀공학에 대한 저항이 컸다. 하지만 수단·이라크·이집트의 경우 고등교육을 받는 여학생의 비율이 상당히 높았고, 과학기술 분야에 종사하는 전문직 여성도 상당수에 달했다. 특히 교육과 간호 부문에서는 여성의 활동이 매우 활발했다. 아랍국가에서도 여성취업이 현저하게 늘어났지만, 라틴아메리카를 비롯한 여타 저개발국가에 비하면 여성의 사회진출은 저조한 편이었다. 가족과 사회의 곱지 않은 시선과 저학력이 여성의 사회진출을 가로막았다.

아랍인 가족의 관행도 1950년대와 1970년대 사이에 변했지만 변화의 폭은 크지 않았다. 이런 변화는 경제와 산업의 발전에서 비롯된 것이라기보다는 서양문화의 영향과 평등주의적인 사고방식의 확산, 여성의 사회참여를 확대하려는 내셔널리스트들의 야심에서 기인했다. 레바논과 요르단 같은 아랍국가에서는 한때 이상으로 간주되던 확대가족이 많이 사라졌다. 부모의 결정에 의한 중매결혼이 줄어들고 딸들의 의견이 존중되었으며, 여성의 혼인연령도 높아졌다. 하지만 사람들은 여전히 족내혼을 선호했으며, 사촌간의 결혼, 이웃이나 같은 마을사람과의 결혼이 흔했다. 핵가족화가 이루어진 사회에서도 확대가족과의 사회적·지역적 유대는 끈끈하게 남아 있었다. 일부다처제는 감소하긴 했으나, 농촌지역과 부유층에서는 사라지지 않았다.

20세기 전반에 여성은 베일을 벗고 교육·취업·정치참여를 통해 공공생활에 통합되었다. 근대 국민국가는 저항세력인 친족집단을 약화시켜 국가권력을 강화하고 여성의 노동력을 활용하기 위해 가족구조를 개편하고 여성의 역할을 확대했다. 또한 여성에게는 가정을 과학적으로 관리하고 시대의 변화에 맞게 자녀를 양육하는 새로운 임무가 부과되었다. 부르주아 핵가족은 가정과 일을 합리적으로 조화시킬 수 있는 이상적인 가족형태로 자리를 잡았다.

전반적으로 이런 변화에 대한 저항도 엄청났다. 우선 전통적인 여성의 지위가 변화를 가로막았다. 낮은 교육수준, 문맹, 경제적 무능력, 취업기회의 부재, 사회적 격리, 여성의 사회활동과 정치참여에 대한 남성의 거부감 등의 요인이 시대적 변화의 걸림돌로 작용했다. 특히 남자든 여자든 어린 시절부터 몸에 밴 문화적 가치가 가장 심각한 장애물이었다. 대부분의 중동사회에서는 남성우월사상과 가족의 명예에 대한 관념이 여전히 위력을 발휘했다. 따라서 여성에게 기대되는 최고의 가치는 출산력이나 모성과 관련이 있었고, 여성도 가족이라는 배경 안에서 안정·보호·존경—사실상 정서적·사회적 만족감을 주는 가치들—을 받게 되기를 기대했다. 게다가 중동문화에는 억제되지 않는 성(性)에 대한 두려움이 깊이 뿌리박혀 있었다. 이런 태도들이 더 이상의 변화를 원치 않는 정치적·경제적 세력을 강화시켰다.

그렇다면 여성은 개혁 덕분에 실제로 얼마나 많은 이득을 얻었을까? 국가는 여성에게 생색내기 수준의 권리를 부여하면서도 실제로는 그 권리를 실현하는 데 필요한 경제적·정치적 수단을 마련하지 않는 경우가 많았고, 어떤 경우에는 가부장적 형태의 법과 문화를 강요하기도 했다. 여성은 해방되었다기보다는 또 다른 양식의 규제에 예속되었다. 여성이 법적·사회적 변화를 실제로 이용하려면 가족이나 공동체와 맺고 있던 관계가 악화되는 것을 감수해야 했다. 여성은 가족이나 공동체 내에서 누리고 있던 지위를 포기하면서까지 새로운 법적·사회적 권리를 주장할 생각은 없었다.

그러므로 사회에서 여성이 갖는 지위에 대해서 보편적으로 수용되는 특정 관행을 정당화할 만큼 폭넓게 받아들여지는 가치도 없었다. 변화는 의혹·불안·갈등을 불러왔다. 배우자 선택권을 둘러싼 세대간의 갈등, 아들이나 남편을 둘러싼 고부간의 갈등, 교육과 취업을 둘러싼 남녀간의 갈등이 초래되었다. 여성이 더 많은 공공생활에 참여할 권리를 주장하던 그 시점에, 남성은 경제적·사회적 압박과 정치적 무력감을 느끼면서 여성을 통제함으로써 심리적 보상을 받으려 했다.

여성과 이슬람 부흥

1970년대의 이 불확실한 시기에 이슬람의 부흥은 다시 한번 여성의 역할에 대한 논쟁에 불을 붙였다. 이 논쟁은 세속화 대 이슬람화, 국가권력 대 공동체의 자치, 서양화 대 문화적 진정성과 같은 광범위한 쟁점이 충돌하는 전장이나 마찬가지였다. 서양의 방식을 따르지 않고서도 토착적인 근대화 프로젝트를 통해 여성의 역할을 새롭게 정의할 수 있을 것인가? 토착적인 또는 이슬람적인 근대화가 가능한가? 이런 논쟁은 고도로 정치화되었고, 여러 사회계층의 정치적·이데올로기적·종교적 어젠다를 반영한 각양각색의 입장이 표명되었다.

전통주의자와 근대주의자, 급진적인 페미니스트 사이에 코란 해석에 관한 열띤 논쟁이 벌어졌다. 이들은 일부다처제, 베일, 여성의 경제적 권리, 상속, 고용의 문제에 대해 상반된 견해를 내놓았다. 코란의 텍스트는 규범적인 성격을 가지며 영구불변의 타당한 규정을 제시하고 있다고 주장하는 전통주의자들도 여성의 사회적 역할에 대해서는 주장이 엇갈린다. 일부 전통주의자는 코란을 근거로 여성은 가정에 머물러야 하고 공적인 역할을 수행해서는 안되며 남성에게 복종함으로써 겸양의 미덕을 지켜 나가야 한다고 주장한다. 이슬람주의자도 대체로 이런 입장을 지지한다. 알제리·수단·아프가니스탄·이란·모로코·나이지리아의 급진적인 이슬람주의자들은 여성이 신체를 모두 가리지 않으면 공공장소에 출입하지 못하게 하여 여성을 격리시키려 한다. 그들은 여성의 고용과 정치참여에 반대하고, 여기에 부합하지 않는 가치는 서양에 물든 징표라고 비난한다. 또한 남녀의 구분과 법적 권리의 차별을 분명히 밝히고 있는 이슬람 가족법으로 되돌아갈 것을 주장한다. 많은 나라에서 실제로 지난 수십 년 동안의 입법을 번복하고 법률을 다시 이슬람화하고 있다. 예컨대 알제리는 1984년에 법을 개정하여 남성 후견인의 권리를 부활시키고 일부다처제를 허용했으며, 남편의 일방적인 이혼청구권을 인정했다.

여성의 공적 활동을 용인하는 전통주의자도 있다. 이집트에서는 좀 더 절충적인 견해가 개진되었다. 페미니즘이 자본주의·식민주의·서양 문화와 관련이 있다는 의혹을 사고 있는 가운데, 이집트의 전통주의자와 이슬람 부흥주의자들은 20세기 핵가족의 이상을 받아들이고 있다. 여성은 가정에 충실해야 한다고 말할 때, 그들이 염두에 두고 있는 것은 부르주아적인 결혼관에 입각한 핵가족이다. 페미니스트와 근대주의자들이 부부와 그 자녀가 중심이 되는 핵가족의 확산을 저해하는 확대가족과 전통적인 여성사회의 해체를 외쳐온 만큼, 이슬람주의자들도 결국 그들이 주장하는 근대화의 기본적인 개념을 받아들인 셈이다. 이슬람주의자는 여성교육은 용인하지만, 여성취업에 대해서는 의견이 갈라진다. 여성이 가정의 울타리를 벗어나 일을 하게 되면 유혹이 따를 수밖에 없다고 우려하는 사람이 적지 않았지만, 중산층의 생활양식에는 맞벌이가 필수적이라고 생각하는 사람이 훨씬 더 많다. 일부 이슬람주의자는 복장이나 행동에 일정한 제약을 가하는 조건으로 여성의 취업을 인정한다.

무슬림 '페미니스트'의 의견도 여러 갈래로 나뉜다. 이집트에서는 새로운 형태의 이슬람 여성운동이 일어났다. 이슬람 윤리를 공부하면서 수피의 정신세계에 빠져든 여성들은 일상에서 나타나는 문제점에 대해 이슬람을 근거로 윤리적인 판단을 내린다. 그들은 보수적인 사회관을 지니고 있기 때문에, 전통적인 남성의 특권에 개입하지 않는다. 또한 자신의 행동에 책임을 지고, 이슬람 규범에 따라 가정생활을 영위하고자 한다. 그들은 페미니즘이나 근대주의의 목표를 갖고 있지 않은 독립적인 여성운동가들이라고 볼 수 있다.

하지만 다른 페미니스트들은 이슬람이 원칙적으로 현대사회에서 여성의 능동적인 역할에 호의적인 종교라는 입장을 취한다. 그들은 코란의 가르침이 특정 시대와 장소를 배경으로 하고 있으므로, 역사적·사회적 조건이 변하면 새롭게 해석될 필요가 있다고 강조한다. 가정에서 여성의 지위에 관한 코란의 규범은 법적 요구가 아니라 도덕적 지침이라는 것이다. 가정의 원활한 기능을 위해 여성취업이 불가피해진 상황에서, 코란이 여성의 사회적 통합을 금한다고 해석할 수는 없다는 주장이다.

좀 더 보수적인 페미니스트는 이슬람이 높은 수준의 성도덕과 부부 간의 윤리를 가르치고 있고 여성의 안전을 보호해주며 다수의 법적 권리와 재산권을 보장해준다고 주장한다. 예나 지금이나 이슬람은 중동 사회의 실질적인 남녀관계를 개선하고 문명화한다는 것이다. 이런 부류의 페미니스트들은 여성의 교육과 취업을 적극 옹호하지만, 베일착용 거부에 대해서는 냉담한 반응을 보인다. 그들은 남녀의 차이에 관한 이슬람의 담론을 받아들인다.

1980년대에 터키에서는 지방의 여성들 사이에서 또 다른 형태의 친여성적인 이슬람 근대주의, 즉 이슬람주의적인 페미니즘이 대두했다. 이들은 여성의 교육과 취업을 요구하면서도, 여성이 공적인 세계에 진입하는 것을 촉진하기 위해 히자브를 착용했다. 이집트 여성도 히자브 착용을 공공장소에 출입할 수 있는 권리의 비언어적인 전달법으로 생각한다. 히자브 착용은 원래 이슬람에 대한 복종을 상징했으나, 오늘날 이슬람 세계에서는 여성의 미용실·학교·직장 출입을 정당화하고 촉진하는 수단으로 인식되고 있다.

좀 더 급진적인 무슬림 페미니스트들은 코란의 재해석을 통해 여성의 완전한 평등을 옹호한다. 즉 코란에 기초한 이슬람의 논거와 샤리아에 대한 재해석을 통해 여성의 교육과 고용을 정당화하는 것이다. 그들의 주장에 따르면, 초기 이슬람은 아라비아 사회에서 여성의 지위를 향상시켰는데, 중동사회의 역사적인 상황 때문에 여성의 종속과 격리가 초래되었다. 진정한 이슬람에는 여성의 완전한 평등이 내재해 있다는 것이다. 중동과 동남아시아를 제외한 여타 지역에서는 이런 유형의 페미니즘이 가장 보편적이다. 대부분의 경우 페미니스트는 토착적인 가치와 서양적 가치 사이에서 방향을 모색한다.

하지만 일부 페미니스트는 자신들의 사회에 대해서 매우 비판적이다. 이들 사이에서는 여성의 격리와 종속이 가부장적 권위와 남성 중심적인 친족제도의 부산물이라는 데 대한 폭넓은 의견의 일치를 보고 있다. 다시 말하면 가부장제와 친족제도하에서는 여성을 집단의 부속물이자 집단을 위해 행동하는 존재로 간주한다는 것이다. 하지만 이런 관점에서 이들은 중동의 무슬림 사회가 지중해 유럽이나 라틴아메리카 사회와 크게 다르지 않다고 지적한다. 다수의 비평가는 이슬람이 여성의 종속을 심화시켰다고 주장한다. 그들은 인간을 하느님에게 복종시키는 것이 이슬람의 요체이며, 이슬람은 이 절대적인 종교적 요구와 상충되는 모든 것, 예컨대 정치·예술·사랑을 통한 인생의 경험을 억압한다고 주장한다. 인간을 하느님의 노예나 종으로 간주하고 겸허한 자세로 하느님을 섬기게 하는 이슬람의 인간관이 남녀관계에도 그대로 적용되고 있다는 것이다. 즉 통제되지 않은 성욕과 남성의 관심을 독점하려는 여성의 욕망을 하느님에 대한 남성의 의무를 위협하는 잠재적 요인으로 보기 때문에, 이슬람은 남성의 지배를 당연시할 수밖에 없다는 것이 그들의 주장이다. 이런 관점에 따르면, 이슬람은 태생적으로 여성의 평등과 남녀간의 완전한 사랑에 적대적이며, 코란의 가르침과 이슬람법, 울라마의 도덕관은 여성을 굴종으로 이끄는 사회적 분위기를 조성해왔다.

오늘날 이란에서는 현대 이슬람 사회에서 여성의 역할이 무엇인지에 대한 논쟁이 치열하게 전개되고 있다. 처음에 이란 혁명은 여성들의 광범위한 지지를 받았다. 지식인들은 진정한 이슬람을 진보·자치·자유·교육·정의를 망라하는 근대와 동일시했다. 이슬람 혁명을 지지한 여성은 크게 세 부류로 나뉜다. 첫 번째 부류는 물질적인 생활여건의 개선을 위해 혁명대열에 동참한 남편을 따라 나선 하층 여성이다. 이들은 남편이 부인에 대한 부양과 보호의 의무를 진다는 혁명의 슬로건에 매료되었다. 두 번째는 중산층 시장상인으로, 이들은 남성의 가치를 수용했다. 끝으로 교육수준이 높은 여성들은 외세의 개입에 대한 적대감에서 혁명을 지지했다. 혁명에 동참한 여성들은 자신이 서양에 대항하여 싸우고 있으며 혁명이 민주주의로 이어질 것이라고 믿었다. 혁명의 열기 속에서 파시즘—지도자에 대한 복종, 교조주의, 중하층의 포퓰리즘, 가족·종교·조국의 일체화—이 횡행했다.

　혁명정부는 정권을 잡자마자 급진적인 이슬람화 정책을 시행했다. 여성은 작업장에서 히자브를 착용해야 했고 학교에서는 남녀학생이 분리되었다. 간음을 범한 남녀는 공개적으로 태형과 투석형에 처해졌다. 여성의 혼인가능연령은 18세에서 13세로 낮아졌고 일부다처제에 대한 제한도 없어졌다. 가족보호법이 폐지되어 남성의 이혼요구는 용이해진 반면 여성의 이혼요구는 매우 어렵게 되었다. 여성이 이혼을 요구할 수 있는 사유는 남편이 부양능력이 없거나 성적인 장애와 정신병이 있는 경우, 그리고 6개월 이상 집을 비운 경우로 한정되었다. 이런 조치들은 결혼생활을 안정시켜 출산을 장려하기 위한 가족정책의 일환이었다. 정부는 중매를 후원했고 신혼부부에게는 보조금을 지급했다. 또한 국가가 자녀양육을 책임진다고 선언했다. 하느님이 남자에게는 경제적 권한을 부여하고 여자에게는 출산능력을 부여했으므로 결혼은 '신성한' 제도라고 강조했다. 정부는 다산을 장려하면서 '이슬람적'이라고 미화했다. 그러나 새로운 가족법의 부작용으로 오히려 이혼이 늘어났다. 결국 이란 정부는 1989년에 결혼계약서에 이혼조건을 규정할 수 있는 권리를 폭넓게 인정하고 법원등록을 이혼의 요건으로 규정함으로써 여성의 권리를 일부 강화했다.

　공공생활에서 여성은 투표권과 의원 피선거권을 인정받았고 각료가 될 수도 있었으나 법정에서는 배제되었다. 1982년 이후에는 간호학·교육학·신학 정도가 대학에서 여성이 전공할 수 있는 학문이었고, 농업·

수의학·지질학·공학 등 직업교육 분야에서는 여성이 완전히 배제되었다. 하지만 1990년 이후 기술인력 부족현상이 나타나면서 여성의 기술직 진출이 다시 허용되었다. 역으로 남성은 의상디자인·산부인과·간호 분야에 종사할 수 없었다. 이 같은 제한은 사회질서를 위해 여성의 본능을 규율할 필요가 있다는 담론에 의해 정당화되었다. 이슬람의 담론은 여성은 연약하고 격리되어야 할 존재이며 남녀 사이에는 위계가 있다는 이란의 민중문화에 의해 뒷받침되었다.

이란은 이슬람 세계에서 가장 심하게 여성의 활동을 제한했지만 결과적으로 가장 활발한 페미니즘 운동을 촉발했다. 호메이니 정권은 교육수준이 높은 여성들을 사회에서 몰아냈지만, 어느 누구도 공개적으로 이슬람 규범을 부인하거나 거부하지 못했다. 그것은 신성모독인 동시에 국가에 대한 반역이었기 때문이다. 그 대신 이란 여성은 은밀하게 반대의견을 표출하는 방법을 찾아냈다. 그들은 미묘한 언어와 제스처를 통해 이란 사회의 여성혐오증에 대항하고 있다. 그들은 예언자 무함마드의 딸 파티마의 인생을 독자적으로 해석한다. 여성잡지 『하자르의 메시지』는 근로여성에 대한 구호활동을 요구하고 있고, 『여성』은 남성 성직자의 코란 해석에 이의를 제기하고 코란을 재해석하자는 캠페인을 벌이고 있다. 이슬람의 틀 안에서, 여성이 적극성을 띠기 시작한 것이다. 여성 설교자도 등장하여 모스크에 참석하고 코란을 논한다. 이란의 페미니스트들은 세속주의와 이슬람, 서양화와 토착문화의 대립을 초월한 새로운 형태의 이슬람 페미니즘을 만들어가고 있다.

베일 문제, 좀 더 정확히 말하자면 얼굴과 신체를 가리는 여성의 의상 문제가 이슬람 부흥운동에서 논쟁의 초점이 되고 있다. 베일은 통상 여성에 대한 남성의 지배를 상징하는 것으로 받아들여지지만, 사실은 남녀관계의 복잡성을 상징한다. 과거에도 그랬듯이 오늘날에도 베일 착용은 중동여성과 무슬림 여성 모두에게 적용되는 보편적인 관행은 아니다. 베일은 보통 도시의 중산층 여성들이 착용하며, 노동자·농민·유목민 여성은 착용하지 않는다. 실제로 사회적 신분상승이 가능해지고 도시화가 진행되면서 베일 착용은 늘어났다.

오늘날 히자브 착용 여부는 중요한 정치적 상징이 되어왔다. 세속적인 내셔널리스트들은 전통적인 속박으로부터의 여성해방의 상징으로 베일을 벗어버릴 것을 요구한다. 반면에 국민국가에 저항하는 이슬람주의자들은 베일 '착용'을 고수함으로써 남성 권위의 회복, 여성의 가정 복귀, 국가권력에 대한 반대를 간접적으로 표현하고 있다. 그렇지만 베일의 '착용'은 전통으로의 회귀와 여성의 공공생활 참여라는 상반된 의미를 함께 가지고 있다. 신체를 가리는 행위는 정숙·접근불가·미덕·토착적 가치를 나타내는 상징이자 여성의 교육과 취업을 촉진하는 수단이다. 더구나 그것은 양의적인 형식의 사회적 커뮤니케이션이다. 베일은 남성으로부터 여성을 보호하는 수단이자 여성으로 상징되는 유혹으로부터 사회를 지키는 방패이다. 또한 여성을 격리시키고 감추기도 하지만 여성에 대한 신비감과 매력을 불러일으키고 여성에게 행동의 자유를 주기도 한다. 히자브는 순수와 열정, 자율과 복종, 의존과 독립이라는 점에서 양의성을 갖고 있다. 그 어떤 쟁점보다도 '여성문제'는 이슬람적인 근대의 복합성을 그 핵심만 요약해서 말해준다.

맺음말

근대 이슬람 세계의 형성과정에서 상반되는 두 가지 추세가 나타났다. 하나는 보편적인 형태의 이슬람을 통해 세계적 통합을 이루려는 추세이고, 다른 하나는 이슬람 국민국가의 형성을 통해 파벌성과 지방성을 강조하는 추세이다. 18세기에 지역적인 관행에서 탈피하여 이슬람의 공동 경전인 코란, 엄선된 하디스 그리고 샤리아의 원리에 따를 것을 촉구하는 개혁운동이 일어난 이래 보편적인 형태의 이슬람 관념·규범·의례가 확산되었다. 18세기와 19세기에는 성묘 숭배와 대중적인 수피 의식에 대한 반감이, 20세기에는 서양의 문화와 규범에 대한 반감이 종교적 권위와 정치적 행동의 기반이 되고 있다. 또한 18세기 이후에는 보편적인 이슬람이 더욱 표준화되는 추세가 이어졌다. 각 지방의 숭배의식은 점차 정통 이슬람이 아닌 민속문화로 치부되고 있고, 전통적인 법학·신학·철학도 풍부한 성과와 개성에도 불구하고 영향력이 현저하게 약화되고 있다. 공통의 믿음·의례·사회적 관행에 기초한 이슬람 정체성이 점점 전지구적으로 힘을 얻고 있다. 이슬람은 모든 무슬림에게 공통적인 단순하고 추상적인 상징과 슬로건에 의해 정의되고, 갈수록 많은 무슬림이 샤리아를 생활의 필수적인 규범으로 받아들이고 있다. 무슬림 소수자의 지위와 무슬림이 연루된 아프가니스탄·팔레스타인·보스니아·체첸의 분쟁에 대한 정치적 관심을 공유함으로써, 무슬림은 정치적 경계를 초월하는 일체감을 보이고 있다. 이런 현상은 현대의 커뮤니케이션·미디어·운송·이민에 의해 더욱 촉진되었다. 또한 출판 및 선전기구, 포교(다와)단, 수피형제단, 은행, 청년단체, 국제적인 유대관계를 맺고 있는 이민공동체 같은 다양한 집단을 비롯해서 조직적이고 초국적인, 즉 글로벌한 운동단체들이 급증함으로써 이슬람의 보편주의적인 정체성이 강화되었다. 그 중에는 칼리프제나 이슬람 국가의 건설을 요구하는 국제적인 정치집단도 있고, 폭력행동에 전념하는 비공식 네트워크도 있다. 국제적인 무슬림 조직은 대부분 순수한 종교단체이지만 이슬람 과격 정치단체와 국제 테러조직도 점점 중요해지고 있다.

세대를 거쳐 이어져온 문화적 기대감이라는 심대한 유산이 이슬람의 보편주의적 경향을 뒷받침한다. 이런 기대감 중에서 가장 강력한 것은 예언자 무함마드의 이미지이다. 무함마드는 자신의 가르침에 따를 것을 요구할 뿐만 아니라, 일상생활에서 이슬람의 법·윤리·의식이 실현되는 사회를 창조하기 위해 부단히 노력하는 적극적인 지도자로 묘사된다. 진정한 이슬람을 회복하려는 개인의 책임의식과 사회적 행동주의는 바로 무함마드의 유산에서 비롯된 것이다. 무슬림은 주기적으로 정의로운 지도자가 나타나 공동체를 인도하고 이끈다고 기대해왔다. 또한 무슬림 성자는 부패를 일소하고 선을 실행하고 악을 근절하여 공동체를 무함마드의 가르침으로 돌아가게 하고 이슬람의 영광을 회복함으로써 세상을 변화시키는 존재로 여겨진다. 스스로 지도자를 자처하면서 종교운동을 이끈 인물들이 끊임없이 출현했던 이슬람의 전통은 현대세계에서 지하드 전사, 이슬람의 정화자(淨化者), 과격 이슬람 운동단체의 지도자로 이어지고 있다. 각 개인의 도덕과 종교에 대한 자기주장, 카리스마 있는 권위, 스승에 대한 제자의 헌신, 소집단의 충성심등 수피즘의 문화적 특징은 오늘날 이슬람 과격단체에 그대로 이전되었다. 더욱이 오늘날 이슬람 운동의 정치적 목표는 전통적인 이슬람 어휘에 의해 정의된다. 칼리프제나 지하드 같은 전통적인 어휘가 지금도 널리 통용된다.

이슬람에 대한 표현이 보편화되어 가는 경향은 운송·커뮤니케이션이라는 부수적인 시스템을 동반하는 경제의 세계화 경향이 점점 강화된 결과이기도 하다. 증기선·비행기·라디오·카세트 녹음기·인터넷은 전세계의 무슬림을 결속시키는 도구이다. 또한 무역, 순례의 증가, 이민, 그 밖의 인구이동도 이슬람 세계를 더욱 촘촘하게 연결시켜왔다. 게다가 이슬람 제국의 멸망과 유럽 제국으로의 합병, 그후에 일어난 반식민투쟁이라는 역사적 경험의 공유 역시 전세계 무슬림의 자각을 가져오고 이슬람 정체성을 형성하는 데 일조해왔다. 이런 점에서 볼 때, 각종 초국적인 운동들은 이슬람 세계에서 새로운 것이 아니며, 그 폭과 다양성은 더욱 확대되고 있다.

그러나 이슬람 보편주의의 구현은 특정 상황을 배경으로 전개되는 경향이 강하며 그런 선례도 많다. 다시 말하면 보편주의적인 이슬람에는 상당한 한계가 있다. 무슬림이 글로벌한 정체성을 형성했다고 해서 반드시 일사불란하게 행동하는 것은 아니다. 무슬림은 글로벌한 귀속감을 인정하고 있지만, 이슬람 종교생활의 핵심은 정치의 영역 바깥, 즉 예배·토론·상호부조·교육·자선 등의 공동체 활동을 위해 만들어진 지방단체에 있다.

더구나 이슬람 정체성은 다른 정체성과 분리되어 있는 경우가 거의 없다. 무슬림은 이슬람뿐만 아니라 가족, 부족, 민족집단 또는 국가에 충성을 바친다. 무슬림은 이슬람 정체성을 통해 보편적인 귀속감을 가지지만, 그들의 세속적 정체성은 특정 공동체에 뿌리를 내리고 있다. 이 두 가지 정체성이 결합하여 부족적인 이슬람 또는 이슬람 내셔널리즘 같은 현상이 나타나는 것이다. 각종 이슬람 운동이 국민국가나 특정 공동체에 흡수되는 것은 이슬람 문화 자체에서 연유한다. 다시 말하면 이슬람을 실현하기 위해 이슬람 국가가 필요한지, 신앙심이 깊은 개인과 소규모 공동체만 있으면 충분한지에 대한 내재적인 양의성에서 기인한다. 이슬람 사회의 건설이 개개인의 마음에 달려 있는지 아니면 국가라는 조직체의 통제를 필요로 하는 것인지에 관한 문제, 그리고 이슬람이 개인의 종교인지 아니면 정치집단의 종교인지에 관한 문제는 결코 속 시원하게 해결되지 않고 있다. 이 양의성으로 인해 이슬람 운동은 정치적 목표와 사회-문화적인 목표 사이에서, 또 보편주의적인 원리와 특수주의적인 정황 사이에서 오락가락하는 경향을 보이는 것이다.

이런 양의성은 영적 실재와 세속적 존재 사이의 관계라는 심오한 문화적 원형(原型)에 아직도 기초하고 있다. 이슬람의 기본적인 은유는 이 지상의 세계와 다가올 신의 세계—'두니아'와 '딘'—의 구별이며, 그럼에도 불구하고 이 두 세계가 인간의 영혼에 의해 연결된다는 것이다. 이슬람의 세계에서는 신의 진실이 현세에서 구현되어야 한다. 샤리아는 일상생활에서의 실천을 소상히 밝히고 있다. 예언자 무함마드와 위대한 수피들은 신의 계시를 받아 영적인 비전을 제시했다.

현대세계에서 이슬람 국민국가들이 엄청난 힘을 발휘할 수 있는 것은 이런 내재적인 문화적 양의성 때문이다. 이들 국가는 이슬람 운동의 정치적 도전은 받아들이지 않으면서도 그것이 지향하는 종교적·문화적·사회적 목적은 정당한 것으로 인정하여 받아들이거나 모방한다. 국민국가들은 이슬람에 근거한 담론과 행동을 국가존립에 해가 되지 않는 비정치적인 방향으로 몰아가고 있다. 민족단체, 교육·포교·복지·자선사업 등은 이슬람 행동주의의 감정배출구를 제공하는 동시에 국가적 혹은 초국적 정치운동과는 대비되는 입장을 형성했다. 이슬람의 전통적인 탈정치적 문화와 근대 국민국가의 구조가 동시에 작용한 결과, 오늘날의 이슬람은 국제적인 선교활동은 물론 국내정치에서도 비정치적인 형태를 선호하는 방향으로 나아가고 있다.

과거에도 그랬듯이 정치체제는 종교집단의 행동범위를 규정한다. 이슬람 제국이 사라지고 국민국가가 자리를 잡자, 지방 차원의 부족정치가 사라져버렸다. 새로운 부족연합이나 국가를 창조하는 과정에서 이슬람 중심의 개혁이라는 역사적 역할은 더 이상 실효성이 없었다. 국민국가는 영토 내의 모든 정치공간을 흡수하고 권력기관을 통제하고 있다. 또한 시민의 생활에 개입할 수 있는 엄청난 권력을 가지고 있다. 이슬람 운동단체들은 그 권력을 고려해야 한다. 게다가 사회가 더욱 복잡해지고 정치조직과 경제활동의 영역이 중첩되고 사회집단이 다원화되고 복수의 정체성이 섞이자, 내재적인 문화적 양의성이 더 강화되었고 보편적인 종교로서의 이슬람과 특정 국가 또는 특정 지방의 현상으로서의 이슬람은 더욱 다양한 관계를 맺게 되었다. 따라서 역사의 선례와 현대의 관행이 함께 영향을 미쳐, 보편적이면서 특수하고, 로컬적이면서 글로벌하며, 국가적이면서 초국적인 이슬람 운동단체들이 생겨났다.

끝으로 이슬람 보편주의와 무슬림 특수주의의 연계는 의미의 상징적인 구성에 의해 강화되기도 한다. 상징은 서로 관련된 여러 개념들을 상호연결하고, 여러 종교사상은 특히 강력한 연결자 구실을 한다. 하느님에 대한 믿음은 모든 존재의 전체성과 단일성을 상징한다. 프랑스의 사회학자 뒤르켐이 한 세기 전에 이미 지적한 대로 종교적 상징은 눈에 보이지도 않고 만질 수도 없지만, 요컨대 감각으로는 이해할 수 없지만 모든 것을 포용하는 강력한 사회조직인 공동체의 존재를 분절한다(사실상 구성, 즉 구축한다). 공동체는 각 구성원을 초월하는 존재로 상징된다. 또한 공동체는 최고의 존재, 가장 위대하고 강력한 존재, 모든 존재의 전체성, 완전무결, 특히 완벽한 선(善)에 결부된다. 각 개인의 마음 속에서 신성함의 상징은 개인의 자아를 구성한다. 종교적 신앙은 자아·공동체·정치체·지고의 선, 총체성, 세계의 단일성을 연결하여 공동체의 정체성과 국민적 정체성에 대한 열정적인 헌신을 가져올 수 있다.

세속적인 내셔널리즘의 상징도 유사한 효력을 발휘한다. 내셔널리즘은 정치적 정체성인 동시에 종교와 마찬가지로 의미와 가치의 포괄적인 체계이다. 또한 내셔널리즘은 개인과 집단의 정체성을 혼합시킨다. 국가와 종교의 상징은 공통적으로 충성심, 헌신, 희생, 공동체에 대한 사랑, 초월론적인 목적을 성취하려는 의식을 불러일으키는 힘을 갖고 있다. 종교와 내셔널리즘은 그 의미체계가 중복되기 때문에 함께 작동한다. 이슬람 보편주의와 특수주의가 서로 얽히는 것은 특정 사회의 뿌리 깊은 문화의 작용이자 현대의 정치경제에 대한 반응이며 심대하고 어쩌면 보편적인 상징적 과정의 구현이다.

이와 같은 견해들을 고려하면 고대 근동에서 유래된 종족구조·종교제도·국가체제와 이슬람 종교문화는 비록 약간 수정되기는 했지만, 현대 이슬람 사회가 보여주고 있는 진화의 영원한 원형이라는 것을 미루

어 짐작할 수 있다. 국가, 종교기관, 소규모 지방으로 이루어진 고대의
삼각구조는 독립적인 종족공동체와 부족공동체가 파괴되고 영역 내의
모든 인구가 국민국가에 점차 통합됨으로써 변용을 계속해 오고 있다.
무슬림 민족들의 정체성은 내셔널리즘 또는 이슬람 개혁주의의 관점에
서 재정의되었다. 또한 오늘날에는 국가와 종교기관의 역사적인 구조
도 변용되고 있다. 국가는 더욱 세속화되고, 종교단체는 공동체와 개인
의 이익으로 관심의 방향을 돌리는 경향이 있다. 이와 동시에 세속화
경향에 강력하게 반발하는 이슬람 종교운동과 정치운동이 부활하고 있
다. 그 중 일부는 이슬람을 이데올로기적·정치적으로 해석하기도 하지
만, 나머지 대다수는 개인·공동체·정치라는 생활의 모든 자원을 이상
적으로 재통합되길 열망한다.

　세속화 및 이슬람화의 양의성, 그리고 이 두 개념이 정치적·도덕적
질서와의 관계에서 빚어내는 갈등은 이슬람 사회의 체제가 역사를 통
해 변함없이 이어지고 있다는 것을 적나라하게 보여준다. 오늘날의 일
부 이슬람 국가와 이슬람 종교운동은 과거의 형태를 그대로 물려받은
것이다. 이란의 물라는 16세기 이래 조직화된 기관의 한 부분으로 존재
해왔다. 모로코와 사우디아라비아는 각각 17세기와 18세기에 수립된
체제를 이어오고 있다. 19세기 후반과 20세기 초의 살라피 개혁운동은
이집트·튀니지·알제리·모로코의 국민적 정체성 형성과 국민국가 건설
의 토대에 기여해왔다. 오늘날 터키·아랍 세계·북아프리카·파키스탄·
인도네시아·말레이시아·세네갈에서 볼 수 있는 국가와 종교기관 사이
의 관계 패턴은 이들 사회의 과거 역사에서 볼 수 있는 관계패턴과 크
게 다르지 않다. 정치엘리트는 코즈모폴리턴 문화와 이슬람 문화 사이
의 제설혼합주의를 유지하지만, 이슬람 부흥은 개인의 종교적 정체성
과 공동체의 책임을 다시 환기시킨다. 이런 갈등은 19세기에 벌어진 세
속적 엘리트와 종교엘리트 사이의 투쟁을 반영한 것이며, 아울러 18세

기 이슬람 사회의 전근대적 구조에 공명한다. 오늘날 우리가 목격하고 있는 갈등은 멀리는 9세기 이슬람 제국 시대에 이루어진 정교분리로까지 거슬러 올라간다. 물론 이슬람 제국의 정교분리도 훨씬 오래 전부터 중동사회와 지중해 사회에 정착된 정교분리의 전통과 구별하여 생각하기는 어렵다. 이미 기원전 3천년기에 가장 이른 시기의 메소포타미아 문명도 사원과 국가기관을 구분했다.

사회체제와는 별도로, 이슬람은 개별 무슬림의 마음속에 사적·정치적 정체성의 본질적인 요소로 남아 있다. 결국 무슬림으로 산다는 것은 국가·울라마·대학·수피 숙소의 문제일 뿐만 아니라 개인의 도덕성, 신앙, 사적·사회적 정체성의 문제이다. 신자 개개인에게 이슬람이란 개인의 존재와 진정한 인류공동체의 존재를 규정하는 근본적인 정서이다. 따라서 이슬람 부흥운동은 체제뿐만 아니라 이슬람의 문화적·상징적 의미에도 바탕을 두고 있는 것이다.

이런 옛 원형들은 오늘날 두 가지 근본적인 힘에 의해 변용되고 있다. 첫 번째는 글로벌 경제의 확대이다. 글로벌 경제는 세계경제를 통합시키는 동시에 문화적 장벽을 허물고 글로벌 생활양식을 확산시킨다. 나는 이슬람 사회의 역사를 기술하면서 물질·기술·경제·환경 등의 요인에는 큰 비중을 두지 않았다. 이런 요인들이 전근대 국가·울라마·수피·부족 등의 제도와 공동체 안에서, 그리고 현대의 계급·이데올로기·국가의 형성과정에서 구현된 것으로 간주했기 때문에 물질적·경제적 변화를 역사의 인과적인 힘으로 다루지 않은 것이다. 서론에서 밝힌 바와 같이, 나의 기본적인 입장은 이슬람 시대가 시작되기 전에 농민·직인·상인의 기술과 경제가 이미 인간사회의 체제구조를 형성했고, 그 사회의 흥망에도 불구하고 19~20세기에 유럽의 식민주의와 산업자본주의가 영향을 미치기 전까지 이슬람 국가들에서 '생산 및 교환양식'은 근본적으로 변하지 않았다는 것이다. 하지만 19~20세기의 엄청난 발전은 제도와 문화적 요인을 중시하는 이런 입장에 의문을 제기하고 있다. 즉 산업자본주의의 발전과 함께 형성된 기술력과 경제력, 세계경제의 통합, 소비지상주의 문화와 민주적 권리의식을 비롯한 새로운 글로벌 문화의 확산이 결국에는 역사적인 정치·종교체제를 무너뜨리지 않을까 하는 의문이다. 예컨대 터키의 경우 산업발전과 프롤레타리아트 및 새로운 부르주아지의 출현으로 국가와 종교조직의 역사적인 구조가 파괴되고 있다. 또한 구소련에서는 정치와 문화의 급격한 변화가 이슬람을 무슬림 개인의 신앙이나 국민적 정체성을 나타내는 종교로 변모시켰다. 이와 유사한 변화의 요인들은 유럽과 미국에서 인도네시아까지 세계 각지에서 작동하고 있다.

두 번째 변화요인은 신이슬람주의 담론의 대두이다. 신이슬람주의 담론은 내부로부터 이슬람 사회의 역사적 정체성을 뒤흔들고 있다. 신이슬람주의는 오랜 세월 무슬림의 생활을 형성해온 다양한 신앙·관습·상징이 모조리 제거되고 제한된 수의 종교적인 사상으로 축소된, 고도로 정치적인 새로운 유형의 이슬람을 만들어내고 있다. 여러 면에서, 과거 세대는 신이슬람주의를 이슬람의 한 형태로 인식하기조차 어려울 것이다. 세계 각지에서 진행되고 있는 세속화와 신이슬람 통합운동은 이슬람의 역사적 원형과의 결정적인 결별을 표상한다. 많은 이슬람 지역에서는 자유주의적·정치적·이데올로기적·보편주의적 부흥운동으로 정의되는 포스트모던형 이슬람 사회를 건설하기 위한 투쟁이 활발하게 전개되고 있다. 이런 변화와 함께 다음과 같은 의문이 제기되고 있다. 이슬람의 제도적·문화적 유산은 결국 오늘날의 정치적·기술적·경제적인 힘 앞에, 또는 새로운 형태의 이슬람 앞에 굴복하고 마는 것일까? 아니면 무슬림은 역사를 통해 알려진 그대로의 이슬람 사회를 아직도 만들고 있고, 또 앞으로도 계속해서 만들어낼 것인가?

용어해설

가잘(ghazal): 연가(戀歌). 아랍어 시가의 형태로 이후 다양한 변형을 통해 페르시
　아어·튀르크어·우르두어 시가로 발전한다.

가지(ghazi): 신앙을 위해 싸우는 변경의 전사.

굴라트(ghulat): 시아파 중에서 이맘의 초인성(超人性)을 주장하는 극단파.

굴람(ghulam): 군대 또는 궁전에서 봉사하는 젊은 남성노예. 또 아브드, 맘루크 참
　조.

나스(nass): 시아파에서 이맘직 계승자로 지명된 사람에게 사용하는 칭호로, 그에
　게는 이맘직을 수행할 수 있는 지식과 권한이 부여된다.

나시하(nasiha): 지배자에 대한 충정어린 조언. 선행에 대한 권고.

나키브 알아슈라프(naqib al-ashraf): 많은 이슬람 국가에 산재하는 예언자 무함마드
　의 후손집단의 장(長).

나키브(naqib): 장(長).

나프스(nafs): 영혼. 이성적 또는 천사적 능력에 반대되는 동물적 능력.

니야(niya): 의도. 종교적 행위가 효력을 갖기 위해 필요한 마음의 상태.

다르 알하르브(dar al-harb): 전쟁의 땅. 이슬람법의 지배를 받지 않는 상태이지만 무
　슬림에 의해 정복되기 쉬운 영역. 이슬람법이 지배하는 땅인 다르 알이슬람에
　대비되는 개념.

다르가(dargah): 궁정 또는 왕가의 저택. 수피 스승의 묘(墓)와 성묘(聖廟).

다와(da'wa): 종교적 진실을 인정하고 종교공동체에 참여하라는 부름을 받는 것.

포교운동단체.

다울라(dawla): 왕조. 정부 또는 국가로 그 의미가 확대된다.

다이(da'i): 시아파 단체를 위해 활동하는 선전자 또는 포교사. 대개 시아파 위계에서 최하위 인물.

데브시르메(Devshirme): 점령지에서 그리스도 교도 청년을 징발하여 예니체리 또는 궁정 장교로 훈련시킨 오스만 제국의 제도.

디완(diwan): 시나 산문의 선집. 조세, 군사 따위에 관한 문서를 관리하는 청(廳) 또는 국(局)에 해당하는 이름.

디크르(dhikr): 자신을 상기함. 리듬에 맞추어 계속해서 하느님의 이름을 연호하는 의식으로, 수피의 예배형식이며, 이 형식은 수피교단에 따라 바뀐다.

디흐칸(dihqan): 후기 사산조 페르시아 및 초기 이슬람 제국의 지주, 촌장 또는 지방유력자.

딤마(dhimma): 계시종교를 믿는 사람들에게 환대와 보호를 약속하는 계약. 아홀 알딤마 참조.

라마단(Ramadan): 이슬람력의 아홉 번째 달. 일명 금식월.

라시둔(Rashidun): 정당하게 인도된 자. 최초 4명의 칼리프에 해당하는 칭호.

라이스(ra'is, 복수형은 루아새[ru'asa']): 높은 지위에 있는 사람, 우두머리 또는 수장.

루스타크(rustaq): 도회지와 그 주변의 마을로 이루어진 행정구역.

루흐(ruh): 영(靈), 때로는 칼브의 동의어.

리바트(ribat): 무슬림 전사와 신비주의자들이 거주하던 변방의 요새와 주거.

마드라사(madrasa): 법학을 비롯해서 종교 관련 과목을 가르치는 고등교육기관(대학).

마드하브(madhhab): 이슬람 법학파의 하나. 4대 법학파는 하나피파, 말리크파, 샤피이파, 한발파.

마디(mahdi, Mahdi): 하느님의 계시를 받은 자. 최후의 날에 나타나 이슬람과 정의의 지배를 확립할 사람.

마르자이 타클리드(marja'-i taqlid): 모방의 대상. 이란에서는 정의롭고 학식이 있으며, 정부에 법적 의견을 제시할 자격이 있는 법학자를 뜻한다. 일반인은 이들의 의견이 종교적으로 절대적인 권위를 가진 것으로 받아들여야 한다.

마숨(ma'sum): 죄를 범하지 않는 무오류성을 지닌 사람.

마스나비(masnavi): 페르시아 문학과 그에 영향을 받은 문학의 서사시.

마스지드(masjid): 모스크. 절을 하며 예배 보는 장소. 무슬림 공동체 신앙의 중심.

마왈리(mawali): 마울라 참조.

마울라(mawla, 복수형은 마왈리): 피보호민 또는 자유민, 하인. 또 후원자나 주인에 해당하는 말.

마울리드(mawlid): 예언자 무함마드 탄생기념일. 성묘에서의 기념행사.

마즐리스(majlis): 집회. 의회. 위원회.

마캄(maqam): 수피가 정진을 통해 하느님과 합일하는 과정에 있는 역(驛).

마할라(mahalla): 도시의 구(區).

마흐르(mahr): 신부값. 이슬람법에서 신랑이 신부에게 주는 선물을 뜻하며, 이것은 신부 개인의 재산이 된다.

마흐잔(makhzan): 모로코 중앙정부의 행정기관. 궁정관료, 군관, 지방관.

막타브(maktab): 코란 낭송과 읽기 쓰기의 기초를 가르치는 초등학교.

말람(mallam): 서아프리카에서 종교학자를 이르는 말. 알림 참조.

맘루크(mamluk): 군역을 지는 노예나 자유민.

모바드(mobad): 조로아스터교 성직자.

무르시드(murshid): 길잡이. 수피 교사. 또 수피 참조.

무아말라트(mu'amalat): 사회관계와 관련된 이슬람법.

무와슈샤흐(muwashshah): 연가(戀歌). 스페인에서 유행한 아랍어 운문형식으로 대개 로망스풍의 후렴으로 끝난다.

무자디드(mujaddid): '쇄신자.' 이슬람의 진정한 이해와 실천을 회복하기 위해 한 세기에 한 번씩 출현하는 학자 또는 성자.

무즈타히드(mujtahid): 이즈티하드를 실천함으로써 이슬람법에 대해 권위 있는 의견을 제시할 수 있는 자격을 갖춘 사람.

무프티(mufti): 권위 있는 법학 의견을 제시할 자격을 갖춘 이슬람법 전문가.

무하지룬(muhajirun): 메카에서 메디나로의 히즈라 당시 예언자 무함마드와 함께 이주한 교우들.

무흐타시브(muhtasib): 시장의 상거래 관행과 공중도덕을 감독하는 관리.

물라(mullah): 학자. 주로 인도 아대륙에서 쓰이고, 알림과 같은 의미이다.

미나레트(minaret): 예배시간을 알리는 모스크의 탑.

미라즈(mi'raj): 예언자 무함마드의 승천. 무함마드는 메디나를 출발하여 야간여행으로 예루살렘까지 오는 기적을 행한 후 예루살렘에서 승천했다.

미스르(복수형은 암사르[amsar]): 이슬람의 정복활동 초기에 건설된 군사주둔지 또는 요새. 정복지의 행정수도.

미흐라브(mihrab): 모스크 벽에 장식된 벽감(壁龕)을 말하며, 또한 예배 보는 방향을 나타낸다.

민바르(minbar): 모스크에서 설교자가 사용하는 높은 자리나 의자.

밀레트(millet): 종교 또는 종교공동체. 오늘날에는 국민을 의미한다.

바라카(baraka): 축복. 성자에게서 방사되는 성스러운 힘.

바바(baba): 아버지, 노인, 수피 스승을 뜻하는 튀르크어.

바야(bay'a): 계약. 칼리프의 권위를 인정하는 충성서약.

바이람(bayram): 이드 참조.

바카(baqa'): 하느님 안에서의 생존. 하느님의 유일성을 경험하고 일상으로 복귀한 신비주의자의 성스러운 속성.

바틴(batin): 경전의 내밀하고 신비스러운 의미.

베이(bey): 육군 장교, 관료 또는 소규모 공국의 지배자를 가리키는 튀르크어. 베그(beg)라고도 한다. 아미르 참조.

보라파(Bohra): 이스마일파가 중심이 된 인도의 무슬림 공동체. 대부분 상인계층이지만 순니파와 농민도 다수 포함되어 있다.

사다카(sadaqa): 희사(喜捨), 때로는 자카트의 동의어로 쓰인다.

사르킨(sarkin): 수장 또는 지배자를 의미하는 하우사족의 칭호.

사마(sama'): 황홀경에 몰입하는 수행.

사브르(sabr): 종교적 의무를 실현하는 데 필요한 꿋꿋함, 인내, 끈기.

사와피(sawafi): 우마이야 왕조가 사산조 페르시아의 왕실 및 유력지주로부터 몰수한 땅으로 만든 직할 영지.

사이이드(sayyid): 왕자·주인·수장. 알리의 아들 후사인의 후손.

사자다 니신(sajjada nishin): 예배용 카펫에 앉아 있는 사람. 하나카 책임자의 계승자 또는 수피 성묘의 관리자.

산트리(santri): 인도네시아에서는 이슬람을 공부하는 학생을 뜻한다. 경건하고 올바른 자세를 가진 무슬림.

살라트(salat): 무슬림이 하루에 다섯 번 행하는 예배. 페르시아어로는 나마즈.

샤리아(Shari'a): 따라가야 할 길. 이슬람법, 즉 이슬람적 생활방식 전체.

샤리프(sharif, 복수형은 아슈라프[ashraf] 또는 슈라파[shurafá]): 귀족. 예언자 무함마드의 후손.

샤엔샤(Shah-en-shah): 왕중왕, 페르시아 황제의 칭호.

샤이흐 알이슬람(shaykh al-Islam): 이슬람의 장로 또는 무프티; 오스만 제국 종교기관의 장.

샤이흐(shaykh): 연장자, 우두머리, 수장, 존경받는 종교인, 수피 스승, 교사.

샤하다(shahada): 증언하기. 무슬림의 신앙고백.

샤히드(shahid): 증인, 순교자.

수라(sura): 하나의 장(章)으로 엮인 코란의 구절들.

수피(Sufi): 이슬람 신비주의자, 누더기옷을 입었던 초기 금욕주의자를 지칭하는 말에서 유래. 또 이산, 무르시드, 피르, 샤이흐 참조.

순나(Sunna): 걸어온 길, 관습, 무함마드와 초기 무슬림 공동체의 일상을 말하며, 이것은 모든 무슬림에게 무슬림의 삶을 사는 올바른 방식에 대한 권위 있는 모범이 된다.

순니파(Sunnis): 알리(시아)파와는 달리 순나와 역사적인 칼리프의 계보를 받아들이는 사람들. 무슬림 공동체의 다수파.

술탄(sultan, Sultan): 힘, 권위, 이슬람 군주의 칭호.

슈라(shura): 평의회. 특히 칼리프 우마르가 후계자를 선출하기 위해 소집한 평의회를 의미한다.

슈라파(shurafa'): 샤리프 참조.

시르크(shirk): 다신신앙, 하느님 이외의 존재를 하느님과 연결시키는 행위로, 궁극적으로는 신성모독으로 간주된다.

시아파(Shi'a): 알리와 그 상속자만이 예언자 무함마드의 유일한 정통계승자로 간주하는 무슬림 집단. 시아파는 알리의 후손 가운데 어느 계열에 충성하느냐에 따라 여러 분파로 나뉜다.

시파히(sipahi): 오스만 제국의 기마병. 인도에서는 세포이로 칭한다.

실실라(silsila): 스승과 제자 사이의 지식 전수를 통해 그 기원이 예언자 무함마드에게까지 거슬러 올라가는 수피 교단의 장(長)들의 계보.

아가(agha): 형(兄), 수장 또는 주인을 의미하는 튀르크어. 오스만 제국에서는 고위 군관의 호칭으로 사용. 알제리에서는 예니체리 군단의 우두머리를 지칭.

아다브(adab): 습관, 훈육, 행동, 세련된 예법, 문학적 교양, 도회풍의 세련된 언행. 서기(書記)의 이상적인 행동 또는 수피의 영적 수양.

아다트(adat): 인도네시아와 말레이시아에서 샤리아 또는 이슬람법과 상반되는 관습이나 관습법.

아들('adl): 정의. 〔법학〕 법정증인이 되는 데 필요한 자격. 〔종교〕 하느님의 가르침을 실행함으로써 이루어지는 개인의 완전성. 〔철학〕 정신을 구성하는 여러 요소의 조화.

아미르 알우마라(amir al-umara'): 최고사령관. 아바스 왕조를 이어받은 군사지배자들에 사용하는 칭호.

아미르 알무미닌(amir al-mu'minin): 신자들의 아미르, 칼리프 또는 예언자 무함마드의 후계자에 대한 고유한 호칭.

아미르(amir): 군대의 사령관, 총독, 왕자 등의 칭호. 일반적으로 토후라고 번역되고, 튀르크어의 베이 또는 베그에 해당한다.

아민(amin): 신뢰할 수 있는. 길드의 장(長) 같은 공식적인 지위를 가진 사람에 대한 칭호.

아브드('abd): 노예. 사람에 대한 재산권을 의미하며 법률과 코란의 윤리에 의해 규제된다. 이슬람 국가에서 노예는 일반적으로 집안의 종복이나 병사로 고용된다. 또 굴람, 맘루크 참조.

아사비야('asabiya): 동료애. 소규모 유목민이 도시민을 정복하고 새로운 제국을 건설할 수 있게 한 부족적 단결. 지배엘리트의 정치적 단합.

아슈라('ashura): 이슬람력 정월(무하람) 10일에 행하는 추가적인 금식. 후사인의 순교에 대한 기념제.

아슈라프(ashraf): 예언자 무함마드 또는 그 교우에게까지 혈통이 거슬러 올라가는 사람들. 인도에서는 유력자층을 가리킨다. 또 샤리프 참조.

아야톨라(ayatollah): 하느님의 기적 표시, 십이 이맘파의 종교 위계에서 최고위 법학자.

아얀(a'yan): 지방의 유력자. 오스만 제국 후기에는 공인된 정치권력의 보유자.

아이야룬(a'yyarun): 방랑자. 푸투와의 이상을 숭배하는 10~12세기 도시의 폭력집단으로서 반체제 군사조직의 형태를 띠기도 한다.

아클('aql): 이성, 추론, 지성. 육신과 영혼의 저급한 성품과 상반되는 이성적 요소.

아타베그(atabeg): 셀주크 제국 시대에 왕자의 개인교사 겸 군사 고문에 대한 칭호. 훗날 독립적인 총독이 되었다.

아흘(ahl): 천막을 함께 사용하는 사람, 가족 혹은 공동체.

아흘라크(akhlaq): 윤리학. 아리스토텔레스와 갈레노스 저작의 번역을 통해 이슬람 사상에 전해졌고, 이븐 미스카와이, 알 가잘리 등의 저작에 통합된 고대 그리스 윤리학.

아흘리 하디스(ahl-i hadith): 전통적인 법학파를 거부하고 오직 코란과 하디스만을 이슬람법의 원천으로 받아들이는 인도와 파키스탄의 공동체.

아흘 알딤마(ahl al-dhimma): 계약의 백성. 이슬람 지배하에서 세금을 납부하는 조건으로 법적 보호를 받는 유대인이나 그리스도 교도. 아흘 알키타브(ahl al-kitab), 즉 경전의 백성이라고도 한다.

아흘 알바이트(ahl al-bayt): 가계의 구성원, 예언자 무함마드의 가족.

아흘 알하디스(ahl al-hadith): 하디스를 이슬람의 법과 도덕의 근본으로 숭배하는 사람, 한발파 지지자를 가리키는 용어.

아히(akhi): 푸투와의 이상을 고수하는 14세기 아나톨리아의 청년집단. 일반적으로는 도회지의 중산층 직인집단을 가리킨다.

안사르(ansar): 메디나에서 예언자 무함마드를 도운 조력자들. 이후 이슬람 종교단체와 정치단체의 구성원을 이르는 말로 사용된다.

안주만(anjuman): 집회. 특히 이란, 인도·파키스탄·터키에서 무슬림의 종교단체·교육단체·정치단체를 지칭한다.

알리드('Alid): 예언자 무함마드의 사촌 알리의 후손. 무함마드의 종교적·정치적 유산의 상속자이며 무슬림 공동체의 정당한 우두머리임을 주장하는 가문.

알림('alim, 복수형은 울라마['ulama']): 이슬람 법학과 종교학에 정통한 남자. 말람, 물라 등으로 다양하게 표현된다.

암사르(amsar): 미스르 참조.

야사(yasa): 몽골 제국의 법률.

에블리아드(evliad): 내륙아시아에서 예언자 무함마드와 초기 칼리프를 출계로 하는 수피를 가리키는 말.

예니체리(janissary): 오스만 제국 보병군단의 일원, 오스만 제국의 엘리트 연대.

와지르(wazir): 조력자, 지배자의 최고 비서. 재상. 총리.

와크프(waqf): 기부. 종교활동이나 자선활동을 위해 재산의 수익권을 영구적으로 포기하는 것.

와탄(watan): 국가, 조국.

와흐다트 알슈후드(wahdat al-shuhud): 목격일성론(目擊一性論).

와흐다트 알우주드(wahdat al-wujud): 존재일성론(存在一性論).

왈리(wali): 보호자, 수혜자, 동료, 통치자. 하느님의 친구, 수피 또는 성자. 사람들은 축복을 받기 위해 이들의 묘를 방문한다. 미성년자, 부녀자 또는 무능력자의 법률적인 보호자.

우슈르('ushr): 무슬림 소유 토지에 부과된 토지세. 세액은 소출의 10분의 1.

우이마크(uymaq): 군사 가신과 동맹 종족의 지지를 기반으로 하는 이란과 내륙아시아의 수장(首長)제도.

울라마('ulama'): 이슬람 학자 또는 지식인에 대한 통칭. 알림 참조

울레발랑(uleebalang): 말레이 술탄국의 중간급 관료.

움마(umma): 사람들 또는 공동체. 무슬림 형제단 전체.

위르드(wird): 연도(連禱) 또는 수피들이 소리 내서 하는 유형화된 기도.

윌라야트(wilayat): 법적 권능. 총독 또는 왈리에게 부여된 권한. 오스만 제국에서는 행정구역의 명칭으로 사용된다.

이드('id): 이슬람 축제. 이드 알피트르('id al-fitr)는 라마단 종료 축제이고 이드 알아드하('id al-adha)는 두 알히자(Dhu al-hijja, 이슬람력 마지막 달) 10일에 행해지는 희생제. 튀르크어로는 바이람(bayram).

이마레트(imaret): 오스만 제국에서 종교활동과 자선활동을 지원하기 위해 정부가 하사한 복합단지로서 예배당, 대학, 도서관, 급식소 등을 갖추고 있다.

이만(iman): 신앙. 충성. 믿음.

이맘(imam): 무슬림 공동체의 최고지도자. 예언자 무함마드의 후계자로 시아파에서는 일반적으로 알리와 그 후손을 지칭하는 말로 사용한다.

이맘자다(imamzada): 시아파 이맘의 후손. 알리의 후손 가운데 순례자들에 의해 기적의 능력을 가진 성자로 추앙받는 인물을 모신 성묘(聖廟).

이바다('ibada, 복수형은 이바다트['ibadat]): 세정식·예배·금식·순례를 포함한 의례적인 종교관행의 준수.

이샨(ishan): 내륙아시아에서 수피 샤이흐 또는 영적 지도자에게 사용하는 존칭.

이스나 아샤리야(ithna'ashariyyah): 알리로부터 이어지는 십이 이맘의 존재를 믿는 시아파 분파. 마지막 이맘은 873년에 모습을 감추고 숨어 있으며 훗날 메시아가 되어 돌아올 것으로 믿어진다. 이란 주민의 다수가 이 분파를 신봉한다. 일명 십이 이맘파.

이스나드(isnad): 권위의 연쇄. 진실성을 뒷받침할 권위를 가지고 하디스를 전승하는 일련의 사람들.

이스마일파(Isma'ilis): 자파르의 아들 이스마일과 그 후손을 숭배하는 시아파 분파. 파티마 왕조도 이스마일파에 속한다. 이스마일파는 이후 시리아와 이란에서 인도까지 확산된 니자르파를 비롯한 여러 분파로 분열되었다. 호자파, 보라파 등도 이스마일파의 분파이다.

이슬라흐(islah): 코란과 하디스가 제시한 초기의 원칙으로 돌아가 무슬림 사회를 개혁·정화·부흥하려는 노력. 또 타즈디드 참조.

이슬람(islam, Islam): 하느님에 대한 무조건적인 복종. 무슬림이 신봉하는 종교의 이름. 이슬람교를 기반으로 형성된 국가와 사회의 제도 및 문화양식.

이자자(ijaza): 교사가 제자에게 특정 텍스트를 가르칠 능력이 있다고 인정하여 수여하는 자격증.

이즈마(ijma'): 법학자 또는 공동체 전체의 합의. 이슬람법의 기초.

이즈티하드(ijtihad): 이슬람법 연구를 위한 자기정진. 이슬람법을 재해석하기 위해 기존의 견해로부터 자유로운, 유추에 의한 추론. 또 무즈타히드 참조.

익타(iqta'): 지역개발이나 행정적·군사적 지원의 대가로 부여한 일정 토지에 대한 징세권. 또 자기르, 티마르 참조.

인실리멘(insilimen): 사하라 지역에서 종교학자와 존경받는 성자의 종족을 가리키는 용어. 또 자와야 참조.

일름('ilm): 지식, 특히 종교적 진리에 대한 지식. 행동지침이 되는 지식.

일티잠(iltizam): 오스만 제국과 이집트에서 시행된 일종의 징세위탁농장.

자기르(jagir): 무굴 제국에서 봉급 대신 징세권을 할당해준 토지. 또 익타, 티마르 참조.

자마(jama'a): 신자들의 모임. 집회. 공동체. 움마 참조.

자마트반디(jamatbandi): 집단 또는 소규모 공동체. 특히 시아파를 가리킬 때 사용.

자미(jami'): 금요예배를 위한 모스크.

자민다르(zamindar): 지주. 무굴 제국에서는 토지에 대한 징세권을 가진 사람.

자와야(zawaya): 북아프리카의 베르베르인 종교인 가문.

자위야(zawiya): 수피의 주거, 예배장소, 학교, 성자의 묘 등으로 기능하는 건물. 하나카 참조.

자카트(zakat): 무슬림의 합법적인 구빈세(救貧稅).

자히르(zahir): 경전의 표면적인 의미. 경전의 내면적인 의미인 바틴의 반의어.

잔다카(zandaqa): 이원론 또는 이교도의 신념체계.

지아라(ziyara): 하느님께 간구하기 위해 성자의 묘를 참배하는 것.

지즈야(jizya): 무슬림이 지배하는 사회에서 비무슬림에게 부과되는 인두세.

지하드(jihad): 갈망. 내면의 종교적 완전함과 이교도에 대한 무슬림의 성전(聖戰)을 향한 노력.

진(jinn): 영적인 존재. 증기나 화염으로 이루어졌으며, 미미하지만 나쁜 영향을 미친다.

카나트(qanat): 암거(暗渠)방식의 관개시설을 말하며, 주로 이란에서 쓰이는 용어.

카눈(kanun): 재정 및 형사 문제와 관련된 국가의 행정규칙이나 법률. 오늘날에는 정부가 제정한 모든 법률을 의미한다.

카디(qadi): 재판관, 샤리아에 의거하여 분쟁에 대한 판결을 내리도록 칼리프가 지명한 대리인.

카라모코(karamoko): 서아프리카에서 학자 또는 교사를 가리키는 말. 알림 참조.

카바(Ka'ba): 이슬람의 중심 성지로, 메카에 있으며 순례의 주요 대상.

카사바(qasaba): 요새화된 성. 정부관리의 사택. 중심도시. 인도에서는 카스바 (qasbah).

카슈프(kashf): 베일을 들어올리는 것. 궁극적 실재인 하느님을 인식하고 우러러보는 것.

카스브(kasb): 경제적 이득. 신학에서는 선행 또는 악행에 대한 책임 혹은 보상이나 처벌의 의미로 쓰인다.

카시다(qasida): 시인이 속한 부족 또는 위인을 찬양하는 내용의 고전적인 아랍어 송시(頌詩). 페르시아에서는 서정시를 의미.

카움(qawm): 종족, 부족, 종교공동체, 민족.

카이드(qa'id): 부족·구역·군대의 수장. 북아프리카에서 널리 쓰이는 용어.

카피르(kafir): 불신자, 자기의 재능에 대해 하느님에게 감사할 줄 모르는 사람.

칸(Khan, khan): 투르크인이 사용하는 호칭이며, 원래 국가의 지배자를 가리키는 말이었으나 나중에는 하위집단의 수장이나 귀족에게도 적용된다. 카라반 숙소를 의미하기도 한다.

칼람(kalam): 신학. 종교적 믿음을 이성적으로 증명하려는 학문. 신의 유일성과 속성, 인간의 자유의지와 자기결정 등의 문제를 다룬다.

칼리프(Caliph): 할리파 참조.

칼브(qalb): 수피 용어로 마음, 영혼, 양심과 지식의 자리를 뜻한다.

코란(Quran): 이슬람 경전. 하느님이 무함마드에게 계시한 내용을 담은 책.

쿠트브(qutb): 사물의 추축(樞軸). 눈에 보이지 않는 성자들의 위계의 정점에 있는 인물로서 그를 중심으로 우주의 질서가 유지된다.

키블라(qibla): 메카의 카바 신전이 있는 방향을 의미하며 무슬림은 예배할 때 이쪽을 향한다.

타리카(tariqa): 도(道). 수피의 도. 특정 수피 교단의 신앙과 훈련 체계. 수피 교단 (형제단).

타스디크(tasdiq): 신앙, 하느님이 존재한다는 진리를 단언하는 것.

타와쿨(tawakkul): 하느님에 대한 절대적 신뢰.

타우바(tawba): 참회. 하느님께 회귀하는 것.

타우히드(tawhid): 유일성, 하느님 존재의 유일성 또는 신비주의자와 하느님의 합일.

타윌(ta'wil): 코란의 우의적인 해석.

타즈디드(tajdid): 쇄신, 코란과 하디스에 기초하여 이슬람의 참된 관행을 되살리기 위해 18세기 이후에 일어난 운동. 또 이슬라흐 참조.

타지야(ta'ziya): 순교자를 위한 추모행사. 후사인의 순교를 애도하여 이슬람력 정월에 행하는 행렬이나 수난극. 카르발라에 있는 후사인의 가묘(假墓)를 지칭하기도 한다.

타클리드(taqlid): 모방. 이슬람 법학파의 기존 교의를 따른다는 원칙. 이즈티하드의 반의어.

타프시르(tafsir): 설명과 주석, 코란의 해석.

탄지마트(Tanzimat): 재편. 19세기 오스만 제국 개혁운동의 이름.

탈라카와타(talakawata): 농민과 가난한 노동자를 뜻하는 하우사족의 용어.

탈지아(taljia): 의탁. 또 히마야 참조.

테케(tekke): 수피 주거를 뜻하는 튀르크어 명칭. 또 하나카 참조.

티마르(timar): 오스만 제국에서 술탄의 군사가신들에게 허락한 징세권.

티에도(tyeddo): 세네감비아의 전사 노예엘리트.

파나(fana'): 수피의 자기멸각 또는 신과의 합일.

파디샤(padishah): 19세기 오스만 제국 술탄의 칭호.

파키르(faqir): 오직 하느님만을 위해서 극빈을 실천하며 살아가는 수도사. 수피 참조.

파키흐(faqih, 복수형은 푸카하[fuqaha]): 이슬람 법학자. 또 알림 참조.

파타(fata, 복수형은 피티안[fityan]): 푸투와의 이상에 헌신하는 청년집단의 구성원

파트와(fatwa, 복수형은 파타와[fatawa]): 무프티가 제시하는 이슬람법에 관한 의견. 초기 이슬람법의 적용을 완화한 법학의견의 집대성.

판차실라(pançasila): 인도네시아 독립을 위한 다섯 가지 원칙.

팔라시파(falasifa): 현자, 철학자, 그리스 철학을 신봉하는 무슬림.

페산트렌(pesantren): 무슬림 학생을 위한 인도네시아의 일반학교 또는 신학교.

펭훌루(penghulu): 촌장. 인도네시아에서 마을행정관의 칭호.

푸투와(futuwa): 용맹과 고결함 같은 청년의 미덕이나 자질. 종교단체 또는 청년 폭력단체의 이데올로기. 또 아이야룬, 아히 참조.

프리야이(priyayi): 지배계급 또는 서기(書記)계급. 전근대 인도네시아 사회의 엘리트층.

피르(pir): 수피 샤이흐에 대한 호칭.

피르만(firman): 명령, 칙령.

피르자다(pirzada): 피르 또는 성자의 후손, 혹은 성묘 관리자.

피크흐(fiqh): 이해, 사법체계, 이슬람 종교법.

피트라(fitra): 육체에 구현되기 전 영혼의 본래 모습.

피티안(fityan): 파타 참조.

하나카(khanaqa): 수피의 활동을 위한 건물. 샤이흐는 이곳에 거주하면서 제자들을 교육하고 수피의 예배를 인도한다. 또 리바트, 테케, 자위야 참조.

하니프(hanif): 이슬람의 계시 이전부터 신의 유일성을 믿던 아라비아인.

하디스(hadith): 동료들을 통해 전해진 예언자 무함마드의 언행록. 하디스는 이슬람의 신앙과 실천에서 코란에 이어 제2의 권위를 갖는다.

하라즈(kharaj): 토지세.

하렘(harem): 가옥 내의 여성 전용 공간.

하르자(kharja): 무와샤 참조.

하와리즈파(Khawarij): 이슬람 초기의 종교·정치 운동세력으로, 칼리프는 공동체에 의해 선출되어야 한다고 주장.

하즈(hajj): 무슬림이 적어도 일생에 한 번은 해야 하는 메카 순례.

하지브(hajib): 집사, 궁전행정의 최고책임자. 때로는 정부의 수반을 의미하기도 한다.

하키카(haqiqa): 하느님과의 합일을 통해 경험하는 진리 또는 실체를 의미하는 수피 용어. 궁극적인 실재.

하티브(khatib): 금요예배 때 설교를 하는 공식 설교사. 원칙적으로 통치자의 대리인.

할(hal): 하느님의 은총을 받은 영적 상태를 가리키는 수피 용어. 수피 스스로의 노력을 통해 신비주의적인 합일을 향해 나아가는 도중에 만나는 마캄과 대비된다.

할리파(khalifa): 칼리프. 예언자 무함마드의 후계자 또는 무슬림 공동체의 수장. 수피즘에서는 예배를 인도하고 초심자를 입교시키며, 수피 교단의 수장 또는 그 대리인으로 활동할 수 있는 권능을 가진 사도(使徒).

호자(khoja): 또는 흐와자. 상인·학자·관료 등의 칭호. 근대 터키어로 호자(hoja)라고 하며, 직업적인 종교인을 의미한다.

후자(hujja): 증거. 하느님의 현존에 접근하게 해주는 사람. 수피 포교사 집단의 위계 중 한 계급. 다이(da'i) 참조.

히르카(khirqa): 수피들이 입는 누더기 성복(聖服). 예언자 무함마드로부터 이어지는 축복 전달의 상징으로 스승이 초심자에게 준다.

히마야(himaya): 일정한 보수의 대가로 유목민이 정착민에게, 지주가 농민에게, 강자가 약자에게 제공하는 보호. 유럽인 영사가 현지 피보호민을 보호하는 것.

히즈라(hijra): 이주. 이슬람력 원년에 해당하는 서기 622년에 예언자 무함마드가 메카에서 메디나로 이주한 사건.

히크마(hikma): 철학과 과학 또는 신비주의적인 지식을 통해 얻은 지혜.

힐라(hila, 복수형은 히얄[hiyal]): 법학적인 계략.

힐름(hilm): 열정을 극복하는 인내·중용·평온.

3부 참고문헌

일러두기

    이 참고문헌은 폭넓은 읽을거리를 제공하기 위한 것으로, 중요한 번역서와 학술서를 망라하고 있다. 인용한 자료는 대부분 영어로 된 것이지만, 프랑스어나 독일어 자료라 하더라도 중요한 것은 포함시켰다. 독자들은 아래에 열거된 자료를 통해 참고문헌의 범위를 더욱 확대할 수 있을 것이다. J. D. Pearson, *Index Islamicus*(Cambridge, 1958-)는 이슬람권에서 1906년 이후 발간된 정기간행물과 1976년 이후 출간된 모든 서적을 소개하고 있다는 점도 참고하기 바란다.

    참고문헌 목록에서 사용된 약어는 아래와 같다.

AIEO	*Annales de l'institut des études orientales*
BEO	*Bulletin d'études orientales*
BSOAS	*Bulletin of the School of Oriental and African Studies*
CMRS	*Cahiers du monde russe et soviétique*
IJAHS	*International Journal of African Historical Studies*
IJMES	*International Journal of Middle East Studies*
JAH	*Journal of African History*
JAOS	*Journal of the American Oriental Society*
JESHO	*Journal of the Economic and Social History of the Orient*
JRAS	*Journal of the Royal Asiatic Society*
REI	*Revue des études islamiques*
ROMM	*Revue de l'Occident musulman et de la Méditerranée*
RSO	*Revista degli studi orientali*
SI	*Studia Islamica*
ZDMG	*Zeitschrift der deutschen morganländischen Gesellschaft*

3부 참고문헌

서론

현대 이슬람 세계에 대해서는 J. Voll, *Islam: Continuity and Change in the Modern World*, 2nd edn, Syracuse, N.Y., 1994; M. Ruthven, *Islam in the World*, 2nd edn, New York, 2000을 참조.

22장

근대 이란에 대한 통사들 중에서 N. R. Keddie, *Roots of Revolution: An Interpretive History of Modern Iran*, New Haven, 1981이 아주 균형 잡힌 서술을 하고 있다. 이란의 외교관계는 M. E. Yapp, *Strategies of British India: Britain, Iran, and Afghanistan*, 1798-1850, Oxford, 1980; R. K. Ramazani, *Iran's Foreign Policy*, 1941-1973, Charlottesville, Va., 1975; S. Chubin and S. Zabih, *The Foreign Relations of Iran*, Berkeley, 1974; F. Kazemzadeh, *Russia and Britain in Persia*, 1864-1914: *A Study in Imperialism*, New Haven, 1968에 논의되어 있다.

19세기 카자르 왕조하의 이란에 대해서는 S. Bakhash, *Iran: Monarchy, Bureaucracy, and Reform under the Qajars*, 1858-1896, London, 1978; N. R. Keddie, "The Iranian Power Structure and Social Change, 1800-1969: An Overview," *IJMES*, 2 (1971), pp. 3~20; E. Abrahamian, "Oriental Despotism: The Case of Qajar Iran," *IJMES*, 5 (1974), pp. 3~31을 참조.

이란 경제사는 C. P. Issawi, ed., *The Economic History of Iran*, 1800-1914, Chicago, 1971; A. Ashraf and H. Hekmat, "Merchants and Artisans and the Developmental Processes of Nineteenth-Century Iran," *The Islamic Middle East, 700-1900: Studies in Economic and Social History*, ed. A. L. Udovitch, Princeton, 1981, pp. 725~50에 정리되어 있다.

팔라비 왕조하의 이란: A. Banani, *The Modernization of Iran, 1921-1941*, Stanford, 1961; E. Abrahamian, *Iran between Two Revolutions*, Princeton, 1982; J. Bharier, *Economic Development in Iran, 1900-1970*, London, 1971; J. Amuzegar and M. A. Fekrat, *Iran: Economic Development under Dualistic Conditions*, Chicago, 1971. 제2차 세계대전 이후의 체제와 정치투쟁은 R. W. Cottam, *Nationalism in Iran*, Pittsburgh, 1964; L. Binder, *Iran: Political Development in a Changing Society*, Berkeley, 1962; M. Zonis, *The Political Elite of Iran, Princeton*, 1971; J. A. Bill, *The Politics of Iran: Groups, Classes, and Modernization*, Columbus, Ohio, 1972; S. Zabih, *The Mossadegh Era: Roots of the Iranian Revolution*, Chicago, 1982; E. J. Hooglund, *Land and*

Revolution in Iran, 1960-1980, Austin, Tex., 1982에서 폭넓게 다루어지고 있다.

울라마와 국가 사이의 관계를 주제로 삼은 연구는 H. Algar, *Religion and State in Iran, 1785-1906: The Role of the Ulama in the Qajar Period*, Berkeley, 1969; H. Algar, "The Oppositional Role of the Ulama in Twentieth-Century Iran," *Scholars, Saints and Sufis*, ed. N. R. Keddie, Berkeley, 1972, pp. 231~55; N. R. Keddie, *Religion and Rebellion in Iran: The Tobacco Protest of 1891-1892*, London, 1966; H. Algar, *Mirza Malkum Khan: A Study in the History of Iranian Modernism*, Berkeley, 1973 등이 있다. 1906~1911년의 입헌혁명: N. R. Keddie, "Iranian Politics 1900-1905: Background to Revolution," *Middle Eastern Studies*, 5 (1969), pp. 3~31, 151~67, 234~50; S. Arjomand, "The Shi-ite Hierocracy and the State in Pre-Modern Iran, 1785-1890," *European Journal of Sociology*, 22 (1981), pp. 40~78; S. Akhavi, *Religion and Politics in Contemporary Iran: Clergy-State Relations in the Pahlavi Period*, Albany, N.Y., 1980; Y. Richard, *Le Shiisme en Iran: Imam et révolution*, Paris, 1980; P. J. Chelkowski, ed., *Taʾziyeh, Ritual and Drama in Iran*, New York, 1979; M. M. J. Fischer, *Iran: From Religious Dispute to Revolution*, Cambridge, Mass., 1980; Ayatollah Ruhollah Khomeini, *Islamic Government*, tr. Joint Publications Research Service, New York, 1979.

이란 혁명에 대한 고무적인 평가로는 S. A. Arjomand: "Shiʿite Islam and the Revolution in Iran," *Government and Opposition*, 16 (1981), pp. 293~316; "Traditionalism in Twentieth-Century Iran," *From Nationalism to Revolutionary Islam*, ed. S. A. Arjomand, London, 1984, pp. 195~232; T. Skocpol, "Rentier State and Shi'a Islam in the Iranian Revolution," *Theory and Society*, 11 (1982), pp. 265~83; N. R. Keddie, "Iranian Revolutions in Comparative Perspective," *American Historical Review*, 88 (1983), pp. 579~98 등이 있다.

사회구조에 대해서는 P. W. English, *City and Village in Iran: Settlement and Economy in the Kirman Basin*, Madison, Wis., 1966; J. I. Clarke, *The Iranian City of Shiraz*, Durham, 1963; M. E. Bonine, *Yazd and its Hinterland: A Central Place System of Dominance in the Central Iranian Plateau*, Austin, Tex., 1975; P. G. Ahrens, *Die Entwicklung der Stadt Teheran. Eine städtebauliche Untersuchung ihrer zukunftigen Gestaltung*, Opladen, 1966을 참조. 쇠락하는 유목민사회에 관한 탁월한 책 하나를 꼽으라면 F. Barth, *Nomads of South Persia: The Basseri Tribe of the Khamseh Confederacy*, Boston, 1961이 있다.

이란 사회에서 여성의 지위에 대해서는 G. Nashat, ed., *Women and Revolution in Iran*, Boulder, 1983; E. Sanasarian, *The Women's Rights*

Movement in Iran, New York, 1982; F. Azari, *Women of Iran: The Confict with Fundamentalist Islam*, London, 1983; A. K. Ferdows, "Women and the Islamic Revolution," *IJMES*, 15 (1983), pp. 283~98; Z. Mir-Hosseini, *Islam and Gender: The Religious Debate in Contemporary Iran*, Princeton, 1999를 참조.

이슬람 공화국에 대해서는 H. Omid, *Islam and the Post-Revolutionary State in Iran*, New York, 1994; J. Foran, ed., *A Century of Revolution: Social Movements in Iran*, London, 1994; N. R. Keddie, *Iran and the Muslim World*, New York, 1995; F. Moghadam, *From Land Reform to Revolution: The Political Economy of Agricultural Development in Iran*, 1962-1979, London, 1996; S. Rahnema and S. Behdad, *Iran after the Revolution*, New York, 1996; J. Amuzegar, *Iran's Economy under the Islamic Republic*, London, 1997; E. Sciolino, *Persian Mirrors: The Elusive Face of Iran*, New York, 2000; W. Buchta, *Who Rules Iran? The Structure of Power in the Islamic Republic*, Washington, D.C., 2000; R. Wright, *The Last Great Revolution: Turmoil and Transformation in Iran*, New York, 2000을 참조.

23장

터키와 유럽의 관계를 주제로 한 연구는 M. S. Anderson, *The Eastern Question, 1774-1923*, London, 1966; S. J. Shaw, *Between Old and New: The Ottoman Empire under Sultan Selim III, 1789-1807*, Cambridge, Mass., 1971; C. K. Webster, *The Foreign Policy of Castlereagh, 1812-1815*, London, 1931; H. W. V. Temperley, *The Foreign Policy of Canning, 1822-1827*, London, 1966; C. K. Webster, *The Foreign Policy of Palmerston, 1830-1841*, London, 1951; J. C. Hurewitz, "The Background of Russia's Claims to the Turkish Straits: A Reassessment," *Belleten, Türk Tarih Kurumu*, 28 (1964), pp. 459~97; V. J. Puryear, *England, Russia and the Straits Question, 1844-1856*, Berkeley, 1931; F. E. Bailey, *British Policy and the Turkish Reform Movement: A Study in Anglo-Turkish Relations, 1826-1853*, London, 1942 등이 있다.

크림 전쟁, 러시아 및 발칸에 대해서는 B. H. Sumner, *Russia and the Balkans, 1870-1880*, Oxford, 1937; H. Temperley, *England and the Near East: The Crimea*, London, 1936; W. L. Langer, *The Diplomacy of Imperialism, 1890-1902*, 2nd edn, New York, 1960; W. L. Langer, *European Alliances and Alignments, 1871-1890*, 2nd edn, New York, 1962; D. Harris, *A Diplomatic History of the Balkan Crisis of 1875-1878: The First Year*, London, 1936; E. M. Earle, *Turkey, the Great Powers, and the Baghdad Railway*, New York, 1935

를 참조.

제1차 세계대전과 오스만 제국의 분할: H. N. Howard, *The Partition of Turkey: A Diplomatic History, 1913-1923*, Norman, Okla., 1931; E. Kedourie, *England and the Middle East: The Destruction of the Ottoman Empire, 1914-1921*, 2nd edn, London, 1987; F. G. Weber, *Eagles on the Crescent: Germany, Austria and the Diplomacy of the Turkish Alliance, 1914-1918*, Ithaca, N.Y., 1970; C. Jelavich and B. Jelavich, *The Establishment of the Balkan National States, 1804-1920*, Seattle, 1977; P. Helmreich, *From Paris to Sevres: The Partition of the Ottoman Empire at the Peace Conference of 1919-1920*, Columbus, Ohio, 1974; H. N. Howard, *Turkey, the Straits and US Policy*, Baltimore, 1974. 아르메니아인 문제에 대해서는 R. G. Hovan-nisian, *The Armenian Holocaust: A Bibliography Relating to the Deportations, Massacres, and Dispersion of the Armenian People, 1912-1915*, Cambridge, 1980; R. G. Hovannisian, *Armenia on the Road to Independence*, Berkeley, 1984; R. G. Hovannisian, *The Republic of Armenia*, 2 vols., Berkeley, 1971, 1982를 참조.

중동경제의 발전: R. Owen, *The Middle East in the World Economy, 1800-1914*, New York, 1981; C. Issawi, ed., *The Economic History of Turkey, 1800-1914*, Chicago, 1980; C. Issawi, ed., *The Economic History of the Middle East, 1800-1914*, Chicago, 1966; D. Quataert, *Social Disintegration and Popular Resistance in the Ottoman Empire 1881-1908*, New York, 1983; H. Islamoglu-Inan, ed., *The Ottoman Empire and the World Economy*, Cambridge, 1987.

오스만 제국의 개혁과 근대화: B. Lewis, *The Emergence of Modern Turkey*, 2nd edn, London, 1968; N. Berkes, *The Development of Secularism in Turkey*, Montreal, 1964; R. H. Davison, *Reform in the Ottoman Empire, 1856-1876*, Princeton, 1963; R. Devereaux, *The First Ottoman Constitutional Period: A Study of the Midhat Constitution and Parliament*, Baltimore, 1963; S. Mardin, "Power, Civil Society and Culture in the Ottoman Empire," *Comparative Studies in Society and History*, 11 (1969), pp. 258~81.

제도의 근대화에 관한 저작으로는 C. V. Findley, *Bureaucratic Reform in the Ottoman Empire: The Sublime Porte, 1789-1922*, Princeton, 1980; S. S. Omar, "The Majalla," *Law in the Middle East*, I, ed. M. Khadduri and H. J. Liebesny, Washington, D.C., 1956, pp. 292~308; G. Baer, "The Transition from Traditional to Western Criminal Law in Turkey and Egypt," *SI*, 45 (1977), pp. 139~58; A. M. Kazamias, *Education and the Quest for Modernity in Turkey*, Chicago, 1966; S. J. Shaw, "The Origins of Representative Government in the Ottoman Empire: An Introduction to the Provincial Councils, 1839-1876," *Near Eastern Round Table, 1967-1968*, ed. R. B. Winder, New York, 1969, pp.

53∼142 등이 있다.

오스만 제국의 지식층에 대해서는 S. Mardin, *The Genesis of Young Ottoman Thought*, Princeton, 1962; E. E. Ramsaur, *The Young Turks: Prelude to the Revolution of 1908*, Princeton, 1957; F. Ahmad, *The Young Turks: The Committee of Union and Progress in Turkish Politics, 1908-1914*, Oxford, 1969; D. Kushner, *The Rise of Turkish Nationalism, 1876-1908*, London, 1977 을 참조.

오스만 제국의 국가와 울라마를 주제로 삼은 연구로는 U. Heyd, "The Ottoman 'Ulemā and Westernization in the Time of Selim III and Mahmud II," *Studies in Islamic History and Civilization*, ed. U. Heyd, Jerusalem, 1961, pp. 63∼96; R. L. Chambers, "The Ottoman Ulema and the Tanzimat," *Scholars, Saints and Sufis*, ed. N. R. Keddie, Berkeley, 1972, pp. 33∼46 등이 있다.

아타튀르크와 터키 공화국에 대해서는 R. D. Robinson, *The First Turkish Republic*, Cambridge, Mass., 1965; Lord Kinross, *Ataturk: The Rebirth of a Nation*, London, 1964; C. Keyder, *The Definition of a Peripheral Economy: Turkey, 1923-1929*, Cambridge, Mass., 1981을 참조.

제2차 세계대전 이래 터키의 정치와 경제에 대해서는 K. H. Karpat, *Turkey's Politics: The Transition to a Multi-party System*, Princeton, 1959; K. H. Karpat, *Social Change and Politics in Turkey: A Structural-Historical Analysis*, Leiden, 1973; F. Ahmad, *The Turkish Experiment in Democracy, 1950-1975*, Boulder, 1977; E. K. Trimberger, *Revolution from Above*, New Brunswick, N.J., 1978; J. M. Landau, *Radical Politics in Modern Turkey*, Leiden, 1974를 참조. 터키의 경제발전에 대해서는 B. Berberoglu, *Turkey in Crisis: From State Capitalism to Neo-colonialism*, London, 1982를 참조.

지방정치에 대해서는 J. S. Szyliowicz, *Political Change in Rural Turkey: Erdemli*, The Hague, 1966; K. H. Karpat, *The Gecekondu: Rural Migration and Urbanization*, New York, 1976을 참조. 또 A. P. Sterling, *Turkish Village*, London, 1965; M. Makal, *A Village in Anatolia*, ed. A. P. Stirling, tr. Sir W. Deedes, London, 1954(터키 농촌에 혁명을 가져오려는 어느 교사의 노력에 대한 가슴 뭉클한 이야기); M. E. Meeker, "The Great Family Aghas of Turkey: A Study of a Changing Political Culture," *Rural Politics and Social Change in the Middle East*, ed. R. Antoun and I. Harik, Bloomington, 1972, pp. 237∼66을 보라.

이슬람의 부흥: U. Heyd, *Revival of Islam in Modern Turkey*, Jerusalem, 1968; S. Mardin, "Religion in Modern Turkey," *International Social Science Journal*, 29 (1977), pp. 279∼97; J. Landau, "The National Salvation Party in Turkey," *Asian and African Studies*, 11 (1976), pp. 1∼57; I. Sunar and B. Toprak, "Islam in Politics: The Case of Turkey," *Government and Opposition*,

18 (1983), pp. 421~41; S. Mardin, *Religion and Social Change in Modern Turkey: The Case of Bediuzzaman Said Nursi*, Albany, N.Y., 1989.

여성의 역할에 대해서는 N. Abadan-Unat, "The Modernization of Turkish Women," *Middle East Journal*, 32 (1978), pp. 291~306; N. Abadan-Unat, *Women in Turkish Society*, Leiden, 1981; E. Ozdalga, *The Veiling Issue, Official Secularism and Popular Islam in Modern Turkey*, Richmond, 1998을 참조.

1990년대 터키의 정치와 경제: S. Bozdogan and R. Kasaba, eds., *Rethinking Modernity and National Identity in Turkey*, Seattle, 1997; J. Pettifer, *The Turkish Labyrinth: Ataturk and the New Islam*, London, 1997; H. Poulton, *Top Hat, Grey Wolf and Crescent: Turkish Nationalism and the Turkish Republic*, London, 1997; Z. Onis, *State and Market: The Political Economy of Turkey in Comparative Perspective*, Istanbul, 1998.

터키의 외교정책: A. Z. Rubinstein and O. M. Smolansky, *Regional Power Rivalries in the New Eurasia: Russia, Turkey and Iran*, Armonk, 1995; V. Mastny and R. C. Nation, eds., *Turkey between East and West*, Boulder, 1996.

쿠르드족 문제에 대해서는 R. Olson, ed., *The Kurdish Nationalist Movement in the 1990s*, Lexington, Ky., 1996; E. O'Ballance, *The Kurdish Struggle 1920-1994*, Basingstoke, 1996; D. McDowall, *A Modern History of the Kurds*, London, 1997; R. Olson, *The Kurdish Question and Turkish-Iranian Relations from World War I to 1998*, Costa Mesa, 1998; M. M. Gunter, *The Kurdish Predicament in Iraq: A Political Analysis*, Basingstoke, 1999를 참조.

비교연구: J. Waterbury, *Exposed to Innumerable Delusions: Public Enterprise and State Power in Egypt, India, Mexico and Turkey*, Cambridge, 1993; A. Oneu, C. Keyder, and S. Ibrahim, eds., *Developmentalism and Beyond: Society and Politics in Egypt and Turkey*, Cairo, 1994; J. Saeed, *Islam and Modernization: A Comparative Analysis of Pakistan, Egypt, and Turkey*, Westport, Conn., 1994; D. Waldner, *State Building and Late Development*, Ithaca, N.Y., 1999.

24장

19~20세기 이집트 통사류로는 P. M. Holt, *Egypt and the Fertile Crescent, 1516-1922: A Political History*, London, 1966; J. Marlowe, *A History of Modern Egypt and Anglo-Egyptian Relations, 1800-1956*, 2nd edn, Hamden, Conn., 1965가 있다. 이집트 사회의 변용을 다룬 논문집은 P. M. Holt, ed., *Political and Social Change in Modern Egypt*, London, 1968; G. Baer, *Studies on the Social History of Modern Egypt*, Chicago, 1969가 있다. 또 J. Abu-

Lughod, *Cairo: 1001 Years of the City Victorious*, Princeton, 1971을 보라. E. Lane, *An Account of the Manners and Customs of the Modern Egyptians*, London, 1842, republished as *The Modern Egyptians*, London, 1908은 이집트 사회에 대한 고전적인 저작이다.

19세기 이집트의 경제발전을 다룬 책들: D. S. Landes, *Bankers and Pashas: International Finance and Economic Imperialism in Egypt*, New York, 1958; E. R. J. Owen, *Cotton and the Egyptian Economy, 1820-1914*, Oxford, 1969; A. Richards, *Egypt's Agricultural Development, 1800-1980: Technical and Social Change*, Boulder, 1982. 이집트 경제발전의 장기적인 패턴에 관한 연구들: C. Issawi, "Egypt since 1800: A Study in Lopsided Development," *Journal of Economic History*, 21 (1961), pp. 1~25; P. O'Brien, "The Long-term Growth of Agricultural Production in Egypt: 1821-1962," *Political and Social Change in Modern Egypt*, ed. P. M. Holt, London, 1968, pp. 162~95; A. Richards, "Growth and Technical Change: 'Internal' and 'External' Sources of Egyptian Underdevelopment, 1800-1914," *Asian and African Studies*, 15 (1981), pp. 45 ~67.

무함마드 알리와 19세기 개혁운동: P. Gran, *Islamic Roots of Capitalism: Egypt, 1760-1840*, Austin, Tex., 1979는 시사하는 바가 많긴 하지만 신뢰하기는 어렵다. H. H. Dodwell, *The Founder of Modern Egypt: A Study of Muḥammad ʿAli in Egypt*, Cambridge, 1931; H. Rivlin, *The Agricultural Policy of Muhammad ʿAli in Egypt*, Cambridge, Mass., 1961; Muhammad ʿAli's foreign policy: V. J. Puryear, *Napoleon and the Dardanelles*, Berkeley, 1951; Shafik Ghurbal, *The Beginnings of the Egyptian Question and the Rise of Mehmet Ali*, London, 1928을 보라. 이스마일 파샤와 19세기 중반의 이집트: G. Douin, *Histoire du règne du khédive Isma'il*, 3 vols., Rome, 1933-41.

1882~1922년 영국 지배하의 이집트: A. Scholch, *Egypt for the Egyptians: The Socio-political Crisis in Egypt*, 1878-1882, London, 1981; A. L. al-Sayyid Marsot, *Egypt and Cromer: A Study in Anglo-Egyptian Relations*, New York, 1968; J. Berque, *L'Egypte, l'imperialisme et révolution*, Paris, 1967.

19세기 울라마와 수피즘에 대한 연구들: A. L. al-Sayyid Marsot, "The Role of the ʿUlama in Egypt during the Early 19th Century," *Political and Social Change in Modern Egypt*, ed. P. M. Holt, London, 1968, pp. 264~80; A. L. al-Sayyid Marsot, "The Beginnings of Modernization among the Rectors of al-Azhar, 1798-1879," *Beginnings of Modernization in the Middle East*, ed. W. R. Polk and R. L. Chambers, Chicago, 1968, pp. 267~80; F. de Jong, *Ṭuruq and Ṭuruq-linked Institutions in Nineteenth-Century Egypt*, Leiden, 1978; P. Kahle, "Zār-Beschwörungen im Egypten," *Der Islam*, 3 (1912), pp. 1~41.

의회정부하의 이집트: M. Deeb, *Party Politics in Egypt: The Wafd and its Rivals, 1919-1939*, London, 1979; A. L. al-Sayyid Marsot, *Egypt's Liberal Experiment, 1922-1936*, Berkeley, 1977. 양차 세계대전 사이 이집트의 내셔널리즘 과 이슬람: J. Heyworth-Dunne, *Religious and Political Trends: Modern Egypt*, Washington, D.C., 1950; N. Safran, *Egypt in Search of Political Community*, Cambridge, Mass., 1961; C. Wendell, *The Evolution of the Egyptian National Image: From its Origins to Ahmad Lutfi al-Sayyid*, Berkeley, 1972; C. D. Smith, *Islam and the Search for Social Order in Modern Egypt*, Albany, N.Y., 1983; Taha Husayn, *Stream of Days: At the Azhar*, 2nd edn, tr. H. Wayment, London, 1948; P. Cachia, *Taha Husayn: His Place in the Egyptian Literary Renaissance*, London, 1956.

이집트 근대 문학 입문서로는 H. Kilpatrick, *The Modern Egyptian Novel*, London, 1974; H. Sakkut, *The Egyptian Novel and its Main Trends from 1913 to 1952*, Cairo, 1971을 보라.

나세르와 사다트 정권하의 이집트: A. Abdel-Malek, *Egypt: Military Society: The Army Regime, the Left and Social Change under Nasser*, tr. C. L. Markmann, New York, 1968; A. Abdel-Malek, *Idéologie et renaissance rationale: L'Egypte moderne*, Paris, 1969; R. W. Baker, *Egypt's Uncertain Revolution under Nasser and Sadat*, Cambridge, Mass., 1978. 정치경제학적 문 제: J. Waterbury, *The Egypt of Nasser and Sadat: The Political Economy of Two Regimes*, Princeton, 1983; R. Mabro and S. Radwan, *The Industrialization of Egypt, 1939-1973: Policy and Performance*, Oxford, 1976; R. Mabro, *The Egyptian Economy, 1952-1972*, Oxford, 1974; P. K. O'Brien, *The Revolution in Egypt's Economic System: From Private Enterprise to Socialism, 1952-1965*, London, 1966; R. Springborg, *Family, Power and Politics in Egypt: Sayed Bey Marei: His Clan, Clients and Cohorts*, Philadelphia, 1982.

농촌개발에 관해서는 G. Saab, *The Egyptian Agrarian Reform: 1952-1962*, London, 1967; J. Mayfield, *Rural Politics in Nasser's Egypt: A Quest for Legitimacy*, Austin, Tex., 1971; H. Fakhouri, *Kafr el-Elow: An Egyptian Village in Transition*, New York, 1972; I. Harik, *The Political Mobilization of Peasants: A Study of an Egyptian Community*, Bloomington, 1974; L. Binder, *In a Moment of Enthusiasm: Political Power and the Second Stratum in Egypt*, Chicago, 1978을 보라.

나세르와 사다트 시대의 이슬람에 관해서는 M. Berger, *Islam in Egypt Today: Social and Political Aspects of Popular Religion*, Cambridge, 1970; M. Gilsenan, *Saint and Sufi in Modern Egypt*, Oxford, 1973을 참조. 무슬림 형제단 에 관해서는 C. Wendell, ed. and tr., *Five Tracts of Hasan al-Banna (1906-*

1949), Berkeley, 1978 ; R. P. Mitchell, *The Society of the Muslim Brothers*, London, 1969 ; S. Qutb, *Social Justice in Islam*, tr. J. B. Hardie, Washington, D.C., 1953을 참조.

오늘날의 이슬람 부흥에 관한 책들: S. E. Ibrahim, "Anatomy of Egypt's Militant Islamic Groups," *IJMES*, 12 (1980), pp. 423~53 ; F. El-Guindi, "Veiling Infitah with Muslim Ethic: Egypt's Contemporary Islamic Movement," *Social Problems*, 28 (1981), pp. 465~85 ; G. Kepel, *Le Prophete et Pharaon: Les mouvements islamistes dans l'Egypte contemporaine*, Paris, 1984 ; P. Gaffney, *The Prophet's Pulpit: Islamic Teaching in Contemporary Egypt*, Berkeley, 1994 ; V. J. Hoffman, *Sufism, Mystics and Saints in Modern Egypt*, New York, 1995 ; M. Zeghal, *Gardiens de l' Islam: Les Oulemas de al-Azhar dans l'Egypte Contemporaine*, Paris, 1996 ; G. Starrett, *Putting Islam to Work: Education, Politics, and Religious Transformation in Egypt*, Berkeley, 1998 ; D. J. Sullivan and S. Abed-Kotob, *Islam in Contemporary Egypt: Civil Society vs. the State*, Boulder, 1999.

1990년대 이집트의 사회와 경제: D. Singennan, *Avenues of Participation: Family, Politics and Networks in Urban Quarters of Cairo*, Princeton, 1995 ; W. Armbrust, *Mass Culture and Modernism in Egypt*, Cambridge, 1996 ; S. Soliman, S*tate and Industrial Capitalism in Egypt*, Cairo, 1999 ; R. Bush, *Economic Crisis and the Politics of Reform in Egypt*, Boulder, 1999.

25장

깊이 있는 역사관이 돋보이는 역사서: A. Hourani, *A History of the Arab Peoples*, Cambridge, Mass., 1991을 보라. 중동의 외교, 경제, 사회 문제를 전체적으로 다루는 문헌은 많다. 여기서 제시하는 책들은 일부 이란과 터키에 관한 논의를 포함하고 있지만 주로 아랍 동부에 중점을 두고 있다. 19세기와 제1차 세계대전 기간 동안 열강의 역할에 대해서는 23장의 참고문헌을 보라. 제1차 세계대전 이후의 아랍 세계에 대해서는 B. Lewis, *The Middle East and the West*, New York, 1966 ; W. R. Polk, *The United States and the Arab World*, Cambridge, Mass., 1969 ; E. Monroe, *Britain's Moment in the Middle East*, 1914-1956, Baltimore, 1963을 참조.

오스만 제국 분할에서 영국의 역할 및 영국의 프랑스, 샤리프 후세인, 시온주의자와의 외교관계는 E. Kedourie, *England and the Middle East*, 1914-1921, 2nd edn, Hassocks, 1978 ; E. Kedourie, *The Chatham House Version*, London, 1970 ; G. Antonius, *The Arab Awakening*, London, 1938의 주제이다. 로렌스(T. E. Lawrence)는 *Seven Pillars of Wisdom*, Garden City, N.Y., 1935〔최인자 옮김, 『지혜의 일곱기둥』 전3권, 뿔, 2006〕에서 자신의 이야기를 직접 들려주며, J. E. Mack, *A Prince of our Disorder*, Boston, 1976은 로렌스를 주인공으로 한 유일한 전기다.

중동경제사에 관해서는 R. Owen, *The Middle East in the World Economy,
1800-1914*, New York, 1981을 참조. 3종의 중요한 논문집은 C. Issawi, *The
Economic History of the Middle East, 1800-1914*, Chicago, 1966; A. L.
Udovitch, ed., *The Islamic Middle East, 700-1900: Studies in Economic and
Social History*, Princeton, 1981; M. A. Cook, ed., *Studies in the Economic
History of the Middle East*, London, 1970이다. 제2차 세계대전 이후의 발전에 대
해서는 C. Issawi, ed., *An Economic History of the Middle East and North
Africa*, New York, 1982를 참조. 종속이론의 관점에서 쓰인 연구서로는 S. A.
Amin, *The Modernization of Poverty: A Study in the Political Economy of
Growth in Nine Arab Countries, 1945-1970*, Leiden, 1974; S. A. Amin, *The
Arab Economy Today*, London, 1981을 참조. 중동의 석유에 관해서는 P. R.
O'Dell, *Oil and World Power*, 5th edn, Harmondsworth, 1979; M. Abir, Oil,
Power and Politics, London, 1974; M. A. Adelman, *The World Petroleum
Market*, Baltimore, 1972를 참조.

아랍 내셔널리즘과 아랍인의 사상에 관해서는 A. Hourani, *Arabic Thought in
the Liberal Age*, Cambridge, 1983을 보라. 그리고 이 책을 보완하기위해 S. Haim,
ed., *Arab Nationalism: An Anthology*, Berkeley, 1976; H. Sharabi, *Arab
Intellectuals and the West, 1875-1914*, Baltimore, 1970을 함께 읽으면 좋을 것이
다. 제1차 세계대전 당시의 아랍 내셔널리즘에 관해서는 Z. N. Zeine, *Arab-Turkish
Relations and the Emergence of Arab Nationalism*, Beirut, 1958; Z. N. Zeine,
The Emergence of Arab Nationalism, Delmar, N.Y., 1973; C. E. Dawn, *From
Ottomanism to Arabism: Essays on the Origins of Arab Nationalism*, Urbana,
Ill., 1973; P. S. Khoury, *Urban Notables and Arab Nationalism: The Politics of
Damascus, 1860-1920*, Cambridge, 1983; H. Kayali, *Arabs and Young Turks*,
Berkeley, 1997을 참조.

양차 대전 사이의 아랍 내셔널리즘: W. Cleveland, *The Making of an Arab
Nationalist: Ottomanism and Arabism in the Life and Thought of Sati' al-
Husri*, Princeton, 1971. 제2차 세계대전 이후 아랍의 입장을 대변하는 선언문: al-
Bazzaz, *Al-Bazzaz on Arab Nationalism*, London, 1965; H. Nuseibeh, *The
Ideas of Arab Nationalism*, Ithaca, N.Y., 1956; F. A. Sayegh, *Arab Unity: Hope
and Fulfillment*, New York, 1958.

아랍의 이데올로기와 정치에 관해서는 L. Binder, *The Ideological Revolution
in the Middle East*, 2nd edn, New York, 1979; M. C. Hudson, *Arab Politics:
The Search for Legitimacy*, New Haven, 1977; F. Ajami, *The Arab
Predicament: Arab Political Thought and Practice since 1967*, Cambridge,
1981; A. Abdel-Malek, *La Pensée politique arabe contemporaine*, 3rd edn,
Paris, 1980; F. Ajami, *The Dream Palace of the Arabs*, New York, 1998을 참조.

살라피 운동에 관해서는 E. Kedourie, *Afghani and Abduh*, London, 1966; N. R. Keddie, *Sayyid Jamal ad-Din al-Afghani: A Political Biography*, Berkeley, 1972; C. C. Adams, *Islam and Modernism in Egypt*, London, 1933; M. H. Kerr, *Islamic Reform: The Political and Legal Theories of Muhammad Abduh and Rashid Rida*, Berkeley, 1966을 참조.

제2차 세계대전 이후의 이슬람에 관해서는 H. A. R. Gibb, *Modern Trends in Islam*, Chicago, 1947; W. C. Smith, *Islam in Modern History*, Princeton, 1977; E. Kedourie, *Islam in the Modern World*, London, 1980; J. J. Donohue and J. L. Esposito, eds., *Islam in Transition: Muslim Perspectives*, New York, 1982를 참조.

현대사회에서 이슬람의 역할에 대한 연구는 R. Peters, *Islam and Colonialism: The Doctrine of Jihad in Modern History*, The Hague, 1979; E. I. J. Rosenthal, *Islam in the Modern National State*, New York, 1965; S. A. Arjomand, ed., *From Nationalism to Revolutionary Islam*, London, 1984; M. Rodinson, *Islam and Capitalism*, tr. B. Pearce, Austin, Tex., 1978; M. Gilsenan, *Recognizing Islam: Religion and Society in the Modern Arab World*, New York, 1982; I. M. Abu Rabi, *Intellectual Origins of Islamic Resurgence in the Modern Arab World*, Albany, N.Y. 1996 등이 있다.

아랍 세계의 정치에 관해서는 W. Laqueur, *The Middle East in Transition*, New York, 1958; M. H. Kerr, *The Arab Cold War: Gamal Abd al-Nasir and his Rivals*, 3rd edn, London, 1971을 참조. 중동의 군사문제: E. Be'eri, *Army Officers in Arab Politics and Society*, tr. D. Ben-Abba, New York, 1969; J. C. Hurewitz, *Middle East Politics: The Military Dimension*, New York, 1969; V. J. Parry and M. E. Yapp, eds., *War, Technology and Society in the Middle East*, London, 1975.

아랍중동의 사회구조에 관해서는 G. Baer, *Population and Society in the Arab East*, tr. H. Szoke, London, 1964; D. Eickelman, *The Middle East: An Anthropological Approach*, Englewood Cliffs, N.J., 1981; A. Hourani, *A Vision of History: Near Eastern and Other Essays*, Beirut, 1961; A. Hourani, *The Emergence of the Modern Middle East*, Berkeley, 1981을 참조.

토지 보유, 농촌 개발, 정치에 관해서는 D. Warriner, *Land Reform and Development in the Middle East: A Study of Egypt, Syria and Iraq*, 2nd edn, London, 1962; G. Baer, *Fellah and Townsman in the Middle East*, London, 1982; R. Springborg, "New Patterns of Agrarian Reform in the Middle East and North Africa," *Middle East Journal*, 31 (1977), pp. 127~42; R. Antoun and I. Harik, eds., *Rural Politics and Social Change in the Middle East*, Bloomington, 1972; L. J. Cantori and I. Harik, eds., *Local Politics and*

Development in the Middle East, Boulder, 1981을 참조. 유목민의 생활에 대해서는 C. Nelson, ed., *The Desert and the Sown: Nomads in the Wider Society*, Berkeley, 1973을 참조.

촌락과 소도시의 생활조건을 통찰하는 박진감 넘치는 많은 책 중에는 H. Ammar, *Growing up in an Egyptian Village*, London, 1954; H. Ayrout, *The Egyptian Peasant*, tr. J. Williams, Boston, 1963이 있다. Ivo Andrić, *The Bridge on the Drina*, tr. L. Edwards, New York, 1959[김지향 옮김, 『드리나 강의 다리』, 문학과지성사, 2005]는 오스만 제국 지배하에 있던 보스니아의 한 소도시에 대한 의미심장한 역사소설이다.

도시화에 대한 간략한 개관은 C. Issawi, "Economic Change and Urbanization in the Middle East," *Middle Eastern Cities*, ed. I. M. Lapidus, Berkeley, 1969, pp. 102~21이 좋다. 또 G. H. Blake and R. I. Lawless, eds., *The Changing Middle Eastern City*, New York, 1980; V. F. Costello, *Urbanisation in the Middle East*, Cambridge, 1977을 보라.

이슬람법의 변화에 대한 입문서로는 N. J. Coulson, *Conflicts and Tensions in Islamic Jurisprudence*, Chicago, 1969; J. N. D. Anderson, *Islamic Law in the Modern World*, Westport, Conn., 1975; N. J. Coulson, *Succession in the Muslim Family*, Cambridge, 1971; H. Liebesny, *The Law of the Near and Middle East*, Albany, N.Y., 1975 등이 있다.

아랍 문학에 관해서는 R. Allen, "Arabic Literature," *The Study of the Middle East*, ed. L. Binder, New York, 1976, pp. 399~453을 참조. 시(詩)에 관해서는 M. Khouri and H. Algar, eds., *An Anthology of Modern Arabic Poetry*, Berkeley, 1974; S. Jayyusi, *Trends and Movements in Modern Arabic Poetry*, 2 vols., Leiden, 1977; M. Badawi, *A Critical Introduction to Modern Arabic Poetry*, Cambridge, 1976을 참조. 희곡과 연극에 대해서는 T. al-Hakim, *The Sultan's Dilemma in Arabic Writing Today: The Drama*, II, ed. M. Manzalaoui, Cairo, 1968; J. Landau, *Studies in the Arabic Theater and Cinema*, Philadelphia, 1958을 참조.

중동사회에서 여성의 역할에 관해서는 E. Fernea, *Guests of the Sheik*, Garden City, N.Y., 1965; L. Beck and N. Keddie, eds., *Women in the Muslim World*, Cambridge, Mass., 1978; James Allman, *Women's Status and Fertility in the Muslim World*, New York, 1978; F. Hussain, *Muslim Women*, London, 1984; J. I. Smith, ed., *Women in Contemporary Muslim Societies*, London, 1980; E. W. Fernea and B. Bezirgan, eds., *Middle Eastern Muslim Women Speak*, Austin, Tex., 1977을 참조. 이슬람법의 변화에 관해서는 J. L. Esposito, *Women in Muslim Family Law*, Syracuse, N.Y., 1982를 참조. 아랍 제국(諸國)에 관해서는 D. J. Gerner-Adams, "The Changing Status of Muslim Women in the Arab

World," *Arab Studies Quarterly*, 1 (1979), pp. 324~53; E. T. Prothro and L. N. Diab, *Changing Family Patterns in the Arab East*, Beirut, 1974를 참조. 페미니 즘 관점으로 인해 논란을 불러일으킨 작품들 중에는 G. Tillion, *The Republic of Cousins*: *Women's Oppression in Mediterranean Society*, Thetford, 1966; F. Mernissi, *Beyond the Veil*: *Male-Female Dynamics in a Modern Muslim Society*, Cambridge, Mass., 1975; N. El-Saadawi, *The Hidden Face of Eve*: *Women in the Arab World*, tr. S. Hetata, London, 1980; F. A. Sabbah, *Women in the Muslim Unconscious*, New York, 1984 등이 있다. 또 본서 결론부에서 이 슬람 세계의 여성에 관한 섹션을 보라.

19세기 시리아의 경제발전과 정치적 변화: M. Ma'oz, *Ottoman Reform in Syria and Palestine*, 1840-1861, Oxford, 1968. 이 주제와 관련해서 *Beginnings of Modernization in the Middle East*, ed. W. R. Polk and R. L. Chambers, Chicago, 1968에 수록된 슈발리에(D. Chevallier), 샤미르(S. Shamir), 후라니(A. Hourani), 살리비(R. S. Salibi)의 논문들이 매우 유용하다. 유목민과 정착민의 장기 적인 관계에 대해서는 N. Lewis, "The Frontier of Settlement, 1800-1950," *The Economic History of the Middle East* 1800-1914, ed. C. Issawi, Chicago, 1966, pp. 258~68을 참조.

위임통치 시기의 시리아: S. H. Longrigg, *Syria and Lebanon under the French Mandate*, London, 1958; P. S. Khoury, "Factionalism among Syrian Nationalists during the French Mandate," *IJMES*, 13 (1981), pp. 441~69. 바스 당의 등장: J. F. Devlin, *The Ba'th Party*: *A History from its Origins to 1966*, Stanford, 1976; K. S. Abu Jaber, *The Arab Ba'th Socialist Party*: *History, Ideology and Organization*, Syracuse, N.Y., 1966.

독립국 시리아와 바스당 정권: S. Heydemann, *Authoritarianism in Syria*: *Institutions and Social Conflict*, 1946-1970, Ithaca, N.Y., 1999; P. Seale, *The Struggle for Syria*: *A Study of Post-war Arab Politics, 1945-1958*, London, 1965; N. Van Dam, *The Struggle for Power in Syria*: *Sectarianism, Regionalism and Tribalism in Politics* 1961-1978, London, 1979; I. Rabinovich, *Syria under the Ba'th, 1963-66*: *The Army-Party Symbiosis*, Jerusalem, 1972. 바스당의 조직은 R. Hinnebusch, *Party and Peasant in Syria*: *Rural Politics and Social Change under the Ba'th*, Cairo, 1979, H. Batatu, *Syria's Peasantry*, Princeton, 1999에서 논의되고 있다. 시리아의 이슬람과 정치에 관해서는 H. Batatu, "Syria's Muslim Brethren," *MERIP* Reports, 110 (1982), pp. 12~20을 참조.

정치경제와 경제개발: S. Amin, *Irak et Syrie, 1960-1980*: *Du projet national à la transnationalisation*, Paris, 1982; A. G. Samarbakhsh, *Socialisme en Irak et en Syrie*, Paris, 1980; F. H. Lawson, *Why Syria Goes to War? Thirty Years of*

Confrontation, Ithaca, N.Y., 1996.

1990년대의 시리아: I. Rabinovich, *The Brink of Peace: The Israeli-Syrian Negotiations*, Princeton, 1998; L. Wedeen, *Ambiguities of Domination: Politics, Rhetoric and Symbols in Contemporary Syria*, Chicago, 1999.

시리아 소도시와 도시에 대한 지리학적·인류학적 연구로는 D. Chevallier, *Villes et travail en Syrie du XIXᵉ au XXᵉ siècle*, Paris, 1982; J. Gulick, *Tripoli: A Modern Arab City*, Cambridge, Mass., 1967; L. Sweet, "Tell Toqaan: A Syrian Village," Ph.D. thesis, University of Michigan, 1958 등이 있다.

근대 이라크에 대한 뛰어난 저작은 H. Batatu, *The Old Social Classes and Revolutionary Movements of Iraq*, Princeton, 1978이다. 정치문제에 대해서는 D. Pool, "From Elite to Class: The Transformation of Iraqi Leadership, 1920-1939," *IJMES*, 12 (1980), pp. 331~50; P. A. Marr, *Iraq's Leadership Dilemma: A Study in Leadership Trends*, 1948-1968, *Middle East Journal*, 24 (1970), pp. 283~301; S. Jawad, "Iraq and the Kurdish Question, 1958-1970," London, 1981; H. Batatu, "Iraq's Underground Shi'a Movements: Characteristics, Causes and Prospects," *Middle East Journal*, 35 (1981), pp. 578~94를 참조. 농촌지역의 사회적 변화: R. A. Fernea, *Shaykh and Effendi: Changing Patterns of Authority among the Shabana of Southern Iraq*, Cambridge, Mass., 1969.

사담 후세인 정권: S. al-Khalil, *The Monument*, Berkeley, 1991; L. Lukitz, *Iraq: The Search for National Identity*, London, 1995; K. Makiya, *Republic of Fear: The Politics of Modern Iraq*, Berkeley, 1998.

요르단에 대해서는 P. J. Vatikiotis, *Politics and the Military in Jordan: A Study of the Arab Legion*, 1921-1957, London, 1967; P. Gubser, *Politics and Change in al-Karak, Jordan*, London, 1973; P. Mazur, *Economic Growth and Development in Jordan*, London, 1979; S. H. Fathi, *Jordan—An Invented Nation? Tribe-State Dynamics and the Formation of National Identity*, Hamburg, 1994; A. Shryock, *Nationalism and the Genealogical Imagination: Oral History and Textual Authority in Tribal Jordan*, Berkeley, 1997; M. Boulby, *The Muslim Brotherhood and the Kings of Jordan*, 19451993, Atlanta, 1999를 참조.

19세기 레바논에서 벌어진 갈등에 대한 연구는 I. Harik, *Politics and Change in a Traditional Society: Lebanon 1711-1845*, Princeton, 1968; W. R. Polk, *The Opening of South Lebanon*, 1788-1840, Cambridge, Mass., 1963; D. Chevallier, *La Société du Mont Liban à l'époque de la Révolution Industrielle en Europe*, Paris, 1971; L. T. Fawaz, *Merchants and Migrants in Nineteenth-Century Beirut*, Cambridge, Mass., 1983 등이 있다.

전후 레바논의 정치시스템에 대한 여러 가지 해석: M. C. Hudson, *The*

Precarious Republic: Political Modernization in Lebanon, New York, 1968; L. Binder, ed., *Politics in Lebanon*, New York, 1966; R. Owen, ed., *Essays on the Crisis in Lebanon*, London, 1976; D. Gilmour, *Lebanon: The Fractured Country*, Oxford, 1983. 마론파와 카타이브 운동은 J. P. Entelis, *Pluralism and Party Transformation in Lebanon: Al-Kata'ib, 1936-1970*, Leiden, 1974; S. Joseph, "Muslim-Christian Conflicts: A Theoretical Perspective," *Muslim-Christian Conflicts: Economic, Political and Social Origins*, ed. S. Joseph and B. Pillsbury, Boulder, 1978, pp. 1~60에서 논의된다.

내전과 그 이후의 레바논: F. Ajami, *The Vanished Imam*, Ithaca, N.Y., 1986; W. Phades, *Lebanese Christian Nationalism: The Rise and Fall of an Ethnic Resistance*, Boulder, 1995; E. Salem, *Violence and Diplomacy in Lebanon: The Troubled Years 1982-1988*, London, 1995; M. Ranstorp, *Hizballah in Lebanon: The Politics of the Western Hostage Crisis*, Basingstoke, 1996; M. Gilsenan, *Lords of the Lebanese Marches: Violence and Narrative in an Arab Society*, London, 1996.

소도시와 마을공동체에 대한 연구는 J. Gulick, *Social Structure and Culture Change in a Lebanese Village*, New York, 1955; S. Khalaf and P. Kongstad, *Hamra of Beirut: A Case of Rapid Urbanization*, Leiden, 1973; F. I. al-Khuri, *From Village to Suburb: Order and Change in Beirut*, Chicago, 1975; E. L. Peters, "Aspects of Rank and Status among Muslims in a Lebanese Village," *Mediterranean Countrymen*, ed. J. Pitt-Rivers, Paris, 1963, pp. 159~200 등이 있다.

제1차 세계대전부터 1950년까지 시온주의자의 정착과 아랍인의 저항에 대하 가장 균형 잡힌 설명은 J. C. Hurewitz, *The Struggle for Palestine*, New York, 1976 이다. 영국의 위임통치 기간 중 아랍-팔레스타인인 인구에 대해서는 J. Migdal, ed., *Palestinian Society and Politics*, Princeton, 1980; Y. Porath, *The Emergence of the Palestinian-Arab National Movement, 1918-1929*, London, 1974; Y. Porath, *The Palestinian Arab National Movement: From Riots to Rebellion, 1929-39*, London, 1977; A. Lesch, *Arab Politics in Palestine, 1917-1939: The Frustration of a Nationalist Movement*, Ithaca, N.Y., 1979; Y. N. Miller, *Government and Society in Rural Palestine, 1920-1948*, Austin, Tex., 1985를 참조.

1948년 이후 아랍-이스라엘 관계: C. K. Zurayk, *The Meaning of the Disaster*, tr. R. B. Winder, Beirut, 1956; D. Peretz, *Israel and the Palestine Arabs*, Washington, D.C., 1958; W. R. Polk, D. Stamler, and E. Asfour, *Backdrop to Tragedy: The Struggle for Palestine*, Boston, 1957; W. Khalidi, ed., *From Haven to Conquest: Readings in Zionism and the Palestine Problem*, Beirut,

1971; N. Safran, *The United States and Israel*, Cambridge, Mass., 1963; N. Safran, *From War to War: The Arab-Israeli Confrontation, 1948-1967*, New York, 1969; I. Lustick, *Arabs in the Jewish State: Israel's Control of a National Minority*, Austin, Tex., 1980; N. Johnson, *Islam and the Politics of Meaning in Palestinian Nationalism*, London, 1982.

오슬로 협정 시기의 팔레스타인인: H. H. Ahmad, *Hamas from Religious Salvation to Political Transformation*, Jerusalem, 1994; M. Darweish and A. Rigby, *Palestinians in Israel: Nationality and Citizenship*, Bradford, 1995; Aziz Haidar, *On the Margins: The Arab Population in the Israeli Economy*, London, 1995; R. Khalidi, *Palestinian Identity: The Construction of Modern National Consciousness*, New York, 1997; G. Robinson, *Building a Palestinian State*, Bloomington, 1997.

시온주의와 이스라엘의 역사: W. Laqueur, *A History of Zionism*, New York, 1972; H. M. Sachar, *A History of Israel: From the Rise of Zionism to our Time*, New York, 1976; D. Peretz, *The Government and Politics of Israel*, 2nd edn, Boulder, 1983.

아라비아 반도: 와하비 운동과 사우디아라비아에 대해서는 C. S. Hurgronje, *Mekka in the Latter Part of the Nineteenth Century*, tr. J. H. Monahan, Leiden and London, 1931; R. B. Winder, *Saudi Arabia in the Nineteenth Century*, New York, 1965; G. Troeller, *The Birth of Saudi Arabia: Britain and the Rise of the House of Sa'ud*, London, 1976; J. S. Habib, *Ibn Sa'ud's Warriors of Islam: The Ikhwan of Najd and their Role in the Creation of the Saudi Kingdom*, Leiden, 1978을 보라.

1980년까지의 사우디아라비아를 주제로 다룬 연구는 W. A. Beling, ed., *King Faisal and the Modernisation of Saudi Arabia*, London and Boulder, 1980; C. M. Helms, *The Cohesion of Saudi Arabia: Evolution of Political Identity*, London, 1981; R. El-Mallakh, *Saudi Arabia, Rush to Development: Profile of an Energy Economy and Investment*, London, 1982; W. B. Quandt, *Saudi Arabia in the 1980s: Foreign Policy, Security, and Oil*, Washington, D.C., 1981; W. Ochsenwald, "Saudi Arabia and the Islamic Revival," *IJMES*, 13 (1981), pp. 271~86; S. Altorki, *Women in Saudi Arabia*, New York, 1986 등 이다.

1980년대와 1990년대의 사우디아라비아: M. Abir, *Saudi Arabia: Government, Society and the Gulf Crisis*, London and New York, 1993; J. W. Wright, *Islamic Banking in Practice: Problems in Jordan and Saudi Arabia*, Durham, 1994; A. H. Cordesman, *Saudi Arabia: Guarding the Desert Kingdom*, Boulder, 1997; G. Simons, *Saudi Arabia: The Shape of Client*

Feudalism, London, 1998.

베두인의 생활에 대해서는 H. R. P. Dickson, *The Arabs of the Desert: A Glimpse into Badawin Life in Kuwait and Sa'udi Arabia*, 2nd edn, London, 1951; W. Thesiger, *Arabian Sands*, New York, 1959(기행문)를 참조.

19~20세기 초반 페르시아 만 지역과 영국의 역할은 A. M. Abu Hakima, *History of Eastern Arabia, 1750-1800: The Rise and Development of Bahrain and Kuwait*, Beirut, 1965; T. E. Marston, *Britain's Imperial Role in the Red Sea Area, 1800-1878*, Hamden, Conn., 1961; J. B. Kelly, *Britain and the Persian Gulf, 17951880*, Oxford, 1968; B. C. Busch, *Britain and the Persian Gulf, 1894-1914*, Berkeley, 1967에 상세히 설명되어 있다. 오만에 대해서는 R. Said-Ruete, *Said bin Sultan (1791-1865): Ruler of Oman and Zanzibar*, London, 1929; R. G. Landen, *Oman since 1856,* Princeton, 1967을 참조.

독립 이후 첫 수십 년 동안의 걸프 연안국들에 대한 설명으로는 J. D. Anthony, *Arab States of the Lower Gulf: People, Politics, Petroleum*, Washington, D.C., 1975; E. A. Nakhleh, *Bahrain: Political Development in a Modernizing Society,* Lexington, Mass., 1976; J. C. Wilkinson, *Water and Tribal Settlement in South-East Arabia: A Study of the Aflaj of Oman*, Oxford, 1977; J. Townsend, *Oman: The Making of a Modern State*, London, 1977; R. S. Zahlan, *The Origins of the United Arab Emirates: A Political and Social History of the Trucial States*, London, 1978; J. E. Peterson, *Oman in the Twentieth Century: Political Foundations of an Emerging State*, London and New York, 1978; M. W. Khouja and P. G. Saadler, *The Economy of Kuwait: Development and Role of International Finance*, London, 1979; F. I. Khuri, *Tribe and State in Bahrain*, Chicago, 1980; A. J. Cottrell, ed., *The Persian Gulf States: A General Survey*, Baltimore, 1980; T. Niblock, ed., *Social and Economic Development in the Arab Gulf*, New York, 1980; R. El-Mallakh, *The Economic Development of the United Arab Emirates*, London, 1981 등이 있다.

1990년대 쿠웨이트: J. Crystal, *Oil and Politics in the Gulf: Rulers and Merchants in Kuwait and Qatar*, Cambridge, 1995; A. N. Longva, *Walls Built on Sand and Migration: Exclusion and Society in Kuwait*, Boulder, 1997; A. H. Cordesman, *Kuwait: Recovery and Security after the Gulf War*, Boulder, 1997.

1990년대 여타 걸프 연안국들: Ian Skeet, *Oman: Politics and Development*, New York, 1992; M. Asher, *The Phoenix Rising: The United Arab Emirates*, London, 1996; C. H. Allen, Jr. and W. L. Rigsbee II, *Oman under Qaboos*, London, 2000.

예멘에 대해서는 A. S. Bujra, *The Politics of Stratification: A Study of*

Political Change in a South Arabian Town, Oxford, 1971 ; R. W. Stokey, *Yemen: The Politics of the Yemen Arab Republic*, Boulder, 1978 ; C. Makhlouf, *Changing Veils: Women and Modernisation in North Yemen*, Austin, Tex., 1979 ; S. G. Caton, *Peaks of Yemen I Summon*, Berkeley, 1990 ; P. Dresch, *Tribes, Government and History in Yemen*, Oxford, 1989를 참조.

통일 이후의 예멘: B. Messick, *The Calligraphic State*, Berkeley, 1993 ; M. Mundy, *Domestic Government: Kinship, Community and Policy in North Yemen*, London, 1995 ; J. Kostiner, *Yemen: The Tortuous Quest for Unity, 1990-1994*, London, 1996 ; S. Carapico, *Civil Society in Yemen: The Political Economy of Activism in Modern Arabia*, Cambridge, 1998 ; R. Leveau, F. Mermier, and U. Steibach, eds., *Le Yemen contemporain*, Paris, 1999.

중동지역의 문제들: F. Goldberg, R. Kasaba, and J. Migdal, *Rules and Rights in the Middle East: Democracy, Law and Society*, Seattle, 1993 ; D. Garnham and M. Tessler, eds., *Democracy, War, and Peace in the Middle East*, Bloomington, 1995 ; J. Kemp and R. E. Harkavy, *Strategic Geography and the Changing Middle East, Washington*, D.C., 1997 ; B. Maddy-Weitzman. and E. Inbar, eds., *Religious Radicalism in the Greater Middle East*, London, 1998 ; C. M. Henry and R. Springborg, *The Politics of Economic Development in the Middle East and North Africa*, Cambridge, 2001.

26장

북아프리카의 발전에 대한 탁월한 분석을 보여준 연구는 E. Hermassi, *Leadership and National Development in North Africa*, Berkeley, 1972이다. 프랑스 지배하의 북아프리카와 내셔널리즘의 대두에 관해서는 J. Berque, *French North Africa: The Maghrib between Two World Wars*, tr. J. Stewart, New York, 1967 ; R. Le Tourneau, *Evolution politique de l'Afrique du Nord musulmane, 1920-1961*, Paris, 1962 ; C. R. Ageron, *Politiques coloniales au Maghreb*, Paris, 1972 ; A. al-Fasi, *The Independence Movements in Arab North Africa*, tr. H. Z. Nuseibeh, Washington, D.C., 1954를 참조.

독립 이후 북아프리카에 대한 비교연구로는 M. Brett, ed., *Northern Africa: Islam and Modernization*, London, 1973 ; M. Halpern, *The Politics of Social Change in the Middle East and North Africa*, Princeton, 1963 ; D. E. Ashford, *National Development and Local Reform: Political Participation in Morocco, Tunisia, and Pakistan*, Princeton, 1967 ; I. W. Zartman, ed., *Man, State and Society in the Contemporary Maghrib*, New York, 1973 ; L. Anderson, *The State and Social Transformation in Tunisia and Libya, 1830-1980*, Princeton, 1986 등이 있다. 이슬람에 관해서는 P. Shinar, " 'Ulama', Marabouts and

Government: An Overview of their Relationships in the French Colonial Maghrib," *Israel Oriental Studies*, 10 (1980), pp. 211〜29를 참조.

강제적인 튀니지 보호령의 설치는 J. Ganiage, *Les Origines du protectorat français en Tunisie, 1861-1881*, 2nd edn, Tunis, 1968의 주제이다. 프랑스의 튀니지 지배에 관해서는 J. Poncet, *La Colonisation et l'agriculture européennes en Tunisie depuis 1881*, Paris, 1961을 참조. 19세기 후반 튀니지의 국가와 사회: L. C. Brown, tr., *The Surest Path, by Khayr al-Din al-Tunisi*, Cambridge, Mass., 1967; A. H. Green, *The Tunisian Ulama 1873-1915*, Leiden, 1978.

튀니지 내셔널리즘 운동: N. Ziadeh, *Origins of Nationalism in Tunisia*, Beirut, 1969; A. Mahjoubi, *Les Origines du mouvement national en Tunisie (1904-1934)*, Tunis, 1982. 그 밖에 A. Memmi, *The Pillar of Salt*, tr. E. Roditi, New York, 1955는 식민주의가 튀니지계 유대인 소년에게 미친 영향을 그린 감성적인 소설이다.

독립국 튀니지에 관한 교양서로는 C. Micaud et al., *Tunisia: The Politics of Modernization*, New York, 1964; C. H. Moore, *Tunisia since Independence*, Berkeley, 1965; J. Duvignaud, *Change at Shibeika: Report from a North African Village*, tr. F. Frenaye, Austin, Tex., 1977; M. E. Hamdi, *The Politicisation of Islam: A Case Study of Tunisia*, Boulder, 1998; A. Ghanmi, *Le Mouvement Feministe Tunisien, 1978-1989*, Tunis, 1993 등이 있다.

프랑스 지배하의 알제리 역사를 다룬 책은 P. Boyer, *L'Evolution de L'Algérie médiane (ancien département d'Alger) de 1830 à 1956*, Paris, 1960; C. R. Ageron, *Histoire de l'Algerie contemporaine (1830-1964)*, Paris, 1966; C. A. Julien, *Histoire de l'Algerie contemporaine*, Paris, 1964; C. R. Ageron, *Les Algeriens musulmans et la France (1871-1919)*, 2 vols., Paris, 1968 등이 있다.

프랑스 침략 직전의 알제리 사회에 대해서는 2부 참고문헌 참조. 아브드 알 카디르의 저항에 대해서는 R. Danziger, *Abd al-Qadir and the Algerians*, New York and London, 1977을 참조. 이후의 알제리 저항운동에 대한 연구는 A. Nadir, "Les Ordres religieux et la conquête française (1830-1851)," *Revue algérienne des sciences juridiques, politiques et economiques*, 9 (1972), pp. 819〜68; P. Von Sivers, "The Realm of Justice: Apocalyptic in Algeria (1849-1879)," *Humaniora Islamica*, 1 (1973), pp. 47〜60; F. Colonna, "Cultural Resistance and Religious Legitimacy in Colonial Algeria," *Economy and Society*, 3 (1974), pp. 233〜52; F. Colonna, "Saints furieux et saints studieux ou, dans l'Aures, comment la religion vient aux tribus," *Annales ESC*, 35 (1980), pp. 642〜62; J. Clancy-Smith, "Saints, Mahdis and Arms: Religion and Resistance in Nineteenth-Century North Africa," *Islam, Politics, and Social Movements*, ed. E. Burke and I. M. Lapidus, Berkeley, 1991, pp. 60〜80에 의해 이어져 왔다.

이슬람 문화에 관해서는 H. Masse, "Les Etudes arabes en Algérie (1830-1930)," *Revue Africaine*, 74 (1933), pp. 208~58, 458~505; F. Colonna, *Instituteurs algériens: 1833-1939*, Paris, 1975; J. P. Charnay, *La Vie musulmane en Algerie: d'après la jurisprudence de la première moitié du XXe siècle*, Paris, 1965를 참조.

프랑스의 식민지배와 그것이 무슬림의 경제적 번영에 가한 충격: J. Reudy, *Land Policy in Colonial Algeria: The Origins of the Rural Public Domain*, Berkeley, 1967; M. Launay, *Paysans algériens: La terre, la vigne et les hommes*, Paris, 1963.

알제리 내셔널리즘의 태동: A. Nouschi, *La Naissance du nationalisme algérien*, Paris, 1962; E. Sivan, *Communisme et nationalisme en Algérie, 1920-1962*, Paris, 1976. 이슬람 개혁주의에 대해서는 A. Merad, *Le Reformisme musulman en Algérie de 1925 à 1940*, The Hague, 1967; P. Shinar, "The Historical Approach of the Reformist 'Ulama' in the Contemporary Maghrib," *Asian and African Studies*, Jerusalem, 7 (1971), pp. 181~210; P. Shinar, "Ibadiyya and Orthodox Reformism in Modern Algeria," *Scripta Hierosolymitana*, IX, ed. U. Heyd, Jerusalem, 1961, pp. 97~120; P. Shinar, "Traditional and Reformist Mawlid Celebrations in the Maghrib," *Studies in Memory of Gaston Wiet*, ed. M. Rosen-Ayalon, Jerusalem, 1977, pp. 371~413 을 참조. 수피 이슬람에 대해서는 J. Carret, *Le Maraboutisme, et les confréries religieuses musulmanes en Algérie*, Algiers, 1959; M. Lings, *A Moslem Saint of the Twentieth Century: Shaikh Ahmad al-'Alawi, his Spiritual Heritage and Legacy*, London, 1961을 보라.

혁명투쟁: D. Ling, *The Passing of French Algeria*, London, 1966; W. B. Quandt, *Revolution and Political Leadership: Algeria 1954-1968*, Cambridge, Mass., 1969; D. Ottaway and M. Ottaway, *Algeria: The Politics of a Socialist Revolution*, Berkeley, 1970; T. Smith, *The French Stake in Algeria, 1945-1962*, Ithaca, N.Y., 1978; Frantz Fanon, *The Wretched of the Earth*, tr. C. Farrington, New York, 1963; I. L. Gendzier, *Frantz Fanon: A Critical Study*, New York, 1973.

독립 이후의 알제리: J.-C. Vatin, *L'Algérie politique*, 2nd edn, Paris, 1983; M. Lacheraf, *L'Algérie: Nation et societe*, Paris, 1965; A. Gauthier, *L'Algérie: Décolonisation, socialisme, industrialisation*, Montreuil, 1976; M. Lazreg, *The Emergence of Classes in Algeria*, Boulder, 1976; J. R. Nellis, "Socialist Management in Algeria," Journal of Modern African Studies, 15 (1977), pp. 529 ~54. 알제리 사회의 구조: P. Bourdieu, *The Algerians*, tr. A. C. M. Ross, Boston, 1962; P. Bourdieu, *Sociologie de l'Algérie*, 3rd edn, Paris, 1963.

1990년대 알제리 내전: A. Touati, *Algerie, Les Islamistes à l'assaut du pouvoir*, Paris, 1995; A. Djazair, *Les Integristes contre l'Algerie*, Paris, 1998; W. B. Quandt, *Between Ballots and Bullets: Algeria's Transition from Authoritarianism*, Washington, D.C., 1998; A. Dahmani, *L'Algerie a l'epreuve: Economie politique des reformes, 1980-1997*, Paris, 1999.

모로코 농촌사회의 기본구조는 J. Berque and P. Pascon, *Structures sociales du Haut-Atlas*, 2nd edn, Paris, 1978; E. Gellner, *Saints of the Atlas*, Chicago, 1969, supplemented by his Muslim Society, Cambridge, 1981; D. F. Eickelman, *Moroccan Islam: Tradition and Society in a Pilgrimage Center*, Austin, Tex., 1976; C. Geertz, H. Geertz, and R. Rosen, *Meaning and Order in Muslim Society: Three Essays in Cultural Analysis*, Cambridge, 1979에 논의되어 있다. 그 밖의 유용한 연구들: V. Crapanzano, *The Hamadsha: A Study in Moroccan Ethnopsychiatry*, Berkeley, 1973; R. Jamous, *Honneur et baraka: Les Structures sociales traditionelles dans le Rif*, Paris, 1981; P. Rabinow, *Symbolic Domination: Cultural Form and Historical Change in Morocco*, Chicago, 1975; D. Hart, *Dadda Atta and his Four Grandsons: The Socio-Political Organisation of the Ait Atta of Southern Morocco*, Cambridge, 1981; D. Seddon, *Moroccan Peasants: A Century of Change in the Eastern Rif, 1870-1970*, Folkestone, 1980. 이슬람에 관해서는 E. A. Westermarck, *Ritual and Belief in Morocco*, 2 vols., New Hyde Park, N.Y., 1968을 참조.

모로코의 정치사회와 프랑스의 점령에 대한 저항: R. E. Dunn, *Resistance in the Desert*: Moroccan Responses to French Imperialism, *1881-1912*, London and Madison, Wis., 1977; E. Burke, *Prelude to Protectorate in Morocco*, Chicago, 1976; E. Burke, "Morocco and the Near East: Reflections On Some Basic Differences," *Archives européennes de sociologie*, 10 (1969), pp. 70~94; D. Seddon, "Tribe and State: 'Approaches to Maghreb History,'" *The Maghreb Review*, 2 (1977), pp. 23~40.

프랑스 보호령은 C.-A. Julien, *Le Maroc face aux impérialismes, 1415-1956*, Paris, 1978; R. Landau, *Moroccan Drama, 19001955*, San Francisco, 1978; R. L. Bidwell, *Morocco under Colonial Rule: French Administration of Tribal Areas 1912-1956*, London, 1973; G. Maxwell, *Lords of the Atlas: The Rise and Fall of the House of Glaoua, 1893-1956*, London, 1966에 논의되어 있다. 이슬람 적이고 내셔널리즘적인 저항운동의 발전은 A. Laroui, *Les Origines sociales et culturelles du nationalisme marocain* (1830-1912), Paris, 1977; J. P. Halstead, *Rebirth of a Nation: The Origins and Rise of Moroccan Nationalism, 1912-1944*, Cambridge, Mass., 1967에 상세히 설명되어 있다.

모로코 경제에 대해서는 C. F. Stewart, *The Economy of Morocco, 1912-1962*,

Cambridge, Mass., 1964; J. L. Miege, *Le Maroc et l'Europe* (1830-1894), 4 vols., Paris, 1961-1963; J. Waterbury, *North for the Trade: The Life and Times of a Berber Merchant*, Berkeley, 1972를 참조.

독립국 모로코의 정치에 관해서는 I. W. Zartman, *Morocco: Problems of New Power*, New York, 1964; J. Waterbury, *The Commander of the Faithful: The Moroccan Political Elite*, London, 1970; K. E. Mourad, *Le Maroc à la recherch d'une révolution*, Paris, 1972; A. Benhaddou, *Maroc, les élites du royaume: Essai sur l'organisation du pouvoir au Maroc*, Paris, 1997; A. Hammoudi, *Master and Disciple. The Cultural Foundations of Moroccan Authoritarianism*, Chicago, 1997을 참조.

근대 리비아의 역사적 배경에 대한 좋은 길잡이는 L. Anderson, "*Nineteenth-Century Reform in Ottoman Libya*," *IJMES*, 16 (1984), pp. 325~48이다. 사누시 야 교단은 고전적인 저작인 E. E. Evans-Pritchard, *The Sanusi of Cyrenaica*, Oxford, 1949에 논의되어 있다. 카다피 정권에 관해서는 J. L. Wright, *Libya: A Modern History*, Baltimore, 1982; M. Djaziri, *Etat et société en Libye: Islam, politique et modernité*, Paris, 1996; M. O. El-Kikhia, *Libya's Qaddafi: The Politics of Contradiction*, Gainsville, Fla., 1997; D. J. Vandewalle, *Libya since Independence: Oil and State-Building*, London, 1998을 참조.

현대 이슬람 운동에 대해서는 J. Ruedy, *Islam and Secularism in North Africa*, New York, 1994; E. E. Shahin, *Political Ascent: Contemporary Islamic Movements in North Africa*, Boulder, 1997; J. P. Entelis, *Islam, Democracy and the State in North Africa*, Bloomington, 1997을 참조.

27장

인도 무슬림 주민에 대한 주요 역사서들은 2부 참고문헌 참조. 또한 S. M. Ikram, *Modern Muslim India and the Birth of Pakistan*, 1858-1951, 2nd edn, Lahore, 1970; A. Ahmad, *Islamic Modernism in India and Pakistan*, London, 1967; A. Ahmad and G. E. von Grunebaum, eds., *Muslim Self-statement in India and Pakistan, 1857-1968*, Wiesbaden, 1970을 보라.

19세기 벵골의 이슬람 개혁운동: M. A. Khan, *History of the Fara'idi Movement in Bengal, 1818-1906*, Karachi, 1965; R. Ahmad, *The Bengal Muslims, 1871-1906: A Quest for Identity*, Delhi, 1981; S. Ahmad, *The Muslim Community of Bengal 1884-1912*, Dacca, 1974. 데오반드 대학: B. D. Metcalf, *Islamic Revival in British India: Deoband*, 1860-1900, Princeton, 1982; F. Robinson, "The 'Ulama' of Farangi Mahall and their Adab," *Moral Conduct and Authority*, ed. B. D. Metcalf, Berkeley, 1984, pp. 152~83.

인도의 이슬람 근대주의 운동은 D. Lelyveld, *Aligarh's First Generation*,

Princeton, 1978 ; F. Robinson, *Separatism among Indian Muslims: The Politics of the United Provinces' Muslims, 1860-1923*, Cambridge, 1974 ; G. Minault, *The Khilafat Movement: Religious Symbolism and Political Mobilization in India*, New York, 1982 ; M. Hasan, ed., *Communal and Pan-Islamic Trends in Colonial India*, New Delhi, 1981에 논의되어 있다. 울라마의 위상은 P. Hardy, *Partners in Freedom and True Muslims*, Lund, 1971 ; M. Anwarul Haq, *The Faith Movement of Mawlana Muhammad Ilyas*, London, 1972에 잘 설명되어 있다.

무슬림 공동체주의와 파키스탄의 발전(1947년까지) : M. Iqbal, *The Reconstruction of Religious Thought in Islam*, Lahore, 1962 ; M. Iqbal, *Poems from Iqbal*, tr. V. G. Kiernan, London, 1955 ; P. Moon, *Divide and Quit*, Berkeley, 1962 ; D. Gilmartin, "Religious Leadership and the Pakistan Movement in the Punjab," *Modern Asian Studies*, 13 (1979), pp. 485~517 ; David Gilmartin, "Partition, Pakistan and South Asian History: In Search of a Narrative," *The Journal of Asian Studies*, 57 (1998), pp. 1069~95.

분할 이후 인도의 무슬림 : T. N. Madan, *Muslim Communities of South Asia*, New Delhi, 1976 ; R. E. Miller, *Mappila Muslims of Kerala*, Madras, 1976 ; I. Ahmad, ed., Family, *Kinship and Marriage among Muslims in India*, New Delhi, 1976 ; I. Ahmad, ed., *Caste and Social Stratification among Muslims in India*, 2nd edn, New Delhi, 1978 ; I. Ahmad, ed., *Ritual and Religion among Muslims in India*, New Delhi, 1981 ; G. Krishna, "Indian Muslims in the Nation-Formation Process," *Contributions to South Asian Studies*, 2nd edn, Delhi, 1982, pp. 110~45 ; M. Hasan, *Legacy of a Divided Nation: India's Muslims since Independence*, Boulder, 1997 ; S. Bose and A. Jalal, *Modern South Asia*, London, 1997 ; S. Bose, *The Challenge in Kashmir*, New Delhi,1997.

파슈툰인과 북서변경지대에 관해서는 A. S. Ahmed, *Pukhtun Economy and Society: Traditional Structure and Economic Development in a Tribal Society*, London, 1980 ; A. S. Ahmed and D. Hart, eds., *From the Atlas to the Indus: The Tribes of Islam*, London, 1981 ; F. Barth, *Features of Person and Society in Swat*, London, 1981을 참조.

파키스탄의 정치경제에 대해서는 K. B. Sayeed, *The Political System of Pakistan*, Lahore, 1967 ; R. S. Wheeler, *The Politics of Pakistan*, Ithaca, N.Y., 1970 ; S. J. Burki, *Pakistan under Bhutto, 1971-1977*, London, 1980 ; K. B. Sayeed, *Politics in Pakistan*, New York, 1980 ; H. Gardezi and J. Rashid, eds., *Pakistan: The Roots of Dictatorship: The Political Economy of a Praetorian State*, London, 1983 ; A. Jalal, *Democracy and Authoritarianism in South Asia:*

A Comparative and Historical Perspective, Cambridge, 1995; R. E. Looney, *The Pakistani Economy: Economic Growth and Structural Reform*, Westport, Conn., 1997; S. Shafqat, *Civil Military Relations in Pakistan: From Zulfikar Ali Butto to Benazir Butto*, Boulder, 1997; H. Iftikhar Malik, *State and Civil Society in Pakistan: Politics of Authority, Ideology and Ethnicity*, Oxford, 1997을 참조.

파키스탄의 이슬람과 정치: L. Binder, *Religion and Politics in Pakistan*, Berkeley, 1961; 마우두디에 관해서는 S. A. A. Maudoodi, *First Principles of the Islamic State*, tr. K. Ahmad, Lahore, 1960을 참조; S. A. A. Maudoodi, *Towards Understanding Islam*, tr. K. Ahmad, Lahore, 1974; C. J. Adams, "*The Ideology of Mawlana Mawdudi*," *South Asian Politics and Religion*, ed. D. E. Smith, Princeton, 1966, pp. 371~97; S. V. R. Nasr, *The Vanguard of the Islamic Revolution: The Jamaàt-i Islami of Pakistan*, Berkeley, 1994; S. V. R. Nasr, *Mawdudi and the Making of Islamic Revivalism*, New York, 1996; A. S. Ahmed, *Jinnah, Pakistan and Islamic Identity: The Search for Saladin*, London, 1997; H. I. Malik, Islam, *Nationalism and the West: Issues of Identity in Pakistan*, Oxford, 1999.

28장

인도네시아의 역사에 관해서는 M. C. Ricklefs, *A History of Modern Indonesia, c. 1300 to the Present*, Bloomington, 1981; H. J. Benda, *The Crescent and the Rising Sun*, Ithaca, N.Y., 1955; "South-East Asian Islam in the Twentieth Century," *Cambridge History of Islam*, II, ed. P. M. Holt, A. K. S. Lambton, and B. Lewis, Cambridge, 1970, pp. 182~208을 참조. 인도네시아 사회에 관해서는 C. Geertz, *The Religion of Java*, Glencoe, Ill., 1960; W. F. Wertheim, *Indonesian Society in Transition: A Study of Social Change*, 2nd edn, The Hague, 1959; J. L. Peacock, *Indonesia: An Anthropological Perspective*, Pacific Palisades, Calif., 1973; J. C. van Leur, *Indonesian Trade and Society*, tr. J. Holmes and A. van Marle, The Hague, 1955를 참조. 인도네시아 내셔널리즘 운동의 등장에 관해서는 R. Van Niel, *The Emergence of the Modern Indonesian Elite*, The Hague, 1960에 잘 나와 있다.

네덜란드의 지배에 대한 무슬림 농민의 저항은 S. Kartodirdjo, *The Peasants' Revolt of Banten in 1888*, Amsterdam, 1966; J. M. Van der Kroef, "Prince Diponegoro: Progenitor of Indonesian Nationalism," *Far Eastern Quarterly*, 8 (1948), pp. 424~50; J. M. Van der Kroef, "Javanese Messianic Expectations: Their Origin and Cultural Content," *Comparative Studies in Society and History*, 1 (1959), pp. 299~323에 논의되어 있다.

이슬람 개혁주의는 D. Noer, *The Modernist Muslim Movement in Indonesia, 1900-1942*, Singapore and New York, 1973 ; J. L. Peacock, *Purifying the Faith : The Muhammadiya Movement in Indonesian Islam*, Menlo Park, Calif., 1978 ; J. L. Peacock, *Muslim Puritans : Reformist Psychology in Southeast Asian Islam*, Berkeley, 1978 ; H. M. Federspiel, *Persatuan Islam : Islamic Reform in Twentieth Century Indonesia*, Ithaca, N.Y., 1970 ; T. Abdullah, *Schools and Politics : The Kaum Muda Movement in West Sumatra* (1927-1933), Ithaca, N.Y., 1971에 논의되어 있다.

종교, 국민의식, 사회변화 사이의 관계는 C. Geertz, *The Social History of an Indonesian Town*, Cambridge, Mass., 1965 ; C. Geertz, *Peddlers and Princes*, Chicago, 1963 ; C. Geertz, *Agricultural Involution : The Process of Ecological Change in Indonesia*, Berkeley, 1966 ; D. H. Burger, *Structural Changes in Javanese Society : The SuprāVillage Sphere*, Ithaca, N.Y., 1956 ; B. J. O. Schrieke, *Indonesian Sociological Studies*, 2 vols., The Hague, 1955-57 ; R. R. Jay, *Religion and Politics in Rural Central Java*, New Haven, 1963 ; L. Castles, *Religion, Politics, and Economic Behavior in Java : The Kudus Cigarette Industry*, New Haven, 1967에 연구되어 있다. J. T. Siegel, *The Rope of God*, Berkeley, 1969는 아체의 사회구조와 정신을 분석하고 있다.

독립국 인도네시아의 정치는 G. M. Kahin, *Nationalism and Revolution in Indonesia*, Ithaca, N.Y., 1952 ; H. Feith, *The Decline of Constitutional Democracy in Indonesia*, Ithaca, N.Y., 1962 ; H. Hill, ed., *Indonesia's New Order : The Dynamics of Socio-Economic Transformation*, St. Leonards (Australia), 1994에 상세히 설명되어 있다.

이슬람의 역할에 관해서는 B. J. Boland, *The Struggle of Islam in Modern Indonesia*, The Hague, 1971을 참조. 이슬람 사법행정에 관해서는 D. S. Lev, *Islamic Courts in Indonesia*, Berkeley, 1972 ; A. A. Samson, "Religious Belief and Political Action in Indonesian Islamic Modernism," *Political Participation in Modern Indonesia*, ed. R. W. Liddle, New Haven, 1973, pp. 116~42 ; D. Noer, *Administration of Islam in Indonesia*, Ithaca, N.Y., 1978 ; M. K. Hassan, *Muslim Intellectual Responses to New Order Modernization in Indonesia*, Kuala Lumpur, 1980 ; T. Taher, *Aspiring for the Middle Path : Religious Harmony in Indonesia*, Jakarta, 1997을 참조.

말레이시아의 이슬람에 관해서는 W. R. Roff, *The Origins of Malay Nationalism*, New Haven, 1967을 참조. 클라이브 케슬러(Clive Kessler)는 *Islam and Politics in a Malay State: Kelantan 1838-1969*, Ithaca, N.Y., 1978에서 이슬람의 상징과 정치에 대한 깊은 통찰력을 보여준다. 또한 M. Yeger, *Islam and Islamic Institutions in British Malaya : Politics and Implementation*,

Jerusalem, 1979; B. W. Andaya and L. Y. Andaya, *A History of Malaysia*, London, 1982; J. Nagata, *The Reflowering of Malaysian Islam: Modern Religious Radicals and their Roots*, Vancouver, 1984; H. Muttalib, *Islam and Ethnicity in Malay Politics*, Singapore, 1990; H. Muttalib, *Islam in Malaysia: From Revivalism to Islamic State*, Singapore, 1993; R. L. M. Lee and S. F. Ackerman, *Sacred Tensions: Modernity and Religious Transformation in Malaysia*, Columbia, 1997을 참조.

말레이시아의 정치경제에 관해서는 H. Osman Rani, Jomo Kwame Sundaram, and I. Shari, eds., "Development in the Eighties: With Special Emphasis on Malaysia," *Bangi: Jurnal Ekonomi Malaysia*, 2 (1981); Hua Wu Yin, *Classical Communalism in Malaysia. Politics in a Dependent Capitalist State*, London, 1983; E. T. Gomez and K. S. Jomo, *Malaysia's Political Economy: Politics, Patronage and Profits*, Cambridge, 1997을 참조.

필리핀: T. M. McKenna, *Muslim Rulers and Rebels*, Berkeley, 1998; G. C. Delasa, *The Quranic Concept of Umma and its Function in Philippine Muslim Society*, Rome, 1999.

비교연구와 지역연구로는 R. Hefner and P. Horvatich, *Islam in an Era of Nation States: Politics and Religious Renewal in Southeast Asia*, Honolulu, 1997; A. Bowie and D. Unger, *The Politics of Open Economies: Indonesia, Malaysia, the Philippines and Thailand*, Cambridge, 1997; F. S. Atlas, *Democracy and Authoritarianism in Indonesia and Malaysia: The Rise of the Post-Colonial State*, Basingstoke, 1997; J. S. Kahn, ed., *Southeast Asian Identities: Culture and the Politics of Representation in Indonesia, Malaysia, Singapore and Thailand*, Singapore, 1998 등이 있다.

29장

혁명에 이르기까지의 내륙아시아의 역사는 2부 참고문헌에 제시한 저작들에서 폭넓게 다루어지고 있다. 그 밖에 R. A. Pierce, *Russian Central Asia, 1867-1917: A Study in Colonial Rule*, Berkeley, 1960; S. Becker, *Russia's Protectorates in Central Asia: Bukhara and Khiva, 1865-1924*, Cambridge, Mass., 1968; H. Carrère d'Encausse, "*Tsarist Educational Policy in Turkestan, 1867-1917*," *Central Asian Review*, 11 (1963), pp. 374~94를 참조.

소비에트 시기와 무슬림 인구를 다룬 다수의 인문교양서 수준의 책들: A. Bennigsen and C. Lemercier-Quelquejay, *Islam in the Soviet Union*, London, 1967; A. Bennigsen, *Les Musulmans oubliés: L'Islam en Union Soviétique*, Paris, 1981; H. Carrère d'Encausse, *Decline of an Empire: The Soviet Socialist Republics in Revolt*, tr. M. Sokolinsky and H. A. LaFarge, New York, 1979; S.

Akiner, *Islamic Peoples of the Soviet Union*, London and Boston, 1983.

자디드 운동: S.A. Zenkovsky, *Pan-Turkism and Islam in Russia*, Cambridge, Mass., 1960; C. Lemercier-Quelquejay, "Abdul Kayum al-Nasyri: A Tatar Reformer of the 19th Century," *Central Asian Survey*, 1 (1983), pp. 109 ~32; A. Bennigsen and C. Lemercier-Quelquejay, *La Presse et le mouvement national chez les Musulmans de Russie avant 1920*, Paris, 1964에서 논의된다. 무슬림 민족 공산주의에 관해서는 A. Bennigsen and C. Lemercier-Quelquejay, *Les Mouvements nationaux chez les Musulmans de Russie*, Paris, 1960; A. Bennigsen and S. E. Wimbush, *Muslim National Communism in the Soviet Union: A Revolutionary Strategy for the Colonial World*, Chicago, 1979를 참조.

혁명의 시대는 A. G. Park, *Bolshevism in Turkestan, 1917-1927*, New York, 1957; R. E. Pipes, *The Formation of the Soviet Union: Communism and Nationalism, 1917-1923*, Cambridge, Mass., 1964; E. E. Bacon, *Central Asians under Russian Rule: A Study in Culture Change*, Ithaca, N.Y., 1966에서 논의된다. 하이트(B. Hayit)의 *Turkestan im XX. Jahrhundert*, Darmstadt, 1956과 *Sowjetrussische Orientpolitik am Beispiel Turkestans*, Cologne, 1962는 논쟁적이지만 설명이 대단히 유용하다. 민족 정체성의 문제와 소련의 정책은 E. Allworth, *Uzbek Literary Politics*, The Hague, 1964; E. Allworth, *The Nationality Question in Soviet Central Asia*, New York, 1973; J. R. Azrael, ed., *Soviet Nationality Policies and Practices*, New York, 1978에서 논의된다.

소련의 지배가 교육, 고용, 문화접변, 정치 면에서 무슬림 인구에 미친 영향을 주제로 한 연구는 T. Rakowska-Harmstone, *Russia and Nationalism in Central Asia: The Case of Tadzhikistan*, Baltimore, 1970; W. K. Medlin, W. M. Cave, and F. Carpenter, *Education and Development in Central Asia: A Case Study on Social Change in Uzbekistan*, Leiden, 1971; G. Hodnett, *Leadership in the Soviet National Republics: A Quantitative Study of Recruitment Policy*, Oakville, Ontario, 1978; M. Rywkin, *Moscow's Muslim Challenge: Soviet Central Asia*, Armonk, N.Y., 1982; E. Allworth, ed., *Central Asia: 130 Years of Russian Dominance*, Durham, N.C., 1994 등이 있다.

소련 학계의 이슬람 연구성과: T. Saidbaev, *Islam i obshchestvo: opyt istoriko-sotsiologicheskogo issledovaniia* [Islam and Society: An Experiment in Historico-Sociological Research], Moscow, 1978; N. Ashirov, *Evoliutsiia islama v SSSR* [The Evolution of Islam in the USSR], Moscow, 1973; N. Ashirov, *Islam v SSSR: Osobennosti protsessa sekuliarizatsii v respublikakh sovetskogo vostoka* [Islam in the USSR: The Particularities of the Process of Secularization in the Republics of the Soviet East], Moscow, 1983; S. M. Demidov, *Turkmenskie ovliady* [The Turkmen Evliads], Ashkhabad, 1976.

중국의 이슬람에 관한 두 종의 교양서: R. Israeli, *Muslims in China: A Study in Cultural Confrontation*, London and Malmo, 1980; J. T. Dreyer, *China's Forty Millions*, Cambridge, Mass., 1976(중화인민공화국의 소수민족정책에 대한설명). 신장(新疆)에 대해서는 R. Yang, "Sinkiang under the Administration of Governor Yang Tseng-Hsin, 1911-1928," *Central Asiatic Journal*, 6 (1961), pp. 270~316; O. Lattimore, *Pivot of Asia: Sinkiang and the Inner Asian Frontiers of China and Russia*, Boston, 1950; G. Moseley, *A Sino-Soviet Cultural Frontier: The Ili Kazakh Autonomous Chou*, Cambridge, 1966; Dru Gladney, *Ethnic Identity in China*, New York, 1998을 참조.

소련의 해체 이후 내륙아시아: A. Rashid, *The Resurgence of Central-Asia: Islam or Nationalism*, London, 1994; H. Malik, *Central Asia: Its Strategic Importance and Future Prospects*, New York, 1994; K. Dawisha and B. Parrott, eds., *Conflict, Cleavage and Change in Central Asia and the Caucasus*, Cambridge, 1997; John Anderson, *Kyrgyzstan: Central Asia's Island of Democracy?* Amsterdam, 1999; A. Rashid, *Jihad: The Rise of Militant Islam in Central Asia*, New Haven, 2002.

아프가니스탄: V. Gregorian, *The Emergence of Modern Afghanistan*, Stanford, 1969; L. B. Poullada, *Reform and Rebellion in Afghanistan*, Ithaca, N.Y., 1973; O. Roy, *Afghanistan: From Holy War to Civil War*, Princeton, 1995; R. Rubin, *The Fragmentation of Afghanistan: State Formation and Collapse in the International System*, New Haven, 1995; C. Noelle, *State and Tribe in Nineteenth Century Afghanistan*, Richmond, 1997; L. P. Goodson, *Afghanistan's Endless War*, Seattle, 2001; A. Rashid, *Taliban: Islam, Oil and the New Great Game in Central Asia*, London, 2000.

캅카스 지역: A. Zelkina, "Islam and Society in Chechnia," *Journal of Islamic Studies*, 7 (1996), pp. 240~64; C. Gaal and T. De Waal, *Chechnya: Calamity in the Caucasus*, New York, 1998; Sebastian Smith, *Allah's Mountains: Politics and War in the Russian Caucasus*, London, 1998; J. B. Dunlop, *Russia Confronts Chechnya: Roots of a Separatist Conflict*, Cambridge, 1998; C. van der Leeuw, *Storm over the Caucasus: in the Wake of Independence*, Richmond, 1999.

30장
서아프리카의 무슬림에 대해서는 J. S. Trimingham, *Islam in West Africa*, Oxford, 1959; J. S. Trimingham, *A History of Islam in West Africa*, London, 1962; V. Monteil, *L'Islam noir*, Paris, 1980; R. L. Moreau, *Africains musulmans: des communautés en mouvement*, Paris, 1982를 참조.

유럽 열강의 아프리카 쟁탈전은 2부 참고문헌 참조. 식민지배시기에 대한 포괄적인 연구는 L. H. Gann and P. Duignan, eds., *Colonialism in Africa, 1870-1960*, 5 vols., London, 1969-75 : M. Crowder, *West Africa under Colonial Rule*, Evanston, Ill., 1968 : M. Crowder, *West African Resistance : The Military Response to Colonial Occupation*, London, 1971 : M. Crowder, *Colonial West Africa : Collected Essays*, London, 1978에서 찾아볼 수 있다. 프랑스의 중견 역사가 쉬레트 카날(J. Suret-Canale)의 *French Colonialism in Tropical Africa*, tr. T. Gottheiner, London, 1971과 *Afrique noire : occidentale et centrale*, 3 vols., Paris, 1961-64를 참조. 독일의 식민주의에 관해서는 M. E. Townsend, *The Rise and Fall of the German Colonial Empire, 1884-1914*, New York, 1930이 있다.

독립으로의 이행은 T. L. Hodgkin, *Nationalism in Colonial Africa*, New York, 1957 : W. H. Morris-Jones and G. Fischer, eds., *Decolonisation and After : The British and French Experience*, London, 1980 : J. Hargreaves, *The End of Colonial Rule in West Africa*, London, 1979 : E. Mortimer, *France and the Africans 1944-1960 : A Political History*, London, 1969 : W. J. Foltz, *From French West Africa to the Mali Federation*, New Haven, 1965에서 논의된다. 프랑스령 서아프리카의 독립과정에 대한 잘 요약된 설명이 I. Wallerstein, "How Seven States Were Born in Former French West Africa," *Africa Report*, 6, 3 (1961), pp. 3ff이다.

독립한 아프리카 국가들에 관해서는 G. M. Carter, ed., *African One-party States*, Ithaca, N.Y., 1962 : J. S. Coleman and C. G. Rosberg, eds., *Political Parties and National Integration in Tropical Africa*, Berkeley, 1964 : A. R. Zolberg, *Creating Political Order : The Party-states of West Africa*, Chicago, 1966 : L. Kuper and M. G. Smith, eds., *Pluralism in Africa*, Berkeley, 1969 : R. I. Rotberg and A. A. Mazrui, eds., *Protest and Power in Black Africa*, New York, 1970 : M. Crowder and O. Ikime, eds., *West African Chiefs : Their Changing Status under Colonial Rule and Independence*, tr. B. Packman, New York, 1970 : G. N. Brown and M. Hiskett, eds., *Conflict and Harmony in Education in Tropical Africa*, London, 1975를 참조.

서아프리카의 역사에 대한 최근의 개설서들 : N. Levtzion, *Islam in West Africa : Religion, Society and Politics*, Brookfield, Vt., 1994 : B. Callaway and L. Creevey, *The Heritage of Islam : Women, Religion and Politics in West Africa*, Boulder, 1994 : M. Hiskett, *The Course of Islam in Africa*, Edinburgh, 1995 : L. O. Sanneh, *The Crown and the Turban : Muslims and West African Pluralism*, Boulder, 1997 : G. M. Okafor, *Christianity and Islam in West Africa : the Ghana Experience*, Wurzburg, 1997 : N. Levtzion and R. L. Pouwels, eds., *The History of Islam in Africa*, Athens, Ohio, 2000.

모리타니: F. de Chassey, *Mauritanie 1900-1975: De l'ordre colonial à l'ordre néo-colonial entre Maghreb et Afrique noire*, Paris, 1978; P. Marchesin, *Tribus, ethnies et pouvoir en Mauritanie*, Paris, 1992.

가나에 관해서는 I. M. Wallerstein, *The Road to Independence: Ghana and the Ivory Coast*, Paris, 1964; D. Austin, *Politics in Ghana, 1946-1960*, London, 1964를 참조. 가나 쿠마시의 무슬림 주민에 대한 중요한 연구는 E. Schildkrout, *People of the Zongo: The Transformation of Ethnic Identities in Ghana*, Cambridge, 1978이다.

볼타 강 지역의 무슬림에 관해서는 E. P. Skinner, *The Mossi of the Upper Volta: The Political Development of a Sudanese People*, Stanford, 1964; J. Adouin, *L'Islam en Haute-Volta à l'époque coloniale*, Abidjan, 1975를 참조. 시에라리온에 대해서는 B. E. Harrell-Bond, A. M. Howard, and D. E. Skinner, *Community Leadership and the Transformation of Freetown (1801-1976)*, The Hague, 1978; M. Kilson, *Political Change in a West African State: A Study of the Modernization Process in Sierra Leone*, Cambridge, Mass., 1966을 참조. 카메룬: G. M. Okafor, *Christians and Muslims in Cameroon*, Wurzburg, 1994. 차드: A. Le Rouvreur, *Sahéliens et Sahariens du Tchad*, Paris, 1962; J. Le Cornec, *Histoire politique du Tchad, de 1900 a 1962*, Paris, 1963, 남아프리카: A. Tayob, *Islam in South Africa: Mosques, Imams, and Sermons*, Gainesville, Fla., 1999.

세네갈: E. J. Schumacher, *Politics, Bureaucracy and Rural Development in Senegal*, Berkeley, 1975; M. Crowder, *Senegal: A Study of French Assimilation Policy*, London, 1967. 무리드파는 많은 연구자들의 연구주제가 되어 왔다. 그 중에는 C. T. Sy, *La Confrérie sénégalaise des Mourides*, Paris, 1969; L. C. Behrman, *Muslim Brotherhoods and Politics in Senegal*, Cambridge, Mass., 1970; D. B. Cruise O'Brien, *The Mourides of Senegal: The Political and Economic Organization of an Islamic Brotherhood*, Oxford, 1971; D. B. Cruise O'Brien, *Saints and Politicians: Essays in the Organisation of a Senegalese Peasant Society*, London, 1975; J. Copans, *Les Marabouts de l'arachide: La Confrérie mouride et les paysans du Senegal*, Paris, 1980; K. Mbacke, *Soufisme et confrérie religieuses en Senegal*, Dakar, 1995; L. A. Villalon, *Islamic Society and State Power in Senegal*, Cambridge, 1995; S. Gellar, *Senegal: An African Nation between Islam and the West*, Boulder, 1995 등이 있다.

나이지리아의 역사: M. Crowder, *The Story of Nigeria*, London, 1977; J. S. Coleman, *Nigeria: Background to Nationalism*, Berkeley, 1958. 1966년 이후 군사정권과 정치경제에 대해서는 S. K. Panter-Brick, ed., *Nigerian Politics and*

Military Rule, London, 1970 ; S. K. Panter-Brick, ed., *Soldiers and Oil: The Political Transformation of Nigeria*, London, 1978 ; R. Melson and H. Wolpe, eds., *Nigeria: Modernization and the Politics of Communalism*, East Lansing, Mich., 1972를 참조. 또 A. Ozigi and L. Ocho, *Education in Northern Nigeria*, London and Boston, 1981 ; M. Bray, *Universal Primary Education in Nigeria: A Study of the Kano State*, London and Boston, 1981을 참조.

북부 나이지리아의 이슬람과 사회에 관해서는 J. N. Paden, *Religion and Political Culture in Kano*, Berkeley, 1973 ; R. Loimeier, *Islamic Reform and Political Change in Northern Nigeria*, Evanston, 1997 ; M. H. Kukah and T. Falola, *Religious Militancy and Self-Assertion: Islam and Politics in Nigeria*, Aldershot, 1996을 참조. 나이지리아 사회에서 이슬람과 정치경제 구조 사이의 관계 : P. Lubeck, *Islam and Urban Labor in Northern Nigeria: The Makings of a Muslim Working Class*, Cambridge, 1986.

하우사족 상인과 노동자는 A. Cohen, *Custom and Politics in Urban Africa: A Study of Hausa Migrants in Yoruba Towns*, London, 1969에 논의되어 있다. 요루바족과 이슬람에 대해서는 T. G. O. Gbadamosi, *The Growth of Islam among the Yoruba, 1841-1908*, Atlantic Highlands, N. J., 1978 ; P. J. Ryan, *Imale, Yoruba Tradition: A Study of Clerical Piety*, Missoula, Mont., 1977을 참조. 또 S. F. Nadel, *A Black Byzantium: The Kingdom of Nupe in Nigeria*, London, 1942 ; S. F. Nadel, *Nupe Religion*, Glencoe, Ill., 1954를 보라.

이슬람 개혁주의와 와하비 운동에 관해서는 L. Kaba, *The Wahabiyya: Islamic Reform and Politics in French West Africa*, Evanston, Ill., 1974 ; R. Launay, *Islam and Society in a West African Town*, Berkeley, 1992 ; R. Otayek, *Le Radicalisme islamique au sud du Sahara*, Paris, 1993 ; O. Kane and J-L. Triaud, *Islam et islamismes au sud du Sahara*, Paris, 1998을 참조.

서아프리카의 이슬람에 대한 그 밖의 연구는 H. J. Fisher, *Ahmadiyyah: A Study in Contemporary Islam on the West African Coast*, London, 1964 ; P. Alexandre, "A West African Islamic Movement: Hamallism in French West Africa," *Protest and Power in Black Africa*, ed. R. I. Rotberg and A. A. Mazrui, New York, 1970, pp. 497~512 ; L. Brenner, *West African Sufi: The Religious Heritage and Spiritual Search of Cerno Bokar Saalif Taal*, Berkeley, 1984 ; N. Levtzion and H. Fisher, *Rural and Urban Islam in West Africa*, Boulder, 1987 ; H. T. Norris, *Sufi Mystics of the Niger Desert*, Oxford, 1990 ; L. Brenner, ed., *Muslim Identity and Social Change in Sub-Saharan Africa*, Bloomington, 1993 ; C. B. Yamba, *Permanent Pilgrimage in the Lives of West African Muslims in the Sudan*, Washington, D.C., 1995등이 있다.

31장

동아프리카의 무슬림은 J. S. Trimingham, *Islam in East Africa*, Oxford, 1964; P. H. Gulliver, ed., *Tradition and Transition in East Africa*, Berkeley, 1969; A. I. Richards, *The Multicultural States of East Africa*, Montreal, 1969; B. A. Ogot, ed., *Zamani: A Survey of East African History*, 2nd edn, Nairobi, 1974; D. A. Low and A. Smith, eds., *A History of East Africa*, III, Oxford, 1976; W. Arens, ed., *A Century of Change in Eastern Africa*, The Hague and Chicago, 1976; R. L. Pouwells, *Horn and Crescent: Cultural Change and Traditional Islam on the East African Coast, 800-1900*, Cambridge, 1987의 주제이다.

스와힐리어를 사용하는 연안지역 인구에 관해서는 J. W. T. Allen, ed. and tr., *The Customs of the Swahili People*, Berkeley, 1981; H. B. Hansen and M. Twaddle, *Religion and Politics in East Africa*, London, 1995; on Zanzibar: N. R. Bennett, *A History of the Arab State of Zanzibar*, London, 1978; A. Clayton, *The Zanzibar Revolution and its Aftermath*, Hamden, Conn., 1981; A. Clayton, "The Zanzibari Revolution: African Protest in a Racially Plural Society," *Protest and Power in Black Africa*, ed. R. I. Rotberg and A. A. Mazrui, New York, 1970, pp. 924~67; C. Grandmaison and A. Crozon, *Zanzibar aujourd'hui*, Paris, 1998을 참조.

탄자니아에 대해서는 R. Yeager, *Tanzania: An African Experiment*, Boulder, 1982; J. Iliffe, *A Modern History of Tanganyika*, London, 1979; A. H. Nimtz, Jr., *Islam and Politics in East Africa: The Sufi Order in Tanzania*, Minneapolis, 1980을 참조. 우간다의 역사와 정치에 대해서는 S. R. Karugire, *The Political History of Uganda*, Nairobi, 1979; F. B. Welbourn, *Religion and Politics in Uganda, 1952-1962*, Nairobi, 1965; N. King, A. Kasozi, and A. Oded, *Islam and the Confluence of Religions in Uganda, 1840-1966*, Tallahassee, Fla., 1973; A. Oded, *Islam in Uganda: Islamization through a Centralized State in Pre-Colonial Africa*, New York, 1974를 참조. 아시아계 무슬림 소수자는 G. Delf, *Asians in East Africa*, London, 1963의 주제이다.

소말리아: I. M. Lewis, *A Modern History of Somalia: Nation and State in the Horn of Africa*, London, 1980; I. M. Lewis, "Sufism in Somaliland: A Study in Tribal Islam," *BSOAS*, 17 (1955), pp. 581~602; I. M. Lewis, *Blood and Bone: The Call of Kinship in Somali Society*, Lawrenceville, 1994; J. M. Ghalib, *The Cost of Dictatorship: The Somali Experience*, New York, 1995; P. Woodward, *The Horn of Africa: State Politics and International Relations*, London, 1996.

에티오피아에 관해서는 J. S. Trimingham, *Islam in Ethiopia*, London, 1952;

G. K. N. Trevaskis, *Eritrea: A Colony in Transition*, 1941-52, London, 1960 ; R. L. Hess, *Ethiopia: The Modernization of Autocracy*, Ithaca, N.Y., 1970 ; B. Habte Selassie, *Conflict and Intervention in the Horn of Africa*, New York, 1980 ; J. Young, *Peasant Revolution in Ethiopia: The Tigray People's Liberation Front, 1975-1991*, Cambridge, 1997을 참조.

수단: P. M. Holt and M. W. Daly, *The History of the Sudan from the Coming of Islam to the Present Day*, 3rd edn, London, 1979 ; R. L. Hill, *Egypt in the Sudan, 1820-1881*, London, 1959 ; P. M. Holt, *The Mahdist State in the Sudan, 1881-1898*, Oxford, 1958 ; H. Shaked, *The Life of the Sudanese Mahdi*, New Brunswick, N.J., 1978. 영국 지배하의 수단: M. W. Daly, *British Administration and the Northern Sudan, 1917-1924*, Istanbul, 1980 ; G. Warburg, *Islam, Nationalism and Communism in a Traditional Society: The Case of the Sudan*, London, 1978

독립국 수단의 정치는 P. K. Bechtold, *Politics in the Sudan: Parliamentary and Military Rule in an Emerging African Nation*, New York, 1976을 참조. 이슬람 운동단체들에 관해서는 J. S. Trimingham, *Islam in the Sudan*, London, 1965를 참조. 북부와 남부의 갈등에 대해서는 D. M. Wai, ed., *The Southern Sudan: The Problem of National Integration*, London, 1973 ; L. P. Sanderson and N. Sanderson, *Education, Religion and Politics in Southern Sudan, 1899-1964*, London and Khartoum, 1981을 참조.

아랍인 부족의 조직: T. Asad, *The Kababish Arabs: Power, Authority and Consent in a Nomadic Tribe*, London and New York, 1970 ; A. G. M. Ahmad, *Shaykhs and Followers: Political Struggle in the Rufa'a al-Hoi Nazirate in the Sudan*, Khartoum, 1974.

1980년대와 1990년대의 수단: A. El-Affendi, *Turabi's Revolution: Islam and Power in Sudan*, London, 1991 ; S. Hale, *Gender Politics in Sudan: Islamism, Socialism, and the State*, Boulder, 1996 ; S. E. Hutchinson, *Nuer Dilemmas: Coping with Money, War, and the State*, Berkeley, 1996 ; A. M. Lesch, *The Sudan: Contested National Identities*, Bloomington, 1998 ; G. N. Anderson, *Sudan in Crisis: The Failure of Democracy*, Gainsville, Fla., 1999 ; D. Peterson, *Inside Sudan: Political Islam, Conflict and Catastrophe*, Boulder, 1999.

32장

발칸: Mark Pinson, ed., *The Muslims of Bosnia and Herzegovina*, Cambridge, Mass., 1993 ; T. Bringen, *Being Muslim the Bosnian Way: Identity and Community in a Central Bosnian Village*, Princeton, 1995 ;

H. Poulton and S. Taji-Farouki, eds., *Muslim Identity and the Balkan State*, London, 1997; G. Duijzings, *Religion and the Politics of Idenity in Kosovo*, London, 1998.

서유럽: B. Lewis and D. Schnapper, *Muslims in Europe*, London, 1994; G. Nonneman, T. Niblock, and B. Szajkowski, eds., *Muslim Communities in the New Europe*, Reading, 1996; G. Kepel, *Allah in the West: Islamic Movements in America and Europe*, Cambridge, 1997; T. Modood and P. Werbner, eds., *The Politics of Multiculturalism in the New Europe: Racism, Identity, and Community*, London, 1997; S. Vertovec and C. Peach, eds., *Islam in Europe: the Politics of Religion and Community*, Basingstoke, 1997; J. Alwall, *Muslim Rights and Plights: the Religious Liberty Situation of a Minority in Sweden*, London, 1998; J. S. Nielsen, *Toward a European Islam*, Basingstoke, 1999.

프랑스: S. Boumama and H. S. Saoud, *Familles Maghrebins de France*, Paris, 1996; S. Bencheikh, *Marianne et le Prophete: L'Islam dans la France laïque*, Paris, 1998; N. Venel, *Musulmanes françaises: des Pratiquantes Voilées a l'université*, Paris, 1999; A. Lamchichi, *Islam et Musulmans de France: Pluralisme, laïcité et citoyennete*, Paris, 1999.

영국: T. N. Basit, Eastern Values, *Western Milieu: Identities and Aspirations of Adolescent British Muslim Girls*, Aldershot, 1997; J. Jacobson, *Islam in Transition: Religion and Identity among British Pakistani Youth*, London, 1998; L. Newbigin, L. Sanneh, and J. Taylor, *Faith and Power: Christianity and Islam in "Secular" Britain*, London, 1998.

미국: Y. Haddad and J. Smith Adleman, eds., *Muslim Communities in North America*, Albany, N.Y., 1994; E. McCarus, ed., *The Development of Arab- American Identity*, Ann Arbor, 1994; K. M Moore, *Al-Mughtaribun: American Law and the Transformation of Muslim Life in the US*, Albany, N.Y., 1995; B. D. Metcalf, *Making Muslim Space in North America and Europe*, Berkeley, 1996; R. B. Turner, *Islam in the African-American Experience*, Bloomington, 1997; E. Shakir, *Bint Arab: Arab-American Women in the US*, Westport, Conn., 1997; L. S. Walbridge, *Without Forgetting the Imam: Lebanese Shi'ism in an American Community*, Detroit, 1997; J. Smith, *Islam in America*, New York, 1999; Y. Yazbeck and J. L. Esposito, eds., *Muslims on the Americanization Path?*, New York, 2000.

결론

이슬람—신앙과 공동체: J. Esposito, *Islam: The Straight Path*,

Oxford, 1998; E. Sirriyeh, *Sufi and anti-Sufis: The Defence, Rethinking and Rejection of Sufism in the Modern World*, Richmond, 1999; F. De Jong and B. Radtke, eds., *Islamic Mysticism Contested: Thirteen Centuries of Controversies and Polemics*, Leiden, 1999; R. Firestone, *Jihad: the Origin of Holy War in Islam*, New York, 1999. 이스마일파에 관해서는 F. Daftary, *The Isma'ilis: Their History and Doctrines*, Cambridge, 1990; F. Daftary, *Mediaeval Isma'ili History and Thought*, Cambridge, 1996을 참조.

정치사상과 이데올로기: M. Arkoun, *Rethinking Islam*, Boulder, 1994; O. Roy, *The Failure of Political Islam*, Cambridge, 1994; J. L. Esposito, *The Islamic Threat: Myth or Reality*, New York, 1995; A. E. Mayer, *Islam and Human Rights*, Boulder, 1995; Mir Zohair Husein, *Global Islamic Politics*, New York, 1995; G. E. Fuller and I. O. Lesser, *A Sense of Siege: The Geopolitics of Islam and the West*, Boulder, 1995; W. E. Shepard, *Sayyid Qutb and Islamic Activism: A Translation and Critical Analysis of Social Justice in Islam*, Leiden, 1996; D. F. Eickelman and J. Piscatori, *Muslim Politics*, Princeton, 1996; J. Esposito, ed., *Political Islam: Revolutionary Radicalism or Reform*, Boulder, 1997; F. Hoveyda, *The Broken Crescent: the "Threat" of Militant Islamic Fundamentalism*, Westport, Conn., 1998; Bassam Tibi, *The Challenge of Fundamentalism: Political Islam and the New World Disorder*, Berkeley, 1998; M. Monshipouri, *Islamism, Secularism and Human Rights in the Middle East*, Boulder, 1998; C. Kurzman, ed., *Liberal Islam: A Source Book*, Oxford, 1998; F. Rahman, *Revival and Reform in Islam: A Study of Islamic Fundamentalism*, ed. Ebrahim Moosa, Oxford, 2000; M. Sadri, *Reason, Freedom and Democracy in Islam: Essential Writings of Abdulkerim Soroush*, Oxford, 2000; G. Kepel, *Jihad: The Trial of Political Islam*, Cambridge, Mass., 2002.

여성과 성차(젠더): A. A. Sonbol, *Women, the Family and Divorce Laws in Islamic History*, Syracuse, N.Y., 1996; Y. Y. Haddad and J. Esposito, eds., *Islam, Gender and Social Change*, New York, 1998; L. Abu-Lughod, *Remaking Women: Feminism and Modernity in the Middle East*, Princeton, 1998; G. R. G. Hambly, *Women in the Medieval Islamic World*, New York, 1998; H. Bodman and N. Tohidi, *Women in Muslim Societies*, Boulder, 1998; L. A. Brand, *Women, the State and Political Liberalization*, New York, 1998; G. Nashat and J. E. Tucker, *Women in the Middle East and North Africa*, Bloomington, 1999; M. L. Meriwether and J. E. Tucker, *A Social History of Women and Gender in the Modern Middle East*, Boulder, 1999.

옮긴이의 말

일단 양으로 이 책은 독자를 압도한다. 물론 책벌레를 자칭하는 독자라면 책이 주는 손맛만으로도 포만감을 느끼겠지만 말이다. 반면에 질을 선호하는 독자라면 경계의 눈초리를 보낼 수도 있다. 괜히 두껍기만 한 것 아닌가 하는 의구심에서다. 그런 독자들에게 감히 말하건대 그것은 기우일 뿐이다. 이 책은 방대할 뿐만 아니라 그 이상의 짜임새와 깊이를 두루 갖추고 있는 둘도 없는 이슬람의 세계사이다.

불과 10여 년 전만 해도 이슬람은 우리의 관심사 밖이었다. 단지 중동에서 생산되는 석유와 그곳의 건설경기에만 촉각을 곤두세웠다. 그러나 21세기에 접어들면서 이슬람 세계와 우리는 과거에는 상상도 못했을 만큼 활발한 쌍방향적인 교류를 하고 있다. 일방적으로 우리가 그곳에 가서 일하던 시대는 지나갔다. 지금 우리나라에는 많은 외국인 노동자들이 취업해 있는데, 그 가운데 상당수가 무슬림이다. 한국사회에서 이슬람이 살아 있는 하나의 문화 혹은 하나의 정체성이 될 수 있고, 또 실제로 그렇게 되어 가고 있는 시대에 우리는 살고 있는 것이다. 어디 그뿐인가. 2001년의 9.11사건 이후 이슬람은 전 세계를 충격에 빠뜨렸고, 그 여파로 우리나라는 이슬람권에 군대까지 파견하게 되었다. 우리에게 일어난 이런 일련의 변화는 이슬람에 대한 인식전환의 필요성을 일깨워준다. 인식의 전환은 이슬람에 대한 이분법적인 이해를 지양하는 일에서부터 시작된다. 이슬람을 그리스도교와 서양문명의 대립항으로 보아서도 안되며, 그 대안으로 보아서도 안된다. 이슬람은 그 자체로 한 문명과 문화의 역사적 결정체임에는 분명하지만, 각 이슬람 사회와 공동체들은 차이를 갖고 있다. 이 동일성과 차이가 상호작용하면서 이슬람 세계는 지난 1300년간 끊임없이 변화해왔다. 저자가 이 책에서 가장 힘주어 설명하는 부분도 바로 이것이다. 이 점을 염두에 두고 책을 차근차근 읽어나간다면 독자들은 이슬람에 대한 수많은 오해와 의문을 해소하고, 이슬람에 대한 심층적이고 체계적인 지식을 얻을 수 있을 것이다.

나는 요르단 주재 대사로 부임할 당시 이슬람 역사를 알기 위해 이 책을 읽고 큰 감명을 받았다. 그 감명을 더 많은 사람들과 나누고 싶은 욕심(?)에 재직 중임에도 틈틈이 번역을 하게 되었다. 하지만 다음과 같은 분들의 성원이 없었다면 번역을 끝마치지 못했을 것이다. 작업의 전 과정에 걸쳐 양재국·임갑수 두 참사관한테 큰 도움을 받았다. 두 분은 역사서의 올바른 번역방향에 대해서 많은 조언을 해주었을 뿐만 아니라 헌신적으로 번역작업에 참여했다. 그리고 요르단의 젊은 지성 리나 무사(Lina Musa)는 이슬람과 이슬람 사회의 현실에 대한 나의 이해를 더욱 깊게 해주었다. 또한 한국외국어대학교 서정민 교수는 번역의 기본자세를 일깨워주었으며, 요르단 대학의 공일주 교수는 아랍어 표기에 대해 조언을 해주었다. 그 밖에도 최국현(국방무관), 권중헌(코트라 부장) 등 여러분의 도움이 있었다. 아울러 학계와 재야의 많은 분들이 보내준 격려에 감사의 뜻을 전한다. 다만 행여 있을지 모르는 번역상의 오류는 온전히 나의 몫이다.

2008년 9월
신연성

찾아보기

(ㄴ)